"十三五"国家重点图书出版规划项目

Huan Talimu
Han-Tang Yizhi

环塔里木
汉唐遗址

张安福　田海峰　著

SPM 南方出版传媒·广东人民出版社

·广州·

图书在版编目（CIP）数据

环塔里木汉唐遗址 / 张安福，田海峰著. —广州：广东人民出版社，2021.1

ISBN 978-7-218-14632-4

Ⅰ．①环…　Ⅱ．①张…　②田…　Ⅲ．①塔里木盆地—文化遗址—研究—汉代—唐代　Ⅳ．①K872.45

中国版本图书馆CIP数据核字（2020）第235085号

HUAN TALIMU HAN-TANG YIZHI

环塔里木汉唐遗址

张安福　田海峰　著

出 版 人：肖风华

审 图 号：国审字（2020）第7747号
出版统筹：柏　峰
责任编辑：陈其伟　周惊涛
责任校对：赵　璐
责任技编：吴彦斌　周星奎
装帧设计：友间文化

出版发行：广东人民出版社
地　　址：广州市海珠区新港西路204号2号楼（邮政编码：510300）
电　　话：（020）85716809（总编室）
传　　真：（020）85716872
网　　址：http://www.gdpph.com
印　　刷：广州市浩诚印刷有限公司
开　　本：787毫米×1092毫米　1/16
印　　张：35　字　　数：580千
版　　次：2021年1月第1版
印　　次：2021年1月第1次印刷
定　　价：420.00元

如发现印装质量问题，影响阅读，请与出版社（020-85716849）联系调换。
售书热线：（020）85716826

本书获得上海政法学院中国—上海合作组织
国际司法交流合作培训基地资助

作者简介

张安福

山东临沭人，上海大学历史系教授，博士生导师，2011年国家社科基金重大项目首席专家，教育部新世纪优秀人才，出版有《唐蕃古道》《玄奘之路》等。

田海峰

河南杞县人，历史学博士，石河子大学马克思主义学院教师，主持国家社科基金项目、兵团社科项目多项，主要从事西域历史文化研究。

塔里木盆地

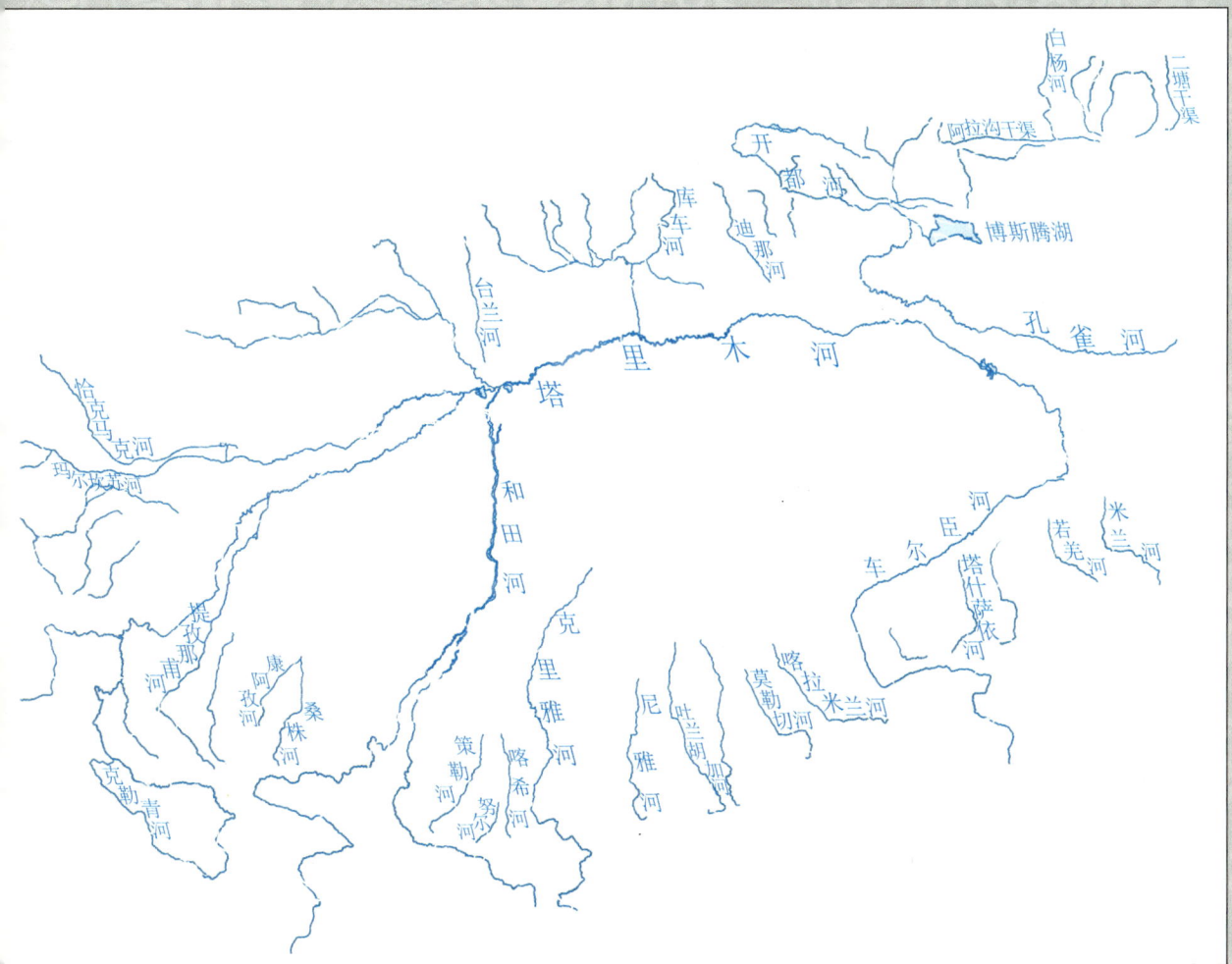

塔里木盆地水系图

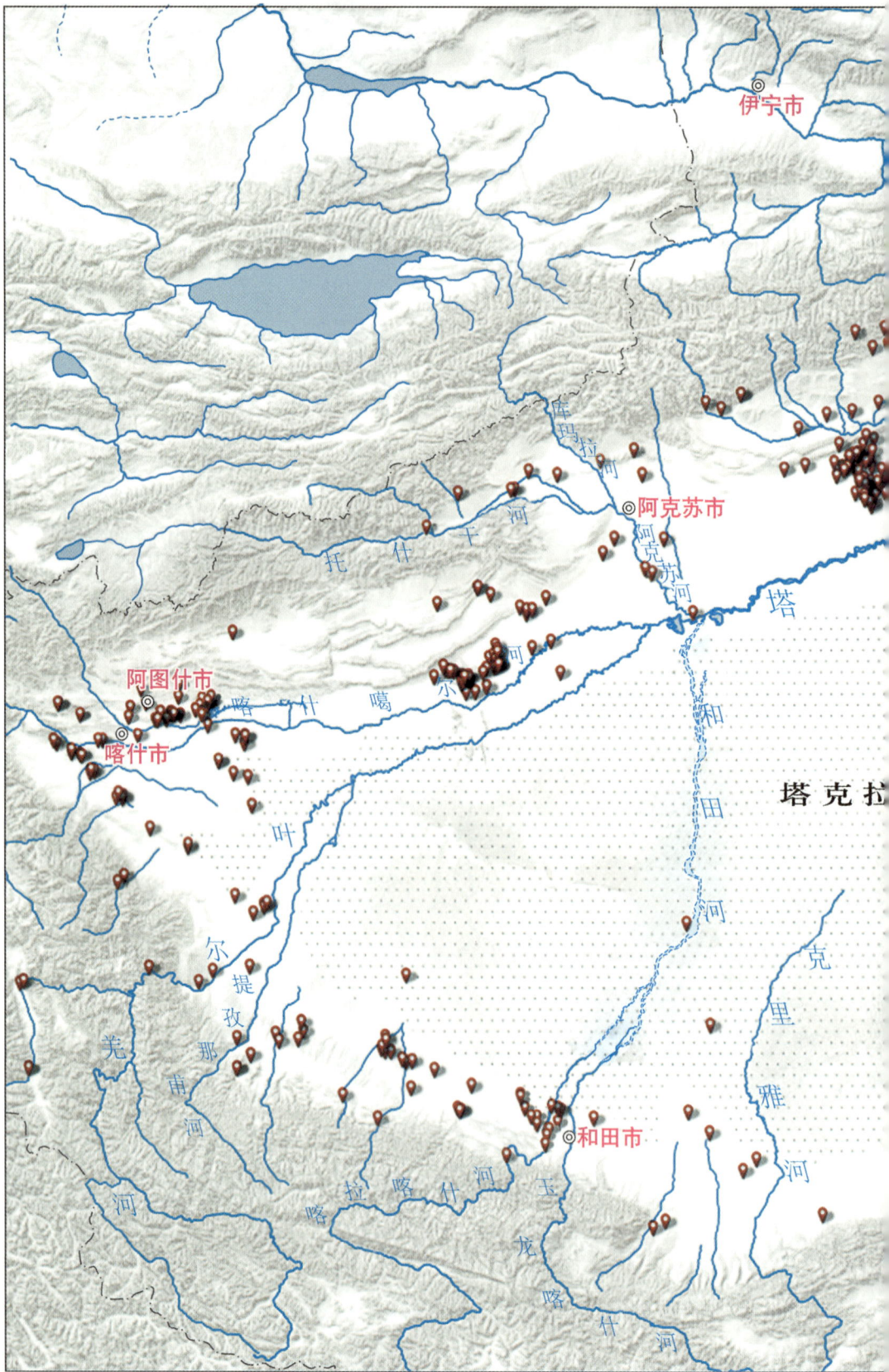

塔里木地区遗址分布图

（注：塔里木地区是指塔里木盆地及其周缘地区）

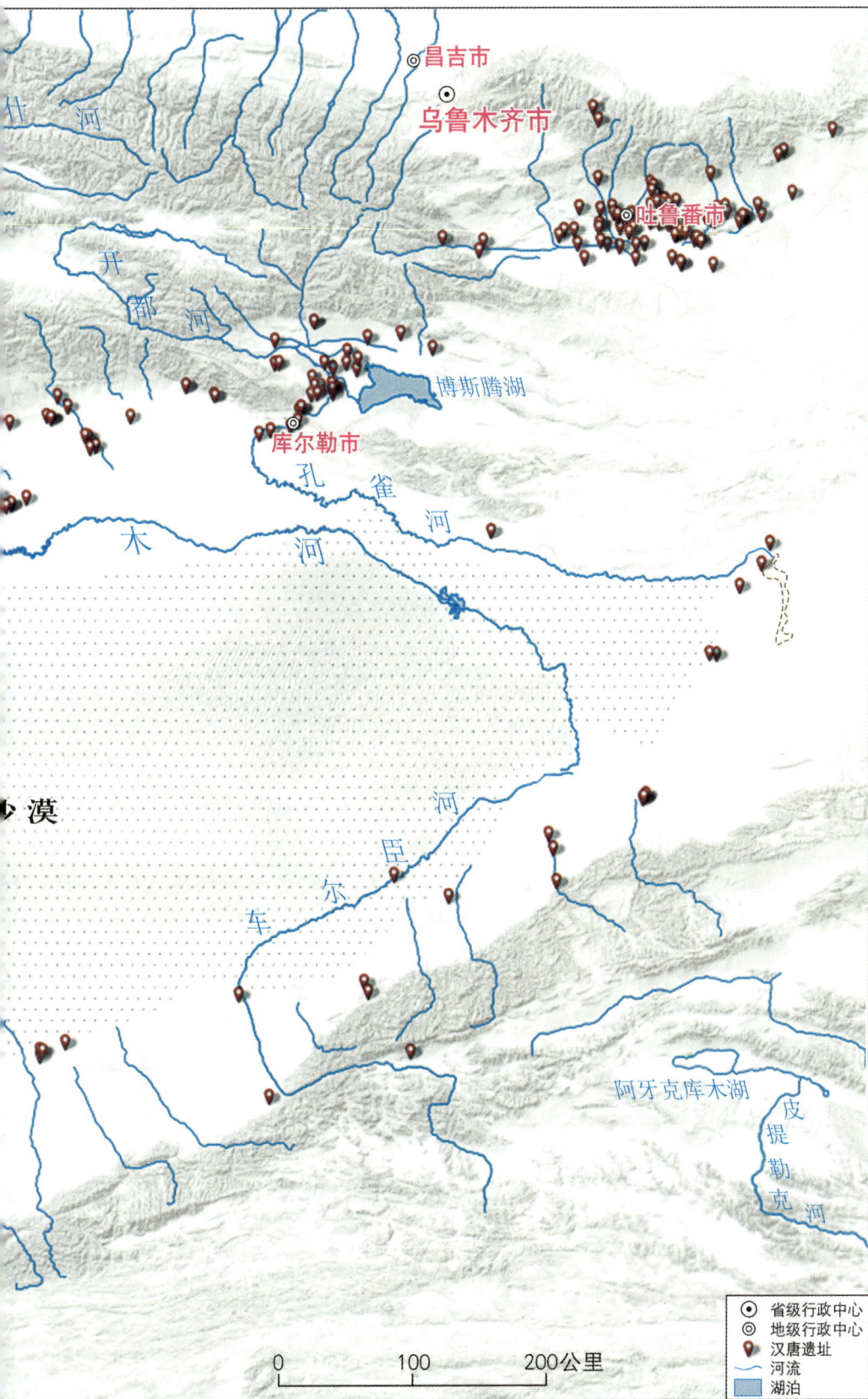

昌吉市

乌鲁木齐市

吐鲁番市

什
河

开
都
河

博斯腾湖

库尔勒市

孔
雀
河

木
河

河

臣

尔

车

漠

阿牙克库木湖

皮
提
勒
克
河

省级行政中心
地级行政中心
汉唐遗址
河流
湖泊

0   100   200公里

塔里木地区汉唐遗址考察图

（注：汉唐是指从汉代到唐代的时间段）

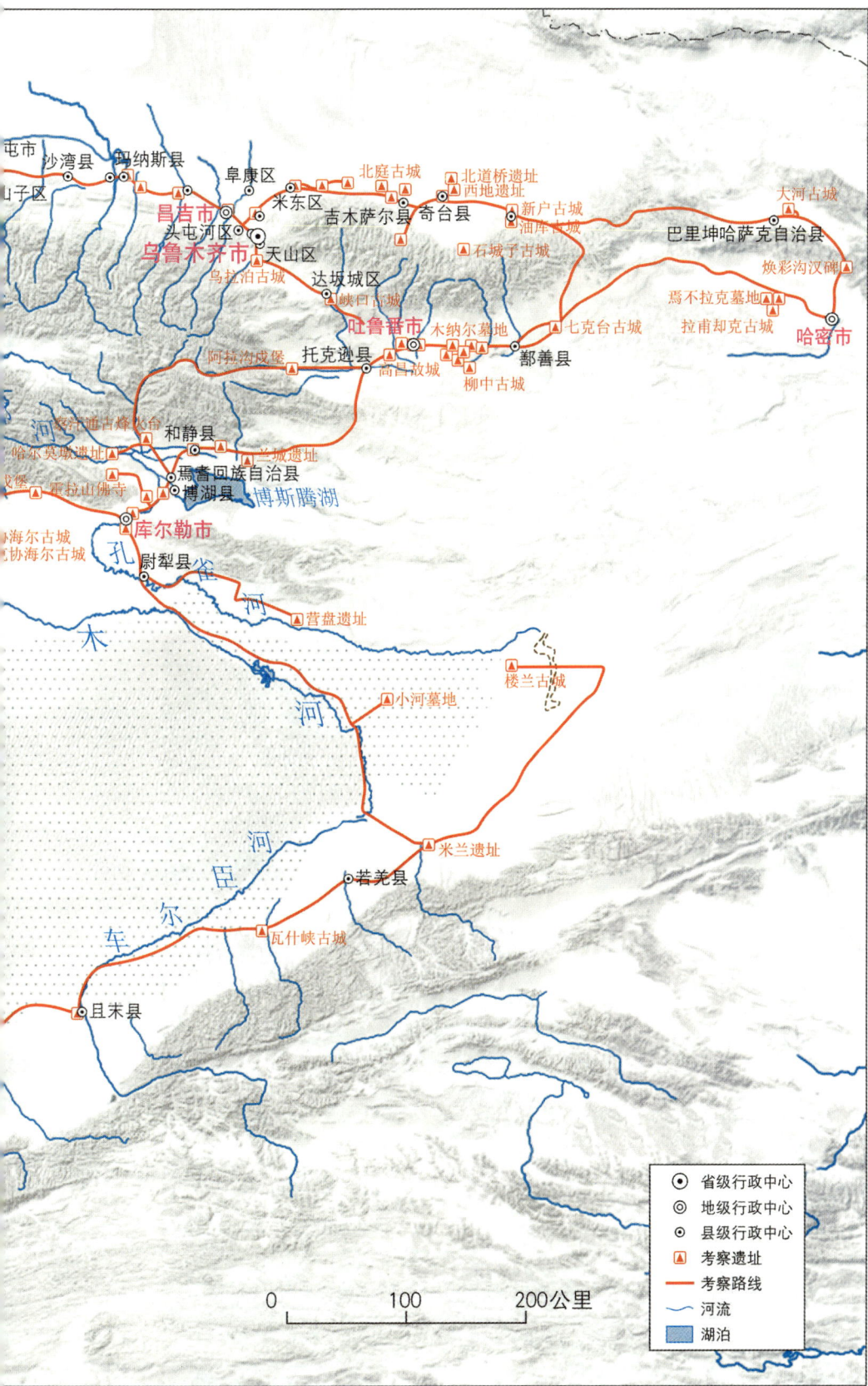

屯市
沙湾县
玛纳斯县
山子区
阜康区
北庭古城
北道桥遗址
西地遗址
大河古城
昌吉市
米东区
吉木萨尔县
奇台县
新户古城
巴里坤哈萨克自治县
乌鲁木齐市
天山区
油库古城
焕彩沟汉碑
乌拉泊古城
达坂城区
石城子古城
峡口古城
吐鲁番市
焉不拉克墓地
拉甫却克古城
阿拉沟戍堡
托克逊县
木纳尔墓地
七克台古城
哈密市
高昌故城
鄯善县
河
文书沟古烽火台
和静县
柳中古城
哈尔莫敦遗址
兰城遗址
戍堡
霍拉山佛寺
焉耆回族自治县
博湖县
博斯腾湖
海尔古城
库尔勒市
孔
瓦协海尔古城
尉犁县
雀
河
木
营盘遗址
河
楼兰古城
小河墓地
河
臣
米兰遗址
尔
若羌县
车
瓦什峡古城
且末县

◎ 省级行政中心
◎ 地级行政中心
○ 县级行政中心
▲ 考察遗址
—— 考察路线
~~ 河流
▨ 湖泊

0   100   200公里

交河故城航拍图

营盘古城航拍图

通古斯巴西古城

环 塔 里 木 汉 唐 遗 址
Contents

目录

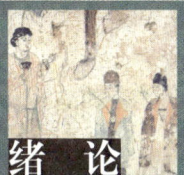

绪 论

上　卷

塔里木北道汉唐遗址

下　卷
塔里木南道汉唐遗址

结　语
塔里木汉唐遗址的保护现状与对策

图目 环 塔 里 木 汉 唐 遗 址 Contents

（注：本书图片说明中标示为*的，采自新疆维吾尔自治区第三次全国文物普查成果）

6

7

表目
Contents

绪　论

　　汉唐时期的塔里木遗存，是中原和西域民众共同经营西域、屯垦戍边的重要体现。其中的大量军镇屯戍遗址及出土文献是当时各民族戍守西域、民族团结融合的重要物质载体，也是稳定西域社会、发展天山南北经济的屯田的50%。据《通典》所载"一屯为五十顷，一顷百亩"计算，当时的龟兹屯田面积多达10万亩。龟兹农业由此得以迅速发展，并逐渐成为唐朝在西域的农业经济重心。同时，天山廊道的其他区域也多有屯田，《唐六典》记载开元年间中天山南麓"疏勒七屯，焉耆七屯"，东天山南麓"伊吾一屯，天山一屯"，东天山北麓"北庭二十屯"。根据实地考察，天山南麓渭干河、库车河流域仍遗存大量唐代屯田遗迹。今轮台县阔纳协海尔古城、奎玉克协海尔古城、喀拉亚烽燧、拉伊苏烽燧及戍堡等均是唐代重要的屯戍遗址。所以，调查整理和研究塔里木历史文化遗存，尤其是汉代西域都护府、唐代安西都护府、"安西四镇"的历史文化遗存，对于今天稳定新疆、发展新疆有着历史的借鉴意义。

　　塔里木地区是世界多元文明汇集的地方，是中原文化在新疆的历史展示。正如习近平总书记所指出的那样，历史文化遗产是老祖宗留给我们的宝贵财富，所蕴含的历史、艺术、科学价值不可估量，保护好文物就是守护昨天的记忆、今天的资源、明天的希望。中原地区将粟、彩陶技术、造纸和印刷技术、丝绸制品和漆器等带到塔里木地区和西方，西方的青铜文化带着小麦、绵羊、冶金技术和驯化的马匹进入塔里木地区，并继续东进传入中原。塔里木汉唐历史文化遗存承载着东西方的灿烂文明，是文明交流融合的艺术宝库，既是中国的，也是世界的。东西方文化交流融合能够促进人类文明的发展，如中国传统的瓷器，是中华民族对人类文明的杰出贡献。但是中国的瓷器在荷兰、意大利等地被大量模仿并有了新的发展，元青花瓷就是其中典型的代表，之所以当时会有这么高的技术，是因为其中添加了伊朗伊斯法罕附近所生产的钴。所以，要加强塔里木地区文物价值的挖掘和阐释，推进国际交流合作，从而把彰显历史底蕴、民族气度、精神品格的优秀文化遗产推向世界，增进文明交流互鉴，促进人类发展进步。

第一节　塔里木地区与西域文明的形成

塔里木地区的范围大致在天山以南、昆仑山以北、葱岭以东、玉门关以西，基本符合《汉书》卷九六《西域传》中所述"西域"的地理范围："匈奴之西，乌孙之南。南北有大山，中央有河，东西六千余里，南北千余里。东则接汉，陜以玉门、阳关，西则限以葱岭。"①塔里木地区是东西方文明碰撞、融合的交流之地，其所呈现的周缘高山环绕、中央大漠广布、绿洲与河流点缀其间的复杂地理特征，不仅未能阻挡人类探索异域文明的步伐，反而被纳入东西方交通网络之中，使得这里成为中国、古印度、古埃及、古巴比伦四大文明的传播汇聚之地，同时衍生出多元共生、繁荣发展的西域文明。

一、塔里木地区自然地理概况

塔里木地区中部为塔克拉玛干沙漠，边缘地带绿洲与戈壁相间分布。这一独特的地貌形成于4000万年前一系列的地壳运动，南部的印度洋板块与亚欧板块不断碰撞，形成了由帕米尔高原、天山山脉、昆仑山山脉与阿尔金山山脉环绕的塔里木盆地，东西延伸约1500千米、南北宽近600千米，面积达53万平方千米。周围海拔较高的山岭阻挡了来自印度洋的湿润气流，内部地理环境较为封闭，导致塔里木地区气候异常干旱少雨。同时，大量泥沙、土壤颗粒在风力的搬运作用下，经年累月形成了广袤的塔克拉玛干沙漠。

在极其干旱的气候条件下，高山冰雪融水成为塔里木地区主要的补给水源，并由此形成塔里木地区三大主要水系：一是天山水系，主要河流有阿克苏河、开都河、渭干河、迪那河等；二是喀喇昆仑山、昆仑山水系，主要河流有叶尔羌河、和田河、克里雅河、车尔臣河等；三是帕米尔高原水系，主要河流为喀什噶尔河。三大水系的冰雪融水依山势顺流而下，形成九大流域。各河流经山前地带，深入塔克拉玛干沙漠北部，最终汇聚成历史上横贯东西、长2000多千米的塔里木河。

---

① 　（汉）班固：《汉书》卷九六《西域传》，北京：中华书局，1962年，第3871页。

二、河流、绿洲与西域文明

河流孕育文明，塔里木河流域孕育了西域文明。在水流长期的冲蚀作用下，塔里木地区诸多河流中下游区域形成地势平坦的绿洲农牧地带。这些地区土壤肥沃，水草丰茂，适于人类生存，孕育出于阗、扜弥、莎车、疏勒、姑墨、龟兹、乌垒、轮台、焉耆、姑师、楼兰等西域文明古国（见表1）。《汉书》卷九六《西域传》记载："西域以孝武时始通，本三十六国，其后稍分至五十余，皆在匈奴之西，乌孙之南。"①这些建立在片状绿洲上的城邦诸国形成了带有各自地域特点的绿洲文明。考古资料显示，塔里木地区史前时期呈现出的下坂地、察吾乎、苏贝希、焉不拉克、小河、扎滚鲁克等文化遗存，均是早期绿洲文明的代表。

随着人类活动范围的不断扩大，东西文明开始接触、碰撞与交融。在海路交通欠发达时代，陆路交通成为人类探寻异域文明的主要路径。干燥的沙漠气候，复杂的戈壁、沙漠、山地地貌不但没有阻断东西交通，反而成为东西方文明的重要交汇之地，这一特殊的文化传播现象在很大程度上得益于地域内相互连接的片状绿洲带。正如张广达所言："在欧亚内陆，人们正是靠联结各个绿洲的一段段道路，靠从高山峻岭中反复多次筛选出来的可以通行的山口，逐渐确定下来东西往来的交通干线的走向，从而也迫使某些山脉、沙漠加入人类交通网络。"②而此种交通线路早在前13世纪至前12世纪就已存在。1976年，河南安阳殷王武丁配偶妇好墓出土700余件玉石雕刻品，所用玉石均为源自新疆和田的籽玉。③

表1　塔里木地区主要绿洲城邦与水系之关系表

地理区域	流域名称	绿洲城邦	位置
东天山	吐鲁番盆地	车师前国	今吐鲁番市雅尔乃孜沟附近
		狐胡	今鄯善县境内

① （汉）班固：《汉书》卷九六《西域传》，北京：中华书局，1962年，第3871页。
② 张广达：《西域史地丛稿初编》，上海：上海古籍出版社，1995年，第382页。
③ 参见中国社会科学院考古研究所编著：《殷墟玉器》，北京：文物出版社，1982年，第11—19页。

（续表）

地理区域	流域名称	绿洲城邦	位置
中天山南麓	孔雀河流域	婼羌	今若羌县东南、罗布泊西北一带
		楼兰	今巴音郭楞蒙古自治州境内罗布荒漠中
		尉犁	今库尔勒市东北
		渠犁	今库尔勒市西三十团场附近
	开都河流域	危须	今和硕县东
		焉耆	今巴音郭楞蒙古自治州焉耆县南
		乌垒	今轮台县东小野云沟乡附近
	渭干河—库车河流域	姑墨	今阿克苏市附近
		龟兹	今库车县龟兹故城
	阿克苏河流域	温宿	今乌什县境内
帕米尔高原东麓	叶尔羌河流域	莎车	今莎车县境内
		蒲犁	今塔什库尔干塔吉克自治县境内
	喀什噶尔河	疏勒	今喀什市一带
昆仑山北麓	和田河流域	于阗	今和田市一带
	克里雅河流域	扜弥	今于田县北
		渠勒	今于田县南
	尼雅河流域	精绝	今民丰县北
		戎卢	今民丰县南
阿尔金山西部	车尔臣河流域	且末	今且末县西南
		小宛	今且末县西南

　　1877年，德国地理学家李希霍芬（Ferdinand von Richthofen）在《中国——亲身旅行和研究成果》一书中首次将此贯通欧亚大陆、联系东西方的交通网络命名为"丝绸之路"；1910年，德国历史学家赫尔曼（A. Herrmann）在《中国和叙利亚之间的古丝路》一书中又将丝绸之路的西端延伸至地中海东岸和小亚细亚，此后学界逐渐认可了丝绸之路的地理界定和文化内涵。绵长的丝绸之路不仅实现了东方丝绸和西方金银饰品在地理空间

上的转移，而且成功地将东西方璀璨的文化融合于塔里木地区的文明之中，繁衍出多元共生、文化多样的西域文明。

塔里木地区的历史遗存主要分布于绿洲地区，代表性地区有古代于阗、疏勒、龟兹、焉耆、楼兰、高昌等地。这些地区很早就有人类文明，保存至今的历史遗存也非常丰富，是研究塔里木地区历史文化的一手资料。于阗绿洲即今天的和田地区，汉唐时期为于阗国所在地。于阗国地处丝绸之路南道要冲，是东西方宗教文化的汇聚地。疏勒绿洲即今天的喀什地区，汉唐时期为疏勒国所在地。疏勒西跨葱岭至中亚、西亚地区，向东沿丝绸之路中道可至龟兹、焉耆等地；沿丝绸之路南道可至于阗、楼兰等地，是丝绸之路的枢纽中心，也是塔里木地区文化传播的集散地。龟兹绿洲包括今天的阿克苏地区，巴州的轮台县，喀什的巴楚县、图木舒克市等地。汉唐时期，这里一度成为中央王朝治理西域的中心，汉代的西域都护府、唐代的安西都护府都设于此地。同时这里也是西域文明的荟萃之地，著名高僧鸠摩罗什就出生于龟兹，龟兹兴盛的佛教文化对周边甚至中原地区产生了重要的影响。焉耆绿洲即焉耆盆地，包括今天的焉耆县、和硕县、博湖县等地。古代焉耆是高昌通往龟兹、于阗等地的必经之地，是西域南北交通的咽喉。这里人口众多，经济繁荣，佛教、祆教等宗教在这里得到广泛的传播。楼兰绿洲古属楼兰国（鄯善国），盛时包括今天的若羌、且末、尉犁等地。汉晋时期，楼兰地区自然条件较为优越，人口众多，地处丝绸之路南道交通要冲，受东西方文化影响较大。由于楼兰地区在魏晋南北朝时期逐渐废弃，该地历史遗存保留了早期西域文明的原始面貌。高昌绿洲即今吐鲁番盆地，汉代属车师国，魏晋时期河西政权在此设高昌郡，南北朝建立高昌国，唐代属西州。丝绸之路从楼兰改道后，高昌成为东西方往来的枢纽，多族群、多语言、多宗教在此交汇，形成了纷繁多样的高昌文化。

第二节　百年来对塔里木地区历史文化资源的调查情况

塔里木地区是古代西域三十六国所在地，丝绸之路经此交通东西。汉唐文明高度开放的姿态，使得塔里木地区成为中国、希腊罗马、波斯、印度等古代文明交流、碰撞、融合的重要区域。宋元之后，海上丝绸之路兴起，塔里木地区作为丝绸之路要道的荣光不再，但是由于该地区干旱少雨的地理环境和人迹罕至的人文环境，令其保存了大量古代文化遗存。早在清代乾隆之后，就有关于考察塔里木地区历史遗存的学术成果问世①，但是由于当时认知不足且缺乏现代考古方法，即使有所发现也没有引起重视，因此这一时期的发现与考据只能称为"西北舆地之学"②。塔里木地区的历史文化遗存真正引起学界重视并使用现代考古方法对其进行考察，应该是在西方探险家到来之后开始的。

一、西方探险发掘的起始段（19世纪中期至20世纪初）

19世纪中后期至20世纪初，正值西方探险活动高峰期，许多西方探险家将目光投向了遥远而神秘的塔里木地区。同时，英国和俄国在中亚争夺势力范围，也给西方探险家进入塔里木地区制造了契机。这一时期在塔里木地区的发现有着偶然性特点，但也由此开启了塔里木地区古代遗存考察的序幕。

1. 初始性和偶然性

俄国探险家大概是近代以来首次在中国西部地区进行中亚考古学专业调查的欧洲人。③普尔热瓦尔斯基（Nikolai Mikhaylovich Przhevalsky）于1876年至1877年进入罗布泊，并提出罗布泊是"游移的湖"的观点。此后，克莱门兹、奥登堡先后进入塔里木地区，重点对吐鲁番的古城、壁画进行考察。

瑞典人斯文·赫定（Sven Hedin）偶然发现消失了1500余年的楼兰古

---

① 参见（清）陶保廉：《辛卯侍行记》，刘满点校，兰州：甘肃人民出版社，2002年；（清）祁韵士：《万里行程记（外五种）》，李广洁整理，太原：山西人民出版社，1992年；（清）俞浩：《西域考古录》（影印本），台北：文海出版社，1966年；（清）徐松：《西域水道记（外二种）》，朱玉麒整理，北京：中华书局，2005年；（清）王树枏等纂修：《新疆图志》，朱玉麒等整理，上海：上海古籍出版社，2015年；（清）七十一：《西域总志》（影印本），台北：文海出版社，1966年。

② 舆地之学兴起的背景是清代大力垦殖新疆，许多文人雅士到达天山南北，对此时的新疆人文地理多有记载。此后的道光、咸丰年间，英国和俄国在新疆渗透势力，诸多仁人志士始专注于西域史地的考察研究。梁启超：《清代学术概论》，上海：上海古籍出版社，2005年，第47页。

③ 周伟洲、丁景泰主编：《丝绸之路大辞典》，西安：陕西人民出版社，2006年，第803页。

城，这成为塔里木地区考察发现的标志性事件。同一时期，英国人斯坦因（Aurel Stein）发现尼雅遗址和丹丹乌里克遗址，这恐怕是他们所始料未及的。斯坦因是近代西域探险史中的传奇人物，他集学者、探险家、考古学家和地理学家于一身，四次进入塔里木盆地，虽然每一次的发现有着一定的偶然性，如发现丹丹乌里克遗址、尼雅遗址、安迪尔古城等，但是对于每一次的考古发现，他都以惊人的毅力写出大量的调查报告，从而使他的前三次调查硕果累累。[1]1930年，斯坦因计划的第四次西域探险终因中国学界的抗议无功而返。随后，他一头扎在克什米尔的帐篷里，撰写前三次中亚考察的经历，取名《在中亚古道上——在亚洲腹地和中国西北部三次考察活动简述》，该书出版后由向达译成中文。[2]这部中译本对学术界了解斯坦因的考察活动以及推进中国西域学研究起到了非常重要的作用。

法国探险队虽然探险时间较晚，但是由于法国有着汉学研究的传统优势，使得以伯希和（Paul Pelliot）为代表的探险队在图木舒克偶然发现该地佛教遗址的真面目，推翻了斯文·赫定、勒柯克（Albert von Le Coq）最初的遗址性质、时间界定的定论。[3]这种偶然的发现，也是伯希和良好汉学传统修养的必然结果。以伯希和为代表的"西域探险团"在塔里木地区的考察与发掘活动，在国际汉学界影响深远。

2. 掠夺性

1890年英国军官鲍尔（Bower）到库车捉拿案犯，偶然在库车发现"鲍尔古本"，这一发现"使欧洲对中国新疆的考察由以往的地理探险转到文物的发掘与掠夺"[4]。此后，斯文·赫定、斯坦因、伯希和等先后在楼兰、尼雅、图木舒克等地大肆发掘，从塔里木地区带走了大批的文物，格伦威德尔（Albert Grunwedel）、勒柯克甚至将克孜尔石窟、柏孜克里克石窟的壁画

---

① 第一次的考察成果：[英]马克·奥里尔·斯坦因：《沙埋和阗废墟记》，殷晴等译，乌鲁木齐：新疆美术摄影出版社，1994年；[英]奥雷尔·斯坦因：《古代和田——中国新疆考古发掘的详细报告》，巫新华等译，济南：山东人民出版社，2009年。第二次的考察成果：[英]奥雷尔·斯坦因：《西域考古图记》，巫新华等译，桂林：广西师范大学出版社，1998年。第三次的考察成果：[英]奥雷尔·斯坦因：《亚洲腹地考古图记》，巫新华等译，桂林：广西师范大学出版社，2004年。
② [英]斯坦因：《斯坦因西域考古记》，向达译，上海：中华书局，1936年。
③ [法]伯希和等：《伯希和西域探险记》，耿昇译，昆明：云南人民出版社，2001年，第12页。
④ 许建英：《近代英国和中国新疆（1840—1911）》，哈尔滨：黑龙江教育出版社，2014年，第294页。

整体切割下来，带到柏林，对塔里木地区壁画文化造成无可挽回的破坏。①
在中古语言和壁画艺术研究方面，德国人在国际学界影响深远，这和他们
百年前在塔里木地区偶然发现古代语言文书有着或多或少的联系。

日本大谷光瑞探险队在掠夺性方面更甚，他们几乎没有什么专业背景和
学术训练，完全以攫取文物为目的，在楼兰、尼雅等地盲目挖掘，以致带走
了多少文物，文物何时发掘、出自何地缺乏资料。从他们的探险日志和发表
的成果中，也是看不到具体的计划和发掘目标，完全就是碰运气。②令人遗
憾的是，大谷光瑞探险队三次探险考察获取的珍贵文物，因西本愿寺卷入疑
狱案件而被变卖一空，散失在东亚各地。

这一时期的西方探险与文化资源调查整理呈现出两面性。首先，这些探
险家的调查与发现使得诸多掩埋千年的西域文明得以重见天日，西域考古和
学术研究受到世人瞩目；同时，西方的野蛮掠夺也使得塔里木历史文化资源
遭到极大破坏，很多损失难以弥补。这些破坏性发掘促使国人逐渐清醒，保护
意识逐渐增强，这也就进入到以国人为主、主动调查整理的第二阶段。

二、以国人为主的第二阶段（20世纪30年代至80年代末）

1926年，斯文·赫定计划第四次率领探险队进入中国西北考察，遭到北
京学术界的强烈抗议而未顺利成行。经过协商，斯文·赫定与中国学术团体
协会就考察事宜达成共识，共同组建中瑞合作的"中国学术团体协会西北科
学考察团"（简称"西北科学考察团"）。在某种意义上而言，西北科学考
察团的成立是中国学者开始对塔里木地区调查与考古的标志性事件。中华人
民共和国成立后，1953年和1957年，国家对新疆境内的文物先后进行了两次

---

① 1902—1914年，以格伦威德尔、勒柯克为代表的德国探险队先后四次进入新疆，重点对吐
鲁番、龟兹两地进行探险考察，对石窟壁画进行大肆切割。主要成果有《普鲁士皇家第一
次（即德国第二次）新疆吐鲁番考察队的缘起、行程和收获》（首发于《英国皇家亚洲
学会会刊》1909年）、《高昌——普鲁士王国第一次吐鲁番考察重大发现品图录》（1913
年）、《新疆的地下文化宝藏：第二、三次吐鲁番考察报告》（1926年）、《中亚古代晚
期的佛教文物》（与瓦尔德施密特合编）、《中亚艺术文化史图录》（1925年）、《中国
新疆的土地和人民——德国第四次吐鲁番考察记》（1928年）等。
② 渡边哲信、堀贤雄根据1902—1904年首次探险出版了《西域旅行日记》，橘瑞超、野村荣
三郎和吉川小一郎等人根据大谷光瑞探险队的第二、三次探险出版了《中亚探险》（橘瑞
超）、《蒙古新疆旅行日记》（野村荣三郎）和《支那纪行》（吉川小一郎）等。

较大规模的普查，主要是对过去发现的遗存进行再次调查整理。此后，由于修建南疆铁路、中日合拍《丝绸之路》等项目的需要，相关部门及考古工作者对塔里木地区的考古调查逐渐增多，调查的主动性和计划性不断提升。

1. 以黄文弼为代表的中国学者在塔里木地区的有计划调查

黄文弼是中国学者早期在塔里木地区考察的代表性人物，他的考察活动从1927年参加西北科学考察团开始，贯穿其学术生命始终。

1927—1930年，黄文弼作为西北科学考察团的中方成员，参与中瑞双方组织的西北考察活动，由此奠定了他在塔里木地区进行考古调查与研究的基础。其间，黄文弼在塔里木地区北缘焉耆至阿克苏沿线、吐鲁番盆地、罗布泊附近进行踏查。1933年，黄文弼抵达若羌，再次对罗布泊进行调查，在罗布泊水道变迁、罗布泊河源、罗布沙漠迁移、楼兰国及其国都、楼兰在中西交通上的地位等问题上发表了许多有价值的见解，使国际学术界在"楼兰"这个重要的争论中，第一次听到了中国的声音。

1957—1958年，黄文弼作为中国科学院考古研究所新疆考古队成员再赴新疆开展考古调查，共计调查古城遗址及寺庙127处，并在焉耆、库车做了一些发掘工作。[①]其中，黄文弼在焉耆调查古城遗址11处，土墩寺庙、古墓葬等9处。随后，黄文弼又向西分别前往库车、沙雅、新和等地，调查古城和遗址16处；同时，对龟兹古城哈拉墩遗址、库车河畔苏巴什古城进行了发掘，并对出土遗物进行分类整理。[②]

与此同时，向达、史树青等学者也对塔里木地区进行了调查。1951年，向达利用随宣讲团在新疆各地传达人民志愿军抗美援朝事迹之机，对天山南麓吐鲁番、焉耆、库车、拜城、阿克苏，塔里木西缘的喀什、莎车，以及昆仑山北麓的叶城、和田、洛浦等地的石窟寺文化遗址进行了调查。[③]1958年8月至1959年4月，史树青对和田地区约特干遗址、洛浦县南30千米处的阿其克山和库车县北120千米处的阿艾山两处汉代矿冶遗址进行了调查，发现许多开矿、冶铁工具以及汉唐时期的钱币等遗物。[④]1978年，考古工作者对轮

---

① 黄文弼：《新疆考古发掘报告（1957—1958）》，北京：文物出版社，1983年，第48—53页。
② 黄文弼：《新疆考古的发现》，《考古》1959年第2期。
③ 张广达：《向达先生文史研究的贡献》，《史家、史学与现代学术》，桂林：广西师范大学出版社，2008年，第198页。
④ 史树青：《新疆文物调查随笔》，《文物》1960年第6期；史树青：《谈新疆民丰尼雅遗址》，《文物》1962年第7、8期。

台地区进行调查，对草湖公社境内黑太沁、柯尤克沁、昭果特沁、卡克勃列克等古城遗址进行勘查。①1986年8月中旬，阿克苏地区文管所人员对新和县境内通古孜巴西古城、兰合曼古城、玉尔贡古城、包司巴西古城、恰拉克吐尔烽燧、塔吉库尔遗址6处遗存进行调查。②

这一时期较有影响的考察团队是新疆博物馆考古队即新疆文物考古研究所的前身。1959年10月，新疆维吾尔自治区博物馆考古队对尼雅古城南北两部分遗址进行调查，重点对北部遗址进行遗物采集和分类整理③；对若羌米兰古城进行调查发掘，清理房址9间，并对出土文物进行了分类；对巴楚托库孜萨来古城进行调查发掘，出土和征集文物4000余件，其中包括古文字木简30余枚，汉文、回鹘文及阿拉伯文文书200余片，以及汉代五铢钱和粮食、瓜果遗存等珍贵文物。④1980—1981年，新疆维吾尔自治区博物馆考古队对轮台县境内的历史文化古迹进行全面的调查，发现古城遗址11处、烽燧遗址2处。⑤1983年12月，文化部和新疆维吾尔自治区博物馆在塔里木西北边缘，调查查浑河（今阿克苏河）以西至"据史德城"（今巴楚托库孜萨来遗址）段的穷梯木、玉木拉克梯木、科西梯木、泽梯木、亚衣德梯木、都埃梯木、阿克先尔等遗址，并对遗址采集物进行了分类整理。⑥

1979—1980年，为配合中日电视纪录片《丝绸之路》敦煌经楼兰至焉耆段的拍摄，新疆考古部门组建楼兰考古队深入罗布泊腹地，对楼兰地区的古城及墓葬遗址进行考古调查和重点发掘。出土包括"楼兰美女"在内的大量文化遗物，以及陶器、漆器、铁器、毛织品、棉织品、木器、金饰品等在内的文物170余件。⑦

2. 新中国成立后对塔里木历史文化遗存的分类调查

新中国成立后，国家和地方文物部门分别对塔里木地区的石窟寺、墓葬

① 穆舜英、王明哲、王炳华：《建国三十年新疆考古的主要收获》，新疆社会科学院考古研究所编：《新疆考古三十年》，乌鲁木齐：新疆人民出版社，1983年，第10页。
② 阿克苏地区文管所：《新和县文物普查资料》，《新疆文物》1987年第1期。
③ 新疆维吾尔自治区博物馆考古队：《新疆民丰大沙漠中的古代遗址》，《考古》1961年第3期。
④ 《新疆日报》1960年1月9日。
⑤ 新疆维吾尔自治区博物馆文物队、轮台县文教局：《轮台县文物调查》，《新疆文物》1991年第2期。
⑥ 柳晋文：《巴楚—柯坪古丝道调查——兼述"济浊馆"、"谒者馆"之地望》，《新疆文物》1985年第1期。
⑦ 新疆楼兰考古队：《楼兰城郊古墓群发掘简报》，《文物》1988年第7期。

遗址、史前遗址等进行分类调查，尽管调查分类的标准不甚严格，但开启了对塔里木地区调查整理的新时期。

（1）石窟寺。1961年，中国佛教协会与敦煌文物研究所组成新疆石窟调查组，对天山南麓的克孜尔石窟、森木塞姆与玛扎伯哈石窟、克孜尔尕哈石窟、库木吐喇石窟、焉耆七个星佛寺与石窟、柏孜克里克石窟、胜金口寺院遗址、吐峪沟石窟、雅尔湖石窟进行了调查，调查内容主要涉及地理环境与保存现状、洞窟及编号的统计、平面图的绘制、石窟的分类与分期等。[1]1985年，阿克苏地区文管所对柯坪、乌什两县进行文物调查，该调查涉及柯坪县古遗址4处、乌什县古遗址2处。[2]其中，乌什县沙依拉木石窟群为新发现遗址。考古人员调查洞窟14个，其中8、9、10、13和14号石窟保存较为完整。[3]

（2）史前遗址。1934年，瑞典人贝格曼（F. Bergnm）在小河墓地发现了他认为是"世界上保存最完好的木乃伊"的时候，就是塔里木史前遗址的发现期，但是贝格曼并没有对此进行深入的研究，因此史前遗址一直是塔里木地区遗存调查整理的一个空白区。20世纪50年代初，王永焱对包括塔里木地区在内的西北史前遗址进行分类统计，如罗布淖尔附近的细石器文化、阿克苏境内的史前遗址，发现了史前人类居址和灰黑质、有蓝纹的陶器以及彩陶文化遗址。[4]1964年12月，考古部门发掘喀拉玉尔衮等新石器时代遗址。[5]1972年7月，在疏附县乌帕尔公社乌布拉特大队西约5千米处，发现阿克塔拉、温古洛克、库鲁克塔拉和得沃勒克4处新石器时代文化遗址。[6]1979年2月、1981年10月、1983年8月新疆维吾尔自治区博物馆先后对新塔拉遗址进行抢救性发掘和清理[7]，在和硕县塔尔奇公社曲惠大队南4千米处的戈壁滩上发现一处原始遗址[8]，在塔什库尔干县城东南约34千米处的吉日尕勒

① 阎文儒：《新疆天山以南的石窟》，《文物》1962年第7、8期。
② 阿克苏地区文管所：《阿克苏地区文物调查记》，《新疆文物》1986年第2期。
③ 曾安军：《"丝绸之路"中道又发现一处石窟群》，《新疆文物》1986年第1期。
④ 王永焱：《西北史前文化遗址概况》，《文物参考资料》1951年第10期。
⑤ 新疆民族研究所考古组：《学术简讯》第1期，1965年11月15日。
⑥ 新疆维吾尔自治区博物馆考古队：《新疆疏附县阿克塔拉等新石器时代遗址的调查》，《考古》1977年第2期。
⑦ 新疆博物馆、和硕县文化馆：《和硕县新塔拉、曲惠原始文化遗址调查》，《新疆文物》1986年第1期。
⑧ 新疆博物馆、和硕县文化馆：《和硕县新塔拉、曲惠原始文化遗址调查》，《新疆文物》1986年第1期。

旧石器时代遗址发现打制石器一件及碎石片若干，这些调查发现填补了新疆旧石器时代考古的空白。[1]1983年12月，国家文物局与新疆文物部门对疏附县乌帕尔乡霍加阔那勒、苏勒塘巴俄两处细石器文化遗址进行调查，采集陶片、骨器、打制石器、磨制石器以及铜器等遗物400余件。[2]

这些史前时期的文化遗存，成为新中国成立后在塔里木地区又一新的调查研究领域。

（3）墓葬遗存。对墓葬遗存调查整理较为集中的地方是塔里木地区南缘、昆仑山北麓的和田、喀什。

1976—1977年，新疆考古部门在帕米尔高原塔什库尔干县城北香宝宝墓地发掘了古代墓葬40座，其中土葬23座、火葬17座。[3]1982—1984年，考古人员先后3次深入喀什、和田等地，对喀喇汗王朝时期的墓葬进行调查整理，包括阿图什县麻扎1处、喀什市麻扎2处、疏附县乌帕尔乡麻扎6处、策勒县达玛沟附近麻扎3处。[4]1984年，新疆维吾尔自治区博物馆文物队与和田地区文管所对山普拉古墓地进行两次发掘，共清理墓葬52座[5]，同时对和田县布扎克公社伊玛目·木卡沙孜木麻扎进行考古发掘，出土南北朝时期彩绘"四神"木棺。[6]

从以上调查和整理可以看出该时期对塔里木地区遗存调查整理的主动性和计划性的特点。第一，中国政府掌握了塔里木地区历史文化资源调查整理的主导权，在20世纪50年代组织了两次大规模的区域性调查，并将若干重要古代遗址列入"国家重点文物保护单位"，虽然这些考古调查报告的范围仅限于山麓、绿洲以及沙漠边缘地带，但是也开启了中国学者对塔里木地区进行大规模调查整理的先河；第二，这一时期的调查重点是墓葬发掘和墓葬文化，从而使得史前时期的塔里木文化初露端倪，如孔雀河青铜时代文明、塔什库尔干新石器时代文明。

当然，这一时期的调查整理也存在很多问题，如由于受当时形势的影

① 新疆维吾尔自治区博物馆、北京自然博物馆、新疆维吾尔自治区地质局区测大队联合考察队：《塔什库尔干县吉日尕勒旧石器时代遗址调查》，《新疆文物》1985年第1期。
② 王博：《新疆乌帕尔细石器遗址调查》，《新疆文物》1987年第3期。
③ 新疆社会科学院考古研究所：《帕米尔高原古墓》，《考古学报》1981年第2期。
④ 蒋其祥：《阿图什、喀什、和田地区喀喇汗朝遗迹调查》，《新疆文物》1987年第3期。
⑤ 阿合买提·热西提：《洛浦县山普拉古墓地》，《新疆文物》1985年第1期。
⑥ 赵华整理：《1984年新疆文物考古工作简况》，《新疆文物》1985年第1期。

响，塔里木地区的历史文化遗存考察整理时断时续，且由于调查机构不同，出现了许多重复性调查工作，所获得的资料也未能实现科学分类和整体保存。

三、保护整理为主的第三阶段（20世纪90年代至今）

20世纪90年代以来，国家对历史文物价值的认识不断提高，调查手段和方式也越来越完善，尤其是全国性文物普查，如2007年4月至2011年12月第三次全国文物普查[①]，是对塔里木地区历史文化遗存调查规模最大、涵盖内容最丰富、分类更为细致的一次调查，初步建立了塔里木地区历史文化遗存的档案；对典型遗址如丹丹乌里克遗址、楼兰古城、尼雅遗址等，进行了专门调查研究；由于保护手段和研究能力的限制，这一时期主动的考古发掘开始减少，基本是以抢救性发掘和保护为主。

1. 对塔里木地区文化遗存进行系统调查

这一阶段，国家先后两次通过文物普查的方式，对塔里木地区历史文化遗存进行"摸家底"式调查和整理，令其呈现出越来越细致的趋势。

1988年，新疆维吾尔自治区政府根据国务院《关于进一步加强文物工作的通知》和文化部《关于进一步做好文物普查工作的通知》等文件，决定利用两年时间在全区范围内进行文物普查工作。各地区文管部门据此对所在行政区内的文物古迹开展全面的调查。（见表2）

表2　20世纪80年代末至90年代初塔里木文物普查简况

序号	调查地区	调查报告	普查概况
1	罗布泊地区	《罗布泊地区文物普查简报》，《新疆文物》1988年第3期	调查历时22天。调查队自米兰深入罗布荒原，先后对米兰城堡、吐蕃古墓、米兰佛教塔庙遗址与灌溉遗址、墩里克烽燧、海头古城、LL古城、楼兰古城、细石器遗存以及近代罗布人渔村遗址与墓葬进行调查

---

① 第一次全国文物普查从1956年开始，普查规模小，不规范，没有留下统计数据；第二次全国文物普查自1981年秋至1985年，其规模和成果均超过第一次，但受资金、技术等制约，仍然有漏查，塔里木地区没有形成相对系统的资料信息。

（续表）

序号	调查地区	调查报告	普查概况
2	巴音郭楞蒙古自治州	《巴音郭楞蒙古自治州文物普查资料》，《新疆文物》1993年第1期	调查历时3个月。囿于地理环境和交通条件，调查范围仅在巴州绿洲及沙漠边缘地区展开。许多掩埋大漠深处或遗存于高山之巅的文物古迹未能涉足。此次共调查文物遗址246处，其中且末26处、若羌8处、尉犁24处、轮台35处、库尔勒13处、焉耆34处、博湖3处、和硕26处、和静77处。调查文物遗址类型主要为岩画石刻、墓葬、遗址等。同时建立文物调查档案
3	喀什地区	《喀什地区文物普查资料汇编》，《新疆文物》1993年第3期	调查历时两年。调查文物遗址390处，其中喀什市17处、疏附县71处、疏勒县10处、英吉沙县21处、岳普湖县9处、伽师县17处、塔什库尔干县111处、叶城县35处、莎车县42处、巴楚县46处、泽普县8处、麦盖提县3处。调查文物遗址类型分为遗址、墓葬、岩画等，其中遗址包括一般遗址、古城、烽燧、窑址、佛教遗址、驿站、卡伦、清真寺、冶炼遗址、石窟寺、坎儿井、古渠道、桥址、哨卡等，麻扎主要指圣人、伟人以及伊斯兰传教者等的墓葬，一些自然崇拜物亦包含其内，其余还有两处石碑遗址
4	克孜勒苏柯尔克孜自治州	《克孜勒苏柯尔克孜自治州文物普查报告》，《新疆文物》1995年第3期	调查历时10个月。调查组共调查文物遗址136处，其中阿合奇县27处、阿图什市54处、乌恰县30处、阿克陶县25处，大多遗址点为此次调查所发现。调查遗址类型主要有遗址、墓葬、岩刻等
5	阿克苏地区	《阿克苏地区文物普查报告》，《新疆文物》1995年第4期	调查历时6个月。调查组共调查文物遗址241处。调查文物遗址类型主要为墓葬、古遗址、石窟寺、冶炼遗址。通过此次调查，基本了解阿克苏地区史前墓葬数量、类型和分布规律；调查到一批汉唐时期屯戍古城、烽燧等遗址；新发现10余处晋唐龟兹佛教文化遗址、冶铸遗址
6	和田地区	《和田地区文物普查资料》，《新疆文物》2004年第4期	调查历时5个月。调查组共调查文物遗址118处，其中和田市19处、洛浦县10处、墨玉县13处、民丰县13处、策勒县17处、皮山县35处、于田县11处。此次调查为和田地区初步建立起文物资源的基础档案

2007年，新疆维吾尔自治区开始第三次全国文物普查工作。此次共调查不可移动文物9545处，其中古遗址2991处，古墓群4555处，古建筑172处，

石窟寺及石刻555处，近现代重要史迹及代表性建筑1253处，其他19处。[①]
其中涉及塔里木地区的文物调查数据见表3。

表3　2007年新疆第三次全国文物普查之塔里木地区文物调查数据

调查地区		文物类型					
		古遗址	古墓葬	石窟寺及石刻	古建筑	近现代重要史迹及代表性建筑	其他
巴音郭楞蒙古自治州	库尔勒	9	7	—	—	1	—
	轮台	27	11	—	—	2	—
	焉耆	28	14	1	—	—	—
	尉犁	29	29	3	—	1	—
	且末	16	28	2	—	2	—
	若羌	95	78	—	—	10	—
	和硕	10	34	—	2	2	—
	博湖	3	3	—	1	—	—
	和静	18	167	14	5	1	—
克孜勒苏柯尔克孜自治州	阿图什	39	60	1	—	4	—
	阿合奇	3	71	2	—	1	—
	乌恰	7	76	2	—	5	—
	阿克陶	16	19	1	—	1	—
喀什地区	喀什	12	20	—	21	38	—
	疏附	51	41	—	—	6	—
	疏勒	5	9	—	—	5	—
	英吉沙	13	10	—	3	3	—
	麦盖提	—	7	—	—	6	—
	莎车	24	31	—	6	7	—
	泽普	6	8	—	2		—

---

① 新疆维吾尔自治区文物局编：《新疆维吾尔自治区第三次全国文物普查成果集成》，北京：科学出版社，2011年，"丛书总序"部分。

（续表）

调查地区		文物类型					
		古遗址	古墓葬	石窟寺及石刻	古建筑	近现代重要史迹及代表性建筑	其他
喀什地区	叶城	17	20	4	1	3	—
	伽师	19	6	—	1	2	—
	岳普湖	6	8	—	—	—	—
	巴楚	50	18	—	—	6	1
	塔什库尔干	85	80	14	2	7	—
和田地区	和田市	3	1	1	—	2	—
	和田县	13	19	2	—	1	—
	皮山	62	19	5	1	5	4
	墨玉	13	9	—	—	4	—
	洛浦	10	7	—	2	—	—
	策勒	173	24	—	—	1	—
	于田	17	11	—	1	4	—
	民丰	215	14	—	1	3	—
阿克苏地区	阿克苏	6	6	—	1	2	—
	新和	61	1	2	—	1	—
	阿瓦提	8	3	—	2	2	—
	温宿	15	20	—	4	5	—
	沙雅	28	6	—	1	—	—
	拜城	64	103	17	—	5	—
	库车	114	35	9	7	37	—
	乌什	14	10	2	1	4	—
	柯坪	19	28	—	—	—	—

注："—"表示无。

表内数据根据新疆维吾尔自治区文物局编《新疆维吾尔自治区第三次全国文物普查成果集成》"阿克苏地区卷""喀什地区卷""巴音郭楞蒙古自治州卷""克孜勒苏柯尔克孜自治州卷"等整理所得。

2. 典型遗址的调查与保护

典型遗址主要集中在尼雅、罗布泊、丹丹乌里克等地。这次典型遗址的调查不仅将百年前的考古遗址与目前的遗址和保护情况进行了考察比对，而且有许多新的发现。

（1）对尼雅遗址的考察。1988—1997年，中日双方共同组成"中日共同尼雅遗迹学术考察队"，先后9次深入大漠，对尼雅遗址进行考古调查，为尼雅遗址的专业调查和学术研究奠定了基础。（见表4）

表4　1988—1997年尼雅遗址考察内容

次序	时间	考察内容
第一次	1988年10—11月	对斯坦因编号佛塔N1、N2、N3、N4、N9以及斯坦因未编号的N新遗址点现状进行调查
第二次	1990年10月27日—11月17日	对佛塔以及斯坦因编号的N1、N2、N3、N4、N9、N11、N12共8处遗址进行调查；采集遗址地表的陶器、木器、石器
第三次	1991年10月12日—11月6日	调查房屋、佛塔、庭院、畜栏等遗址24处；发掘大量文物；对各遗址点进行精准测绘与部分考古研究
第四次	1992年10月13日—11月11日	对遗址内的1、2、8、13、19号居址进行详细调查，采集大量遗物
第五次	1993年10月8日—11月27日	重点对93A10（N13）、93A9（N14）遗址点进行发掘
第六次	1994年9月25日—11月5日	分布调查和地理地质调查[补充92B4（N2）的测量与发掘；发掘93A27(N37)]；测量葡萄园地，进行科学调查及有关城市民居调查；确认佛教寺院遗址93A35(N5)；收集散落地表的遗物
第七次	1995年9月28日—11月6日	使用高精度的GPS测量遗址位置坐标；发掘92B4(N2)遗址点并进行木质科学调查；测量发掘93A35(N5)遗址点，发现王侯贵族墓地(95MNI号)，对其中6个木棺进行保护性发掘
第八次	1996年10月2日—11月6日	分布调查和居住遗址模式图的制作；使用更高精度GPS制作地形图并测量居住遗址93A10（N13）、93A9（M14）及附近的生产作坊遗址群，发掘93A35（N5）、93A36（M6），发现了壁画；在遗址北约40千米处发现年代更久的遗迹与遗物；在遗址南端发现城墙，采集地表遗物

（续表）

次序	时间	考察内容
第九次	1997年10月2日—11月5日	重点对1996年的调查进行补充：测量与制作尼雅遗址北部的93A9(N14)、93A10(N13)地图；平板实测93A35(N5)；以佛寺为中心，调查92B4(N2)、92B9(N3)，重点踏勘92B9(N3)南部墓地；保护性调查97A3及95MNI号墓地；确认佛塔西方遗迹群97A1、97A3等新遗迹；在93A14(N23)、92A9(N24)聚落中新发现一处平面呈"回"字形的建筑遗址(97A5)

（2）对罗布泊地区的调查。1988年4月，新疆文物考古所楼兰文物普查队由若羌米兰东行，经米兰吐蕃戍堡、墩力克烽燧，继而抵达楼兰古城、海头古城等遗址，对沿途米兰戍堡、吐蕃古墓、米兰佛塔庙遗址、米兰古代灌溉渠道、墩力克烽燧、海头古城、楼兰古城以及罗布泊地区的细石器遗存、近代罗布人渔村遗址与墓葬10处古迹进行了为期32天的考察和文物普查。[①]

2002年12月，新疆文物考古研究所小河考古队抵达孔雀河下游河谷南约60千米处的罗布泊荒漠，对小河墓地进行考古调查与发掘。考古队获取的大量考古资料，对墓地布局结构的了解以及原始宗教的专业研究具有重要学术价值[②]；之后，考古队又于2002—2007年对罗布泊小河流域进行文物调查，发现遗址点19处，其中墓葬7处。

2008年11月，由中国科学院地质与地球物理研究所等单位组成的联合科考队，在小河墓地西北约6.3千米处，新发现一座边长约220米的方形古城，这是目前楼兰地区所发现的面积仅小于LA古城的第二大城址。经碳-14测定分析可知，新发现古城的年代应在400年至600年，为南北朝时期遗存。

（3）对丹丹乌里克遗址的调查。1996年10月初，在丹丹乌里克遗址发现百年之际，和田地区文管所李吟屏率队前往丹丹乌里克遗址调查，对遗址的范围、规模形制及遗存状况进行测量与记录，编号建筑9个，采集地表的乾元重宝铜钱、无字无郭钱、剪轮五铢钱、龟兹小钱、石球、陶片、料珠、

---

① 楼兰文物普查队：《罗布泊地区文物普查简报》，《新疆文物》1988年第3期。
② 新疆文物考古研究所：《2002年小河墓地考古调查与发掘报告》，《新疆文物》2003年第2期。

铜器残片、手推磨盘、木碗残片、石膏贴壁佛像和图案等文物。①

2002—2006年，新疆考古研究所联合日本学界组成"中日共同丹丹乌里克遗址考察队"，先后4次②深入大漠对丹丹乌里克遗址展开宗教学、考古学等专业考察与发掘，为国际合作考察开拓了新的路径。

这一时期的塔里木地区历史文化遗存调查较之前而言，首先，政府支持的力度增强，呈现以国家政府主导的大规模全国性文物普查，并以行政分区调查的模式，建立起相对完善的塔里木地区历史文化遗存档案，基本实现了文物信息资源的共享。其次，国际科学考察合作日益密切，考古科技进一步发展，尤其是遥感技术的应用，许多大型遗址、沙漠深处的历史遗存得到较为完整的调查整理。

总之，塔里木地区作为世界上最大规模的历史文化遗存分布区之一，又有着特殊的地理、人文条件，因此对其文化资源的调查没有成熟的模式可循，只能因地制宜，在探索中总结经验。在今后的工作中，国家组织的文物普查仍是重要的推进力量，但是可以遵循古代绿洲文明尤其是丝绸之路的走向和变迁的历史路径，加强沿塔里木丝路古道和史籍所载的西域三十六国区域相关遗存的线性和片状调查；对中原经营西域的文化遗存，可以根据传世文献记载的经营区域进行对应调查整理，在此基础上进一步理清塔里木地区古代文明的形成、传播路径，尤其是与河西地区、葱岭以西地区文明的联系，总结出一套区域文化资源调查整理的科学范式，以资对塔里木地区的汉唐遗址做出更为完整的调查整理。

第三节　塔里木汉唐遗址主要调研成果和存在问题

百年来中外学术界多次对塔里木地区的历史遗存进行了范式不一的调查整理并得出了一批调研成果，根据其存在形式，以汉唐遗存为例，可以分为出土文献、城址遗址、烽燧遗址、宗教遗址和墓葬遗址以及非物质文化遗产等。

---

① 李吟屏：《和田考古记》，乌鲁木齐：新疆人民出版社，2006年，第65页。
② 中日联合考察队先后于2002、2004、2005和2006年4次抵达丹丹乌里克遗址考察。

一、目前主要的成果

1. 出土文献

塔里木地区出土的文献以吐鲁番文书和楼兰尼雅文书最为典型。相比敦煌文书而言，以吐鲁番文书为代表的塔里木地区的文书，其数量、种类、语言文字更为丰富，出土地域更为广泛，除早期的发现外，目前仍有大量文书不断问世。

吐鲁番文书主要是指在吐鲁番地区出土的纸质文献资料，主要分为公文书、私文书、古籍、宗教经卷四类。其中，公文书包括官府文牒、诏令敕令、民事刑事案卷、法律法规、籍账等；私文书包括契券、书信、言辞等；古籍有儒家医方、历书、诗文、史书等；宗教经卷有佛教经论、道教符箓以及摩尼教、景教、祆教等内容。19世纪末20世纪初，西方探险家在对吐鲁番古迹考察和发掘时曾获取大量文书，部分现已被国外或国内相关机构或学者整理刊布或调查统计。①国内对于吐鲁番文书的发掘与整理，较早当数黄文弼在吐鲁番考察时的成果，相关资料已在其《吐鲁番考古记》中刊布②；1959—1975年，国家文物机构在吐鲁番阿斯塔那—哈拉和卓古墓群陆续出土2700余件文书，另有少量文书出自其他墓葬、古城、烽燧、石窟寺遗址，现已刊有《吐鲁番出土文书》十册本和四册本③；近些年，吐鲁番文书不断出土，柳洪

---

① ［日］小田义久主编：《大谷文书集成》（第1—4卷），京都：法藏馆，1984—2010年；［日］香川默识编：《西域考古图谱》（据日本国华社1915年版影印），北京：学苑出版社，1999年；［日］池田温：《中国古代籍帐研究》，龚泽铣译，北京：中华书局，2007年；上海古籍出版社、法国国家图书馆编：《法国国家图书馆藏敦煌西域文献》（第1—34册），上海：上海古籍出版社，1994—2005年；郭锋编：《斯坦因第三次中亚探险所获甘肃新疆出土汉文文书——未经马斯伯乐刊布的部分》，兰州：甘肃人民出版社，1993年；陈国灿、刘安志主编：《吐鲁番文书总目（日本收藏卷）》，武汉：武汉大学出版社，2005年；陈国灿、刘永增编：《日本宁乐美术馆藏吐鲁番文书》，北京：文物出版社，1997年；沙知、吴芳思编：《斯坦因第三次中亚考古所获汉文文献（非佛经部分）》，上海：上海辞书出版社，2005年；荣新江主编：《吐鲁番文书总目（欧美收藏卷）》，武汉：武汉大学出版社，2007年。
② 黄文弼：《吐鲁番考古记》，北京：中国科学院，1954年。
③ 国家文物局古文献研究室、新疆维吾尔自治区博物馆、武汉大学历史系编：《吐鲁番出土文书》（录文本第1—10册），北京：文物出版社，1981—1991年；中国文物研究所、新疆维吾尔自治区博物馆、武汉大学历史系编：《吐鲁番出土文书》（图录本第1—4册），北京：文物出版社，1992—1996年。

亮、荣新江等对其进行了整理刊布①；此外，侯灿、吴美琳的《吐鲁番出土砖志集注》，基本上对20世纪出土的328方墓志进行了较为系统的整理。②

楼兰尼雅文书主要出土于塔里木盆地东缘的楼兰地区和尼雅河流域，是记录东汉至十六国时期鄯善国社会生活的重要历史材料，其大规模的发掘和释读始于20世纪初西方探险家的考察，如斯文·赫定、斯坦因均在楼兰地区获取了文书、简牍，日本人橘瑞超于1909年在楼兰发现了闻名学界的"李柏文书"。20世纪七八十年代，侯灿、林梅村等对相关资料进行了整理，使楼兰尼雅文书更为完整系统。③此外，早期西方探险家在和田、若羌以及库车等地还发掘出一些吐蕃文、于阗文和汉文文书，并被学界转译、整理。④

2. 城址遗存

城址作为塔里木地区物质文化遗产的重要类型，无论是对学术研究还是弘扬西域文明，都有着重要意义。⑤塔里木地区现存的城址类型主要有聚落城址和军镇遗址两类。

《汉书》卷九六《西域传》记载了西域早期城市的基本形态，"西域诸国大率土著，有城郭田畜，与匈奴、乌孙异俗"⑥。汉通西域后，以汉、唐

---

① 柳洪亮：《新出吐鲁番文书及其研究》，乌鲁木齐：新疆人民出版社，1997年；荣新江、李肖、孟宪实主编：《新获吐鲁番出土文献》，北京：中华书局，2008年。

② 侯灿、吴美琳：《吐鲁番出土砖志集注》，成都：巴蜀书社，2003年。

③ 侯灿于20世纪80年代对楼兰地区先后出土的五批木简和纸文书进行了统计：1901年，斯坦因获取木简120枚，纸文书35枚；1906年，斯坦因获取木简173枚，纸文书46枚；1914年，斯坦因获取木简51枚，纸文书42枚；1909年，橘瑞超于LK遗址获取木简5枚、纸文书39枚；1979、1980年，侯灿等调查获取木简63枚，纸文书2枚。参见侯灿：《论楼兰城的发展及其衰废》，《中国社会科学》1984年第2期。

④ 斯坦因在新疆所获藏文文书非佛经部分曾于20世纪前半叶经印度事务部图书馆长托马斯整理，并于1935、1951和1955年出版《有关西域的藏文文献和文书》，其中第二卷转译、译注出自新疆的藏文写本共计83件。20世纪90年代，日本学者武内绍人编辑出版《英国图书馆藏斯坦因收集品中的新疆出土古藏文写本》，编号文书702件，其中出土于麻扎塔格戍堡附近共计321件，若羌米兰遗址304件，达玛沟附近24件，安迪尔遗址23件，吐鲁番吐峪沟6件，和田东北卡塔里克4件，20件出土地点不详。杨铭、贡保扎西、索南才让在武内绍人《英国图书馆藏斯坦因收集品中的新疆出土古藏文写本》基础上，将部分藏文文书进行了选择性转写、翻译。此外，于阗文相关整理成果还有林梅村：《新疆和田出土汉文于阗文双语文书》，《考古学报》1993年第1期；段晴：《中国国家图书馆藏西域文书·于阗语卷（一）》，上海：中西书局，2015年等；库车地区出土汉文文书中伯希和获取的部分，由法国学者童丕联合池田温、张广达等整理刊布在《库车汉文文书》（Les Manuscrits Chinois de Koutcha, Fonds Pelliot de la Bibliothèque Nationale de France, Paris, 2000）。

⑤ 2014年6月，由中国与哈萨克斯坦、吉尔吉斯斯坦联合提交的"丝绸之路：长安—天山廊道的路网"成功入选《世界遗产名录》，新疆段有6处遗址名列其中，仅古城遗址有3处，分别为交河故城、高昌故城和北庭故城。

⑥ （汉）班固：《汉书》卷九六《西域传》，北京：中华书局，1962年，第3872页。

为代表的中原政权在塔里木地区积极实施筑建军镇和屯田之策，以拱卫中原在西域的军事行动和地方政权建设，因此带有中原建筑风格的军镇在西域陆续出现。

早期绿洲国家多以城为单元，一座或几座城就是一个国家，如《史记》中的"仑头国""危须国""尉犁国"等均呈现出"一城一国"的形态，而鄯善、龟兹、于阗等大的城邦分散在多个绿洲之上。中原在西域的军镇多与屯田相结合，如汉代高昌故城、柳中古城，这些军镇不仅位居战略要地，且还是自然条件较好的屯田之地。在形制上，聚落城址和军镇遗址也存在显著差别：聚落城址平面多呈圆形或多边形，如孔雀河流域的营盘古城，喀什噶尔河流域的喀拉墩古城，克里雅河下游的喀拉墩古城、圆沙古城，玉龙喀什河下游的丹丹乌里克古城，尼雅河下游的南方古城，安迪尔河中下游的安迪尔古城、延姆古城，且末河流域的且末古城等；而军镇遗址建筑风格与中原城镇相类，多为长方形、方形，有瓮城、马面、城垛等相应设施，典型的城址有库车的龟兹故城，新和县的通古斯巴西古城、玉奇喀特古城等。塔里木地区早期绿洲城邦和后期军镇的建筑各有特色，是受东西方文化艺术风格影响所致。[①]

20世纪前后，斯文·赫定、斯坦因、黄文弼等在古代城址发现和考察方面较有代表性。[②]20世纪80年代之后，中国考古学界对塔里木地区古代城址

---

① 圆形城源于西亚的波斯文化，早在阿赫明尼德王朝时期（约前6世纪），波斯的影响已及于中亚内陆，圆形城堡成为中亚的主要建筑形制。1938年，苏联考古学者在阿姆河流域发掘出一座前4至前3世纪圆形古城，考古学家斯塔维斯认为，该城代表了中亚北部的一种建筑艺术。英国考勤治认为，中亚和西亚于1—2世纪流行圆形城，林梅村、田卫疆等也持类似观点。

② 斯文·赫定于1895—1901年先后两次进入塔里木盆地考察，主要涉及的城址为和田丹丹乌里克遗址、喀拉墩遗址以及罗布泊地区的楼兰古城。斯坦因于1900年首次由印度进入塔里木盆地考察，在前三次考察中有较多古城址：第一次有塔什库尔干塔吉克自治县境内的公主堡和石头城遗址，和田地区的约特干遗址，民丰县北部沙漠尼雅河故道附近的尼雅遗址、安迪尔遗址，策勒县北部的喀拉墩遗址，和田东部绿洲的阿克斯皮尔古城址等；第二次有和田约特干遗址、尼雅遗址、安迪尔遗址、若羌瓦石峡遗址、米兰戍堡、楼兰古城、瓜州锁阳城、吐鲁番高昌故城、交河故城、焉耆穷库勒城址、曲惠古城、博格达沁故城、库尔勒附近的乌孜干布拉克遗址、和田喀拉墩遗址、麻扎塔格戍堡、柯坪萨亚特沙尔城堡、图木舒克托库孜萨来遗址等；第三次对东天山北麓的北庭故城，孔雀河沿岸注宾城、营盘遗址等进行了考察。1927—1929年，黄文弼参加由中瑞两国组织的西北科学考察团，对甘肃至新疆一带的文物古迹进行调查发掘，考察的城址主要有内蒙古至哈密沿线的贝勒庙北之金元古城、黑柳图之汉代兵营遗址、额济纳河畔天仓北古堡；吐鲁番至罗布泊沿线的高昌故城、交河故城、柳中古城；焉耆境内曲惠古城、阿拉尔旧城、四十里城市旧城、哈拉木登旧城；轮台境内的野云沟乡两处古遗址、草湖区域柯尤克沁古城、第纳尔河畔于什博罗久和黑太克尔城址；新和县境内通古孜巴西古城、羊达克沁古城；库车境内龟兹故城、阿克沁旧城、托卜沁旧城；1930年和1933年，黄文弼先后两次抵达罗布泊考察若羌且尔乞都克古城、米兰古城。

重新进行调查，规模较大的调查是2007年启动的"新疆维吾尔自治区第三次全国文物普查工作"，调查成果较为系统，塔里木地区的史前城址有4座，汉唐时期的城址241座[①]，其中国家级文物保护单位21处，自治区级文物保护单位92处。

3. 烽燧遗址

烽燧是我国古代重要军事预警工事，通常与城堡、驿站、关隘相联结，构成完整的军事防御体系。较早对烽燧遗址进行调查的有斯文·赫定、斯坦因、黄文弼等人，尤其对孔雀河沿岸烽燧群遗址的调查相对较为系统。[②]新中国成立至今，相关文物机构和研究部门也多次对塔里木地区的烽燧遗址进行调查。[③]

塔里木地区烽燧体系的建构与中原王朝经略西域的历史进程是相辅相成的，随着汉武帝时期河西四郡的开辟，"敦煌置酒泉都尉，西至盐水，往往有亭"[④]，从敦煌至罗布泊的烽燧线路布局初步形成；随着西汉在天山南麓的西进，烽燧线路也沿着"孔雀河—尉犁—轮台"一线延伸，直抵龟兹，构成了沿天山南麓的汉代西域烽燧的整体布局。唐代，烽燧线路的布局在整个西域战略进程中的作用更加突显。显庆三年（658）唐将安西都护府府治转移到龟兹，将烽燧线路由原来的"河西—伊吾"段延伸至"西州—焉耆—龟兹"段；天授元年（690）之后，重置"安西四镇"，既为防御吐蕃北上入侵以及西方大食东进，又完善了"龟兹—于阗""于阗—疏勒"两大烽燧线路，为唐朝在天山南北长达百年的有效治理作出了重要贡献。

---

① 史前时期古城有2座：和田地区2座。汉唐时期古城有217座：巴音郭楞蒙古自治州57座、阿克苏地区107座、克孜勒苏柯尔克孜自治州9座、喀什地区14座、和田地区15座、吐鲁番地区15座。参见新疆维吾尔自治区文物局编：《新疆维吾尔自治区第三次全国文物普查成果集成·新疆古城遗址》，北京：科学出版社，2011年。

② 关于孔雀河烽燧群的调查，最早为1896年斯文·赫定的调查。1914年，斯坦因自营盘古城前往库尔勒途中，对孔雀河烽燧群中的脱西克、克亚克库都克、库木什、沙鲁瓦克、阿克吾尔地克、萨其该、台格日勒伽克吐拉、孙基、亚尼伦、苏盖提10座烽燧进行了调查。黄文弼分别于1930、1934年在孔雀河岸调查烽燧遗址。

③ 1989年，新疆维吾尔自治区文物局普查办公室、巴音郭楞蒙古自治州文物普查队沿孔雀河岸共调查11座烽燧，新发现卡勒塔、脱西克西两座烽燧。2011年，新疆维吾尔自治区文物局考古研究所两次前往孔雀河沿岸，对烽燧群遗址进行了详细的测量和记录，并绘制了地形图和烽体平、剖面图。新疆维吾尔自治区第三次全国文物普查，对环塔里木地区烽燧遗址遗存现状也进行了调查，相关成果见新疆维吾尔自治区文物局编：《新疆维吾尔自治区第三次全国文物普查成果集成》，北京：科学出版社，2011年；新疆维吾尔自治区文物局编著：《新疆维吾尔自治区长城资源调查报告》，北京：文物出版社，2014年。

④ （汉）司马迁：《史记》卷一二三《大宛列传》，北京：中华书局，1959年，第3179页。

4. 宗教遗址

塔里木地区是多种宗教并存的地区。萨满教、祆教、摩尼教、佛教、景教、道教等宗教均曾在此地域传播，至今此地区仍留有大量宗教文化遗存。佛教因其流行时间长、文化遗存数量多，形成了南道于阗，北道疏勒、龟兹、焉耆、高昌等几大佛教文化格局，其中南道遗存以寺院为主，多信仰大乘佛教，北道遗存以石窟寺为主，多信仰小乘佛教。摩尼教起源于古波斯，随后在塔里木地区传播和发展，现今摩尼教遗存以高昌地区最具典型。道教为中原本土宗教，约在魏晋时期传入塔里木地区，现存道教文化多发现于墓葬遗存中。

20 世纪前后，斯文·赫定 [1]、斯坦因 [2]、橘瑞超 [3]、勒柯克 [4]、伯希和 [5] 等人对塔里木地区宗教遗址均有调查发掘。他们的考察报告及研究成果，成为现今研究塔里木地区宗教历史文化的珍贵资料。黄文弼 [6] 等人也曾对塔里木地区宗教遗存进行考察，新中国成立后，相关的文物机构开始对佛寺、石

---

[1] 1895年，斯文·赫定首次来到塔里木盆地。1896年1月，他发现丹丹乌里克遗址，在遗址内发现大片的佛教遗存。1900年3月，他到达营盘遗址所在地，对遗址内的佛塔等遗迹进行拍照、测量。1901年3月，在罗布泊荒原发现楼兰遗址，并对其中的佛塔进行考察。

[2] 1900年6月，斯坦因首次进入新疆，重点考察喀什及和田地区的历史遗迹，其中包括莫尔佛寺遗址、丹丹乌里克遗址、尼雅遗址、安迪尔遗址、阿克斯皮尔遗址、热瓦克佛教遗址等。1906年6月，斯坦因再次来到新疆，重点对环塔里木地区的三仙洞、热瓦克佛寺、哈达里克神庙遗址、尼雅遗址、安迪尔佛教遗址、米兰佛寺遗址、楼兰遗址、小阿萨佛教遗址、七个星佛寺遗址、霍拉山口佛寺遗址、达玛沟附近的佛寺遗址等进行考察。1913年，斯坦因开始第三次中亚考察活动，于同年9月到达新疆。主要考察环塔里木地区的麻扎塔格遗址、达玛沟附近的佛教遗址、若羌县的阔什玛勒遗址和巴什阔玉马勒遗址、楼兰遗址、高昌故城、吐峪沟佛寺及石窟、柏孜克里克石窟、交河故城、营盘遗址、通古斯巴西古城、托格拉克艾肯遗址、克孜尔石窟、特扎克格佛教遗址、吉格代里克佛教遗址等。

[3] 1908年11月，橘瑞超和野村荣三郎到达吐鲁番，对交河故城、木头沟遗址、柏孜克里克石窟、吐峪沟石窟、阿斯塔那—哈拉和卓古墓群等进行调查发掘，发现大量的宗教遗存；1909、1910年，橘瑞超在楼兰遗址、米兰遗址，发掘出土大量宗教遗存；1912年，吉川小一郎（大谷光瑞探险队成员之一）前往焉耆、库车等地，对库木吐喇石窟、苏巴什佛寺遗址等进行详细的考察。

[4] 1902年，格伦威德尔、勒柯克一行首次来到吐鲁番，在高昌故城发掘大量的摩尼教、景教文物遗存；1904年，勒柯克在高昌故城发现大量摩尼教壁画和文书，还发现一座小型景教教堂，出土许多景教经典残页。1906、1913年，格伦威德尔、勒柯克等人考察附近的图木舒克遗址（今名"托库孜萨来遗址"），发掘出土许多佛教文物。在库车，他们对克孜尔石窟进行考察，对诸石窟进行命名，并临摹壁画，而勒柯克等人则肆无忌惮地剥取壁画。

[5] 1906年，伯希和在图木舒克考察托库孜萨来遗址，获取大量雕塑、壁画等宗教文物；1907年，伯希和考察团到达库车，对克孜尔石窟、库木吐喇石窟、都勒都尔—阿乎尔遗址（柘厥关遗址）、苏巴什佛寺遗址等进行考察，出土许多与佛教相关的文物。

[6] 1927—1966年，黄文弼前后四次考察新疆，对哈密、吐鲁番、焉耆、库车、拜城、巴楚、于阗等地的大多数宗教遗址进行调查和发掘，尤其是对焉耆县的七个星佛寺遗址、库车县的苏巴什佛寺遗址等进行多次考察，取得显著的成果。

窟等遗址进行科学的发掘清理，随着大规模文物普查工作的不断开展，塔里木地区宗教遗存状况得到了初步调查整理。

5. 墓葬遗存

墓葬是塔里木历史文化资源中保存数量最多、历史信息遗存较为丰富的类型。20世纪初，学界就已对区域内墓葬遗存多有调查和发掘，涉及的典型遗存有小河墓地[①]、阿斯塔那墓地[②]、古墓沟墓地[③]、尼雅一号墓地[④]、山普拉墓地[⑤]、多岗墓地[⑥]、洋海墓地[⑦]、察吾乎墓地[⑧]、下坂地墓地[⑨]、莫呼查汗墓地[⑩]等。

塔里木地区的许多墓葬遗存得到很好的保存，文化信息较为全面，不仅弥补了西域史前时期的空白，也在较大程度上丰富了汉唐西域史的内容。如墓址、墓葬形制、随葬品、葬式、葬具等，直接反映了墓主生前的生活状态。历史时期的古墓群受中原文化影响较为明显，在形制上出现了斜坡式墓道墓、斜坡式偏室墓等，随葬品则出现制作较为精细的丝织物、中原钱币等，如"五星出东方利中国""王侯合昏千秋万岁宜子孙"等吉祥文字织锦，库车县友谊路"魏晋十六国砖室墓"更具中原墓葬文化特征，其形制构造和现存中原及河西走廊一带的砖室墓非常相似，反映出汉唐时期中原文化在西域传播的史实。

6. 非物质文化遗产

塔里木地区是多民族、多文化、多宗教地区，现存非物质文化遗产更为

① 新疆文物考古研究所：《新疆罗布泊小河墓地2003年发掘简报》，《文物》2007年第10期。
② 仵婷、李亚栋：《1975年之前阿斯塔那古墓群的十三次发掘及编号系统》，《丝绸之路》2016年第18期。
③ 王炳华编著：《古墓沟》，乌鲁木齐：新疆人民出版社，2014年。
④ 新疆文物考古研究所：《新疆民丰县尼雅遗址95MNI号墓地M8发掘简报》，《文物》2000年第1期。
⑤ 新疆维吾尔自治区博物馆、新疆文物考古研究所编著：《中国新疆山普拉——古代于阗文明的揭示与研究》，乌鲁木齐：新疆人民出版社，2001年。
⑥ 中国社会科学院考古研究所、新疆维吾尔自治区阿克苏地区文物局、拜城县文物局编著：《拜城多岗墓地》，北京：文物出版社，2014年。
⑦ 新疆吐鲁番学研究院、新疆文物考古研究所：《新疆鄯善洋海墓地发掘报告》，《考古学报》2011年第1期。
⑧ 新疆文物考古研究所编著：《新疆察吾乎——大型氏族墓地发掘报告》，北京：东方出版社，1999年。
⑨ 新疆文物考古研究所编著：《新疆下坂地墓地》，北京：文物出版社，2012年。
⑩ 新疆维吾尔自治区文物考古研究所编著：《新疆莫呼查汗墓地》，北京：科学出版社，2016年。

纷繁多样。①根据目前调查统计数据可将其大致分为民间文学、民间音乐、民间舞蹈、传统手工技艺、节庆民俗等。民间文学如柯尔克孜族的《玛纳斯》、蒙古族的《江格尔》、维吾尔族的《乌古斯传》等；民间音乐舞蹈如"十二木卡姆""维吾尔族民歌""塔吉克族民歌""蒙古族绰尔""维吾尔族赛乃姆""萨玛舞"等；传统手工技艺主要有地毯织造技艺、民族乐器制作技艺、民居建筑技艺等，这些都是塔里木地区各族劳动人民智慧的结晶。此外，民族和宗教节日也是塔里木地区非物质文化遗产的重要内容，如信奉伊斯兰教民族的古尔邦节和肉孜节，蒙古族的那达慕大会，塔吉克族的巴罗提节等。同时，多民族聚居地更孕育出纷繁多样的民俗特色，表现在衣、食、住、行等方面，反映出不同民族的价值取向和社会生活状况。

二、调查整理中存在的主要问题

就塔里木地区历史文化遗存的调查而言，无论是晚清时期的仁人志士，还是西方探险家，或是现今国家对文物的调查整理，均未形成一套较为合理与系统的理论方法体系，主要存在以下几个问题：

1. 对塔里木地区的地理、文化、政治特性重视不足

首先，从空间地理范围分析，塔里木地区是一个相对独立的地理空间，塔里木盆地北有天山、西有帕米尔高原、南有昆仑山脉、东有阿尔金山和一望无际的沙漠戈壁。考虑到塔里木盆地绿洲、荒漠、戈壁等地理因素对文化的区域影响，相关调查研究应注重塔里木地区地理环境的本土性和独特性，因此在调研过程中要以塔里木盆地为中心，关注从史前到汉唐以来文化遗存的演进过程，对塔里木地区文化的本土性和独特性进行考察。

其次，从文化地理范围分析，塔里木地区是连接欧亚大陆的交通枢纽

---

① 主要成果有《新疆非物质文化遗产集锦》编委会编：《新疆非物质文化遗产集锦》（第1—4卷），乌鲁木齐：新疆美术摄影出版社、新疆电子音像出版社，2009年，内容涵盖环塔里木地区各民族传统戏剧，传统体育、游艺与杂技，传统美术，传统技艺等的真实记录和描述；新疆维吾尔自治区文化厅编：《中华文脉·新疆非物质文化遗产保护系列丛书》，乌鲁木齐：新疆美术摄影出版社、新疆电子音像出版社，2015年，将哈萨克族阿依特斯、塔吉克族引水节和播种节、蒙古族江格尔、维吾尔族麦西热甫、维吾尔族鼓吹乐、锡伯族西迁节、新疆花儿、新疆曲子、新疆维吾尔木卡姆艺术、玛纳斯、乌孜别克族埃希来和叶来等非物质文物遗产进行专题介绍。

地带，塔里木盆地的绿洲丝绸之路南、北两道成为文化传播的途径，中华文明、印度文明、希腊文明和阿拉伯文明在此汇集，塔里木地区的文化体系呈现出开放性和多元性，因而在资料调查和研究中需要高度重视。

再次，塔里木地区既是文化交融之地，也是历史上多政治势力的角逐之地，军镇、烽燧、驿站、交通等在不同政权、不同时代也各有特色，因而在调查整理中需要注意政权更迭对遗存的影响，从而对塔里木地区历史文化遗存进行深入发掘整理。

2. 对具体的历史文化遗存调查、整理的方法有待提高

对塔里木地区的遗存类型进行分析时，对文献出土的原始地点、资料分类等有待规范，加之国内外文献整理研究机构分散，相互间缺乏沟通协调，多语言、多时段的出土文献有待进一步整理、规范，以求尽量还原出土文献的原始性和完整性。古城址的相关调查资料尽管已较为丰富，但是考察资料主要集中于楼兰古城、龟兹故城、交河故城、高昌故城、北庭故城等少数代表性遗址上，对其他多数古城址的专业调查和研究还不够，资料信息不完善，有针对性的专业考古发掘工作相对较少。古城址、烽燧遗址布局规律和分析其在不同历史时期的战略价值以及如何有效保护烽燧遗址方面，仍有待更多的探索。宗教遗存和墓葬遗存的保护面临着艰难的问题，如壁画保护、墓葬遗存的原始性保护等。在调查方法上，还需要进一步深化田野调查、考古发掘、历史文献等多学科联合调查的方法，甚至利用空间考古、遥感技术等对地面土遗址进行数据调查整理。① 与物质文化遗产相比，塔里木非物质文化遗产的调查和研究工作更为迫切：非物质文化遗产具有非物质性、地域性、传承性、社会性、无形性、多元性、活态性等特征，这就需要调研者长期扎根于民族群众的日常生活中，并具备熟悉民族语言、民俗传承技艺等能力，尤其是在现代文化的冲击下，许多非物质文化遗产面临消亡的威胁，因而探索有效的保护路径非常重要。

---

① 国际上开始使用卫星遥感技术对古代遗址进行考察始于20世纪90年代，法国国家科学院的Dr. Janter是这一领域的先行者，考古与遥感技术合作将会诞生一门新的跨学科"空间考古学"的出现。1993年，关于空间考古的首次专家会议在联合国教科文组织总部巴黎召开。此后，我国出现了相关成果，如中国社会科学院考古研究所考古科技试验研究中心、汉唐考古研究室：《新疆库尔勒至轮台间古代城址的遥感探查》，《考古》1997年第7期；张萍：《丝绸之路历史地理信息系统建设的构想及其价值与意义》，《陕西师范大学学报（哲学社会科学版）》2016年第1期。

总之，回顾百年来在塔里木盆地考察的中外探险家和相关文物普查，他们在对塔里木历史文化遗存的实地考察中收获丰硕，给后人留下宝贵的出土文物和发现，以及更多可资借鉴的调查经验。但总体而言，西方探险家各自为战，缺乏整体规划，对文化遗存的发掘清理多属于贸然行事。① 民国时期国人的考察和新中国成立后的文物普查及相关数据的整理，抢救性考古发掘和普查性文物整理性质十分明显，资以后人借鉴的经验十分有限。塔里木盆地位于西部边陲，地域广阔、地貌复杂，自然环境恶劣，加之该地区历史文化遗存分布广、类型多、年代跨度大和文化波及范围广，如何对其进行调查整理一直是学界考虑和探索的课题②，这就需要在调研路径和研究方法上进行创新，从而发现更有针对性的调研路径和相对完整的资料整理方法。

三、文化遗存以城址烽燧、墓葬遗存和宗教遗存为中心

虽然塔里木地区的历史文化有着多样的载体，但是文书、汉简等主要从墓葬、城址、宗教遗址出土，汉唐时期的非物质文化遗产对今世的影响多在宗教文化中有所体现。所以，根据目前塔里木地区文化遗存的实际情况，汉唐时期的文化遗存可分为墓葬文化遗存、城址烽燧和宗教文化遗存三种类型。

1. 墓葬文化遗存

墓葬文化是古代社会文化的最直接反映，尤其是塔里木地区的墓葬文化信息更全、价值更高。首先，由于塔里木地区固有的沙漠型干旱气候，墓葬

---

① 斯文·赫定在1896年第一次考察塔克拉玛干沙漠的时候，由于准备不足，考察队伍大多死于沙漠，甚至其本人也差点丧命。而面对面积广袤的塔里木盆地和众多遗存，更多的考察者缺乏周密计划，斯坦因在对和田地区进行考察时，就对该地面积广袤的历史遗存惊叹不已："仅仅是古和田地界，我细致勘察或发掘过的故址就散布于东西直线距离超过300公里以上的区域中，古代遗址的种类同样令人惊讶。遗迹断定年代前后跨度至少为11个世纪，其本质与特征呈现出非常显著的多样性。……出土的考古物品极为丰富和新颖，这必然是正确的加以记录和诠释的任务变得相当艰难。"

② 早在20世纪二三十年代中瑞西北科学考察团时期，黄文弼在其《塔里木盆地考古记》中写道："我们这次考察，还存在一些缺点，主要的是考察范围太广，包括南疆大部分地区，虽然时间达一年半之久……尤其当时强调了全面考查，多看地方，而忽略了重点发掘工作，有的遗址作的不够，有的遗址没有作，这样就增加了现在研究的困难。"在其《罗布淖尔考古记》中，对发掘的资料纷杂，时间跨度长，内容丰富，如何整理也深有感慨："余在罗布淖尔所采集之物品，品质复杂，范围亦广，自金石以至草木，自军事文化以及日用饮食诸品，莫不备具。时值抗战期间，参考书既缺乏，又无法觅取师承，皆由余一人之思考，坚苦探求，其不免于简陋。"

文化遗存整体保护相对较好，加之遗存地域分布广泛，基本覆盖历史上所有的人类居住点，并且时间跨度大，不同时期都有相应完整的墓葬文化，一定程度上补充了正史记载的不足；其次，墓葬中随葬品保存完好，出土物品数量大、种类丰富，加上有些墓主遗体保存相对完好，如"小河公主""张雄干尸"等，涉及当时族群迁徙、物质生活和精神信仰，涉及社会生活的不同侧面；最后，塔里木地区历史上很多遗址被沙漠戈壁所掩盖，大部分墓葬遗存处于荒漠地带，许多新材料仍埋葬于地下有待发掘，这在塔里木文化研究中有着独特的地位。

2. 城址烽燧

塔里木地区的城址遗存分布在当时的绿洲之上，是不同时代人类生活的聚居地。从汉代经营西域开始，塔里木盆地存在两种类型城址。一种是早期绿洲国家多以城为单元，一城或几城便为一国；另外一种是中原王朝经营西域之后所建立的屯戍城市，是中原王朝经营西域的体现，代表了不同时期的中原文化及对西域的治理状况。

烽燧是中国古代保障道路交通和边疆安全的重要设施，通常与军镇、驿站相联结，构成完整的军事防御体系。全国汉唐时期的烽燧遗存大都湮没于历史之中，塔里木地区的烽燧遗存在特殊的气候环境下得以保存相对完好。作为汉唐土遗址重要代表的烽燧是保护丝绸之路塔里木段畅通、道路安全的重要交通设施，因此将其作为塔里木地区文化遗存的重要分类，更体现了不同时期丝绸之路的走向和中原经营西域的重心变化。

3. 宗教文化遗存

塔里木地区的宗教文化遗存体现了宗教在该地区的多样性和不同时期主流宗教的变化，是国家多元宗教存在的代表性地区。因此，将宗教作为塔里木地区遗存的重要分类，体现了从耶路撒冷、撒马尔罕到塔里木地区，宗教在丝绸之路产生、传播趋向和在塔里木地区汇集的历史进程。塔里木地区见证了萨满教、祆教、摩尼教、佛教、道教、景教、基督教、伊斯兰教传播的历史，也由此留下大量的宗教文化遗存，体现了汉唐时期塔里木地区丰富多彩的宗教文化，尤其是遍布塔里木地区的佛教文化。

第四节　对塔里木地区汉唐遗址调查的路径和方法

塔里木地区既是中原文化、希腊文化、印度文化、波斯文化的边缘地带，同时又独立形成了具有文化融合特色的"知域"中心①。对于塔里木历史文化遗存的调查整理，要在充分利用前人调查成果和田野实际状况的基础上，重视塔里木盆地特殊区域的文化传播特色。对于塔里木地区文化的研究，既要以塔里木地区文化为核心，同时又要注意不同区域文化对塔里木地区文化的影响，因为组成塔里木地区文化的不是沙漠和绿洲，而是生活在绿洲和行经该地丝绸之路的人群，他们将东西方文化带到塔里木地区，又将塔里木地区文化带向周缘甚至更远的地方。因此，对塔里木地区历史文化遗存的调查整理，要根据人群流动和文化融合的特点，由点到线，由线到面，从而梳理出塔里木地区历史文化遗存时空分布形态的整体性特色。

一、调查以典型遗址为起始

"典型遗址调查"是指对于塔里木地区历史地位显著、文化底蕴深厚的城址、烽燧、石窟寺、墓葬等遗迹的实地考察。以有代表性的典型遗址为起点，逐步探寻遗址的具体分布规律，旨在以典型遗址的实地考察窥视塔里木地区历史遗迹的地域布局形态、洞悉个体类型遗址的结构特点、明确重点调查内容与目标，进而为塔里木地区丝绸之路南北两道的调查夯实基础。典型遗址的调查主要涉及吐鲁番盆地的交河故城、高昌故城、柏孜克里克石窟、吐峪沟石窟、阿斯塔那—哈拉和卓墓群和塔里木盆地的龟兹故城、克孜尔尕哈烽燧、克孜尔石窟、山普拉墓葬等。这些遗址均是西域古国或汉唐政权经营西域时期的重要遗存，它们见证了西域历史的变迁，无论在形制、规模抑或是存世价值等方面皆具代表性。

我们从2010年6月开始在吐鲁番盆地和塔里木盆地北缘对诸上遗址进行

---

① 荷兰阿姆斯特丹大学历史学家Willem van Schendel近年来提出的"Zomia"地区的地理概念，是以几个区域之间的边界相连地区进行的命名，这实际上是一种多元文化融合的区域，是跨区域的人群、物资、知识的流动构建的"知域"。

了实地考察。吐鲁番盆地地理位置显要，是贯穿丝绸之路东西、连接天山南北的枢纽。据史料记载，此处乃是车师故地，汉通西域之后，成为历代中原政权抵御北方游牧势力的前沿重地。交河故城即是车师国故都，现存遗址位于吐鲁番市西约10千米处，居于高约10米的柳叶状河心洲台地之上，故城居高临下，易守难攻。交河故城东约50千米处的高昌故城，又是一典型城址。该城始建于西汉，时称"高昌壁"，魏晋有高昌国建于此，唐在此置西州。现存城址平面略呈方形，规模较大，分内外三重，周长约5千米，外围城墙修筑有马面、角楼等防御工事，是典型的军事屯城遗址。相对交河、高昌故城而言，位于库车县库车河东岸的龟兹故城则是汉唐经略西域的重心所在，其是汉代龟兹国都"延城"和西域都护府府治地，唐时为"伊逻卢城"，后有安西都护府迁移至此，统辖塔里木地区的安西四镇。现存故城呈方形，周长约7千米，遗址内出土大量汉唐遗物，四周各有烽燧拱卫。与之相连的是克孜尔尕哈烽燧，地处库车境内，始建于汉宣帝时期，沿用至唐代。现存烽燧高约13米，为夯土筑造结构，夯层厚10—20厘米，是目前新疆年代最早、保存状况最好的烽燧。

吐鲁番盆地、塔里木盆地北缘的龟兹故城地处丝绸之路要塞，为佛教文化的传播中心。柏孜克里克石窟和克孜尔石窟是西域佛教艺术的代表之作，因此将其作为调研的起始对象很具代表性。柏孜克里克石窟，唐时称"宁戎窟寺"，是吐鲁番现存洞窟最多、壁画内容最为丰富的石窟群。现有编号石窟83座，壁画面积约1200平方米，对于研究高昌回鹘王国时期佛教具有重要的价值；克孜尔石窟，是塔里木地区规模最大、保存最好、年代最为久远的石窟之一，窟体始凿于3世纪，沿用至12世纪。现有编号洞窟269个，分布在谷西、谷内、谷东、后山4个区域，绵延3千米。石窟形制有中心柱窟、龛窟、僧房窟等类型。壁画题材以"本生""因缘""佛传"最为典型，不失为塔里木地区的佛教艺苑奇葩。

作为不同历史时期社会生活状况客观反映的墓葬遗存，是塔里木历史文化资源调查的重要内容，更是体现塔里木地区社会发展的重要载体。我们选取吐鲁番阿斯塔那—哈拉和卓墓群进行了重点考察，该墓群毗邻高昌故城，是一处高昌居民的公共墓地。20世纪50年代以来，考古人员对其进行了多次发掘，出土大量晋唐文物，堪称研究高昌社会历史和日常生活的"地下博物馆"。

通过对吐鲁番盆地和塔里木盆地数处典型遗址的实地考察，我们对塔里木地区文化遗址概况、调查方向、考察注意事项等问题有了初步的认识，进而为塔里木地区南北两道的历史文化遗址调查工作的全面开展积累了经验。

二、调查路线以塔里木南北两道为主线

塔里木地区南北两道沿线绿洲之地自古就是西域文明古国的发祥地，《汉书》记载时有36国，后分50余国。汉通西域之后，塔里木地区亦成为历代中原王朝经略西北边防的重要地带。今南北两道沿线仍留存大量的历史遗迹，记载着西域文明的发展历程。我们以塔里木地区南北两道为调查的主要路线，结合典型遗址考察的经验，先后沿北道、南道对塔里木地区现存遗址予以系统的调查与资料整理。（见图1）

2012年，我们对塔里木北道的吐鲁番、焉耆、和硕、和静、轮台、库车、新和、阿克苏、温宿、柯坪、巴楚、伽师、喀什等地进行了田野调查。吐鲁番的交河故城、高昌故城以及阿斯塔那—哈拉和卓墓群，库车的苏巴什

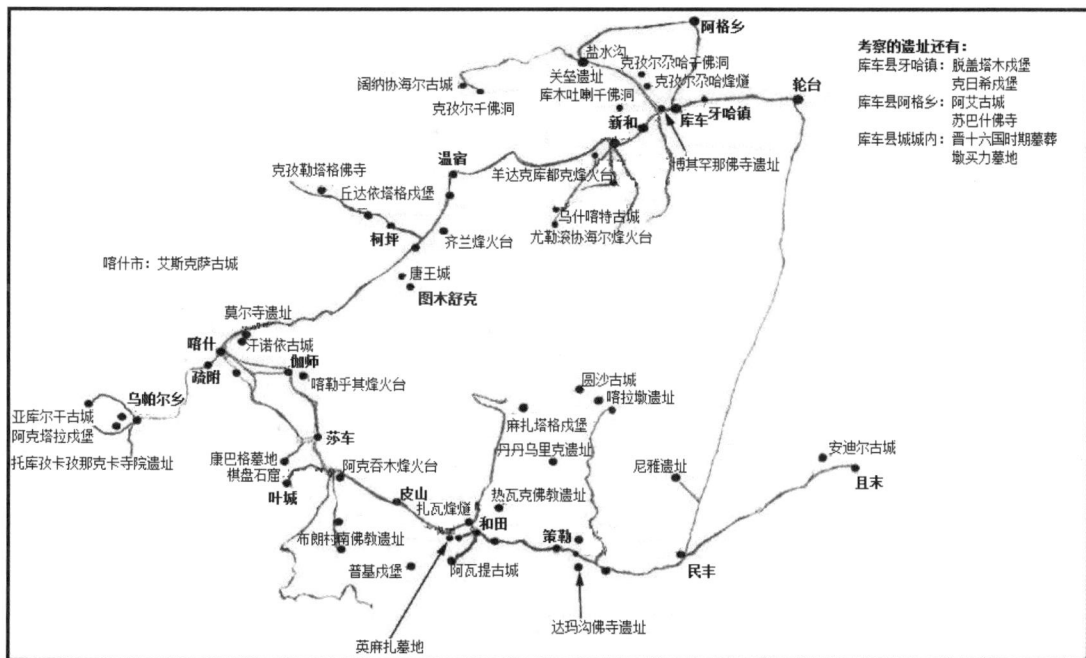

图1 塔里木地区南北两道考察路线图

佛寺、龟兹故城，拜城的克孜尔千佛洞，新和的"汉唐万亩屯田遗迹"，喀什的莫尔寺遗址，无不体现了西域神秘而辉煌的历史。

吐鲁番地区素以"火州"著称，历史文化积淀深厚。汉代以前，古车师人在此繁衍生息。汉张骞通西域后，吐鲁番地区成为丝绸之路的重要通道。唐玄奘到印度求法时经过此地，并与高昌王结义于高昌城。玄奘在离开高昌国时，允诺高昌王在求法回来之时到此讲经三年，可见当时的吐鲁番地区对佛法的崇尚。我们在吐鲁番地区考察的历史遗迹主要有吐鲁番地区博物馆、交河故城、高昌故城、柏孜克里克石窟、胜金口石窟、吐峪沟石窟、雅尔湖石窟、台藏塔、阿斯塔那—哈拉和卓墓群、洋海古墓、交河故城沟北墓地等。

焉耆为"焉耆国"所在地，和硕县为"危须国"所在地，是西域三十六国故地，但是危须国故址目前只剩下一个土堆，城墙、遗址已被取土壮地或平为耕地。七个星佛寺遗址、博格达沁古城、曲惠古城是汉唐时期有代表性的历史遗存。

轮台是丝绸之路要冲，在汉代为"仑头国"辖地，后被贰师将军李广利所灭。之后，此地的乌垒城一度成为汉代西域都护府府治所在地。今轮台县野云沟乡、策大雅乡、阳霞镇、轮台镇等都是丝绸之路的重要驿站。但遗憾的是关于西域都护府乌垒城的具体所在地，当今学界仍难以确定。轮台县考察的历史遗迹主要有阿克墩古城、阔那协海尔古城和拉伊苏烽燧。

库车及其附近的新和、拜城等地属龟兹国故地，是西域龟兹文化的发祥地。东汉时期，西域都护一度府治于此，唐代"安西四镇"中的安西大都护府府治也设在龟兹。库车境内石窟林立，是古代西域的佛教中心，著名西域高僧鸠摩罗什便出生于此。玄奘在《大唐西域记》记载此地佛寺有100余所，僧徒5000余人，其中多次提及的"昭怙厘大寺"即今天的苏巴什佛寺。除佛教遗址外，库车还有西域最早、最雄伟的克孜尔尕哈烽燧。该烽燧已有2200年的历史，矗立在盐水沟沟口的冲积台地上，是拱卫龟兹的重要军事设施。处于今天拜城县境内的克孜尔石窟，是汉唐西域佛教的中心，是佛教进入中原的中转站，今天从克孜尔石窟恢宏的规模仍然能窥见当年佛教兴盛的景象。

新和是汉唐时期的屯戍重镇，东汉名将班超在新和它乾城任西域都护长达12年。2009年，新和境内面积达10万亩的"汉唐屯田遗址"被授予"大世界吉尼斯"之最。新和境内的历史文化资源丰富，最为著名的几处文物古迹被称为"一关三城一窟"，即柘厥关、玉奇喀特古城、通古斯巴西古城、它乾城和托乎拉艾肯石窟。其中，较有代表性的玉奇喀特（维吾尔语意为"三重城"）古城位于新和县城西南22千米处，是现存汉代西域古城遗址中规模最大的一处古遗存。1928年，黄文弼来此考察，在这一带征集到汉代屯戍将士遗物"李崇之印"[①]。1953年，考古工作者又在此地发现了著名的"汉归义羌长印"，据此有专家认为这是汉代西域都护府府治所在地。我们在新和县委宣传部和地方文物部门的配合下，对唐代柘厥关、库木吐喇石窟、通古斯巴西古城、乌什喀特古城进行了考察，并对相关遗迹进行了测量，初步认为这些古城、关隘是拱卫唐代安西都护府所在地龟兹的重要设施。

温宿在汉代称为"姑墨国"，在唐代称为"姑墨州"，历史遗迹有破城子古城遗址、阿克布拉克古城等。破城子古城位于温宿县博孜墩柯尔克孜族乡东北25千米处，是天山"夏塔古道"南出口要隘；柯坪古属龟兹国，柯坪的齐兰烽火台、克斯勒塔格佛寺遗址、丘达依塔格戍堡是丝绸之路重要的历史遗迹。

图木舒克市境内考察了托库孜萨来古城，黄文弼认为该地是"尉头国"故址。托库孜萨来古城位于图木舒克山口北，规模宏大，依山而建，大致可分为内城、外城和大外城三个部分，城墙仅留残垣。因有樵夫在此拾得唐代开元通宝铜钱，所以当地汉族又把它称作"唐王城"。同时，因人们见到有九座形似庙宇的遗址，维吾尔族同胞就把它称作"托库孜萨来"，即为"九座宫殿"。

喀什古称"疏勒"，是唐代"安西四镇"之一。喀什至少自汉代起就与中原密切联系在一起，作为经略西域的要地，东汉班超在此长期驻守。如今喀什市区的盘橐城遗址中立有班超及其余36位勇士的塑像，依然彰显其经营西域时"不入虎穴，焉得虎子"的英雄气概。唐代，喀什是中原治理西域的重镇，并以此为基地经营广大的中亚地区。亚吾鲁克驿站遗址、汗诺依古城、亚库尔干古城体现了汉唐时期中央政府对喀什地区的有效治理。如今的喀什虽普遍信仰伊斯兰教，但是在汉唐时期却是佛教流行的地区。莫

---

① 有学者指为"李忠之印信"，参见朱玉麒：《所谓"李崇之印"考辨》，《中国典籍与文化》2013年第4期。

尔佛寺遗址是汉唐时期喀什佛教建筑，今佛寺由两座佛塔组成，一座为方座、圆腰、覆钵顶，另一座寺塔为倒斗形，是寺院的中心建筑，塔身正面及两侧还遗留佛龛遗迹。莫尔寺遗址是中国最西部的佛教遗址，也是目前最早的泥土建筑佛塔。2001年6月被国务院公布为第五批全国重点文物保护单位。

塔木里地区南道，"从鄯善傍南山北，波河西行至莎车"，即从楼兰南行，沿阿尔金山、昆仑山北西行，经于阗，到莎车。几乎与北道同一时期，南道有鄯善、且末、精绝、于阗、皮山等西域古国沿线分布。相对北道而言，南道因受自然环境等诸多因素的影响，至唐代中期已呈衰落之势。因而，所存遗址数量较少，多数位于荒漠或戈壁之中，个别遗址已遭流沙掩埋。2013年5月，我们自库尔勒南下，途经尉犁，对孔雀河沿线苏盖提布拉克烽燧、雅库伦烽燧以及孙基烽燧进行测量记录。之后，对沿线营盘、米兰等大型遗址进行实地考察。营盘遗址位于尉犁县城东南约150千米处，为汉晋时期遗存，是集城址、烽燧、墓葬、佛寺为一体的大型聚落遗址；米兰遗址是汉晋时期鄯善国辖地，前77年开始的伊循屯田就在此地。《汉书》卷九六《西域传》记载："'有伊循城，其地肥美，愿汉遣一将屯田积谷，令臣得依其威重。'于是汉遣司马一人、吏士四十人，田伊循以填抚之。"[①]唐后期，该地为吐蕃占据，至今仍遗存吐蕃戍堡，附近出土大量汉文、吐蕃文文书，还遗存大量汉唐时期屯田的沟渠遗迹。米兰遗址残存的佛塔较多，早期建筑年代为3世纪，是新疆现存最早的佛塔。

沿昆仑山北麓西行，考察的第一站是素有"陶片古城"之称的且末古城，遍地陶片向世人传递出悠久的历史信息；策勒县达玛沟佛教遗址群，其中托普鲁克墩佛寺占地面积仅4.5平方米，可谓是世界上最小的佛寺遗存；阿萨、阿希戍堡是佛国于阗与信奉伊斯兰教的喀喇汗王朝对抗的最后战场，它见证了佛国于阗历史的余光；洛浦县的山普拉古墓群，是魏晋南北朝时期于阗国的文化遗存，墓地曾出土大批较为完整的毛丝织品，所织图案带有中原文化元素，还有希腊、波斯文化元素，展现出中西文化在古代于阗融合的盛况；热瓦克佛寺，兴盛于2—10世纪，是和田保存较好的唯一一处具有犍陀罗风格的佛寺遗址；和田市与墨玉县的约特干遗址、达奎遗址、买力克阿瓦

---

① （汉）班固：《汉书》卷九六《西域传》，北京：中华书局，1962年，第3878页。

提古城、库克玛日方城、普基城堡、扎瓦烽燧、英麻扎墓群，展现了于阗国的文明。

从于阗国向西，就到了皮山、莎车绿洲，这里是塔里木南道的最后绿洲。莎车县位于叶尔羌河流域中心地带，是新疆"十二木卡姆"的故乡、中国"巴旦木"之乡。莎车县的历史可追溯到西汉莎车王国时期。主要的历史遗迹有奴如孜墩遗址、艾将军昆将军遗址、巴衣都韦遗址等。

此后，2014年6—8月，我们对天山北麓的汉唐遗址进行考察；2015年7—9月，在塔里木盆地沿着库车、阿拉尔、和田的沙漠公路考察了麻扎塔格山、热瓦克佛寺，进而到塔什库尔干地区的公主堡、石头城等遗址进行考察；2016年6—8月，对丹丹乌里克遗址、尼雅遗址、圆沙古城遗址进行考察；2019年1月，对和田的达玛沟佛寺遗址进行考察；5月，对塔克拉玛干沙漠深处的营盘古城、小河墓地进行考察。

三、以田野调查为主的研究方法

塔里木地区历史文化遗存调查与整理，是以田野调查为基础，涉及历史学、考古学、历史地理学、宗教学、民族学等多学科的研究。对汉唐遗址的调查与研究，必须综合前人成果和经验，在田野调查的基础上，进行多学科综合研究，系统梳理塔里木地区的文化资源状况。在多学科系统调查整理的基础上进行对比研究，如对文献记载与田野调查的实际遗存进行对比；将塔里木地区的历史文化遗存与东天山、河西地区的历史文化进行对比；将百年来历史文化遗存不同时段的保存状况进行对比，从而在对比中发现不同时期、不同地域的文化联系和区域文化特色。根据多种方法调研的成果，提出对塔里木地区历史文化遗存的保护措施，亦是研究的重要意义之一。

1. 田野调查为主

田野调查源于人类学、考古学的田野实践，即到实地、现场进行"直接观察法"，是科学收集实地资料最有效、最普遍的研究方法。塔里木地区历史文化遗存，是系统调查研究的典型区域，其主要特征是对某一自然或者历史文化区域进行地毯式调查。就其存在状态而言，主要是地下（水下）、地面保存的文物和民间口口相传的非物质文化遗产三大类，涉及田野调查、历史地理学、考古学、文化人类学等多个学科，田野调查成为其中最重要的研究方法。田野调查的目标是对既存历史文化遗存的认定和复查，"认定"是针对尚存的不可移动文物和民间技艺等，这些历史遗存尚未脱离世人的视线，加之当地居民对其价值缺乏认知，未被视作文物和遗产，因此调查中"认定"成为关键一环；"复查"是在文化和文物部门已经调查的基础上，经实地踏查对已有的相关数据进行复查与核对。

俄国、瑞典、英国、法国等国探险家，最先对塔里木地区进行了近现代意义上的田野调查。他们对塔里木地区历史文化遗存调查，与传统意义上的游记性质有着明显不同，他们注重调查的原则和方法，虽然每个人所抱的目的不同，方法各异，但是都注重出土文物的相关概念的明确性与规范性，发现和整理了大量塔里木地区的考古资料，为调查研究提供了许多资料和经验。近年来，我国的文物机构多次开展全国文物普查工作，这一工作为塔里木地区历史文化遗存的调查和研究提供了方向和资料，使得对塔里木地区历史文化遗存的调查研究目标更为明确，重点更为突出，"认定"和"复查"的目标更为明确，尤其对于破坏严重、濒临灭绝的遗迹，也是调查的重点之一。

不过，无论是百年来国外探险家的考察活动还是目前的全国文物普查工作，对于塔里木地区历史文化遗存的田野调查只是提供了部分的调研方法和调研路径。对于国外探险家，这些"外国传教士、学者、商人、官员、旅游者，以及形形色色、身份迥异的探险家，纷纷涌入中国的边疆区域，从事探

图2　进入罗布泊考察前的车队检修

险考察可能并不是他们的本意，他们每个人所抱目的不同，方法各异，在对待当地居民以及中华文化等方面，态度、取舍更带有时代与个人色彩"①，而非是系统的田野调查和资料整理，在路线和对象方面有着随意性；而以地方行政区划为单位进行的文物普查，缺少了不同区域文化信息的整体性联系，资料介绍性质强，打破了历史文化遗存时空分布的原生状态。此外，鉴于塔里木地区历史文化遗存多语言、多形式的存在状态，对其调查与研究需要发挥国际学术界各有所长的优势，进一步加强国际合作。目前，除了丹丹乌里克遗址、尼雅遗址等少数的国际合作调查外，更多的遗址发掘、遗存调查与研究有待国际学术界共同参与。

对塔里木地区的田野调查，既要吸收百年来的田野调查经验，又要不断创新，制定科学合理的调研路线，注重田野调查的针对性、系统性，并强化国际合作，不断提高田野调查的水平。

2. 长时段历史对比研究法

塔里木地区绿洲文明悠久，从史前时期就深受草原文化、中原文化、希腊罗马文化和印度文化的影响。因此，长时段对比研究塔里木地区的历史文化与草原文化、中原文化、印度文化和希腊罗马文化的渊源关系十分必要，从而可能发现塔里木地区文化更为细致的历史现象和发展脉络。

（1）从文献到田野，对比分析塔里木地区遗存的文化信息。汉文传世文献中关于西域的记载较为丰富，历代正史有相应的《西域传》《西戎传》等，笔记小说、个人传记也有相当部分涉及塔里木地区，这些记载成为研究塔里木地区历史文化的重要史料，搭建了历史时空发展的框架，粗略体现了塔里木地区文化传承的大致轮廓，但是这些记载大多是从政治、军事、地理方面简单记载，缺乏详细的文化信息，因此需要突破汉文传世文献的束缚，从田野调查、地下考古发掘中获取更多信息，补充相关历史记载和文化现象。

百年来探险家、考古学家出土了古代多种语言文字的文献，对研究塔里木地区历史有着非常重要的意义。世界六大语系中的三大语系——汉藏语系、阿尔泰语系、印欧语系的语言汇集于此，有30多种语言和近20种文字在这里留下了被使用的痕迹。目前在塔里木地区出土的古代文书涉及的文字

---

① 马大正：《中国边疆学六十年与西部探险发现》，《文史知识》2009年第11期。

有汉文、吐火罗文、和田塞语、粟特文、婆罗谜文、佉卢文、突厥文、吐蕃文、西夏文，为释读塔里木地区的历史文化信息，提供了更多的载体。在释读文献的基础上，结合历史遗存、考古资料等进行对比研究，才能更好地还原历史，对塔里木地区历史文化遗存进行更为客观的解释。

在从文献到田野的研究过程中，目前学术界已经取得了一些重要成果，如张广达、程喜霖、殷晴、王小甫、林梅村、荣新江等学者对"安西四镇"、西域烽燧制度、龟兹烽燧的布局以及穿越塔克拉玛干沙漠的路线和西域都护府故址问题的研究[1]，为今天考察塔里木地区历史文化遗存提供了很多有益的方法，为进一步探讨塔里木地区相关问题开阔了学术视野。但是，对于利用出土的古代西域语言文字资料研究塔里木地区的宗教艺术文化、民族区域文化等，就需要对中古时期的语言，包括许多死语言，如吐火罗文、粟特文等进行释读，这是国内甚至是国际学术界的短板，如何利用出土的语言文字资料释读历史信息，需要国际学术界的合作。

（2）横向对比多元文化在塔里木地区的遗存，研究区域内外的文化联系。塔里木地区历史文化遗存的多样性，不是某一历史时期特有的，而是有文字记载以来就是如此。在宗教遗址、墓葬遗址的文化发现中，在史前时期的塔里木地区文化就呈现出多样性的特色。

早在前2000年左右，塔里木地区就形成了操吐火罗语的克尔木齐人所形成的"新塔拉文化""尼雅北方青铜文化"，操汉藏语系的羌人所形成的"齐家文化"，这些在古墓沟、小河墓地、尼雅遗址等都有发现；此后，随着亚历山大东征，塔里木地区又受到希腊文化的影响，如在通古斯巴西古城出土希腊飞马图案的陶碗[2]；20世纪初，斯文·赫定在楼兰LB.Ⅱ佛寺遗址发现了许多希腊罗马风格的木雕构件，包括一件有翼神兽形象的木雕，残高70

---

[1] 参见张广达：《碎叶城今地考》，《北京大学学报（哲学社会科学版）》1979年第5期；程喜霖：《汉唐烽燧制度研究》，西安：三秦出版社，1990年；张平：《唐代龟兹烽戍守捉遗址考实》，《龟兹文明——龟兹史地考古研究》，北京：中国人民大学出版社，2010年；殷晴：《古代于阗的南北交通》，《历史研究》1992年第3期；王小甫：《七八世纪之交吐蕃入西域之路》，田余庆主编：《庆祝邓广铭教授九十华诞论文集》，石家庄：河北教育出版社，1997年；林梅村：《考古学视野下的西域都护府今址研究》，《历史研究》2013年第6期；荣新江：《从吐鲁番出土文书看古代高昌的地理信息》，《陕西师范大学学报（哲学社会科学版）》2016年第1期。

[2] 新疆维吾尔自治区文物事业管理局等主编：《新疆文物古迹大观》，乌鲁木齐：新疆美术摄影出版社，1999年，图233。

厘米，上下边缘皆有凸隼，残存狮身形象①；扎滚鲁克墓地1号墓地出土的木纺轮筒和木梳上雕刻有草原艺术风格的鹿纹，反映了塔里木地区与草原游牧文化的联系。

"龟兹的大立佛和大佛像，给予葱岭以西和新疆以东的影响，当比其他类型的石窟形制和壁画的影响更为重要。"②汉晋时期，河西走廊流行彩棺壁画墓，这种葬俗很早就传入塔里木地区，如孔雀河流域的营盘墓地15号墓就采用彩棺，年代在东汉晚期；库车的魏晋十六国墓葬，也是采用彩棺，属于典型的河西砖室墓。

城址和烽燧布局也是如此。史前时期的西域绿洲城邦多受西亚文化影响，建筑物呈现为不规则的圆形、椭圆形或者多边形；汉代通西域以来，城市的建筑形式发生了改变，如方城逐渐成为重要的建筑模式；长城，目前见到的从中国东部的山海关一直到西部的嘉峪关部分大多是明代遗存，而汉代的长城从敦煌向西一直延伸到罗布泊、孔雀河流域和阿克苏河流域。

这些文化现象说明，塔里木盆地和塔克拉玛干沙漠不是文化传播的屏障，而是各种文化的汇聚地。③草原文化、农耕文化对绿洲文化有着冲击作用，而绿洲文化也对草原文化、农耕文化有着反冲击的作用，甚至有时候起到决定性作用。从已有的资料看，距今约4000年前起，塔里木盆地就是东西方、南北方文化交流的区域，草原文化越过天山进入塔里木盆地绿洲地区，中原文化经过漫长的河西走廊和库姆塔格沙漠到达塔里木盆地，希腊文化经过亚历山大东征，进一步扩大了在中亚的存在，并与南亚印度佛教文化结合，形成具有地域特色的犍陀罗文化，从而影响了塔里木盆地绿洲千年佛教文化，而这些文化又经过丝绸之路传播到东方各地。这些说明，塔里木地区

---

① For LB.II. 0011–0013, 0021, cf. M. A. Stein, *Serindia*, 1921, p.442.

② 阿富汗的巴米扬大佛，国内的云冈石窟立佛，建筑风格和建筑形制都受到克孜尔石窟的影响。李崇峰：《克孜尔石窟——龟兹石窟寺之典范》，上海博物馆编：《于阗六篇——丝绸之路上的考古学案例》，北京：北京大学出版社，2014年，第78页。

③ 沙漠从古代以来就是重要的交通路途，经行商人和旅人，流动着货物和文化。在浩瀚的塔克拉玛干沙漠中，有数条路线可以通行，除了环塔里木地区南北两道外，从尉犁到和田、从龟兹到和田等，都有沙漠道路可以直接到达。如从焉耆到和田，法显就是直接穿越塔克拉玛干沙漠"西南行，路中无居民，沙行艰难"，直到和田。参见东晋沙门释法显撰，章巽校注：《法显传校注》，北京：中华书局，2008年，第11页。从今天的阿克苏沿着古老的和田河道直接到达和田，"拨换到于阗间"途中经历草泽馆、欣衡馆、连衡馆、谋常馆四个馆名，总名为"神山已北四馆"。参见《吐鲁番古写本展图录》，东京：朝日新闻社，1991年，图版7及解说，池田温执笔。"神山"就是今天的麻扎塔格山，这些都反映了汉唐时期塔克拉玛干沙漠中频繁的交通往来。

有具体的地理周缘，也有扩大的文化周缘，阿尔泰山、河西地区、帕米尔高原和中亚草原地区、南亚地区甚至地中海地区，是塔里木地区文明和文化的周缘，这些地区无论在地理上还是文化上都和塔里木地区有着千丝万缕的联系。

（3）纵向对比，关注不同时期塔里木地区历史文化遗存的变化状况。历史古迹的合理保护与开发状况是调查的重要部分。通过从时间上对比不同时期的历史文化遗存的保存状况，分析发生变化的原因，从而提出针对性保护对策，这是纵向对比的重要目的。

第一，整理对比百年来不同时期的塔里木地区历史文化遗存的保存状况。查阅早期中外考察记录的文献和相关资料，尤其是对著述中关于考察路线、考察的遗址结构和文化遗存的文字或实景照片进行对比整理。这些资料包括清代相关西北著述、国外探险家和民国时期国内学者的相关考察资料、新中国成立后进行的三次大规模文物普查工作等，从中可以发现塔里木地区历史文化遗存保存、变化的情况。如地处和田市郊区的约特干遗址，原有遗址目前已开垦为农田，如不查阅斯坦因的相关资料，就很难了解百年前约特干遗址还遗存有城墙；同样，目前孤立的热瓦克佛寺，在百年前还有围墙和寺院，围墙周围布满佛像；地处和硕曲惠乡的曲惠古城，现存遗址仅有1立方米大小的土墩，而在20世纪30年代黄文弼考察的时候，曲惠古城仍然有着古城的规模、形制。因此，百年来，每一次对历史文化遗存的调查与整理，都会有相关遗存记载消失的记录。所以，要纵向对比不同时期的历史文化遗存，了解其存在状况及客观因素。

第二，在对比研究基础上，分析古代遗存受到破坏的原因。由于塔里木地区和塔克拉玛干沙漠气候恶劣，干旱少雨，大风和地震也常常成为破坏的因素。尤其保存在地面的建筑，更容易遭受自然和人为的破坏，如深处沙漠中的热瓦克佛寺，1901年斯坦因发现该遗址的时候，尚有完整的寺院遗址和周边的几十尊佛像遗存，但目前已经成为沙漠中孤立的一座佛塔，加之沙漠公路途经附近，使之成为游人如织的一处旅游景点，原生态的遗存基本消失。热瓦克佛寺遗址被破坏主要是人为的，国外探险者和国内寻宝者都扮演着不光彩的角色。同样，随着人口增加和城市扩大，原来处于绿洲边缘的古遗址，也逐渐消逝。

总体而言，塔里木地区历史古迹破坏因素分为自然和人为两类。其中自然因素主要包括风蚀、水蚀、地震等；而人为因素相对较为复杂，其中塔里木盆地地域广袤、资源种类多，而国家和地方保护措施不到位是主要原因。

（3）多学科综合应用。塔里木地区历史文化遗存的调查与整理涉及考古学、历史学、历史地理学、语言学、民族学、宗教学、文化人类学、艺术学、建筑学、档案学、军事学等多学科的研究领域，需要多学科联合研究，从而整理出可供学界使用的数据资料。

塔里木地区历史文化遗存的调查与整理，首先依据考古发现和调查成果。考古学数据是进行塔里木地区历史文化遗存调查与整理的重要依据和一手资料，出土的文献资料如文书、简牍、墓志，古城址、古墓葬的发掘报告，宗教遗址的考察数据等，需要依靠考古成果；其次是传世文献，《史记》是第一部正式记载塔里木地区的文献，其后各个时期都有西域和塔里木地区的相关记载；此外，一些相关的笔记小说、游记等也涉及该地区的历史文化。域外的历史文献，尤其是中亚、西亚、欧洲、北非地区相关塔里木地区记载的成果，都有着重要价值。

人群的活动，尤其是移民，是文化传播的最根本动因，这就需要从文化人类学方面进行考察。在早期社会，印欧人就开始了族群迁徙，有学者认为印欧人的故乡可能在现今的乌克兰和南俄罗斯的大草原地区，他们从这里出发，一部分印欧人早在前4000年就向东迁移到西伯利亚、塔里木盆地和南亚次大陆；其他印欧人在前3000年后向西迁移到安纳托利亚和东欧。最近塔里木盆地出土的保存完好的干尸，是东支移民存在的证据。[①] 此外，游牧民族不断迁徙，四处征战，创建帝国，如波斯帝国、西辽帝国、蒙古帝国，这些跨文化互动比以前时代更为密集、以更系统的方式展开。在这一时期中，除了士兵和商人，还有使节和传教士，这些人群将不同的文化传播到世界各地，塔里木地区即成为文化传播的中转站和汇聚区。

此后，不同族群、不同宗教进入塔里木地区，遗留下更多的语言文字、不同的艺术表现形式、各类建筑风格的历史遗存。仅从语言文字分析，目前遗存的文献和资料有汉语、吐火罗语、和田塞语、梵语、突厥语、粟特语、吐蕃语等多种语言文字。对多语言文字、多艺术表现形式的历史文化遗存，就需要语言学、文字学、民族学、艺术学、建筑学等多学科合作，进行综合

---

① Victor H. Mair, "Prehistoric Caucasoid Corpses of the Tarim Basin", *Journal of Indo-European Studies*, 23 (1995): 281-307.

研究。

多学科综合研究，是塔里木地区历史文化遗存的重要研究方法。在出土文献的释读、古代城址烽燧的变迁、石窟艺术的特征、墓葬文化的信息等方面，只有多学科合作攻关，才能更好地解决相关问题。例如，关于汉代西域都护府"乌垒城"遗址究竟在今天何处，是西域研究中长期困扰学界的问题，时至今日仍众说纷纭、莫衷一是。因为西域都护府遗址的确定，涉及历史学、考古学、历史地理学、政治学、军事学等多学科的知识，只是依靠某一学科来解决这一问题，是较为困难的。①

塔里木历史文化中的一些可移动的文化资源，如出土文献、壁画、随葬品等，于20世纪早期就流失海外，被外国的文化机构或私人收藏，因此，进一步加强国际学术合作与交流势在必然。大英博物馆、巴黎国家图书馆、圣彼得堡东方学研究所、东京书道博物馆、美国国会图书馆等珍藏有大量的塔里木地区历史文物，这些分布于世界各地的文物，需要国际学术界共享资源，才能更好地合作研究。

调查与整理是为了更好地保存和阐释西域历史文化，在目前塔里木地区历史文化遗存保存现状的基础上，提出针对性保护对策，是今后需要解决的重大问题。塔里木地区历史文化遗存主要面临自然与人为因素的破坏，尤其是在地理条件恶劣，有着发展经济、开发能源的压力下，保护难度更为突显。这不仅需要国家和地方因地制宜制定相应的保护措施，在保护技术和保存途径上也需要国际合作，如文物修复、文物保存和信息数据化保存技术，甚至跨国申遗等。2014年的"丝绸之路：长安—天山廊道的路网"的跨国联合成功申遗，就是国际合作的一个典范。所以，对塔里木地区历史文化遗存的调查、研究和保护，既要有针对性、前瞻性路径和方法，还要进一步加强国际合作，只有这样才能更好保护塔里木地区文化遗产、深入发掘西域文化的内涵，从而不断提升中华文化的软实力，促进国际西域学研究的发展。

---

① 学术界对于汉代西域都护府到底在何处仍然存在较大的争议，多数学者认为在轮台县策大雅乡或者野云沟乡，也有学者认为在车尔楚、轮台县奎玉克协海尔古城等。相关观点见谭其骧主编：《中国历史地图集》第二册，北京：中国地图出版社，1982年，第37—38页；曾江：《西域都护府旧址或在新疆野云沟乡》，《中国社会科学报》2012年12月12日；〔瑞典〕贝格曼：《新疆考古记》，王安洪译，乌鲁木齐：新疆人民出版社，1997年，第50页；林梅村：《考古学视野下的西域都护府今址研究》，《历史研究》2013年第6期。

上　卷

塔里木北道汉唐遗址

第一章

博格达山南麓径流区历史遗址

　　博格达山南麓径流区主要依靠博格达山支脉天格尔山冰雪融水，形成了天格尔山东麓的阿拉沟，博格达山的白杨河、大河沿河、塔尔郎河、煤窑沟河、黑沟、恰勒坎沟、二塘沟、柯柯亚尔河等。这些河流孕育出吐鲁番绿洲，最后注入中国最低地——低于海平面154米的艾丁湖。

　　阿拉沟干流沿岸为重要的交通要道，301省道及南疆铁路沿干流前行。考古学者在天山深处阿拉沟内挖掘过一批春秋战国时期的墓葬，在一座前3世纪、战国晚期的大型墓葬内，发现了来自中原的菱纹罗、凤鸟纹刺绣、漆器，这证明了在张骞通西域之前，东西文化交流已经开始。白杨河，古称"白水河"，唐代从交河城沿白杨河而行的"白水涧道"是通往轮台城的道路，白杨河谷是南疆和北疆的天然分界线，攀谷北上即为水草丰美、绿意盎然的天山北麓草原带；顺谷南下则可抵达气候干旱、荒漠戈壁广布的塔里木盆地。天山南北的温度相差极限值可达30℃以上，由于气温相差大，致使白杨河成为"风口"，造就了上游达坂城"百里风区"，唐代岑参的"一川碎石大如斗，随风满地石乱走"的名句就是对该地自然环境的生动写照。

塔尔郎河发源于博格达山南坡，下游为亚尔乃孜沟。亚尔乃孜沟所流经的交河城台地，成为古代车师国国都，"因河水分流绕城下，故号交河"，唐代诗人李颀有"白日登山望烽火，黄昏饮马傍交河"的诗句，描写的就是交河城；黑沟，出山口流经七泉湖镇后渗入地下，进入胜金口乡的木头沟，是丝绸之路古道所经之地，山脚下的木头沟两岸山坡是寸草不生的火焰山。沟口两岸的柏孜克里克石窟始凿于南北朝后期，胜金口峡谷东岸存有胜金口千佛洞。河流南出胜金口峡谷，末端为高昌故城；二塘沟，发源于天山东段博格达山南坡，为鄯善县与吐鲁番市界河，下游穿过连木沁和吐峪沟大峡谷。吐峪沟千佛洞，唐代称为"丁谷寺"，是吐鲁番地区建窟最早、保存早期壁画较多的石窟，最有代表性的是小禅室和比丘禅观图的壁画；柯柯亚尔河，是鄯善县境内最大的河流，鄯善县境在汉初为姑师国地，唐设"蒲昌"县。历史上称鄯善县为"辟展"，即"蒲昌"的音转。这里昼夜温差大，日照充足，无霜期长，独特的气候条件使其成为闻名世界的哈密瓜之乡。哈密瓜已有2000多年的栽培历史，自17世纪开始，哈密瓜被列为贡品。1228年成书的《长春真人西游记》向内地第一次提到此瓜，称"甘瓜如枕许，其香味盖中国未有也"，产量占全疆哈密瓜总产量的80%以上。

博格达山南麓河流孕育了古代吐鲁番文明。火焰山南北的绿洲是该地区较早的人类聚居区，山北的苏贝希墓地和山南的洋海墓地代表了该地史前时期的文化面貌。位于亚尔乃孜沟附近台地上的交河城，一度是该地区的政治中心。此后，高昌城、柳中城成为该地的政治、经济中心。加之处于南上北下、东联西出的丝绸之路要地及干旱少雨的气候，留下大量的汉唐古迹，尤以墓葬遗存、城镇、馆驿、烽燧最多。汉唐时期，博格达山南麓一直是多族群、多语言、多文化的交汇之地，各类宗教遗存亦均有发现。

第一节 墓葬及岩画遗存

博格达峰为东天山最高峰，其南麓即是中国第一低地——吐鲁番盆地，这里是西域历史文化遗迹较为集中的地区，墓葬遗存也较有代表性，如交河沟北、沟西墓地，巴达木墓地、木纳尔墓地、胜金店墓地、洋海墓地、阿斯塔那古墓群等。该径流区域所发现的墓葬出土物品最为丰富，文化底蕴最

环塔里木汉唐遗址

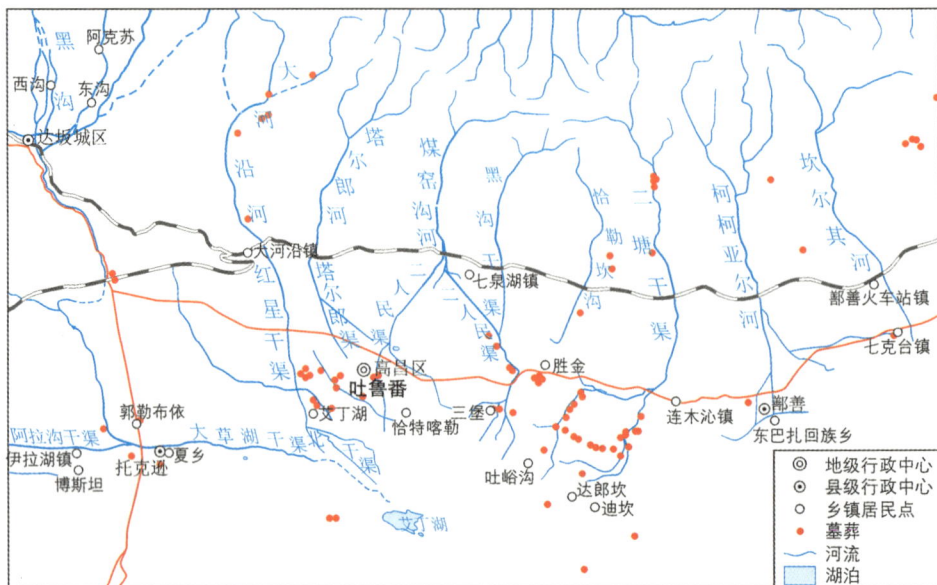

图3　博格达山南麓径流区古代墓葬分布图

为深厚，如青铜时代的洋海墓地，铁器时代的苏贝希墓地，魏晋隋唐时期的阿斯塔那古墓群等。

1. 交河沟北墓地

交河沟北墓地位于吐鲁番市亚尔乡亚尔果勒村西、交河故城沟北一不规则状的长方形台地之上，为东周至汉代遗存。该墓地占地面积约1万平方米，墓葬集中分布在台地的中部和南部，共57座，考古部门现已发掘55座。附属殉马坑55座，原墓葬地表有圆形石堆，墓葬形制分为长方形竖穴土坑墓（或称竖穴土坑偏室）和斜坡墓道洞室墓两类。其中，

图4　交河沟北、沟西墓地卫星影像图

长方形竖穴土坑墓数量20余座，地面封堆正中部位之下为中心墓室，周围附属有陪葬墓和殉马坑，而斜坡墓道洞室墓遗存数量相对较少。①

1994年，为配合联合国教科文组织联合发起的"交河故城保护维修工程"，新疆文物考古研究所对交河沟北墓地进行了发掘。考古人员分别对墓葬的整体分布、形制、葬式、葬具、葬俗进行了分类整理，并对相关问题进行分析后认为，交河沟北墓地的文化特征主要为：墓葬封堆为圆形石土堆，石土堆下出现圆形围墙，竖穴土坑为主要形制，葬式以仰身直肢为主，少量为仰身屈肢，随葬品种类丰富、规格较高，根据出土物品判断墓主应是汉代车师国贵族。墓葬中出土的绢、漆器、仿海贝和五铢钱，明显来自中原和沿海地区，由此说明这一时期车师国与中原和沿海地区有交往。

图5　交河沟北墓地

图6　交河沟北墓地航拍图②

图7　交河沟北墓地M01墓葬③

---

① 联合国教科文组织驻中国代表处、新疆文物事业管理局、新疆文物考古研究所编著：《交河故城——1993、1994年度考古发掘报告》，北京：东方出版社，1998年，第18—73页。
② 国家文物局主编：《中国文物地图集·新疆维吾尔自治区分册》，北京：文物出版社，2012年，第247页。
③ 国家文物局主编：《中国文物地图集·新疆维吾尔自治区分册》，北京：文物出版社，2012年，第247页。

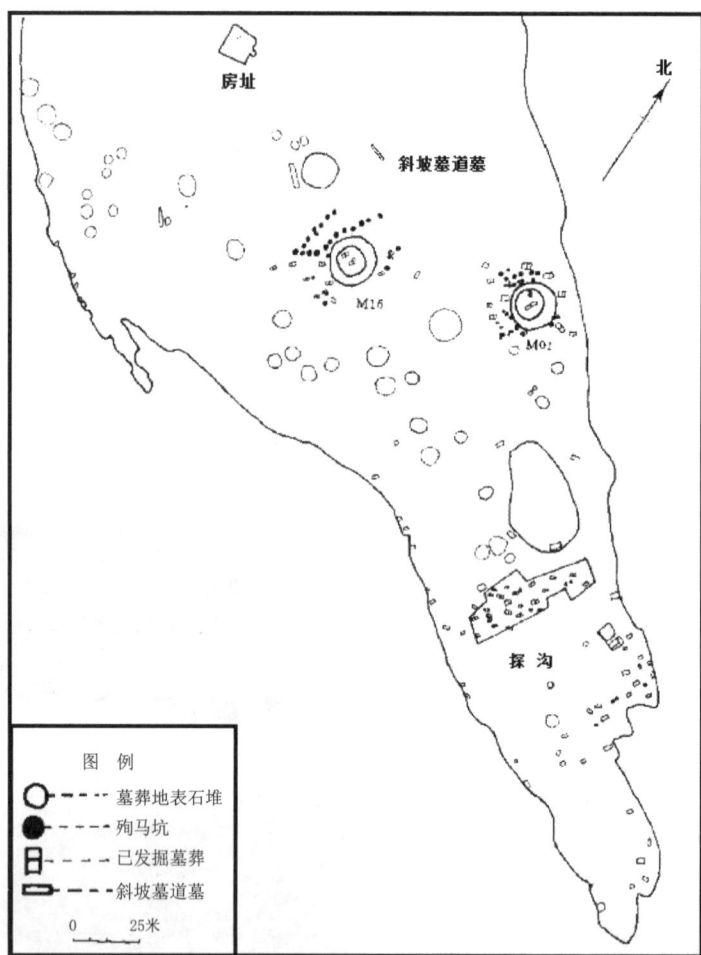

图8　交河沟北墓地墓葬分布图[①]

2. 交河沟西墓地

交河沟西墓地位于吐鲁番市亚尔乡亚尔果勒村西、交河故城西南沟西的台地上。墓地分布面积约300万平方米，是目前发现的交河故城附近规模最大、分布最为集中的一座晋唐时期的公共墓地。

20世纪以来，学者及考古专业人员对交河沟西墓地进行了调查与发掘。1902—1904年，日本大谷光瑞探险队橘瑞超、野村荣三郎、吉川小一郎先后数次到此考察盗掘。1928年，考古学家黄文弼对交河沟西高昌郡至唐代墓葬进行了测量和发掘，出土了大量器物、墓志等珍贵文物。

---

① 联合国教科文组织驻中国代表处、新疆文物事业管理局、新疆文物考古研究所编著：《交河故城——1993、1994年度考古发掘报告》，北京：东方出版社，1998年，第16页。

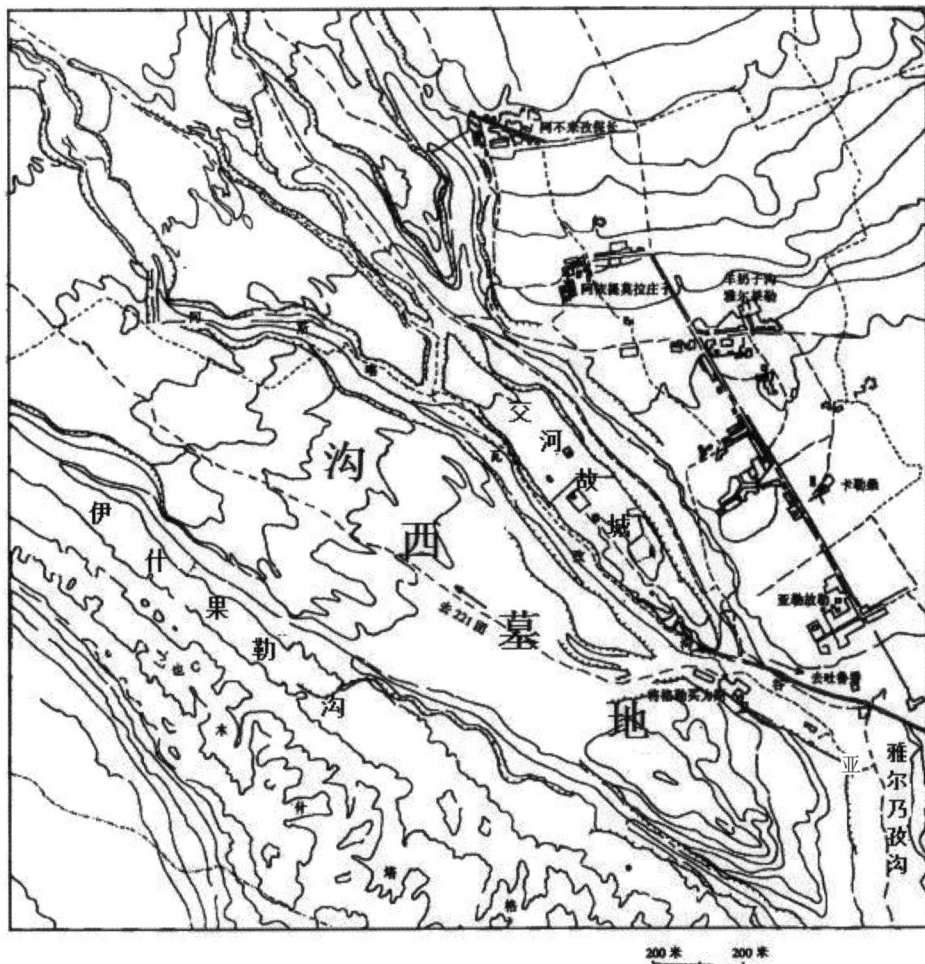

图9 交河沟西墓地地形图①

　　新中国成立后，新疆考古部门亦对交河沟西墓地展开了发掘与研究工作，其中较大规模的发掘活动有1994—1996年中日双方联合展开的交河沟西考古调查与发掘工作以及吐鲁番地区文物局于2004、2005年的抢救性发掘活动。1994—1996年，中日双方联合对交河沟西墓地进行了为期1个多月的发掘工作，于台地东南部位置编号为JⅥ12和JⅦ16两个区域内发掘竖穴土坑墓23座，其中JⅥ12遗存墓葬17座（编号M1—M17），分布相对集中；JⅦ16遗存墓葬5座（编号M18—M23），分布相对稀疏。

---

① 新疆文物考古研究所编著，王炳华主编：《交河沟西——1994—1996年度考古发掘报告》，乌鲁木齐：新疆人民出版社，2001年，第1页。

环塔里木汉唐遗址

表5 交河沟西墓地考古发掘概况①

时间	考古主体	主要工作	考古成果
20世纪30年代	黄文弼	简单的考古发掘与清理工作	《高昌陶集》《高昌砖集》《吐鲁番考古记》等考古报告
1956年	新疆考古专业人员训练班	发掘实习工作，局部小规模的发掘	发掘高昌王国至唐代曹、袁、氾姓氏墓茔内墓葬24座，出土文物700余件
1994年12月21日—1995年1月6日	新疆文物考古研究所、日本早稻田大学	考古调查与发掘工作。发现早期打制石器，对墓葬大致形制类别进行测定；利用日方提供的先进测绘技术，对沟西墓地进行1∶500的精确绘制，航拍墓群分布图，并选取编号为D茔的墓葬进行发掘工作	出土大量的文物，并发现地表无封堆标志的斜坡墓道墓1座
1995年11月—12月中旬	中日合作交河沟西调查队	详细调查交河故城及其附近的古道；选取墓群北、中、南部的9座斜坡墓道洞室进行发掘，并对墓葬进行编号和准确坐标定位	出土陶器、黏土器、铜器、金器、墓志等文物
1996年9月	中日合作交河沟西调查队	对墓葬进行编号；选取东北、西南两区域的9座斜坡墓道墓、23座竖穴墓进行发掘	出土陶器和金器等文物。编写《交河沟西——1994—1996年度考古发掘报告》
2004年10月上旬、2005年10月上旬	吐鲁番地区文物局	对墓群东南部包括康氏家族茔院在内的36座墓葬进行抢救性发掘	出土大量陶器、铜器、铁器、木器以及墓志等文物。编写《新疆吐鲁番地区交河故城沟西墓地康氏家族墓》（《考古》2006年第12期）发掘报告

---

① 王宗磊：《1994—1996年中日吐鲁番交河沟西墓地考古工作回顾及收获》，《新疆文物》1997年第3期。

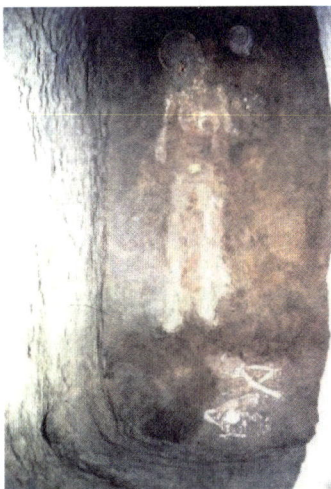

图10　交河沟西墓地竖穴土坑墓（J Ⅵ12—J Ⅵ16墓室）①

图11　交河沟西墓地斜坡墓道洞室墓②

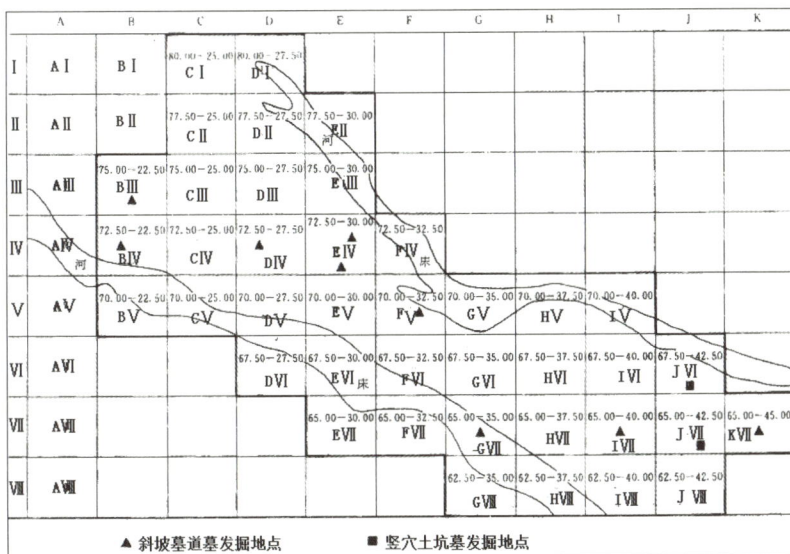

图12　交河沟西墓地墓葬发掘位置标示图③

▲斜坡墓道墓发掘地点　　■竖穴土坑墓发掘地点

---

① 新疆文物考古研究所编著，王炳华主编：《交河沟西——1994—1996年度考古发掘报告》，乌鲁木齐：新疆人民出版社，2001年，彩版四。

② 新疆文物考古研究所编著，王炳华主编：《交河沟西——1994—1996年度考古发掘报告》，乌鲁木齐：新疆人民出版社，2001年，彩版六。

③ 新疆文物考古研究所编著，王炳华主编：《交河沟西——1994—1996年度考古发掘报告》，乌鲁木齐：新疆人民出版社，2001年，第5页。

斜坡墓道洞室墓较竖穴土坑墓更为常见，主要分布在台地的南北两个区域，由于墓葬遗存数量众多，因而考古人员对该类型墓葬进行了分阶段的发掘工作。1994年末至1995年1月，考古人员对一小型墓地DⅣ的4座墓葬进行发掘，出土钵、碗、罐、盆等器物30余件以及些许金属器物及墓志数方。1995年11—12月，考古人员对沟西台地的北、中、南三个区域BⅣ的9座斜坡墓道洞室墓进行发掘，出土陶器39件，泥质器3件，铜器3件，金器1件，墓表、墓志各1方。[①]1996年，考古人员再次对交河沟西墓地进行清理，发掘EⅣ、ⅠⅣ、ⅠⅦ内斜坡墓道洞室墓9座，出土陶器55件、铜器2件、墓表4方。[②]

与此同时，吐鲁番地区文物局针对沟西台地受风蚀、盗掘严重的康氏家族茔院墓葬进行了抢救性发掘。康氏家族墓地位于台地东南部，茔院平面呈长方形，东西长52.6米、南北宽49.4米。考古人员共发掘墓葬36座，其中茔院内墓葬33座，茔院内墓葬形制分为斜坡墓道洞室墓（30座）和竖穴偏室墓（3座）两种。出土陶器119件、铜器5件、开元通宝铜钱1枚、铁器3件、金银币5枚、木器4件、料珠类遗物9件、泥俑1件、唐代墓志5方。[③]考古人员根据出土墓志、随葬品等，认为康氏家族是交河附近政治地位较高的官宦家族，是粟特昭武九姓中康国人的后裔。通过释读墓志等可知，康氏家族已入汉籍，成为高昌国及唐西州的民众。[④]

3. 艾丁湖墓地

艾丁湖墓地位于吐鲁番市艾丁湖乡也木什村东北约3000米处、恰什塔格山亚尔乃孜沟口南约500米处的一处台地上，为汉代遗存。墓葬分布大致为西北—东南走向，东西长约500米、南北宽约300米。（见图13）

20世纪80年代初，由于艾丁湖墓葬遭盗掘，吐鲁番文物部门对艾丁湖墓地进行了抢救性发掘。考古人员对其中的50座墓葬进行清理。墓葬地表为黏性硬质黄土，墓葬封堆上半部分因风蚀基本消失，导致许多墓室内的随葬品

① 新疆文物考古研究所编著，王炳华主编：《交河沟西——1994—1996年度考古发掘报告》，乌鲁木齐：新疆人民出版社，2001年，第54页。
② 新疆文物考古研究所编著，王炳华主编：《交河沟西——1994—1996年度考古发掘报告》，乌鲁木齐：新疆人民出版社，2001年，第74页。
③ 吐鲁番地区文物局：《新疆吐鲁番地区交河故城沟西墓地康氏家族墓》，《考古》2006年第12期。
④ 吐鲁番地区文物局：《新疆吐鲁番地区交河故城沟西墓地康氏家族墓》，《考古》2006年第12期。

暴露在外。墓葬形制均为长方形竖穴土坑墓，墓室平面长约2米、宽约1米。葬式较为单一，均为单人仰身直肢葬。墓葬出土陶器、石器、铜器、铁器、金器等文物165件，多属生活用具、生产用具和装饰品。（见表6）考古人员依据出土的磨制陶器分析认为，墓主所处时代应以农业为主，兼营狩猎和采集；随葬陶器的器形、花纹、陶质与附近的苏巴什墓地、乌鲁木齐南山矿区鱼儿沟墓地等文化类型相似，可能同属姑师文化。②

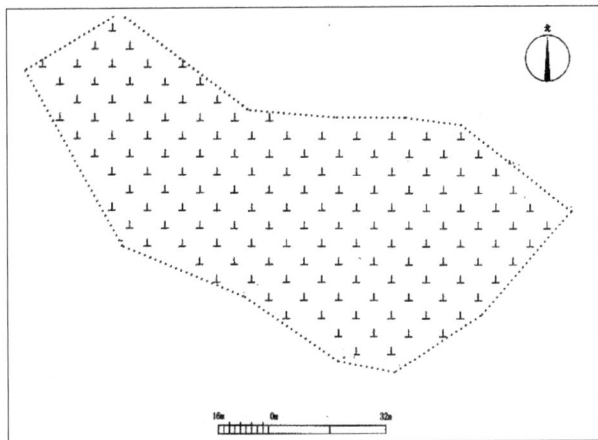

图13 艾丁湖墓地墓葬分布图①

表6 艾丁湖墓地出土文物③

墓葬编号	1	2	3	4	5	6	7	8	9	10
彩陶器	Ⅰ罐2件	Ⅰ罐钵2件	壶1件			罐1件				Ⅲ罐1件
素面陶器	Ⅱ碗1件				Ⅰ碗		Ⅰ盆1件	Ⅰ钵1件	Ⅲ钵1件	Ⅱ钵、Ⅶ罐、Ⅱ罐、勺各1件
其他				金箔花饰2件						

① 新疆维吾尔自治区文物局编：《吐鲁番市不可移动文物》，内部资料，2011年，第1092页。
② 新疆维吾尔自治区博物馆、吐鲁番地区文管所：《新疆吐鲁番艾丁湖古墓葬》，《考古》1982年第4期。
③ 新疆维吾尔自治区博物馆、吐鲁番地区文管所：《新疆吐鲁番艾丁湖古墓葬》，《考古》1982年第4期。

环塔里木汉唐遗址

（续表）

墓葬编号	11	12	13	14	15	16	17	18	19	20
彩陶器	壶、I罐、IV罐各1件									I罐1件
素面陶器		I钵2件、III罐1件		V罐1件	杯	VI罐1件	杯		I钵1件	
其他			纺轮					镞、铁泡		

墓葬编号	21	22	23	24	25	26	27	28	29	30
彩陶器	I罐1件	V罐1件	V罐1件		I罐1件		I罐1件	I罐1件	I罐2件	
素面陶器		I罐、II盆、VI罐各1件		III钵1件		纺轮		I罐1件		I钵1件

墓葬编号	31	32	33	34	35	36	37	38	39	40
彩陶器	杯	IV罐1件	I罐3件			I罐、III罐各1件		I罐2件		I罐、III罐各1件
素面陶器	IV罐1件	V罐、VII罐各1件		I罐1件	I碗1件		盂	IV罐1件		III罐1件

墓葬编号	41	42	43	44	45	46	47	48	49	50
彩陶器			I罐1件、碗	I罐1件	I罐、V罐各1件	鼎	壶	钵		
素面陶器	IV钵1件	缸	VI罐1件	VII罐1件	I罐1件		碗		IV钵1件	II罐1件

注：I、II、III、IV、V表示器型。

4. 乌堂墓地

乌堂墓地位于吐鲁番市胜金乡排孜阿瓦提村西南约2千米处、胜金口东山前一处长条状的台地上，2007年在修建连霍公路吐鲁番—鄯善段时发现。墓地分布面积约100平方米，共3座墓葬，均是唐代遗存。

2007年，考古部门在对乌堂墓地3座墓葬进行发掘清理之前，墓葬已遭盗掘，加之公路施工的破坏，墓葬上部的土层已被挖去1.3米，墓口及墓室顶部也分别遭到不同程度的毁损，墓葬地表形制无法辨别。3座墓葬的形制均为斜坡墓道洞室墓，组成结构相同，整体由墓道、墓门、前室、甬道和后室5部分组成。其中，07TWM2墓葬进深残存长度约11.76米、07TWM3约10.7米、07TWM1约0.902米，3座墓葬内部结构相同，均有前后双室、西向陈列、圆弧形墓顶，有石

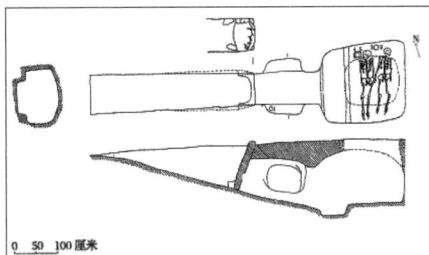

图14 乌堂墓地07TWM1墓葬剖面图*

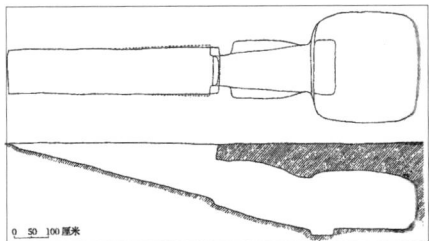

图15 乌堂墓地07TWM2墓葬剖面图[1]

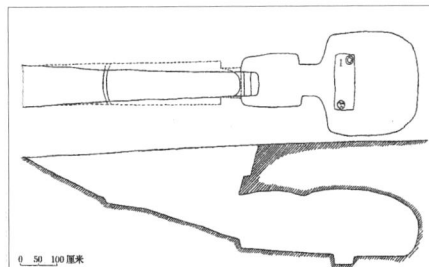

图16 乌堂墓地07TWM3墓葬剖面图[2]

块、土坯混合封门[3]，葬式均为仰身直肢一次葬。（见图14—图16）

出土随葬品主要是唐代遗存，其中07TWM1出土陶罐1件，质地为夹砂灰陶，底径13.3厘米、口径15厘米、高20厘米；陶灯盏1件，质地为夹

---

[1] 新疆文物考古研究所、吐鲁番地区文物局：《吐鲁番乌堂、雅尔唐墓考古发掘简报》，新疆文物考古研究所编，伊弟利斯·阿不都热苏勒、安尼瓦尔·哈斯木主编：《新疆文物考古资料汇编》下册，乌鲁木齐：新疆人民出版社，2013年，第1830页。

[2] 新疆文物考古研究所、吐鲁番地区文物局：《吐鲁番乌堂、雅尔唐墓考古发掘简报》，新疆文物考古研究所编，伊弟利斯·阿不都热苏勒、安尼瓦尔·哈斯木主编：《新疆文物考古资料汇编》下册，乌鲁木齐：新疆人民出版社，2013年，第1831页。

[3] 新疆文物考古研究所、吐鲁番地区文物局：《吐鲁番乌堂、雅尔唐墓考古发掘简报》，新疆文物考古研究所编，伊弟利斯·阿不都热苏勒、安尼瓦尔·哈斯木主编：《新疆文物考古资料汇编》下册，乌鲁木齐：新疆人民出版社，2013年，第1829—1833页。

砂灰陶，轮制，底径6.5厘米、口径12.5厘米、高3厘米；开元通宝红铜钱币1枚。07TWM2出土雀绕花枝菱花形镜1面、开元通宝红铜钱币2枚。07TWM3出土夹砂灰陶轮制陶盘1件，口径18.1厘米、底径14.2厘米、高2.8厘米；彩陶片1件，表面饰有黄色陶衣，残高3.3厘米。

5. 巴达木墓地

巴达木墓地位于吐鲁番市二堡乡巴达木村东约1.8千米处、火焰山南麓山前冲积台地上，南面距高昌故城4千米。由于受吐峪沟、木头沟等河流的长期冲蚀，墓地所在台地被分割成3块。2004、2008、2009年，文物部门先后多次对巴达木墓地进行了抢救性发掘与清理，根据出土器物判断，墓地是隋唐时期遗存。

墓地分布在3块台地上，考古人员将其分别编号为1、2、3号墓地（见图17），发现墓葬82座，发掘79座，墓葬形制分为斜坡墓道洞室墓（76座）、斜坡墓道带天井洞室墓（2座）和竖穴墓（1座）。

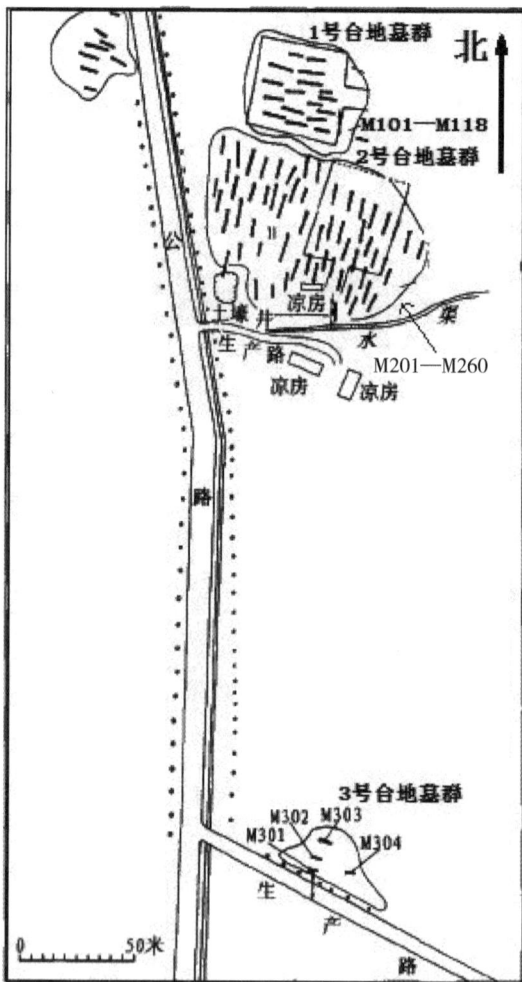

图17 巴达木墓地1、2、3号墓地分布图①

1号墓地位于墓地最北部的长方形台地上，东西长约50米、南北宽约40米，共18座墓葬，均为斜坡墓道洞室墓。因墓葬中出土一方"白奴"墓志砖，因此又名"白氏家族墓地"。（见表7）

---

① 吐鲁番地区文物局：《新疆吐鲁番地区巴达木墓地发掘简报》，《考古》2006年第12期。

表7　巴达木墓地1号墓地墓葬形制、葬式及出土文物[1]

墓号	形制	葬式	出土文物
M101	—	仰身直肢（男尸）；俯身直肢（女尸）	陶碗、罐、三足盘
M102	—		陶豆
M103	—	仰身直肢	彩绘陶罐、陶罐、碗、冥币、金币、握木、珠饰品、石块等
M104	—	俯身直肢	握木
M105	—	俯身直肢	彩绘陶罐、陶罐、木橛
M106	—	俯身直肢（男尸）；仰身直肢（女尸）	陶碗、竹签、皮带、铜扣、金币、绢画残片、发辫、铜饰等
M107	—	俯身直肢（男尸）；仰身直肢（女尸）	彩绘陶碗、贝币、铜饰、土坯墓志等
M108	—		
M109	—	俯身直肢（男尸）；仰身直肢（女尸）	陶碗、竹器、盘、麻纸等
M110	—		彩绘陶碗、陶罐、贝币
M111	—	仰身直肢	三足盘、木案、彩绘陶罐、碗、平底盘
M112	—	仰身直肢，叠压	铜饰、麻绳、陶豆、泥碗、串饰
M113	—	仰身直肢	刺绣小袋、文书、木奁盒、梳
M114	—	仰身直肢	彩绘陶平底盆、豆、碗、墓志、贝币、铜饰等
M115	—	仰身直肢（男尸）；俯身直肢（女尸）	文书、铜饰、冥币、贝币、案、梳、串饰
M116	—	仰身直肢	手杖、骨梳、纸鞋、彩绘陶碗、罐
M117	—	仰身直肢	陶碗、握木、罐、木案
M118	—	仰身直肢	

注：表中的"—"符号表示墓葬形制为"斜坡墓道洞室墓"。

[1] 吐鲁番地区文物局：《新疆吐鲁番地区巴达木墓地发掘简报》，《考古》2006年第12期。

图18　巴达木墓地

　　2号墓地位于1号墓地南侧，两台地间隔一田间小道，东西长约100米、南北宽约70米，共60座墓葬，其中13座位于茔院内，呈南北向错落排列。此墓群因出土康姓墓志砖而被称"康氏家族墓地"。（见表8）

表8　巴达木墓地2号墓地墓葬形制、葬式及出土文物[①]

墓号	形制	葬式	出土文物
M201	—		墓志
M202	—		彩绘陶碗、木案、贝币、铜钗、墓志
M203	—	仰身直肢	盆、罐、陶碗、冥币、枕、串珠、木案、梳
M204	—	侧身直肢（男尸）；仰身直肢（女尸）	土坯墓志、木梳、鸭、案、彩绘陶碗
M205	—	仰身直肢	木梳、鸭、案、泥镇墓兽、陶碗、豆、彩绘陶碗
M206	—	仰身直肢	陶罐、碗
M207	—	仰身直肢	木碗、盘、钩、泥磨、牛、鼎、勺、镇墓兽、陶碗
M208	—	仰身直肢	泥俑、铜饰、彩绘陶碗、三足盆、木鸭、案、梳
M209	—	仰身直肢	伏羲女娲绢画、文书、草编帽、铜钗、布枕、陶碗、陶纺轮

① 吐鲁番地区文物局：《新疆吐鲁番地区巴达木墓地发掘简报》，《考古》2006年第12期。

（续表）

墓号	形制	葬式	出土文物
M210	—	男仰身直肢，女不详	串珠、贝币、陶碗底
M211	—	仰身直肢	贝币、石饰、串珠、铜饰、彩绘陶碗、陶罐
M212	—	仰身直肢	陶豆、铜钗、眼罩、墓志、握木、彩绘陶碗
M213	—	仰身直肢	陶碗、盆残片、牛角
M214	—	仰身直肢	陶碗
M215	—	仰身直肢	铜眼罩、铜饰、小陶碗
M216	—	仰身直肢、俯身直肢	石灯、木梳、握木、银币、串珠、彩绘陶碗、彩绘陶盆
M217	斜坡墓道带天井洞室墓	仰身直肢	石桌、木梳、墓志、笔筒、握木、彩绘陶碗、陶灯、泥马
M218	—	仰身直肢	彩绘陶碗
M219	—	仰身直肢	陶罐、碗、铜钱、木盘
M220	—	上身仰身，下身微屈	小陶碗
M221	—	仰身直肢	木盘、木枕、木梳、陶碗、陶盘
M222	—		
M223	斜坡墓道带天井洞室墓	—	陶碗、文书、铜镜
M224	—		
M225	—	仰身直肢	贝币、波斯银币、彩绘陶碗、木握手、木橛、木鸭
M226	—	仰身直肢（男尸）；女尸不详	小陶碗
M227	—	仰身直肢	陶制单耳罐、陶罐
M228	—		
M229	斜坡道带天井洞室墓	仰身直肢（男尸）；俯身直肢（女尸）	木案、陶碗、陶灯、陶盘
M230	—	仰身直肢	布制鸡鸣枕、串饰、彩绘陶罐
M231	—		木案、木梳、土坯墓志

环塔里木汉唐遗址

（续表）

墓号	形制	葬式	出土文物
M232	—		木案、木梳、彩绘陶碗、陶碗
M233	—	仰身直肢	女纸鞋、文书、木鸭、木案、彩绘陶罐、盆
M234	—	仰身直肢	墓志、木鸭、案、手杖、橛、泥俑、金币、贝币
M235	—	仰身直肢	彩绘陶碗、陶豆、罐、木橛、握木、铜钗、金币、戒指
M236	—	直肢	
M237	—		金币、贝币、石纺轮、小陶碗
M238	—	仰身直肢	铜饰、金币、金耳环、石臼、陶罐、"高昌吉利"铜钱
M239	—	仰身直肢	冥币、贝币、串饰、木案、鸭、握木、锥、梳、泥俑、陶灯、盘、豆
M240	—	仰身直肢	纸鞋、文书、贝币、陶灯、握木、木鸭、梳、橛、彩绘陶碗、陶灯
M241	—		
M242	—	仰身直肢	铜钗、铜饰、彩绘陶罐、罐、三足盆、木梳、握木、案
M243	—	仰身直肢	木案、鸭、橛、梳、铜眼罩、彩绘陶碗、罐、豆
M244	—	仰身直肢	串珠、贝币、银币、木案、鸭、梳、棍、竹编盘、彩绘陶罐、碗、陶罐、灯
M245	—	仰身直肢	串饰、锦覆面、衣物疏、木器、履、泥俑、彩绘陶碗
M246	—	仰身直肢	金耳环、土坯墓志、彩绘陶碗
M247	—	仰身直肢	粟特文书、珠饰、陶碗、彩绘陶碗
M248	—	仰身直肢	贝币、木鸭、梳、彩绘陶碗、陶碗
M249	—		陶碗、握木
M250	—	仰身直肢	
M251	—	直肢（男尸）；仰身直肢（女尸）	

（续表）

墓号	形制	葬式	出土文物
M252	—	仰身直肢，俯身直肢	冥币、铜饰、铜眼罩、金币、木碗、罐、棍、案、梳、握木、彩绘陶罐
M253	—	仰身直肢（男尸）；俯身直肢（女尸）	木鸭、案、梳、握木、绢画残片、彩绘陶碗、三足盆
M254	—	仰身直肢	贝币、红枣、串饰、彩绘陶罐、罐、三足盆、单耳陶壶
M255	—	仰身直肢	
M256	—	仰身直肢	串珠、彩绘陶罐
M257	—	仰身直肢	陶豆盘
M258	—	仰身直肢	
M259	—	直肢	彩绘三足陶盆、陶罐
M260	—	仰身直肢	泥俑、石臼、小陶罐、豆、灯、木枕、梳、盘

注：表中的"—"符号表示墓葬形制为"斜坡墓道洞室墓"。

3号墓地位于2号墓地南约200米处，地势较低，遗存墓葬4座。（见表9）

表9　巴达木墓地3号墓地墓葬形制、葬式及出土文物

墓号	形制	葬式	出土文物
M301	—	仰身直肢	陶豆、金币、银币、铜饰、铜钱
M302	—	仰身直肢	串珠、铜钱、铜饰、金币、陶豆
M303	—		金币、铜饰、彩绘陶碗
M304	—	俯身直肢	陶罐、彩绘陶碗、金币、铁饼、铜饰品

注：表中的"—"符号表示墓葬形制为"斜坡墓道洞室墓"。

因墓葬盗掘现象严重，加之农田灌溉的侵蚀，新疆文物考古研究所于2008年5月、2009年先后对毁损严重的7座墓葬进行了抢救性发掘，其形制除斜坡墓道土洞墓和阶梯墓道土洞墓外，还有1座竖穴墓，并出土了大量遗

物。①通过两次专业的考古发掘，考古人员根据出土的生产工具、生活用具、铜币、墓志等实物资料，断定墓葬年代为7—8世纪。

6. 木纳尔墓地

木纳尔墓地位于吐鲁番市东侧葡萄乡木纳尔村、火焰山山前冲沟台地上，南临安乐古城，北距312国道约500米。受葡萄沟沟谷水流的长期冲蚀，墓地被分为3个区域。20世纪90年代以来，墓群保护区由于不断遭到大规模农田开垦的影响，加之盗掘活动猖獗，吐鲁番地区文物局于2004—2005年先后对木纳尔墓地进行了3次抢救性发掘，清理墓葬40余座。

1号台地墓群位于东侧，所在台地略呈长方形，南北长约400米、东西宽约90米，共遗存墓葬4座，皆坐落于"宋氏茔院"内部。茔院围墙基本毁损，但仍能辨认出南墙中部的门道遗迹。所存墓葬表面有显著圆丘状砾石层封堆标识，4座墓葬中有3座为斜坡墓道土洞室墓，1座为斜坡墓道带天井土洞室墓。墓葬内出土大量陶器、木器、铜饰、金币、文书、宋氏墓志等文物。

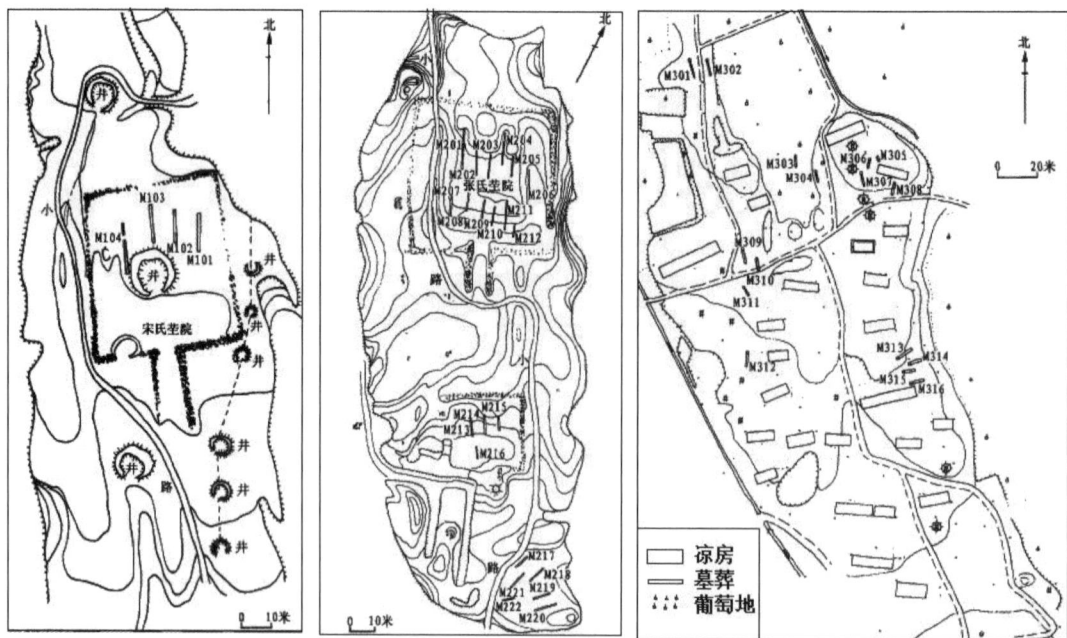

图19　木纳尔墓地1（左）、2（中）、3（右）号台地墓群②

① 新疆文物考古研究所：《新疆吐鲁番市巴达木墓地发掘简报》，《考古》2013年第6期。
② 吐鲁番地区文物局：《新疆吐鲁番地区木纳尔墓地的发掘》，《考古》2006年第12期。

2号台地墓群位于1号台地墓群西侧，南北长约250米、东西宽约90米，遗存墓葬23座，分布在台地南北两处的茔院内和东南角一处无茔院的小型墓群中。靠近北侧的"张氏茔院"遗存墓葬12座，地表均有砾石垒砌的圆丘状封堆；靠近南侧的茔院内发现墓葬4座，其中3座墓葬地表尚残留封堆，另外1座墓葬封堆因土地平整而荡然无存；无茔院的小型墓群位于台地东南角，遗存墓葬7座，地表均无明显封土标志，出土文物类型与1号台地墓群略同。

3号台地墓群位于2号台地墓群西侧，平面大致呈长方形，南北长约400米、东西宽约80米，遗存墓葬16座。因当地居民修建葡萄晾房而就地取土或直接建筑于墓葬之上，多数墓葬遭到了破坏，地表无明显封堆或茔院围墙残迹。墓葬形制分为两类，其中竖穴偏室墓1座，随葬品稀少；其余皆为斜坡墓道墓，随葬品有陶器、铜器、金银币等，较竖穴偏室墓丰富。

考古人员由出土的6方墓志、衣物疏以及随葬品分析，认为1、2号台地墓群时代应为麹氏高昌国晚期至西州早期。当时高昌国曾在此地置永安、安乐二县，唐代改为永安、安乐二乡，由此可以断定此地应是当地居民的氏族墓地。①

7. 胜金店墓地

胜金店墓地位于吐鲁番市胜金乡排孜阿瓦提村南约2千米处、火焰山水库南侧、火焰山北麓山前一处台地之上。墓葬分布在312国道两侧，北侧墓群发现较早，因公路施工建设，考古人员曾于2006年5月对其进行了发掘。2007年，公路部门在维修道路时，又

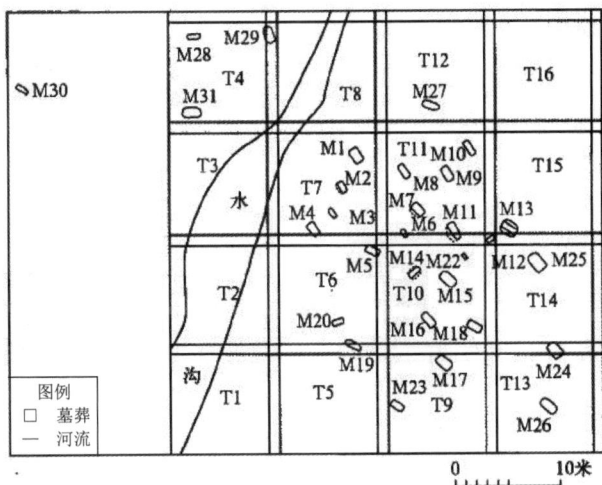

图20　胜金店墓地分布图②

---

① 吐鲁番地区文物局：《新疆吐鲁番地区木纳尔墓地的发掘》，《考古》2006年第12期。
② 吐鲁番学研究院：《新疆吐鲁番市胜金店墓地发掘简报》，《考古》2013年第2期。

环塔里木汉唐遗址

图21　胜金店墓地

图22　胜金店墓地竖穴土坑墓M3①

图23　胜金店墓地竖穴偏室墓M20②

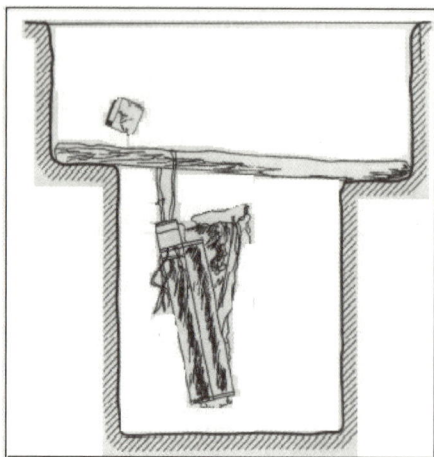

图24　胜金店墓地竖穴二层台墓M13示意图③

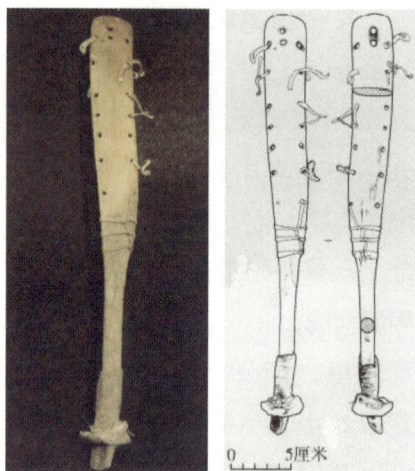

图25　胜金店墓地M2出土假肢（左）及
其线描图（右）④

① 吐鲁番学研究院：《新疆吐鲁番市胜金店墓地发掘简报》，《考古》2013年第2期。
② 吐鲁番学研究院：《新疆吐鲁番市胜金店墓地发掘简报》，《考古》2013年第2期。
③ 吐鲁番学研究院：《新疆吐鲁番市胜金店墓地发掘简报》，《考古》2013年第2期。
④ 吐鲁番学研究院：《新疆吐鲁番市胜金店墓地发掘简报》，《考古》2013年第2期。

发现了南侧墓群。为避免墓葬遭受破坏及盗掘，吐鲁番学研究院分别于2007年10—11月、2008年4月，先后对胜金店墓地进行了抢救性发掘，共发掘墓葬30座。（见图20）

墓葬地表没有明显封土标志，基本没有盗掘痕迹，整体保存状况较为完整。墓葬形制主要分为竖穴土坑墓和竖穴偏室墓两类，另还有少量竖穴二层台墓；葬式分为屈肢和直肢，其中屈肢葬式又分为仰身与侧身两种。墓葬多为二次葬，随葬品以陶器、弓箭、木器、铁器等生活用具和生产工具为主。较为特殊的是在一座墓葬内出土木制假肢，底端套有铁制马蹄。考古人员判断墓葬年代为汉代。（见表10）[1]

表10　胜金店墓地墓葬形制及随葬物品[2]

墓葬形制	墓号	随葬品
长方形竖穴二层台墓	M9	陶单耳杯、盆、木盘、弓、皮制品
	M13	陶单耳杯、钵、罐、泥灯、木盘、豆、弓、箭、棍、皮囊、袋、靴、鼓、画、铁刀、带扣、金铜扣、耳环、骨盒、玻璃珠等
长方形竖穴土坑墓	M1	陶杯、钵、盆、釜、木盘、弓、箭、刀鞘、带扣、皮扣、靴、扣、铁刀、砺石、芦苇管、琉璃珠
	M3	陶单耳罐、铁刀、铜耳环、玛瑙珠、石珠、骨管、牙饰等
	M4	陶碗、杯、木碗、扣、纺杆、木簪、皮袋、石珠项链、铜器残片等
	M5	木杯、冠饰、箭、牛角
	M8	陶杯、罐、釜、皮带扣、带、囊、弓箭袋、木弓等
	M12	不详
	M16	木盆、陶杯、木椎
	M17	陶单耳杯、钵、纺轮、小木刀、木器、木棒、芦苇杆、箭筒盖等
	M18	木钵、杯、刀、扣、带扣等

---

[1] 新疆维吾尔自治区文物局编：《吐鲁番市不可移动文物》，内部资料，2011年，第1108页。

[2] 吐鲁番学研究院：《新疆吐鲁番市胜金店墓地发掘简报》，《考古》2013年第2期。

（续表）

墓葬形制	墓号	随葬品
长方形竖穴土坑墓	M19	木箭、盘、骨饰、发辫等
	M23	木杯、盘
	M24	套杯、纺轮、木盘、皮囊、刀鞘、带扣、枕、牛角梳等
	M25	陶杯、木杯、棍、盘、橛、带扣、皮带、刀鞘、囊、马尾、马辔头、锦带、皮绳、皮靴等
	M26	陶杯、木盘、杯、箭、靴、裤、木弓、带、棕色毡衣、浅黄色毡衣、锦残片、带扣、麻布短裤、骨梳等
	M28	陶单耳杯、碗、单耳带流陶杯、帽饰、木刀、拐杖、皮杯、枕、铜簪、石斧、珠料等
	M29	陶单耳杯、单耳罐、碗、豆、木桶、盒、碗、盘、框铜镜、带扣、铁刀、石纺轮、珠、皮囊、枕、带、刀鞘、毛缔带、骨盒、梳、珠料等
	M30	单耳小陶杯、小陶碗、木碗、石磨盘等
	M31	陶单耳杯、单耳小陶杯、小陶杯、木盘、弓、箭杆、皮靴
长方形竖穴偏室墓	M2	双耳陶罐、陶单耳罐、弓、木盘、假肢、橛等
	M7	陶钵、罐、釜、皮带扣、皮带、囊、弓箭袋、木弓
	M11	木镰刀、橛、陶杯、骨梳、木签、刀、扣、簪、锥、拍、盘、皮刀鞘、靴、金耳环、纺轮、纺杆、串饰等
	M14	陶杯、碗、单耳陶杯、纺轮、木盘、杯、橛、扣、豆、盒、皮囊、带扣、靴、护套、带、弓弭、毡带、圆形皮盒、木柄铜镜、锦带、角梳等
	M15	不详
	M20	陶单耳杯、木桶、弓、箭、碗、带扣、皮靴、盒、金耳杯、串珠等
	M27	皮靴、皮制绳带、钻木取火器、木桶盖、牌饰、铁锥等

8. 洋海墓地

洋海墓地位于鄯善县吐峪沟乡、吐鲁番盆地火焰山南麓、高昌故城东15千米处。墓地分布面积5.4万平方米，分布着几千座3000年前至唐代之间的墓葬，是目前新疆发现出土文物最精美的墓地之一。洋海墓地分布于荒漠戈壁滩之上的3座大型台地之上，分别被命名为1、

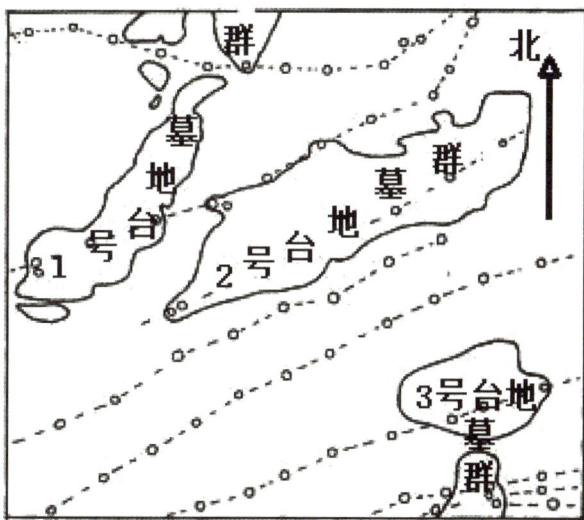

图26　洋海墓地1、2、3号墓地位置图[①]

2、3号墓地。（见图26）20世纪70—80年代，地处荒野的洋海墓地，保护措施欠缺，盗墓活动猖獗，仅1987年文物局收缴私藏洋海墓地文物就多达200余件。[②]为此，文物部门于1988、2003年先后多次对洋海墓地进行了抢救性发掘。

图27　洋海墓地

图28　洋海墓地已回填的斜坡墓道墓

（1）1号墓地位于最西部的台地上，分布面积约1.5万平方米，发掘墓葬209座。1号墓地墓葬多集中于台地的南部和中部，呈现出密集状分布。墓葬

---

① 新疆文物考古研究所、吐鲁番地区文物局：《鄯善县洋海一号墓地发掘简报》，《新疆文物》2004年第1期。
② 吐鲁番地区文物局：《鄯善洋海墓地出土文物》，《新疆文物》1998年第3期。

形制有3种：椭圆形竖穴墓29座，代表性墓葬有M145、M21、M67、M150等，主要分布于西南边缘地带。多为男性单人葬，侧身屈肢，墓室内随葬品较少，葬具颇为简陋。竖穴二层台墓55座，以M80、M48、M90、M130、M113、M142较为典型。此类型墓葬多分布于南侧，墓葬规模大小不一，葬式复杂，出现多人葬、母子葬、成年单人葬、小孩单人葬等。竖穴土坑直壁墓125座，墓葬集中分布在北部，以M1、M75较为典型。[①]
（见图29）

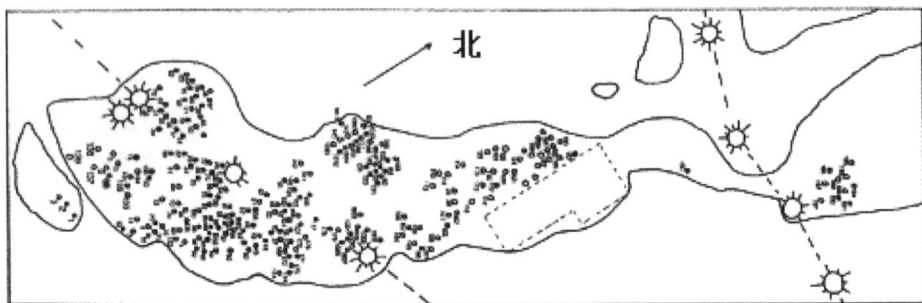

图29　洋海墓地1号墓地墓葬分布图[②]

1号墓地出土的随葬品因墓葬形制不同亦显示出各自的特征，其中，椭圆形竖穴墓出土的随葬品中，陶器类型较少，且以素面陶为主。器类均为单耳鼓腹罐，器耳很小，位于腹部的一侧。彩陶花纹流行双线倒三角纹。铜器中的典型器物为弧背环首刀、带木柄的铜斧。以1号墓地M5为代表，包括M12、M100、M113、M118、M142、M160在内的7座长方形竖穴土坑二层台墓，在整个长方形竖穴土坑二层台墓中的时代偏早。这部分墓葬中素面陶占大多数，彩陶较少。器类有罐、杯、壶、豆等，装饰纹样有竖条纹和锯齿纹两种。铜器中的典型器物为弧背直柄刀，葬式中出现仰身屈肢葬。
（见表11—表13）

---

① 新疆文物考古研究所、吐鲁番地区文物局：《鄯善县洋海一号墓地发掘简报》，《新疆文物》2004年第1期。
② 新疆文物考古研究所、吐鲁番地区文物局：《鄯善县洋海一号墓地发掘简报》，《新疆文物》2004年第1期。

表11　洋海墓地1号墓地出土陶器类型[1]

器型	样式	数量	出土物特征	出土墓葬
单耳罐	I	13	口微侈，壁较直，小鼓腹，最大径靠近底部，长带状耳，从口檐上向下接近器底	M11、M5、M132、M87、M26、M3、M5、M49
	III	12	大口，浅腹，平底	M136、M23、M152、M103
横耳杯		13	敛口，鼓腹，圜底	M111、M58、M104、M105、M121、M194
立耳杯		12	浅腹平底，多为图案精美的彩陶	M105、M1002、M133、M55、M136、M72
钵	I	8	敞口，深腹，小平底	M140
	II	4	敛口，圆腹，圜底或平底	M184、M83、M27
盆		15	敞口，浅腹，小平底，单或双均有	M166、M127、M126
圈足盘	I	5	底圈足	M14、M169、M25、M8
	II	3	高圈足	M43
圈足罐	I		横耳	M26、M199、M102
	II		竖耳	M138、M41、M26
壶	I	6	细长口，垂腹，蒜头形，单耳	M20、M160
	II	4	口中等，径长	M87、M1
	III	5	大口，单耳，短颈	M180、M164
折腹罐		5	单耳，敞口，平底	M72、M95、M190
大口罐		3		M90
勺杯		11	个体小，圜底，单耳	M59、M7、M107、M129
带流杯		3	单耳，带流，个体小	M167
双联罐		1	敞口，矮领，圆腹，圜底	M49
四足盘		1	直口，长方形	M45
乳钉小罐		1	单耳，圜底，外腹均匀排列乳钉	M16
肖形印		1	印面平，圆纽，纽上有小孔	M75

[1] 新疆文物考古研究所、吐鲁番地区文物局：《鄯善县洋海一号墓地发掘简报》，《新疆文物》2004年第1期。

表12　洋海墓地1号墓地出土木器、铜器类型①

器物类别	器型	样式	数量	出土物特征	出土墓葬
木器	盘	Ⅰ	32	大小不一，长圆形	M121
		Ⅱ	1	浅腹，平底	M105
		Ⅲ	1	圆木掏挖而成，平面呈圆形	M126
	桶		14	圆木掏挖而成，壁较薄，在一头刻一周内槽，装有圆木板做底	M160、M81
	罐		8	整木掏挖而成	M82、M26、M149、M106
	杯		2	整木掏挖而成	M177、M2
	盆		10	圆木刻挖而成，腹较深	M25、M90
	带流杯		1	圆木掏挖而成	M2
	橛		62	长短、粗细不一，圆木棍削刻而成，一头削成尖状	M87
	弓	Ⅰ	3	三曲	M11
		Ⅱ	5	五曲，连弧状	M3
	箭		154	带箭头的118件，三种样式	M189、M8、M15
	纺轮	Ⅰ	12	圆形，两平面	M138
		Ⅱ	18	圆形，锥体，一面凸	M26
		Ⅲ	5	椭圆形，锥体	M74、M100、M128
	曲棍		3	木板削刻而成，矩形	M173
	盒		2	盒体和盖子组成，长方形	

① 新疆文物考古研究所、吐鲁番地区文物局：《鄯善县洋海一号墓地发掘简报》，《新疆文物》2004年第1期。

（续表）

器物类别	器型	样式	数量	出土物特征	出土墓葬
木器	梳		20	削刻而成，间有打磨加工而成，制作精细	M154、M1001、M133、M187、M158
	箜篌		1	由音箱、颈、弦杆组成	M90
	钻木取火器		10	钻杆和钻木板组成	M107、M430
	木杆皮鞭		9	2件保存有鞭梢，其余只有鞭杆	M117
	拐杖		4	有握手的自然柳木棍，稍有加工	M49
铜器	铜刀	I	3	环首、穹背、柄顶有瘤状突，刀柄上有凸棱	M19、M78
		II	1	平顶、穹背	M5、M59
		IV	1	个体小，直柄	M1012
	铜锥		2	均带有木柄	M19
	铜马衔	I	1	两端有孔	M163
		II	2	两端有单孔	M5、M59
	铜镞		2	形态较近，均三翼	M150
	铜铃形饰		16	呈反漏斗形，中间空，长短不一	M1009
	铜管形饰		18	呈圆筒状，长短不一	M67
	铜贝		2	仿海贝模制，呈扁平状	M67

表13　洋海墓地1号墓地出土石器、皮制品及其他物品[①]

器物类别	数量	出土物特征	出土墓葬
磨刀石	6	均为长条形，长短、厚薄不一，砂岩块模制	M109、M5
皮制品	50	大衣、裤子、帽子、鞋靴、盒、囊、袖套、马辔头、鞭、弓箭袋、篓、扳指、刀鞘等	M67、M125、M90、M103
骨、角、贝、金器	56	骨锥、马镳、牛角杯、箭头、海贝等	M180、M119、M90、M19、M183
服饰及毛织物		服饰残存均为碎片，织物组织分斜纹和平纹等	

① 新疆文物考古研究所、吐鲁番地区文物局：《鄯善县洋海一号墓地发掘简报》，《新疆文物》2004年第1期。

值得注意的是，在1号墓地出土迄今在中国境内发现的年代最早、保护最为完好的竖琴（箜篌）。

（2）2号墓地位于1号和3号墓地的中间位置，分布面积约2.4万平方米。墓葬主要分布于台地的中部与西部，呈片状密集有序分布，东部仅有零星墓葬。2号墓地墓葬遭盗掘严重，在发掘时发现盗坑150多处。考古人员共清理发掘墓葬213座，遗存年代在前790—前480年。（见图30）

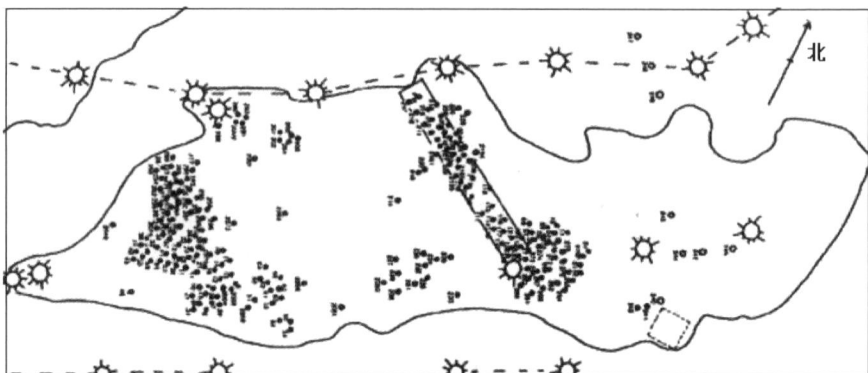

图30　洋海墓地2号墓地墓葬分布图①

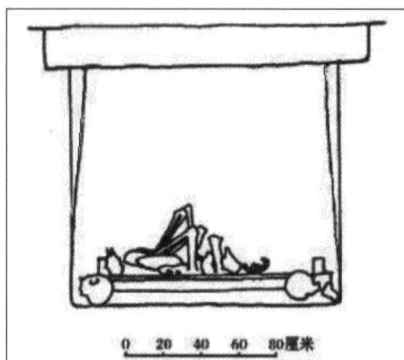

图31　洋海墓地2号墓地B型墓葬M284②

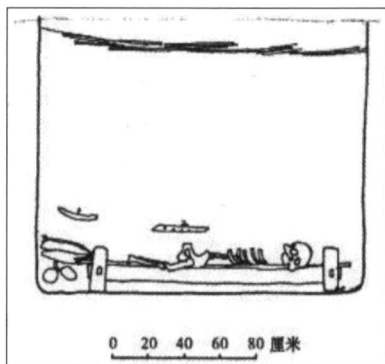

图32　洋海墓地2号墓地C型墓葬M2038③

---

① 新疆文物考古研究所、吐鲁番地区文物局：《鄯善县洋海二号墓地发掘简报》，《新疆文物》2004年第1期。
② 新疆文物考古研究所、吐鲁番地区文物局：《鄯善县洋海二号墓地发掘简报》，《新疆文物》2004年第1期。
③ 新疆文物考古研究所、吐鲁番地区文物局：《鄯善县洋海二号墓地发掘简报》，《新疆文物》2004年第1期。

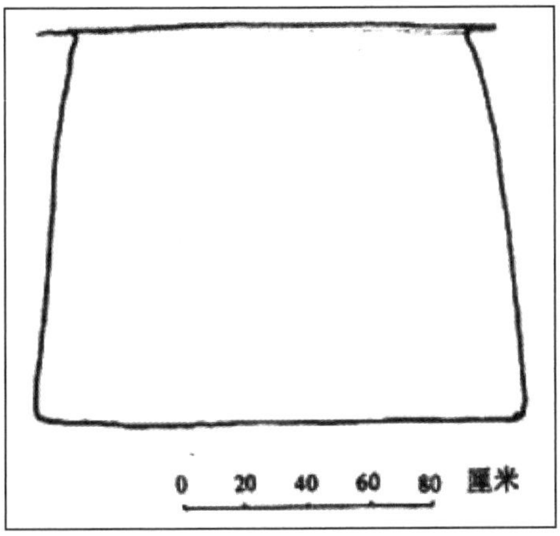

图33 洋海墓地2号墓地C型墓葬
M243[1]

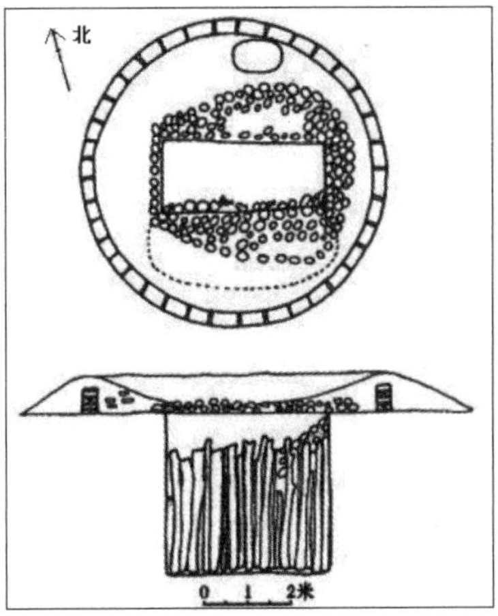

图34 洋海墓地2号墓地
D型墓葬M249[2]

表14 洋海墓地2号墓地墓葬形制特征[3]

墓葬型号	数量	特征	典型墓葬
B	7	四边二层台竖穴墓；二层台较浅，直壁，平底；修建较为规整	M284
C	166	竖穴直壁，平底	M2038、M2063、M2069、M260、M2042、M273、M2054、M2052、M272、M2005
D	37	长方形竖穴，底大于口，呈方形，袋状	M243、M2205、M2211、M2206
E	3	规模较大，成排分布，地表有圆形封堆，中间呈凹陷状；墓葬北侧有殉马坑	M249

① 新疆文物考古研究所、吐鲁番地区文物局：《鄯善县洋海二号墓地发掘简报》，《新疆文物》2004年第1期。
② 新疆文物考古研究所、吐鲁番地区文物局：《鄯善县洋海二号墓地发掘简报》，《新疆文物》2004年第1期。
③ 新疆文物考古研究所、吐鲁番地区文物局：《鄯善县洋海二号墓地发掘简报》，《新疆文物》2004年第1期。

环塔里木汉唐遗址

表15　洋海墓地2号墓地出土器物概况[①]

器物类别	器型		数量	出土物特征	出土墓葬
陶器	单耳罐	I	293	长宽带耳，饰有连续的条形锯齿纹或条形纹	M2030、M299、M2072、M200、M220、M298
		II		耳短，装饰纹样以变形的涡纹为主	M260、M295、M2121、M2064、M272、M278
		III		瘦长体，小口垂腹，圜底，耳上举，个体较小	M251
		IV		耳位置位于颈肩部	M2023、M283
	壶		293	多为彩陶，单耳或双耳，相对陶罐有较长的颈和较小的口，个体较大，均为平底	M253、M219、M2054、M242
	横耳杯			个体较小，做工精细，多有精美花纹	M212、M2007、M2010、M252、M284、M239、M2060、M215、M268、M219
	釜			大口，鼓腹，平底，个体较大，有耳	M2206、M2208、M2204、M2203
	钵			大口浅腹，圜底，单耳	M213、M2047、M2019、M289
	筒形杯			样式各异	M2007、M2005、M2211
	带流杯			敞口，鼓腹，平底，单耳，耳相对应的一边有流嘴	M2018
	泥塑风吹管			黄泥手工制	M2210
	木骨泥俑			柳枝做骨，黄泥塑，面部扁平	M2063

---

① 新疆文物考古研究所、吐鲁番地区文物局：《鄯善县洋海二号墓地发掘简报》，《新疆文物》2004年第1期。

（续表）

器物类别	器型	数量	出土物特征	出土墓葬
木器	桶		圆木掏挖而成；素面，个别雕刻有图案	M2204、M273、M258、M2056、M2040、M297、M2068、M2069、M220、M2008、M2211
	盘		浅腹，多平底	M260、M212、M2105、M243、M282
	箜篌	1	音箱、颈和颈头为一根圆木挖削成为一体，颈头凿孔装弦杆	M263
	曲棍		扁平，弯曲，较长的一头有椭圆形手柄	M2010、M273、M213
	直角形器		制陶和抹泥用具，弯成直角形，磨光，一头大一头钝	M296、M245
	扣		个体小，多用在马具、弓箭袋、皮盒上	M220
	手杖		为自然弯曲的木棍加工而成	M243
	纺轮		数量多，做工精细，轮杆打磨光滑	M2056、M2204
	桂叶形木器	1	长条形，扁平状	M2059
骨器、角器、皮具	骨锥		扁平，一端尖，通体磨光	M270
	辔头		残破不全	M213
葡萄藤标本		1	扁圆状，褐色	M2069
石器	臼		形态各异	M2038
	砺石		长条形，扁平状，一端有穿孔，可穿绳；为灰砂岩质	M2104、M2047、M2210、M2057
铜器	马衔	1	双环相套式	M214
	铜刀		Ⅰ式，细长体，大环	M286
			Ⅱ式，平首	M231
铁器			数量少，主要是刀	M243

值得一提的是，在2号墓地出土了距今3000年的葡萄藤。这根葡萄藤长1.15米，分多节，每节长11厘米，看上去与现在葡萄藤极为相似。这就说明，早在张骞出使西域之前，吐鲁番地区已经开始种植葡萄。

（3）3号墓地位于2号墓地南约120米处的台地上，地势相对低平，分布面积约1.5万平方米。台地中间有一冲蚀沟将墓地分为南北两部分。北部墓葬较为集中，呈片状分布；南部墓葬数量较少；呈零星状分布。（见图35）

墓地在考古人员发掘之前已经被大片盗掘，地表散布人骨、陶片、织物品。考古人员抢救性发掘北部墓葬63座、南部墓葬17座。墓葬形制大致和2号墓地一致，分为4种类型。随葬品仍以陶器、木器为主，兼有少量石器、铜器、骨器等。（见表16—表18）

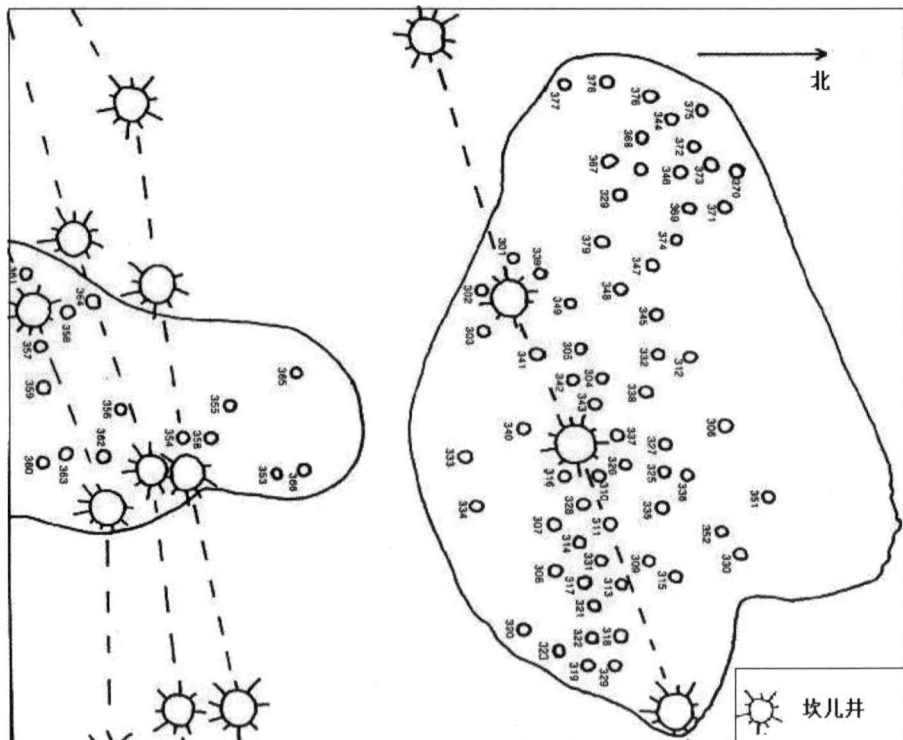

图35　洋海墓地3号墓地墓葬分布图①

① 新疆文物考古研究所、吐鲁番地区文物局：《鄯善县洋海三号墓地发掘简报》，《新疆文物》2004年第1期。

表16　洋海墓地3号墓地墓葬形制特征[1]

墓葬型号	数量	墓葬特征	典型墓葬
B	1	竖穴二层台墓	M366
C	20	长方形竖穴墓，墓口长、宽差距较小，墓壁直或微敞口	M353、M360、M362、M364
D	7	长方形竖穴，口小底大，略呈袋状，墓口长、宽差距较大	M358
E	52	竖穴偏室墓，竖穴口一般较为窄长，底部多有生土二层台，向长边一侧或两侧掏进形成墓室	M315、M316、M318、M329、M371、M376

表17　洋海墓地3号墓地出土木器概况[2]

器物类别	器型	数量	出土物特征	典型墓葬
木器	冠饰	7	薄木板黏合而成，底口近方形	M318、M380、M333
	手杖	5	自然圆木加工而成	M371、M350、M325
	梳	4	长方形，梳齿加工后装在一起的；分为两种样式	M371、M329、M364、M304、M318
	弓	20余	结构复杂	M318、M317
	箭	22	三截加工合成，弦用牛皮胶和很细的牛筋绳，箭尾有挂弦的槽	M318、M321、M317
	纺轮	6	木纺轮，其中一件为石纺轮	M377、M336、M365
	俑	1	上身俑，用小圆木雕刻成，平顶，胖腮	M374
	桶片	1	底部缺失	M320
	篓	1	苇片手编，方形底，圆口，用麻绳锁口加固	M376

---

[1] 新疆文物考古研究所、吐鲁番地区文物局：《鄯善县洋海三号墓地发掘简报》，《新疆文物》2004年第1期。

[2] 新疆文物考古研究所、吐鲁番地区文物局：《鄯善县洋海三号墓地发掘简报》，《新疆文物》2004年第1期。

表18　洋海墓地3号墓地出土石器、金属器及骨器、皮革制品概况[①]

器物类别	器型	数量	出土物特征	出土墓葬
石器	砺	1	砂岩质，长条形，扁平状，一端有穿孔	M364
	杵	5	砺石	
	石片石器	4	有圆饼状	M347
铁器	刀		长条形，直柄，窄刃	M339
	带钩		多用于马鞍鞯和弓箭袋上	M335、M301
	杯	1	杯形，敞口，圜底，个体较小	M359
	锥		带木柄	M376
金器、铜器	耳环	1	双环呈90度焊接，从下面环上吊金丝、连接蚌壳片	M312
	帽饰	1	圆形凹底	M368
骨器	扣	1	用兽骨刻成，微曲呈管状，中空	M344
	角镳	1对	羚羊角穿孔制成	M374
	骨镳	1对	扁圆长条形	M301
	杯		多以牛角制成，加工精致	M325、M373、M377
	牛角器半成品	1	牛角截去尖部，抛光	M327
	锥	1	兽骨磨制	M373、M301
皮革制品	刀鞘	1	长条形	M318
	手套	1	红毛线缝制带毛皮革	M335
	枕	1	长条形，内装有皮革碎片	M313
	毛编制带	3	宽度相同	M336
	毡帽	3	毛毡裁剪缝合而成	M377

---

① 新疆文物考古研究所、吐鲁番地区文物局：《鄯善县洋海三号墓地发掘简报》，《新疆文物》2004年第1期。

洋海墓地出土可冶炼铁器的坩埚，这表明生活在这里的人们已经掌握了铁器的制作技艺。在洋海墓地中还发现很多铜器，这说明洋海人通过利用冶炼铜器的吹风管，掌握冶铜技术，打破吐鲁番铜器外来的说法。同时说明，在3000—2000年前，已经有部分游牧民族在这里定居，开始早期的农业生产，种植葡萄、荞麦等农作物，穿着目前发现最早有裆的裤子。洋海古墓群的发现将西域乐器、农耕生活的记载再次向前推进了。2006年，洋海古墓群被公布为第六批全国重点文物保护单位。

9. 喀格恰克墓地

喀格恰克墓地位于托克逊县城东南约18千米处、喀格恰克村东的戈壁滩高地上。墓地分布面积约280平方米，遗存墓葬18座。20世纪80年代初，墓地曾遭盗掘，其中5座墓葬破坏严重。1983年春，吐鲁番地区文物保管所对遗存相对完好的15座墓葬进行了清理发掘。（见图36）

研究人员将15座墓葬依次编号为83TOHM1–M15，墓葬地表原有的封土标志基本无存。形制均为竖穴土坑墓，平面略呈长方形。墓室规格一般为：长1.5—2米、宽1—1.2米、深1.2—1.76米。[1]墓室内的人骨大部分已经腐烂，埋葬人数、具体葬式无法辨认。墓葬随葬品分为生产工具和生活工具两类，其中又以陶器为主，分为彩陶与素陶两种。器型多为壶、罐、杯、碗等。（见表19）

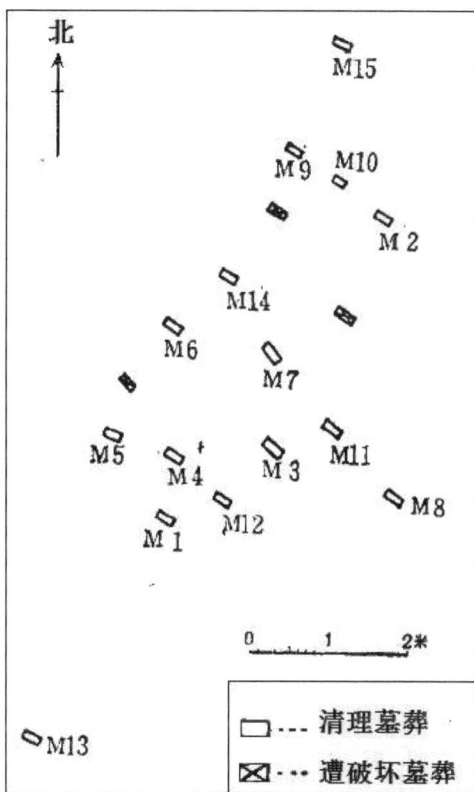

图36　喀格恰克墓地墓葬分布图[2]

① 吐鲁番地区文物保管所：《新疆托克逊县喀格恰克古墓群》，《考古》1987年第7期。
② 吐鲁番地区文物保管所：《新疆托克逊县喀格恰克古墓群》，《考古》1987年第7期。

环塔里木汉唐遗址

表19　喀格恰克墓地出土陶器概况①

墓号	M1	M2	M3	M4	M5	M6	M7	M8
彩陶	竖条纹罐	竖条纹罐、条带网格纹壶、矮颈侈口杯	竖条纹罐、折线纹罐、折线纹壶、环带菱形纹壶	涡纹罐、涡纹壶		涡纹壶、残破陶器	竖条纹罐、俯仰三角纹盆	竖条纹罐、倒三角纹钵
素陶	平底壶、圜底壶			釜、鼓腹平底单耳杯	鼓腹圜底单耳杯、破碎陶器	纺轮	破碎陶器	圜底壶、破碎陶器

墓号	M9	M10	M11	M12	M13	M14	M15
彩陶	竖条纹罐、空心三角纹碗	折线纹杯	变体三角纹罐	竖条纹罐、折线纹杯、水波纹钵	条带网格纹壶、涡纹杯	竖条纹罐、变体三角纹	竖条纹罐
素陶		单耳罐	圜底壶、明器小陶罐、明器小陶杯、纺轮		单耳罐、直壁单耳灰陶杯、破碎陶器		錾耳碗

注：M4还出土石器——石质尖状器。

10. 阿斯塔那古墓群

阿斯塔那古墓群位于吐鲁番市东南45千米处，南部5千米为高昌故城北。目前分为两大区域，1号墓群位于三堡乡政府北约2.5千米处，2号墓群位于三堡乡曼古布拉克村北约1千米处。

20世纪初期，日本大谷光瑞探险队曾对该墓群进行盗掘，此后黄文弼对其进行了考察。阿斯塔那古墓群中的墓主既有达官贵人，也有平民百姓，尤其出土的大量文书、墓志、绘画等，成为记录晋唐时期吐鲁番历史的活档案，被誉为"吐鲁番地下博物馆"。墓葬是晋唐时期高昌国居民的公共墓地。1988年，阿斯塔那古墓群被列为全国重点文物保护单位。

---

① 吐鲁番地区文物保管所：《新疆托克逊县喀格恰克古墓群》，《考古》1987年第7期。

阿斯塔那古墓群墓葬皆为土洞墓，有的墓中绘有壁画。根据墓葬年代，可以将古墓群分为三个时期。第一时期为晋至十六国时期（3—5世纪末），这一时期的墓葬有斜坡墓道土洞墓和竖井墓道土洞墓两种，常见的葬具是木棺，随葬的陶器多为素面灰陶，较少见到墓志，壁画以描写庄园生活为主。第二时期为麴氏高昌国时期（6—7世纪中叶），出现了家族聚葬的茔地，斜坡墓道土洞墓墓室壁外凸，葬具较少见到棺木。陶器多彩绘明器，随葬的木俑初现精美，开始出现砖志。第三时期为唐西州时期（7世纪中叶—8世纪中叶），墓葬为斜坡土洞墓，墓

图37　阿斯塔那古墓群卫星影像图

图38　阿斯塔那古墓群斜坡墓道洞室墓墓道

道更长，上方出现了天井，墓室空间更大，有的分为前、后室。随葬的陶俑数量多，制作精美，出现了伏羲女娲的绢画以及一些形制较大、内容较多的石质墓志。

表20　1959年阿斯塔那古墓群北区墓葬发掘及出土物概况[①]

墓葬发掘编号	M301—M306
墓葬形制	斜坡墓道土洞墓
墓主服饰	衣服多为丝织品；绛地丝鞋、麻布鞋、凉鞋、纸鞋、麻布外套、素绢外套、素绢上衣

① 新疆维吾尔自治区博物馆：《新疆吐鲁番阿斯塔那北区墓葬发掘简报》，《文物》1960年第6期。

（续表）

丝、麻织品	鸟兽树木纹锦、双兽对鸟纹锦、树纹锦、香色绫地红色菱纹锦、朱红色绫地妃色规矩纹锦、小团花纹锦、对马纹锦、绢
绢画	均已残破，共6幅
文字资料	墓志4方、随葬物单5件、符箓1纸、文书写纸
其他随葬物	陶器、俑类、食物、木案盘、木鸭、剪纸、钱币、装饰品、木梳、木牌、泥饼、网冠残片

表21　1960年阿斯塔那古墓群麴氏高昌国时期墓葬发掘概况[1]

墓葬发掘编号	M307—M316、M319—M321、M323、M324、M328、M329、M331、M333—M335
墓葬形制	斜坡墓道土洞墓
陶器	单耳罐、陶罐、陶碗、陶钵、陶杯、陶碟、陶盆、陶灯
木器	木案、木鸭、木梳、木橛、木握手、木钉
剪纸	32片，形制多样，束腰形、菱形、梯形、三角形、圆形等
装饰品	珠饰，其中玻璃珠8颗、石珠2颗，贝饰12枚，铜簪9件
货币	铜钱3枚、银币1枚
梨干和糜子	梨干2件、糜子1包
葫芦瓢	葫芦瓢1件
俑	面俑2件、草俑2件
纺织品	棉、麻织物40件，丝织品80件，绢34件，纱1件，绮16件，锦26件
墓志与文书	墓志1方，文书有衣物疏以及纸鞋文书

表22　1960年阿斯塔那古墓群唐西州时期墓葬发掘概况[2]

墓葬发掘编号	M317、M318、M322、M325—M327、M330、M332、M336
墓葬形制	斜坡墓道洞室墓
陶器	陶罐、单耳罐、带流罐、陶碗、陶钵、陶杯、陶盆、三足陶盆、陶器盖、陶灯

---

[1]　新疆博物馆考古队：《阿斯塔那古墓群第二次发掘简报》，《新疆文物》2000年第3—4期。

[2]　新疆博物馆考古队：《阿斯塔那古墓群第二次发掘简报》，《新疆文物》2000年第3—4期。

（续表）

木器	木罐、木碗、木瓶、木梳、握木、木鸭、木钉、木橛、木案、木把、木简
葫芦片及贝饰	贝饰1件
料珠	4件，3件为玻璃质，1件为玛瑙质
铜簪	2件，其中1件残损
银币	4枚，皆为死者口含；钱币为库思老二世时期遗存
俑类	木俑和泥俑两类，骑马俑14件，其中骑马武士俑3件，戴幞头骑士俑9件，骑马女俑2件；男女立俑53件，其中武士俑21件，带幞头男立俑23件，女立俑9件；镇墓兽2件，百戏俑14件，"踏谣娘"俑2件，"大面"舞俑1件，狮子舞俑1件，马舞俑1件，顶杆倒立木俑1件，黑人舞俑1件，吹奏乐俑1件，舞俑7件，泥头木身女俑1件，泥头俑，泥塑骏马
纺织品	64件，包括棉麻织物和丝织品
丝织品	绢、刺绣、绮、锦
墓志与文书	墓志4方

表23　1960年11月阿斯塔那古墓群第三次发掘及出土物品概况[①]

墓葬年代	麴氏高昌国时期	唐西州时期
墓葬发掘编号	M339	M337、M338、M340
墓葬形制	斜坡墓道洞室墓	斜坡墓道洞室墓
陶器	陶碗、陶碟、陶杯、陶罐、陶盆等，均为轮制	陶碗、陶罐、陶碟
木器	木鸭、木梳、木案、木床等	握木、木钉、木案、面饼（在木串上）
银币	库思老二世时期铸造	库思老二世时期铸造
纺织品	麻织品和丝织品	棉麻织物和丝织品麻鞋、绢、绮、锦、刺绣
墓志与文书	墓志1方、文书5件	墓志2方、文书32件

---

① 新疆博物馆考古队：《阿斯塔那古墓群第三次发掘简报》，《新疆文物》2000年第3—4期。

表24 1972—1973年阿斯塔那古墓群第十次发掘及出土物品概况①

墓葬年代	高昌郡时期	麴氏高昌国时期	唐西州时期
墓葬发掘编号	M148、M174、M177、M233	M149、M152—M155、M169、M170、M173、M186、M200	M150、M151、M157—M159、M161—M163、M167、M171、M175、M176、M178—M180、M182—M184、M187—M190、M194、M195、M201—M205、M209、M217、M218、M223、M225—M231、M234
墓葬形制	斜坡墓道洞室墓，合葬墓；墓室平面呈方形，墓顶结构分为覆斗型与盝顶型两种；葬具为木棺，葬式多为仰身直肢	斜坡墓道土洞墓，多为男女双人合葬墓；墓室平面以方形居多，墓顶结构略趋平圆；葬具未见木棺，而为苇席代替，部分墓葬无葬具，葬式多为仰身直肢	少数大型墓葬地表有封堆，墓道出现天井、甬道，墓室左右或存在耳室，仅有1座为单人葬；墓室平面有方形、弧形、圆形等；墓顶结构多为圆顶和平顶；葬具为土台尸床和苇席，个别墓葬有木棺，葬式为仰身直肢
陶器	陶瓮2件、陶罐5件、陶仓2件、陶碗81件、陶盆1件、陶甑1件、陶壶1件、陶盘2件	陶罐16件、陶碗19件、陶钵8件、陶灯1件、陶盆1件	陶罐14件、陶碗19件、陶钵8件、陶盆3件、陶盘13件、陶豆1件
漆、木器	漆耳杯2件、双耳漆盘1件、漆勺1件、木案1件、木弓1件	木案1件、木梳2件、木鸭4件、握木12件、木灯1件、木釜1件	木罐5件、木碗7件、高足木盘3件、木墩1件、木梳4件、木鸭2件、木案1件、握木8件、木棺挡板1件、木豆1件
俑	泥俑4件、木俑1件、木牛1件		男女立俑50件、劳动俑2件、坐式男俑1件、牛俑1件、怪兽俑2件、骑马俑4件、马俑35件、镇墓兽5件、生肖俑2件
石	石灯1件		
丝织品	织锦、刺绣、绮、染缬	锦制复面、枕、手套、衣、裘、绮等	服饰81件、丝织制品107件
文字资料	墓表、木质赠令	墓志8方、文书等	墓志14方、文书多件

① 新疆文物考古研究所：《阿斯塔那古墓群第十次发掘简报》，《新疆文物》2000年第3—4期。

（续表）

墓葬年代	高昌郡时期	麹氏高昌国时期	唐西州时期
面制品		面俑2件、点心2件	点心4件、饺子5件、面俑2件
麻织品		橘黄色麻布、五谷袋	
其他		金币1枚、铁刀1件、葫芦片2件、皮袋1件、米黄绢伏羲女娲图、土黄绢伏羲女娲图	铜镜1件，绘画有服饰绘画、木板绘画、墓室壁画、绢画、绢本伏羲女娲图及佛教绘画，工艺品若干，水果、化妆用品、网帻、假发髻、金币等杂物

表25　1973年春阿斯塔那古墓群第十一次发掘及出土物品概况[①]

墓葬年代	高昌郡时期	唐西州时期
墓葬发掘编号	M197、M199、M116	M191—M193、M196、M198、M207、M208、M211—M214、M221、M222、M232、M237
墓葬形制	斜坡墓道洞室墓，墓室平面分为方形和不规则圆形两类，墓顶结构平圆，葬具为土台尸床铺苇席，葬式为仰身直肢	部分墓葬有封土，墓室平面呈方形，但边线呈弧形，并向圆形演变；墓顶结构分平顶和圆顶两类；葬具为土台尸床或苇席，葬式为仰身直肢
陶器	陶碗4件、陶灯2件、三足陶釜1件	陶罐3件、泥质罐2件、木碗2件、木盘12件、木灯5件
木器	木鸭18件、木案3件、木钉5件、握木9件	木碗2件、木棺挡板2件、木案1件、木鸭6件、木梳3件、握木10件
俑	泥俑5件	泥塑俑有男女立俑21件、跪坐式女俑1件、骆驼俑1件、猪俑1件、狗俑1件、骑马俑2件
丝织、纺织品	棉、麻、丝等60余件	褥、裘及服饰等，锦、绮、绫、罗、绢、纱、印染品、刺绣、彩绘织物、伏羲女娲图等
文字资料	墓志11方、文书8件	墓志2方、文书80余件
其他	角柄刀1件、铜质眼罩1件	铜币15枚、铜质眼罩2件、面制点心11件、纸靴1双

---

① 新疆文物考古研究所：《阿斯塔那古墓群第十一次发掘简报》，《新疆文物》2000年第3—4期。

迄今为止，国家先后对阿斯塔那古墓群进行了10多次考古发掘，共清理墓葬456座，墓葬的年代最早为西晋泰始九年（273），最晚到唐大历七年（772），时间跨度为500年。阿斯塔那古墓群出土大量干尸，成为研究晋唐时期民族迁徙的重要资料，就目前的出土信息看，有汉、车师、突厥、匈奴、高车、昭武九姓等民族居民，其中以汉人为主；墓葬一般为夫妻合葬，少数有一男二女或三女合葬，此外也有单人葬。

古墓中出土文书、墓志、绘画、泥俑、陶器、木器、金器、石器等以及古钱币和丝、棉、织物，唐代水饺、点心等珍贵文物上万件，著名的有共命鸟纹刺绣、伏羲女娲图、壁画等，这些文物为研究新疆晋唐时期的历史提供了宝贵的第一手资料。

11. 其他现存墓葬

博格达山南麓径流区域现存墓葬分布总体上较为分散，除以上墓地外，还有90余处墓葬遗存，现将这些墓葬的相关信息整理如下：

（1）七克台西墓群位于鄯善县七克台镇南湖村南约5千米处，为春秋战国时期遗存。墓地分布面积约8.5万平方米，其中东西长约160米、南北宽约80米。墓葬分布较为密集，均为长方形竖穴土坑墓。地表散布尸骨、陶片、织物等遗物。采集品有彩陶片、木棍、纺织品等。该墓地保存状况较差，被盗墓葬82座，墓地范围内建有葡萄干晾房。

（2）二塘沟东南墓地位于鄯善县连木沁镇汗都坎村二塘沟三岔口东南2千米处，为春秋至汉代遗存。墓地分布面积约8平方米，为圆形石堆墓，直径约3米、高约0.4米。地表可见人骨、朽木等物。该墓地保存状况较差，已遭盗掘。

（3）二塘沟三岔口墓地位于鄯善县连木沁镇汗都坎村二塘沟三岔口，为春秋至汉代遗存。墓地分布面积26163平方米，共有呈片状分布的石堆墓32座。墓葬封堆由大块卵石堆砌而成，平面为圆形，直径在2—6米之间。墓葬为竖穴石室墓，墓室由砾石砌成，上部盖木，墓室呈长方形。地表可见夹砂红陶片。该墓地保存状况一般，墓葬破坏主要原因是洪水冲刷和盗掘。

（4）二塘沟西1号墓地位于鄯善县连木沁镇汗都坎村二塘沟，为春秋至汉代遗存。墓地分布面积约1万平方米，共有呈片状分布的石堆墓30余座。墓葬封堆由大块卵石堆砌而成，平面为圆形，直径在2—6米之间。墓葬为竖穴石室墓，墓室由砾石砌成，上部盖木，墓室呈长方形。地表可见夹砂红陶片。该墓地保存状况较差，盗掘现象严重。

（5）二塘沟西2号墓地位于鄯善县连木沁镇汗都坎村二塘沟西部，为春秋至汉代遗存。墓地分布面积44092平方米，共有呈片状分布的石堆墓5座，墓葬分布较为集中。墓葬封堆由卵石堆积而成，直径为2—5米不等、高0.3—0.5米。墓室为竖穴石室墓，由砾石筑成，上盖棚木，墓室呈长方形。墓地内还有一处刻有两只大角山羊的岩画。该墓地保存状况一般，盗掘现象严重。

（6）二塘沟西3号墓地位于鄯善县连木沁镇汗都坎村，共有墓葬27座，为圆形石堆墓，由封堆和墓室两部分组成。封堆直径4—5米、高60—80厘米。墓室为竖穴土坑墓，顶部有横木支撑，上盖沙土，外面再用石头堆砌而成。该墓地保存状况一般，墓葬破坏主要原因是洪水冲刷和盗掘。

（7）齐格曼墓地位于鄯善县连木沁镇曲旺克尔村尤吐克庄西约2千米处，为春秋至唐代遗存。墓地东西长约1200米、南北宽约500米，墓葬形制为长方形竖穴土坑墓，坑长1.5—2米、宽50—100厘米、深30—100厘米。墓向大致为东南—西北向，墓坑中可见人骨、陶器、陶片、木器、毛布纺织品、毛毡和木葬具。该墓地保存状况较差，墓葬破坏的主要原因是风蚀和农田基本建设及挖硝取土。

（8）迪坎西南墓地位于鄯善县迪坎乡迪坎尔村西南约20千米处，为春秋至汉代遗存。墓地分布面积约1500平方米，墓葬破坏严重，无法辨别墓葬形制及分布规律。地表可见一些尸骨和裹尸毡片，雨水冲蚀和盗掘导致墓地破坏严重。

（9）吐格曼博依墓地位于鄯善县鲁克沁镇沙坎村，为春秋至汉代遗存。已被开垦为农田，墓葬无存。耕作时发现过尸骨、陶片、石球等遗物。陶片多为夹砂红陶。该墓地保存状况差，墓葬破坏的主要原因是农田开垦。

（10）依尔格其墓地位于鄯善县鲁克沁镇依尔克奇自然村，为春秋至汉代遗存。墓地分为1号墓地和2号墓地。1号墓地分布面积约60平方米，2号墓地占地面积约2250平方米。墓室呈长方形，随葬品主要有陶器、木器等，现因盗掘被散乱抛置。此外，2号墓地临近公路处可见6座斜坡墓道洞室墓。该墓地保存状况较差，墓葬破坏的主要原因是生产生活及盗掘。

（11）霍加木阿勒迪墓地位于鄯善县连木沁镇霍加木阿勒迪村西北，又称"果加木阿勒迪墓地"，为春秋至汉代遗存。墓地分布面积约1800平方米，东西长约120米、南北最宽处约15米。墓葬形制有长方形竖穴墓和圆形竖穴墓两种，出土石器、陶片、毛织物等。地表可见碎骨。该墓地保存状况较差，墓葬破坏的主要原因是生产生活以及盗掘。

（12）三坎克日墓地位于鄯善县鲁克沁镇三个桥村南，为春秋至汉代遗存。墓地破坏严重，无法辨识墓葬数量，墓葬形制为竖穴土坑墓，采集物有石球、陶片、骨器等。该墓地保存状况较差，墓葬破坏的主要原因是生产生活用地占据了墓葬区。

（13）二塘沟东墓地位于鄯善县连木沁镇汗都坎村二塘沟东部，为春秋至汉代遗存。墓地分布面积4828平方米，共有墓葬14座，均为石堆墓。墓葬封堆由大块卵石堆砌而成，平面呈圆形，直径在2—6米之间。墓葬为竖穴石室墓，墓室呈东西向，由砾石砌成，上部盖棚木，墓室呈长方形。地表可见大量木棒。墓地西南面有一处岩画。墓地有近现代墓葬。该墓地保存状况一般，盗掘现象严重。

（14）三个桥墓地位于鄯善县鲁克沁镇三个桥村南约1.5千米处，为春秋至唐代遗存。墓地无明显墓葬标志，墓葬形制有竖穴土坑、竖穴偏室、斜坡墓道洞室墓。1933年清理33座墓葬，出土陶、木、铜、铁器和毛丝织物、皮革制品、食品等。斜坡墓道洞室墓被盗，墓室暴露在外，地表散布泥质灰陶，以轮制为主。该墓地保存状况较差，墓葬破坏的主要原因是生产生活以及盗掘。

（15）墩买来墓地位于鄯善县连木沁镇汗都夏村南0.25千米处的河沟北岸，为春秋至唐代遗存。墓地分布面积约1万平方米，东西、南北长约100米，现已开垦为农田，曾发现大量尸骨、带黑彩的陶片以及泥质灰陶片等遗物。该墓地保存状况较差，墓葬破坏的主要原因是农田基本建设以及风蚀。

（16）连木沁镇牧业村墓地位于鄯善县连木沁镇牧业村西1千米处的台地上。墓葬形制模糊不清，比较明显的有27座，多为圆形石堆墓，也有方形石框墓。该墓地保存状况一般，墓葬破坏的主要原因是洪水冲刷和盗掘。

（17）坎尔喀克墓地位于鄯善县连木沁镇汗都坎村，共有墓葬9座，为圆形石堆墓。墓葬封堆直径约4米，高不超过1米。墓室为竖穴土坑墓。该墓地保存状况较差，墓葬破坏的主要原因是洪水冲刷和盗掘。

（18）斯尔克甫沟墓地位于鄯善县鲁克沁镇赛尔克甫村厄格孜沟内，可辨识的墓葬有22座，均为竖穴墓，地表散落人骨。该墓地保存状况较差，盗掘现象严重。

（19）鲁克沁镇牧业村墓地位于鄯善县鲁克沁镇牧业村北20千米处，共有21座墓葬，依地势高低排列，均为圆形石堆墓。墓葬由封堆和墓室组成。封堆由黑色砾石堆积而成，高度较低且界限不明显。该墓地保存状况较差，墓葬破坏的主要原因是自然风化坍塌以及盗掘和攀爬。

（20）漠河沟墓地位于鄯善县七克台镇赛克散自然村西10千米、漠河沟口西5千米处。墓地共有5座墓葬，1座位于南北向的山沟东侧，其他4座位于北面山前台地上。分为石堆墓和石圈墓，因墓葬被破坏，形制无法辨识。封堆直径3—10米。地表未发现其他文化遗物。该墓地保存状况较差，墓葬破坏的主要原因是洪水冲刷和盗掘。

（21）乌鲁克苏东墓地位于鄯善县七克台镇赛克散自然村，地表覆盖有黑色砾石，无植被。墓葬为圆形石堆墓，封堆由中小型黑色砾石堆砌而成，直径约7米、残高约60厘米。该墓地保存状况差，墓葬破坏的主要原因是盗掘。

（22）乌鲁克苏墓地位于鄯善县七克台镇赛克散自然村，地表覆盖有黑色砾石，无植被。墓葬破坏严重，有盗坑。该墓地保存状况差，墓葬破坏的主要原因是盗掘。

（23）高泉达坂墓地位于鄯善县七克台镇乌鲁克苏自然村北10千米处的高泉达坂。1号墓地北侧墓葬已被盗掘，地表散落封堆所用石块，墓室填土包括夹砂黄土及石块（片石及较大石块）。地表未发现文化遗物。该墓地保存状况差，墓葬破坏的主要原因是雨水冲刷和盗掘。

（24）碱泉子墓地位于鄯善县七克台镇碱泉子自然村、碱泉子沟口南2千米、高泉达坂标志牌南5千米处。墓地共有墓葬14座，为圆形石堆墓，封堆较小，直径5—10米、残高50—70厘米。封堆上见较小石块堆成的卵石堆，少量墓葬中有头骨。该墓地保存状况较差，墓葬破坏的主要原因是洪水冲刷与盗掘。

（25）突波道墓地位于鄯善县辟展乡牧业村北5千米处，为圆形石堆墓。墓葬封堆由卵石堆砌而成，高30—50厘米，平面为圆形，直径为3—5米。该墓地保存状况较差，墓葬破坏的主要原因是洪水冲刷与牧民无意识的堆积破坏。

（26）柯柯亚北墓地位于鄯善县辟展乡柯柯亚村东8.5千米处。墓地共有4座墓葬，均为圆形石堆墓。墓葬封堆由黑色砾石堆砌而成，高20—40厘米，平面呈圆形，直径为1—5米。1座墓葬被盗，墓地未发现随葬品。该墓地保存状况较差，墓葬破坏的主要原因是风蚀和盗掘。

（27）阿克提热克墓地位于鄯善县辟展乡克其克村吐尔番力阿尔斯南约

150米处的台地上，为晋至唐代遗存。墓地分布面积约18万平方米，长600米、宽300米。墓葬形制主要有竖穴土坑墓和斜坡墓道洞室墓两种。地表可见卵石堆积。出土文物有陶器、铜佛像、泥俑、丝织残片和纸片等。其中，陶器为夹砂灰陶和红陶。该墓地保存状况较差，沙漠化的推进、现代穆斯林墓地的开挖以及周边砖厂的生产导致墓地损毁严重。

（28）小苏贝什墓地位于鄯善县辟展乡树柏沟村，为晋至唐代遗存。墓地地表不平，共有40余座墓葬。其中，南部为斜坡墓道洞室墓，出土遗物有木器、陶器、纺轮、海贝等。北部为竖穴土坑墓，地表无封土。考古人员还采集到一颗绿色琉璃珠。该墓地保存状况较差，当地居民在台地上建有葡萄干晾房、挖墓取土等严重损毁了墓葬。

（29）一颗桑墓地位于鄯善县鲁克沁镇迪汗苏村，又称"布尔土居结木墓地"，为晋至唐代遗存。墓地分布面积约90万平方米，其中东西长约1500米、南北宽约600米。墓地中部有家族茔院，用沙砾堆积成方形土围。此外还有土堆墓，封堆分布间距随意，排列无规律。地表可见由泥土和砾石堆积而成的封堆。墓葬形制主要有竖穴土坑墓和斜坡墓道洞室墓。墓地曾出土墨书墓志残砖1块、轮制泥质灰陶片、陶罐、波斯银币等。银币含于墓主口中。该墓地保存状况较差，墓葬破坏的主要原因是农业生产活动以及盗掘。

（30）吐峪沟墓地位于鄯善县吐峪沟乡吐峪沟村，为晋至唐代遗存。墓地有5座墓葬，墓门在断崖上，墓室为向里挖成。葬具有的为陶棺，有的无葬具。该墓地保存状况一般，墓葬破坏的主要原因是历史上的地震以及住宅区的影响。

（31）一颗桑北墓地位于鄯善县鲁克沁镇迪汗苏村，为晋至唐代遗存。墓地中部有家族茔墓，是用沙砾堆积成方形土围，内有墓葬24座。此外，还有土堆墓，封堆分布间距随意，排列无规律。地表除见由泥土和砾石堆积而成的封堆外，还散落很多织物。该墓地保存状况较差，墓葬破坏的主要原因是开垦荒地。

（32）耶特克孜玛扎尔墓地位于鄯善县连木沁镇曲旺克尔村尤吐克庄南约0.7千米处，为晋至唐代遗存。墓地分布面积约1500平方米。墓葬封堆由卵石或石块堆积而成，分为3种：第一种为独立石堆墓，直径约2米、高约50厘米。第二种为群体分布即数座墓葬朝一个方向排列，直径约2米、高约50

厘米。第三种为方形石围墓,有门道,内有很多石堆。其中一石围呈"甲"字形。墓葬形制为斜坡墓道墓。地表散布陶片,主要为粗夹砂红陶和厚灰陶。墓地曾出土一石球。该墓地保存状况较差,墓葬破坏的主要原因是农田基本建设以及建造晾房。

(33)阿合特提日墓地位于鄯善县达朗坎乡拜什塔木村西南约10千米处,为唐代遗存。墓地分布面积约7500平方米,东西长约150米、南北宽约50米。墓葬呈东西走向排列,墓葬形制主要为斜坡墓道洞室墓,墓道长2—3米,墓向为北偏西10度左右。地表采集物有夹砂红陶片、人骨等。该墓地保存状况较差,风蚀和沙漠化以及盗掘致使墓葬损毁严重。

(34)艾斯克巴扎墓地位于鄯善县吐峪沟乡吐峪沟克尔火焰山村东南,为唐代遗存。墓葬为斜坡墓道墓,墓室内的棺板和尸骨及裹尸布暴露于地表。此外,墓地内还有家族茔院,院墙由石块堆砌而成。采集物有陶片。该墓地保存状况一般,风蚀和农田开垦及取土导致墓葬严重损坏。

(35)阿曼夏墓地位于鄯善县鲁克沁镇阿曼夏村,为唐代遗存。墓地原有面积1000多亩,墓葬形制有竖穴土坑墓和斜坡墓道墓两种,现今已经被开垦为农田。该墓地保存状况较差,农业基本建设及盗掘致使墓葬破坏严重。

(36)开斯突尔墓地位于吐鲁番市胜金乡开斯突尔村西北、七康湖水库东南的山丘上,为西周遗存。墓地分布面积约2000平方米,共有12座墓葬,为无序排列。墓葬封堆均被盗墓者破坏,墓葬形制为竖穴土坑墓,墓室平面呈长方形。周围地表散布夹砂红陶或灰陶片。

(37)恰什塔格墓地位于吐鲁番市亚尔乡色依提迪汗村西的沙砾山包上,为西周至汉代遗存。考古人员曾于1988年调查此墓地,时存墓葬10座,并采集到彩陶、素陶片。现存墓地已开垦为农田,或为建筑物占据,形制与数量不明。

(38)亚尔果勒墓地位于吐鲁番市亚尔乡亚尔果勒村、亚尔乃孜沟西的台地上,为西周至汉代遗存。墓地分布面积约2000平方米,共25座墓葬。封堆呈圆形,顶部多凹陷,残高0.5—1米不等。墓葬规模大小不一,其中以M6、M7、M13、M15墓径最大,分别为15、14、15、12米,其余墓葬墓径多为6—10米不等。地表散布夹粗砂红陶片。

(39)也木什墓地位于吐鲁番市亚尔乡色依提迪汗村砾石荒漠中、吐托公路北约6米处,为晋至唐代遗存。墓地分布面积约4000平方米,墓葬300余座，分布于22座茔院内外。茔院由碎砾石围成，呈"凸"字形，门道多朝南或东。墓葬封堆为砾石堆积而成，均呈圆形，残高约1米、径长3—5米。部分墓葬有盗掘痕迹。

（40）马厂沟墓地位于吐鲁番市亚尔乡亚尔果勒村、交河故城与312国道之间的荒漠地带中，为战国至汉代遗存。墓地所在地势较高，分布面积约600平方米，遗存墓葬20余座。地表封堆形式分为圆形石堆和方形石圈两种。

（41）驴达坂墓地位于吐鲁番市大河沿镇铁路社区北、车师古道南端驴达坂沟内一断崖下的狭长台地上，为战国至汉代遗存。墓地分布面积约3万平方米，共有83座墓葬。墓葬多为圆形石堆墓，少量圆形石围墓。墓径3—8米，封堆残高0.3—1米不等。墓地中部遗存一东西长约15米、南北宽约11米的石围居址，并发现有大角羊石刻画。

（42）排孜阿瓦提墓地位于吐鲁番市胜金乡排孜阿瓦提村南约2千米、312国道北约0.5千米处的台地上，为秦汉时期遗存。墓地分布面积约50平方米，共有15座墓葬。墓葬形制为竖穴土坑墓。墓地已全部被盗掘，地表遗存人骨、兽骨以及少量夹砂红陶片。

（43）肖尔布拉克墓地位于吐鲁番市大河沿镇新区社区桃树园子村北约4.8千米处的山前台地上，为汉代遗存。墓地分布面积约750平方米，共有9座墓葬。墓葬分为石堆墓和石圈墓两类。墓葬规模大小不一，大者墓径长约10米，小者则1米。

（44）胜金墓地位于吐鲁番市胜金乡排孜阿瓦提村南、312国道南约6米处，为汉晋时期遗存。2006年，因修筑连霍公路，考古人员在此抢救性发掘墓葬3座，形制均为竖穴土坑墓，出土陶器、木器、箭镞、箭杆等文物。墓地现已被连霍高速公路覆盖。

（45）煤窑沟墓地位于吐鲁番市七泉湖镇煤窑沟村、煤窑沟东岸的戈壁滩上，为汉唐时期遗存。墓地分布面积约50万平方米，共有22座墓葬。封堆形制分为石堆墓、石圈墓、凸形石围石堆墓。封堆残高0.5—1米不等，墓径长1—10米不等。个别墓葬因架设高压电缆而被破坏。

（46）恰勒坎2号墓地位于吐鲁番市胜金乡恰勒坎村西、二塘沟东岸的山前台地上，为汉唐时期遗存。墓地共有16座墓葬，均为石堆墓，墓葬封堆径长3—10米不等、残高约1米。墓坑形制因盗掘破坏无法辨识。

（47）乌江布拉克西墓地位于吐鲁番市胜金乡木日吐克村南、木头沟南岸山前台地之上，东距柏孜克里克千佛洞约5千米，为晋至唐代遗存。墓地原为乌江布拉克墓地的一部分，后为农田分开，由此称"西墓地"。墓地分布面积约2平方千米，共有182座墓葬，多数位于家族茔院中。茔院由长廊和院墙组成，平面呈方形，长40—60米不等。

（48）七康湖水库墓地位于吐鲁番市胜金乡排孜阿瓦提村、七康湖水库南200米处谷口台地上，为晋至唐代遗存。墓地分布面积约1万平方米，共有70余座墓葬。因山前河流冲积而被分为4个台地，每个台地遗存5—6座墓葬。墓地竖穴偏室墓多属汉晋时期，亦有斜坡墓道墓，年代多在晋唐时期。墓地曾采集到陶器。

（49）三岔口墓地位于吐鲁番市大河沿镇铁路社区亚尔乃孜牧场西、山口河床北岸台地上，为晋至唐代遗存。墓地分布面积约1万平方米，共有36座墓葬。墓葬呈南北向次序排列。其中M1、M2、M6、M10为圆形石堆墓，M4为圆形石圈墓，M5、M8分别为长方形、方形石堆墓。

（50）乌江布拉克墓地位于吐鲁番市胜金乡木日吐克村西约1千米处、火焰山山前台地上，东南距柏孜克里克千佛洞约3千米，为北朝至唐代遗存。墓地分布面积约1000平方米，共有31座墓葬。墓葬封堆呈圆形，直径1—2米不等。

（51）七泉湖萨依墓地位于吐鲁番市七泉湖镇车站社区南的山间戈壁滩上，为北朝至唐代遗存。墓地分布面积约1.25万平方米，共2座石围圆形封土石堆墓葬。其中，M1石围平面呈"甲"字形，墓径3.5米、残高约1米；M2位于M1东100米处，墓径1.24米、残高0.5米。

（52）养鸡场墓地位于吐鲁番市艾丁湖乡花园村北、花园遗址西100米的盐碱荒漠中，为唐代遗存。墓地已被辟为农田，墓葬形制、数量无法辨别。

（53）七康湖水库西墓地位于吐鲁番市胜金乡排孜阿瓦提村西、七康湖水库西约300米的台地上，为北朝时期遗存。墓地分布面积约900平方米，共有19座墓葬。墓地区域地表为黑色砾石覆盖。墓葬封堆部分呈凹陷状，明显为盗挖残留。

（54）恰勒坎1号墓地位于吐鲁番市胜金乡恰勒坎村西、天山峡谷冲沟东岸，为唐至元代遗存。墓地分布面积约1万平方米。墓葬形制有椭圆形石圈墓和方形石堆墓两类。前者为链式排列，墓葬有圆木封口。

（55）雅尔唐墓位于吐鲁番市亚尔乡雅尔村南、盐山北麓山前洪积扇之上，为唐代遗存。墓葬形制为斜坡墓道洞室墓，由墓道、过洞、天井和墓室四个单元组成。葬式为二人仰身直肢一次葬，随葬品较少，代表性器物有灰陶灯盏1件、开元通宝钱币1枚。

（56）亚尔乃孜牧场北墓地位于吐鲁番市大河沿镇铁路社区亚尔乃孜牧场北约500米的山前台地上。墓地共有39座墓葬，呈片状分布。形制有圆形石堆墓、方形石堆墓、圆形石圈墓、方形石圈墓和石圈石堆墓等。

（57）恰勒坎沟西墓地位于吐鲁番市胜金乡恰勒坎村、天山南麓的山谷坡地上。墓地共有5座墓葬，其中4座为圆形石堆墓，墓径2—5米不等；另外1座为长方形。地表未见遗物。

（58）恰勒坎沟北墓地位于吐鲁番市胜金乡恰勒坎村北、天山南麓的山谷坡地上。墓地共有29座墓葬，均为石圈墓。墓葬分布较紧凑。墓葬有盗掘痕迹，地表无遗物。

（59）恰勒坎沟南墓地位于吐鲁番市胜金乡恰勒坎村南一处台地上。墓地分布面积约0.5平方千米，地表为砾石覆盖，共有8座墓葬，分石圈墓和石堆墓两类。个别坟堆石头刻有羊的图案。

（60）恰勒坎沟西墓地位于吐鲁番市胜金乡恰勒坎村、天山南麓的山谷坡地上。墓地分布面积约100平方米，共有8座墓葬，其中3座为石堆墓，2座为石圈墓，其余墓葬因盗掘破坏无法辨认形制。此外，在墓群附近有两处岩画遗存，上刻大角羊图。

（61）大河沿沟西墓地位于吐鲁番市亚尔乡牧业村牧场北约1千米、大河沿沟西岸一处山前台地上。墓地共有13座墓葬，其中9座为石堆墓，墓径35米；4座为石圈墓，墓径约4米。该墓地整体保存状况较好，未受到人类活动的破坏。

（62）种子塔什墓地位于吐鲁番市亚尔乡牧业村牧场北约3千米、大河沿沟支流的东岸台地上。墓地共有90余座墓葬，形制主要为石堆墓和石圈墓两类。墓地所在台地北端遗存有一石圈，较为规整，应为古代游牧民族祭祀遗址。

（63）小达坂墓地位于吐鲁番市大河沿镇铁路社区车师古道向北小达坂的山坳处，为石堆墓。墓地平面呈方形，保存状况相对较好。

（64）克其克亚格墓地位于托克逊县郭勒布依乡喀拉布拉克村北约15千米处、克其克沟口东岸冲蚀台地上，为春秋战国时期遗存。墓地分布面积约1280平方米，遗存墓葬14座，中心台地上有墓葬9座，北面台地上分布1座，西南4个小台地上各分布1座，地表均有封堆。其中1座墓葬有盗掘痕迹，个别墓葬的封堆遭人为破坏。地表遭风蚀、沙化严重。

（65）鱼儿沟墓地位于托克逊县伊拉湖乡布尔加依村西南约30千米处的台地上，东距鱼儿沟公路约20米，为春秋战国时期遗存。墓地发现墓葬3座，均被挖掘。墓葬形制分为圆形石围、中间填石的石堆墓和方形石围两种中间积石的石堆墓。墓地仅存挖掘墓坑，地表无其他遗存。

（66）克其克亚格南墓地位于托克逊县郭勒布依乡喀拉布拉克村北约15千米处、克其克亚克格河岸边台地上，为春秋战国时期遗存。墓地分布面积为200平方米，地表有大块砾石封堆，墓葬顶部有凹陷，墓径约9米，残高0.5米。地表遭风蚀、沙化严重，有木架裸露在外。

（67）阿拉沟墓地位于托克逊县伊拉湖乡布尔加依村西南约70千米处、阿拉沟河岸一山前台地上，为春秋至汉代遗存。墓地分布面积2690平方米，遗存墓葬58座。封堆分为圆形石堆和圆形石圈两种。被盗墓室呈现竖穴长方形。曾发掘出土红陶、带流罐、钵等文物。墓葬常受季节性洪水冲蚀，封堆顶部多有凹陷，多座墓葬有盗掘痕迹。

（68）柯克耐克达坂墓地位于托克逊县博斯坦村西南约12千米处的山间缓坡上，为春秋至汉代遗存。墓地分布面积1630平方米，遗存墓葬27座。墓葬形制分为石堆墓和石围墓两类。石堆墓为竖穴，墓室为卵石砌成。地表曾采集到夹砂红陶及彩陶片。墓葬盗掘情况严重。

（69）乔拉克坎儿墓地位于托克逊县郭勒布依乡乔拉克坎儿孜村西北约1千米处、托克逊河冲积平地上，为战国至汉代遗存。墓地分布面积33万平方米。地表散布夹砂红陶、圆形底罐、陶杯等遗物。墓地因农田开垦，破坏严重，墓室内的人骨、陶片裸露在外。

（70）博斯坦墓地位于托克逊县博斯坦乡博斯坦村东约3千米处的砾石戈壁滩上，为战国至汉代遗存。墓地分布面积5165平方米，遗存墓葬33座。地表封堆标志明显。墓葬形制分为圆形石堆和方形石围墓两种，墓室为长方形竖穴土坑式。曾出土有陶器、木器、骨器、铁器和皮革制品等。墓葬遭盗掘情况严重。农田开垦侵蚀大片墓地，造成个别墓葬毁损。

（71）吾斯提沟口墓地位于托克逊县博斯坦乡博斯坦村西约46千米处、吾斯提沟口山前台地上，为战国至汉代遗存。墓地共有14座墓葬。地表遗存有明显片状砾石封堆标志，其平面大致呈方形。大型石围墓一般长约6米、宽约8米，小型石围墓边长多为1.5米左右。该墓地保存状况较差，多被盗掘。地表残留人骨、陶片等遗物。

（72）克尔碱墓地位于托克逊县克尔碱镇克尔碱村西约1千米处、河谷沿岸的台地上，为战国至汉代遗存。墓地分布面积约3000平方米，墓地中间被一条公路分成两大区域。墓葬地表为沙砾覆盖。墓葬形制多是竖穴土坑墓，墓室平面呈长方形，上覆盖有芦苇等植被残枝。地表采集到夹砂红陶片和红衣黑彩陶片，上饰有纹饰。墓葬主要受风蚀、雨水，及居民建筑用地破坏。

（73）阿拉沟口墓地位于托克逊县伊拉湖乡布尔加依村西南约28千米处，距离阿拉沟火车站约0.5千米，为战国至汉代遗存。墓地分为两大区域，考古人员曾于20世纪70年代发掘墓葬85座。墓室形制有竖穴木椁墓和竖穴石室墓两种。墓地出土金属器皿以及金饰牌、圆形虎纹牌等。该墓地已被夷为平地，为一矿厂所占据。

（74）阿拉沟西墓地位于托克逊县伊拉湖乡布尔加依村西约30千米处的山前台地上，为战国至汉代遗存。墓地分布面积约1070平方米，遗存石堆墓20座。墓葬外形为片状卵石堆积，形制竖穴石室墓。墓室为砾石所砌成，平面呈长方形。墓葬遭盗掘情况严重，地表残留大量骨架、毛织物、陶片等。

（75）阿拉沟南墓地位于托克逊县伊拉湖乡布尔加依村西约40千米处的山前台地上，南距阿拉沟大桥约3千米，为战国至汉代遗存。墓葬地表标志较为明显，封堆呈现为大块卵石圆形，墓径8米、残高1米。墓葬形制为竖穴石室墓，墓室为卵石修砌，上有盖木。墓地有盗掘痕迹，地表散布骨架、夹砂红陶等遗物。

（76）阿拉沟北墓地位于托克逊县伊拉湖乡布尔加依村西约40千米处的山前台地上，距离南墓地不远，为战国至汉代遗存。墓地地表发现有明显封堆标志的墓葬4座，其中1座形制为石圈墓，另外3座为石堆墓。墓葬保存状况较差，3座墓葬已被盗掘，台地上遗留许多盗坑。

（77）阿拉沟西南墓地位于托克逊县伊拉湖乡布尔加依村西南约3千米处、阿拉沟大桥南约1.5千米处的戈壁滩上，为战国至汉代遗存。墓地分布面积约243平方米，遗存墓葬11座。地表散布有夹砂红陶、素面或彩陶等遗物。墓葬保护区域已被开垦为农田，部分因公路施工建设而遭受破坏。

（78）小草湖东墓地位于托克逊县郭勒布依乡切克曼坎儿孜村、小草湖公路收费站附近，为战国至汉代遗存。墓地分布面积约350平方米，遗存墓葬19座，呈片状分布于3个区域内。地表有大块卵石封堆，顶部有凹陷，墓径6—

8米不等，残高30—50厘米不等。部分墓葬已被盗掘，椁木暴露，地表残留夹砂红陶片。

（79）小草湖西墓地位于托克逊县郭勒布依乡切克曼坎儿孜村、小草湖公路收费站西约120千米处，为战国至汉代遗存。墓地地表有明显大块卵石封堆，墓径长约8米，中部呈凹陷状。考古人员曾对其进行发掘，墓葬形制有石堆墓和竖穴木椁墓两种。地表无任何遗迹。

（80）吾斯提沟墓地位于托克逊县博斯坦乡博斯坦村西约45千米处、吾斯坦沟口的两块台地上，为战国至汉代遗存。两块台地分别遗存墓葬3座和5座。地表有明显石围、石堆标志。部分墓葬已被盗掘。

（81）祖木图沟口墓地位于托克逊县伊拉湖乡郭若村西约50千米处、祖木图沟口的山前台地上，东距阿拉沟大桥约4千米，为战国至汉代遗存。墓地遗存墓葬5座，分别位于沟北、沟南的台地上，其中沟北台地有墓葬3座，沟南台地有2座。地表均有石堆或石围标志。因山洪冲蚀和盗掘，墓葬已遭到严重破坏，保存状况较差。

（82）通沟黑山蛇泉1—4号墓地位于托克逊县克尔碱镇通盖村、沟谷的台地上，为汉唐时期遗存。1号墓地为石堆墓，地表有石块封堆，散布红色夹砂陶片。2号墓地遗存墓葬8座，均为方形石堆或石围墓。3号墓地分布在东西向9片台地上，遗存墓葬29座，形制为圆形或方形石围墓。4号墓地遗存墓葬4座，均为石堆墓。墓地保存状况相对较好，未遭盗掘。

（83）塞尔墩墓地位于托克逊县夏乡色日克墩村的工业园北侧，为汉唐时期遗存。墓葬地表仅辨认出石堆、石围墓5座。受风蚀及水流冲蚀，墓葬地表已无法辨识，遭受的破坏较严重。

（84）通沟墓地位于托克逊县克尔碱镇通盖村的荒漠地带冲积扇台地上，为唐代遗存。墓地遗存墓葬15座，分布在3块台地上，1号台地有墓葬6座，2号台地有墓葬8座，另外1座墓葬独占北侧整块台地。墓葬地表有明显砾石石堆标志，中间呈凹陷状。墓葬主要受风蚀、山洪冲蚀的影响，保存状况相对较好。

（85）103国道南墓地位于托克逊县克尔碱镇通盖村、103国道73千米处的南山坡上，为唐代遗存。墓地遗存墓葬19座，呈片状集中分布在坡地东侧，地表有明显石堆或石围标志。墓地保存状况相对较好。

（86）库热阿格孜沟口墓地位于托克逊县克尔碱镇通盖村北约50千米处

的沟口台地上，为唐代遗存。遗存墓葬75座，地表有明显砾石石堆标志。部分墓葬顶部因风蚀而呈凹陷状，墓地整体保存相对较好。

（87）天阿恒沟口墓地位于托克逊县克尔碱镇通盖村、天阿恒沟口的台地上，为唐代遗存。墓地遗存方形石围墓葬10座，呈片状分布。大部分墓葬已被盗掘。

（88）通沟南墓地位于托克逊县克尔碱镇通盖村约3千米处的山前台地上，为唐代遗存。墓葬呈片状分布于两座台地上，北部台地有墓葬3座，南部台地有墓葬8座。地表均有明显圆形石堆或石围标志。墓葬保存相对较为完整。

（89）通沟北墓地位于托克逊县克尔碱镇通盖村北部的荒漠地带，为唐代遗存。墓地共有21座墓葬，地表有明显砾石石堆，分为圆形石堆和石圈两种。墓葬形制完整，石圈轮廓明显。

（90）托特阿格孜沟口墓地位于托克逊县克尔碱镇通盖村北约4千米处、托特阿格孜沟口的台地上，为唐代遗存。墓地共有23座墓葬，呈链状分布在两处南北向台地上。墓葬地表石堆较为明显，分为圆形和方形石堆墓两种。其中M7、M8顶部曾遭盗掘。

（91）克孜勒阿格孜沟口墓地位于托克逊县克尔碱镇通盖村北约8千米处、克孜阿格孜沟口的台地上，为唐代遗存。遗存的13座墓葬沿东西向狭长台地呈片状分布，地表有明显石围、石堆标志。M7顶部遭盗掘，其余墓葬保存相对较为完好。

（92）英亚依拉克1—6墓地位于托克逊县夏乡喀格恰克村东15—30千米，为春秋至汉代遗存。1号墓地分布面积3000平方米，遗存墓葬15座；2号墓葬分布面积1200平方米，遗存墓葬14座；3号墓地分布面积1000平方米，遗存墓葬15座；4号墓地分布面积300平方米，遗存墓葬3座；5号墓地分布面积约300平方米，遗存墓葬2座；6号墓地分布面积770平方米，遗存墓葬5座。墓葬保存状况一般，受风蚀影响，墓顶中心凹陷，有部分墓葬已被盗掘。

（93）萨依吐格曼墓地位于托克逊县郭勒布依乡萨依吐格曼村西北戈壁滩上。墓地分布面积约500平方米，遗存墓葬10座，均为石堆墓，地表采集有薄胎夹砂红陶片些许。个别墓葬有被盗掘痕迹。

12. 科普加依岩画

科普加依岩画位于托克逊县西北约60千米处，岩画凿刻在一条东西狭长的山沟石壁上，有动物岩画、狩猎岩画、水流图3种内容。

　　动物岩画的形象多以羚羊和骆驼为主，还有北山羊、盘羊、虎、骑马人、鹿等。其中一幅动物岩画凿刻在一块长约2米、高约3米的巨石上，用线条勾勒出大角羊28只、鹿1只、骆驼1峰、狼3只、豹1只。在实际生活中，托克逊县境内有鹿、盘羊、骆驼、狼等动物，其中大角羊的数量最多，岩画中凿刻的动物种类与现实情况较为相似，反映出古代居民生活环境的真实情况。

　　狩猎岩画中有4幅画比较有代表性。第一幅是狩猎场面，画面中有10只羊、1头牛、1峰单峰骆驼以及1个持长弓的猎人。第二幅是二人行猎图，上方两个猎人弯弓搭箭，分别射中了大角羊的后身和后腿，1只犬守护猎人，3只犬一起追逐1只怀孕的大角羊。画面右边有1峰骆驼，以背驮猎物，下方还有标志这个部落的符号。第三幅是围猎图，画面中有8只大角羊、5峰骆驼、7个狩猎人和2只猎犬，5峰骆驼应是供驮运猎物所用；第四幅是狩猎图，由6只大角羊、2峰骆驼、1只鹿和1个猎人组成。

　　水流图凿刻于路旁一块高约10米的巨石上，画面右侧绘制一条较大的河流，左侧绘有多个泉眼，每个泉眼中流出若干小溪，溪水最后汇集至大渠中。在泉流旁，有两只大头羊前来饮水。[1]"它是在干旱缺水的环境中，人们为求泉水丰沛而进行巫术祈祝的记录。"[2]巫术的使用展现出人们对萨满教的信仰状况。

图39　科普加依动物岩画（左）、狩猎岩画（中）、水流图（右）[3]

①　盖山林、盖志浩：《丝绸之路岩画研究》，乌鲁木齐：新疆人民出版社，2009年，第267页。

②　王炳华：《新疆岩画的内容及其文化涵义——新疆岩画概观之二》，《新疆师范大学学报（哲学社会科学版）》2004年第3期。

③　盖山林、盖志浩：《丝绸之路岩画研究》，乌鲁木齐：新疆人民出版社，2009年，第265—267页。

科普加依岩画内容详实，据文献记载和考古发现，这里是史前车师（姑师）人的故地，学者们将岩画与车师的文物进行对比，认为该岩画应是车师人或其祖先所刻画。

另外，在距科普加依镇约20千米的托格拉克布拉克也发现岩画，共4处、16幅。托格拉克布拉克岩画同科普加依岩画在题材内容、作画风格等方面都较为接近，两地的岩画反映的时代和生活应是一致的。

第二节　城址、烽燧

博格达山南麓主要分为4个径流区，形成4块比较大的绿洲。第一个径流区在西部，白杨河发源于博格达峰附近冰川地带，经达坂城穿越后沟进入托克逊绿洲，与阿拉沟汇合后向东流入艾丁湖，唐代西州天山县即位于今托克逊绿洲，该地是古代吐鲁番盆地的西部屏障，遗存为数不多的城址和戍堡。第二个径流区在白杨河以东，大河沿河、塔尔郎河、哈尔干孜郭勒河（煤窑沟）自北而来，在出山口处潜入地下，又在今第二二一团驻地、亚尔乡、葡萄乡等地溢出形成泉水，再南流形成亚尔乃孜沟、葡萄沟等河流，供吐鲁番绿洲生产生活所用，汉唐时期的交河城位于这片绿洲的西部。第三个径流区在哈尔干孜郭勒以东、火焰山以北，黑沟、恰勒坎沟、二塘沟、柯柯亚河等河流在出山口处就渗漏殆尽，地下水流至火焰山北麓受阻溢出为泉水，形成了胜金、苏贝希、连木沁、鄯善等绿洲，晋唐时期的宁戎、新兴、横截、蒲昌等城镇就位于这片区域，有的地名沿用至今，一些古城至今尚存。第四个径流区在火焰山以南、艾丁湖以北，火焰山北部诸多泉水汇集成河，经木头沟、吐峪沟、连木沁沟等流至火焰山南部，润泽二堡、三堡、洋海、鲁克沁等绿洲，这一地区地形平坦，在汉唐时期一度是吐鲁番地区重要的农垦区，修建大量的水利设施，孕育出汉唐时期吐鲁番地区最大的城市——高昌城，其他城镇如柳中城、酒泉城，在晋唐时期一度充当了重要角色，这些城镇遗址至今仍有留存。

博格达山南麓径流区烽燧、戍堡遗址主要是沿着古代的交通线分布。古代吐鲁番的交通可分为东西横向交通和南北纵向交通，横向交通即古代丝绸之路及支线，如伊西道、大海道、银山道等；纵向交通在敦煌出土文献《西

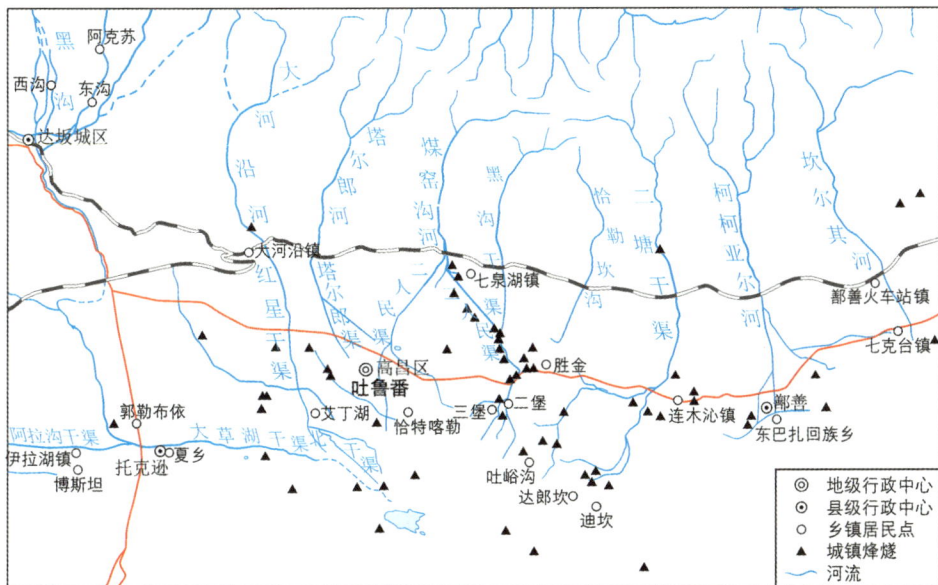

图40　博格达山南麓径流区城址、烽燧分布图

州图经》中有记载，如花谷道、乌骨道、萨捍道、移摩道、他地道等，纵向
交通基本与河流、河谷走向一致，部分烽燧、戍堡的分布也与水系有一定的
关系，如二塘沟烽火台就位于二塘沟的出山口处，潘家地城堡、烽火台在大
河沿河岸，煤窑沟戍堡在哈尔干孜郭勒河附近。

一、城址

1. 高昌故城

高昌故城位于吐鲁番市东约40千米的哈拉和卓乡附近。史籍记载："高
昌者，车师前王之故地。……地势高敞，人庶昌盛，因名高昌。"①

高昌是西汉至元明时期（前1世纪—14世纪）吐鲁番盆地的重要中心城
镇，历经高昌壁、高昌郡、高昌国、西州和高昌回鹘王国等时期，时间跨度
长达1400年。

高昌故城奠基于西汉时期（前1世纪），是西汉王朝在车师前国境内的
屯田部队所建。327年，前凉张骏在高昌故城"置高昌郡，立田地县"，450

---

① （唐）令狐德棻等：《周书》卷五〇《高昌传》，北京：中华书局，1971年，第914页。

年，沮渠安周攻破交河城，灭车师前国，吐鲁番盆地政治、经济、文化的中心遂由交河城转移到高昌城（高昌故城）。460年，柔然人杀北凉王安周，此后张、马、麹氏在高昌相继称王。唐贞观十四年（640），唐吏部尚书侯君集带兵统一高昌（高昌故城），在高昌故地置西州，下辖高昌、交河、柳中、蒲昌、天山5县。唐末（9世纪中叶）以后，漠北草原回鹘汗国西迁，余众在此建立了高昌回鹘王国。高昌故城在13世纪末的战乱中废弃，大部分建筑物消失无存。

高昌故城的内外建筑完全仿照长安城的形制和布局建造，从胜金口流出的木头沟水，经过二堡流入故城中，从而使得高昌成为吐鲁番盆地重要的绿洲城市。高昌故城平面呈长方形，周长5.4千米，总面积约200万平方米，布局分外城、内城、宫城三部分。外城墙基夯土筑成，夯层厚8—12厘米，间杂少量的土坯，宽12米、高11米左右，外围有保存完好凸出的马面。全城有9个城门，南面有3个城门，其余三面各有两个城门。西面北边的城门保存最好，有曲折的瓮城；内城在外城中间，平面呈方形，城墙全为夯土修筑，西、南两面保存较好，其建筑年代较外城为早；宫城在最北面，城内有外城墙、内城墙、宫城墙、可汗堡、烽火台、佛塔等建筑。

20世纪前后，中外探险家、考古学家陆续来到高昌故城进行考察。1904—1905年，德国人勒柯克到此考察，在高昌故城可汗堡发掘出北凉时期

图41　高昌故城城墙

图42　高昌故城航拍图

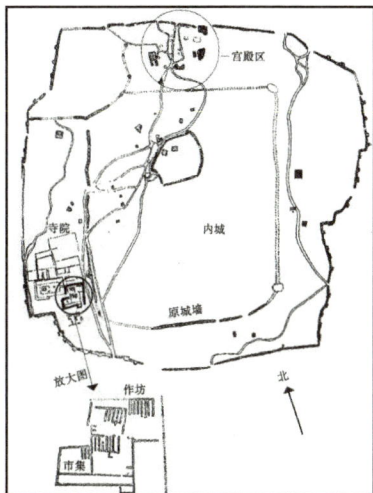

图43　高昌故城内部结构图[1]

沮渠安周《造寺功德碑》《主客长史阴氏造寺碑》，并出土回鹘文文书。勒柯克又在故城西北角的K遗址发现了一幅较完整的壁画，并断定壁画中的人物为摩尼教的创始人摩尼。据说这是世界上唯一一幅出现在壁画之上的摩尼画像，曾引起中外学者的关注。1914年，英国探险家斯坦因对高昌故城东南角大寺院、东墙附近的佛寺遗址进行发掘，出土许多小片粟特文、汉文文书及绣有植物图案的刺绣，并在佛寺东墙发现壁画等遗存。

　　1928年，中瑞西北科学考察团对高昌故城进行了考察发掘。据黄文弼记载，高昌故城位于阿斯塔那与哈拉和卓两村落之间，当地人对高昌故城有两种称呼，一为伊底库特赛里，一为达克阿奴斯城，后者得名于吐峪沟"麻扎之传说"。当地人相传，在伊斯兰教传入西域之前，有罗马国六人来此地，其中一名叫达克阿奴斯的人最先筑造此城，故由此得名。城址存有一片残墙、土堆。故城周长约5千米，城址的总体结构保存尚且完整，所存大宗建筑多集中在宫城的西北部，多是古代庙宇建筑，呈穹窿形，为土坯砌筑结构，其上残留有涂泥粉和彩绘。

① ［美］芮乐伟·韩森：《丝绸之路新史》，张湛译，北京：北京联合出版公司，2015年，第132页。

环塔里木汉唐遗址

图44　高昌故城K遗址摩尼画像（1904—1905年勒柯克摄）①

图45　高昌故城可汗宫殿遗址（1906—1908年斯坦因摄）②

　　高昌故城的城墙构筑较为复杂，尤以东墙较为典型，其构筑方式混有土筑、土坯堆砌、黑沙泥构筑等。这种混杂的建筑结构，反映出汉至元以来高昌故城曾历经数个政权交替，并由此带来建筑方式的变化。高昌故城是典型

①　［德］阿尔伯特·冯·勒柯克：《新疆的地下文化宝藏》，陈海涛译，乌鲁木齐：新疆人民出版社，1999年，图片第5页。
②　［英］奥雷尔·斯坦因：《西域考古图记》，巫新华等译，桂林：广西师范大学出版社，1998年，第665页。

的三重城结构，据史料记载，在高昌郡时期，高昌故城只有内城，而到了麹氏高昌国时期，在原来内城的基础上扩修了外城。除了内城和外城，黄文弼在内城里又发现一小城，小城遗存西、南两面墙垣。此小城应该为高昌故城的宫城。

图46　高昌故城可汗堡遗址（1928年摄）

此外，黄文弼在高昌故城内还发掘出《孝经三才章》《孝经□宗明义章》《文选序》《比丘尼僧写涅槃经题记》《大般若经》《佛经》等残缺汉文文书，其对探析高昌社会生活具有重要的研究价值。

表26　黄文弼在高昌故城所采集文物

类别	名称	件数
古籍写本及题记	《孝经三才章》	1
	《孝经□宗明义章》	1
	《文选序》	1
	《比丘尼僧写涅槃经题记》	1
	《大般若经》	1
	《佛经》	3

（续表）

类别	名称	件数
古文书写本	□露二年残牒	1
	安末奴等纳驼状	1
	西州征物残牒	4
	开元十三年征物残牒	1
	张元璋残牒	1
	府司阿梁状词并批	1
	高昌县征伐残状	1
	虞候司及法曹司请料纸牒	4
	天山县申车坊新生犊残牒	4
	伊吾军屯田残籍	2
	追捉逃番兵残牒	1
	唐西州浮逃户残籍	3
	状上括浮逃使残状	3
	山府分配地子残牒	1
	张奉先残牒	1
	张孝威等残牒	1
	女妇才子还麦残牒	1
	胡玄□残状	2
	屠行哈三批示	1
	至元三年文书残片	1
绘画	绢画佛教故事残片	1
	纸本素描图案残纸	3
钱币	高昌吉利铜钱	1

高昌故城城市功能区的划分与中原唐代古城大体相仿，分为官署区、居民区、商业区、寺院区等。城内建筑遗址已多毁损而呈土丘状，仅有双塔、可汗堡和寺院遗址保存相对较好。双塔遗址位于高昌故城中心偏北处，残高约14米，两塔相距约20米。双塔和可汗堡一并为高昌故城的中心部分，也是现存城址中最高的建筑。双塔所在地曾经为高昌国时期麴氏皇室寺院。玄奘

曾在此居住数日，并与高昌王麹文泰谈论佛经，讲经塔由此闻名于世。讲经塔并非单独建筑，其与相连一体的建筑合称"可汗堡"。顾名思义，可汗堡应是当时最高统治者的居所。

大佛寺遗址由殿堂、经堂、僧房三部分组成。在主殿中心柱的正壁处，本来有坐式佛像1尊，但现仅存佛龛残迹。佛龛周围分布众多小佛雕像，雕凿工艺具有早期犍陀罗艺术风格。其余建筑为纵券顶及穹庐顶结构，是典型的高昌回鹘艺术风格，亦是中亚极具代表性的建筑风格之一。而位于高昌故城东南角的小佛寺遗址仅存修复过的佛塔1座，建筑结构为圆形拱顶与方形塔身。

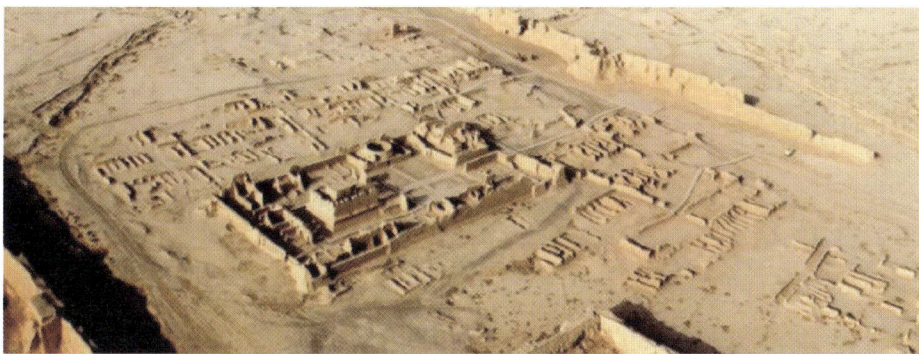

图47　大佛寺遗址航拍图①

图48　高昌故城大佛寺遗址

---

① 《吐鲁番高昌故城申报世界文化遗产简介》，《吐鲁番学研究》2013年第1期。

图49　高昌故城小佛寺遗址

　　近年来，考古工作者在高昌故城先后发现10枚萨珊王朝银币、护城河遗迹等，并对大佛寺、小佛寺、护城河和窑址、大佛寺东南排房、大佛寺北佛塔、内城西墙、内城南墙南门段、可汗堡遗址以及1—3号民居等进行了考古发掘。从发现的物品看，高昌故城不仅是世界宗教文化荟萃的宝地，也是古代西域重要的政治、经济、文化、宗教、军事中心，为研究古代西域城市文化、建筑技术、多种宗教和多民族文化在吐鲁番盆地的交流与传播提供了资料。

　　1961年，高昌故城被国务院公布为第一批全国重点文物保护单位。2014年，高昌故城被列入《世界遗产名录》。

2．交河故城

　　交河故城位于吐鲁番市以西5千米的亚尔乡。吐鲁番市西郊的亚尔乃孜沟从交河台地分流而下，交河故城就位于30米高的黄土台上。台地长约1650米，两端窄，中间最宽处约300米，呈柳叶形。《汉书》卷九六《西域传》记载："车师前国，王治交

图50　交河故城

河城，河水分流绕城下，故号交河。"①从地面望去，它建于高30米左右的土崖上，气势恢宏。交河故城位于古代丝绸之路上，交通位置十分重要。这里曾是古代西域三十六城郭之一的车师前国都城，也曾是唐朝安西都护府所在地。元末察合台时期，吐鲁番一带连年战火，交河城渐遭废弃。

吐鲁番气候干旱少雨，使故城保存得非常完整，建筑全部由夯土版筑而成，形制布局则与唐代长安城相仿。城内市井、官署、佛寺、佛塔、街巷、作坊、民居、演兵场、藏兵壕、寺院佛龛中的泥菩萨都还可以找到，是我国迄今保存最完整、规模最大的生土建筑。

西汉与匈奴为争夺吐鲁番盆地的控制权，曾"五争车师"。地节二年（前68），郑吉与校尉司马率领1500名渠犁屯田士兵攻陷交河城，神爵二年（前60），匈奴日逐王降汉，车师从此归汉。其后车师国分裂，交河城遂成为车师前国所在地。450年，北凉沮渠安周攻破交河城，车师前国覆灭。10年

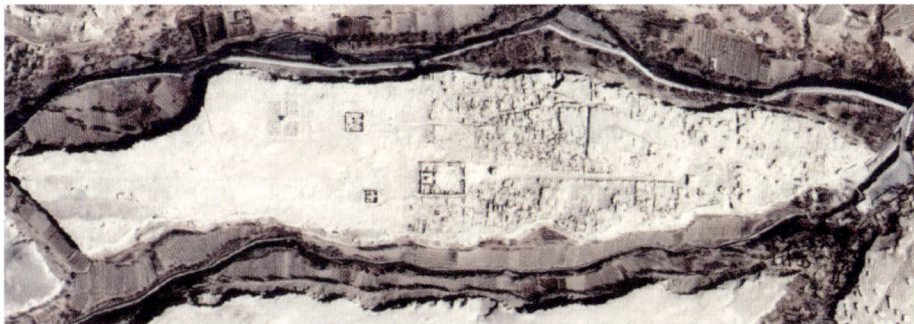

图51　交河故城航拍图②

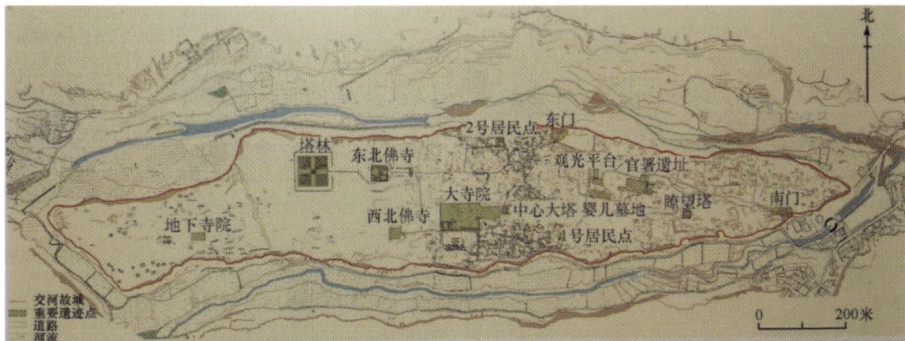

图52　交河故城干道与区划平面图③

①　（汉）班固：《汉书》卷九六《西域传》，北京：中华书局，1962年，第3921页。
②　《吐鲁番交河故城申报世界文化遗产简介》，《吐鲁番学研究》2013年第1期。
③　孟凡人：《交河故城形制布局特点研究》，《考古学报》2001年第4期。

后，柔然攻灭高昌，扶植阚伯周为高昌王，交河归属高昌国管辖。贞观十四年（640）唐灭高昌国后，置安西都护府于此。

交河故城是唐朝在西州的交通中心，故城西北向有白水涧道通轮台、东北向有他地道通庭州、西南向有银山道通焉耆，向东过柳中有大海道通往沙州。（见图53）

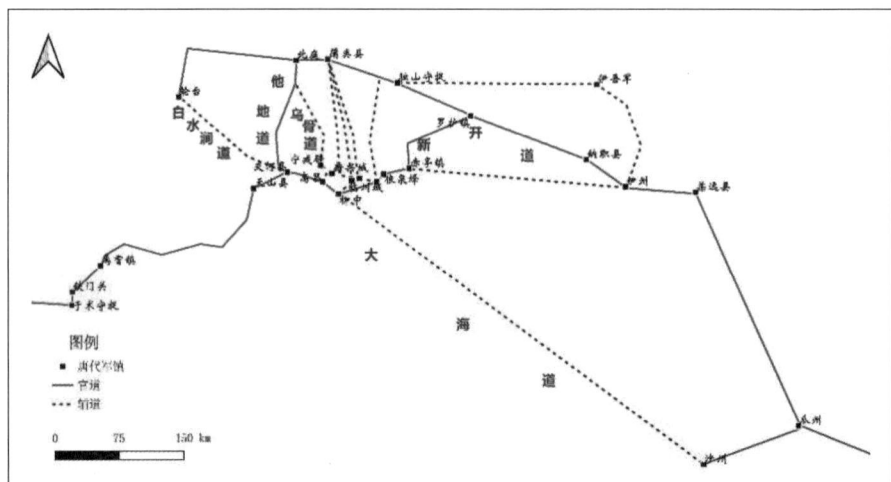

图53　唐代中期西域东部交通图

20世纪初，斯坦因来此考察，为其独特的建筑形制和广阔的台地所惊叹，他在故城内采集到开元通宝铜钱，并在佛殿南面的寺庙里获得许多浮雕塑像残块。

1928年，黄文弼到此考察，他在《吐鲁番考古记》中记述道，古城内遍地都是残墙，许多地方已经被开垦为农田。他由城内残垣分布、建筑方式以及城内不同地点所出土的遗物推断，城内建筑遗存应分别修筑于不同历史时期。同时，黄文弼在城内采集到黑花陶片，书写有《毛诗简兮》《尚书大禹谟》《佛书善见律音义》《佛书音义》《阴阳杂书》《为开元皇帝祈福文》等写本残片。根据目前的考古发现，交河故城现保存较好的房屋遗址有1339间、窑洞106孔、窑址5处。全城街道现存3869米，有4座城门、9条便道。城中有52座寺庙遗址、316口古井、2座商市、13个民坊。

交河故城目前的遗存基本为唐代建筑，建筑布局主要由3个部分组成：贯穿南北的一条中心大道把居住区分为东、西两部分，大道北端是一座规模宏大的寺院，以它为中心构成了北部的寺院区，这一区的建筑面积约9万平方米。建筑多是长方形院落，院落门临街巷。从院落的平面布置来看当为寺院遗址，尤其是主室里都有一个方土柱，应是神坛或中心塔柱；大道东区南部为大型民居区，北部为小型民居区，中部为官署区；大道西区除大部分为居址外，还分布着许多手工作坊。城中大道两旁皆是高厚的街墙，临街不设门窗。

图54　交河故城的崖壁

南北、东西向垂直交叉、纵横相连的街巷将36万平方米的建筑群分为若干小区，颇似中国内地古代城市的坊和曲。

这种建筑布局说明，交河故城在唐代曾经进行过一次有规划的重修改建，而唐代以前旧城痕迹则早已面目全非了。从城市布局来看，交河故城受到了中原城市传统建筑规制的影响，但是又根据交河台地的地形特点进行了建设，该故城以街巷为骨架的交通网络、城门及其他建筑，无不把军事防御作为建筑指导思想，整个故城就是一个巨大的军事堡垒。

图55　交河故城大佛寺遗址（20世纪初摄）①

---

① ［英］奥雷尔·斯坦因：《西域考古图记》，巫新华等译，桂林：广西师范大学出版社，1998年，第665页。

交河故城没有城墙，整座城市的大部分建筑物是用"减地留墙"的方法，从高耸的台地表面向下挖出来的，如寺院、官署、城门、民居等。这座城市宛若一个庞大的古代雕塑，其建筑工艺之独特，充分体现了古代车师人的智慧。

图56　交河故城塔林遗址航拍图[1]

大佛寺是城内最大的佛寺遗址，占地面积为5100平方米。佛寺主殿位于寺院后部，佛殿中央塔柱四面开龛，由于年代久远，毁损严重，龛内仅余塑像和彩绘痕迹，但主殿两侧和寺内三面残存的建筑遗迹依旧显示出当年的雄伟气势。位于故城最北端的塔林遗址，现存佛塔101座，位于塔林中央的是一座规模较大的佛塔，也是我国现存最早、保存相对较好的金刚宝座塔。以中央大佛塔为对称中心，四周各分布有25座一组的方形小塔。（见图56）

图57　交河故城塔林遗址

① 《吐鲁番交河故城申报世界文化遗产简介》，《吐鲁番学研究》2013年第1期。

交河故城被誉为"世界上最完美的废墟"，唐人李颀留下了"白日登山望烽火，黄昏饮马傍交河"的优美诗句。1990年以来，考古工作者在故城保护性发掘中，首次发现一座地下寺院和交河沟北的车师国贵族墓葬、交河西墓葬，进一步丰富了交河故城的历史文化。交河故城曾出土不少文物，如唐代莲花瓦当、莲花经卷等。

1961年，交河故城被国务院公布为第一批全国重点文物保护单位。2014年，交河故城被列入《世界遗产名录》。

3. 安乐古城

安乐古城位于吐鲁番市葡萄沟乡木纳尔村，原名"英沙古城"，北临著名的苏公塔，为汉至明代遗存。[1]据史料记载，安乐古城汉代属车师前国管辖，唐代属交河县管辖。1280年，高昌回鹘王国被元朝所灭，吐鲁番盆地的政治中心遂转移至安乐古城。

古城平面呈不规则形状，四周均为农田。古城周长约300米，东西长约200米，西面有一约10米高的土台。大部分城墙已毁，南城墙残高2—3米，中间位置开有城门，外部有瓮城残迹。遗址内残留一深约3米的筒坑，应为古代屯田时所用的粮仓。城内南部有炼渣遗物，或为古城窑址。1965年，考古人员曾在古城内出土高昌早期《金光明经》写本，尾题中见"于高昌城东胡天南太后祠下……写此金光明经一部"等字迹，由此可见这个时期该地民众已存在祆教信仰。

图58　安乐古城

---

① 李征：《安乐城考》，《新疆文物》1986年第1期。

4. 柳中古城

柳中古城位于鄯善县鲁克沁镇,为汉至清代遗存。古城东通伊吾,西接高昌,北达庭州,东南抵敦煌,汉唐时期就是丝绸之路上的交通枢纽。两汉时期,柳中曾为西域长史府所在地,两晋时期称"田地县",唐代为西州辖属的"柳中县",明代被称为"柳城"和"鲁陈"。[①]

柳中古城所在的鲁克沁绿洲水源充沛、土壤肥沃,适于农耕。东汉时期,柳中就是西域重要的屯田地区,以军屯为主,人数达500余人。东汉时期,西域与中原出现了"三绝三通"的政治局面,柳中屯田也随之经历

图59 柳中古城

"三废三兴"的变迁:第一阶段,74—76年,汉明帝派大将窦固、耿秉击破车师前后国,置戊己校尉,由戊己校尉关宠领军数百人屯田柳中。"永平十七年……谒者关宠为戊己校尉,屯前王柳中城,屯各置数百人。"[②]第二阶段,91—107年,此阶段史料记载不详。第三阶段,123年,西域长史班勇率领500余人屯田柳中。

图60 柳中古城航拍图(20世纪60年代)[③]

图61 柳中古城卫星影像图

---

① (清)张廷玉等:《明史》卷三二九《西域列传一》,北京:中华书局,1974年,第8527页。

② (南朝·宋)范晔:《后汉书》卷一九《耿弇附子恭传》,北京:中华书局,1965年,第719页。

③ 徐佑成、朱海生:《柳中古城形制初探》,《吐鲁番学研究》2015年第1期。

1928年，黄文弼考察此城，在《吐鲁番考古记》中称在鲁克沁东面有一城，为安集延时代修筑。其观察古城平面大致呈矩形，西南角保存尚好，夯筑结构，夯层清晰可见，厚8—10厘米不等。城中一段城墙与高昌城内的建筑方式颇为相似。黄文弼认为此城或是高昌时田地城，即唐柳中县故地。

由航拍图像对比可知，20世纪60年代，柳中古城内城、外城、关城以及城门保存仍较为完整。相比之下，现存古城早期城墙大部分已经毁损，原有城址轮廓几乎消失，不可辨认，取而代之的是密集的现代建筑。这给古城保护带来了较大的困扰。随着科学技术的广泛应用，有考古学者利用影像比对技术，对古城形制及相关数据予以恢复：古城外城平面呈长方形，东西长近2000米、南北宽约1000米；内城平面近似方形，东西长约800米、南北宽约700米，占地面积约0.6平方千米。内城正西位置即是清代吐鲁番郡王额敏和卓府故址。同时，考古人员结合清代文献判断外城是阿古柏入侵之后扩建的，内城则为汉唐时期旧址。[1]

近年来，由于城镇化的迅速发展，柳中古城的保护与修复面临更为尴尬的局面，周围居民甚至将古城城墙当做私人庭院的一部分，随意攀爬古城、乱堆生活垃圾等现象亦十分普遍。自2013年以来，相关部门开始划定古城保护范围，修筑外围保护墙，逐步迁移古

图62　柳中古城外侧

城保护范围区内的住户。目前，柳中古城保护环境已经得到较大改善，于2013年被列为第七批全国重点文物保护单位。[2]

5. 西盐池城址

西盐池城址位于鄯善县七克台镇库木坎儿孜村，为唐至清代遗存。古城地处方形台地上，居高临下，北面为一重要的隘口。从该遗址所处的地理位置分析，西盐池城当时的功能应侧重于军事防御。第三次全国文物普查时，

① 徐佑成、朱海生：《柳中古城形制初探》，《吐鲁番学研究》2015年第1期。
② 新疆维吾尔自治区文物局编：《新疆维吾尔自治区第三次全国文物普查成果集成·新疆古城遗址》下册，北京：科学出版社，2011年，第367页。

考古人员在此地发现五彩瓷、酱色瓷等文物。有学者结合史料中"里程"的记载，推断此城址就是唐代文献中的"罗护镇"。

6. 七克台古城

七克台古城位于鄯善县七克台镇东南约5千米处、火焰山东部北麓的山包上，扼守丝绸之路东西方要冲，与周围赛克散烽火台、连木沁大墩烽火台等组成了吐鲁番东界的防线。

七克台古城坐南背北，平面呈长方形，东西长约28米，面积约为252平方米。古城东、南、北三面的墙体为土坯垒砌结构，西墙为夯筑结构，遗址内散布胎体厚重的夹砂红陶和灰陶片、泥制灰陶片等。20世纪80年代，当地村民在遗址内劳作时，发现一张用回鹘文书写的佛经，其中有《僧古萨里都德传》和《慧远传》的残页。黄文弼在考察该城后，认为该城可能是唐代的赤亭守捉、宋代的泽田遗址。

2003年，七克台古城被公布为自治区级文物保护单位。

图63　七克台古城

图64　七克台古城夯墙残段

7. 其他古城遗址

（1）鲁克沁古城位于鄯善县鲁克沁镇西约2千米处，东西长约1000米、南北宽约400米，仅存西南角一长约50米的城墙。古城内遗存大量唐代风格的陶片。

（2）东巴扎古城位于鄯善县东巴扎乡小学、库木塔格山北缘天山洪积扇平台上，东西长约600米。周围农田遍布，遗址仅存有一土梁，为夯筑结构。古城内遗存红色夹砂陶片、灰色厚胎夹砂陶片，出土唐代钱币等文物。

（3）阔坦图尔古城位于吐鲁番市艾丁湖乡大墩附近，其北有一干涸河道。城址南北长约150米、东西长约176米，城外有护城河遗迹。遗址地表散布陶片，黄文弼曾在此采集到粗质、厚胎夹砂灰、红陶片。

（4）大墩古城位于吐鲁番市艾丁湖乡大墩附近。20世纪80年代末，文管人员曾调查该城，城址南北向坐落，南北长约126米、东西宽约90米。城墙为土坯垒砌结构，内部有房址及大小圆坑数处，周围见厚重陶片散落。遗址地表采集到石器、铜器、骨器和玛瑙珠。

（5）拉木伯公相古城位于吐鲁番市恰特卡勒乡杜四坎尔孜村。古城平面呈方形，边长约为420米，城垣大部分已被风沙掩埋，四周为农田包围。古城内遗存厚胎夹砂灰陶、带青釉或黑釉的瓷片和陶片。

（6）帕克拉克古城位于吐鲁番市艾丁湖乡东南约3.5千米处，四周为农田、居民建筑所包围，仅存有残断的北墙。城内散布陶片，多为夹砂红陶，胎体厚重，亦见有彩绘陶。

（7）乌江布拉克古城位于吐鲁番市胜金乡木头沟东侧高地上。古城为不规则长方形，占地面积约2万平方米。城垣等建筑遭破坏严重。城内散布红、灰夹砂陶片及少许瓷片，亦有红底黑彩陶片。

（8）阿萨协亥尔古城，当地人称"大阿萨古城"，位于鄯善县达浪坎乡拜什塔木村西南约10千米处。古城平面呈长方形，为土坯垒筑结构。地表散布夹砂红、灰厚胎陶片。考古人员曾于古城内采集到宋代文物。

（9）让布公商古城位于吐鲁番市恰特喀勒乡青年农场西南1000米处，为南北朝至元代遗存。古城平面略呈方形，东西宽约410米、南北长约430米。城址受风蚀破坏严重，现存南城墙长约50米，墙基宽8—9米。城墙为夯筑结构，夯层厚9.5—15厘米，中间夹杂大量石子。

（10）蒲昌城遗址位于鄯善县东巴扎回族乡前街村小学附近，为南北朝至唐代遗存。遗址大部分已被开垦为农田，除仅存的一段残垣外，已基本无残存建筑。考古人员曾采集到骨骼残片、陶片等遗物，另在城垣附近的农田中获得夹砂红陶片、灰色厚胎陶片以及唐代钱币等遗物。

（11）阿萨墩古城位于托克逊县托克台乡三队东约5千米处。古城平面呈方形，边长约50米，东、南、西三面城墙保存较好，残高4—5米。

（12）沙依布隆古城位于高昌古城东北约3千米处，破坏严重，现仅存西北角处一段长约90米的夯筑墙基。地表遗存有夹砂灰陶片。

（13）且克曼遗址位于托克逊县河东乡且克曼坎儿井附近。古城覆盖范围方圆3000米。地表散布数量较多的夹砂灰陶及炼渣。

（14）老砖厂居住遗址位于吐鲁番市亚尔乡葡萄沟西2千米处、火焰山南的山顶上。遗址南北向坐落，为土坯砌筑结构，东西长约20米、南北宽约5米。地表散布夹砂陶片、带釉陶片及瓷片。20世纪80年代曾出土唐代文书。

（15）木尔土克萨依居址位于吐鲁番市胜金乡木尔土克萨依戈壁滩。遗址面积约740平方米，南北长约28米、东西长约26米。地表散布夹砂灰陶片。

（16）酒泉古城位于鄯善县吐峪沟乡洋海村西南，仅南城墙残存，西南角有建筑遗迹。地表散布大量灰色碎陶片、少量夹砂红陶及黑色残陶渣。

二、烽燧

博格达山南麓径流区发现的烽燧主要是唐代和清代遗址。贞观十四年（640），唐灭高昌，以其地置西州，此地成为中原通西域的交通枢纽，境内有通往西域各地及河西的交通要道，唐朝在此修筑烽燧、戍堡以维护道路安全。

1. 赛克散烽燧

赛克散烽燧位于鄯善县七克台镇赛克散土墩村东南350米处的山冈上。烽燧整体为土坯垒筑结构，分为上下两层，下层基底呈矩形，南北长约9米、东西宽约8米。烽燧顶部坍塌较为严重，西墙壁残高约4米，东北角残高约5米，北墙、南墙、西墙上部均已坍塌，唯东墙保存相对较好，上有桩木孔，孔间距约1米，上下排间距约2米；北墙底层有一券顶拱门，为烽体入口。

2. 七克台戍堡及南湖烽燧

七克台戍堡位于鄯善县城东七克台镇南朔村。七克台镇为唐代赤亭镇所在地，岑参诗中"火山六月应更热，赤亭道上行人绝"的"赤亭"即是这里。戍堡遗址东西长约190米、南北宽约80米、残高约2米。南湖烽燧亦称赤亭烽燧，在七克台镇南湖村南，距七克台戍堡较近。

3. 连木沁大墩烽燧

连木沁大墩烽燧位于鄯善县连木沁镇连木沁巴札村。烽燧平面呈方形，边长约17米，残高约11米。结构由外体与中心建筑两部分组成。中心建筑内部建有4层拱顶屋室。从现在仍有小房间残迹的情况看，四层以上还应有拱

图65　连木沁大墩烽燧

图66　连木沁大墩烽燧航拍图

顶式建筑，原高要比现存建筑高得多。烽燧外壁上有桄木孔，以北墙上的保存最好，共8排。烽体为夯土与土坯混合结构，外壁遗存桄木孔若干，东、西墙各有一圆形豁口，沿豁口可攀登至烽燧顶部，上有房屋等建筑残迹。1999年被列为自治区级文物保护单位。

4. 二塘沟烽燧

二塘沟烽燧位于鄯善县连木沁镇连木沁巴札村。烽燧平面为方形，立面略呈梯形，为土坯垒筑结构。烽燧东、北两面保存稍好，西、南二面已坍塌。东墙底长约28米、顶长约9米、残高约14米，墙壁上有成排方孔。烽燧四周抹泥，中心柱为空心建筑，中部有南北向券顶洞室，建筑时代为唐代。1999年被列为自治区级文物保护单位。

5. 阿萨协海尔烽燧

阿萨协海尔烽燧位于鄯善县达浪坎乡拜什塔木村西南的沙地上，是阿萨古城的组成部分，为唐代遗存。烽燧残高6米，附近遗存角楼，为古时瞭望报警和驻兵建筑。2013年被列为第七批全国重点文物保护单位。

6. 木尔吐克萨依戍堡及烽燧

木尔吐克萨依戍堡及烽燧位于吐鲁番市七泉湖镇七泉湖村南，为唐代遗存。戍堡平面呈方形，呈南北向坐落，边长18.5米，围墙高3.4米，墙体厚0.6米。戍堡为土坯砌筑结构，残高约10米。戍堡遗存北墙、东墙、南墙的墙基，烽燧位于戍堡西南角。2015年8月，新疆文物考古研究所与吐鲁番学研究院考古所联合考古队开始对遗址进行考古发掘，在戍堡内布设探方4个，发掘范围扩展至遗址外5米处。此次发掘对于进一步研究烽燧建筑结构、遗

图67　木尔吐克萨依戍堡内部①

图68　木尔吐克萨依戍堡航拍图

① http://arch.cssn.cn/kgx/kgdt/201509/t20150909_2152525.shtml.

址沿用年代以及烽燧布局等问题具有重要价值。

7. 吐尔退维烽燧

吐尔退维烽燧位于吐鲁番市大河沿镇红柳河村西北约6千米处，为唐至清代遗存。烽燧主体和墙基现已大部分残毁，仅遗存北侧护墙。烽体残高约2米，墙围为夯筑结构，夯层厚度7—8厘米。周边地表发现些许粗制夹砂灰陶片。

图69 吐尔退维烽燧东面（左）与南面（右）*

8. 托克逊县城附近的烽燧、戍堡

托克逊县城附近的烽燧、戍堡包括考克烽燧和阿萨墩戍堡及烽燧。考克烽燧位于托克逊县夏乡喀克恰克村西约20千米处，呈不规则形状，底边东西长约20米、南北宽约15米，烽体残高约5米。烽体为黄土夯筑结构，夯层厚8—10厘米，中间夹杂芦苇秆、树枝等。阿萨墩戍堡及烽燧位于托克逊县夏乡农场三队东约5千米处。戍堡由城外围墙、烽燧和房屋构成，整体呈方形，东西长约53米、南北宽约50米，为夯筑结构，夯层内夹杂红柳，墙基厚约3米。烽燧位于戍堡西北，为土坯垒筑结构，坍塌严重。烽燧平面呈方形，边长约6米，剖面呈梯形，顶部边长3米，烽体残高约5米，西墙处遗存有烽梯。

9. 阿拉沟戍堡及烽燧

阿拉沟戍堡及烽燧位于托克逊县城西、鱼儿沟火车站西500米处。戍堡由城外围墙和烽燧、城墙、房屋组成，整体呈方形，南北长约31米、东西宽约30米。城墙为砾石层砌成，石层之间铺有红柳，中间用黄土黏结，内外壁均抹有草拌泥，残高约7米。南墙内侧有砾石砌成的台阶通至城墙顶部，中间位置为宽约3米的城门。戍堡四周筑有围墙（古时称"羊马城"），为土坯混筑垒砌结构，残高50—70厘米、宽40—50厘米。戍堡北

图70　阿拉沟戍堡*

部有一高一低房屋残迹两处。戍堡西北角为烽燧，为砾石砌筑结构，呈梯形，有修复的痕迹。遗址东西长约30米、南北宽约31米、高约10米。戍堡内外均有文化堆积层，考古人员曾发掘出土残破的唐代文书，又对烽燧内夹填的红柳做碳-14测定，数据显示为唐代。

10. 东天山其他现存唐代西州烽燧

（1）吾斯提沟烽燧位于托克逊县博斯坦乡吾斯提沟口山顶上。烽燧整体已毁损，为卵石砌筑结构。烽燧周围遗存少许褐釉陶片。

（2）撒依坎尔烽燧位于托克逊县河东乡萨依坎尔井村北，烽燧所在区域为雅丹地貌。烽体为夯筑结构，残高约5米。烽燧周围遗存夹砂灰、红陶片以及若干较厚灰陶片。

（3）布干烽燧位于托克逊县河东乡奥依曼布拉克村东北约250米处，烽燧所处地势低洼。烽燧平面呈方形，边长约17米，烽体残高7米，为夯土与土坯混筑结构。烽燧周围遗存粗质夹砂灰、红陶片。

（4）大墩烽燧位于托克逊县河东乡与吐鲁番交界、吐托公路一侧。烽燧平面呈方形，边长约17.5米，烽体残高约5米，为夯筑、土坯垒砌混筑结构。烽燧周围遗存夹砂红陶片。

（5）二二一团烽燧位于盐山北麓第二二一团东北约3千米处。烽燧平面呈方形，为土坯砌筑结构，残高约6米。烽燧周围地表有夹砂灰陶片。

（6）雅儿湖烽燧位于吐鲁番市雅儿乡雅儿湖村西北约1.5千米处。烽燧为夯筑结构，由底向上整体呈现为覆斗形，残高约5米。烽燧附近遗存夹砂红、灰陶片。

（7）盐山烽燧位于吐鲁番市雅儿乡盐山东端雅尔霍孜沟口北侧。烽燧平面呈方形，边长约10米、残高约1.7米，烽体为夯筑与土坯混筑结构。

（8）吐尔退维烽燧位于红柳园艺场西北约6千米处。烽燧平面呈方形，边长约4.5米，烽体为夯筑结构，残高约3.4米。

（9）艾丁湖塔什烽燧位于吐鲁番市艾丁湖乡艾丁湖南岸的盐碱地中。烽燧平面呈长方形，烽体为土坯砌筑结构，残高约5米。烽燧地表采集物有夹砂红、灰陶片。

（10）毕占土拉烽燧位于第二二一团西南约10千米处的盐碱滩中。烽燧已坍塌，残高约2米。烽燧地表残存零星灰陶片。

（11）乌盘土拉烽燧位于吐鲁番市恰特卡勒乡庄子坎村西南约8千米处。烽燧已坍塌为土堆，残高约2.5米。烽燧夹杂有灰陶片。

（12）庄子坎烽燧位于吐鲁番市恰特卡勒乡庄子坎村南缘。烽燧为土坯砌筑结构，已坍塌为土堆。

（13）洋海厄格勒塔木戍堡位于鄯善县吐峪沟乡洋海阿斯喀勒村。戍堡平面呈方形，为夯筑结构。戍堡内遗存零星轮制泥质灰陶片。

（14）恰特卡勒烽燧位于恰特卡勒乡喀拉霍加坎尔孜村北约4千米处。烽燧整体呈覆斗形，烽体残高约8.2米，为夯筑结构。烽燧周围散布大量带彩釉瓷片及夹砂红、灰陶片。

（15）干沟烽燧位于火焰山口七泉湖至芒硝湖公路东侧山顶上。烽燧平面略呈方形，烽体残高约2.6米，为土坯砌筑结构。烽燧周围散布夹砂灰陶片。

（16）阿其克墩烽燧位于达浪坎乡阿其克坎儿村西南约13千米处。烽燧已坍塌为土堆，周长约105米，为土坯砌筑结构，地表采集物多为夹砂灰陶片。

（17）迪哈尔烽燧位于鄯善县迪哈尔乡迪哈尔村东北，烽燧已无存。1928年，黄文弼曾考察该烽燧，烽燧为土砖砌筑结构。

（18）吐尔买来烽燧位于鄯善县鲁克沁镇吐尔买来村。烽燧平面呈长方形，整体呈覆斗形，为土坯砌筑结构，烽体残高约5米。

（19）煤窑沟烽燧位于煤窑沟车站东南约5千米处、煤窑沟分叉处东断崖。烽燧平面呈方形，整体呈覆斗形，烽体残高约6米，为土坯砌筑结构。

地表采集物为夹砂灰陶片。

（20）七泉湖萨依烽燧位于煤窑沟分叉河谷东南约3千米处、河床西南岸。烽燧平面呈方形，整体呈覆斗形，为土坯砌筑结构。地表采集有夹砂灰陶片及少量夹砂红陶片。

（21）胜金口烽燧位于木头沟河东500米处。烽燧修建于黄土墩上，为夯筑结构。

（22）乌江布拉克烽燧位于木头沟南3千米处、火焰山北麓。烽燧基底呈方形，边长约为11米，整体呈覆斗形，烽体残高约7.3米。烽燧周围内有夹粗砂红陶片、轮制灰陶片。

（23）胜金烽燧a位于吐鲁番市胜金乡农场东南，烽燧基底为长方形。烽燧周围散布夹砂灰陶片。

（24）胜金烽燧b位于胜金口石窟西北约400米处。烽燧已部分坍塌，仍可辨认为夯筑结构，基底平面呈方形，边长约7米。烽燧周围散布少许夹砂细红泥、灰陶片。

（25）胜金烽燧c位于胜金烽燧b西约250米处山顶上，烽燧基底平面呈方形，边长约5米，烽体基部残存，为土坯砌筑结构。

（26）七康湖烽燧位于吐鲁番市胜金乡七康湖水库南200米处、火焰山北台地上。烽燧基底平面呈长方形，为土坯砌筑结构。烽燧地表散落大量夹砂灰陶片。

（27）土尔坎尔烽燧位于鄯善县连木沁乡西南约5千米处的土尔坎尔孜村西。烽燧为土坯垒筑结构，残高约11米，残存外体、中心建筑两部分。

（28）汉都夏大墩烽燧遗址位于鄯善县连木沁乡汉都夏村墩买里庄东南约1.3千米处。烽燧整体呈覆斗形，基底平面为方形，边长约19.2米，烽体残高约9.5米。

（29）汉墩阿克墩烽燧位于鄯善县连木沁乡阿克墩庄东约2.2千米处的山梁上。烽燧基底平面呈长方形，为土坯砌筑结构，呈覆斗状。

（30）三十里大墩烽燧位于鄯善县园艺场东北约5千米处。烽燧基底平面呈长方形，为土坯砌筑结构，残高约5米。烽燧周围遗存粗砂红陶片。

（31）塞克散土墩烽燧位于鄯善县七克台乡塞克散土墩村东南约500米处的山包上。烽燧为西北走向，为土坯砌筑结构，基底平面呈长方形，东墙保存较为完整。烽燧周围散布少量夹砂灰陶片。

（32）东湖烽燧位于鄯善县东巴扎东湖村南，烽燧毁损严重。烽燧已坍塌，土堆中遗存夹砂灰陶片，胎质较厚，夯层中见一两片轮制灰陶片。

第三节　宗教遗址

博格达山南麓径流区宗教遗址较多，分布也比较集中，主要在吐鲁番市。吐鲁番市的寺庙遗址主要分布于高昌故城北，延至火焰山南麓和沟谷石窟附近。其中寺庙类型多样，佛教、摩尼教、祆教和景教遗址均有出现，建筑形式繁多，前后可能存在沿用、改建和重建等情况。这些建筑主要采用夯筑和土坯相结合的建筑方式，基部采用夯筑整平，墙体采用土坯砌筑，并且在墙体中央夹杂植物秸秆。这些与当时建造城池的建筑方法和所用材料基本一致。该区域的石窟群主要开凿于吐鲁番市内火焰山和盐山的沟谷两侧。（见图71）据统计，目前发现的佛教洞窟约200个，其中有壁画的洞窟约80个，保存壁画总面积2000多平方米。该区域石窟群汇集了龟兹石窟、敦煌石窟的艺术特色，窟内壁画融合了印度犍陀罗、中原和龟兹地区的艺术风格，是中国佛教石窟艺术的典型代表。

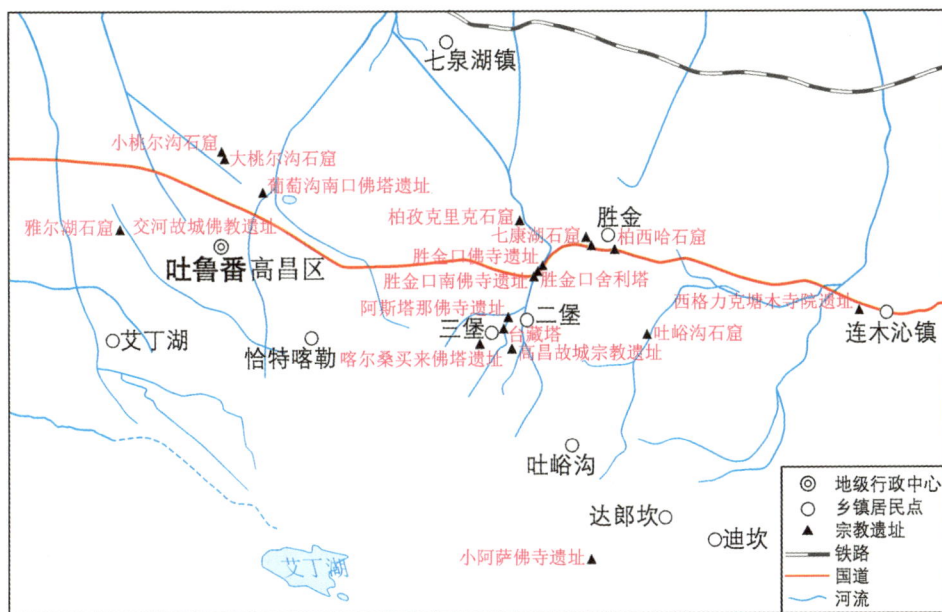

图71　博格达山南麓径流区宗教遗址分布图

一、寺庙

佛教寺庙主要包括高昌故城和交河故城内的佛寺佛塔、高昌故城西部的台藏塔、胜金口山前的寺庙遗址群、火焰山南麓的大小桃儿沟佛教寺庙等，多为晋唐时期遗存。交河故城内佛寺广布，是城址附属寺院的典型代表。城内北部和西部有大面积佛寺群，总面积约占交河故城的三分之一。

据文献记载，高昌故城东南部及其周围分布着许多景教遗址，还有祆教遗址，但是这些遗址均已消失。目前在吐鲁番盆地还发现了两处景教寺院：一处为布拉依克景教寺院遗址，位于吐鲁番市北部约10千米处的火焰山上，东临葡萄沟，为隋至元代遗存。寺院由底部寺院遗址、中部寺院遗址和顶部寺院遗址3部分组成，遗址由山头的底部向上依山势分布，面积约2000平方米。另一处为高昌故城东门外的教堂遗址，为一小祠。德国探险家勒柯克曾在此发现了一些景教壁画。[①]

高昌地区的寺庙遗址与其附近的城址、石窟寺等形成有机的整体，展现了吐鲁番盆地在13世纪中叶之前，以佛教为主，祆教、摩尼教、景教等多种宗教共存的繁荣景象。

1. 高昌故城宗教遗址

高昌故城佛教遗址为高昌故城的重要建筑，分布于城内的各个区域。目前能够确定为宗教遗址的有东南佛寺、大佛寺、可汗堡附近的宗教遗址等。近年来，新疆文物考古人员在城内陆续发现许多小型的佛殿、佛塔及寺院遗址，这些佛寺遗址成为高昌故城的重要组成部分。

（1）东南佛寺位于高昌故城东南角，佛寺布局为前殿后塔，坐北朝南。前殿为长方形，长约5米、宽约2米。券顶，为土坯砌筑结构，墙壁内外抹有草拌泥皮，内壁抹有白石灰，绘有壁画。后塔基座为八角形，基座直径约5米，从下而上逐渐缩小。佛塔中间为空心，顶部有洞，可以看出整个塔身是以土坯砌筑而成。佛塔顶部四面共有4个壁龛，北侧壁龛内有一个入口可以进入塔中，其他三面壁龛抹有草拌泥墙皮，外抹有白石灰。

---

① ［德］阿尔伯特·冯·勒·寇克：《新疆地埋宝藏记》，刘建台译，台北：马可波罗文化出版社，2000年，第94页。

佛寺因宗教战争而破坏，佛寺废弃后，破损严重，塔体采用泥浆复原，封顶加固。目前遗址面临的主要问题是风蚀、雨淋、虫蛀等自然损毁。

图72 高昌故城东南佛寺

（2）大佛寺位于高昌故城西南角。佛寺布局类型为庭院式，平面为长方形，东西长约130米、南北宽约80米，占地面积约1.04万平方米。寺院坐西朝东，以寺门、庭院、佛殿为中轴线展开，东部开门。中心为塔殿，两侧为高大建筑遗址。右侧为穹庐顶式建筑，北、西、南三面为厢房，绝大多数顶部不存。寺院周围环以高墙，为土坯垒砌和夯筑结构，外敷草拌泥。有30多间大小不一的房间，大多数房子都有灰坑。出土器物有陶器、铜器、石器、纺织品、皮革制品、贝壳和壁画，如钵、碗、三足盘、吹风管、陶缸、盆等，完整器物较少。

图73 高昌故城大佛寺

佛寺曾因宗教战争遭到破坏，绝大多数塑像已不复存在。加之不法分子的肆意盗掘，早期西方探险家的野蛮发掘活动，对遗址造成了巨大的破坏。在后来的大生产运动中，农民对遗址进行挖土取肥，对遗址本体造成了不同程度的破坏。

（3）可汗堡附近的佛教遗址位于高昌故城内城正中，其南部的建筑群似为居住遗址，东部在夯土台基上有佛寺遗址。东部的台基上立土坯塔（讲经塔），残高约10米，塔外用大土坯砌成围墙。墙西有一凹入地下的正方形遗址，西、北、南三面有向下的土阶（地下室主要用于避暑），似为殿址。附近还有数间券顶房间，有壁画残迹。此外，可汗堡内的许多地点都发现壁画和回鹘文题记残件。

（4）K寺院遗址位于可汗堡南偏东约270米处的一小土岗上。寺院遗址现已无存，20世纪初勒柯克和斯坦因曾对其进行发掘，当时遗址平面略呈"凸"字形。北面突出部分为一组建筑，中间有过道，过道西侧南边小室的地面上约有数百具僧侣尸体，尸体有刀痕、衣服染血迹。南部主体建筑平面呈长方形，东西残长约75米、南北残宽约55米，中间有庭院。庭院东侧有一大房间，房间内用白色雕像砖铺地，堆放着许多摩尼教经典，勒柯克将其称为"经图堂"。

由出土遗物可知，K寺院为高昌回鹘王国时期的遗址。早期应是摩尼教寺院，遗址中出土了摩尼教经典。后期高昌回鹘王国改信佛教后，寺院又重新改建为佛寺，因此在寺院中又发现了佛教遗存。在K寺院附近还发现了许多小型寺院遗址，时代为唐至高昌回鹘王国时期。在这些小型寺院遗址中，考古工作者发现了佛教壁画、摩尼教题记、摩尼教人物画等遗存，这些遗存是高昌回鹘王国宗教信仰由摩尼教向佛教过渡的见证。

（5）三号佛寺遗址位于高昌故城内城南墙南门段。2009年，新疆文物考古部门组织实施了对高昌故城的第五次发掘，在发掘出的内城南墙南门段遗址的东半部被认为是一处佛教遗址，名为三号佛寺遗址。佛教遗址分为南北两部分，北部为佛寺，南部为房址。佛寺为带回廊中心塔结构，南北残长约12米、东西残宽约12米。佛寺为土坯建筑结构，其东半部已经缺失，现存北、南、西三个回廊，回廊内部用碎土块填充，地面铺一层青色方砖。中心塔由土坯砌筑而成，南北长约8.3米、东西宽约9.5米、残高约1.4米。回廊壁和塔体外表都有两层草拌泥，其上绘有植物壁画，色彩有黑、白、蓝、绿、青、红、黄七种之多，壁画出土时颜色鲜艳。另在佛塔回廊和佛寺周围出土数枚唐代钱币，佛寺南部为5座房址，可能是僧房。[①]

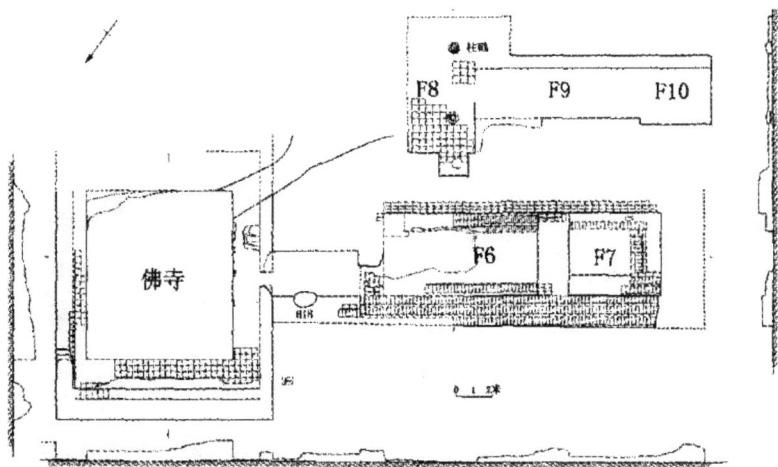

图74　高昌故城三号遗址佛寺平面图[②]

（6）外城东部佛教遗址位于高昌故城外城东南角，建于一长约20米、宽约14米的台基上，布局为前殿后塔，为高昌回鹘王国时期遗存。另外一处佛教建筑有佛塔、佛寺、居址等，其中一座佛塔年代可能为唐代；佛寺南北向排列多层殿基，寺内出土有回鹘王国时期的佛教绘画，如麻布佛像、麻布菩萨像、麻布回鹘女供养人像等。

（7）外城北部宗教遗址位于高昌故城外城北部。存有许多寺院遗址，其间还杂有居住遗址。遗址群中可辨识的建筑有佛塔、佛殿、寺院等，有高昌回鹘王国时期的壁画，如佛说法图、菩萨与婆罗门像、菩萨像、阿弥托净土变图和回鹘供养人像等。同时，遗址群中还发现景教寺院，有景教壁画，年代大约在唐代。

（8）外城西部宗教遗址位于高昌故城外城西南角，主要有三组佛寺遗址。在外城西南角是一处寺院遗址群，平面呈长方形，寺门向东。寺内中间为庭院，长约100米、宽约56米，庭院后部正中为大殿，长约14米、宽约

① 新疆文物考古研究所：《高昌故城第五次考古发掘简报》，《吐鲁番学研究》2012年第2期。

② 新疆文物考古研究所：《高昌故城第五次考古发掘简报》，《吐鲁番学研究》2012年第2期。

图75　高昌故城出土的菩萨像壁画
（德国柏林亚洲艺术博物馆藏）

图76　高昌故城出土的骑马武士壁画
（德国柏林亚洲艺术博物馆藏）

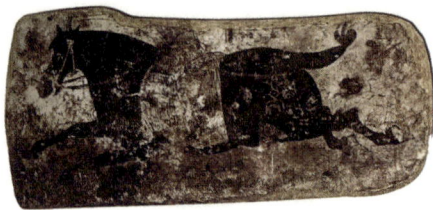

图77　高昌故城出土的景教壁画（德国柏林亚洲艺术博物馆藏）

10.6米，殿内中间立塔柱，塔柱上残存千佛像。庭院四周密布长方形或方形小室，其中方形小室或为配殿，东南部存居址，可能为僧房。寺院出土的泥塑菩萨头像，有唐代风格，而女供养人壁画形象则属回鹘时期。因此，可以判断，该寺是在唐代佛寺基础上改筑扩建而成。

外城西部中间的佛寺平面呈长方形，北部为庭院，南面为佛殿，中间立佛塔，塔身方形为5级。寺内所出唐代风格菩萨残绢画，还有摩尼教遗物。该寺时代可上溯至唐代，下限到高昌回鹘王国时期。外城西北部存一塔群，塔群建在长约64米、宽约58米、高约2米的台基上。台基正中的佛塔底部呈正方形，边长约16米，塔高约4.6米，其上立有5个小塔，台基四角各有一组塔群。此处遗址为一金刚宝座塔，亦称"五塔寺"。

2. 交河故城佛教遗址

交河故城内佛寺广布，残存的佛教遗迹约80处[1]，多为晋唐时期遗存。

---

[1] 交河故城佛教遗址数量说法不一。解耀华主编《交河故城保护与研究》（乌鲁木齐：新疆人民出版社，1999年）前言说有53处，其后又作补充调查的80余处，另见李肖《交河故城的形制布局》（北京：文物出版社，2003年）。今后随着调查和研究的深入，可能会有相对准确的统计数字。

佛教遗址在衙署区、独立空洞区、居民区、墓葬区均有分布。此外，城内北部和西部大面积地集中建有佛寺群，形成两个大寺区，总面积约占交河故城建筑区的三分之一。现存主要的佛教遗迹有中央大塔、大佛寺、东北佛寺、西北小寺、西崖寺院、塔林、地下寺院等。

图78　交河故城（20世纪初德国探险队摄）

（1）中央大塔位于从南门北向的中心大道北端，接近交河故城中心区域。佛塔东、西两侧都有道路可通至塔后的大佛寺。

该塔从原生土台中挖出，现存月台、基座和夯土版筑塔身，佛塔顶部已不复存在。遗址高约20米，总建筑面积约305平方米。从路面至月台，原应有阶梯，现已损毁，仅在塔基南侧下方堆积物中发现了一些土块。塔身为单

图79　交河故城中央大塔

层，呈中空状，四周的回廊宽约2米，塔身四壁现仅存两层版筑夯土层，每层高约1米，土层上方的佛塔均已塌毁无存。塔室结构与殿堂相同，面阔约7.5米、进深约4.5米，面积约30平方米。前壁中央开门，门宽约3米。正壁和左、右侧壁前凿有一小型台座，有改建的痕迹。

（2）大佛寺位于中央大塔后稍偏西的地方，是全城最大的佛寺，年代大致为唐至元代。门向南开，南北长约88米、东西宽约59米，总面积约5190平方米。寺院前面有两座对峙的方形土台基，其中西侧的一座比较清晰，东侧稍微模糊，可能是佛塔遗迹。寺院的殿基和部分院墙、殿墙都是从原生土中挖成的。

主殿的南殿基平面呈"凸"形，前有踏步，接着是月台。主殿中央凿有一方形塔柱，塔柱的四面及上方均开龛，龛内原有佛像，现已无存。主殿外

图80　交河故城大佛寺

图81　交河故城大佛寺塔柱（左）及塔柱上的佛龛（右）

壁左侧与寺墙之间筑有小室，前面东侧挖有一水井，西侧也有一小台基，靠近院门也有两座相对的小台基。寺院的东、西、南三侧都有庑廊和建筑遗址。这些建筑的门都开向院内，只有东侧的门开在东壁，与院墙外东侧的建筑相通。

该寺建筑宏伟，主殿高大，房屋较多，是交河故城的佛教中心。遗址保存状况较好，院门、主殿、殿庭、佛塔、水井、月台、前殿、僧房等设施均清晰可见。

图82　交河故城大佛寺内的佛塔（20世纪初德国探险队摄）

（3）东北佛寺位于大佛寺东北、交河故城东街北端，建筑面积约2470平方米，仅次于大佛寺，年代大致为唐至元代。

在寺门前方两侧有两座相距约10米、边长约10米呈正方形的建筑遗迹相对而立，可能是佛塔残基。残存塔基北侧，有两道相距约16米的南北向墙，与主殿的前壁形成一条长约51米的通道，经此可直达主殿。主殿位于寺院的前部，面阔约16米、进深约17米。中央存一塔柱，塔柱四面开龛，主殿外壁左右两侧与寺墙之间也有殿堂和房屋。主殿的后壁中央开一门，通向后院。后院边长约35米，面积约1231平方米。院内有水井，靠近后墙处还有一大厅。

图83　交河故城东北佛寺

（4）西北小寺位于交河故城西北，东距大佛寺约100米，北部约120米处是另外一处寺院遗址，西南约70米为台地断崖，年代大致为唐至元代。1992年，中日联合考察队曾对西北小寺进行了调查与发掘，出土了大量陶片泥塑残块、织物、木器、铁器和文书残纸等。

西北小寺平面呈正方形，边长约21米，南墙中部开院门。院内中部偏后为殿堂，构筑在长方形的生土台基上。殿堂内平面呈长方形，东西长约6.5米、南北宽约6米，南壁中部开殿门，殿门下有台阶连接长方形月台。月台台面低于殿堂地面约1米，平面呈长方形，东西长约8米、南北宽约3.5米，高于庭院地面约0.3米。殿堂与月台间由一宽约1.62米、高约0.8米的台阶相连。台阶上的踏步仅存最底一层，上方有三个间距3—5厘米的小圆孔。月台与庭院间有台阶，已残。月台中部有从庭院经月台进殿堂的路面遗迹，宽1—8米不等。

在殿堂左右两侧，包括寺院西南的房屋在内，共有8间厢房。殿堂东西两壁与厢房之间，北壁与北院墙之间围成回廊，回廊宽约1.3米。殿堂、左右厢房、南院墙围成了一个东西长约10米、南北宽约6米的长方形庭院，院内地表广布遗址坍塌形成的废墟。从庭院左右进入回廊需要通过一个拱形门，门与殿堂南墙平齐，高约2.2米、宽约0.9米。东西两侧各有门道与东西厢房连接。

图84　交河故城西北小寺

（5）西崖寺院位于交河故城东西大道西端、靠近西崖处，为唐至元代遗存。寺院门前有两座相距约3米、对峙而立的残塔基，边长约8米。残基中段存有两条相距约15.4米、长约28米的墙，与寺院前壁构成一面积约430米的长方形甬道，形制布局与东北佛寺相似。寺院面阔约20米、进深约20米，面积约400平方米。

主殿面南，筑有前殿。前殿面阔约8米、进深约3.4米，面积约27平方米。前殿中央有踏步通往主殿。主殿没有后壁，在后行道及其外侧有一弧形大坑，两层台阶将其分成三层，上两层高约1米，第三层高约0.7米，其低于主殿约2.7米，宽阔齐整。院落与主殿处于同一平面，院内遗存房屋遗迹。

1956年8月，新疆首届考古专业人员训练班曾对这座寺院进行发掘，在寺院中出土了一批文物，其中有残佛头、唐开元通宝和宋元丰铜钱等。[1]

（6）二号居民区的佛堂位于交河故城东崖边一座院落中，为一家庭佛寺，面积约35平方米。佛堂建筑方式与房址不同，为泥块砌筑结构。房西北部已坍塌，仅存西南角局部墙体。由西排房排列情况来看，该房进深约3米，宽度不明。残墙东西长约1.8米、南北宽约1.5米、高约0.3米。佛塔建在房屋中间，仅存塔基，塔基南面略直，其余三面坍塌成圆弧状。[2]

（7）塔林位于东北佛寺后面，为唐至元代遗存。塔林四周原有围墙，现已无存，南墙中间开门。从墙迹看，整个遗址略呈正方形，边长约85米，面积约7390平方米。遗址的主体建筑为101座佛塔组成的塔林。从其南门向北约26米处为中央大塔，大塔基座呈束腰式，是我国现存最早的金刚宝座塔。基座呈正方形，边长约10米、高约1米，四面均有踏步，宽约2米。在基座的四角和中央分别筑台，四角仅存方形台，中央为方形佛塔基座，基座上有圆形塔身，残存两层，其余均已塌毁。

在中央大塔四角约1米处，各有一组小塔，每面5座，有5排，共25座塔，四面共有100座塔。小塔塔身均已倒塌，仅残存边长4米的正方形基座，其中每两座塔基的间距和行距均约1.6米。

①　新疆首届考古专业人员训练班：《交河故城、寺院及雅尔湖古墓发掘简报》，《新疆文物》1989年第4期。
②　联合国教科文组织驻中国代表处、新疆文物事业管理局、新疆文物考古研究所编著：《交河故城——1993、1994年度考古发掘报告》，北京：东方出版社，1998年，第179页。

（8）地下寺院位于台地西北的墓区内。1994年，新疆文物部门对其进行了局部发掘，发掘面积约105平方米，出土脱塔、脱佛、泥塑残片、壁画残块、题词残片、木版画、木器、文书、钱币、陶器等遗物[①]，遗址年代大致在唐至元代。

地下寺院现存1处佛堂、2处僧房、2处小型龛室和1处阶梯，均为地下建筑。佛堂位于中部，屋顶南部残存小部分弧形顶，北部敞开。两僧房分别位于佛堂的西侧和北侧。西僧房平面呈不规则长方形，顶残，门道被佛堂西墙封堵；北僧房平面呈长方形，纵券顶，门道与佛堂连通。两龛

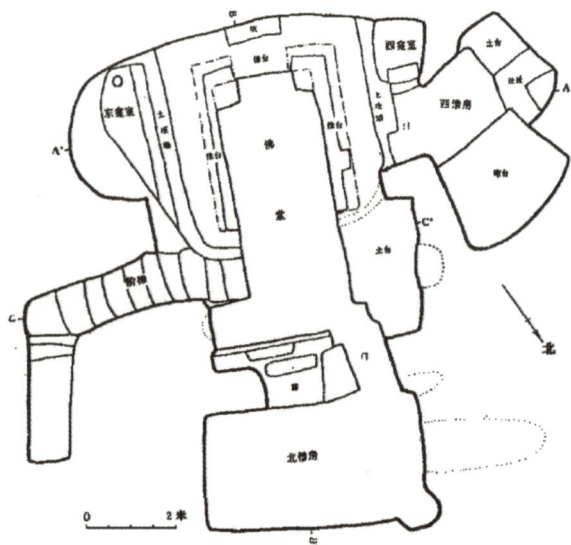

图85　交河故城地下寺院平面图

室分别掏挖在佛堂南部东西两侧，被佛堂东西墙封堵。佛堂的东北部修有阶梯，以供上下出入。（见图85）

图86　交河故城出土的西州时期泥塑彩绘人像（德国柏林亚洲艺术博物馆藏）

---

① 联合国教科文组织驻中国代表处、新疆文物事业管理局、新疆文物考古研究所编著：《交河故城——1993、1994年度考古发掘报告》，北京：东方出版社，1998年，第117—153页。

3. 小阿萨佛寺遗址

小阿萨佛寺遗址又名"克其克佛寺遗址"，位于鄯善县达浪坎乡，为唐至元代遗存。佛寺遗址平面略呈方形，边长约100米。残存建筑7处，均为土坯垒砌结构，其中保存相对完整的是西北角的佛塔、殿堂和东面的佛塔3处遗迹。西北角的佛塔塔基为夯筑结构，平面呈"十"字形，塔身呈正方形，边长约1米、残高约5米；南部中段残存殿堂建筑残迹，平面呈正方形；东面残存一佛塔，塔基和塔身清晰可辨。两处残存的佛塔形制同高昌故城东南角的佛塔较为相似，建筑年代应为高昌回鹘王国后期。此外，佛寺遗址内还遗存房屋建筑，地表残存少量壁画。

1904年，勒柯克考察认为小阿萨佛寺"是由一些具有波斯风格的圆拱顶建筑物和具有印度风格的窣堵波建筑组成，其断墙横垣，破残严重"[①]。由此可知，小阿萨佛寺的建筑风格深受印度佛教的影响。

1907年，斯坦因在此发掘出很多壁画、泥塑佛雕像以及汉文、回鹘文和吐蕃文文书。斯坦因在挖掘小阿萨佛寺时对其建筑形制做了较为详细的记载："遗址中最大的混合建筑在西部，图中标明Ⅰ的遗址。它包括北边保存相当好的一个塔、一个佛殿及与其连接的穹隆顶的前室。再向南有一个长47英尺、宽23英尺的大厅或院落，很可能也是木质屋顶。西边墙壁上的小穹隆顶龛的用途不明。西南部与其相连的毁坏严重的一组房屋可能是僧侣们的住

图87 小阿萨佛寺遗址（20世纪初德国探险队摄）

图88 小阿萨佛寺遗址

---

① ［德］阿尔伯特·冯·勒柯克：《新疆的地下文化宝藏》，陈海涛译，乌鲁木齐：新疆人民出版社，1999年，第91页。

所。北部的那个塔是建造在一个24平方英尺的台基上的……整体有20个突出的角，有一个用莲花叶装饰的低浮雕高约一英尺的圆形底座，其上为圆柱形的穹隆顶塔，现顶部已残。塔的整个高度约24英尺。"[1]斯坦因当时见到的遗址保存状况较好，一些佛塔的轮廓清晰可见，寺院的分区如佛殿、前室、大厅、院落、僧房等也非常容易判定。

1988年，小阿萨佛寺遗址被列为自治区级文物保护单位，但保存状况并不乐观。

4. 胜金口南佛寺群遗址

胜金口南佛寺群遗址位于吐鲁番市二堡乡巴达木勒克村北部的山腰上。佛寺依山而建，由南寺院、北寺院、东寺院三部分组成。

南寺院始建于北朝，废弃于元代。遗址位置较高，距离山顶水平距离约150米，整体布局呈长方形，长约41米、宽约33米，主要由中央大殿、券顶式建筑和院墙组成。中央大殿呈"回"字形，坐北朝南，中心可能为塔柱，规模较大。西北角残存房屋遗迹，西南角残存一组券顶式建筑。

北寺院始建于隋代，废弃于元代，主要由中央大殿和西北、西南角两组券顶结构建筑组成，面积约2500平方米。中央大殿墙体已坍塌，平面呈"回"字形，残高约80厘米。残存墙体采用土坯砌筑，依靠草拌泥作为黏剂，外侧抹墙皮，内侧绘壁画。西北角券顶式建筑多已坍塌，残存一涂抹草拌泥的墙角，可以辨清由3间券顶式建筑组成。东南角残存一个边长约1.6米的方形建筑基座。

东寺院仅存部分墙基，长约9.6米、宽约3.6米、残高约0.5米，遗址年代为唐至元代。

1906年，勒柯克到此考察，对佛寺的位置和建筑风格做了较为详细的记录，"在谷地左边，依然分布着一排寺庙。在右边，有一些印度风格的窣堵波建筑遗迹，有一些遗迹甚至就在小河的岸边"[2]。20世纪初，勒柯克等人对胜金口南佛寺群遗址进行盗掘活动，对遗址结构及壁画造成了严重的破坏。

---

① ［英］奥雷尔·斯坦因：《西域考古图记》第三卷，巫新华译，桂林：广西师范大学出版社，1998年，第663页。

② ［德］阿尔伯特·冯·勒柯克：《新疆的地下文化宝藏》，陈海涛译，乌鲁木齐：新疆人民出版社，1999年，第75—76页。

图89　胜金口南佛寺群南（左）、北（右）寺院*

　　1988年，胜金口南佛寺群遗址被列为市级文物保护单位，得到当地政府的重视。遗址保存状况较差，墙体及房屋建筑多已坍塌，破坏原因主要有风蚀、地震等自然因素。同时，由于遗址距离居民区较近，附近居民的生产与生活对遗址产生了一定的破坏。

5. 葡萄沟南口佛塔遗址

　　葡萄沟南口佛塔遗址位于吐鲁番市葡萄街道达甫散盖社区西部的一处山冈上。遗址现存东西两座佛塔：东塔为唐代遗存，坐北朝南，正中开门，塔基平面呈正方形，周长约3米，塔体基本完整，残高约4米。佛塔为方形穹庐顶式，内壁残存少量壁

图90　葡萄沟南口佛塔遗址*

画。西塔建于宋代，坐北朝南，残高2—3米，周长约3米。佛塔西南角坍塌严重，只存佛塔前方一土坯砌成的长方形平台和东墙，均为土坯垒砌结构。

　　1998年，葡萄沟南口佛塔遗址被列为市级文物保护单位，部分遗址受风蚀等自然因素的影响已被破坏。

6. 喀尔桑买来佛塔遗址

　　喀尔桑买来佛塔遗址位于吐鲁番市三堡乡曼古布拉克村北，为唐代遗存。佛塔平面呈方形，残墙边长约9米、高约5米。佛塔内部为土坯构筑、外部为夯筑结构，塔身表面为泥草混合抹面，这种建筑结构使佛塔十分坚固，虽

历经千年，但至今仍矗立于戈壁之中。

1998年，喀尔桑买来群佛塔遗址被列为市级文物保护单位。遗址保存状况较差，南北两面残垣破败，内层及顶部的土坯建筑已全部毁坏，无法识别。遗址破坏的主要原因为风蚀，沙尘暴携带大量沙石冲蚀墙体，以致部分墙体倒塌。

图91　喀尔桑买来佛塔遗址*

7. 阿斯塔那佛塔遗址

阿斯塔那佛塔位于吐鲁番市三堡乡曼古布拉克村北，为唐代遗存。佛塔平面呈长方形，剖面呈梯形。佛塔塔基为土坯垒砌结构，南北长约5米、东西宽约4米，塔身为夯筑结构，残高约7米，夯层平均厚约10厘米。

图92　阿斯塔那佛塔遗址*

1998年，阿斯塔那佛塔遗址被列为市级文物保护单位，遗址保存状况一般，基本形制较完整，毁坏部分已经过加固保护。遗址主要受风蚀破坏。

8. 胜金口佛寺群遗址

胜金口佛寺群遗址位于吐鲁番市二堡乡巴达木勒克村北木头沟东岸山前台地上。现存中寺院、南寺院、北寺院、胜金口水闸南寺院等遗址，均为唐宋时期遗存。

中寺院位于木头沟东岸山前平地上，坐东朝西，平面呈长方形，长约47米、宽约55米。遗址由中央大殿、犍陀罗风格的穹隆顶和券顶房屋、院墙构成。中央大殿在寺院后半部，紧靠寺院东墙，"回"字形佛塔位于大殿中央，仅剩塔基和回廊院墙。大殿东北角的穹隆顶建筑面积较大，直径约3

图93 胜金口佛寺群遗址北寺院

米；大殿北侧曾有大量建筑，现已全部坍塌；大殿南侧残留一排穹隆顶和券顶建筑。穹隆顶和券顶建筑的内墙采用石灰作为装饰。院墙坍塌严重，残长约47米、宽约53米。院墙及其主要建筑基本都由土坯垒砌而成，以草拌泥作为黏合剂，遗址地表发现少量夹砂红陶和泥质灰陶残片。

南寺院位于木头沟出口处东岸，由沿着山体的穹隆顶式建筑和依山体而建的南北向寺院组成，整个遗址所在地南北长约70米、东西宽约10米。遗址院墙为夯筑结构，穹隆顶由土坯垒砌而成，以草拌泥作为黏合剂。墙体还以白灰衬底，绘有植物纹样的壁画。

北寺院位于木头沟东岸山前台地上，坐东朝西，门开于西墙中部，正对中央大殿。遗址长约71米、宽约75米、外墙高约3米，由中央大殿、僧房、券顶式建筑等构成。大殿靠近院墙中后部，呈"回"字形，高约5米，回廊外墙残高约4米。僧房位于北部，房屋南面有一宽阔的空地，可能是院落。券顶式建筑位于院墙东北角，残存石灰墙皮上有壁画痕迹。

水闸南寺院位于山前一处平地上，依山体呈南北向排列，残长约72米、宽约45米。寺院现存中央大殿和周围的院墙，以及一处券顶式建筑。中央大殿的东侧及后面残留回廊式建筑，并且有现代居民的废弃建筑。西院墙夯筑而成，墙体厚约1.5米。东院墙利用土坯修筑而成，以阻挡山体坍塌，山体与主体建筑之间有空阔缓冲地带。

9. 胜金口舍利塔群遗址

胜金口舍利塔群遗址位于吐鲁番市胜金口乡胜金口石窟西北约1.5千米处。舍利塔沿山梁分布，北部较为密集。现存舍利塔共12座，其中10座沿山梁和台地修筑，2座位于中偏北处。舍利塔平面呈正方形，立面呈梯形，有些塔体可以看到基部的方形角，塔基呈阶梯状，仅存两层。中部的一座塔较大，底长约6米、宽约5米，塔残高不足1米。

10. 七康湖佛塔遗址

七康湖佛塔遗址位于吐鲁番市胜金口乡排孜阿瓦提村西南，为晋至宋代遗存。遗址现存佛塔3座，呈东西向分布在沟谷的南北崖壁中，其中东、西两座佛塔保存较好，中部佛塔已坍塌，只残存塔基。

遗址最东部的佛塔平面呈正方形，整体由下至上渐窄，中部空心，塔体由土坯砌筑而成。塔身顶端四壁各有一佛龛。佛塔南侧佛龛下有一带状缺口，朝下延伸至塔身底部。位于最西边的佛塔高约3米、长约3米，形制、结构与东佛塔基本相同，佛塔背面残存佛龛和桩木孔。

佛塔长期受到风蚀、蛀蚀等自然因素的破坏，加之早期盗掘活动及现代居民生产与生活活动，都对佛塔造成了较大的破坏。1998年，七康湖佛塔遗址被列为市级文物保护单位，后被列为自治区级文物保护单位。

11. 西格力克塘木寺院遗址

西格力克塘木寺院遗址位于鄯善县连木沁镇色勒格克孜库木沙河北岸的山前台地上，为晋唐时期遗存。遗址为生土建筑结构，西北角有保存较好的方形夯筑建筑，残高约5米，边长约4米，夯层厚约20厘米。建筑顶部西北处残存一佛龛。中部的建筑结构依稀可辨，基底、中段为夯筑结构，顶部为垛泥结构，夯层厚度不均。

图94 西格力克塘木寺院遗址*

1988年，西格力克塘木寺院被列为县级文物保护单位，但遗址保存状况较差。遗址保护环境不容乐观，附近山体经常掉落岩石，对遗址墙体造成破坏。遗址南面的葡萄地和晾房，附近居民的生产与生活活动及农田基本建设，也对遗址造成了一定的影响。

12. 台藏塔遗址

台藏塔遗址位于吐鲁番市三堡乡，始建于隋唐时期，废弃于元代，是目前新疆境内保存较好、规模较大的一座单体佛塔遗址。遗址与高昌故城仅距1.5千米，建筑方式也与高昌故城相似，是唐宋时期高昌地区佛教兴盛的重要见证。

佛塔平面呈"回"字形，东西长约36米、南北宽约23米、高约19米，是国内现存最高的土建筑遗址。塔体外墙

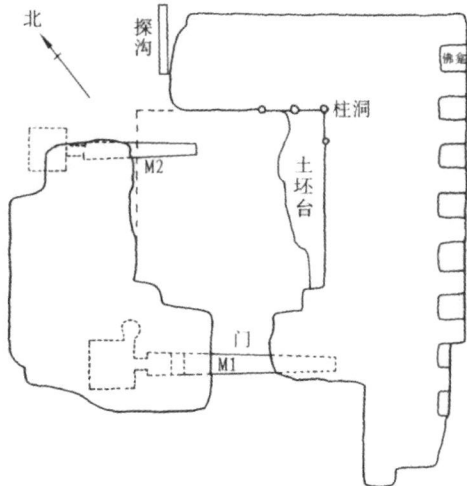

图95 台藏塔塔身及下层佛龛平面图[1]

为夯土构筑结构，内侧和壁龛为土坯垒砌结构。东、北两侧墙体保存状况较好。塔身外壁逐渐内收，形成三级台阶。

台藏塔东南壁北部已经坍塌，顶部残长约27米、宽约8米，底部南北长约35米、宽8—12米，壁高约19米。三级台阶较清晰，第一级高约7米，第二级高约5米，第三级高约6米。每两级之间塔体内收形成一台面，第二、三级间台面宽约1米。三级壁面上各有一排佛龛，其中第一级8个、第二级7个、第三级6个。第一级佛龛高于原地面约2米，龛间距2米。东北壁西段已被洪水冲毁。顶部残长约21米、宽约6米，底部残长约23米、残宽7—10米，壁残高约19米。形制与东南壁相同，第一级台面已经坍毁，第二、三级间宽约0.7米。第二级台面残留佛龛6个，第三级台面残留佛龛5个。西北壁北段被水冲毁的长度超过10米，顶部坍塌成三角形。底部残长约18米、残宽约9米，壁残高约12米。墙体内壁距地表约3米处有两个大致呈"十"字形分布的现代窑洞。壁面残损严重，不见佛龛等遗迹。西南壁同样损毁严重。底部残长约33米、残宽约8米，壁残高约19米。东南角上部用土坯修补。壁面坍

① 新疆文物考古研究所：《新疆吐鲁番市台藏塔遗址发掘简报》，《考古》2012年第9期。

塌严重，未见佛龛遗迹。与东南壁转角的第二、三级台阶之间有一条斜坡道的痕迹，可能是上下台阶。四壁现存佛龛32个，多已坍塌，形制不清。仅东南壁第三级最北一座佛龛（编号K1）保存较好，

图96　台藏塔K1佛龛[1]

现存基座、壁画等遗迹。佛龛北距外壁北角约4米，平面呈长方形，券顶式建筑，宽约1.7米、进深约1.75米、高约3.8米。构筑方式为在墙壁上凿出龛形，然后用土坯砌壁而成。龛顶有三层土坯，上部两层平砌，下部一层为立砌。

此佛龛存基座，位于正壁下部，平面呈长方形，为土坯垒砌结构。其上塑像已经缺失，周围残留少量泥塑。佛龛内还存有壁画，但大部分均已残损，可辨识的内容有团花图案、绿色蔓草图案形花纹、绿色圆形花纹、绿色菱形花纹等。

20世纪初，俄国的奥登堡、英国的斯坦因等人曾先后到此考察，盗掘出台藏塔内大佛像等文物。1996年，当地居民在台藏塔废弃的洞龛中发现了一件记录了唐高宗时期颁历情况的文书，而这件文书的发现证实了唐代"颁历制度"在西州地区的实施，对研究唐代的制度有着极为重要的价值。2008年，新疆文物考古研究所对台藏塔进行了发掘，并在台藏塔下部发现了两座早期墓葬遗址，出土遗物40余件。[2]

2006年，台藏塔遗址被列为全国重点文物保护单位，得到社会各界的广泛关注。该塔仅存塔体，周围的附属建筑已无存。吐鲁番文物保护部门正在对周边居民进行动员迁移，以便于今后更好的保护。

[1]　新疆文物考古研究所：《新疆吐鲁番市台藏塔遗址发掘简报》，《考古》2012年第9期。
[2]　新疆文物考古研究所：《新疆吐鲁番市台藏塔遗址发掘简报》，《考古》2012年第9期。

二、石窟

1. 柏孜克里克石窟

柏孜克里克石窟位于吐鲁番市东北45千米处、火焰山北坡的木头沟内，南距高昌故城约15千米，始建于麴氏高昌王国时期，因地处宁戎谷，又称"宁戎窟寺"。《西州图经》记载："宁戎窟寺一所，右在前庭县（高昌县）界山北廿二里宁戎谷中……云蒸霞郁，草木蒙笼。见有僧祇，久著名额。"[1]

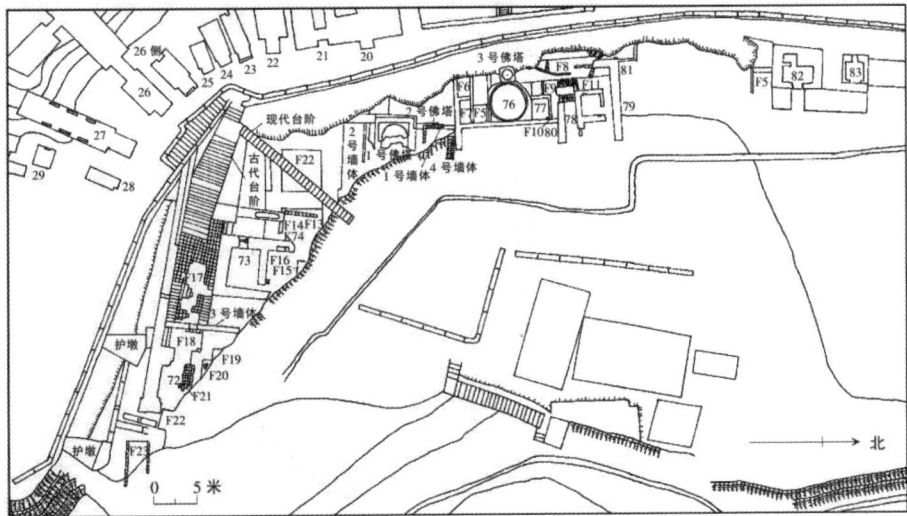

图97　柏孜克里克石窟窟前遗址平面图[2]

佛教传入吐鲁番后，在麴氏高昌王室的大力推崇下，发展十分迅速。麴氏高昌王室在"宁戎谷（木头沟）"内开凿了柏孜克里克石窟。唐西州时期，柏孜克里克石窟成为西域著名的石窟寺，1984年出土的《杨公重修寺院碑》详细记载了唐代西域官员杨袭古对该寺进行大规模修缮的情况，如"窟下造厅四所""修冬厨一所""窟下广栽葡萄"等。高昌回鹘王国时期，信仰摩尼教的回鹘王皈依佛教，对柏孜克里克石窟进行扩建，使之成为皇家寺院；13世纪末，随着高昌王室东迁，柏孜克里克石窟逐渐成为民间寺院；15世纪中叶后，此地的佛教不断衰落，柏孜克里克石

---

[1]　上海古籍出版社、法国国家图书馆编：《法国国家图书馆藏敦煌西域文献》第一册，上海：上海古籍出版社，1995年，第76页。

[2]　新疆文物考古研究所：《新疆柏孜克里克千佛洞窟前遗址发掘简报》，《文物》2012年第5期。

窟逐渐废弃。

石窟开凿于沟谷崖壁上，全长约160米，分三层修建，面积约3000多平方米。1928年，黄文弼考察柏孜克里克石窟时统计的洞窟18个；1978年，吐鲁番地区文物管理所对坍塌损坏的洞窟进行清理维修时，新发现了一些洞窟；1980年10月至1981年7月，吐鲁番地区文物管理所对石窟崖前土砂堆进行清理，新发现洞窟12个；2009年8—9月，新疆文物考古研究所对窟前遗址进行发掘清理，发现洞窟19个，其中包括崖体开窟式洞窟13个、土坯垒砌式洞窟6个。综合历次考古发掘，目前统计洞窟83个，其中保留壁画的洞窟40余个，壁画面积约1200平方米。（见表27—表29）

图98　柏孜克里克石窟（20世纪初德国探险队摄）

图99　柏孜克里克石窟

洞窟形制与龟兹地区类似，主要分为三种类型，即中心柱式、长方形纵券顶式和穹隆顶带回廊式，其中以长方形纵券顶式最多。从洞窟的性质与作用看，有礼拜窟、僧房窟，还有纪念高僧的隐窟，僧房窟数量最多。

表27　1980—1981年柏孜克里克石窟新发现的12个洞窟概况

石窟类型	编号	年代	窟形
礼拜窟	K75	11—12世纪	长方形纵券顶
	K76		方形穹隆顶
	K77		长方形纵券顶
	K72		

（续表）

石窟类型	编号	年代	窟形
纪念窟	K82	10—11世纪	前室：长方形纵券顶 后室：长方形横券顶
	K83		
僧房	K78	12—13世纪	长方形横券顶。四窟为一个单位，分上层（K80、K81）和下层（K78、K79）
	K79		
	K80		
	K81		
	K73		
	K74		

表28　2009年柏孜克里克石窟发掘的13座崖体开窟式洞窟概况

编号	主要组成部分	窟形	说明
K1	前室	长方形纵券顶	后室门两侧有佛龛，南壁与东壁交界处有一龛，紧靠北壁东西分布有3个锅底状坑
	后室		
	南侧一室		
	南侧二室		
K3	门洞	长方形平顶	门洞南壁有一佛龛
	主室	长方形纵券顶	
K4	门洞	平底平顶	门洞东壁有壁画底稿痕迹，主室西壁有壁画底稿、汉文题记底稿痕迹
	主室	长方形平顶	
K6	门洞	平底弧形顶	门洞北壁有上下两个佛龛
	主室	长方形纵券顶	
K7	门道	窟形不明	前室西壁正对门洞有一长方形龛
	前室		
	后室		
K19	前室	窟形不明	前室西壁有一龛，第一间侧室东壁有两处汉文题记
	北侧室第一间	长方形纵券顶	
	北侧室第二间		
	北侧室第三间	窟形不明	

环塔里木汉唐遗址

（续表）

编号	主要组成部分		窟形	说明
K20	门洞		窟形不明	主室有一龛
	主室			
K21	门洞		窟形不明	位于K21东部有一外廊与K20、K19相连
	主室		长方形纵券顶	
新1窟	门洞		窟形不明	主室东壁绘供养人像，西壁绘楼阁、人物图案，北壁绘人物像
	主室			
新2窟	形制不明		窟形不明	已坍塌
K57	门洞		窟形不明	主室西壁有佛像痕迹，顶部及北壁残留绿色彩绘千佛并有汉文榜题
	主室		长方形纵券顶	
K58	主室		长方形纵券顶	西壁有佛像痕迹，佛像两侧勾勒出供养人，北壁有彩绘
K60	门洞		窟形不明	主室南壁有一龛，南壁上部及窟顶绘制千佛
	主室			

表29　2009年柏孜克里克石窟发掘的6座土坯垒砌式洞窟概况

编号	窟形	说明
K5	长方形穹隆顶（后室）	由前室、后室及走廊组成，后室地面绘人物、花卉、龙、鸟等图案
K12	长方形纵券顶	窟底东北部有灶址一座
K13	长方形纵券顶	窟内有土坑一座、火炕一座，东壁有一龛
K14	长方形纵券顶	南壁有一龛
K72	长方形纵券顶	
K73	窟形不明	南壁有一龛

表30　柏孜克里克石窟对外开放的5个洞窟概况

窟号	年代	窟形	壁画内容
K20	10世纪	方形穹隆顶，设有中廊和甬道	大悲变相图、行道天王图、毗沙门天王图、佛本行经变图、回鹘高昌王供养像、回鹘高昌王后供养像、擎灯供养者像、菩萨像、比丘像
K27	11—12世纪	长方形纵券顶	供养菩萨像、佛背光及千佛图、蒙古女供养人像
K31	10—12世纪	长方形纵券顶	佛本行经变图、须跋陀罗像、比丘像、回鹘高昌王供养像、龙图
K33	10—12世纪	长方形纵券顶	举哀图、佛本行经变图、比丘像、供养菩萨像、童子像、千佛像
K39	12世纪	长方形纵券顶	文殊变图

柏孜克里克石窟的建筑形式有3种：第一种是依崖壁开凿的石窟；第二种是在崖壁开凿石窟后，再用土坯垒砌出前室；第三种则是完全用土坯垒砌的洞窟。前两种建筑形式比较常见，第三种则是高昌地区独有的建窟方法。

除洞窟外，柏孜克里克石窟遗址中还发现有6座佛塔，年代大致为宋元时期。其中崖体顶部有3座，东部紧邻断崖，自南向北依次呈弧形分布，均为土坯垒砌结构，除最南部一座保存状况较好之外，其他佛塔坍塌严重，最南部

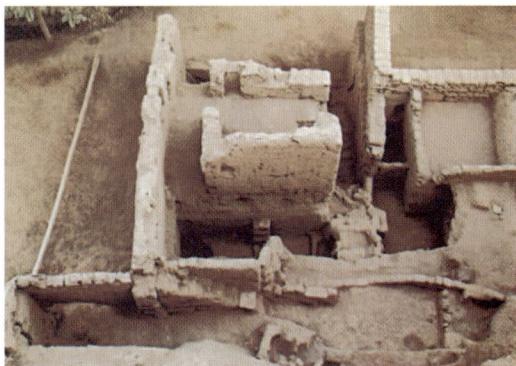

图100　柏孜克里克石窟K80、K81[1]

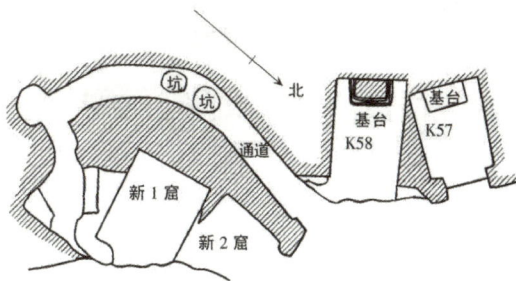

图101　柏孜克里克石窟新1窟、新2窟、K58、K57平面图[2]

① 新疆文物考古研究所：《新疆柏孜克里克千佛洞窟前遗址发掘简报》，《文物》2012年第5期。
② 新疆文物考古研究所：《新疆柏孜克里克千佛洞窟前遗址发掘简报》，《文物》2012年第5期。

的佛塔截面呈四边形，其余两座呈圆形；崖体下有3座佛塔，亦呈弧形分布，佛塔均由基座及塔体组成，除1号佛塔保存状况较好外，其余佛塔残缺较严重。

1号佛塔位于崖体下部，西距崖体约2米，由围墙、塔基、塔体组成，均为土坯垒砌结构。塔基残存南、西、北三壁，南壁长约1.9米、西壁长约3.3米、北壁长约2.1米，塔基高约0.45米。基台上部为圆形基座，直径约3米、高约0.4米。塔体顶残缺，残高约2.3米，呈"亚"字形。塔体层层收分，层高0.25—0.4米、面宽约0.3米；2号塔在75号窟南侧，已残，分为两层。下层方形塔基，边长约2米、高约1米；上层覆钵状塔身，底径约2米、残高约0.45米；3号佛塔位于岩体下部，西紧邻崖体，残存基座及部分塔体。基座呈四面体，面宽约2米、高约0.7米。塔体呈圆柱形，残高约0.6米、直径约1.3米。（见图102）从布局上看，该塔和76号窟为一体，是一座前堂后塔式建筑[1]。4号佛塔位于石窟顶部的平台上，为土坯垒砌结构，由基座、塔体组成。基座平面呈方形，塔体部分坍塌，剖面略呈梯形，残高约5.5米。（见图103）

图102 柏孜克里克石窟1号佛塔（左）及其平面图（右）[2]

同时，考古工作者清理发现，从崖底至断崖42号窟门前，有一"之"字形的阶梯。阶梯最宽处约3.6米，共50多级台阶，建筑材料主要是土坯，台阶

---

① 新疆文物考古研究所：《新疆柏孜克里克千佛洞窟前遗址发掘简报》，《文物》2012年第5期。

② 新疆文物考古研究所：《新疆柏孜克里克千佛洞窟前遗址发掘简报》，《文物》2012年第5期。

表面铺一层素面方砖，方砖边长约33厘米，为泥质红陶，有少数灰陶。阶梯通往崖壁前尚有一条深约3.6米、宽约2米的堑壕，由吊桥连接。

柏孜克里克石窟出土文物丰富，1980—1981年以及2009年两次发掘出土文物情况如下：

1980—1981年，除出土文书外，还出土10余件绢、纸质绘画，包括绘制件和印刷品，内容多为佛教形象；600余件泥塑残块，包括佛头像、比丘头像、骷髅像等；1700余件壁画残块。出土文物还包括100余件木结构建筑物构件，如斗拱、浮雕、圆柱、石础等。另外还有长筒皮靴、手绢、犁铧、画笔、瓷碗、单耳陶罐、木梢、钥匙、木耳杯、木梳、铜盆等遗物。[①]

图103　柏孜克里克石窟4号佛塔

表31　1980—1981年柏孜克里克石窟出土文书情况[②]

地点	汉文		回鹘文		汉文、回鹘文双语	婆罗谜文	汉文、婆罗谜文双语	粟特文	西夏文	合计
	写本	印本	写本	印本						
下层堆积	495	30	80	9	126	27	12		3	782
K10	4	1	1	1	7					14
K21								8		8
合计	499	31	81	10	133	27	12	8	3	804

---

① 吐鲁番地区文物管理所：《柏孜克里克千佛洞遗址清理简记》，《文物》1985年第8期。
② 吐鲁番地区文物管理所：《柏孜克里克千佛洞遗址清理简记》，《文物》1985年第8期。

环塔里木汉唐遗址

图104　柏孜克里克石窟出土的木雕彩绘立佛像（俄罗斯圣彼得堡艾尔米塔什博物馆藏）

图105　柏孜克里克石窟出土的回鹘供养人像（俄罗斯圣彼得堡艾尔米塔什博物馆藏）

图106　柏孜克里克石窟礼佛图（20世纪初德国探险队摄）

2009年发掘出土器物232件（组），包括陶器55件，如陶缸、陶瓮、陶罐、陶盆等；木器47件，如钵、斗、门墩、构件、尺、棍等；石器3件，如碑、莲花座、研磨棒等；泥塑14件，如佛手、佛像残件、饰件等；皮制品3件，分别为皮刀鞘、羊皮卷、皮革。另有铁器3件、骨器4件、织物10件、葫芦3件、面饼1件、文书51件、壁画33处。[①]

柏孜克里克石窟始凿于南北朝后期，经历唐、五代、宋、元长达7个世纪的漫长岁月，这里一直是高昌地区的佛教中心，高昌回鹘王国是石窟群最繁华的时期。但是在1904年到1913年间，许多精美的石窟壁画被德国、俄国、英国、日本四个国家的探险队切割下来，分批运出国外，给石窟造成了无可挽回的破坏。这些壁画现藏于德国柏林亚洲艺术博物馆、俄国圣彼得堡艾尔米塔什博物馆、日本东京国立博物馆、英国大英博物馆、印度国立博物馆、韩国国立博物馆等。柏孜克里克石窟的建筑和壁画，不仅是古代高昌社会生活的重要实证材料，更是价值连城的历史文物和艺术品。

1982年，柏孜克里克石窟被列为全国重点文物保护单位。

2. 雅尔湖石窟

雅尔湖石窟又称"西谷寺"，始凿于5世纪，位于交河故城西南1.5千米处的崖壁上。车师国居交河城时，雅尔湖石窟曾一度繁盛，但自沮渠安周破交河城后，车师前国灭亡，吐鲁番地区的政治、经济、文化中心逐渐从交河城转移至高昌城，交河城的中心地位不断下降，雅尔湖石窟地位也因交河城的衰落而不断降低。13世纪以后，高昌回鹘王室东迁，雅尔湖石窟逐渐废弃。

表32　雅尔湖石窟7个洞窟现状

编号	形制	现状	壁画、题记、岩画
1	长方形纵券顶	主室长约5.3米、宽约2.9米、高约3.4米，北壁开门；西壁南端有一门洞与侧室相通，侧室长约6.3米、宽约4米、高约3.9米	主室后壁有大面积竖行红色汉文题记，字迹漫漶不清，少数能辨认，东、西壁有零散红色汉文题记

① 新疆文物考古研究所：《新疆柏孜克里克千佛洞窟前遗址发掘简报》，《文物》2012年第5期。

环塔里木汉唐遗址

（续表）

编号	形制	现状	壁画、题记、岩画
2	长方形纵券顶	长约5.1米、宽约3.4米、高约3.9米，北壁偏东开门	后壁和窟门西侧壁残存零散红色汉文题记；窟内西侧壁有一行竖形回鹘文
3	长方形纵券顶	长约5.3米、宽约3米、高约3.7米，北壁偏东开门	东西侧壁有零散的红色汉文题记
4	长方形纵券顶	主室长约14.7米、宽约4.3米、高约4.2米，主室两侧壁后部相对凿4个小禅室。后室长约3.8米、宽约2.9米、高约3米	窟内东北角、西侧壁后部、后室等处都有双层壁画痕迹，外层壁画色泽鲜艳，保存状况较好，壁画面积约110平方米
5	长方形纵券顶	长约5.7米、宽约2.9米、高约4.3米，北壁偏西开门	窟内有红色汉文题记，汉文和突厥文双文题记，羊形像岩画，红色线条勾画出的头像
6	长方形纵券顶	长约4.8米、宽约2.9米、高约3.8米，北壁偏西开门	后壁中部残存浮塑佛像背光上部，窟门两侧有汉文题记，东侧壁有红色线条勾画的比丘头像
7	长方形纵券顶	长约5米、宽约3.4米、高约3.7米，北壁中部开门	窟门侧壁和门洞顶部、窟内四壁均有壁画，壁画面积约45平方米

　　石窟分布区域东西长约40米，洞窟由西往东依次编号7个（见表32），4、5和7号窟保存状况较好。4号窟是窟群的主窟，开凿于高昌回鹘王国时期，主室两侧及券顶遗留有壁画，保存状况较好，券顶壁画旁留有汉文榜题。5号窟开凿于6—9世纪，其内保存有许多突厥文、汉文题记。7号窟正壁和两侧绘有一佛两菩萨说法图，但画面已漫漶不清。四壁绘有千佛像，衣着服饰颜色以红、蓝、绿为主，该窟顶部的壁画保存状况较好，绘有装饰性精美壁画"净水宝地"。

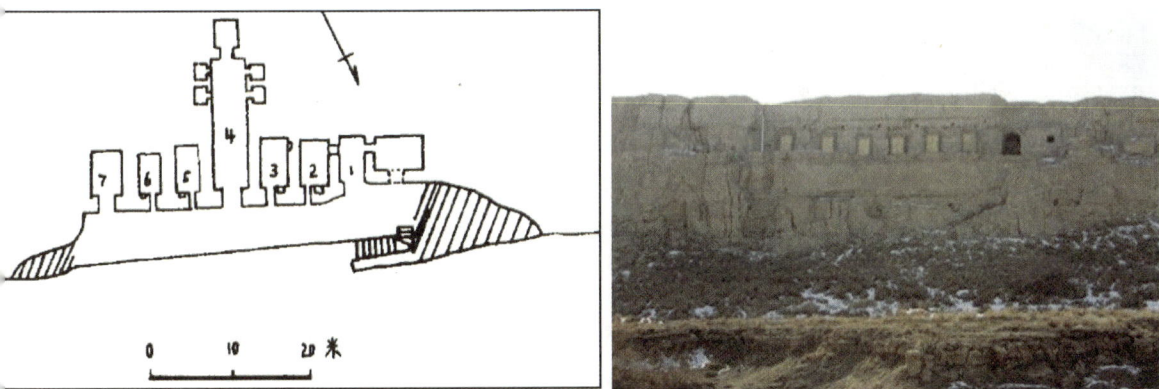

图107　雅尔湖石窟平面图①（左）及石窟外景（右）

1961年，雅尔湖石窟被列为全国重点文物保护单位。2009年9月，敦煌研究院相关设计人员到此专门对石窟寺的崖体、洞窟壁画等进行了调查，并对石窟的修缮工作提出了专业意见。

3. 吐峪沟石窟

吐峪沟石窟位于鄯善县吐峪沟乡吐峪沟麻扎村，始建于3世纪，是吐鲁番地区最早开凿的石窟，5—6世纪曾进行多次的扩建，成为高昌国的皇家寺院。《西州图经》记载的"丁谷窟"指的就是吐峪沟石窟。10—12世纪，在高昌回鹘王室的支持下，石窟规模进一步扩大。13世纪后，吐峪沟石窟逐渐废弃。

图108　吐峪沟石窟（1905年德国探险队摄）

图109　吐峪沟石窟

---

① 柳洪亮：《雅尔湖千佛洞考察随笔》，《敦煌研究》1988年第4期。

环塔里木汉唐遗址

石窟群分布于地势陡峭的沟谷两侧，大体呈南北走向，长约500米。主要石窟群有4处，沟东和沟西各有2处。20世纪90年代，吐鲁番文物局对部分石窟重新进行了编号，共编号46个，1—25号窟位于沟西，26—46号窟位于沟东（以下简称"吐编号"）。2010年，中国社会科学院考古研究所、吐鲁番研究院、龟兹研究院在对吐峪沟石窟进行发掘时，对沟东北侧石窟重新进行编号，共编号56个（以下简称"新编号"，见图110）。[①]

石窟的形制主要有中心柱窟、方形窟和长方形窟三种。中心柱窟有2、12、36、38号窟等（吐编号）；方形窟有40、41、44号窟等（吐编号，40号窟为凹入式穹隆顶，41号窟为覆斗式顶，44号窟为平顶中央穹隆式，与库木吐喇石窟20、21号窟同为5世纪开凿的石窟）；长方形洞窟有1、20、42号窟（吐编号，1、42号窟为禅定窟，即主室两侧各凿有两间小屋用于打坐禅定，与苏巴什佛寺的禅窟类似）。石窟壁画内容丰富，种类多样，有本生故事、因缘故事、立佛、千佛、七佛等内容，个别洞窟还发现汉文墨书题记。

图110 吐峪沟东区北侧石窟新编号[②]

① 中国社会科学院考古研究所边疆民族考古研究室、吐鲁番学研究院、龟兹研究院：《新疆鄯善县吐峪沟东区北侧石窟发掘简报》，《考古》2012年第1期。
② 中国社会科学院考古研究所边疆民族考古研究室、吐鲁番学研究院、龟兹研究院：《新疆鄯善县吐峪沟东区北侧石窟发掘简报》，《考古》2012年第1期。

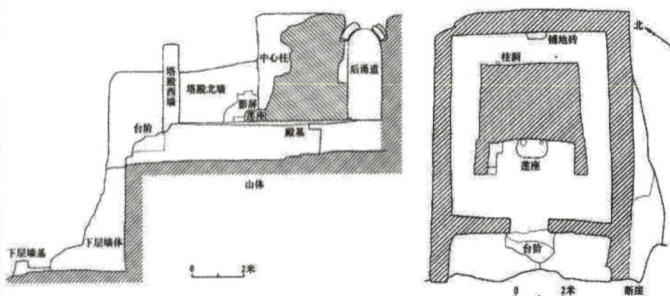

图111 吐峪沟东区北侧18号窟（新编号，左）及其平、剖面图（右）①

　　2010年，考古人员在发掘过程中于沟东区南部新发现一座回鹘地面佛寺。该佛寺位于山间豁口斜坡上，坐东向西。此佛寺附近及南北两侧山上还有相当数量的古代遗存，包括一处佛堂和一组生活设施遗存。佛堂在南面，平面呈方形，边长约58米，墙体为土坯垒砌结构。佛堂内用红土烧制的方砖铺地，堂内中部偏后处残存像座，佛像已毁。佛堂四壁下部残存壁画，内容主要为回鹘供养人礼佛图，有的供养人旁附回鹘文题名。佛堂前降一级台阶即为前室，前室平面呈长方形，长约74米、宽约35米，地面亦铺红方砖。与佛堂相邻的北部区域为生活设施区。生活设施区营建时间晚于佛堂，发现有灶和用于储存生活用品的小室及食物坑等。②

　　早在19世纪末到20世纪初，吐峪沟洞窟内众多精美的壁画和丰富的文物遗存就吸引了国内外探险家先后多次来此考察、发掘。1914年，斯坦因在对吐峪沟石窟考察时盗掘了大量精美的壁画、雕塑和文书等。（见表33）

图112 吐峪沟东区南部回鹘地面佛寺③

---

① 中国社会科学院考古研究所边疆民族考古研究室、吐鲁番学研究院、龟兹研究院：《新疆鄯善县吐峪沟东区北侧石窟发掘简报》，《考古》2012年第1期。

② 中国社会科学院考古研究所边疆民族考古研究室、吐鲁番学研究院、龟兹研究院：《新疆鄯善县吐峪沟石窟寺遗址》，《考古》2011年第7期。

③ 中国社会科学院考古研究所边疆民族考古研究室、吐鲁番学研究院、龟兹研究院：《新疆鄯善县吐峪沟石窟寺遗址》，《考古》2011年第7期。

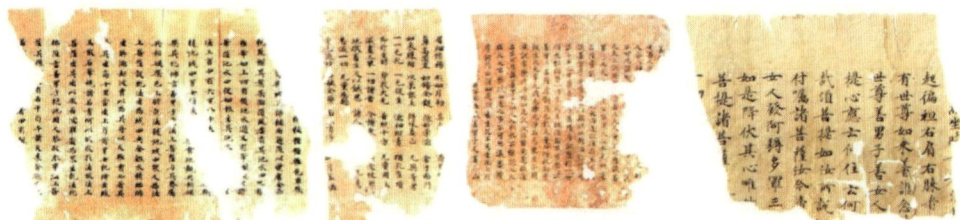

图113 吐峪沟东区北侧石窟出土的佛经

表33 国内外考察队和探险家对吐峪沟石窟的考察概况

国别	时间	考察队和探险家	主要工作
俄国	1879年	雷格尔	调查测绘
	1893年	俄国中亚考察队罗波洛夫斯基、科兹洛夫	发掘出土并盗走一批文书
	1897年	俄国克莱门兹	揭取大批壁画和文书
	1912年	奥登堡	考察测绘
德国	1904年	德国第二次新疆考察队勒柯克	盗掘大批文书、纸画等
	1906年	德国第三次新疆考察队格伦威德尔	进行测绘
日本	1903年	大谷光瑞探险队橘瑞超和野村荣三郎	盗掘一批佛经
	1907年	大谷光瑞探险队橘瑞超和野村荣三郎	盗掘大批文书、佛像等
	1908年	大谷光瑞探险队野村荣三郎	盗掘一批文书
	1912年	大谷光瑞探险队吉川小一郎	盗掘大批文物
英国	1907年	斯坦因	测绘并清理部分遗址，盗走一批汉文、回鹘文写本和壁画
	1914年		
中国	1928年	黄文弼	考察测绘
	1930年		
	1953年	西北文化局新疆文物调查组武伯纶	考察统计
	1961年	中国佛教协会阎文儒	调查统计
	2010年春	中国社会科学院考古研究所边疆民族考古研究室、吐鲁番学研究院、龟兹研究院	发掘沟东区北部石窟群和一处地面佛寺
	2010年秋	中国社会科学院考古研究所边疆民族考古研究室、吐鲁番学研究院、龟兹研究院	发掘沟西区北部石窟群

图114 吐峪沟石窟出土的丝
绸幡画供养菩萨（德国柏林
亚洲艺术博物馆藏）

图115 吐峪沟石窟出土的刺
绣立佛（德国柏林亚洲艺术
博物馆藏）

　　吐峪沟石窟是吐鲁番地区开凿年代最早、规模最大的佛教石窟群，也是古代丝绸之路上重要的佛教圣地，对于研究我国古代佛教及石窟艺术具有重要意义。但遗址保存状况不容乐观，由于石窟所在的火焰山岩体主要是沙砾，结构疏松，目前大部分洞窟已自然塌毁，被掩埋在沙土之中。

　　2006年，吐峪沟石窟被列为全国重点文物保护单位。

4. 胜金口石窟

　　胜金口石窟位于吐鲁番市胜金乡木头沟南口东岸，南距高昌故城约8千米，北距柏孜克里克石窟约5千米，开凿于6世纪，沿用至高昌回鹘王国后期。石窟沿山崖呈弧形分布，坐东朝西，分为三层。石窟由南、北两区组成，中间为生活区，包括石窟1处、佛寺9处、岩画2处。

南区石窟成轴对称分布，洞窟形制分为大型横券顶式洞窟和小型居室，面积约330平方米。现存洞窟3座，编号K1—K3，开凿于崖体上，墙壁及券顶均为土坯垒砌结构。壁画内容有千佛、供养人及植物花卉图案等。

北区洞窟形制主要为中心柱支提窟和长方形纵券顶窟，面积约600平方米。现存洞窟9座，编号K4—K12，洞窟依岩体而建，部分开凿于崖体内。壁画内容主要有千佛、菩萨、供养人、禽类动物图案，部分墙壁还有回鹘文题记。

中间生活区房址面积约400平方米，呈上下3层阶梯状布局，共26间，小者不足2平方米，大者达20平方米。这些房屋布局合理，相互交通，有灶、炕、壁龛、门槛等遗迹，轮廓比较清晰，为研究唐代僧人的日常生活提供了一手资料。

表34　胜金口石窟部分洞窟现状

编号	现状	壁画、题记
K1	面积约20平方米，长方形中心柱结构，前室窟顶及东、西墙塌毁	地面绘地画，面积约6.5平方米，内容主要有莲花、法螺、佛像、供养人及回鹘文题记
K3	面积约66平方米，前室为长方形横券顶结构，北壁窟门两侧各有一明窗。有东、中、西三后室，为长方形纵券顶结构，中后室后壁有一佛龛	中后室东、西两壁及门楣上残留少量壁画，西后室北、东壁有少量回鹘文题记
K5	面积约46平方米，平面形制为前后室结构，前室有小禅窟6座	前室窟顶有少量壁画，内容主要有树、鸟、人物等
K6	面积约80平方米，为北寺院主窟，前室为长方形横券顶结构，后室为中心柱结构。后室回廊正壁下有基坛1座，上塑基座5座	基坛莲花座绘不同风格的花卉，基坛上部坍塌土中出土大量壁画、泥塑残片和汉文、回鹘文、吐蕃文文书残片等

石窟现存编号洞窟12个，其中6个窟室残存千佛像、经变图和植物图案内容的壁画。2、3、5号窟保存较为完整，壁画内容也相对丰富，是胜金口石窟艺术的典型。其中2号窟为长方形纵券顶结构，窟顶绘制有葡萄架图

图116　胜金口石窟

案；3号窟为中心柱结构，前室南壁上绘有经变画，多采用石蓝、石绿等颜色，与柏孜克里克石窟的颜色相近，应同为6世纪遗存；5号窟内绘制的壁画"生命树"是摩尼教的内容，反映出吐鲁番地区多种宗教融合发展的史实。

　　胜金口石窟出土的壁画及文书，为研究西域多宗教的融合发展，提供了珍贵的资料。胜金口石窟入选2012年度"中国重要考古发现"。胜金口石窟早在1982年就归柏孜克里克石窟进行管理，被列为全国重点文物保护单位，但一直以来，石窟的保存现状不容乐观，急需得到进一步的专业维护。

5. 伯西哈石窟

　　伯西哈石窟位于吐鲁番市胜金乡火焰山北坡的沟壑中，为10世纪高昌回鹘王室所建。"伯西哈石窟"意为"五个洞窟"，勒柯克又称其为"木头沟第2区"。

　　伯西哈石窟有10个洞窟，保存较好的洞窟有5个。从石窟形制分析，1、2、4、5号窟为方形穹隆顶结构，3号窟是主窟，为纵券顶结构，并绘有灌顶图、涅槃经变图、茶花纹图、维摩诘经变图等内容。

伯西哈石窟于1999年被列为自治区级重点文物保护单位，遗址保存状况较差，仅部分洞窟有壁画残留。由于地震等自然灾害，一些壁画有脱落现象，个别洞窟已被沙土掩埋。（见表35）

表35　伯西哈石窟部分洞窟现状

编号	形制	现状	壁画
1	方形纵券顶	窟内长约2.8米、宽约2.75米、高约2.44米，窟口无任何保护	窟口残存壁画，窟内壁画已基本脱落
2	方形纵券顶	窟内长约3.4米、宽约2.8米、高约2.38米，窟口修有铁门	仅顶部残存壁画
3	中心柱窟	窟内长约5.3米、宽约4.2米、高约2.8米，中心柱长宽均约2.2米，窟口修有铁门	有回鹘供养人像和回鹘文榜题，前室顶部绘月天及其眷属，东壁通壁绘维摩诘经变图，回廊的壁画基本脱落
4	形制不明	窟内长约2.55米、宽约2.34米、高约2.1米，窟口修有铁门	窟内残存少量壁画
5	形制不明	窟内长约2.6米、宽约2.35米、高约2.1米，窟口修有铁门	窟内右侧壁残存壁画
6	形制不明	窟口已基本被沙土掩埋，基本参数无法测量	窟内无壁画

图117　伯西哈石窟（20世纪初德国探险队摄）

图118　伯西哈石窟*

6. 大桃儿沟石窟

大桃儿沟石窟位于吐鲁番市葡萄乡、火焰山南沟口的大桃儿沟西侧，开凿于高昌回鹘王国晚期，废弃于14世纪。该石窟采用崖壁开凿与土坯砌筑相结合的构造方法修筑而成，这一方法体现了吐鲁番地区建窟方式的特殊性与多样性。

大桃儿石窟现存洞窟10个，洞窟自南向北编号，按照洞窟之间的关系，可分为若干组合窟，最下层1—5号窟可列为一组，6、7号窟为一组，8—10号窟独立成窟，其中第10号窟位于山顶。（见图119）

图119　大桃儿沟石窟立面图[1]

大桃儿沟石窟现存的10个洞窟保存程度完好不一，1—5号窟保存状况较差，形制已不清晰。6、7号窟保存状况一般，形制为方形穹隆顶，仅存少量壁画，壁画颜色脱落较为严重。8—10号窟形制为长方形纵券顶，其中8号窟壁画完全损毁，墙壁被熏黑；9号窟残存少量壁画；10号窟壁画保存较为完整，色彩清晰。洞窟壁画题材主要为说法图、菩萨像、千佛像和经变故事画等内容。（见表36）

表36　大桃儿沟石窟洞窟现状

编号	形制	现状	壁画
K1	形制不详	坍塌严重，仅残留一小龛	无存
K2	长方形纵券顶	前部坍塌，窟门不存，窟室残长约3.4米、宽约1.9米	无存

---

① 吐鲁番地区文物局、吐鲁番学研究院：《大桃儿沟石窟调查简报》，《吐鲁番学研究》2012年第1期。

环塔里木汉唐遗址

（续表）

编号	形制	现状	壁画
K3	长方形纵券顶	前部坍塌，窟门不存，窟室残长约3.89米、宽约3.22米	无存
K4	前室：长方形横券顶 后室：圆形穹窿顶	开有两处窟门，前室宽约2.5米、长约4米；后室略呈圆形，直径约2.2米	无存
K5	前室：月牙形券顶 后室：圆形穹窿顶	前室两侧开门，长约9米、最宽处约2米，前壁有两个小龛，正壁有9个小龛；后室在前室左面，近似圆形，穹顶至地表堆积物约1.2米，四周有5个龛，最右边有洞室	后室穹窿顶绘一大莲花，红线描绘，莲花花瓣间有类似回鹘文题记
K6	方形穹窿顶	土坯垒砌结构，拱形窟门，穹顶至地表堆积物约4.39米，地表残留一比较完整的土坯方砖	穹窿顶绘一大莲花，内有5个圆环，圆环内绘坐佛，穹顶圆环周围的4个圆环间隔处，绘五身站立的菩萨，脚踩莲花，莲花之处的窟窿部分，隐见几十身佛像，正壁残存一大型身光
K7	方形穹窿顶	土坯垒砌结构，上部坍塌，左边有一甬道，前壁长约3.45米、正壁长约3.55米、左侧壁长约3.87米、右侧壁长约3.7米	残存壁画稍许，风化严重，隐见缠枝花卉
K8	长方形纵券顶	窟室长约6.7米、宽约1.9米、高约1.9米，左侧壁有一小龛，前后各有一个耳室，右侧壁也有一耳室	无存
K9	长方形纵券顶	窟门坍塌，前室左壁开一小龛，右壁开五小龛，正壁左右两边各开一小门，通向后室。窟深约7米、宽约3米	壁画保存状况较好，主要有缠枝花卉、五叶冠冠叶、龙、菩萨、菩提树、莲花等形象
K10	长方形纵券顶	窟门拱形，窟长约1.9米、宽约1.65米，券顶至地面约1.8米	壁画保存状况较好，可以看出整体布局

除洞窟外，石窟附近还发现有佛寺。据考察，10号窟正面有一佛寺。该佛寺正中残存一方形房基，两侧存甬道痕迹，后面存一排连续房基，似为僧房。同时，在沟对面东侧山坡上有两座佛寺遗址，靠南面的为中心甬道式建筑，北面的规模甚小，存房址两间。两处佛寺东面约20米处存有一佛塔。佛塔平面呈方形，为穹隆顶结构，四壁中间各开一拱形门。佛塔仅留南壁与东壁及其上面的部分穹隆顶。另外，在南沟口处也有一佛塔，平面呈方形，为穹隆顶结构，存北壁，其余三壁均已塌毁。

20世纪初期，德国格伦威德尔曾率队对其进行发掘，出土了较多文书，并对洞窟内的壁画进行割取。石窟受风化、山洪、地震等自然因素的影响。1999年，大桃儿沟石窟被列为自治区级重点文物保护单位。

图120　大桃儿沟石窟6号窟外貌（左）及其平面图（右）[①]

7. 小桃儿沟石窟

小桃儿沟石窟位于吐鲁番市葡萄乡火焰山南沟口的小桃儿沟西侧，开凿于宋代，废弃于元代。遗址主要包括三个部分，一为开凿于沟西侧陡崖上的6个石窟；二为修建于沟两侧山梁上的4座佛塔；三为已经坍塌的形制复杂的2座佛寺遗址。[②]

小桃儿沟石窟现存洞窟6个，洞窟形制均为长方形纵券顶，洞窟壁画保

---

① 吐鲁番地区文物局、吐鲁番学研究院：《大桃儿沟石窟调查简报》，《吐鲁番学研究》2012年第1期。

② 吐鲁番地区文物局、吐鲁番学研究院：《小桃儿沟石窟调查简报》，《吐鲁番学研究》2012年第1期。

存较好的为4、5和6号窟。（见图121、表37）壁画佛像主要有坐、立两种姿态，尚见宝塔香炉、千佛等图案。壁画艺术风格带有明显的藏传佛教色彩，这是由于元代西域推行自由宗教政策，藏传佛教也因此曾于西域各地广泛传播。

图121　小桃儿沟石窟立面图[①]

表37　小桃儿沟石窟洞窟现状

编号	形制	现状	壁画
K1	长方形纵券顶	坍塌严重，窟形不明，功用不明	无存
K2	长方形纵券顶	大部分坍塌，存洞窟中后部，残长约1.2米、宽约2.2米、高约1.8米	无存
K3	长方形纵券顶	前部坍塌，窟门不存，存四耳室	无存
K4	长方形纵券顶	由崖前土坯和崖内凿洞结合而成，前半部已坍塌	格伦威德尔第二次到达吐鲁番时，此窟还存有大量壁画，现今坍塌严重，不见壁画
K5	长方形纵券顶	由崖前土坯和崖内凿洞结合而成，分前室和后室，主室右存一耳室	格伦威德尔考察此石窟时存有大量壁画，现今几乎损毁殆尽
K6	长方形纵券顶	前部少部分坍塌，两侧壁各有一耳室，正壁有一龛	主室两侧壁画损坏严重，壁龛中的壁画保存状况较好

① 吐鲁番地区文物局、吐鲁番学研究院：《小桃儿沟石窟调查简报》，《吐鲁番学研究》2012年第1期。

除洞窟外，还存有两座佛寺（编号为1号佛寺和2号佛寺）。1号佛寺位于石窟后面的山梁上，现存平台、长方形横券顶房间。平台底部用土坯垫铺而成，长约8米、宽约7米。长方形横券顶房间位于平台西侧，长约4米、宽约3.5米。房间现已坍塌，仅剩四周墙体，残墙高约2米。东侧和西侧墙体较厚，约1.5米，南侧和北侧墙体较薄，约0.8米。东墙开门，基本与石窟窟门朝向一致，门宽约0.8米。（见图122）2号佛寺位于石窟东北部山谷间的一块平地上，现存两处房址，规模较大，由于塌毁严重无法辨别形制布局。

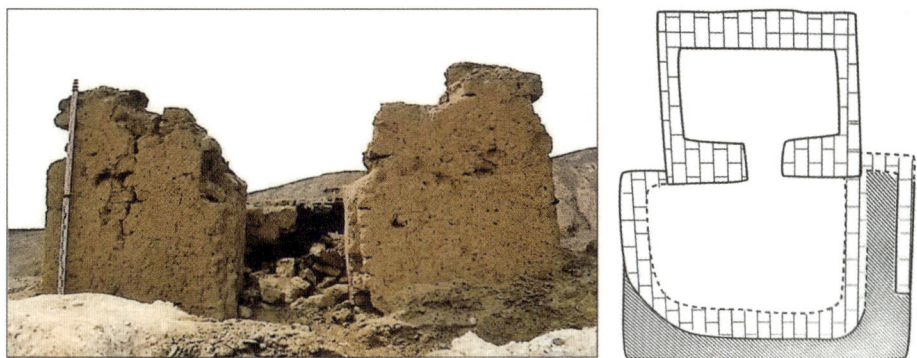

图122　小桃儿沟石窟1号佛寺（左）及其平面图（右）[①]

遗址所在地还发现4座佛塔（分别编号为1号佛塔、2号佛塔、3号佛塔、4号佛塔）。1号佛塔在2号佛寺之东，修建于一处山梁的平地上。佛塔坍塌严重，呈土堆状，不能辨其形制布局。2号佛塔位于1号佛塔之西南部，与1号佛塔相似，仅存黄土堆积。3号佛塔位于2号佛塔之东，修建于一处小山包上，保存状况相对完整，存平台、塔基及中心塔体的最下部分。4号佛塔位于3号佛塔之东南，保存状况与3号佛塔类似，塔内正壁下部残留莲花台座。

1999年，小桃儿沟石窟被列为自治区级重点文物保护单位。

8. 七康湖石窟

七康湖石窟位于吐鲁番市胜金乡、七康湖水库西侧，与柏孜克里克石窟仅隔一山梁，使用年代大致在6—14世纪，又称"奇康湖石窟"。石窟分布

---

① 吐鲁番地区文物局、吐鲁番学研究院：《小桃儿沟石窟调查简报》，《吐鲁番学研究》2012年第1期。

图123　七康湖石窟[*]

在南北两侧的山梁上，现存编号洞窟10座，其中南寺7座，北寺3座，残存壁画石窟6个。（见表38）[①]

南寺包括洞窟、院落、院墙等遗存，总长度约36米、进深约18米，占地面积约610平方米。洞窟位于南面，编号K1—K7，其中2号窟与6号窟在同一个平面上，长度约17米。洞窟前面是一处院落，院落东北角存一土坯砌筑结构的拱形券顶房屋遗迹。院落周围存院墙，残高约2米。北院墙上存两个小龛，彼此相距约235米。

北寺包括洞窟、院落、院墙等遗址。洞窟主要位于北面，编号K8—K10，窟门较小，高度仅约0.5米，窟内地面低于院落地面。窟前面的院落宽约14米、进深约12.5米，占地面积约180平方米。院墙为夯筑结构，兼以土坯垒砌，残高约3.5米、厚约0.6米。

表38　七康湖石窟洞窟现状

区域	编号	形制	基本情况
南寺	K1	大型中心柱	前室已完全坍塌，后甬道长约7米、宽约1.3米
	K2	大型中心柱	前后室全部坍塌，仅残存左右甬道，刷白底色，宽约0.9米

---

① 侯世新：《吐鲁番奇康湖石窟探析》，《敦煌研究》2008年第5期。

（续表）

区域	编号	形制	基本情况
南寺	K3	长方形纵券顶	长约3.24米、宽约2.86米、高约2米；窟门高约1.16米、宽约0.85米；后墙壁有宽约0.8米、进深约0.49米的龛
	K4	小型中心柱	主室宽约4.4米、进深约1.62米；左右甬道宽1.12米；后甬道长约3.22米、宽约1.12米
	K5	长方形纵券顶	长约2.95米、宽约1.7米、高约1.52米；墙面刷成白色，无壁画；后壁开一小龛，有草泥抹封的痕迹
	K6	长方形纵券顶	长约2.8米、宽约2.25米，门宽约0.9米；后壁右侧开小龛，宽0.9米、高为0.75米；右侧墙壁有耳室，内套一小室
	K7	形制不明	坍塌严重，仅能辨识出后壁的纵券顶
北寺	K8	方形平顶	门宽约0.9米、进深约0.85米；洞窟长约2.4米、宽约2.3米、高为1.8米；正面墙壁有佛龛，宽约1.65米、高约1.4米
	K9	中心柱	前室宽约4.2米、进深约1.3米；中心柱四面开龛，长约2.35米、宽约2.2米；甬道宽约1.2米
	K10	形制不明	应为未完成的洞窟

在现存的10个洞窟中，有壁画的为1、3、4、7、8、9号窟，壁画题材主要为千佛和因缘故事画等。其中1号窟形制以及壁画题材、布局、画风等与柏孜克里克石窟18号窟相似，应为高昌回鹘王国时期所绘。4号窟整体以石青、石绿为主，与龟兹石窟用色较为相似。主室前壁绘因缘说法图，图中胁侍菩萨绘制精美，造型端庄，与吐峪沟石窟38号窟相似。其他墙壁壁画内容以千佛为主，千佛衣着涂红，蓝绿交替排列。

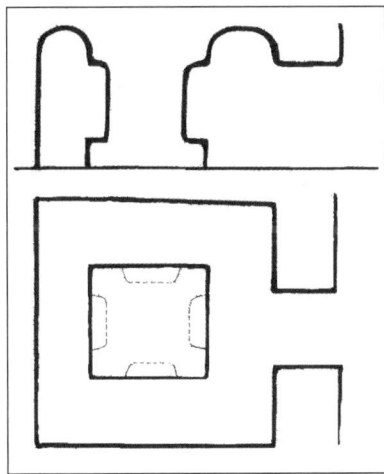

图124　七康湖石窟9号窟平、剖面图[1]

---

[1]　侯世新：《吐鲁番奇康湖石窟探析》，《敦煌研究》2008年第5期。

　　七康湖石窟早期遭到国外探险家的盗掘，部分墙体及壁画被破坏。现今遗址主要面临自然灾害的影响，因降水引起的水土流失导致石窟破坏。同时，受地震的影响，一些洞窟岩体存在裂缝，面临坍塌的危险。

　　七康湖石窟于1999年被列为自治区级文物保护单位，除部分已坍塌的洞窟外，其余洞窟已被封闭保护。

第二章

孔雀河流域历史遗址

　　孔雀河又称"饮马河"，据说是因东汉班超曾在此饮马得名。孔雀河源出焉耆盆地东南部的博斯腾湖，出博斯腾湖沿西北—东南流经铁门关峡谷，进入尉犁县境内，最终注入罗布泊，径流长度约900千米。在孔雀河的滋养下，形成了历史上以罗布泊为中心的绿洲文明。但孔雀河水文特征和河道不稳定，时常导致下游绿洲变迁，相应的绿洲文明随之发生变化。

　　先秦至魏晋时期，塔里木河与孔雀河交汇注入罗布泊。两条河流给罗布泊注入丰沛的淡水，并由此孕育出楼兰、渠犁等盛极一时的绿洲文明。但魏晋至明代，塔里木河改道，孔雀河成为罗布泊水域唯一的补给源，加之绿洲人口增长，农业用水逐渐增多，导致孔雀河径流量骤减，罗布泊绿洲范围亦渐趋萎缩，楼兰国逐渐淡出人类视野。清代，孔雀河与开都河并称"海都河"。[①]清代道光年间至20世纪50年代，孔雀河上游人口日益增多，导致下游罗布泊水域几尽干涸。如今的罗布泊只剩干枯的胡杨木与盐碱滩，古代绿洲的繁华不再。

---

① （清）徐松：《西域水道记（外二种）》，朱玉麒整理，北京：中华书局，2005年，第117页。

孔雀河流域自古就是西域绿洲文明的发祥地，《史记》卷一二三《大宛列传》最早记录了楼兰的文明："楼兰姑师邑有城郭。"《汉书》卷九六《西域传》记载："鄯善国，本名楼兰，王治扜泥城，去阳关千六百里，去长安六千一百里。户千五百七十，口万四千一百，胜兵二千九百十二人。……地沙卤，少田，寄田仰谷旁国。国出玉，多葭苇、柽柳、胡桐、白草。民随畜牧逐水草，有驴马，多橐它。能作兵，与婼羌同。"[①]此外，周边的且末、小宛、精绝等亦是孔雀河流域内的绿洲城邦。

第一节　墓葬遗存

孔雀河源于博斯腾湖，东南注入罗布泊，罗布泊附近曾为楼兰国所在地，因此也是楼兰人最后的栖息地，留下不同时期的大量墓葬。经调查，孔雀河流域现存墓地主要有：孙基墓地（位置距离汉代孙基烽燧不远），萨其该墓地，兴地山口南北墓地，营盘墓地（其为营盘遗址的一部分，墓葬遗址

图125　孔雀河流域古代墓葬分布图

---

① （汉）班固：《汉书》卷九六《西域传》，北京：中华书局，1962年，第3875—3876页。

紧邻佛教遗址），孔雀河尾闾楼兰墓地、古墓沟墓地、咸水泉墓地等。这些墓地沿河流分布，遗存年代最早上溯自青铜时代，下至汉晋，尚未发现隋唐时期墓葬，这应与该区域内径流断流改道、罗布泊迁移等水环境的变化有着较为密切的联系。

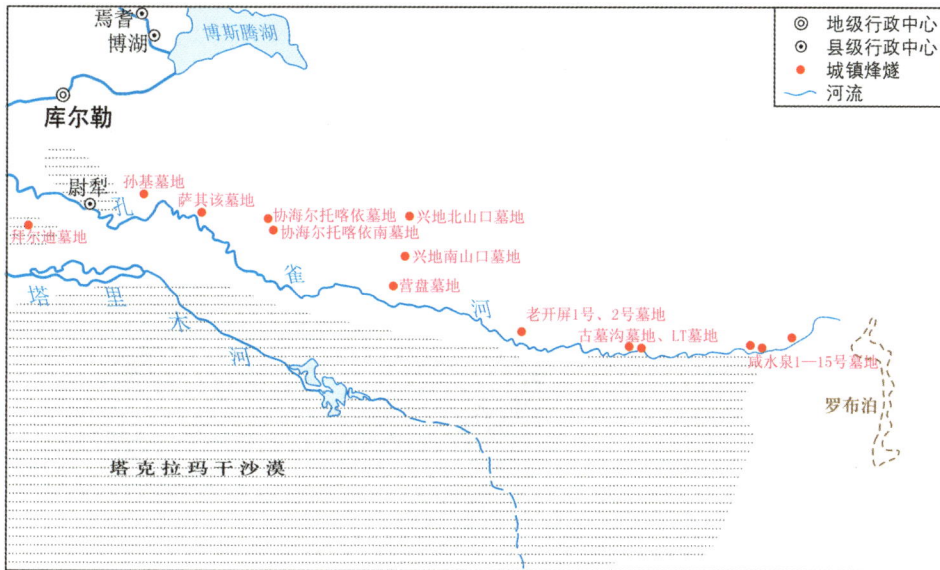

图126　罗布泊水域附近主要墓葬分布图[1]

1. 古墓沟墓地

古墓沟墓地位于罗布泊与楼兰古城西北、孔雀河北岸库鲁克塔格山南麓冲积扇之上。其北倚库鲁克塔格山，南邻孔雀河河谷，西侧为一深约3米的洪水冲蚀沟。1979年，因配合中央电视台和日本NHK电视台联合对《丝绸之路》楼兰古城纪录片的拍摄，新疆考古人员在找寻楼兰古城时，发现了古墓沟墓地。

古墓沟墓地是孔雀河下游北岸台地上保存相对完好的原始社会遗存，墓地分布范围东西宽约35米、南北长约45米，占地面积约1600平方米。1979年11月22日—12月18日，考古人员对古墓沟墓地进行了为期27天的发掘清理，共发掘墓葬42座。这些墓葬分布较为密集，间距很小，有叠压或打破现象。墓葬形制大致分为两类：一类为形若太阳图像的椭圆形列木圈式墓葬，

---

① 新疆维吾尔自治区文物局编：《尉犁县不可移动文物》，内部资料，2011年，第207页。

其主要分布在墓地所在沙丘的偏北部，共有墓葬6座。（见表39）此类墓葬结构大致为：地表有7圈列木组成的椭圆形圈，圈外散布着由7根木桩构成的放射形直线；墓室位居木圈中心位置，呈东西走向；葬式为仰身直肢、头东脚西，皆为男性。另一类为竖穴坑式墓葬，主要分布在墓地沙丘的西南部，周围不见立木环绕，共有墓葬36座。（见表40）葬具为木棺、无底，葬式亦为仰身直肢、头东脚西，男女皆有，其中两座墓葬分别为双人合葬与三人合葬。

根据墓葬内遗存的棺木、裹尸毛毯以及覆盖棺板羊皮等随葬物品的碳-14测定结果，古墓沟墓地距今约4000年，属于青铜时代文化遗存。另据韩康信对遗存的头骨取样研究，七圈椭圆形列木墓中的人类头骨属于前

图127　古墓沟墓地七圈椭圆形列木墓[1]

图128　古墓沟墓地竖穴坑式墓[2]

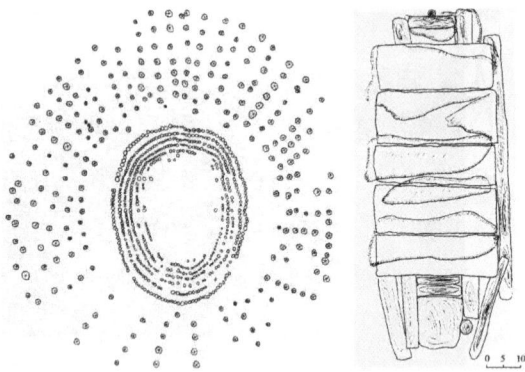

图129　古墓沟墓地七圈椭圆形列木墓M7（左）与竖穴沙室墓M5（右）平面图[3]

---

① 新疆维吾尔自治区文物局编：《新疆维吾尔自治区第三次全国文物普查成果集成·新疆古墓葬》，北京：科学出版社，2011年，第10页。
② 新疆维吾尔自治区文物局编：《新疆维吾尔自治区第三次全国文物普查成果集成·新疆古墓葬》，北京：科学出版社，2011年，第10页。
③ 王炳华编著：《古墓沟》，乌鲁木齐：新疆人民出版社，2014年，第22、45页。

2000年至前1000年初的安德罗诺沃文化类型，竖穴坑式墓葬中的人类头骨属于阿凡纳谢沃文化类型，并由此推断两种类型的墓主应属于两批在相隔不久的时代里迁移到罗布泊的居民。林梅村认为，其迁徙的源头及路径为南俄草原—阿尔泰山—天山—塔里木盆地一线。[①]

表39　古墓沟墓地七圈椭圆形列木墓发掘概况 [②]

编号	79LQ2M1	79LQ2M6	79LQ2M7	79LQ2M8	79LQ2M9	79LQ2M10
位置	沙丘东北角，封土层厚约20厘米	沙丘西北角，沙层厚约20厘米	墓地东北部	墓地东南部	沙丘中偏西部	墓地西南部
墓室	矩形沙穴	长方形沙穴	沙穴	沙穴	竖穴沙室	竖穴沙室
葬具	木棺	木棺	近似梯形木棺	木棺，仅余矩形框	长方形木棺	木质葬具
葬式	仰身直肢，男性，头东脚西	仰身直肢，男性，头东脚西	仰身直肢，男性，头东脚西	仰身直肢，男性，头东脚西	仰身直肢，男性，头东脚西	仰身直肢，男性，头东脚西
随葬文物	无	锯齿形刻木1件，楔形木器1件	小铜卷1件	木人1件	无	骨质串珠1件，骨锥2件，铜片1件，纹石1件，琥珀珠饰3件

①　韩康信：《新疆孔雀河古墓沟墓地人骨研究》，《考古学报》1986年第3期。
②　王炳华编著：《古墓沟》，乌鲁木齐：新疆人民出版社，2014年，第15—32页。

环塔里木汉唐遗址

表40 古墓沟墓地竖穴坑式墓发掘概况①

墓葬编号	79LQ02M2	79LQ02M3	79LQ02M4	79LQ02M5	79LQ02M11	79LQ02M12	79LQ02M13	79LQ02M14	79LQ02M15
位置	墓地西南角，沙丘边缘	墓地西南角	墓地西缘	墓地西南边缘	M6与M9之间，沙层厚约20厘米	沙丘西北部，沙层厚约20厘米	墓地西北部，沙层厚约20厘米	沙丘西北部	沙丘西北部
墓室	长方形沙穴	矩形沙穴	长方形沙穴	长方形	长方形沙穴	竖穴沙室	矩形，苇制框墙	长方形沙穴	沙面较为平整，无立木，矩形沙穴
葬具	掏空胡杨木弧状盖板	矩形木棺	木棺	覆盖牛皮的木质棺具	覆盖羊皮的木棺盖板	木质盖板，上铺草席等编织物	木棺	木质葬具，矩形	覆盖兽皮的
葬式	仰身直肢，头东脚西，婴儿	仰身直肢，头东脚西，女性	仰身直肢，头东脚西，婴儿	仰身直肢，头东脚西，婴儿	仰身直肢，头东脚西，女性	仰身直肢，头东脚西，女性	仰身直肢，头东脚西，幼儿	仰身直肢，头东脚西，婴儿	仰身直肢，头东脚西，婴儿
随葬文物	草篓、姜黄色平纹毛毯、木锥、高帮毛皮毡鞋、羊皮、毡帽、玉珠	木雕人像1个、玉饰1颗、骨串珠1件、草篓、织物等	麻黄枝、草篓及小麦颗粒166个、玉珠、草鞋、毛线毯、毛织帽等	桶形草篓、内有小麦颗粒、翻毛皮鞋、瓜形皮包囊、黄色毡帽、裹皮上衣、牛肉块	木盆、草篓、木锥、骨锥、小囊、盛有麻黄枝苇箭及毛布、锯齿形刻木、短筒皮靴、圆木棰状物、毡帽	木雕女性像、形刻木、木碗、草篓、木槌、草编簸箕、牛角3支、锯齿形刻木、尖木、毛毯、骨管35支、麻黄枝包囊	木盆、槌、勺、杯、草篓、木槌、锯齿形碗、刻木、牛角、牛角刻木杯	木人、木碗、锯齿形碗、刻木	草篓，盛有麻黄枝的小囊；碎毛布，毛线绳

① 王炳华编著：《古墓沟》，乌鲁木齐：新疆人民出版社，2014年，第33—159页。

（续表）

编号	79LQ2M16	79LQ2M17	79LQ2M18	79LQ2M19	79LQ2M20	79LQ2M21	79LQ2M22	79LQ2M23	79LQ2M24
位置	墓地西北部，M6与M9之间	墓地西北部	墓地西北部，地表有三根立木	沙丘西南缘，地表封土有两块立木板	墓地沙丘南部，地表有立木板	沙丘最南缘	北临M21，相距约15厘米	墓地西南角	沙丘西南部
墓室	矩形沙穴	矩形沙穴	矩形沙穴	长方形沙穴	木棺椁室	矩形沙穴	矩形墓室	矩形沙穴墓室	矩形沙穴
葬具	木棺	长方形木棺	矩形木棺	略似梯形木棺	木质葬具	木质葬具	木质葬具	木棺	覆盖羊皮、兽皮的木棺
葬式	仰身直肢，头东脚西，幼儿	仰身直肢，头东脚西，女性	仰身直肢，头东脚西，女性	仰身直肢，头东脚西，女性	仰身直肢，头东脚西，女性	仰身直肢，头东脚西，男性	仰身直肢，头东脚西，女性	仰身直肢，头东脚西，女性	仰身直肢，头东脚西，幼儿
随葬文物	无	木杯	木碗1件，石人1件，铜珠	木质人面形浮雕，玉雕，纹石，玉珠，骨锥，毛线毯	大量牛角、羊角，女性木雕像，残木器，铜，骨珠项链，毛卷	骨锥，玉珠，纹石，骨珠	玉珠1颗，姜黄色	头顶毡帽，皮鞋，草篓、簸箕	簸箕2件，草篓、毛织物

环塔里木汉唐遗址

（续表）

编号	79LQ2M25	79LQ2M26	79LQ2M27	79LQ2M28	79LQ2M29	79LQ2M30	79LQ2M31	79LQ2M32	79LQ2M33
位置	沙丘南部，M20南约20厘米	M20东约20厘米	M20南约80厘米	沙丘西南部，M24北侧约1米	沙丘中偏东	墓地中部偏东	M8西南约2米	沙丘西南部，M9南约2.5米	M9西约3.5米
墓室	沙穴	长方形沙穴	长方形沙穴	梯形沙穴	墓室上部较大，覆盖胡杨木23根。墓室东西长240厘米，南北宽约140厘米，深约190厘米	矩形沙穴	长方形沙穴	矩形沙穴	矩形沙穴
葬具	覆盖羊皮的木质盖板	覆盖羊皮的盖板	木质葬具	木质葬具	矩形木棺，无底	梯形棺具	木棺	木棺	木质葬具
葬式	仰身直肢，头东脚西，女性	仰身直肢，头东脚西，男性	仰身直肢，头东脚西，幼儿	仰身直肢，头东脚西，男性	仰身直肢，头东脚西，男性	仰身直肢，双人合葬，头东脚西，男性	仰身直肢，头东脚西，男性	仰身直肢，头东脚西，幼儿	仰身直肢，头东脚西，幼儿
随葬文物	盛有麻黄枝的小囊	盛有麻黄枝的小囊，牛、羊角17支，锥2支，草篮，簸箕状编织物，草篓	草篓，玉珠，毛皮	草篓，项链，骨锥，手镯	纹石1块	骨锥4件，石镞	木器残件	包尸毛布，帽，鞋，草篓，盛有麻黄枝的小囊	无

（续表）

编号	79LQ02M33	79LQ02M34	79LQ02M35	79LQ02M36	79LQ02M37	79LQ02M38	79LQ02M39	79LQ02M40	79LQ02M41	79LQ02M42
位置	沙丘西部，M17南约4.5米	M33南约80厘米	沙丘西南部北面，M38西约2米	沙丘西南部，M35与M23之间	沙丘偏南部	沙丘南部偏中，M39北约1米	沙丘南部边缘	沙丘南部边缘，M39南约1米	沙丘东南部，地表无任何标志	毗连M41
墓室	矩形沙穴	沙穴	长方形沙穴	沙穴	矩形沙穴	沙穴	沙穴	沙穴	竖穴沙室	竖穴沙室
葬具	木质葬具	木棺	长方形木棺	覆盖羊皮的木质葬具	无底木棺	覆盖毛布、羊皮的木棺	覆盖羊皮的木棺	木棺，有盖板	形状不规则的木质棺具	木棺无底
葬式	幼儿	仰身直肢，头东脚西，女性	仰身直肢，头东脚西，男性	仰身直肢，头东脚西，幼儿	仰身直肢，头东脚西，幼儿	仰身直肢，头东脚西，女性	仰身直肢，头东脚西，性别不明	仰身直肢，头东脚西，男性	仰身直肢，头东脚西，三人合葬，男性	仰身直肢，头东脚西，女性
随葬文物	无	无	锯齿形刻木，牛、羊角	无	草篓	草篓，木锥，骨锥，翻毛皮靴	毡帽、毛布	玉珠1颗	草篓，木器，铣形木，腕珠，玉珠，骨锥，铜饰，骨锥，物残片	草篓，木锥，骨锥

2. 小河墓地

"小河"是塔里木盆地东缘孔雀河下游支流之一，大致位于库鲁克塔格山、阿尔金山以及罗布泊干涸湖床之间的地带。

"小河"得名于20世纪30年代中瑞西北科学考察团成员贝格曼的考古发现。在当地向导奥尔德克的带领下，贝格曼沿小河向南考察，发现了一处墓地，因其处于孔雀

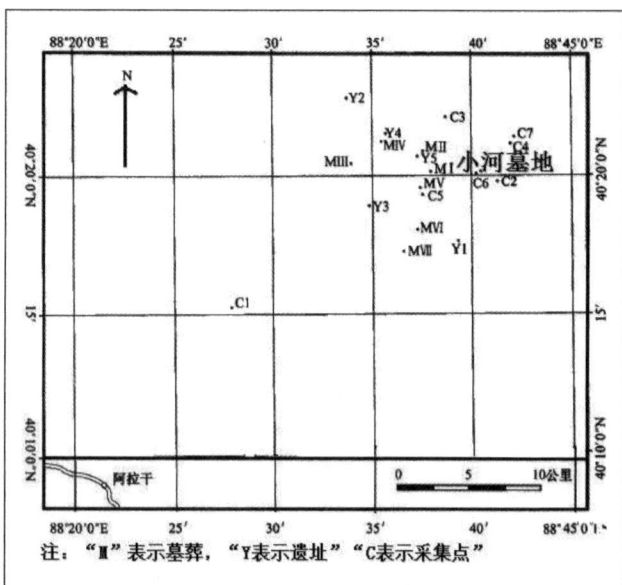

图130 2002—2007年小河流域考古调查遗址点分布图

河支流的一条干涸的河床，于是贝格曼将其取名为"小河墓地"，由此揭开了小河流域考古的序幕。

"小河墓地"，当地人称之为有着"一千口棺材的地方"，自1934年贝格曼实地考察之后，在长达60余年的时间里，小河墓地重又掩埋于黄沙之中。2000年12月6—11日，以王炳华为代表的中国考古学家克服重重困难，最终到达小河墓地，实现了中国考古学家首次对小河墓地的科学考察，"弥补了中国学术界60多年来对该领域巨大而深重遗憾，为中国考古、古代罗布淖尔文明、丝绸之路北道地理环境等多学科研究，提供了重要的科学依据"[1]。2002—2007年，新疆文物考古研究所在墓地发掘及后期保护期间，对小河墓地附近区域进行了考古调查，发现墓地7处、遗址5处以及采集物遗址点7处。（见图130）[2]

---

[1] 王炳华：《新疆访古散记》，北京：中华书局，2007年，第45页。
[2] 新疆文物考古研究所：《罗布泊地区小河流域的考古调查》，教育部人文社会科学重点研究基地吉林大学边疆考古研究中心编：《边疆考古研究》第7辑，北京：科学出版社，2008年，第371页。

图131　小河流域XHMⅠ（左）和XHMⅡ（右）墓地①

图132　小河流域XHMⅣ（左）和XHMⅤ（右）墓地木棺②

图133　小河流域XHMⅦ（左）和XHY2（右）墓地地表③

① 新疆文物考古研究所：《2002年小河墓地考古调查与发掘报告》，教育部人文社会科学
重点研究基地吉林大学边疆考古研究中心编：《边疆考古研究》第3辑，北京：科学出版
社，2005年，彩版二。
② 新疆文物考古研究所：《2002年小河墓地考古调查与发掘报告》，教育部人文社会科学
重点研究基地吉林大学边疆考古研究中心编：《边疆考古研究》第3辑，北京：科学出版
社，2005年，彩版三。
③ 新疆文物考古研究所：《2002年小河墓地考古调查与发掘报告》，教育部人文社会科学
重点研究基地吉林大学边疆考古研究中心编：《边疆考古研究》第3辑，北京：科学出版
社，2005年，彩版三、四。

图134　小河墓地出土的船形棺木

　　2002年12月底，小河考古调查队由铁干里出发，沿塔里木河道到达小河墓地5号墓地，对编号为M1—M4的4座墓葬及周边遗址进行了为期一个月的调查与发掘。（见表41）5号墓地处于一椭圆形沙丘上，沙丘高约7.75米、东西长约74米、南北宽约35米，占地面积约2.5平方千米。靠近墓地较西边缘残存一道木栅墙，将墓地分为东、西两个区域，东侧立木形状较西侧立木粗大，普遍高3—4米、直径25—30厘米，部分呈现出数根立木构成圆圈的规律；木栅墙西侧立木分布相对杂乱无序，形状、大小各异。[1]

　　小河考古调查队选取位于木栅墙西侧的4座墓葬进行了发掘，地表竖立高约0.6米的立柱，形制各异。木棺前的立木和墓主性别有关，女性棺前立的基本是呈多棱形、上粗下细的木柱，上部涂红，缠绕毛绳，固定草束，象征"男根"；男性棺前则立一外形似木桨的立木，大小差别很大，其上涂黑，柄部涂红，象征"女阴"。[2] 下有厚约1米的扰乱层，墓葬有叠压或打

① 新疆文物考古研究所：《2002年小河墓地考古调查与发掘报告》，教育部人文社会科学重点研究基地吉林大学边疆考古研究中心编：《边疆考古研究》第3辑，北京：科学出版社，2005年，第340页。
② 新疆文物考古研究所：《2003年新疆罗布泊小河墓地发掘简报》，《新疆文物》2007年第1期。

破现象。[①] 墓葬形制均为竖穴沙坑式，多呈东北—西南走向；葬具形制较为统一，无底木棺均由胡杨木材质的弧形侧板拼合而成，其上覆盖加固棺木的牛皮；葬式均为单人葬，仰身直肢，头东脚西；随葬物品普遍见草篓、红柳杆、羽毛饰品、木梳等。

表41　2002年小河墓地5号墓地M1—M4墓葬发掘概况[②]

编号	葬具	葬式、葬俗等	随葬物品	采集物
M2	木棺，胡杨木板拼合而成，表面覆盖3张带毛牛皮	木雕人像代替死者	红柳枝、带毛牛皮、冥弓、箭、毛织斗篷、毡帽、短腰皮靴、草篓、木别针、玉首饰、腰衣、铜器残片、羽箭、麦粒、粟粒、牛筋绳、麻黄草枝、红柳棍	毛织物：斗篷35件、腰衣2件、毡帽4顶、毛编织物1件、毛线绳1件、毛编带1件、毡片1件。草篓11件。木器：木雕人像2件、木雕人面像2件、木祖2件、冥弓2件、刻花木箭杆30余件、木别针4件、木梳1件、木梳齿3件、立木3件。玉珠、串珠、卵形石6件、铜片、牛头骨、山羊角、牛耳、皮囊
M4	同上	女性，仰身直肢、头东脚西、斗篷包裹	红柳枝、小毡包、立木、毛织斗篷、毡帽、皮靴、草篓、毛皮、木别针、项链、玉首饰、皮囊、羽饰、木祖、腰衣、毛织斗篷、木梳、牛筋绳、牛耳、红柳棍、毛线绳子	
M1	同上		带毛牛皮、立木、箭、羽箭	
M3	同上	幼儿，仅余头颅	毛皮、箭杆、立木	

　　2002年，小河墓地5号墓地试掘工作大致明确了墓地的分布范围、形制特征以及分层关系，为后期的考古发掘奠定了基础。2003年12月—2004年3月、2004年9月—2005年3月，新疆文物考古研究所和吉林大学边疆考古研究中心历经10余月，共计发掘墓葬167座，出土文物数以千计，最终完成了

---

① 新疆文物考古研究所：《2003年新疆罗布泊小河墓地发掘简报》，《新疆文物》2007年第1期。
② 新疆文物考古研究所：《2002年小河墓地考古调查与发掘报告》，教育部人文社会科学重点研究基地吉林大学边疆考古研究中心编：《边疆考古研究》第3辑，北京：科学出版社，2005年，第350—383页。

整个小河墓地的发掘清理工作。同时也对小河墓地有了整体性的认知：其一，小河墓地所存的墓葬结构大致由沙穴、木棺、代表男根或女阴的立木、棺尾所立细棍等几个部分组成；其二，墓地所存的墓葬有叠层或打破现象，根据考古学家的科学测定，墓葬层年代可能在前1650—前1450年之间[①]，说明该墓地文化有一个相对较长的延续时期；其三，保存了相对完整的遗迹、遗物，这对于探索罗布泊地区独具特色的考古文化以及早期东西方文化交流等问题具有重要意义。

表42　2003年小河墓地5号墓地典型墓葬发掘概况[②]

编号	墓葬结构	墓主	随葬物品
M11	为第一层墓葬，墓穴长约250厘米、宽约120厘米。木棺长约220厘米、中部宽55厘米、高约24厘米，盖板共11块，其上覆盖牛皮3块。棺前圆柱形男根立木高约180厘米	墓主为成年女性，仰身直肢，头东脚西，身体为宽大白色毛织斗篷所包裹，尸体长约152厘米。头部下面枕有一块白色羊皮	男根立木、红柳枝、毛织斗篷、牛皮、毡帽、腰衣、皮靴、项链、手链、木别针、木梳、毛皮、草篓、皮囊、木祖、羽饰、红柳棍、麻黄枝、黍与植物籽
M13	为第一层墓葬，墓穴长约295厘米、宽140厘米。木棺长约225厘米、中部宽84厘米、高45厘米，盖板11块，其上覆盖牛皮3块	墓主为成年女性，头东脚西，身体为一件白地大红色竖条毛织斗篷所包裹，尸体长约150厘米。头部下面枕有一块白色羊皮	男根立木、牛皮、红柳枝、毡帽、斗篷、腰衣、皮靴、项链、手链、别针、木梳、毛皮、斗篷、牛头、草篓、皮囊、木祖、羽饰、红柳棍、石头、麻黄枝、动物筋绳、黍粒
M24	为第二层墓葬，墓穴长约440厘米、宽235厘米，木棺前竖一根高约330厘米的圆木柱和一根高约180厘米的女阴立木，其中女阴立木两边插立3支箭和1支冥弓。木棺较大，棺长约181厘米、中部宽49厘米、高约30厘米，盖板10块，其上覆盖牛皮4块	墓主为成年男性，仰身直肢，头向东北，身体为一件深棕色条纹毛织斗篷所包裹，尸体长约164厘米，头部下面枕有一块羊皮	女阴立木、木柱、冥弓箭、红柳枝、毛皮、草篓、草束、羊骨、毡帽、斗篷、腰衣、皮靴、耳环、手链、别针、牛头木雕人面像、带皮套的扁木杆、蛇形木雕、骨镞木箭、羽箭、红柳棍、麻黄束、花石头、动物耳尖、麻黄枝

① 新疆文物考古研究所：《2003年新疆罗布泊小河墓地发掘简报》，《新疆文物》2007年第1期。
② 新疆文物考古研究所：《2003年新疆罗布泊小河墓地发掘简报》，《新疆文物》2007年第1期。

（续表）

编号	墓葬结构	墓主	随葬物品
M33	墓穴较浅，墓穴长约225厘米、宽110厘米。木棺长约181厘米、中部宽49厘米、高约30厘米，盖板10块，其上覆盖一黄一棕两块带毛牛皮，棺前不见有立木	墓内遗存一具裹皮木尸，身长约109厘米，仰身直肢，头向东。木尸身体大部分包裹在一件素织棕色毛织斗篷里，头部下面枕有一大块羊皮	红柳枝、毡帽、斗篷、腰衣、皮靴、手链、毛皮、草篓、羽箭、红柳棍、麻黄枝、麦粒、黍粒、筋绳段、乳白色块状物、动物耳尖、铜片、植物籽、小石头
M34	为第二层墓葬，墓穴长约225厘米、宽约110厘米。棺长231厘米、中部宽58厘米、高约25厘米，棺盖板12块，其上前、中、后覆盖棕、黄色3块带毛牛皮	木棺内遗存尸体一具，长约137厘米，仰身直肢，头向东，身下垫有一块白色毛织斗篷，头部下面枕有一块羊皮	红柳枝、毛皮、箭、毡帽、斗篷、腰衣、皮靴、手链、别针、毛皮、斗篷、草篓、红柳棍、铜片、黍粒、筋绳段、麻黄枝、动物耳尖

3. 营盘墓地

营盘墓地位于尉犁县东南约150千米处、库鲁克塔格山前台地南缘、孔雀河干涸河床北约5千米处，东北距离兴地山口约7千米，东距楼兰故城200千米。墓地东西长约1.5千米、南北宽约0.25千米。新疆考古部门曾于20世纪80年代末在孔雀河古河道清理墓葬9座。[①] 1995年11—12月，新疆文物考古研究所对营盘墓地再度进

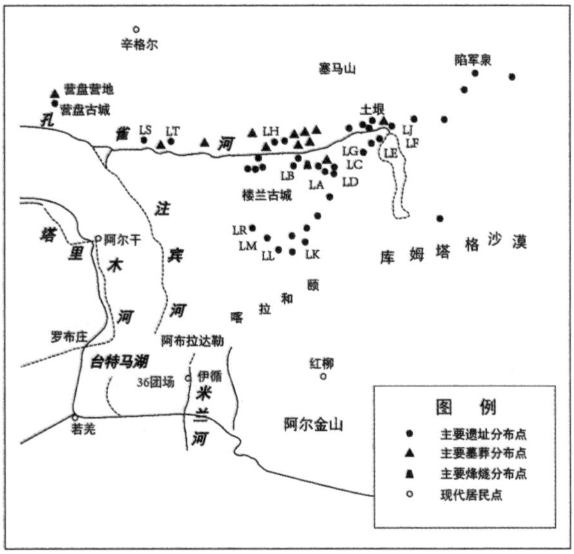

图135　营盘至楼兰一带古遗址分布图

行抢救性发掘清理，发掘墓葬32座，清理盗掘墓葬100余座，出土文物400余

---

① 新疆文物考古研究所：《新疆尉犁县营盘墓地15号墓发掘简报》，《文物》1999年第1期。

件。[①] 1999年10—11月，新疆文物考古研究所又继续在此发掘墓葬80座，出土文物400余件。[②] 墓地东面200米左右的台地上有一处佛寺遗址，墓地南面900米左右，为营盘遗址。

（1）1995年营盘墓地发掘情况。（见表43）1995年发掘清理的墓葬位于营盘遗址所在台地的东部。墓葬四角或侧边地表立有木桩，木桩大致长40厘米、直径为6厘米；墓葬形制分为长方形竖穴土坑

图136　营盘墓地M15男尸服饰（左）及对人兽树纹罽（右）

墓和长方形竖穴二层台墓两类，其中以土坑墓居多，共计26座；二层台墓相对较少，仅有6座。木质葬具中出现槽形棺、四足矩形箱式棺以及船形棺等类型；随葬品有衣物、木漆器、粮食、食物等相关生活用品及生产工具。图136左图为墓主的麻质面具和头枕"绮上加绣"鸡鸣枕，右图对人兽树纹饰，是典型的希腊文化题材，石榴树下两两相对的裸体人物为古希腊爱神厄洛斯。

图137　营盘古城及墓地航拍图（杨林摄）

---

① 新疆文物考古研究所：《新疆尉犁县营盘墓地1995年发掘简报》，《新疆文物》2001年第1—2期。
② 新疆文物考古研究所：《新疆尉犁县营盘墓地1999年发掘简报》，《考古》2002年第6期。

表43 1995年营盘墓地发掘概况[①]

墓葬	形制	葬具	出土遗物
M13、M18、M19、M21	竖穴土坑墓	槽形棺	服饰196件：冠巾、发式、化妆用品、衣服、佩物、毛织品、丝织品。麻质面具、木、漆器、几、木案、单耳杯、筒形杯、罐、圜底漆罐、碗、罐形勺、钵、奁、粉盒、木梳、纺轮、纺杆、弓、箭、拐杖、绕线杆、绳扣、器盖。陶器：罐、釉陶碗、纺轮。铜镜、铭文镜、剪刀、镊子、手镯、戒指、耳环、簪、锥等。铁器：镜、剪刀、镊子、铁镞、刀、刻刀。骨器：弓弭、弓附件、刀柄、项链。玻璃器：杯、项链、耳坠饰、串珠饰、珠饰。石器：项链、纺轮、石饰。金银器：耳环、戒指。其他：珍珠、耳坠饰、海贝、面饼、草编器、皮囊等
M26、M32、M31	竖穴二层台墓		
M15	竖穴二层台墓	长方形箱式棺	
M10	竖穴土坑墓		
M22	竖穴二层台墓	船形棺	
M27	竖穴土坑墓	木板简单拼合式	
M14	竖穴二层台墓		

（2）1999年营盘墓地发掘情况。（见表44）1999年10—11月，新疆文物考古研究所对营盘墓地进行了再次发掘，清理墓葬80座。墓室形制有长方形竖穴土坑墓（52座）和竖穴偏室墓（28座）两种。竖穴土坑墓的葬具主要为木质，形制有槽形棺及四足箱式棺两类，个别墓葬出现有双层棺，此类木棺的上层为槽形棺，下层为箱式棺。竖穴偏室墓中未见木质葬具遗存，墓口有木柱、6条栅栏以及芦苇草等封堵现象。葬俗多单人葬，男女合葬墓

图138 营盘墓地男女合葬墓（左）、三人葬（中）及倒扣木棺（右）

[①] 新疆文物考古研究所：《新疆尉犁县营盘墓地1995年发掘简报》，《新疆文物》2001年第1—2期。

少；葬式多为仰身直肢，个别出现俯身直肢。随葬品普遍放置于墓主的头部一侧，男性墓主随葬品主要是弓、箭、刀具等；女性墓主则多为纺轮、奁、镜、剪刀、羊毛、碎布头等。由此可见当时的生产方式为典型的狩猎与游牧混合式，男女分工较为明确。

表44　1999年营盘墓地发掘概况[①]

墓葬	形制	葬具	出土遗物
M6	长方形竖穴土坑墓	槽形木棺，倒扣在墓主肢体之上	陶罐1件、漆奁1件、漆粉盒1件、圆木盘1件、棉布裤1件、铜戒指1件、银片饰11件、皮饰1件
M7	圆角长方形竖穴土坑墓	四足箱式彩绘木棺	木盘1件、木几1件、粉盒1件、木奁1件、木梳1件、单耳杯1件、木碗1件、木纺轮2件、漆耳杯1件、漆木碗1件、铭文镜1件、编织盘1件、项链3串、绢鼻塞2件
M8	不规则圆角长方形竖穴土坑墓	箱式木棺	陶罐1件、木圆盘3件、木筒形杯1件、木单耳杯1件、木奁1件、木纺轮1件、绢夹褥1件、棉布裤2件、鼻塞2件、铜剪刀1件、银耳环1件、铜戒指1件、铁镞1件
M9	圆角长方形竖穴土坑墓	槽形棺	金箔饰5件
M13	圆角长方形竖穴土坑墓	槽形棺	陶罐1件、木杯1件、木单耳杯1件、圆木板1件、圆木盘1件、木纺轮1件、漆奁1件、冥衣裤1套
M33	竖穴墓道	无	木单耳杯1件、木几1件、木盘1件、铜戒指2件、铜饰2件
M42	圆角长方形竖穴偏室墓	无	陶罐1件、木方盘1件、木纺轮1件、漆奁1件、银戒指1件、项链1件
M59	长方形竖穴二层台偏室墓	无	陶罐1件、木圆盘1件、木方板1件、木纺轮1件、漆奁1件、铜镊子1件、绢夹袍1件

营盘墓地的发掘不仅丰富了罗布泊地域考古文化的内涵，而且为探索罗布泊史前时期的历史提供了依据。以营盘墓地15号墓葬为例，该墓葬出土了大量丝绸、铜镜、漆耳杯、精纺花罽、玻璃器皿等风格迥异的外地商品。经分析，其中的丝绸来自中原地区，类型囊括了汉晋时期的丝织品种，铜镜、漆耳杯亦是典型的汉式器物，而狮纹栽绒毯等织物则是典型的西方舶来品，

① 新疆文物考古研究所：《新疆尉犁县营盘墓地1999年发掘简报》，《考古》2002年第6期。

为希腊罗马艺术风格。

4. 楼兰城郊古墓群

楼兰城郊古墓群位于楼兰古城东北的两处台地上，其一为"平台墓地"（编号MA），位于楼兰古城东北约4.8千米处，长约43米、宽约24米，遗存墓葬7座；其二为"孤台墓地"（编号MB），位于平台墓地东北约2千米处，长约43.3米、宽约15.7米，遗存墓葬2座。1980年3—4月，新疆楼兰考古队对两处台地的9座墓葬进行了发掘清理，平台墓地因风蚀影响，其中有2座墓葬已遭破坏，其余7座墓葬保存较为完整。墓葬形制均为竖穴土坑墓，葬式为仰身直肢。随葬物品包括陶杯、陶罐、豆形陶灯、长方形木案、铜镜、耳饰、铁镞、骨器、钱币以及少量纺织品等。[①]

图139　楼兰城郊古墓群平台墓地（左）及多人合葬墓室（右）

图140　楼兰城郊古墓群孤台墓地出土的"望四海贵福寿为国庆"（左）与"长乐明光"织锦（右）

---

① 新疆楼兰考古队：《楼兰城郊古墓群发掘简报》，穆舜英、张平主编：《楼兰文化研究论集》，乌鲁木齐：新疆人民出版社，1995年，第108—110页。

孤台墓地之上的两座墓葬,因遭斯坦因等人早期的发掘扰乱,墓葬形制基本已无法辨别,仅有M2大致可看出其平面略呈长方形,墓口覆盖圆木和苇帘,墓室中未发现葬具遗存,仅见骨架8具,分为3层埋葬,葬式皆为仰身直肢。随葬物品有陶杯、木盘、木杯、木梳、弓、箭、漆杯、彩绘漆盖、漆碗、铁环、骨器、皮革制品、牛皮残件、钱币和丝织品等。①

5. 罗布泊西北汉晋墓地

罗布泊西北汉晋墓地位于罗布泊西北、孔雀河古河道南,西南约7.5千米即是楼兰古城。该墓地较为分散,占地面积广阔,东西长约27千米、南北宽约7.5千米,遗存墓葬50余处。墓葬形制有斜坡墓道洞室墓和竖穴土坑墓两类,前一类型墓室出现单室、双室和三室的布局,顶部有平顶、拱顶、覆斗顶三类。墓葬大多数已经遭到自然或人为因素破坏,地表可见散布的木质棺具,以及少量随葬物品。

图141　罗布泊西北汉晋墓地

6. 咸水泉汉晋墓地

咸水泉汉晋墓地位于楼兰古城西北57.5千米处、孔雀河下游干涸河床北岸、库鲁克塔格山前一处台地上。2017年1—2月,新疆文物考古研究所等单位在孔雀河流域进行考古调查时发现的。该墓群东西长12千米、南北宽4

---

① 新疆楼兰考古队:《楼兰城郊古墓群发掘简报》,穆舜英、张平主编:《楼兰文化研究论集》,乌鲁木齐:新疆人民出版社,1995年,第112—118页。

千米，其中青铜时代墓地2处，汉晋时期墓地3处，汉晋时期的墓室形制均为竖穴土坑墓，墓室边长在3—4米之间。多数墓葬破坏严重，墓室附近见散布的木棺、葬具等。葬俗以合葬为主，曾出土彩绘箱式棺。出土物有绞胎玻璃珠、汉式环首铁刀、马蹄形木梳、木盘等文物。[①]

图142　咸水泉汉晋墓地

图143　咸水泉汉晋墓地出土的彩绘棺板

7. 其他墓葬

我国在孔雀河、罗布泊流域开展大规模考古工作的时间相对较晚，20世纪80年代，考古部门才开始对该流域的墓葬遗存进行调查与发掘。但由于受到沙漠恶劣环境的影响，所进行的考古调查工作至今仍具有局限性。2013年5月，在尉犁县文管所工作人员的协助下，我们曾前往营盘遗址对现存墓地进行实地考察，对其所处的地理环境有了整体的了解。2019年6月，我们又组织对营盘、小河墓地的实地调查与对比活动，不仅对这些古墓葬的保存状

---

① 新疆维吾尔自治区文物局编：《新疆维吾尔自治区第三次全国文物普查成果集成·新疆古墓葬》，北京：科学出版社，2011年，第281页。

况有了对比了解，同时对相关墓地资料进行了整理。

（1）LT墓地位于尉犁县古勒巴格乡兴地村东南约111千米处、孔雀河干涸河床北岸一沙砾丘地上，为夏至西周时期遗存。该墓地于20世纪初为享廷顿发现，后又被斯坦因发掘。墓葬22座，个别墓葬木板围栏暴露在外。遭风蚀、沙化影响严重，墓坑外散布人骨、陶片、棺板等遗物。

（2）咸水泉1—15号墓地位于尉犁县古勒巴格乡兴地村东南、孔雀河干涸河床北岸风蚀地貌中，为青铜时代至汉晋时期遗存。墓地稀疏分布于长约20千米的干涸河床北岸，普遍为竖穴土坑墓，地表残存人骨、兽骨、残木盘、砂制陶片等遗物。墓葬多被盗掘，整体保存状况较差。

（3）沙和达墓地位于尉犁县古勒巴格乡兴地村西北约52千米处、奥尔塘村东北约23千米处的山坳中，为汉代遗存。墓葬7座，墓葬形制为石围型，未发现其他遗物。墓葬遭受风蚀以及盗掘严重，整体保存状况较差。

（4）沙和达西墓地位于尉犁县古勒巴格乡兴地村西北约52千米处、沙和达沟南北两侧的台地上。墓葬封堆呈现土石堆和石围两类，其中沟北遗存墓葬2座，沟南遗存墓葬5座。墓葬附近地表未见遗物。墓葬分散，部分遭受盗掘，整体保存状况较差。

（5）孙基墓地位于尉犁县兴平乡喀拉洪村东约21千米处、库鲁克塔格山西段的山前冲积扇一处地势较高的坡地上。年代较为久远，地表形制无法分辨。由个别已被挖开的墓葬知其多是长方形竖穴土坑墓，葬具见有棚木。20世纪初，斯坦因在调查孙基烽火台时曾考察过该墓。该墓地表形态无法分辨，整体保存状况较差。

（6）萨其该墓地位于尉犁县阿克苏甫乡尕提村东北约8千米处、库鲁克塔格山西段山前洪积扇上，为汉晋时期遗存。墓葬已遭盗掘，墓坑平面多呈长方形，墓坑内外遗存土坯。个别墓坑中见长约70厘米、直径10厘米的圆木棍，木板残块以及脚趾骨等遗物。墓地遭盗掘破坏严重，整体保存状况较差。

（7）老开屏1—2号墓地位于尉犁县古勒巴格乡兴地村东南约71千米处、库鲁克塔格山南、孔雀河北岸土梁上，为东汉至魏晋时期遗存。两处墓地相距约1千米。1号墓地形制呈竖穴土坑式，长3.6米、宽 3.3米、深约0.5米；墓坑西侧地表残留木棺部件、人骨等遗物。2号墓地墓葬形制亦为竖穴土坑墓，长3.4米、宽3.3米、深约32厘米；墓葬西侧坡地之上见有长约2米的木缘等。两座墓葬均被盗掘，木棺残件散布地表。

（8）兴地山口墓地位于尉犁县古勒巴格乡兴地村南约18千米处、库鲁克塔格山南麓兴地南沟口南岸的台地上。墓地大致为东西宽90米、南北长110米，遗存墓葬10座。封堆形制呈圆形，规模相对较小，直径多在2—2.5米、残高0.3—0.4米，地表未见其他遗物。

（9）兴地北山口墓地位于尉犁县古勒巴格乡兴地村东南约4千米、库鲁克塔格山兴地沟北端沟口处。地表可见土石堆、石围，共计11座，沿山梁呈西南—东北向分布。圆形石围墓较大者直径5.9—7米，长方形石围墓多在4—5米之间。土石堆型墓葬1座，长约5米、宽约2.5米、高约0.3米。墓葬总体保存状况较差，部分墓葬遭盗掘，受雨水冲蚀较为严重。

（10）协海尔托喀依墓地位于尉犁县古勒巴格乡兴地村西北约52千米处、库鲁克塔格山苏该特布拉克沟东西两侧坡地上，东南距奥尔塘村约12千米。沟谷西侧台地遗存墓葬13座，分布散乱，多已毁损，地表形制难以辨认；沟谷东侧台地遗存墓葬4座，其中2座为石围墙结构，2座为土石堆型墓葬。地表见有杂乱碎陶片及人骨等遗物。墓葬保存状况较差，盗掘现象严重。

（11）拜尔迪墓地位于尉犁县墩阔坦乡塔提里克村东北约9千米处、塔克拉玛干沙漠北缘。地表有明显的木桩圈标志，残存土坯、木棺等遗物。墓地基本被流沙掩埋，盗掘现象严重，总体保存状况较差。

第二节　城址、烽燧

孔雀河流域是古代尉犁、楼兰等绿洲城邦所在地，是丝绸之路经天山南麓的重要补给地。汉通西域后，将烽燧从敦煌修至罗布泊和孔雀河流域，并在楼兰、渠犁等地进行屯戍活动，留下了大量的城址烽燧遗址，成为汉唐时期中央王朝经营西域、保障丝绸之路的见证。

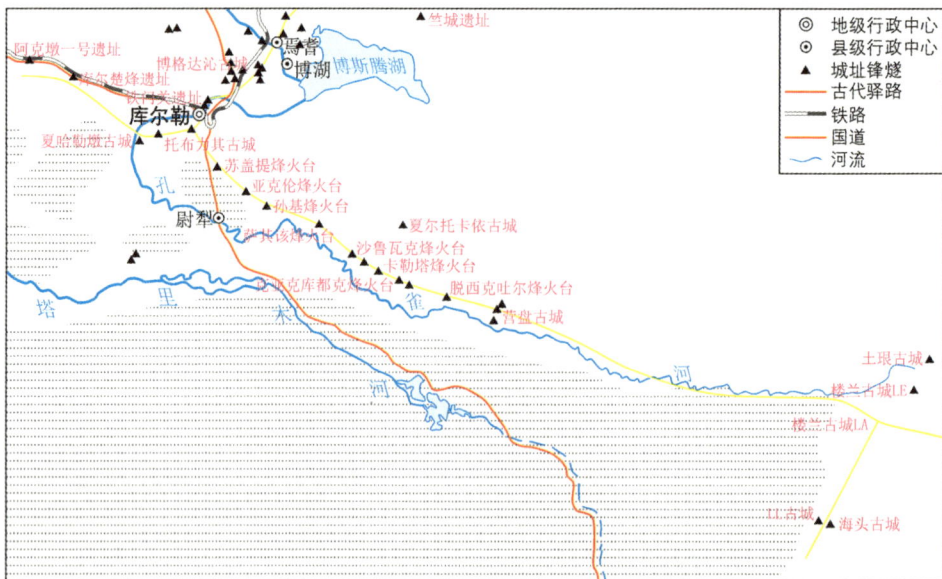

图144　孔雀河流域城址、烽燧分布图

一、城址

1. 营盘古城

营盘古城位于尉犁县农二师第三十五团甘草厂西北约2千米处，南临孔雀河，北倚库鲁克塔格山。古城东接楼兰，西通轮台、龟兹，北连车师，在中西文化交流和经济交往中曾发挥有重要作用，在汉晋时期是丝绸之路的交通重镇。营盘古城是现存较为典型的西域古代聚落城址，周围分布佛寺、烽燧、墓地等遗址。

1893年，俄国人科兹洛夫探险队在罗布泊地区考察时，首次发现营盘遗址。1896年3月、1900年3月，瑞典人斯文·赫定两次来此考察，但留下的记录极为简略。1915年3月，英国探险家斯坦因从雅丹布拉克出发，翻越库鲁克塔格山，沿达库鲁克河岸考察。在穿越一片茂密的植被带后，他看到了一群佛塔坐落在孤立的高地上，这就是营盘遗址。斯坦因在《亚洲腹地考古图记》中对营盘古城有较为详细的记载：城墙平面呈圆形，古城内圆直径约194码，城墙底部最宽处约24英尺厚，城墙大部分用夯土、不规则的红柳及灌木层修筑而成，北侧一段城墙最高处残高约18英尺。城址东、西面各有一宽约30英尺的豁口，应是城门所在。斯坦因在遗址内没有发现建筑遗迹，他推测这是因为城内房屋多是篱笆墙和灰泥修筑，在古城遭废弃后，泛滥的河水很快就把城内的建筑冲毁。此外，斯坦因在古城内发现一银制小垂饰，形状像颗十角星，中央的凸饰周围镶着5颗玻璃"宝石"。

图145 营盘古城（1915年斯坦因摄）

20世纪80年代末90年代初，巴音郭楞蒙古自治州文物普查队调查此城，古城平面呈圆形，直径约60米，周长约1千米。古城残存城墙高1—5米不等，为夯筑结构。城门东开，宽约12米。城北、西面亦各有一宽约8米的豁口，但无法判断是否为城门。城内外采集到29块陶片，其中陶饼3件、陶纺轮2件，石纺轮2件及木器2件。文物普查队推断，古城时代应属东汉至晋时期。[①]

2013年5月16日早上8点，我们乘越野车前往尉犁县东南戈壁滩中的营盘古城。营盘古城所在地非常偏僻和遥远，我们沿218国道向东南行，于中午1点左右至农二师第三十五团，沿一土路向北行驶，行约20千米便进入沙漠地带，沙漠中间有一土路可至营盘遗址，继续在沙漠土路中行约2千米，发现前方路段已被流沙淹没，车辆很难通行。我们与司机分头收集附近的石块和砖块，铺成两道砖路，让车辆驶过了这一段沙路。继续向前，路上虽有一道道沙丘，但规模较小，车辆勉强能够通行。行约不到1千米，见前面的路已完全被沙漠淹埋了，车辆无法前行，我们不得不另寻道路。

返回的路上，我们倍感失望与遗憾，司机对我们说道，从此地返回至第三十二团，再往北至库鲁克塔格山山麓，沿山前便道往东可绕行至营盘古城。不过走此路要花4个小时左右，此时已至下午4点，时间非常紧张，再三考虑后，我们还是决定由此道前往营盘古城。

在荒地中颠簸行驶数十千米，车几次差点侧翻，抬头一看，已离山脚不

---

① 新疆维吾尔自治区文物普查办公室、巴音郭楞蒙古自治州文物普查队：《巴音郭楞蒙古自治州文物普查资料》，《新疆文物》1993年第1期。

远，继续前进，已至兴地村，始知方向不对，于是我们调头返回。返回数千米，见一叉路，我们沿左行数十千米，见路边有一货车，车旁有一维吾尔族老乡在修车，司机与其交谈后，得知前方约50千米处便是营盘古城，此时已近下午7点，我们继续前进，终于在晚上8点到达营盘古城。

营盘古城位于干涸的孔雀河河道旁边一处开阔的台地上，面积很大，包括古城、佛寺和墓地，均有栅栏进行保护。戈壁滩上的风力强劲，栅栏内的遗址在长期的风蚀作用下颇显沧桑。营盘古城呈圆形，直径200米左右。由于风雨侵蚀，城墙坍塌严重，从残存城墙基部来看，似为夯筑结构，大致每1米的夯层夹一层红柳、梭梭或芨芨草。墙垣东北部有一宽约10米的豁口，估计是城门所在地。

图146　营盘古城旁边干涸的河道

图147　营盘古城

营盘古城佛寺遗址现存土坯建筑遗迹9处，外形多呈圆形土丘状。从残存的遗迹看，多为塔式建筑。保存较好的一座佛塔位于古城的中部，底部为长方形基座，塔身略呈圆形。该塔北侧有一盗洞，伸至塔的中心部位，佛塔周围残存土坯墙基，围墙似为长方形。其他佛塔均较小，均为独立的实心土坯建筑。据介绍，营盘墓地共发掘清理墓葬132座，墓葬形制有方形竖穴土坑墓、竖穴二层台墓以及竖穴偏室墓三类。一般为单人葬，个别为双人或三人葬，葬式均为仰身直肢，头向东或东北。随葬物品比较丰富，木器、织物为多，还有部分铜器、漆器和少量铁器、陶器、玻璃器等。少数墓室内绘有卷草、蔓草、花卉等图案。

2019年6月，我们重新组织了7辆越野车组成的考察队，对营盘古城进行考察。这次装备齐全，准备充分，同行的杨林博士对营盘古城进行了航拍。

营盘古城的形制、方圆尽收眼底。周边的佛寺、墓葬遗址分布也较为清晰，与六年前相比，变化不大。

2. 楼兰古城

楼兰古城位于若羌县罗布泊附近，为汉晋时期遗存。楼兰古城是西域楼兰国故地。楼兰国位于罗布泊边缘，《史记》卷一二三《大宛列传》记载："楼兰、姑师邑有城郭，临盐泽。盐泽去长安可五千里。"①《汉书》所记载的楼兰国，大约建于前3世纪，最早见楼兰的记载是在《汉书》卷九四《匈奴传》中匈奴单于写给汉文帝的信，信中说匈奴军队控制了楼兰、呼揭及其旁二十六国，后发生了西汉与匈奴争夺楼兰的历史，楼兰王的"小国处大国间，不两属无以自立"也传诸后世。前92年楼兰王去世，亲匈奴的质子安归夺取王位，汉朝派遣傅介子杀死安归，立亲附西汉的尉屠耆为楼兰王。自此，楼兰国臣服西汉，而后更名为鄯善。《汉书》卷九六《西域传》记载："鄯善国，本名楼兰，王治扜泥城，去阳关千六百里，去长安六千一百里。"②楼兰"西当焉耆、龟兹径路，南疆鄯善、于阗心胆，北扞匈奴，东近敦煌"③，是丝绸之路的交通重镇。这里地势平坦、水源充沛、土壤肥沃，适于耕作，也是中原政权在西域重要的屯田基地。建初元年（76），东汉远屯伊吾、楼兰、车师。魏晋时期，敦煌索劢将酒泉、敦煌兵千人迁至楼兰屯田。5世纪初，鄯善国灭，楼兰古城遂成为荒无人烟之境。

1900年，瑞典探险家斯文·赫定发现了楼兰古城。在其进入罗布泊考察时，向导奥尔德克在返回营地取铁铲时偶遇风暴而迷失方向。趁着月光，奥尔德克在找回铁铲的同时，惊奇地发现一座高大的佛塔和许多密集的废墟，还发现了半埋在沙堆之中的精美木雕，这里就是楼兰古城。这一重大发现不仅使得楼兰古城重见天日，也震惊了世界。此后，国内外考古学者、探险家纷至沓来，开始探索楼兰古城的神秘。

1906—1907年，英国探险家斯坦因到楼兰古城考察，他在《西域考古图记》中记述道，古城周围一片坚硬的雅丹地貌和因风蚀而遗留下的许多沟坎，是东北向风风蚀所致。在佛塔正南及西南面，有小群涂有灰泥的木构房

---

① （汉）司马迁：《史记》卷一二三《大宛列传》，北京：中华书局，1959年，第3160页。
② （汉）班固：《汉书》卷九六《西域传》，北京：中华书局，1962年，第3875页。
③ （南朝·宋）范晔：《后汉书》卷四七《班梁列传》，北京：中华书局，1965年，第1588页。

图148 "三间房"遗址（1906年斯坦因摄）

屋废墟，残存些许破裂的木柱。此外，他又在正北及西北方向发现数个土坯砌筑而成的土墩。随后，斯坦因对楼兰古城LA和LB遗址进行发掘，出土了许多汉文与佉卢文文书、木简、绒毯、丝绸以及7枚五铢铜钱，斯坦因断定其为汉武帝时期的遗物。

1909年3月，橘瑞超到楼兰古城考察，在LE遗址附近发现了著名的"李柏文书"。1910年末至1911年初，橘瑞超再次对楼兰古城进行发掘，又出土许多遗物。①

1980年春，新疆社会科学院考古所协助中央电视台拍摄《丝绸之路》纪录片。组织两队考古人员进入罗布泊，其中一队从敦煌进入，另外一队从库尔勒沿孔雀河进入。在罗布泊东北黑山梁一带，考察队发现大量保存完好的开元通宝钱币，共计970多枚。考察队又在钱币出土位置附近找到了一条古道遗迹，显然这条汉晋古道至唐代仍在使用。②此外，考古人员在楼兰古城东北角的佛塔中发现数处残留壁画以及百余枚两汉时期的铜钱，这对于研究楼兰历史和交通路线有着重要的价值。

---

① 孟凡人：《楼兰新史》，北京：光明日报出版社，新西兰：霍兰德出版有限公司，1990年，第5页。
② 王炳华主编，刘文锁著文：《新疆历史文物》，乌鲁木齐：新疆美术摄影出版社，1999年，第102页。

图149　"三间房"遗址（2009年摄）

表45　楼兰古城出土汉文文书概况①

发掘人员	木简 （枚）	纸文书 （件）	刊出时间	成果形式
斯文·赫定	121	165	1920年	《斯文·赫定在楼兰发现的汉文写本及零星物品》
斯坦因	173	46	1913年	《斯坦因在新疆沙漠发现的汉文文书》
	简牍共计93件，其中纸质文书占1/3以上，其余为木简		1953年	《斯坦因第三次中亚考察所获汉文文书》
橘瑞超	4	40余	1915年	《西域考古图谱》
新疆考古队	63	2	1988年	《楼兰新发现木简纸文书考释》

　　备注：《斯坦因爵士在中国新疆发现的佉卢文书集校》中刊布有佉卢文简牍48件。

---

① 孟凡人：《新疆考古论集》，兰州：兰州大学出版社，2010年，第275—276页。

环塔里木汉唐遗址

表46　1988—2006年楼兰古城出土钱币概况①

采集时间	数量（枚）	种类				
		五铢	货泉	汉佉二体	剪轮无字钱	磨郭无字钱
1988年	1				1	
1989年	12				12	
1994年	1					1
1995年	4	2			1	1
1996年	1					1
1997年	57	34			16	7
1998年	17	7	4	2	3	1
1999年	2				2	
2001年	2	1			1	
2002年	3	1			2	
2003年	9	1	1		7	
2004年	4	2			2	
2005年	2				2	
2006年	2				2	
合计	117	48	5	2	51	11

3. 海头古城

海头古城位于若羌县东北，为魏晋时期遗存，斯坦因将其编号为LK古城。1909年3月初，橘瑞超从库尔勒进入罗布泊，经过近一个月的考察，首次发现此城。橘瑞超在此获得了闻名学界的"李柏文书"（其中汉文文书39件，木简5枚），为西域长史李柏与焉耆王龙熙的通信手稿。李柏为前

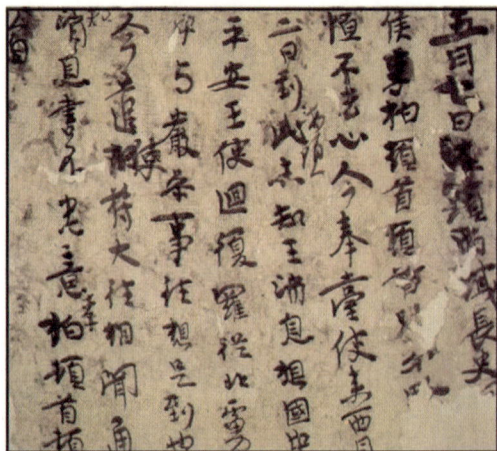

图150　李柏文书

① 牛耕、王博：《1988—2006年罗布泊地区调查采集钱币研究》，《吐鲁番学研究》2012第1期。

图151　海头古城航拍图

凉时期西域长史，是前凉政权在西域的最高行政长官。《晋书》记载："西域长史李柏请击叛将赵贞，为贞所败。议者以柏造谋致败，请诛之。"[①]橘瑞超携带"李柏文书"的相关照片到英国伦敦与斯坦因共同研究，认为其所到达的古城即是斯坦因编号为"LA"的楼兰古城。事实上，这个推论是错误的。1914年，王国维对橘瑞超所获的"李柏文书"和斯坦因第二次西域考察所获西域汉文木简进行考释，认为橘瑞超出土文书的地方是名叫"海头"的古城，并非楼兰古城。1959年，根据橘瑞超考察古城时的图文资料及斯坦因在楼兰附近的考察记录，日本学者森鹿三判断该城即是斯坦因第二次赴楼兰考察时编号为"LK"的古城。[②]

　　1914年2月，斯坦因到海头古城考察，他在《亚洲腹地考古图记》记载，LK古城是一座平面呈长方形的土堡，古城边墙东北面和西南面长约620英尺，东南和西北面长约330英尺，风蚀影响非常严重，南面和西南面几乎完全被侵蚀。斯坦因在古城内采集和挖掘文物170多件，包括细石器、陶器、建筑木雕、铜铁器具及钱币等。

　　我们曾于2009年6月、2017年10月两次进入罗布泊，考察了斯坦因所记载的楼兰古城LA、LE、LK古城，并沿罗布泊河湖床对东部的土垠遗址进行了考察，现将罗布泊周边的古城遗址整理如下：

　　（1）LE古城位于若羌县罗布泊镇罗布泊村西北，呈方形，周围为荒漠，城墙为夯土版筑结构，中间放置柴草丛。出土汉文文书、五铢钱、汉文

①　（唐）房玄龄等：《晋书》卷八六《张轨附骏传》，北京：中华书局，1974年，第2235页。
②　［日］森鹿三：《李柏文书的出土地点》，丛彦摘译，《新疆文物》1991年第4期。

木简等。

（2）LL古城位于若羌县罗布泊镇罗布泊村西南，呈长方形，处于沙丘和雅丹地貌中，城墙相对完整。

（3）LF戍堡位于若羌县罗布泊镇罗布泊村西北，呈不规则长方形，位于一处雅丹地貌上，周围还有其他古代遗存。出土佉卢文木牍、汉文木简、汉文文书、五铢钱、金戒指等。

（4）小河西北城址位于若羌县铁干里克乡英苏村东南，地处沙漠中，呈长方形，墙体基本被风蚀殆尽，为红柳和夯土混合建筑结构。出土石器、陶片、动物骨头等。

（5）苏堂古城位于且末县奥依亚依乡苏堂村西北处，呈方形，城墙多已坍塌，为夯筑结构，夯层较厚。古城南部建筑遗迹为夯筑结构。出土木构件、羊皮、羊毛、毛布残片、毛绳等。

（6）夏勒都尔乌依城堡位于尉犁县墩阔坦乡塔提里克村，呈方形，城内多被流沙覆盖，城墙以黄土夯筑而成。城内外不见其他遗物。

（7）协海尔托喀依古城位于尉犁县古勒巴格乡兴地村，依山势而建，呈不规则形状，城墙多以石片垒砌而成，城内无建筑遗迹。出土夹砂红陶片。

（8）克亚斯库勒古城位于尉犁县喀尔曲尕乡阿瓦提村的红柳沙地中，呈不规则圆形。

（9）萨尔墩古城位于尉犁县兴平乡巴西阿瓦提村，现已被开辟为农田。曾出土陶片、铜钱、人骨等。

（10）土垠遗址是罗布泊地区仅次于楼兰古城的古城建筑，是黄文弼在1930年发现的。土垠遗址是一长条状土台上的残墙和木桩，在遗址区内，南北各有一排墙基，中间有烽燧亭。黄文弼在此发现70多枚汉简。根据今人研究，这里可能是罗布泊北面的一处码头，土垠遗址既是仓储地，也是楼兰国东部一处重要驿站。

二、烽燧

中国古代社会北方的防御线，从辽宁渤海湾一直到新疆阿克苏乌什县的别迭里山口。在中国东、中部是以长城的形式出现，过敦煌后，就以烽燧的形式存在。孔雀河流域的烽燧成为防御的一环，也成为丝绸之路交通的重要组成，体现了汉唐时期在塔里木盆地北缘为保障东西交通和西域安全的努力。孔雀河烽燧群是该地区主要烽燧，为全国重点文物保护单位，东西长达150千米。

1. LF戍堡

LF戍堡位于罗布泊西北荒漠中一处地势险要的雅丹台地顶部，为东汉至魏晋时期遗存。斯坦因曾到此进行考察，他所见到的戍堡遗存为厚5—6英尺墙一垛，为土坯垒筑结构。戍堡平面呈不规则长方形，长约200英

图152　LF戍堡

尺、最宽处约80英尺，中部有一小土墩，高出墙基15英尺。戍堡围墙有一缺口，宽约5英尺，入口内右侧有两间房屋，依围墙内壁而建，胡杨木架依然竖立。房屋内遗存大量芦苇和牛马粪便。[①]戍堡遗址与斯坦因当时所描述的情况相差不大，呈梯形，长约60米、最宽处约24米。西墙有一豁口，宽约1.5米，存有门框，应为戍堡入口。右侧有房屋遗迹，为土坯垒筑结构，多数墙垣已经坍塌。戍堡中部有一高约4.5米的土墩，似为瞭望台遗迹。

2. 营盘西南烽燧

营盘西南烽燧位于营盘古城西南约100米处，北距兴地山约7千米，为汉代遗存。周围红柳丛生，烽燧呈三角形土墩状，为夯筑结构，底部周长约50米，残高约10米。斯文·赫定、科兹洛夫、斯坦因、黄文弼等都曾来此考察过。斯文·赫定曾记载在城西有一个高过10米的烽燧，外部土坯已被风化。

3. 兴地山口烽燧一号

兴地山口烽燧一号位于营盘古城西北约6千米、兴地山南约1千米的山前戈壁滩上，与兴地山口烽燧二号相距500米，为汉代遗存。烽燧为夯筑结构，呈圆形。烽燧底部周长约22米，残高约2米。

4. 兴地山口烽燧二号

兴地山口烽燧二号位于营盘古城西北约5.5千米处，与兴地山口烽燧三号

① ［英］奥雷尔·斯坦因：《亚洲腹地考古图记》第一卷，巫新华等译，桂林：广西师范大学出版社，2004年，第387页。

相距约600米。烽燧为夯筑结构，呈圆柱形。烽燧底部周长约19米，残高约2米。

5. 兴地山口烽燧三号

兴地山口烽燧三号位于营盘古城西北约5千米、兴地山南约2千米的山前戈壁处。烽燧为夯筑结构，呈圆锥状。烽燧底部周长约21米，残高约4米。

6. 脱西克烽燧

脱西克烽燧又称"脱西克吐尔"，意为"带孔的烽燧"，位于营盘古城西约18千米处、孔雀河北岸的戈壁滩上。脱西克烽燧是孔雀河沿岸位置相对靠东的军事遗址，也是保存状况较好、规模较大的一座烽体建筑。烽燧为土坯垒筑结构，呈方形，残高约8米。烽燧中间夹杂芦苇、胡杨等植物。烽燧入口在正南方向，内有一直达烽燧顶部的斜坡梯。烽体处于土块围墙之中，围墙略呈方形，边长约24米。东墙保存较好，上有一排十余个三角形瞭望孔，南墙残存，西、北墙已坍塌。（见图153）

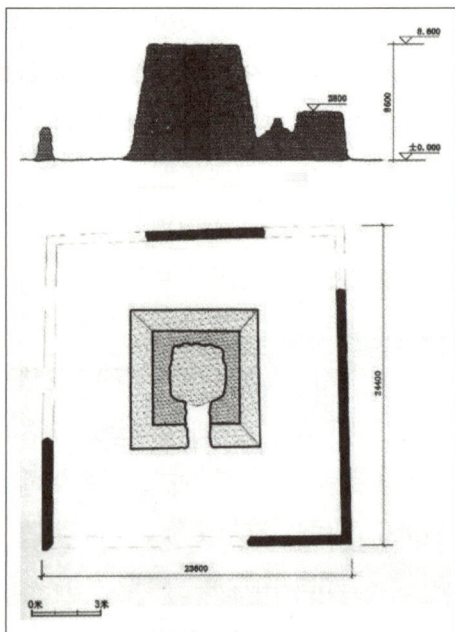

图153　脱西克烽燧立面图与平面图

图154　脱西克烽燧西侧（左）与东北侧（右）

7. 脱西克西烽燧

脱西克西烽燧位于营盘古城西约45千米处的戈壁滩红柳包上，东距卡勒塔烽燧20千米。烽燧呈长方形，为夯筑结构。烽燧残高约9米，底部南北长约14米、东西宽约11米。西面有高约1米的坡状土堆，应为烽梯；东面残存一东西长约3米、南北宽约0.5米的土墩，疑似建筑遗存。

图155　脱西克西烽燧

8. 卡勒塔烽燧

卡勒塔烽燧位于尉犁县阿克苏甫农场沙鲁瓦克牧业点东南约10千米处。烽燧为土块垒筑结构，表面损毁严重，呈土包状，周长约48米，残高约8米。烽燧周围长满芦苇、红柳、骆驼刺等植被。

图156　卡勒塔烽燧

9. 沙鲁瓦克烽燧

沙鲁瓦克烽燧位于尉犁县阿克苏甫农场沙鲁瓦克村东约500米处。烽燧为土块垒筑结构，表面风化严重，中间可见胡杨木加固的痕迹。烽燧下宽上窄，呈梯形，残高约11米。烽燧下部长约16米、宽约15米，上部长约6米、宽约4米。

图157　沙鲁瓦克烽燧

10. 萨其该烽燧

萨其该烽燧位于尉犁县阿克苏甫农场东北11千米处、孔雀河北岸，西距孙基烽燧约15千米。烽燧周围有红柳等植被，烽燧为土块垒筑结构，损毁严重，呈长方形，东西宽4米、南北长6米、残高约8米。

图158　萨其该烽燧

11. 孙基烽燧

孙基烽燧位于尉犁县城东北约40千米处的戈壁滩上。烽燧呈长方形，北高南低。烽燧周长约36米、残高约7米。南部墙壁一侧已坍塌成黄土堆，长约12米、宽约2.5米，土堆下似有烽梯。烽燧为土块垒筑结构，西北部保存较好，南部坍塌，东、西部及烽燧顶部残损严重。

图159　孙基烽燧

12. 亚克仑烽燧

亚克仑烽燧位于尉犁县新丰乡喀拉洪村东北约14千米的库鲁克塔格山山前雅丹台地上,东临孙基烽燧。烽燧为土块垒筑结构,周长约30米、残高约3米。

图160　亚克仑烽燧

13. 苏盖提烽燧

苏盖提烽燧位于尉犁县希尼尔乡政府东北约20千米的荒漠中,旁临希尼尔水库,与亚克仑烽燧相距约20千米。烽燧周围生长有芦苇、红柳、骆驼刺等植被。烽体为土块垒筑结构,呈方形,周长约30米、残高约2米。烽燧损毁严重,东北角残缺,似因盗掘所致。

2013年5月,我们前往尉犁县沿孔雀河向东南调查汉代的烽火台遗存。孔雀河沿岸的道路是早期丝绸之路的必经之地,汉朝为了加强对西域的管理,在孔雀河沿线修建了大量烽燧。

"寒驿远如点,边烽互相望。"古代烽火台一般沿交通要道每隔30里置一处,有时受地理地形等因素的影响,也并不局限于这一里程规制,《通典·扞守法》记载:"烽台,于高山四顾险要处置之,无山亦于孤迥平地置。"我们在考察尉犁县的烽火台时,就曾发现,孔雀河沿岸目前已发现11座烽火台,间距最小的约5千米,最大的约23千米。这些烽燧一般修建在地势稍高的台地或视野开阔的平原上,虽历经千百年的雨雪风霜,有些已经严重坍塌,但大部分的形制依旧可以辨识。烽火台平面呈方形或长方形,立面呈梯形,个别烽火台外围修建的围墙保存至今,围墙有的是用泥土夯筑而成,有的则是用土坯垒砌而成,每层土坯之间还能见到芦苇或树枝。

孔雀河沿岸有3座典型的烽燧。第一座名为"苏盖提烽燧"。"苏盖提"系维吾尔语，意为"红柳"，是当地普遍生长的一种植物，多生长在烽火台附近。

在经历了上千年的风蚀雨蚀后，如今的苏盖提烽燧已严重坍塌，仅存一底部直径约10米、高约5米的土墩。烽火台的基部土质疏松，依稀可见夯土之间的红柳和芦苇。我们在遗址的顶部发现了盗掘痕迹，盗掘活动对烽体造成了严重的破坏。苏盖提烽燧伫立在一片荒地上，无保护措施，无标识牌。

图161　苏盖提烽燧上的盗洞及夯筑结构

由苏盖提烽燧继续向东南沿土路前行约数十千米，至一雅丹地貌。在这片雅丹地貌中行约数千米，见一标牌题为"亚克仑烽火台"，下车后环顾四周，不见烽火台，向司机询问后得知烽火台就建在不远处的雅丹台地上。往烽火台所在台地行约数百米见一路牌，上写"张骞憩马亭"，由此可知张骞出使西域的影响力。我们从台地一侧攀岩至顶部，终于见到了烽火台遗址。烽火台由土坯砌成，现遭严重风蚀，仅存不到3米高的土墩。

从亚克仑烽火台继续向东南前行，就到达了"孙基烽燧"。孙基烽燧地处尉犁县城东北约40千米处的戈壁滩高地上，该烽燧地处孔雀河畔深处，道路崎岖，地表荒芜，但是地势平坦，视野开阔。北距库鲁克塔格山3千米，

图162　苏盖提烽燧

西南约10米就是北山便道，烽体为土坯加芦苇建筑，烽顶残破，平面呈长方形，北高南低。西北部保存较好，东、西部残损严重。南部墙壁有一长12米、宽2.5米的黄土堆积，内部似烽梯，因残破分不清台阶层次和布局情况。

图163 亚克仑烽火台所在的台地

14. 库木什烽燧

库木什烽燧位于尉犁县阿克苏甫农场沙鲁瓦克村东部的戈壁滩上，紧靠沙鲁瓦克烽燧和克亚克库都克烽燧。烽燧周围生长有野草、红柳等植被。烽体下宽上窄，呈梯形，残高约11米，为土块垒筑结构，损毁严重，外表残留许多外露胡杨木。

图164 库木什烽燧

15. 克亚克库都克烽燧

克亚克库都克烽燧位于尉犁县境内孔雀河北岸的戈壁滩上，紧临卡勒塔烽燧和库木什烽燧。烽燧为土块垒筑结构，略呈方形，边长约11米、残高约6米。

图165 克亚克库都克烽燧

16. 阿克吾尔地克烽燧

阿克吾尔地克烽燧位于尉犁县阿克苏甫农场沙鲁瓦克村境内、孔雀河北岸，紧靠萨其该烽燧和沙鲁瓦克烽燧。烽燧为土坯垒筑结构，略呈圆形，底径约10米、残高约5米。烽体周围长满红柳，烽体损毁严重。

图166 阿克吾尔地克烽燧

第三节　宗教遗址

孔雀河流域是民族迁徙和丝绸之路必经之地，早期的原始宗教萨满教和此后祆教、佛教、摩尼教、道教等随着人群流动传播于此。由于特殊的气候，孔雀河流域留下了大量宗教遗存，体现了东西方文化汇集的地理文化特征。

一、原始信仰

1. 尉犁县库鲁克塔格山兴地岩画

库鲁克塔格山在尉犁县东部，山脉西起库尔勒，向东绵延至疏勒河床以北，南临罗布淖尔地区，北连焉耆盆地和吐鲁番盆地。库鲁克塔格山现已发现多处岩画，其中兴地岩画数量多、内容最为丰富，具有较高的研究价值。

图167　兴地岩画[1]

兴地岩画位于库鲁克塔格山兴地峡谷中，从兴地开阔地进沟，沿一条小溪向东行进约10千米，就是兴地岩画。兴地岩画总长约为15米、高约6米，面积90平方米，图像约300幅。兴地岩画主要包括动物岩画、狩猎岩画、放牧岩画、人体艺术岩画、车辆和托运岩画及太阳神岩画等，反映了游牧民族的社会生活状况。

兴地岩画还绘有树木，这是巫师通天的宇宙树，欧洲雅利安人各氏族大都崇拜树神。一些出土文献中也有关于罗布泊地区树木崇拜的记载，如斯坦

---

[1]　苏北海：《新疆岩画》，乌鲁木齐：新疆美术摄影出版社，1994年，第546页。

因所获Kh.482号佉卢文文书记载："绝不能砍伐沙卡的树木。原有法律规定，活着的树木，禁止砍伐，砍伐者罚马一匹。"[1]这些惩罚可以有效制止人们对树木的砍伐，达到保护树木的目的，这可能是树林崇拜的表现。库鲁克兴地树木岩画象征着当地居民对树神的崇拜，体现出该地区早期宗教的信仰情况。

兴地岩画年代为距今约3000年的青铜时代，附近还发现较多的塞人墓地，因此岩画极可能为塞人所刻。兴地岩画为研究塞人的社会生活和原始宗教信仰提供了珍贵资料。

二、寺庙

孔雀河流域的佛教遗址主要分布在楼兰地区，寺庙遗址多位于大型古城遗址内，如楼兰古城、米兰古城等。

1. 营盘佛寺遗址

营盘佛寺遗址位于尉犁县古勒巴格乡兴地村西南约31千米，为汉晋时期遗存。遗址外有铁丝网保护栏，地表散布黑色石子，佛寺遗址位于营盘古城内一处山坡顶部，为土坯建筑结构。

经统计，目前营盘古城残存建筑遗迹共9处，多呈圆形土丘状。从遗址布局来看，应是中央佛塔周围环绕8处佛塔建筑。中央佛塔底部基座呈长方形，长约18米、宽约14米、高约2米，塔身为圆形，高约3米。塔身北面有一盗洞，延伸到塔的内部。佛塔西南和东南处有残存的院墙，院墙平面略呈长方形，为土坯垒砌结构，多为独立实心式和穹顶式结构。

20世纪初，国外探险家多次对营盘佛寺遗址进行考察，科兹洛夫、斯文·赫定、斯坦因都曾到此发掘，其中1915年斯坦因第三次中亚探险时来到营盘佛寺遗址，在《亚洲腹地考古图记》中记载："在中央佛塔周围，我们发现了9座较小的佛塔。它们都被人挖过，遭受了极大毁坏。但可以分辨出大多数佛塔的底座，底座大小为15英尺见方到5英尺见方不等。"[2]

---

① 林梅村：《沙海古卷——中国所出佉卢文书（初集）》，北京：文物出版社，1988年，第122页。

② ［英］奥雷尔·斯坦因：《亚洲腹地考古图记》第二卷，巫新华等译，桂林：广西师范大学出版社，2004年，第1042页。

图168　营盘佛寺遗址（1915年斯坦因摄）

连同中央佛塔及"9座较小的佛塔"，斯坦因当时所见佛塔10座，而现今的佛塔遗址只有9座。从斯坦因的记载可以看出，当时佛寺遗址就已遭到严重破坏。由于常年遭受风沙的侵蚀，佛塔坍塌严重，部分佛塔有人为挖掘的现象。

图169　营盘佛寺遗址中央佛塔

2. 楼兰东北佛寺遗址

楼兰东北佛寺遗址位于楼兰遗址的东北部，始建于魏晋时期，沿用至南北朝时期，是楼兰遗址中最为高大的建筑，或许当年斯文·赫定最先发掘的楼兰建筑就是佛寺遗址。遗址位于沙漠腹地，残高约4.5米，为土坯垒砌结构。佛塔分为上下两层，下层的基座建筑坍塌严重，形状难辨，残高约2.5米。上层建筑保存相对完整，可辨别为方形围墙，长、宽约5米，高约2米，围墙中部有圆形建筑，似为一座小佛殿。环形壁面上还残存佛教壁画。在环形台的甬道中曾出土残缺的佛像及一些木花形饰的文物。

1900年，斯文·赫定发现楼兰古城，这一发现引起了世界对楼兰的关注。随后国外探险家相继开始了对楼兰古城的探险和发掘，楼兰古城东北角的佛殿也随之被世人所知。1907年，斯坦因在对楼兰东北佛殿发掘时记载了佛塔的状况："基座的第三层上面，规则地立着八角形鼓身，7英尺高，其顶上有一圆形底座，高1英尺半。"[①]经历了百余年的时间，现今遗址仅存上层佛殿主体部残墙。

图170　楼兰东北佛寺遗址

3. 楼兰西北佛塔

楼兰西北佛塔位于若羌县境内罗布泊西北荒漠中的一长条形雅丹地貌上，为魏晋时期遗存。佛塔保存状况良好，残存基座和塔身两层，其中基座呈方形，边长约10.5米、高约6米，为土坯建筑结构；上部塔身呈圆形，直径约6.4米、高约4米。塔身顶部东南侧见涂抹草

图171　楼兰西北佛塔

泥的遗迹，有草泥两层，每层厚约10厘米。在塔身和塔座的结合部有土坯和草泥抹砌的阶台。[②]

4. 米兰佛教遗址

米兰佛教遗址为米兰遗址附属建筑，位于若羌县阿尔金山北麓的荒漠中，距离若羌县城80千米。整个遗址规模宏大，除佛寺外，还有古城、戍堡、烽火台等建筑。遗址整体保存较为完好，现存佛教遗址11处，其中佛寺

---

① ［英］奥雷尔·斯坦因：《西域考古图记》第一卷，巫新华等译，桂林：广西师范大学出版社，1998年，第233页。

② 新疆维吾尔自治区文物局编：《新疆维吾尔自治区第三次全国文物普查成果集成·巴音郭楞蒙古自治州卷》，北京：科学出版社，2011年，第72页。

遗址3处、佛塔遗址8处，均为土坯建筑结构。

　　MⅡ号佛寺（斯坦因编号）位于一较高的土台上，原来似有长方形院墙，现已无存。佛寺地面残存的遗迹有佛塔、佛座及方形建筑。早年斯坦因曾在此做过挖掘，出土较大的佛头以及坐佛、睡佛塑像等。遗址保存状况较差，主要是受到风沙侵蚀及人为破坏，一些遗存已不复存在。

　　MⅢ号佛塔位于一近方形的有土坯围墙的建筑之中，建筑边长约9米，残存的围墙高出地面约3米，中部呈空心状，直径约6米，空心部位的中央位置为圆形实心塔，塔与外墙之间形成方形回廊。斯坦因曾在回廊的堆积物中，发现了许多壁画，其中"带翼天使"和一些佛教故事内容相关的壁画，斯坦因对这一发现非常激动，他写道："世界最早的安琪尔在这里找到了。

图172　米兰佛寺遗址MⅡ号佛寺

图173　米兰佛寺遗址MⅡ号佛寺内的佛塔

图174　米兰佛寺遗址MⅢ号佛塔

她们大概是在2000年前就飞到中国了。"斯坦因发现这些"带翼天使"的绘画风格及人物具有希腊化的犍陀罗艺术特点。带翼天使就是佛教中的伽陵频伽，能发出美妙的声音，相传佛在祇园精舍说法时，伽陵频伽会献舞。

MⅣ号佛寺位于MⅢ号佛塔西约40米处，平面呈长方形。寺院形如土台状，中偏东部呈凹槽状，似为过道。西南角的台面上有房间建筑遗迹。早年，斯坦因及黄文弼均对其进行过调查，出土一些佛教遗物。遗址保存状况较差，风蚀及人为破坏较为严重，东侧有一盗洞。

图175　米兰佛寺遗址MⅥ号佛塔

MⅤ号佛塔位于米兰镇安乐村东偏南1.9千米处较平坦的砾石沙漠地上，地面建筑已不存在，仅在路面可见一些土坯遗迹。1907年斯坦因曾对该佛塔进行发掘，当时的佛塔规模较大，塔外亦有方形围墙，围墙与

图176　米兰佛寺遗址佛龛（1907年斯坦因摄）

佛塔之间的回廊曾出土许多精美壁画，其中人物像最多，还有马、车、树、花瓣、彩带等图像，主要内容为佛传故事。

MⅥ号佛塔位于米兰镇东偏南约4.8千米处，由于风蚀与雨水冲刷的作用，塔体遭到破坏，佛塔无明显的基座，塔身向上渐内收，在高约4.2米起穹窿顶，穹窿顶残高约1.8米。佛塔南部有盗洞伸向塔心。

MⅦ号佛塔位于米兰镇东5千米处，由于长期受风蚀与雨水冲刷的破坏，佛塔原状已不可辨认，仅存塔基，平面呈不规则多边形。佛塔现高约6.8米，立面略呈弧顶梯形。建筑方式为土坯建筑，土坯规格多样，有长方形，也有近方形。

MⅩ号佛寺位于米兰镇东偏南约6.3千米处，现存遗址3处，分别位于3处相对独立的雅丹地貌顶部。1号遗址残存墙体一段，土垣中露出土坯，根据位置、空间及遗物判断，该处遗址为一房屋建筑。2号遗址位于1号遗址南约

20米处，见一土坯砌筑的遗迹，坍塌严重，难辨其形状及性质。3号遗址位于1号遗址西约25米处，坍塌亦很严重，仅见一段残墙，似为一处方形房屋建筑。

除以上佛教建筑外，米兰佛教遗址中还有许多不明性质的建筑，一些土墩究竟是佛塔还是烽火台，尚待进一步考证。

米兰佛教遗址于2001年被列为全国重点文物保护单位，遗址除受到风蚀、雨淋、崩塌、裂隙等自然原因的破坏，还受到人为破坏，如在许多佛塔上的盗洞，这对遗址造成了巨大的破坏。

2013年5月17日，我们前往新疆生产建设兵团第二师第三十六团考察米兰遗址。自团部往北行2千米处向路边的村民询问，得知方向走错了，在村民的指引下，我们于下午4点左右到达米兰遗址。

图177　米兰遗址出土的比丘壁画（1907年斯坦因摄）

图178　米兰遗址出土的有翼天使（1907年斯坦因摄）

据考证，米兰佛寺遗址就是汉代的伊循城。《汉书》卷九六《西域传》记载，元凤四年（前77），西汉傅介子斩杀楼兰王后，新任楼兰王害怕国内敌对势力篡夺王位，请求汉朝在楼兰国都扜泥城（今若羌县城附近）不远处的伊循城进行屯田、驻守军队，确保都城的安全，4—5世纪青海湖地区的吐谷浑政权一度控制米兰地区，成为控制丝绸之路南道的中枢。唐朝在这一地区也有经营，建有重要的军事堡垒，后来青藏高原的吐蕃政权不断入侵西域，曾长时间占领此地，现今保存下来的遗址很多都是在吐蕃控制时期建造的。

米兰遗址设置有专门的文物保护站，并有专职人员进行看护。遗址分布面积较大，整个保护面积约10平方千米。遗址处于山前洪积平原上，山洪留下的岩体经风化形成大大小小的石子，散布于整个遗址表面，而部分较高的土堆经长年的风化形成雅丹地貌。遗址内现今保存较好的主要是佛寺遗址，多处佛寺遗址正在进行人工修缮。遗址中有一较大的城堡，平面呈方形，西向开门，南墙建有一宽阔高台，估计为军事防御之用。戍堡轮廓比较明显，一些坍塌的墙体正在进行修复。戍堡北面约1.5千米处有一佛塔，保存较为完整，轮廓还能辨识，现正在进行修复。

2015年8月、2019年6月，我们又两次考察米兰佛教遗址，对佛寺遗存进行了详细资料整理。

第三章
开都河流域历史遗址

开都河，又名"通天河"，古代史籍记载为"敦薨之水""海都河"[①]，发源于天山山脉中段依连哈比尔尕山南坡哈尔尕特达坂，全长约560千米。开都河自东向西经小尤勒都斯盆地至巴音布鲁克，至呼斯台西里为开都河上游。再经峡谷段至大山口为中游，此段所经峡谷曲折陡峭，是开都河水流落差较大、水流最为湍急的一段，清代徐松曾对此有着形象的描述："万壑争流，百川迸集，奔腾激浪，有河经砥柱、江出巫峡之险。"[②]开都河从呼斯台西里至河口为下游，最终流入博斯腾湖。河口之下即是焉耆盆地，每逢汛期，霍拉沟、莫合察汗沟、哈河仁郭楞沟及黄水沟支流亦注入其中。总体而言，开都河下游水流平缓，河道多分叉，沿河道附近往往形成土壤膏腴、适宜种植的绿洲带。古代焉耆国就是开都河流域绿洲文明的典型，据《汉书》卷九六《西域传》记载："焉耆国，王治员渠城，去长安七千三百里。户四千，口三万二千一百，胜兵六千人。……近海水多鱼。"[③]

---

① 《水经注》中称之为"敦薨之水"；《西域水道记》《新疆图志》中称之为"海都河"，其包括出博斯腾湖下流的孔雀河。

② （清）徐松：《西域水道记（外二种）》，朱玉麒整理，北京：中华书局，2005年，第108页。

③ （汉）班固：《汉书》卷九六《西域传》，北京：中华书局，1962年，第3917—3918页。

第一节　墓葬遗存

发源于天山中部的开都河，流经大小尤尔都斯盆地，出天山峡谷，又经焉耆，注入博斯腾湖。[①]该流域是古代绿洲文明的代表性地区，古代丝绸之路沿天山南麓经行地，北方的游牧民族经天山隘口进入塔里木盆地，因此该地是民族迁徙、人口流动较为频繁的地域。该地区基本涵盖了今和静、和硕、博湖、焉耆、库尔勒等行政区划范围。区域内目前已发现墓葬遗存200余处，其中规模较大、数量较多、分布较为密集的墓葬有察吾乎墓地、哈布其罕墓地、拜勒其尔墓地、察汗乌苏墓地以及小山口水电站墓地等。20世纪80年代以来，考古学者曾对以上部分墓葬进行了发掘清理，获取了大量实物资料，对于梳理该流域墓葬文化和区域历史进程，具有重要价值。该流域墓葬整体呈现出较为典型的察吾乎文化类型，"墓葬地表有石堆、石围或砂砾

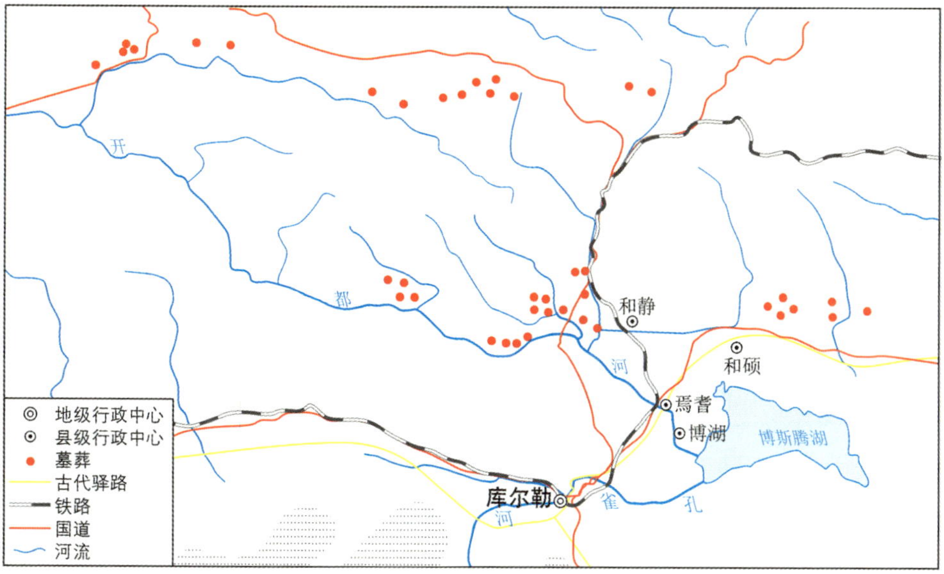

图179　开都河流域古代墓葬分布图

---

① 中国科学院新疆综合考察队等编：《新疆水文地理》，北京：科学出版社，1966年，第20页。

土堆，墓室形制有竖穴石室或竖穴土坑式，墓室或带有短浅墓道，墓口有石板或木头棚盖，葬俗主要为多人二次合葬。遗存年代多属早期铁器时代"[1]。

1. 哈布其罕1、2号墓地

哈布其罕是连接天山南北的一条长约27千米、呈东南—西北走向的沟谷，位于和静县巴仑台镇西南约16千米处。哈布其罕沟向西可通往巴音布鲁克大草原，向东经乌库公路直抵乌拉斯台沟是中天山内重要东西通道。1990年，和静县文管部门在哈布其罕沟口东约6千米处，发现两处相距仅0.3千米的大型墓群，考古人员将位于东部的墓地编号为1号墓地，西部的墓地编号为2号墓地。墓地范围东西长约720米、西端宽约40米、东端宽约125米，整体呈梯形分布，总面积约1万平方米。墓葬分布较为集中，共计720余座。[2]其中，1号墓地石围墓规模相对较小，西部墓葬石围规模较大，均为大块砾石垒筑而成。1992年8—9月，新疆文物考古研究所联合和静县民族博物馆对两处墓地进行了发掘清理，1号墓地发掘墓葬42座，2号墓地发掘墓葬6座。

1号墓地所发掘的42座墓葬形制，按照地表石围规模与石室的结构可以划分为Ⅰ、Ⅱ、Ⅲ、Ⅳ四类，其中Ⅰ类墓葬25座，Ⅱ类墓葬5座，Ⅲ类墓葬8座，Ⅳ类墓葬3座。随葬品主要为生产工具和生活用具，陶器、铜器较为常见，兼有少量的石器、骨器、木器以及金银铁器。（见表47）

表47　哈布其罕1号墓地发掘概况[3]

类型	类型名称	特点或具体物品
墓葬形制	Ⅰ	石围规模较小，长约4米、宽约3米；墓室口与地表之间封土石层较厚，墓室深度较浅；多为单人葬
	Ⅱ	石围规模较大，墓室平面呈椭圆形；多为3—5人合葬
	Ⅲ	墓室呈袋状或敞口；葬俗分为5人以上的丛葬和2人以下葬
	Ⅳ	规模大，袋状，墓室宽大，出现墓门和短墓道

① 余太山主编：《西域通史》，郑州：中州古籍出版社，2003年，第21页。
② 新疆文物考古研究所、和静县民族博物馆：《和静哈布其罕Ⅰ号墓地发掘简报》，《新疆文物》1999年第1期。
③ 新疆文物考古研究所、和静县民族博物馆：《和静哈布其罕Ⅰ号墓地发掘简报》，《新疆文物》1999年第1期。

（续表）

类型	类型名称	特点或具体物品
出土物品	陶器	带流杯、勺杯、筒形杯、曲腹杯、釜、盆、钵、壶、双系罐、纺轮
	青铜器	刀、匕、锥、针、扣、环、镜、管、耳环
	石器	砺石、石臼、扣、项珠
	金银铁器、骨器、木器	银鼻环、铁耳环、骨盆、弓箭、镞、锥、纺轮

2号墓地位于哈布其罕沟与乌拉斯台沟结合处西约6千米的沟谷南岸台地上，在1号墓地西约300米处，考古人员在此发掘墓葬共计6座。墓葬形制均为石围石室墓，按照具体的结构又可以分为Ⅰ、Ⅱ、Ⅲ三种类型。其中Ⅰ式墓葬有2座，石围规模较小，一般长约4米、宽约3米，石围平面呈熨斗形，地表与墓室口的封土石较厚；Ⅱ式墓葬有3座，石围规模较大，平面呈椭圆状，墓室带有短墓道；Ⅲ式墓葬仅1座，石围形制呈圆形，中间堆积少量积石，墓室平面呈方形。2号墓地所发掘的随葬品仍然以生产用具和生活用品为主，其中出土陶器共8件：带流罐1件、带流杯1件、勺杯1件、壶1件、瓶1件、曲腹杯1件、纺轮1件；石器仅见1件砺石；青铜器遗存刀、针、耳环残件等。[1]

据考古学者分析，哈布其罕1号墓地应属于察吾乎文化范畴，遗存年代距今3000—2600年，处于青铜时代向早期铁器时代的过渡期。[2]2号墓地亦属于察吾乎文化范畴，但根据M8出土的完整殉马、彩陶壶判断，2号墓地绝对年代应晚于察吾乎文化。[3]

2. 拜勒其尔墓地

拜勒其尔墓地位于和静县西南约50千米处、开都河南岸一处地势平坦的台地上，东距拜勒其尔村约3千米。经考古人员调查，墓地共遗存墓葬50余

---

[1] 新疆文物考古研究所、和静县民族博物馆：《和静哈布其罕二号墓地发掘简报》，《新疆文物》2001年第3—4期。

[2] 新疆文物考古研究所、和静县民族博物馆：《和静哈布其罕Ⅰ号墓地发掘简报》，《新疆文物》1999年第1期。

[3] 新疆文物考古研究所、和静县民族博物馆：《和静哈布其罕二号墓地发掘简报》，《新疆文物》2001年第3—4期。

环塔里木汉唐遗址

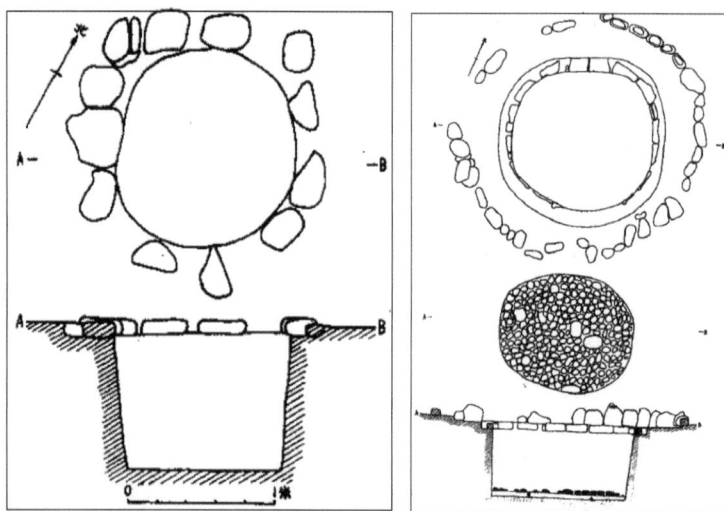

图180　拜勒其尔墓地M208（左）、M207（右）平、剖面图[1]

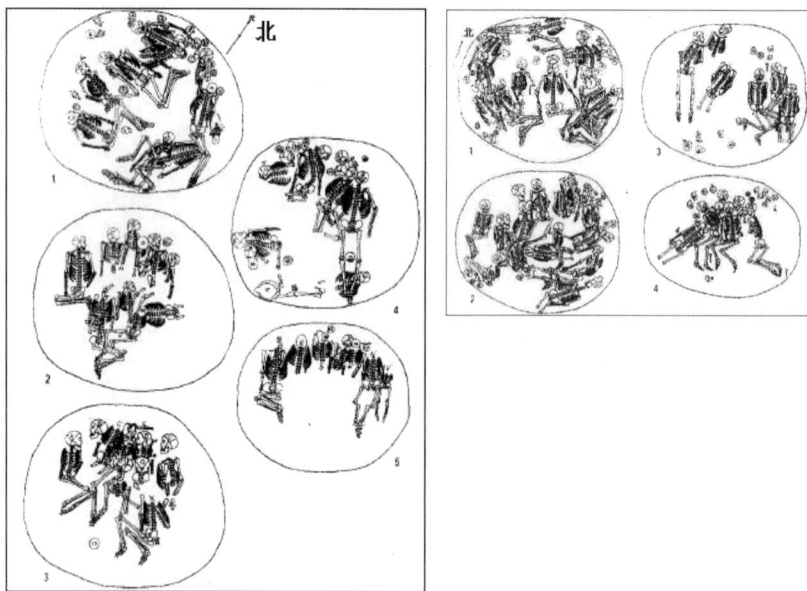

图181　拜勒其尔墓地M202（左）、M207（右）墓室尸骨平面图[2]

[1]　新疆文物考古研究所、和静县民族博物馆：《和静县拜勒其尔石围墓发掘简报》，《新疆文物》1999年第3—4期。
[2]　新疆文物考古研究所、和静县民族博物馆：《和静县拜勒其尔石围墓发掘简报》，《新疆文物》1999年第3—4期。

图182　察吾乎1号墓地

座，呈西北—东南两端集中分布，地表均有较为明显的石围或封堆标志。其中，西北部墓葬分布密集，东南部墓葬分布相对分散。1991年秋，新疆文物考古部门联合西北大学曾在此试掘墓葬8座；1993年9—10月，新疆文物考古研究所与和静县民族博物馆在此抢救性发掘墓葬8座。[1]

依据地表标志可将拜勒其尔墓葬分为石围墓和石堆墓两类，其中石围墓数量较多，1993年考古人员发掘的墓葬大多属此类型。墓室形制分为竖穴土坑式和竖穴土坯式，平面结构近似圆形，个别墓室底部有葬具。葬式多为仰身屈肢式，亦兼有俯身或侧身屈肢以及仰身直肢。葬俗多为多人合葬，单人葬较为少见，葬次分一次葬和二次葬。随葬品仍以陶器为主，铜器、铁器次之，金器、骨器、木器亦有少量出土，这些都直接反映出该地当时以畜牧业为主的社会经济形态。（见表48）

拜勒其尔墓葬文化特征与察吾乎晚期文化较为吻合，属同一考古文化类型。[2]如墓葬地表均遗存石围、石堆标志，墓室多为卵石垒砌，平面结构近似椭圆。葬俗出现单人葬、多人葬以及一次葬、二次葬等。墓室附近都出现殉葬或附葬墓坑，随葬品中陶器普遍存在。此外，考古学家参照察吾乎文化断定拜勒其尔墓地遗存年代距今2600年左右，属于早期铁器时代。[3]

---

① 周金玲：《和静拜勒其尔墓地发掘与研究》，《新疆文物》2000年第1—2期。
② 周金玲：《和静拜勒其尔墓地发掘与研究》，《新疆文物》2000年第1—2期。
③ 周金玲：《和静拜勒其尔墓地发掘与研究》，《新疆文物》2000年第1—2期。

表48　拜勒其尔墓地1993年M201—M208墓葬发掘概况[1]

墓葬类型	石围竖穴土坑墓2座M205、M208，石围平面呈圆形，合葬人数4—19人；石围石堆墓1座M203，石围残缺，由砾石平摆而成，呈椭圆形；石围竖穴土坯墓3座M202、M207、M206，石围平面近似椭圆	
葬式、葬俗	仰身屈肢为主，丛葬较为普遍，殉葬有羊骨、马骨	
出土物品	陶器	单耳带流罐、单耳带流杯、勺杯、壶、双系罐、单耳罐、无耳罐、钵、纺轮
	铜器	刀、针、锥、镞
	铁器	刀
	金器	耳环
	石器	眉石、砺石、石珠
	骨器	马镳、锥、管、纺轮
	蚌器	蚌壳加工而成
	木器	钻木取火器

3. 察吾乎墓地

察吾乎墓地位于和静县哈尔莫墩镇觉伦图尔根村东北、察吾乎沟口一处山前台地以及沟谷两岸坡地上。据考古调查统计，察吾乎墓地至今已发现墓地9处、墓葬约1500座。[2]

察吾乎墓地发现于1983年中国社会科学院考古研究所与巴音郭楞蒙古自治州文管所的一次联合性文物普查。考古人员将察吾乎墓地编号为1、2、3号墓地，1983年10—12月和1984年7—10月，考古人员先后对1、2、3号墓地展开了发掘清理。其中，1号墓地位于察吾乎沟口西侧，2号墓地位于沟口东侧，3号墓地位于1号墓地南约1千米处、2号墓地西南约700米处。总体上，3处墓地构成近似等腰三角形的平面分布。

（1）察吾乎1号墓地南北长约250米、东西宽约100米。墓葬地表有较为明显的石围、石堆标志，整体分布十分紧凑，共计700余座墓葬，考古人员对其中的102座进行了发掘清理。（见图183）[3]这些墓室形制皆为竖穴石

① 新疆文物考古研究所、和静县民族博物馆：《和静县拜勒其尔石围墓发掘简报》，《新疆文物》1999年第3—4期。
② 新疆维吾尔自治区文物局编：《新疆维吾尔自治区第三次全国文物普查成果集成·新疆古墓葬》，北京：科学出版社，2011年，第101页。
③ 中国社会科学院考古所新疆队、新疆巴音郭楞蒙古自治州文管所：《新疆和静县察吾乎沟口一号墓地》，《考古学报》1988年第1期。

室，室壁由卵石垒砌而成，墓室底部一般为原生沙砾层面。葬具较为简单，单独平铺木头或在其之上又垂直平铺一层细木条或者仅平铺一层芨芨草、树皮。葬俗普遍存在二次葬，为多人合葬，葬式基本为仰身直肢或仰身屈肢。墓葬周围分布幼儿墓以及殉葬或祭祀坑，其中多为马和牛。随葬物品以陶器、铜器、石器、骨器、木器居多，铁器、金器、毛织物品有少量发现。（见表49）

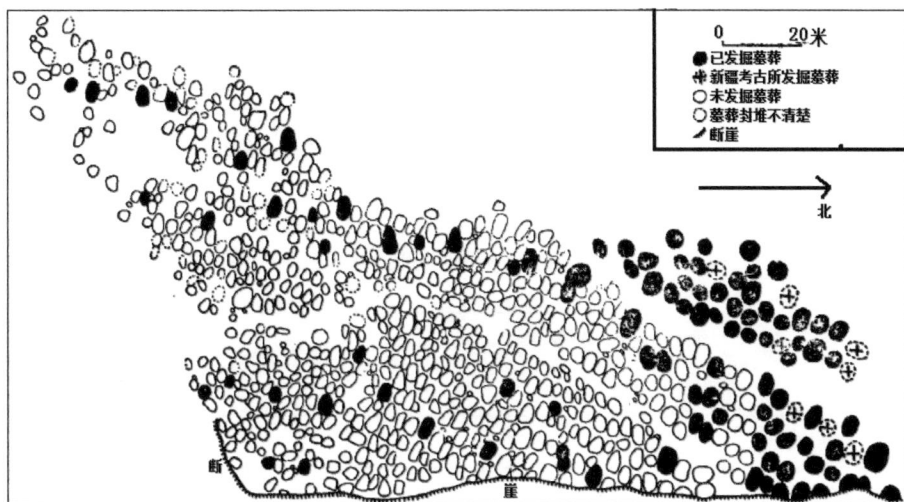

图183 察吾乎1号墓地墓葬分布图[1]

表49 察吾乎1号墓地出土物品[2]

物品类型	具体物品
陶器	带流罐、釜、双耳罐、单耳罐、壶、钵、单耳小杯、纺轮
铜器	刀、镞、矛、簪、针、锥、戒指、牌、马衔、鸟首形饰
铁器	铁釜残片、锥、环
石器	磨石、锥、臼、纺轮、珠
骨器	纺轮、镞、珠、管
木器	盘、勺、纺轮、箭
金器及毛织物	金丝、小金片、平纹毛织物

① 中国社会科学院考古所新疆队、新疆巴音郭楞蒙古自治州文管所：《新疆和静县察吾乎沟口一号墓地》，《考古学报》1988年第1期。
② 中国社会科学院考古所新疆队、新疆巴音郭楞蒙古自治州文管所：《新疆和静县察吾乎沟口一号墓地》，《考古学报》1988年第1期。

（2）察吾乎2号墓地南北长约750米、东西宽约300米。墓地地表遗存石围、石堆、石环等标志物，共有墓葬122座，考古人员对其中的18座进行了发掘清理。[①]墓室形制为竖穴石室，室壁由卵石垒砌而成，个别墓室出现了较短的墓道。葬具十分简陋，尸体多放置在下置有细木条的草席上。葬俗多丛葬，墓室内埋葬人数2—20人不等，且多为二次葬，葬式有仰身直肢、侧身屈肢等。随葬物品以陶器为主，兼有少量石器、骨器、铁器、铜器、毛织物等。（见表50）

表50　察吾乎2号墓地出土物品[②]

物品类型	具体物品
陶器	带流罐、单耳罐、壶、钵、单耳小杯、双耳罐、纺轮
铜器	刀、镞、簪、牌
铁器	残碎铁块
石器	磨石、锥、纺轮
骨器	纺轮、锥
木器	纺轮
毛织物	残碎平纹织物

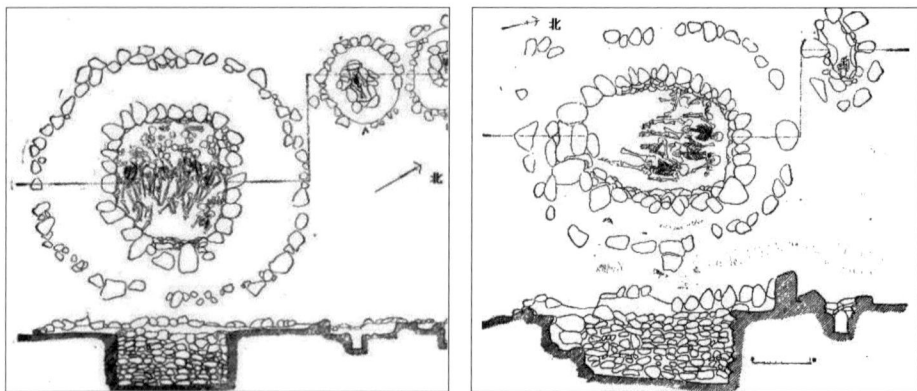

图184　察吾乎2号墓地M13（左）、M1（右）平、剖面图[③]

① 中国社会科学院考古研究所新疆队、新疆巴音郭楞蒙古自治州文管所：《新疆和静县察吾乎沟口二号墓地发掘简报》，《考古》1990年第6期。
② 中国社会科学院考古研究所新疆队、新疆巴音郭楞蒙古自治州文管所：《新疆和静县察吾乎沟口二号墓地发掘简报》，《考古》1990年第6期。
③ 中国社会科学院考古研究所新疆队、新疆巴音郭楞蒙古自治州文管所：《新疆和静县察吾乎沟口二号墓地发掘简报》，《考古》1990年第6期。

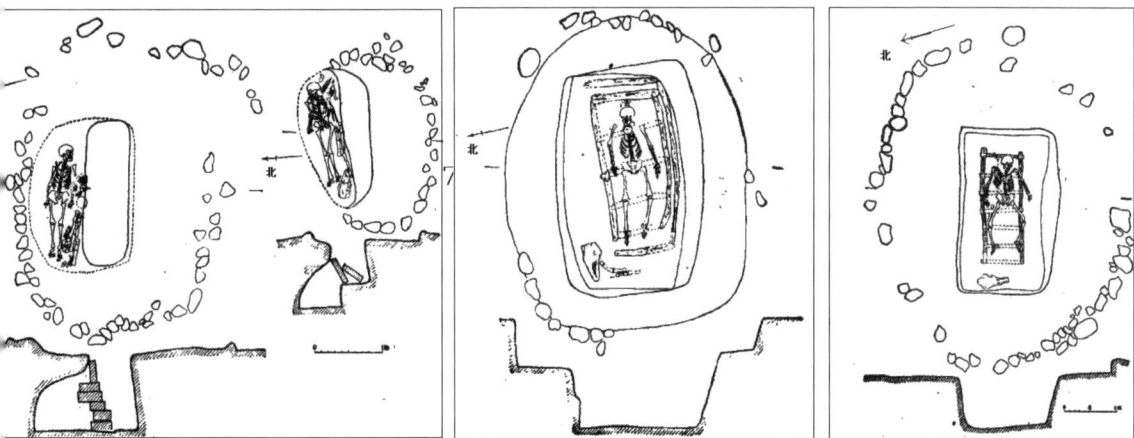

图185 察吾乎3号墓地M4（左）、M3
（右）平、剖图[1]

图186 察吾乎3号墓地M7（左）、M8（右）平、剖面图[2]

（3）察吾乎3号墓地被山沟相隔分为东、西两个区域，东区南北长约170米、东西宽约100米，遗存墓葬246座；西区南北长约80米、东西宽约60米，遗存墓葬92座。[3]考古人员于1983—1984年间，对3号墓地中的20座墓葬进行了发掘清理。墓葬地表均有显著的圆形石堆标志，墓室形制分为长方形木框墓、洞室墓、长条形木棺墓以及长条形土坯墓四种类型。葬具多为木板拼合而成的木棺，葬俗为单人一次葬，葬式多为仰身直肢、头东足西。[4]出土物品相对较少，陶器均为夹砂灰陶罐、纺轮；铁器有长叶形剑、三翼形镞、长条刀、牌、圆环等；铜器有镜、腰带、带钩、戒指、耳环等；木器主要是盘、梳以及木构件等；骨器多为匕、簪、珠；石器有珠、刀；金银器主要为饰品；丝织物出现有绢、纱等物品。[5]

---

① 中国社会科学院考古研究所新疆队、新疆巴音郭楞蒙古自治州文管所：《新疆和静县察吾乎沟口三号墓地发掘简报》，《考古》1990年第10期。

② 中国社会科学院考古研究所新疆队、新疆巴音郭楞蒙古自治州文管所：《新疆和静县察吾乎沟口三号墓地发掘简报》，《考古》1990年第10期。

③ 中国社会科学院考古研究所新疆队、新疆巴音郭楞蒙古自治州文管所：《新疆和静县察吾乎沟口三号墓地发掘简报》，《考古》1990年第10期。

④ 中国社会科学院考古研究所新疆队、新疆巴音郭楞蒙古自治州文管所：《新疆和静县察吾乎沟口三号墓地发掘简报》，《考古》1990年第10期。

⑤ 中国社会科学院考古研究所新疆队、新疆巴音郭楞蒙古自治州文管所：《新疆和静县察吾乎沟口三号墓地发掘简报》，《考古》1990年第10期。

根据墓地出土的铜铁器等物品，并结合碳–14测定，推测察吾乎1号墓地绝对年代大致为前875—前575年，即西周至春秋时期[①]；2号墓地年代稍晚于1号墓地，为前695—前470年，处于春秋中晚期[②]；3号墓地年代最晚，处于前190—145年之间的两汉前期。[③]有学者认为3号墓地可能为匈奴文化遗存，但仍待资料佐证。

4. 察汗乌苏墓地

察汗乌苏墓地位于和静县哈尔莫墩镇萨拉村西北察汗乌苏沟北侧山梁与台地上，遗存年代大致为战国至汉晋时期。墓葬分布较为分散，考古人员按照分布密集程度将墓地划分为1、2、3号墓区，共计墓葬近300座。

2004年，考古部门对1号墓地169座墓葬进行了发掘清理，这些墓葬地表形制主要为石围石堆墓和石围墓两种，石围平面多呈熨斗状，规制一般长1.5—4米、宽1—3米[④]；石围石堆墓结构为先有石围，其上垒筑封堆。墓室形制多样，有竖穴石室墓、竖穴土坑木棺墓、竖穴土坑石棺墓、一般竖穴土坑墓4类。葬俗分为单人葬和丛葬，多为二次葬，葬式为仰身屈肢和侧身屈肢。随葬物品有陶器、铁器、铜器、骨器、漆器、金银器、石器、木器以及织物等。（见图187、图188）

5. 察汗乌苏水电站大坝下游墓地

2014年8月，为配合察汗乌苏水电站大坝工程施工建设，和静县文管所联合《环塔里木历史文化资源调查与研究》课题组成员沿水电站大坝下游开都河沿线对所存墓葬遗址进行了调查。调查队从水电站的营地出发，沿开都河向下游考察，沿线长约10千米，共发现墓葬台地4块，地表形制均为石围墓，共计20余座。

（1）1号台地墓群所处台地位于开都河北岸，南倚陡峭山体，遗存墓葬9座。调查人员选取其中较为典型的几座墓葬进行了测量，其中一座为

① 中国社会科学院考古所新疆队、新疆巴音郭楞蒙古自治州文管所：《新疆和静县察吾乎沟口一号墓地》，《考古学报》1988年第1期。
② 中国社会科学院考古研究所新疆队、新疆巴音郭楞蒙古自治州文管所：《新疆和静县察吾乎沟口二号墓地发掘简报》，《考古》1990年第6期。
③ 中国社会科学院考古所新疆队、新疆巴音郭楞蒙古自治州文管所：《新疆和静县察吾乎沟口三号墓地发掘简报》，《考古》1990年第10期。
④ 新疆维吾尔自治区文物局编：《新疆维吾尔自治区第三次全国文物普查成果集成·新疆古墓葬》，北京：科学出版社，2011年，第104页。

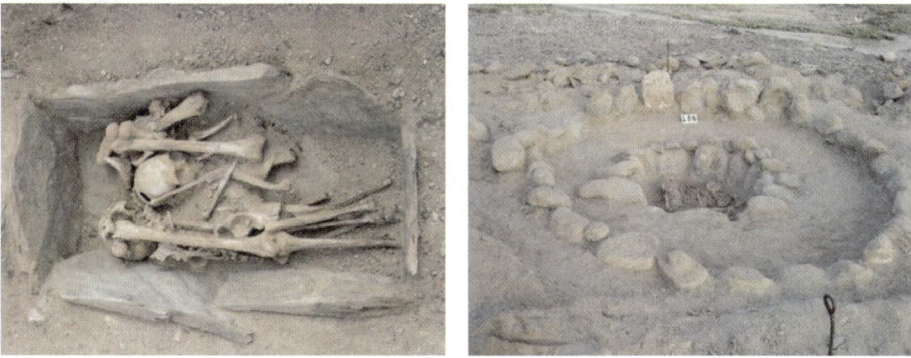

图187　察汗乌苏1号墓地全景（上）以及石棺墓（左下）与石围石室墓（右下）*

图188　察汗乌苏1号墓地出土的带流陶罐（左）和铜权杖头（右）*

圆形石围墓，直径约3米，石头高度约60厘米。其东北约3米处，为一平面呈长方形的石围墓，东西长约2.5米、南北宽约1米。

（2）2号台地墓群位于1号台地西约500米处，所处地势与1号台地墓群相同。较为特别的是该台地上遗存有一平面略呈长方形的居住遗址，由石块垒砌而成，东西长约15米、南北宽约5米。

（3）3号台地墓群是一处较为典型的石围墓葬，平面呈圆形，东南部石头墙体残缺，应为夏季山洪冲刷所致，直径约为2米。

（4）4号台地墓群为石围墓，平面呈圆形，直径约1.5米，可能为祭祀坑遗址。不远处有一墓葬亦为圆形，已经遭盗掘，直径约1.5米。

图189　察汗乌苏水电站大坝下游1号台地石围墓

图190　察汗乌苏水电站大坝下游2号台地石围墓

图191　察汗乌苏水电站大坝下游3号台地石围墓

图192　察汗乌苏水电站大坝下游4号台地石围墓

6. 小山口水电站墓地

小山口水电站墓地位于和静县巴润哈尔莫墩乡、开都河南岸的台地上。墓地为2007年新疆考古部门为配合开都河流域小山口水电站建设，对施工区进行文物调查时发现的。墓地东西长约3千米、南北宽约0.5千米，考古人员按照墓葬地理分布将墓地划分为A、B、C、D、E、F、G7处。2007年4—7月，新疆文物考古研究所对其中140座墓葬进行了发掘清理，出土文物500余件。各区墓葬基本信息如下：

A区：位于墓地东端二级台地上，北部为山体断崖，发掘墓葬28座，出土文物70余件。墓葬地表为大型土石堆，墓室有竖穴偏室和竖穴土坑两种。主要葬俗为单人葬，一、二次葬皆有，其中一次葬葬式为仰身直肢。出土铁器有马衔、马镫、刀、环、带扣等；铜器有带扣、钱币、铃铛、有翼兽饰牌等；木器有马鞍、盘、碗等；陶器有罐、纺轮。

B区：位于墓地东南三级台地上、A区西南约500米处，北临山体断崖，发掘墓葬47座，出土文物140余件。墓葬分布相对密集，封堆有石围和石围、石堆混杂两类。墓室形制为竖穴土坑，葬具为木棺（矩形箱式棺、船形棺、槽形棺）。葬俗以单人葬居多，亦有少量男女合葬及三人以上合葬，葬式为仰身直肢。出土陶器有无耳罐、单耳罐、单耳壶、钵、纺轮等；铁器有钉、带扣、镞、镜、刀等；铜器有带扣、镜、铃铛、耳环、戒指等；丝织品有绢、绮；石器有砺石、珠、扣；木器有梳、案；骨器有管、牌；银器有戒指、片饰。

C区：位于墓地东南二级台地上、B区西北约150米处，发掘墓葬12座，出土文物50余件。墓葬地表遗存大型圆形土石封堆，墓室型制分为竖穴偏室墓和竖穴土坑墓两类。葬俗为单人葬，葬式为仰身直肢。出土铁器有马衔、马镫、带扣等；铜器有手镯、牌、戒指、耳环、铃铛、坠饰等；木器有结扣、奁、碗等；陶器有罐、高领壶；骨器、石器有刻花骨饰、骨片饰、绿松石饰以及皮革饰品等。

D区：位于墓地中部三级台地上，发掘墓葬33座，出土文物200余件。墓葬地表呈现石围、石围土石堆、大型土石堆3类。墓室形制有竖穴土坑木棺墓、竖穴石室墓和竖穴土坑墓3种。葬俗以单人葬为主，有少量男女合葬及三人葬，葬式为仰身直肢。出土陶器有灰陶罐、纺轮、单耳带流罐、带流杯等；铜器有牌、环、针等；木器有钵、盘、纺轮、箭杆等；石器有化妆棒、眉石、珠、砺石、范等。

E区：位于墓地中西部山前二级台地上，发掘墓葬11座，出土文物20余件。墓葬地表封堆为大型圆形土石堆，墓室形制有竖穴偏室墓和竖穴土坑墓两类。葬式为仰身直肢，个别墓葬偏室外的竖穴土坑中有无头殉马。出土铜器有锥、钉饰；铁器有带扣、环饰；木器有马鞍；陶器仅遗存陶渣。

F区：位于墓地西部山前二级台地上，发掘墓葬6座，出土文物10余件。墓室形制为竖穴土坑墓，葬俗多单人葬，一、二次葬皆有，葬式为仰身直肢。出土单耳带流陶杯、陶罐、陶纺轮、铁环、石珠等遗物。

G区：位于墓地西端的二级台地上，发掘墓葬3座，出土文物20余件。墓葬地表遗存大型圆形土石堆，墓室为竖穴偏室。葬俗多见单人葬，葬式为仰身直肢。出土铁器有刀、镫、长剑，木器有马鞍、马镫、手杖。[1]

墓地地表有较为明显的封堆标志，其类型分为大型土石堆、一般石围墓、石堆墓等。墓室形制有竖穴偏室、竖穴土坑、竖穴石室3类。将墓葬的葬具、葬俗、葬式与附近察吾乎墓地对比分析的结果是，墓地遗存早期年代应距今2800年左右。[2]此外，该墓地出土的衣物、织物等与营盘墓地出土物品较为近似，出土铜钱中有"大历元宝""乾元重宝"等字样，由此可知墓地至少沿用到唐代中后期。[3]

第二节　城址、烽燧

开都河流域上游地区属草原地带，是游牧民族的活动之所，城址烽燧发现较少；下游地区即焉耆盆地，汉唐时期焉耆国所在地，其在西域历史中一直扮演着重要的角色，其东北为通往高昌的银山道，西部沿开都河而上入天山腹地，向西可至伊犁河谷，西南部出铁门关通轮台、龟兹等地，东南亦有小道至楼兰，地理位置非常重要，汉唐时期中央王朝对其经营颇多，区域内城址、馆驿、烽燧等遗存多有发现。

① 新疆文物考古研究所：《和静县小山口水电站墓群考古新收获》，新疆文物考古研究所编，伊弟利斯·阿不都热苏勒、安尼瓦尔·哈斯木主编：《新疆文物考古资料汇编》，乌鲁木齐：新疆人民出版社，2013年，第833—835页。
② 新疆文物考古研究所：《和静县小山口水电站墓群考古新收获》，新疆文物考古研究所编，伊弟利斯·阿不都热苏勒、安尼瓦尔·哈斯木主编：《新疆文物考古资料汇编》，乌鲁木齐：新疆人民出版社，2013年，第836页。
③ 新疆文物考古研究所：《和静县小山口水电站墓群考古新收获》，新疆文物考古研究所编，伊弟利斯·阿不都热苏勒、安尼瓦尔·哈斯木主编：《新疆文物考古资料汇编》，乌鲁木齐：新疆人民出版社，2013年，第837页。

图193　开都河流域城址、烽燧分布图

地图标注（从左上到右下）：
查汗通古东烽火台、和静、开 都 河、哈尔莫墩城址、曲惠古城、西地古城、和硕、硝尔墩古城、霍拉山村北烽火台、黑圪跶遗址、兰城遗址、霍拉山沟口烽火台、查汗采开遗址、东八里圪跶遗址、龙口古城、焉耆、硝尔墩遗址、唐王城、河、七个星古城、解放区大桥古城、博湖、墩都布呼遗址、泰克利古城、博斯腾湖、哈曼沟路烽火台、四十里堡古城、阿克敦烽火台、红光厂西南遗址、铁门关遗址、铁门关水源站北遗址、库尔勒、大恰其烽火台、孔、雀、河、玉孜干古城、托布力其古城

图例：
◎ 地级行政中心
⊙ 县级行政中心
▲ 城镇烽燧
—— 古代驿路
—— 铁路
—— 国道
—— 河流

一、城址

1. 西地古城

西地古城位于和硕县清水河农场乌斯图恩托勒盖村，为汉代遗存。古城周围现已开垦为农田，平面近似圆形，半径约200米，周长约1.3千米。城址内现存沙包数个，大小不等，地表芦苇丛生。古城墙坍塌严重，城内建筑已无迹可寻。古城内发现齿槽型石磨及少量的陶片遗物。

图194　西地古城

2. 兰城遗址

兰城遗址位于和硕县乌什塔拉乡大涝坝村附近，疑为唐代或其后遗存。城址中间有一土墙相隔，因而平面呈"日"字形。古城整体结构保存相对完好，其中东城墙长约277米，西、南城墙长约234米，北墙长约210米，墙体为黄土夯筑结构，夯层厚8—10厘米。城址西北、东南城墙各有一宽约20米和17米的豁口，东南城墙豁口外有瓮城遗迹，由此判断此豁口位置应为城门所在。古城四角各有一外凸建筑，应为角楼建筑遗迹，四面城墙各分布有间距不等的马面建筑数个。20世纪80年代末至90年代初，考古人员在古城内采集到石器、陶罐、石磨、陶盆、陶纺轮、铜纺轮等遗物。①

图195　兰城遗址

图196　兰城遗址卫星影像图

3. 哈尔莫墩古城

"哈尔莫墩"意为"榆树多的地方"，哈尔莫墩古城位于和静县哈尔莫墩镇萨拉村西南约6千米处，城址四周及内外城中间位置均已开垦为农田。古城规模很大，分为内外两城。外城现有一段残存的弧形城墙，平面呈圆形，直径约400米，墙体为土坯垒筑结

图197　哈尔莫墩古城残存墙体

---

① 新疆维吾尔自治区文物普查办公室、巴音郭楞蒙古自治州文物普查队：《巴音郭楞蒙古自治州文物普查资料》，《新疆文物》1993年第1期。

构。内城平面呈方形，北城
墙有部分遗存。内城四角有
角楼遗迹，东南角建筑遗
迹较为清晰，为土石混合
堆积而成，这种建筑方式
出现的年代应该晚于土坯垒
筑。此外，外城城墙中并未
出现石头建筑材料，由此推
测，外城的修筑年代应该晚
于内城。

图198　哈尔莫墩古城内城

　　据村子里面的老人说，古城原有规模比现在大，但是受"文革"期间除
"四旧"和取土肥田发展农业等因素影响，外城大部分城墙被毁坏。而内城
为石土混合修筑，不适宜拆除或用作农田肥土，较外城保存相对完整。

4. 博格达沁古城

　　博格达沁古城位于焉耆
回族自治县四十里城子镇麻
札村，为汉唐时期遗存。它
是焉耆县境内发现的较大城
址之一，形制规模与唐代阿
耆尼国大都城颇为相近。

　　博格达沁古城所在的
焉耆历史悠久，汉代就是西
域绿洲大国。据《汉书》记
载，焉耆都员渠城，距离长
安7300里，"户四千，口
三万二千一百，胜兵六千

图199　博格达沁古城卫星影像图

人"[1]，曾长期受到北方匈奴游牧民族的控制。当时，匈奴在焉耆等地设置
"僮仆都尉"，向绿洲诸国索取高额税收。《汉书》记载："匈奴西边日逐
王置僮仆都尉，使领西域，常居焉耆、危须、尉黎间，赋税诸国，取富给

---

① （汉）班固：《汉书》卷九六《西域传》，北京：中华书局，1962年，第3917页。

焉。"①西汉于宣帝甘露三年（前51）遣辛庆忌在此驻兵屯田，此后焉耆成为防御匈奴南下的重要战略地点，这也为之后历代中原政权在焉耆的屯戍活动奠定了基础。魏晋南北朝时期，焉耆也是中原政权在西域的重要屯戍基地。焉耆东连高昌、西接龟兹、南靠尉犁、北入天山，不仅是唐朝势力进入天山以南的门户，也是突厥南下的关口。贞观六年（632），焉耆国"遣使贡方物"②，为获取丝绸之路贸易利润而请求唐朝重新开通从楼兰沿库鲁克塔格山直通焉耆的"大碛道"。然而这一行为严重损害了高昌的过境贸易税收，因此，高昌联合西突厥侵略焉耆，由此导致了唐朝与高昌关系的恶化。此后直至贞观十四年（640）唐朝攻占高昌后，焉耆被高昌侵夺的五城才得以收复。

1907年，英国探险家斯坦因到此考察，实地测得古城平面呈长方形，"西北面约1030码，西南面约935码。……夯层厚3英寸，围墙厚度约9英尺。宽阔的防御土墙高出附近地面12—15英尺。在城墙的北角有一个形制不明的大夯土墩，高约25英尺左右，其平顶宽约25码"③。由此而知，20世纪初期的古城遗址保存还是相对完整的。

图200　博格达沁古城

---

① （汉）班固：《汉书》卷九六《西域传》，北京：中华书局，1962年，第3872页。
② （唐）杜佑：《通典》卷一九二《边防典八》，北京：中华书局，1988年，第5222页。
③ ［英］奥雷尔·斯坦因：《西域考古图记》第三卷，巫新华等译，桂林：广西师范大学出版社，1998年，第674页。

1928年，黄文弼考察博格达沁古城。当时墙基尚存，城周长约3000米。城中杂草丛生，低洼处因长期积水而成水塘。城址中部有两土丘，为土坯砌筑的房屋遗址。城西北角有一大墩，残高约3米，黄文弼在附近采集到开元通宝钱币半枚、碎铜片数块，并由此判断古城应为唐代遗存。在古城附近，黄文弼发现一个周长约1500米的小城，城墙已经坍塌，城中残留地基清晰可见，他推测此小城为军事设施遗址。[①]

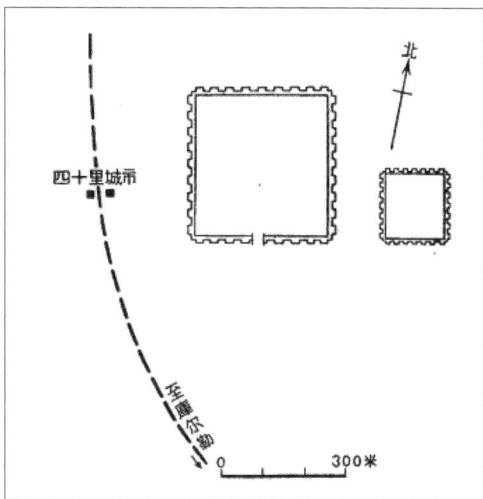

图201　博格达沁古城平面图（黄文弼绘）

1957年，黄文弼第二次考察博格达沁古城，见古城平面略呈长方形，城墙为夯筑结构，残墙断断续续，残高1.5—2米、宽2—3米、周长约22.9千米。古城呈东南—西北向，东西开门，北墙遗存两个缺口，应为城门所在位置。古城中间偏西稍隆起，但已看不出任何建筑痕迹。比较可知，黄文弼当时所见古城概貌与20世纪初斯坦因描述的概况没有太大变化。

20世纪80年代，新疆考古工作者对博格达沁古城进行详细考察。当时古城遗址平面略呈长方形，周长3000余米。古城周围是一片碱滩沼地，有一条古河道从西北方向沿古城向北、东两面穿过。城墙已毁，但墙基尚存，西门处还有一段高约4米的残墙。城墙为夯筑结构，夯层厚8—15厘米。古城中间有两个大土堆，较大的一个周长约143米，表面覆盖红土，露红方砖残块。小土堆北面被流沙覆盖，南面有土坯垒砌的残墙。城内西北角有一高约4米的夯土堆，夯层与城墙相同。考古人员在城内出土大量文物，其中有金银饰件、料、石珠子，东汉五铢钱和唐代开元通宝、乾元重宝、大历通宝等铜钱以及波斯萨珊银币等。城内地表遍布陶片，一件三耳红陶罐的耳上各有一个模制头像，制作颇为精美。古城周围2500米范围内有许多防卫建筑，基底均为夯筑，其上用巨型土坯作建筑材料。每个防卫建筑均设高台、住房、围墙

[①]　黄文弼：《塔里木盆地考古记》，北京：科学出版社，1958年，第6页。

等，状如堡垒。这样的建筑仅在古城东、北、南三面就发现7处。[①]

古城轮廓清晰，平面大致呈长方形。城墙多已坍塌，东城墙长约800米、南城墙长约890米、西城墙长约650米、北城墙长约850米，墙基宽10—20米不等。从城址高处俯瞰，古城地势高敞、规模宏大。古城内散布红色陶片，其中较大陶片的面积10平方厘米。北城墙残存两处土坯建筑，或是马面残迹。城内曾出土铜龟符以及多个时代的钱币，考古人员由此推断古城始建于汉代，或为汉焉耆国都员渠城故地，唐代或为唐焉耆都督府治所所在地。

5. 哈拉木登旧城

哈拉木登旧城位于开都河北岸哈拉木登南约5千米处。黄文弼曾考察过哈拉木登旧城，并推断为汉代遗址。古城距离开都河约2千米，为二重城结构。其中外城周长约1.2千米，内城周长约0.4千米，城墙残高约1米。城址地面因水流冲刷而布满石块，并见红陶片。

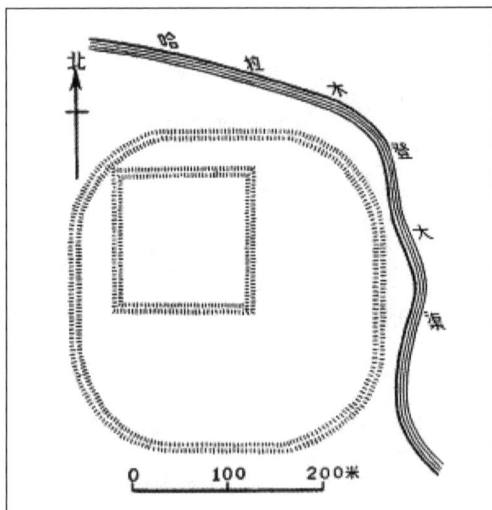

图202 哈拉木登旧城平面图（黄文弼绘）

6. 曲惠古城

曲惠古城位于和硕县曲惠乡老城村，为汉唐时期遗存。和硕县为古危须国故地，自古以来就是屯田重地，亦是丝绸之路上的重要通道。

1906—1908年，英国探险家斯坦因到此考察，《西域考古图记》记述古城轮廓较为清晰，城墙外每间隔一段就有一马面建筑遗迹。马面为夯土结构，长约8米、宽约6米。斯坦因测得围墙厚度约2米，城址内残存一直径约15米的土墩，应该是中央建筑基址所在地。

1928年，黄文弼到此考察时，古城墙基保存尚好，城墙东西长约98米、南北长约75米、高约3.3米、宽约5米。东西各有一城门，宽约3米。古城中残

---

① 韩翔：《焉耆国都、焉耆都督府治所与焉耆镇城——博格达沁古城调查》，《文物》1982年第4期。

存一土墩，边长约12.5米、高约5.4米。土墩下半部分由红土堆筑，顶部为土砖砌筑，已毁损，砖层中夹杂木材、树枝等。根据在城中拾得的小铜片、铁块以及城址地表散布的红泥或红陶带黑花纹陶片，黄氏推断古城应为纪元前后遗址，很有可能是西域危须国故地。

图203　曲惠古城

　　目前城址内仅残存一4立方米大小的土墩，残高约2米，为城墙的一部分。据当地居民介绍，20世纪60年代，因取土肥田，古城遭到严重破坏。土墩东侧为居民房屋，紧邻土墩一侧堆积大量柴草。土墩前仍存"曲惠古城"的文物保护碑。结合城址规模及汉唐西域历史分析，古城功能应该侧重于军事防御，兼护屯田。

7. 玉孜干古城

　　玉孜干古城位于库尔勒市南约10千米处，四周为居民住宅、农田和公路。2013年5月，我们与巴音郭楞蒙古自治州文物局工作人员对玉孜干古城进行了考察。

　　古城有内外两重，内外城相距约200米。据说外城毁于20世纪30年代。内城城墙大部分尚存，原有墙基被穆斯林麻扎覆盖，损毁较为严重。内城平面略呈圆形，直径约200米、周长约1200米，残存墙基高2—3米、宽3—8米不等。古城中心有一长约80米、宽约40米的土墩，但原貌已无法分辨。古城地表堆积较多的陶片。城址东北、西北角均有土墩建筑，但因地表覆盖白碱，原貌亦难以辨识。

　　20世纪30年代，黄文弼在古城内采集到粉红色陶片，似为唐代遗物。80年代，考古人员在城址中采集到陶片近40块，以红陶和灰陶居多。研究发现这些陶器同库尔勒铁门关水电站遗址出土的陶器相似，同为唐

环塔里木汉唐遗址

图204　玉孜干古城

图205　玉孜干古城卫星影像图

代遗存。[①]

　　除上述典型城址外，根据调查结果与相关资料，我们将开都河流域其他现存相关城址整理如下：

　　（1）泰克利古城位于焉耆回族自治县四十里城子镇麻札村，为唐代遗存。古城平面呈不规则状，为二重城，东北部有一乡村道路穿过，将城址一分为二，周长约2.6千米。古城地表遗存轮制夹砂红、灰陶片。

　　（2）四十里堡古城位于焉耆回族自治县四十里城子村南，为唐代遗存。古城已基本被开垦为农田，早年当地居民曾于城内采集到开元通宝铜钱，挖掘出铁锅、金片、耳环、手镯、铁犁铧等遗物。

　　（3）解放渠大桥古城位于焉耆回族自治县四十里城子镇麻札村，为唐代遗存。古城为二重城，平面呈方形，边长约230米，城墙坍塌为土堆状，城址内残存夹砂红、灰陶片。

　　（4）七个星古城位于焉耆回族自治县七个星镇七个星村，为汉唐时期遗存。古城为二重城，平面呈椭圆形，外城周长约1.3千米，内城靠近外城西北部。古城内曾发掘带孔红铜残片。

　　（5）唐王城位于焉耆回族自治县七个星镇东老城村，为唐代遗存。古城平面呈方形，城墙为夯筑结构，夯层厚9—20厘米不等，城址内中间部位有一土台。古城内曾出土铁铧、陶器、陶纺轮、镰刀、刀鞘等器物及小

① 新疆维吾尔自治区文物普查办公室、巴音郭楞蒙古自治州文物普查队：《巴音郭楞蒙古自治州文物普查资料》，《新疆文物》1993年第1期。

麦、谷子、高粱等粮食残物。

（6）硝尔墩古城位于焉耆回族自治县北大渠乡八家户村，为唐代遗存。古城为内外二重，外城垣平面呈椭圆状，基本毁损。古城内曾发掘夹砂红、灰陶片。

（7）龙口古城位于焉耆回族自治县永宁镇上岔河村西北，为唐代遗存。古城已开垦为农田。古址内曾见轮制夹砂红陶片。

（8）包尔海古城位于焉耆回族自治县包尔海乡包尔海村，为汉唐时期遗存。古城平面原为方形，边长约350米。古城已开垦为耕地。

（9）协比乃尔布呼古城位于和静县协比乃尔布呼乡查汗才开村，为汉唐时期遗存。古城平面近似圆形，南北向水渠将古城分成两部分，城墙多已坍塌为土堆。古址内外已开垦为农田。

（10）夏尔沟城堡位于和静县阿拉沟乡阿拉沟村，为唐代遗存。城堡地势险要，平面为长方形，由土石垒砌而成。城堡地表遗存厚薄不等的轮制夹砂红褐陶片。

（11）肖霍尔城址位于和静县哈尔莫墩镇萨拉村西南，为唐代遗存。古城已开垦为农田，地表遗存夹砂红陶片。

（12）夏哈勒墩古城位于库尔勒市托布力其乡艾力克坎土曼村，为唐代遗存。古城为内外两重，平面呈圆形，城墙已坍塌，中央有一高约3米、半径为25米的土包。古城内遗存夹砂红陶片、石刀等。

（13）托布力其古城位于库尔勒市托布力其乡托布力其村，为唐代遗存。古城平面呈梯形，城墙已坍塌成土堆状，残高2米。西、东、南三面城墙各有一缺口。古城内见轮制夹砂红陶片。

二、烽燧

今焉耆、和硕、和静一带是汉代吐鲁番翻越天山银山道通往塔里木地区的重要通道。为抵御匈奴南下，汉朝沿军事要塞修建一系列的烽燧，现存主要有阿克墩烽燧与四十里大墩烽燧。

1. 阿克墩烽燧

阿克墩烽燧位于焉耆回族自治县四十里城子镇阿克墩村南的农田中。现坍塌严重，仅剩一底径约65米、高约8米的圆形土包。烽体上部为土坯垒筑，下部地表盐碱化，整体保存状况较差。烽燧内发现陶片、石磨等生活用品，应为隋唐时期遗存。

1957年，黄文弼考察时所见阿克墩烽燧颇为高大，周长约

图206　阿克墩烽燧

300米，西北位置有夯筑建筑，在烽燧附近一土墩处发现人骨及陶片，数量甚多。有考古学家推测陶片遗存年代可能在8世纪前后，而土墩或为东汉时期遗存。

2. 四十里大墩烽燧

四十里大墩烽燧位于和硕县乌什塔拉镇硝井子村西南部荒漠中，为汉代遗存。烽燧整体呈梯形，高约5米。烽燧底部呈方形，边长约7米。烽体为夯筑结构，夯层有7层，厚15—20厘米不等，中间夹杂树枝和圆木。

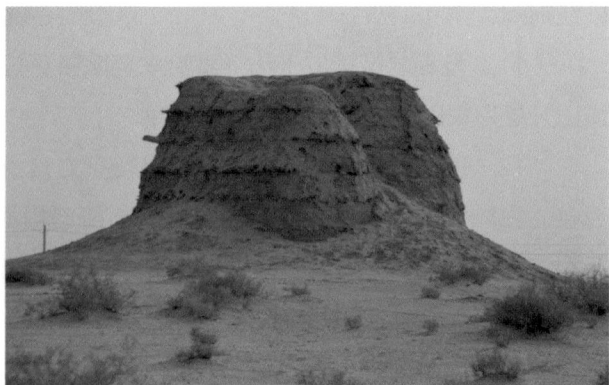

图207　四十里大墩烽燧

烽燧所在地势较为平坦，视野开阔，是通向焉耆、和硕的必经之路，故烽燧实际起到守卫和硕、焉耆的作用。现存烽体高度虽已不及古时十之一二，但在距烽燧2千米外仍能清晰可见，不难想见其宏伟壮观程度。在汉代，四十里大墩烽燧正是扼守沿孔雀河岸、库鲁克塔格山到达焉耆绿洲的交通要道。

烽燧是与屯田相辅相成的，这些烽燧为稳定西域、创造良好的屯田环境提供了安全保障。焉耆盆地一带自古以来水源充沛、土壤肥沃，适于农耕种植，屯田事业延续至今。然而近代以来，由于附近的农民开垦农田、发展大

型水利灌溉，加之很长一段时间缺乏管理，烽燧保护状况堪忧。

3. 焉耆霍拉山口烽燧

焉耆霍拉山口烽燧位于焉耆回族自治县七个星镇霍拉山西北约3千米的霍拉沟口西侧。霍拉沟自古就是焉耆通往龟兹的道路，目前仍可经此道沿霍拉山沟西北行，抵达库车。烽燧修筑在霍拉沟口西侧一座

图208　焉耆霍拉山口烽燧

较高的小山顶部，烽体残长约5米、宽约4米、残高约3米。烽基为片石垒筑结构，基底以上为黄土、片石和土坯夹红柳层垒筑结构。

4. 哈曼沟路烽燧

哈曼沟路烽燧位于焉耆回族自治县西南部霍拉山前丘陵地带的低矮山梁上。烽燧整体呈梯形，高约6米。烽体底面呈长方形，东西长约14米、南北宽约12米。烽体顶部略平，长约5米、宽约4米。烽燧东、西面已坍塌，为土坯垒筑结构，土坯层中夹杂芦苇。土坯外围筑有包墙，包墙每三层或四层夹一层芦苇或红柳层，北墙保存较好，仍可见外露的圆木若干。烽燧旁有一盗洞，深5—6米。然而，由于多大风天气，风蚀强烈，哈曼沟路烽燧每年都有不同程度坍塌。

图209　哈曼沟路烽燧

5. 查汗通古东、西烽燧

查汗通古东、西烽燧位于和静县查汗通古村西北约600米处的绿洲边缘地带。查汗通古西烽燧位于水泥厂东边，东烽燧位于西烽燧东南约30米处，两座烽燧均为汉至清代遗存。烽体为夯筑结构，夯层内夹筑芦苇、树枝等，土坯垒筑部分，土坯厚10厘米、长约30厘米。20世纪90年代初，巴音郭楞蒙古自治州文物普查队到此调查，东侧烽燧保存相对较好，残高约8米；西侧烽燧残高约6米，损毁相对较为严重。2014年7月，

图210　查汗通古东烽燧

图211　查汗通古西烽燧

我们到此考察，相比20世纪90年代初其高度又有削减。目前，当地政府已加大对烽燧的保护力度，专门安排文物看管员看护。

6. 库尔楚烽燧

库尔楚烽燧位于库尔勒市区库尔楚园艺场西南约300米处。20世纪80年代，烽燧还存有土坯垒筑的土墩，后因城市基础设施建设被夷为平地。烽燧地表遗存红、灰陶片。据调查，在库尔勒市境内哈拉玉公乡和铁克其乡也各有一座烽燧，均为唐至清代遗存，这些烽燧与库尔楚烽燧均处于同一条交通线路上。

7. 阿克墩戍堡

阿克墩戍堡位于轮台县野云沟乡东9千米处的公路北侧。戍堡由内外两重墙垣组合构筑而成，外城垣南北长约120米、东西宽约70米，周长约380米；内城垣南北长约64米、东西宽约36米。东北角存有一土坯垒筑的瞭望

台，直径约11米、残高4—5米；西北角有一口枯井。戍堡的内城和外城墙内侧残存数十间居址建筑。戍堡内外散布大量陶器残片，分布范围延伸至公路及铁路附近。有学者据相关出土遗物推断，阿克墩戍堡即《新唐书·地理志》中所载的榆林守捉城。[1]

8. 喀拉亚烽燧

喀拉亚烽燧位于轮台县群巴克镇克什勒克阿热勒村西北迪那河附近，距离县城约24千米。20世纪80年代初，文物部门所见烽燧为土坯垒筑结构，平面呈梯形，残高约7米，残基长约4米。偏南台基位置尚可见古代戍卒所居的房屋残迹，平面大致呈方形，边长约6米。烽燧地表遗存大量唐代陶器残片、铁镞、铜带扣等。[2]

图212 喀拉亚烽燧*

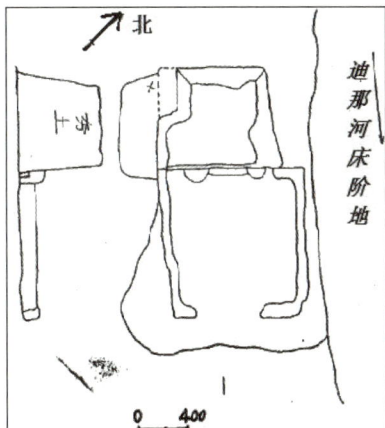

图213 喀拉亚烽燧平面图

表51 开都河流域其他烽燧遗址

名称	地点	年代	保护级别
七个星千佛洞烽燧	焉耆回族自治县七个星镇七个星村东南7.3千米	唐	—
千间房南烽燧	焉耆回族自治县七个星镇夏热采开村东南8.8千米	唐	—
霍拉山村北烽燧	焉耆回族自治县七个星镇霍拉山村北1.1千米	唐	—

---

[1] 张平：《唐代龟兹军镇驻防史迹的调查与研究》，新疆龟兹学会编：《龟兹学研究》第五辑，乌鲁木齐：新疆大学出版社，2012年，第181页。

[2] 新疆维吾尔自治区博物馆文物队、轮台县文教局：《轮台县文物调查》，《新疆文物》1991年第2期。

烽燧整体呈方形，为土坯垒筑结构。烽体坍塌严重，只有南壁保存较好，残高约6米，底边南北长约8米、东西宽约7米。烽燧南侧有一呈长方形的土台，南北长约11米、东西宽约9米，似房屋建筑遗存。烽燧的北、西、南三面均见卵石围成的石围，具体年代不详。

第三节　宗教遗址

开都河下游的焉耆绿洲，包括今天的焉耆回族自治县、和硕县、博湖县等地，古代时期人口众多，经济繁荣，佛教、祆教等宗教都曾在此得到了广泛传播。现今在焉耆地区发现的宗教遗址主要为佛教和祆教遗存，其中佛教遗址较为典型，其数量多、规模大，建筑类型丰富。

一、寺庙

焉耆地区发现的佛教遗址主要是佛教寺庙。5世纪初法显西行途经焉耆时，见有僧侣4000余人；7世纪初玄奘到达焉耆时，见佛寺10余座，僧侣

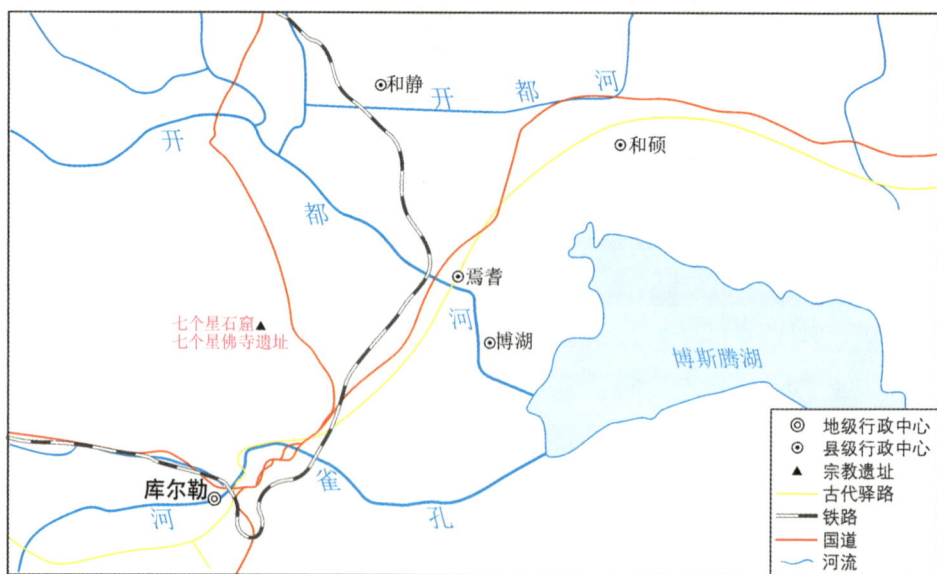

图214　开都河流域宗教遗址分布图

2000余人。由此可知，魏晋至隋唐时期，佛教在焉耆地区一直都十分兴盛。现今发现的七个星佛寺、霍拉山佛寺等遗址，均是古焉耆国佛教繁盛的见证。

1. 七个星佛寺遗址

七个星佛寺遗址位于焉耆回族自治县霍拉山前地带，始建于晋代，是焉耆国规模最大的佛寺。佛寺坐落于道路西侧，外围有砖垒院墙保护。佛寺整体规模宏大，分为南、北两区。现存遗址共90余处，主要由殿堂、僧房、佛塔、山门等组成。由现存建筑可以看出，佛寺平面多呈方形，顶部以穹隆顶、纵券顶为主，构筑方法主要为土坯垒砌。

南区规模最大的建筑为殿堂遗址，由土坯垒砌而成，平面呈"回"字形，与交河故城西北小寺相似。佛殿东西长约30米、南北宽约20米、残高约7米，可分辨出殿堂遗址中的房屋、甬道、台阶等残迹。殿堂周围有数座佛塔，佛塔基座多呈方形和八边形，塔身为圆形实心。佛寺北区也存殿堂，规模相对南区较小，佛塔为圆形实心建筑，基座与四周围墙均为方形。据记载，元朝统治者曾对七个星佛寺进行修缮，故而现存部分遗址仍然保留了元代建筑风格。

早在20世纪初，斯坦因、勒柯克、奥登堡等人就曾到此地，对佛寺遗址进行了多次发掘，从他们留下的图片可知，当时佛寺遗址的顶部、壁画、塑像等都保存较好。勒柯克在此发掘出许多文献写本、壁画雕塑等遗物，其中

图215　七个星佛寺遗址（20世纪初德国探险队摄）

图216　七个星佛寺遗址的中佛塔（20世纪初俄国探险队摄）

图217 七个星佛寺遗址出土的塑像（20世纪初俄国探险队摄，塑像现已无存）

图218 七个星佛寺遗址出土的木雕彩绘武士（英国大英博物馆藏）

图219 七个星佛寺遗址出土的比丘抄经图（英国大英博物馆藏）

图220 七个星佛寺遗址出土的比丘闻法图（英国大英博物馆藏）

的雕塑明显具有晚期犍陀罗艺术风格。[1]

1928年，黄文弼曾到此进行初步探查，1957年再次考察，分别对南区的殿堂遗址和北区的4座佛寺遗址进行了发掘。在南区殿堂后侧和右侧的堆积物中，黄文弼发掘出大量泥塑、佛头、佛体、佛饰等遗物，又在殿堂西南角发现一个骨灰罐。较为特别的是，此处出土的泥塑佛像明显是经火烧变成了陶质，有的佛头或佛身尚存灰烬。由此，这里可能曾遭遇一次特大火

---

[1] ［德］阿尔伯特·冯·勒柯克：《新疆的地下文化宝藏》，陈海涛译，乌鲁木齐：新疆人民出版社，1999年，第138页。

灾，七个星佛寺的废弃可能与这次火灾有关系。①

黄文弼在北区的4处佛寺遗址中也发现了许多文书、泥塑、佛像、菩萨头、画像砖、壁画等遗物。其中，两件是回鹘文书写的木板，是焉耆地区首次发现的回鹘文文献。同时，黄文弼又在一件佛像模型背面发现了婆罗谜字母。这些都足以说明，在回鹘势力到达焉耆时，本地的佛教仍然十分兴盛。

图221　七个星佛寺遗址的佛殿

1978—1980年间，新疆维吾尔自治区博物馆文物考察队对七个星佛寺遗址进行探查，发现了一件吐火罗文撰写的"弥勒会见记"残件。

图222　七个星佛寺遗址南区

七个星佛寺遗址于2001年被列为全国重点文物保护单位，2006年列入丝绸之路新疆段保护工程。现今保护所面临的主要问题是风蚀、雨水冲刷、盐碱化等自然灾害以及挖掘、修渠等。同时，附近公路车辆长期通行产生的震动，也对遗址造成了一定的破坏。七个星佛寺遗址对于研究古代西域佛寺的建筑风格及东西方佛教文化的融合，具有非常重要的意义。因此，加快、加强对遗址的保护，尤显必要。

2. 霍拉山佛寺遗址

霍拉山佛寺遗址位于焉耆回族自治县西部的霍拉山山腰处。此地环境优

---

① 黄文弼：《新疆考古发掘报告（1957—1958）》，北京：文物出版社，1983年，第36页。

美，风景秀丽，俨然是一处佛教圣地。现存大小佛寺建筑18处，以中央大殿为中心分布在山腰间，部分建筑表面为现代修复。从其建筑方法和风格判断，该寺院应为唐代建筑。

佛寺依山而建，分为东、西两区，东区遗迹较多，主要有殿堂、僧房、佛塔和佛龛等建筑，分布在山梁及坡地上。其中的标志性建筑为龛式建筑遗址。该建筑上部为龛，下部为纵券顶的小窟，残高约4米。龛式建筑周围还残存其他房屋建筑和龛式遗迹。东区遗址采用的均为土坯垒砌建筑方式。

西区遗址主要有3处：第一处遗址位于山脚的坡地上，为垒砌的石墙遗

图223　霍拉山佛寺遗址地形平面图

图224　霍拉山佛寺遗址

图225　霍拉山佛寺遗址龛式建筑

址，略呈方形，石墙边长约80米；第二处遗址靠近石墙东侧的山梁顶部，为土坯建筑结构，残高约5米；第三处遗址南距第二处遗址约50米，遗址顶部略呈长方形，东西长约35米、南北宽约20米，遗址四周有砌石和土坯垒砌的台基和护坡，顶部较为平坦。

1907年，斯坦因到此做过调查和发掘，出土一些壁画、木雕佛像和彩绘木件等，认为寺庙沿用时间与七个星佛寺遗址相同。1928年，黄文弼也曾对佛寺进行清理，出土绿釉方砖、木雕佛像等遗物。

霍拉山佛寺毁于火灾，火焚痕迹保存至今。遗址保存状况较差，人为及自然破坏较为严重，许多建筑已面目全非。目前国家已投入修缮资金，对佛寺遗址进行保护。

二、石窟

目前焉耆地区仅发现1处石窟，即七个星石窟，位于巴音郭楞蒙古自治州焉耆盆地西南部霍拉山前地带的山梁上，为晋唐时期遗存。现存洞窟12个，大都散布于山梁、山脚和山腰处，洞窟顶部有不同程度的坍塌，洞内已无佛像遗存。窟内有被火熏过的痕迹，个别洞窟尚存少量壁画，可辨别出云朵纹、缠枝莲花纹、圆圈纹、乐伎、飞天等图案。

图226　七个星石窟（20世纪初德国探险队摄）

图227　七个星石窟5号窟出土的塑像（俄国探险队摄）

　　七个星石窟形制主要为中心柱窟，并由中心柱窟衍生其他两种类型，一种为纵券顶单室窟，一种为纵券顶和横券顶结合的前后室窟。前一种类型规模较小，后一种类型前室高大，后室较为矮小。其中2号窟保存较好，结构为前后室，前室宽约7米、深约6米、高约5米，顶部中央残存圆形图案，四周残存一些以乐伎为主题的壁画；后室宽约1米、高约2米。

　　19世纪末20世纪初，斯文·赫定、勒柯克、斯坦因等人曾来此探险考察，盗走大量珍贵壁画、文书及塑像等。黄文弼、阎文儒等也曾多次前往七个星石窟，对石窟的形制布局及保存状况进行考察。

　　1953年，武伯纶考察七个星石窟时曾记述，当时"残存12个洞。其中仅有一、二两洞残存壁画。在千佛洞东南约500米有佛洞式的明屋区，大小建筑共90余所，除顶部毁坏外，墙壁大部完整。在堆积的土块中，掘得塑像肢体、鹰嘴天王头等，制作

图228　七个星石窟7号窟出土的泥塑彩绘天人像（柏林亚洲艺术博物馆藏）

图229　七个星石窟

极精美"[1]。

1957年，黄文弼考察了其中9座洞窟，"1号洞顶为圆拱形，内部壁画均已剥落。2号洞有前、后室，中间有壁柱，两旁有门通后室，墙壁已被破坏，土块和粪堆积其中。3、5、6、7、9号洞结构与2号洞相同，但大小略有差别，洞室均已被破坏。2、5、7、9号四个洞有残留的壁画，但大部均被烟熏黑，画面上人物的脸部亦被残毁，颇难认其形象。8号洞是一个小洞，宽、长不及二米，想是僧侣的寮房"[2]。

七个星石窟作为七个星佛寺遗址的重要组成部分，2001年被列为全国重点文物保护单位。洞窟的保存状况较差，洞内的佛像已荡然无存，仅存一些安置佛像的基座或柱孔。壁画破坏严重，仅在2、3、5、7号窟内尚存少量壁画。

① 武伯纶：《新疆天山南路的文物调查》，《文物参考资料》1954年第10期。
② 黄文弼：《新疆考古发掘报告（1957—1958）》，北京：文物出版社，1983年，第38页。

第四章

渭干河、库车河、阿克苏河流域历史遗址

　　塔里木河是塔里木文明的母亲河，主要由南部昆仑山脉的和田河、叶尔羌河、喀什噶尔河，以及天山山脉的阿克苏河、渭干河、库车河等汇流而成。塔里木河北部径流区主要包括阿克苏河、渭干河和库车河，滋养了历史上著名的龟兹绿洲、姑墨绿洲。西域三十六国之龟兹国，包括姑墨、温宿、尉头等古国，最盛时辖境相当于今新疆轮台、库车、沙雅、拜城、阿克苏、新和等县市，是塔里木地区最大的绿洲城邦。

　　龟兹国所在的龟兹故城位于今天库车市境内。库车市东面为库车河，西面为渭干河，在《水经注》中称其为"龟兹东川水""龟兹西川水"①，是龟兹绿洲主要的水源。库车河位于渭干河东北部，又称"铜厂河"，在汉唐时期库车河最终流入塔里木河，"其水又东南注大河"，20世纪40年代，库车河水道发生改变，不再流入塔里木河。今天的库车河发源于科克铁克山南坡，主要包括库车河、东部盐水沟、波斯塘托克拉克沟、克孜勒沟等径流。一般将源头至兰干水利监测站的河段称

---

① （北魏）郦道元：《水经注校证》，陈桥驿校证，北京：中华书局，2007年，第39页。

上游，长度约126千米；渭干河是天山中麓南坡径流量最大的河流之一，上游河道总长约180千米，一般将克孜尔水库以下的流段称"渭干河"。渭干河是典型的混合型水源补给河流，如支流木扎尔特河以冰雪融水补给为主，黑孜河和喀拉苏河则主要靠降雨补给。

阿克苏河，古称"姑墨川水"，是天山南坡径流量最大的河流之一。阿克苏河为托什干河及库玛拉克河（两河均地处今吉尔吉斯斯坦境内）两大支流汇合而成，一般将这两支流汇聚处（温宿县喀拉都维村）以下的干流称阿克苏河，最后注入塔里木河，总长约132千米。阿克苏河大部分河段流经平原地带，支流较多、河道宽广，流经区域多有冲积沙洲，徐松曾经这样描述阿克苏河："余旋程五月，河流未盛，已有浩淼之思矣。"[①]阿克苏是历史上姑墨国的重要水源，至隋唐时期，此地曾名"跋禄迦国"，唐置"安西四镇"之后曾在此设"姑墨州"。

汉唐时期，受泽于渭干河、库车河和阿克苏河，形成了历史上有名的西域三十六国中的龟兹国、姑墨国，遗留下大量的城址烽燧、宗教遗址，随着阿克苏河、渭干河、库车河流域遗存的发现与墓葬的不断发掘和资料整理，对昔日龟兹、姑墨文明的研究将不断深入。

第一节　墓葬及岩画遗存

渭干河与库车河流域墓葬主要有木扎尔特河东侧的博孜墩墓地，木扎尔特河北岸的亚布依1、2、3号墓地和多岗1、2、3号墓地，克孜尔河西岸的阔那协海尔石堆墓，克孜尔河下游的克孜尔千佛洞前墓地，库车县城友谊路魏晋十六国时期砖室墓，伊西哈拉镇麻扎甫塘村的麻扎甫塘墓地，库车河西岸台地墩买力墓地，却勒塔格山南麓以及库车河西岸的苏巴什西寺石堆墓等。这些墓葬均是龟兹古老文明的重要见证。

阿克苏河流域西部的墓葬遗存多沿阿克苏河主河道分布，如托万克塔尕尕克墓地；该流域东部的墓葬遗存则多分布在阿克苏河支流沿线，如博孜墩

---

① （清）徐松：《西域水道记（外二种）》，朱玉麒整理，北京：中华书局，2005年，第217页。

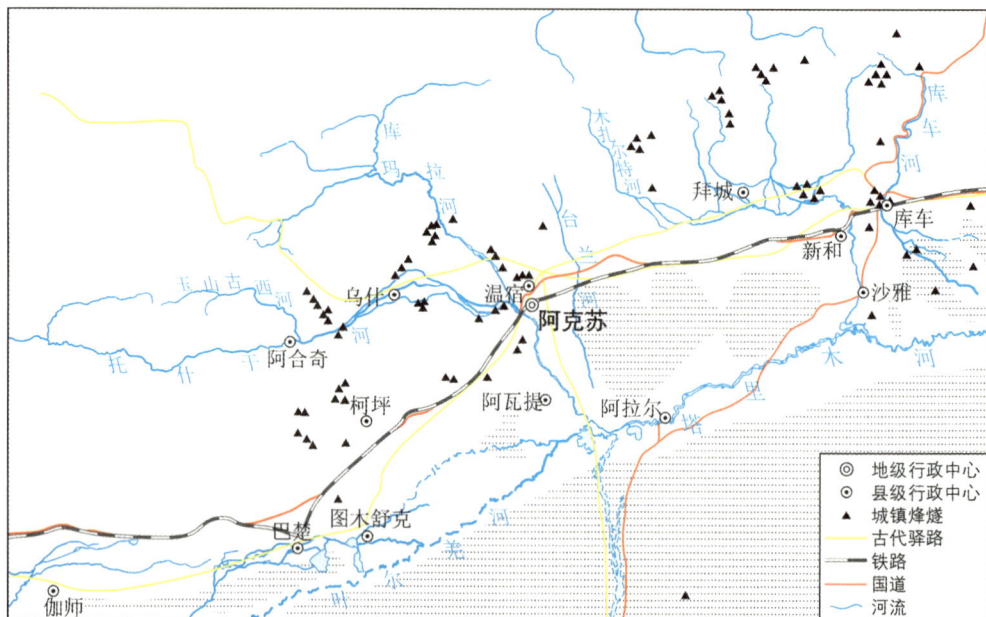

图230　渭干河、库车河、阿克苏河流域古代墓葬分布图

墓地。墓葬遗存年代多因缺乏资料而无法考证，地表多遗存较显著的封堆，分为石堆、石围、石圈三种类型。部分墓葬长期受风蚀、水流冲刷与盗掘等因素的影响，保存状况较差。

1. 库车魏晋十六国时期砖室墓

库车魏晋十六国时期砖室墓位于库车县城新城区文化路社区友谊路南段。

2007年8—9月和2010年，因地下街道施工先后发现砖室墓共计15座。墓葬位于地下深3—10米

图231　库车魏晋十六国时期砖室墓①

---

① 新疆文物考古研究所：《新疆库车友谊路魏晋十六国时期墓葬2007年发掘简报》，《文物》2013年第12期。

不等的地方，分布在南北长约130米、东西宽约30米的范围内。墓葬形制有竖穴墓、砖室墓和瓮棺墓3类，砖室墓为穹隆顶式，墓葬结构由斜坡墓道、墓门、甬道、墓室、耳室5部分组成，墓门上一般建有照墙，其上镌刻各种图案。

2007年，新疆考古研究所对其中10座墓葬进行了发掘清理，出土各类遗物300余件，类型大致与魏晋时期河西地区墓葬相同，为典型的中原汉式墓葬风格。

该墓葬的发现，体现了魏晋十六国时期，虽然中原内乱，但是龟兹仍然与中原民族紧密相连，并深受中原、河西文化的影响。

表52　库车魏晋十六国时期砖室墓发掘概况①

墓葬编号	形制	葬具与葬式	出土物品
M1	"甲"字形，由封堆、墓道、封门、墓门、照墙、甬道、前室、耳室、过道、后室等组成	葬具多腐朽，形制无法辨认	陶器：单耳罐1件、双系罐1件、六系罐1件、灯盏3件。铜钱：剪轮钱8枚、龟兹铜钱6枚。铁器：镢1件、残铁器8件
M3	由封堆、墓道、封门、墓门、照墙、甬道、墓室、耳室等组成	多人多次葬，上下两层葬，葬具腐朽	陶器：罐3件、单耳罐8件、单耳带流罐3件、双耳罐1件、双系罐1件、莲瓣纹罐2件、罐底1件、甑1件、盆2件、灯盏3件。铜器：簪3件、饰件1件。铜钱：五铢钱36枚、剪轮五铢钱14枚、半两钱2枚、龟兹铜钱22枚。铁器：镜1件、镢1件。骨器：簪6件、博具1件
M8	仅存甬道、墓室主体和耳室	多人多次葬	陶器：罐5件、灯盏1件。铜器：带钩1件、扣1件。铜钱：五铢钱56枚、剪轮五铢钱13枚。铁器：镜1件、镢1件。骨器：梳1件

① 新疆文物考古研究所：《新疆库车友谊路魏晋十六国时期墓葬2007年发掘简报》，《文物》2013年第12期。

环塔里木汉唐遗址

图232　库车魏晋十六国时期砖室墓M1全景（左上）、封门（右上）、甬道（左中）、前室（右中）、耳室（左下）和厅室（右下）[1]

① 新疆文物考古研究所：《新疆库车友谊路魏晋十六国时期墓葬2007年发掘简报》，《文物》2013年第12期。

图233　库车魏晋十六国时期砖室墓M3（左）和M8（右）①

2. 克孜尔水库墓地

克孜尔水库墓地位于拜城县城东约59千米的克孜尔乡克孜尔村、克孜尔河东西两岸的台地上。1990—1991年，为配合克孜尔水库工程建设，新疆考古研究所考古人员对该墓地先后进行两次抢救性发掘，首次发掘墓葬27座，编号为90BKKM1—M27，第二次发掘墓葬40座，编号为91BKKM1—M40。

图234　克孜尔水库墓地

---

① 新疆文物考古研究所：《新疆库车友谊路魏晋十六国时期墓葬2007年发掘简报》，《文物》2013年第12期。

表53　1990年克孜尔水库墓地发掘概况[①]

类型	葬俗	典型墓葬	形制、规模
小孩墓	单人一次葬	M7	墓口呈椭圆形，墓室长1.6米、宽1.24米，墓深0.74米，竖穴土坑墓
	同穴双层单人葬及二次葬	M13	墓口近似圆形，墓口长1.58米、宽1.36米，墓深0.91米，墓底长0.48米、宽0.38米，墓穴呈口大底小袋状，竖穴土坑墓
成人墓	单人一次葬	M22	墓口呈圆角方形，墓口长1.68米、宽1.6米，墓深1.32米，墓底长1.24米、宽0.76米，竖穴土坑墓
		M8	地表有封堆，顶部凹陷，封土径长30米、高1米；竖穴土坑墓，墓口长2.02米、宽1.98米，墓深1.44米
	单人二次葬	M2	地表有封堆，墓口呈圆角长方形，长2.2米，墓深1.16米；墓底长1.92米、宽1.12米，竖穴坑偏室墓
		M11	地表有封堆，墓口长3.1米、宽1.92米，墓深2.11米，竖穴土坑墓
		M4	地表有封堆，墓室长4.04米、宽1.74米，墓室距离地表1.4米
		M10	地表有封堆，竖穴土坑墓，墓口长1.8米、宽1.32米，墓底长1.5米、宽约0.71米，墓深0.9米
		M6	地表有圆丘状封土，墓口呈椭圆形，长2.88米、宽2.09米，墓底长2.44米、宽1.35米，墓深1.3米
	双人一次葬	M25	地表有封堆，直径8米、高约0.7米，竖穴土坑墓，墓口长2.26米、宽1.34米，墓深约1.26米
	多人一次葬A型	M20	地表有封堆，墓口呈椭圆形，长2米、宽1.42米，墓深1.12米，竖穴土坑墓
	多人一次葬B型	M26	地表有封堆，墓口长2.36米、宽1.46米，墓底长1.26米、宽1.1米，墓深1.22米，竖穴土坑墓
	多人二次葬	M19	地表有圆丘状封土，墓口长2.06米、宽1.98米，墓底长1.93米、宽1.35米，墓深1.1米
		M5	地表有圆丘状封土，墓口呈椭圆形，长1.56米、宽1.16米，墓深1.1米，竖穴土坑墓

① 新疆文物考古研究所：《拜城县克孜尔水库墓地第一次发掘》，《新疆文物》1999年第3—4期。

　　克孜尔河西岸墓地位于克孜尔村东，大致沿河流呈南北分布，长约2.5千米。墓葬地表没有明显的封堆标志，布局较为分散。墓室形制为竖穴土坑墓，分为单室和多室两种类型。葬俗兼有单人或多人一、二次葬，葬式多为侧身屈肢。随葬品中出现的大型器物一般放置于头颅一侧，小型器物多摆放在腹腰部以上位置。[1]随葬物品以陶器为主，主要器物有带流陶釜、圆口釜、钵、单耳杯、盆、罐等；铜器有刀、扣、管饰、耳环；石器有磨石、锥、挂饰、珠等；骨器有纺轮、锥、管、羊距骨等。[2]

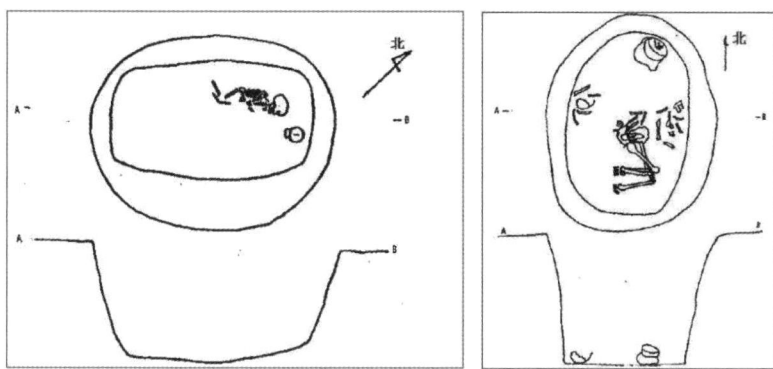

图235　克孜尔水库西墓区M7（左）和M8（右）平、剖面图

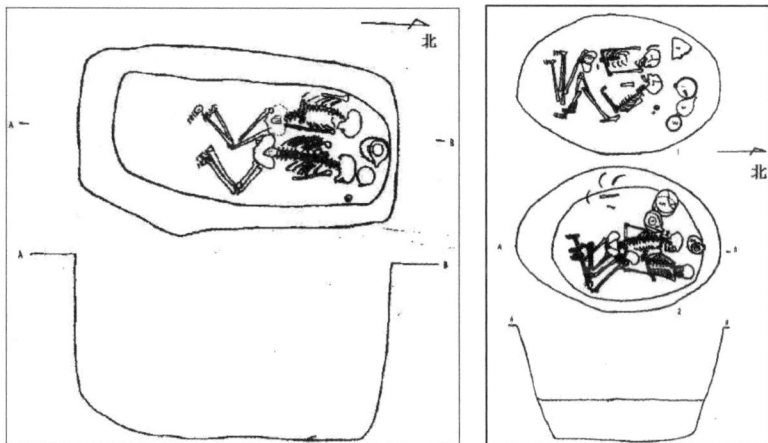

图236　克孜尔水库西墓区M25（左）和M20（右）平、剖面图

----

[1] 新疆文物考古研究所：《拜城县克孜尔水库墓地第一次发掘》，《新疆文物》1999年第3—4期。

[2] 新疆文物考古研究所：《拜城县克孜尔水库墓地第一次发掘》，《新疆文物》1999年第3—4期。

克孜尔河东岸墓地主要位于克孜尔乡喀日尕依村东一处台地上，整体呈南北向分布，长约4千米，其中南部墓葬分布较为稀疏，北部墓葬相对较为密集。1991年5—6月，新疆文物考古研究所分别在南、北部墓区发掘墓葬40座。墓葬形制为竖穴土坑墓，有单室墓和多室墓两类。单室墓封土下仅有一个竖穴土坑墓室，典型墓葬有M8、M14、M16、M22、M19、M35、M37、M21等；多室墓即封土之下有两个或多个竖穴土坑墓室，典型墓葬有M4、M24、M15。葬式出现仰身直肢，墓室周围存有祭祀坑。随葬物品以陶器为主，有带流釜、圆口釜、钵、杯、罐、壶以及纺轮；骨器有纺轮、管、牙饰等物品；石器有镰、纺轮、锥、珠等；铜器有扣饰、耳环等。[1]

经碳-14测定，克孜尔水库东西两处墓地年代大致为西周—春秋时期，文化类型呈现出地域性特征，如西墓地出土的陶器多为带流釜、圆口釜及彩陶纹饰，这是附近其他墓地较为少见的文化类型[2]；东墓地虽与西墓地年代一致，但在葬式上出现了仰身直肢葬，墓室出现了祭祀坑等文化现象。

3. 群巴克墓地

群巴克墓地位于轮台县城西北约18千米处、群巴克镇西北的山前台地上。墓葬布局较为分散，考古人员将其分别编号为1、2、3号墓地。

1985年9—10月，中国社会科学院考古研究所新疆队联合巴音郭楞蒙古自治州文管所对1号墓地的4座墓葬进行发掘，1986年和1987年，先后对1号墓地余存的39座墓葬进行发掘。1号墓地南北长约0.8千米、东西宽约0.2千米。所发掘的4座墓葬地表均有圆形封土堆，封土下即是竖穴土坑墓室，主墓室周围又分布数个小型墓室。墓室形制分为带短浅墓道的圆角方形、长圆形竖穴墓和无墓道的长圆形竖穴墓两类。前一类型一般在墓室周壁、中部或者墓道两壁竖立木柱，墓口有棚架盖木等，其上有火烧痕迹；后一类型的墓室内未见有木柱及盖木，亦未见火烧痕迹。葬具较为简单，骨架下直接铺芨芨草席、红柳枝席或木头。

葬俗大多为多人二次葬，葬式杂乱。随葬物品以陶器为主，石器、铜

① 新疆文物考古研究所：《拜城县克孜尔水库墓地第二次发掘简报》，新疆文物考古研究所编，伊弟利斯·阿不都热苏勒、安尼瓦尔·哈斯木主编：《新疆文物考古资料汇编》，乌鲁木齐：新疆人民出版社，2013年，第1171—1175页。
② 新疆文物考古研究所：《拜城县克孜尔水库墓地第一次发掘》，《新疆文物》1999年第3—4期。

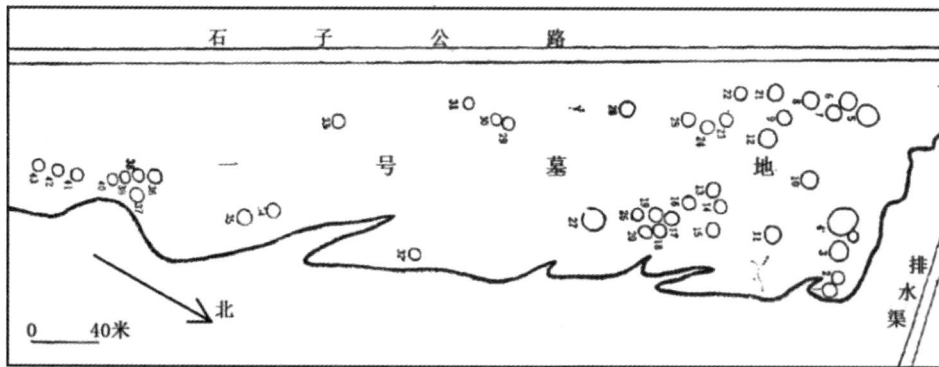

图237　群巴克墓地1号墓地墓葬分布图

器、铁器、木器次之，亦兼有少量骨器、毛织物等。[1]

　　2号墓地位于1号墓地西约2千米处的戈壁滩边缘，其北侧紧邻努巧卡村，按照墓葬分布疏密程度分为东、西两个墓区，其中东区遗存墓葬20余座，西区遗存墓葬13座。2号墓地所存墓葬形制与1号墓地类似，地表普遍有较为明显的圆形封土堆。墓室分为双室墓和单室墓，平面多呈圆角方形或圆角长方形，并且单室墓附近出现埋葬幼儿墓穴以及殉葬牲畜的殉葬坑。[2]葬式有多人合葬和单人葬两种，其中合葬多见于中心主墓室，遗存尸骨两具至数十具不等，皆仰身屈肢葬；单人葬多见于中心墓室周边的小墓穴中，多为侧身屈肢葬。[3]随葬物品种类繁多，以陶器、铁器、铜器居多，陶器有带流罐、双耳罐、单耳罐、单耳钵、双耳小钵、带流小杯、纺轮；铜器有刀、带柄镜、牌、纺轮、饰件等；铁器有刀、镰、锥等。此外，石器、骨器、木器、织物亦有少量出土，主要器形有磨石、锥、饰件；骨器有纺轮、锥、饰件；木器有盘、杯、钵、纺轮；毛织物仅遗存可辨认平纹和斜纹的残片。[4]

---

[1] 中国社会科学院考古研究所新疆队、新疆巴音郭楞蒙古自治州文管所：《新疆轮台群巴克古墓葬第一次发掘简报》，《考古》1987年第11期。

[2] 中国社会科学院考古研究所新疆工作队、新疆巴音郭楞蒙古自治州文管所：《新疆轮台县群巴克墓葬第二、三次发掘简报》，《考古》1991年第8期。

[3] 中国社会科学院考古研究所新疆工作队、新疆巴音郭楞蒙古自治州文管所：《新疆轮台县群巴克墓葬第二、三次发掘简报》，《考古》1991年第8期。

[4] 中国社会科学院考古研究所新疆工作队、新疆巴音郭楞蒙古自治州文管所：《新疆轮台县群巴克墓葬第二、三次发掘简报》，《考古》1991年第8期。

环塔里木汉唐遗址

图238　群巴克墓地2号墓地*

　　经碳-14鉴定，群巴克墓地1号墓地遗存年代为前955—前585年，2号墓地遗存年代为前810—前610年。[1]群巴克墓地所发掘墓葬的地表形态、墓室形制、出土文物以及殉葬坑等，基本与察吾乎文化特征相吻合。由此，有学者认为群巴克墓地遗存应属于察吾乎文化范畴，其对于深入研究察吾乎文化范围以及类型具有重要意义。

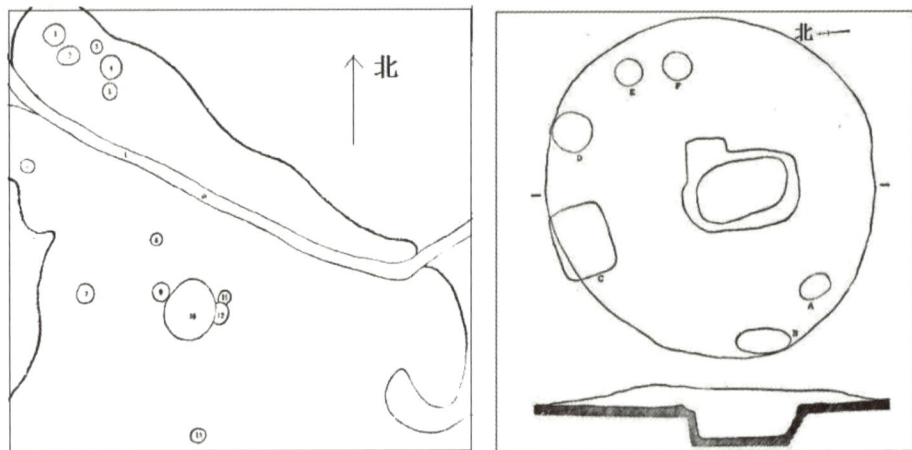

图239　群巴克墓地2号墓地墓葬分布（左）及M7平、剖面图（右）[2]

---

① 中国社会科学院考古研究所新疆工作队、新疆巴音郭楞蒙古自治州文管所：《新疆轮台县群巴克墓葬第二、三次发掘简报》，《考古》1991年第8期。
② 中国社会科学院考古研究所新疆工作队、新疆巴音郭楞蒙古自治州文管所：《新疆轮台县群巴克墓葬第二、三次发掘简报》，《考古》1991年第8期。

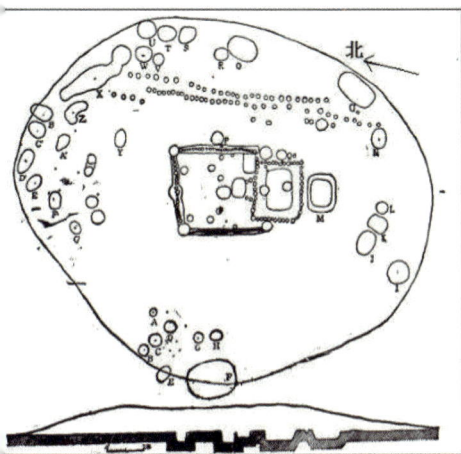

图240　群巴克墓地2号墓地M10平、剖面图（左）及发掘后地貌（右）*

4. 托万克塔尕克墓地

托万克塔尕克墓地位于温宿县城西北约40千米处、吐木秀克镇尤喀克塔尕克村托木尔峰南麓的山前冲积台地上。该墓地为2008年温宿吐木秀克水电站工程施工时发现，地表被洪积沙砾覆盖，有石块垒砌石堆或石围等封堆标志，发现墓葬200座，分布区域较为松散。2008年4月，新疆文物考古研究所对墓地中15座墓葬进行了抢救性发掘清理。已发掘的墓葬中，墓葬形制均为竖穴土坑式，墓室均为单室，规制长约1.2米、宽0.6—0.8米、深0.5—0.6米[1]，墓室内未见葬具、随葬品。葬俗以一次葬居多，合葬墓仅发现一座，葬式均为仰身屈肢。由此可见，托万克塔尕克墓地墓葬类型单一、形制相同，葬俗、葬式未出现较大差异，反映出当时人们信仰、习俗的高度趋同。[2]墓葬形制多为石堆墓和石围墓，墓室较浅，没有随葬物品，由此推断托万克塔尕克墓地应为早期穆斯林墓葬。[3]

---

[1] 新疆文物考古研究所：《2008年度温宿县托万克塔尕克墓地考古发掘简报》，新疆文物考古研究所编，伊弟利斯·阿不都热苏勒、安尼瓦尔·哈斯木主编：《新疆文物考古资料汇编》，乌鲁木齐：新疆人民出版社，2013年，第1180页。

[2] 新疆文物考古研究所：《2008年度温宿县托万克塔尕克墓地考古发掘简报》，新疆文物考古研究所编，伊弟利斯·阿不都热苏勒、安尼瓦尔·哈斯木主编：《新疆文物考古资料汇编》，乌鲁木齐：新疆人民出版社，2013年，第1183页。

[3] 新疆文物考古研究所：《2008年度温宿县托万克塔尕克墓地考古发掘简报》，新疆文物考古研究所编，伊弟利斯·阿不都热苏勒、安尼瓦尔·哈斯木主编：《新疆文物考古资料汇编》，乌鲁木齐：新疆人民出版社，2013年，第1184页。

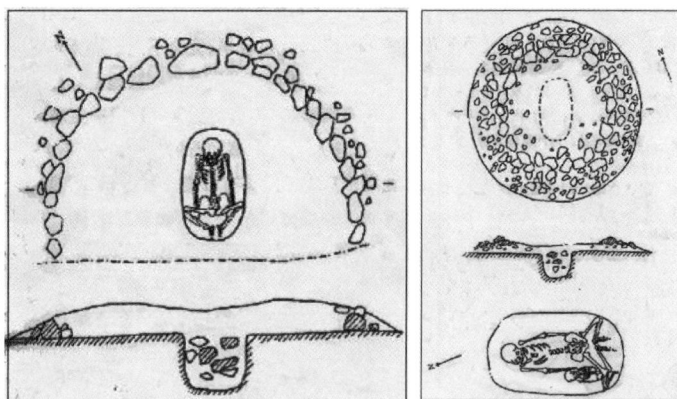

图241　托万克塔尕克墓地M6（左）、M15（右）平、剖面图及墓室①

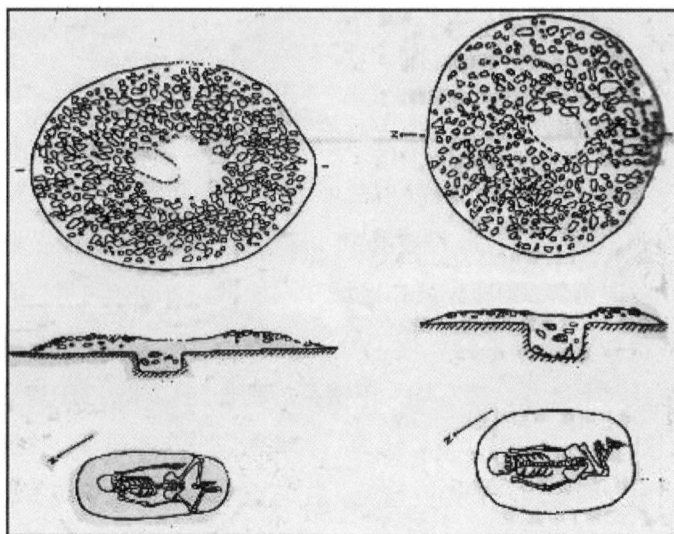

图242　托万克塔尕克墓地M2和M4平、剖面图及墓室②

5. 博孜墩墓地

博孜墩墓地位于温宿县博孜墩乡博孜墩村、艾尔哈力克山前台地上。墓葬分布较为松散，考古人员按照地势将墓地划分为1至5号墓地。其中1号墓

①　新疆文物考古研究所：《2008年度温宿县托万克塔尕克墓地考古发掘简报》，新疆文物考古研究所编，伊弟利斯·阿不都热苏勒、安尼瓦尔·哈斯木主编：《新疆文物考古资料汇编》，乌鲁木齐：新疆人民出版社，2013年，第1183页。

②　新疆文物考古研究所：《2008年度温宿县托万克塔尕克墓地考古发掘简报》，新疆文物考古研究所编，伊弟利斯·阿不都热苏勒、安尼瓦尔·哈斯木主编：《新疆文物考古资料汇编》，乌鲁木齐：新疆人民出版社，2013年，第1182页。

地位于博孜墩村西台地边缘，占地面积约3平方千米；2号墓地位于艾尔哈力克山北部坡地上；3号和4号墓地位于艾尔哈力克山西部台地上；5号墓地位于1号墓地西侧的沟谷中。①

1985年，新疆维吾尔自治区博物馆联合地方文物部门在此进行墓地调查与发掘工作。根据墓葬地表封堆形态将其分为圆形石堆墓（25座），长方形、椭圆形和不规则石堆墓（7座），圆形环石圈墓（22座），方形或长方形环石圈墓（3座），石堆石人墓（1座）5种类型。并对地处1号墓地、编号为85WBBM1、85WBBM2的两座墓葬进行发掘。②2008年7—8月，新疆考古部门再次对博孜墩墓地1、2号墓地的5座（编号：08WBM35、08WBM56—M58、08WBM1）濒临破坏的墓葬进行抢救性发掘。（见表54）③所发掘墓葬形制皆为圆形石堆墓，葬俗有二次丛葬与单人葬两类，葬式为仰身屈肢和仰身直肢。随葬物品较少，以陶器较为普遍，也有少量砾石、青铜小刀以及铁器等，反映出墓地应与当时游牧生活有密切的联系。

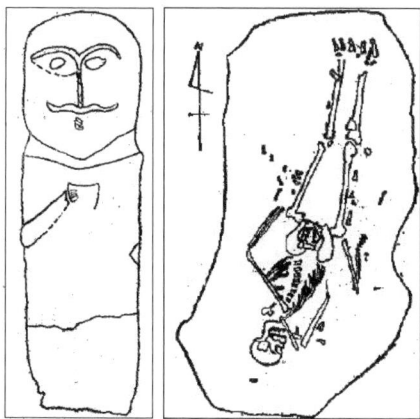

图243　博孜墩墓地M1外石人（左）及墓室平面图（右）④

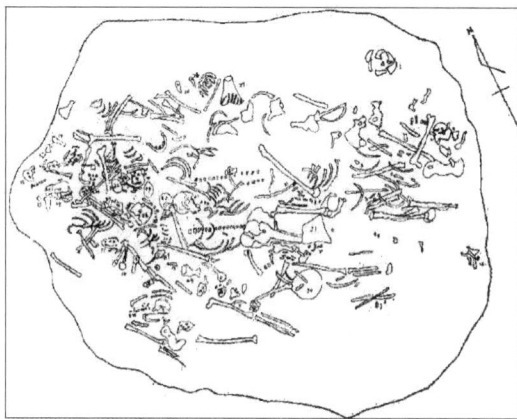

图244　博孜墩墓地M41墓室平面图⑤

---

① 新疆维吾尔自治区博物馆考古部等：《2008年温宿县博孜墩古墓发掘简报》，新疆文物考古研究所编，伊弟利斯·阿不都热苏勒、安尼瓦尔·哈斯木主编：《新疆文物考古资料汇编》，乌鲁木齐：新疆人民出版社，2013年，第1185页。

② 新疆维吾尔自治区博物馆、阿克苏文管所、温宿县文化馆：《温宿县包孜东墓葬群的调查和发掘》，《新疆文物》1986年第2期。

③ 新疆维吾尔自治区博物馆、阿克苏文管所、温宿县文化馆：《温宿县包孜东墓葬群的调查和发掘》，《新疆文物》1986年第2期。

④ 新疆维吾尔自治区博物馆、阿克苏文管所、温宿县文化馆：《温宿县包孜东墓葬群的调查和发掘》，《新疆文物》1986年第2期。

⑤ 新疆维吾尔自治区博物馆、阿克苏文管所、温宿县文化馆：《温宿县包孜东墓葬群的调查和发掘》，《新疆文物》1986年第2期。

表54　1985、2008年博孜墩墓地发掘概况①

墓葬编号	形制	出土物品
08WBM35	椭圆形石堆墓，墓室为竖穴土坑，葬具为圆角长方形石盆状。墓口长约216厘米、宽约154厘米，墓深50—60厘米	
08WBM56	圆形石堆墓，墓室为竖穴土坑，长约120厘米、宽110厘米，墓深46—50厘米	
08WBM57	椭圆形石堆墓，墓室为竖穴土坑，墓口长280厘米、宽245厘米，墓深152厘米	陶器：单耳带流罐1件、钵1件。铜器：钉1件。石制器：眉笔和眉石2套。铁器：残刀1件。红色颜料1件
08WBM58	圆形石堆墓，墓室为竖穴土坑，墓口平面呈椭圆形，长210厘米、宽155厘米，墓深约70厘米	陶器：圜底陶壶1件。石器和玻璃珠：珠子1组、磨盘1件、砾石1件。铜器：刀1件。铁器：饰品1件、环1件、残铁块1件
08WBM1	圆形石堆墓，墓室为竖穴土坑，墓口平面近似椭圆形，长130厘米、宽104厘米，墓深约120厘米	
85WBBM1	圆形石堆墓，墓前有石人1座；主墓室为长方形洞室，长约180厘米、宽100厘米，墓深约147厘米；又有一墓坑，呈长方形竖穴，长约220厘米、宽150厘米，墓深85厘米	陶片12块，其中较大一块为带流器物，有双耳
85WBBM41	不规则石堆墓，墓室为椭圆形竖穴，墓室底部有四个小坑，壁用砾石镶砌而成。葬俗为丛葬	陶器：带流圜底器4件、盂5件、盘1件、单耳罐1件、单耳杯2件、带流罐1件、鸭形壶1件。铜器：扣饰18件、筒形饰1件、珠21枚、羊形饰1件、圆铜饰1件、器物镶饰1件、钉3件、贝17枚、戒指2件、手镯2件、带扣2件、铃形饰2件。铁器：牌4件、刀7件、镞3件、带钩1件、钉5件、三角器1件。骨器、石器及其他遗物

---

① 新疆维吾尔自治区博物馆、阿克苏文管所、温宿县文化馆：《温宿县包孜东墓葬群的调查和发掘》，《新疆文物》1986年第2期。

第二节　城址、烽燧

位于渭干河、库车河流域的龟兹绿洲是塔里木地区最大的绿洲分布区，也是塔里木地区的中心绿洲，汉唐时期中央王朝对塔里木地区的经营一般都以此为中心，先后设置了西域都护府、安西都护府等机构进行管理，在附近修建了大量屯城，进行大规模屯田。作为安西都护府的驻所，完善的交通路网伴随而来的是大量烽燧、驿站、关隘、镇戍的修建，很多遗址一直保存至今，是塔里木地区城址烽燧遗址群最为集中的地区之一。

阿克苏河水源充沛，绿洲广布、适宜农耕，历史上就是交通便利的地理要冲，古代绿洲国家姑墨国就分布于阿克苏河下游。

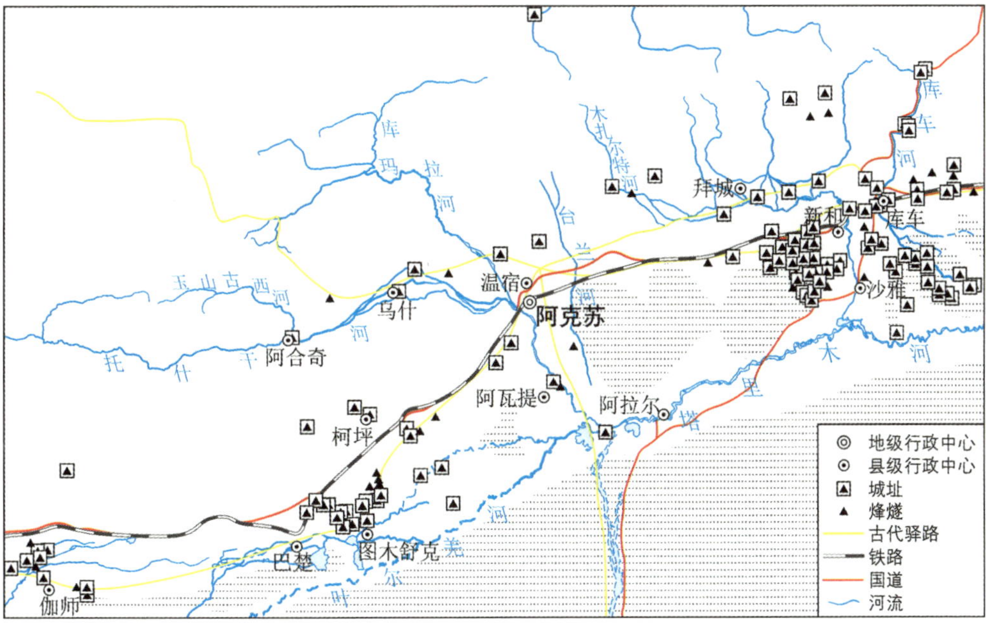

图245　渭干河、库车河、阿克苏河流域城址、烽燧分布图

一、城址

1. 阿克墩古城

阿克墩古城位于轮台县野云沟乡东约10千米处、库阿公路北侧，为唐代遗存。

20世纪80年代初，新疆维吾尔自治区博物馆文物队、轮台县文教局组织人员对古城进行了调查。古城由内外两重组成，外城平面呈长方形，南北长约120米、东西宽约67.5米。内城平面亦为

图246　阿克墩古城一号遗址

长方形，南北长约63米、东西宽约35米。东北角遗存有一圆柱形土坯建筑，直径约11米、残高3—4米。此外，考古工作人员曾对阿克墩古城进行发掘，采集到较多遗物，主要为陶器和铜器。陶器种类有土黄陶、褐红陶。[①]

20世纪80年代，阿克墩古城出土一批铜器。其中，铜扣12件，10件较为完整，2件有残缺。铜环1件，顶部有残缺，长约5.6厘米、厚约0.2厘米、尾宽0.7厘米。折尾扁体铜件1件，顶部有残缺，长约5.6厘米、厚约0.2厘米、尾宽0.7厘米。饰件3件，2件完整，1件残缺。铜造像1尊，通高约3.8米，为单身立佛，有背光，底为方形四足座。钱币8枚，主要为唐代开元通宝、乾元重宝和突骑施钱币。

2013年1月，我们专门对阿克墩古城一号遗址进行调查。土墩残高约2米，为夯筑结构。距离土墩不远处有八九个较小的土丘坐落于公路桥涵洞前，为阿克墩古城的一部分。此城应为唐朝屯田戍边军士所修建的军事城堡，是拱卫安西都护府的东部哨所，后来因时局变化而渐遭废弃。

---

① 新疆维吾尔自治区博物馆文物队、轮台县文教局：《轮台县文物调查》，《新疆文物》1991年第2期。

2. 阔纳协海尔古城

"阔纳协海尔"意为"汉人城",阔纳协海尔古城位于轮台县南约15千米处、轮台镇拉帕村内,平面大致呈方形,为唐代遗存。

1928年,黄文弼在此考察,测得古城周长约337米,高处达丈余,为土坯砌筑结构。城内土层已盐碱化,地表散布陶片。黄文弼推测古城应修筑于唐代。

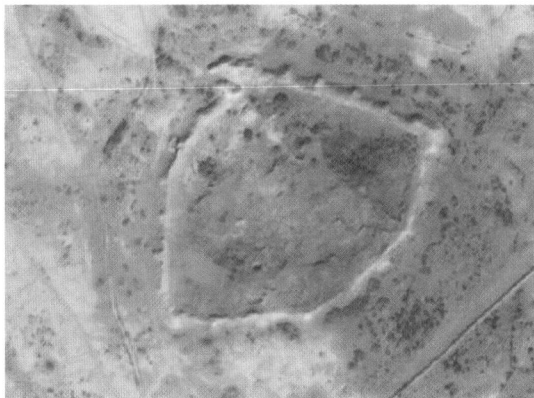

图247　阔纳协海尔古城卫星影像图

古城平面略呈方形,残存城墙的墙基轮廓清晰。北城墙长约195米,东城墙长约200米,呈弧状,南城墙较短,长约115米,西城墙长约220米。古城西北角有一向西方的豁口,应为城门所在地。总体看来,该城的修筑比较重视军事防御功能,城门外有小城遗迹,为瓮城遗址。四周城墙有马面和角楼建筑遗迹多处。墙体为夯筑与土坯混合砌筑结构。由此分析,遗址应为官府治所,且形制较为完整,规模较大,集军事、政治功能于一体。据当地文管人员介绍,在20世纪六七十年代古城仍有人居住,后因附近村民挖土取肥而遭严重破坏。

2019年,阔纳协海尔古城入选第八批全国重点文物保护单位名单。

图248　阔纳协海尔古城

3. 奎玉克协海尔古城

"奎玉克协海尔"意为"灰烬之城"，奎玉克协海尔古城位于轮台县轮台镇赛维尔牧业村、阔纳协海尔古城东南约3千米处，为汉代遗存。

1928年，黄文弼到此考察，称其为"柯尤克沁"。古城平面略呈方形，周长约932米。城墙主体已经坍塌，

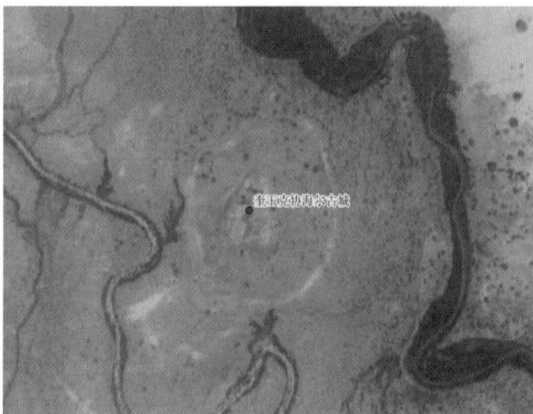

图249　奎玉克协海尔古城卫星影像图

墙基尚存。古城中部有一土阜，残高约6米。城址内遗存红衣黑胎瓦片和红底黑花的彩陶片，黄文弼推测此城可能为汉仑头国故址。[1]20世纪80年代，新疆考古人员根据此城内遗物推测该城约建成于公元前后，此推断与黄文弼所推测的汉代仑头国年代较为吻合。

古城残存建筑坍塌严重，建筑方式难以考辨。我们实地测得城址周长约950米、残高约1米。城中残存一长方形土台，残高7米有余，土台上有土坯建筑遗存。城址西北角和南墙西段各有一豁口，宽度分别为20米和5米，应是城门所在地。此外，古城地表散布夹砂红、灰陶片以及些许牲畜骨块等。

2018年1月，中国科学院遥感与数字化地球研究所等单位利用多源遥感、地球物理与传统考古勘测方法相结合，初步确认该城为汉代西域都护府乌垒城所在地。

4. 阿孜甘古城

阿孜甘古城位于轮台县策大雅乡多斯买提村西、314国道570千米处的西侧、阿孜干农场西1千米处，为汉代遗存。

古城平面大致呈椭圆形，周长约300米，此种形制的古城一般年代较早。古城东南角有一向外突出的方形建筑，类似角楼；西北、西南角各有一豁口，应为城门位置。城址中心有一凹坑，为20世纪80年代考古发掘时遗留。此外，在城内还见有些许夹砂红陶片。古城周边已经开辟为农田，阿孜

---

[1]　黄文弼：《塔里木盆地考古记》，北京：科学出版社，1958年，第10页。

图250 阿孜甘古城

甘古城埋没于农田之中。

5. 卓尔库特古城

卓尔库特古城位于迪那河及克孜勒河流域中下游、轮台县城东南约25千米的沙地中。古城所在区域地势平坦，汉代就是屯田要地。

古城平面略呈圆形，周长约1.2千米，残存墙垣宽约6米、高约3米。城内至今保留两处高台，一处位于墙垣东部，平面呈长方形，高约9米；另一处位于城中间，高约4米、周长约70米。古城外的西部及东部亦存高台，西部高台高约6米、周长约40米，东部高台高约4米、周长约60米，高台之上还存有民居遗迹。

图251 卓尔库特古城平面图[①]

图252 卓尔库特古城*

---

① 新疆维吾尔自治区博物馆文物队、轮台县文教局：《轮台县文物调查》，《新疆文物》1991年第2期。

1928年，黄文弼曾考察过卓尔库特古城，采集到红衣黑彩陶片和铁箭镞，认为古城遗存年代与柯尤克沁古城相同，同属公元前后的两汉之际，并推断古城为汉时屯田之校尉城。①

6. 龟兹故城

龟兹故城又名"玛扎不坦古城""皮郎古城"，位于库车县境内库车河东岸，是汉代龟兹国都延城、唐代伊逻卢城以及唐代安西都护府府治所在地。

龟兹是塔里木地区面积最大、人口最多的绿洲城邦，人口及兵力比周边乌垒、渠犁、车师等城邦的人口总和还要多。②东汉时期，都护班超应西域形势所需，迁西域都护府至龟兹它乾城。延平元年（106），东汉加强对龟兹的管控，将都护府迁至龟兹国都延城。由此，龟兹成为东汉在西域的政治、军事中心。

唐代，龟兹依然是塔里木地区绿洲大国，对唐朝治理西域举足轻重。龟兹位居丝绸之路要冲，人口众多，农业经济发达，是当时西域商业贸易中心，也是突厥控制与掠夺财富的要地。因此，对唐朝而言，将安西都护府设置于龟兹不仅能直接打击突厥在天山以南的势力，控制西域的经济命脉，还能收到威震西域诸国的效果，有助于唐朝西域战略的进一步实施。

1914—1915年，斯坦因到龟兹故城考察。他在《亚洲腹地考古图记》中写道：库车河东岸有一座规模很大、年代久远的古城墙遗迹，城墙为夯筑结构，"基底宽约60英尺，残高约18英尺。残墙以此规模延伸约300码"③。根据斯坦因的记述，城墙其余部分早已开垦为农田，因此城墙原来长度要远远长于300码。其西为碉楼式古遗址"皮郎吐拉"，现已为民居包围。斯坦因测得古城周长约3英里3弗隆（约5千米），此数据与唐高僧玄奘所描述的屈支国都城较为相似，"屈支国东西千余里，南北六百余里。国大都城周十七八里"④。

1927年，黄文弼到此考察。据《塔里木盆地考古记》记述，库车东北

① 黄文弼：《塔里木盆地考古记》，北京：科学出版社，1958年，第11页。
② 袁祖亮、袁延胜、朱和平：《丝绸之路人口研究》，乌鲁木齐：新疆人民出版社，2009年，第8—9页。
③ ［英］奥雷尔·斯坦因：《亚洲腹地考古图记》第二卷，巫新华等译，桂林：广西师范大学出版社，2004年，第1102—1103页。
④ （唐）玄奘、辩机：《大唐西域记校注》，季羡林等校注，北京：中华书局，2000年，第54页。

城河边有一地名为"皮郎"（当地人又称"哈拉墩"）的古城。城内遗存一大土墩，为土筑结构，四周基本已为民房包围，土墩"高约十二，宽约六十余米"[①]。在土墩上可望见长四五里的城墙，墙基"高约3米，宽约1.7米"[②]。

图253　龟兹故城

据当地居民描述，古城内曾出土石磨盘、铜件、铜钱等文物。1958年，黄文弼再次考察龟兹故城，测得故城"周长约7千米，城墙迂回曲折，颇不整齐"[③]。周边环境与第一次考察时相比，已经发生了很大的改变。古城西墙已消失不见，新修筑的乌库公路从故城中间穿过，将故城分为两个区域。

目前龟兹故城由以下几部分残迹组成，大桥东北附近的"萨克刹克土拉""南海墩"，乌库公路南侧的"乌库土拉""白尖土拉"和乌恰河东侧的"哈拉墩皮郎土拉"等。故城南城墙保存部分遗迹，但保护措施不健全，致使周围杂草丛生，垃圾遍布。南城墙下有一小道，通至城墙尽头，全长约1千米。途中有数处土墩遗迹，均毁损严重，无法准确辨认，残墙最高处约3米。

20世纪末，龟兹故城曾出土汉唐钱币、莲花纹方砖、瓦当、筒瓦等大量遗物。2012年7月，库车县棚户区改造时出土约1.4万枚钱币，出土地点位于龟兹故城内，距离西城墙200米。古钱币为麻绳拴牟，封装在一陶罐中，陶罐长75厘米、宽40厘米、深30厘米。钱币类型主要有五铢钱、剪边五铢钱、龟兹无文小铜钱、货泉、大泉五十、龟兹小五铢钱等，其中一枚三国时期的"太平百钱"为新疆考古首次发现。考古人员判断这些钱币应为东汉至两晋

---

① 黄文弼：《塔里木盆地考古记》，北京：科学出版社，1958年，第30页。

② 黄文弼：《塔里木盆地考古记》，北京：科学出版社，1958年，第30页。

③ 黄文弼：《新疆考古发掘报告（1957—1958）》，北京：文物出版社，1983年，第54页。

时期居民墓葬的陪葬品。[1]龟兹故城东部有沙卡乌吐尔烽燧，西北部有伊西哈拉吐尔烽燧、阔空拜孜吐尔烽燧，西部有柯西吐尔烽燧等。这些烽燧是拱卫龟兹城、传递军事信息、防范外敌入侵的重要军事设施。由此可见，龟兹故城是古龟兹地区重要的政治、军事中心。

近年来，林梅村对龟兹故城遗迹分布进行了研究，结合史籍记载、考古发掘和田野调查，作出如下推论：现存"萨克刹克敦"可能即是《大唐西域记》中所记载的王城西门外大佛像遗迹，而喀拉墩则是王城东门内龟兹都督府故址遗存，雀鲁拔克土墩为王城北门外安西都护府的一处重要机构。

7. 乌什吐尔古城

乌什吐尔古城又称"玉其吐尔古城"，位于库车县玉奇吾斯塘乡库木土拉村的渭干河东岸，其对岸是夏哈吐尔古城，两座古城扼守渡口，是一处关津遗址，为魏晋至唐代遗存，唐代称该地为"柘厥关"。

1907年，伯希和曾到此考察发掘，称此地为"都勒都尔—阿乎尔古城"。4月24日，

图254　乌什吐尔古城建筑遗址

伯希和在此发现都勒都尔—阿乎尔的"藏经室"。尽管藏经室没有被破坏，但是由于长期自然侵蚀，经卷几乎完全损毁。经清点，伯希和共发掘718件完整写本和部分残叶文书。[2]此外，他还发掘出唐天宝二年的婆罗谜文书及1枚标示"大历通宝"四字的钱币。

1928年，黄文弼在考察库木吐喇千佛洞之后，向南到达古城，时称"色乃当古城"。据《塔里木盆地考古记》记述，古城平面大致呈四边形，周长约420米[3]，城址大都已被开垦为耕地。黄文弼在城址东北隅捡到唐代陶片数件，并夹杂唐代之前的青灰色无纹陶片。又在距古城北约500米处，采集

①　王瑟：《库车出土一万四千枚古币》，《光明日报》2012年8月13日。
②　[法]伯希和等：《伯希和西域探险记》，耿昇译，昆明：云南人民出版社，2001年，第230—240页。
③　黄文弼：《塔里木盆地考古记》，北京：科学出版社，1958年，第17页。

到字迹模糊的汉文陶片。其后，黄氏在古城附近发现一土堡，当地人称其为"炮台"，应为古时的军事瞭望台。

据当地文物人员介绍，乌什吐尔意为"三重城"。但我们在实地考察中发现乌什吐尔古城并非规整的三重城。通常意义上所说的"三重城"是指外城、内城、宫城，但此城结构分为外城、内城及位于内外二重城北部的北城遗址三部分。古城平面大致呈长方形，南北长约200米、东西宽50—100米不等。城墙保存相对完整，有马面建筑，拐角处有角楼遗迹。城墙建筑方式混杂，有土坯与砾石土叠层构筑，也有砾石混土夯筑。

8. 通古斯巴西古城

通古斯巴西古城位于新和县塔格托格乡的通古斯巴西农场西南处，为唐代遗存。通古斯巴西古城曾是唐安西都护府时期的屯戍中心，意为"九城之首"。这里的"九城"指通古斯巴西古城、索喀吐尔戍堡、且热克协海尔戍堡、来合曼协海尔戍堡、阿克提坎协海尔戍堡、克孜勒协海尔古城、克孜勒协海尔戍堡、乔拉克协海尔戍堡和艾格买力羊达克协海尔戍堡，通古斯巴西古城的规模在9座古城中规模最大、规格最高。

1915年，斯坦因来此考察，他所述的城墙外部的"小棱堡"即指马面建筑，南、北两门外的"短护墙"即是瓮城。此外，他在城址中采集到木简、细泥红陶片等遗物。由于采集物数量较少，残存面积较小，斯坦因当时未能推断出该古城的年代和性质。

表55 通古斯巴西古城附近戍堡遗址

名称	地点	形状	概况	出土文物
博提巴什戍堡	古城南约5千米	方形	东西城墙各75米、南北城墙各76米、墙垣基宽12米	陶瓮和瓮内遗存的麦、粟颗粒，铁器、钱币等
且热克协海尔戍堡	古城西北约6千米	长方形	墙垣长25米、宽20米、基宽4米	内部地面散露夹砂红陶片、石磨、残铁镰等
来合曼协海海尔戍堡	古城西北15千米	正方形	东西城墙各56米、南北城墙各55米	内部残存夹砂红陶残片、纺轮、铁马衔、石器残块
阿克提坎协海尔戍堡	古城北约8千米	方形	东城墙66米，北、南、西城墙各约61米	—

（续表）

名称	地点	形状	概况	出土文物
克孜勒协海尔古城	古城北约18千米	—	遗址分南北两部分	大陶瓮、陶排水管、波斯绿釉三耳罐
克孜勒协海尔戍堡	古城东北9千米	方形	东城墙62米、西城墙46米、南北城墙各52米	方砖、夹砂红陶片
艾格买力羊达克协海尔戍堡	古城东北16千米	方形	东西城墙各85米、南北城墙各98米、残高2米	铜制图章、刻字板等

1928年，黄文弼到此考察，称此城为"通古斯巴什古城"。黄文弼实地测得该城墙"高约9米，周约825米，土坯所砌。南北开门，门宽约1.3米，北门楼尚存，在北门楼东有古房遗址数处"[1]。城墙四角有土坯砌筑的城垛，为角楼遗迹。古城有南、北两个城门，现仅存北门楼。黄文弼认为此城在周边诸多城址中地位重要，应该是唐朝设置的重要军事或行政中心。

表56　近年来通古斯巴西古城出土文物概况[2]

类别	名称
钱币	开元通宝、乾元重宝、建中通宝、大历通宝
陶灯	模制夹砂灰陶
方砖	模制夹砂红陶，饰褐黄色陶衣（长20厘米、宽20厘米、厚5厘米）
石磨盘	灰褐色砂岩，直径60厘米、厚5厘米
陶碗	灰色夹粗砂，碗底胎厚3厘米，碗口直径约20厘米，碗底直径10厘米，高约8厘米。碗内面刻有人背面白猫的形象；外面印有马头、鹰翅、蛇身等动物花纹

---

① 黄文弼：《塔里木盆地考古记》，北京：科学出版社，1958年，第22页。
② 张平：《新和通古孜巴什古城遗址的调查与研究》，《吐鲁番学研究》2003年第2期。

表57　《大谷文书集成》收录的通古斯巴西古城出土文书

类别	内容
粮契	唐大历十五年李明达借粮契
钱契	大历十六年三月杨三娘举钱契
	大历十六年六月米十四举钱契

通过出土的李明达等的借粮、举钱契文书（见表57），可以看出通古斯巴西古城在安西地区的重要性。唐德宗大历年间仅为14年，而出现了"大历十五年"（应为建中元年，780年）的情况，说明安史之乱后，安西守军虽然断绝了与中原的通道，但仍苦守飞地。通古斯巴西古城及出土文物对于研究汉唐龟兹历史具有重要价值。

古城城墙东西长约270米、南北宽约250米，平面大致呈方形，这是唐代西域古城遗址常见的形制。城垣建筑结构为土坯砌筑，墙垣中有红柳枝等夹杂物。城址四角有突出的墙垛，即角楼遗迹。城垣外有马面建筑遗迹，主要分布于古城东、西、南墙。古城有南、北二门，二门均建有瓮城，用于藏兵和贮藏武器。

据新和县文物部门工作人员介绍，20世纪70年代，古城结构尚为完整，当地司法机关还曾利用此城关押过犯人。但近些年来，由于古城周围农田集中灌溉，地下水位猛然升高并逐渐渗入古城根基部位，部分墙体因此受潮坍

图255　通古斯巴西古城

图256　通古斯巴西古城航拍图

塌。另外，城址中的啮齿类野生动物（如兔子、老鼠等）刨土、打洞也在一定程度上加快了古城损毁的过程。

2006年，通古斯巴西古城被公布为第六批全国重点文物保护单位，新和县文保部门提出了裂隙加固、疏松层整治、基础加固等保护措施。

9. 阿格古城

阿格古城又名"阿艾古城"，位于库车县阿格乡苏博依村北。

古城平面大致呈方形，东西长约124米、南北宽约114米。古城四角各有一段长约4米、宽约8米的墙体斜向伸出，可能为角楼遗迹。西、南、北城墙上各有两处马面遗迹，基部长约4米、宽约4.5米，顶部长约3米、宽约2.5米。西城墙南侧有一道宽约3.8米的豁口；东城墙正中位置亦有一宽约7米的豁口，应为城门遗迹。城外有瓮城，东西长约14米、南北宽约4米，开口向南，城墙宽约4米、残高约4米。墙体由苋色砾石土夯筑而成。城内地表散布夹砂红陶片，古城修筑年代较早。

阿格古城位于汉唐时期的乌孙古道上，是龟兹国北面山谷里的险关要隘，当地学者也有人认为是佛教遗址。古城内外有大面积的铁渣、铜渣堆积，并采集到唐代开元通宝、大历元宝、龟兹铜钱等，这反映了该城有着悠久的矿冶活动，为唐朝安西都护府提供了支撑生产和军事活动的物质基础。

图257　阿格古城

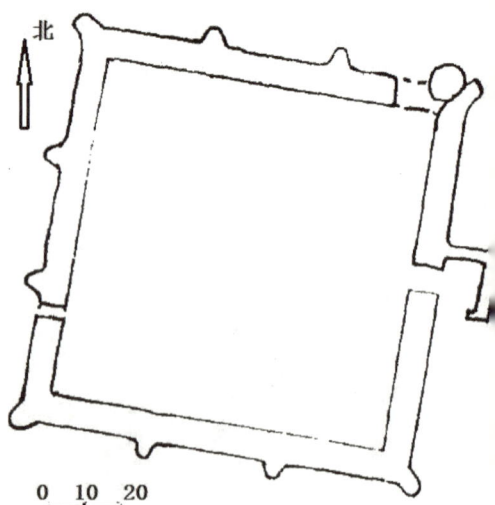

0　10　20

图258　阿格古城平面图*

10. 玉奇喀特古城

玉奇喀特古城又称"乌什喀特古城",位于新和县玉奇喀特乡玉奇喀特村西北,始建于汉代。现存城址仍保存外城、内城、宫城三个部分,其中外城和宫城平面均呈长方形,内城略呈方形。

1928年,黄文弼到此考察,出土印章一方,似"李崇之印"。印面呈正方形,篆书阴刻。李崇为新莽时期西域都护。《汉书》记载,天凤三年(16),新任都护李崇率军与龟兹、莎车联合打击亲匈奴的焉耆势力,因战败而退守龟兹,最后战死龟兹。此方似"李崇之印"的

图259　玉奇喀特古城卫星影像图

图260　玉奇喀特古城

印章一时轰动学界,有学者依此判断新和县玉奇喀特古城可能就是当年西域都护府府治所在地。1958年,考古人员又在玉奇喀特古城附近发现"汉归义羌长印",或是李崇当年被困龟兹时所留遗物,这为考证古城历史提供了新的佐证,也成为考察西域民族关系的重要资料。

古城现存外城东西长约1450米、南北宽约800米,东、南、西城墙残存有低缓墙垣,残高约3米,内城城墙长、宽各约350米,墙高2—4米,基宽约10米,城门宽约8米,宫城南北长100米、东西宽80米,墙高约5米,门开于南墙正中,宽约5米[①],残留墙垣为沙质泥土堆积与夯筑混合结构,地表土

---

① 新疆维吾尔自治区文物局编:《新疆维吾尔自治区第三次全国文物普查成果集成·新疆古城遗址》上册,北京:科学出版社,2011年,第180页。

质因盐碱化而松软。

11. 托甫古城

托甫古城位于新和县尤鲁都斯巴格乡托帕协村南，为唐代遗存。

古城平面大致呈椭圆形，残存墙垣为夯筑结构，夯层厚度不均，难以准确测量。城址东南角有一豁口，应为城门所在，城址四周现已被开垦为耕地。

图261　托甫古城*

12. 托帕墩协海尔古城

托帕墩协海尔古城位于新和县排先巴扎乡托帕墩村，为唐代遗存。

古城为二重城，其中内、外二城共用北墙和东墙。外城南北长约400米、东西宽约310米；内城南北长约180米、东西宽约150米。四周城墙各有外突马面数个，四角有角楼残迹。古城残垣为夯筑结构，夯层已不可辨识。

图262　托帕墩协海尔古城航拍图

13. 克孜勒协尔古城

克孜勒协尔古城位于新和县渭干乡克孜勒村与玉奇喀特乡吐格曼艾日克村的交界处，为唐代遗存。

古城由南、北两部分组成，平面均呈长方形，为夯筑结构。北城距南城约90米，规模略小，南北长约95米、东西宽约90米。南城南北长约170米、东西宽约140米，北墙残存一段约80米的墙垣。南城西、北城墙均有马面遗迹，古城西北角有角楼遗迹。南城曾出土排水陶管、大陶瓮等遗物，可见当时城内水利设施之完备。

对上述北城、南城的建筑规模和方式分析可知，北城的修建年代应该略早于南城，其后或许由于军事屯田任务加重，驻扎的士兵人数增多，因而在北城不远处新建南城，并在其原来形制基础上新增马面等军事防御设施。

图263　克孜勒协尔古城北城城墙（左）和南城残墙（右）*

14．玉尔衮协海尔古城

玉尔衮协海尔古城位于新和县玉奇喀特乡玉尔衮村西南，为唐代遗存。

20世纪80年代末，阿克苏地区文管人员到此调查。古城分内外二重，内城长、宽各约100米，外城东西长约250米、南北宽约200米。外城东南角暴露有当地居民挖掘出的马、

图264　玉尔衮协海尔古城*

骆驼等兽骨。[1]城址四角仍可见角楼遗迹，但墙体大部分已经坍塌，由残垣判断墙垣应为夯筑结构。内城为边长约78米的方形小城，有残存墙基，曾出土陶罐、陶瓮、陶盆等遗物。

15．萨勒唐古城

萨勒唐古城位于新和县玉奇喀特乡霍加吐鲁斯村西南，为唐代遗存。

---

① 阿克苏地区文管所：《新和县文物普查资料》，《新疆文物》1987年第1期。

古城平面呈方形，边长约145米。城门位于南城墙偏东位置，其外部未发现瓮城遗迹，其余三面城墙各筑马面一座。城垣四角发现角楼残迹，多为土坯修筑结构。地表散布夹砂红、黄陶片等遗物。

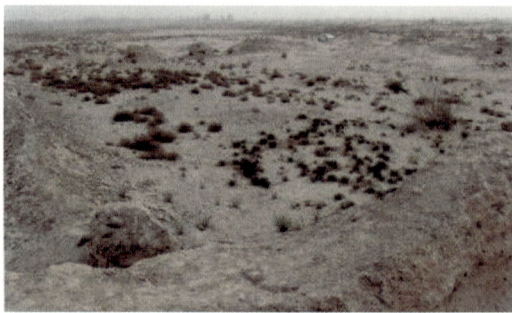
图265　萨勒唐古城*

16. 埃格麦里央达克古城

埃格麦里央达克古城位于沙雅县英买力镇央达克协海尔村北，为汉唐时期遗存。

古城为三重城，平面呈方形，外城周长约3351米，内城周长约510米。城墙均为土筑结构，墙体大部分已经毁损，仅余墙基遗迹。内城中心

图266　埃格麦里央达克古城*

位置有一土阜，黄文弼推断该处为城址建筑的中心区域。[①]古城内盐碱化严重，古城整体保存状况较差，部分地区已被开垦为农田。附近曾出土唐代开元通宝、大历元宝钱币，由此推断古城应筑于唐代或唐代以前。

17. 硝协海尔古城

硝协海尔古城位于沙雅县古勒巴格乡硝协海尔村西，为汉唐时期遗存。

古城平面略呈椭圆形，周长约360米。城址东南部有一豁口，应为城门，外有瓮城遗迹。

图267　硝协海尔古城*

18. 库克托格拉克古城

库克托格拉克古城位于沙雅县塔里木乡库克托格拉克村的荒漠中，为唐

---

① 黄文弼：《塔里木盆地考古记》，北京：科学出版社，1958年，第22页。

代遗存。

古城平面呈圆形，残垣为夯筑结构，古城周长约250米。圆形城墙有6处等距分布的马面遗迹。北城墙有一豁口，为古城城门。城址中部有一土堆，应是古城中心建筑遗迹。城内地表残留有铁渣残块、铜钱残片等遗物。

图268　库克托格拉克古城*

19. 喀依古城

喀依古城位于温宿县依西来木其乡喀依古村西北，为汉唐时期遗存。古城周围均已开辟为农田。

古城为二重城结构，平面呈长方形，东西长约310米、南北宽约100米。古城北墙处有一豁口，应为城门。城内中心位置有一平面呈方

图269　喀依古城*

形的建筑，应为古城中心建筑区域。古城地表散布大量陶片，考古人员曾在此采集到石磨盘、石镰残片、汉五铢钱等遗物。

20. 破城子古城

破城子古城又称"库尔干古城"，位于温宿县博孜墩柯尔克孜民族乡破城子村北，距托木尔峰自然保护区界碑约50米，为唐代及以后遗存。

古城依山傍水（西倚库勒克代尔亚斯山，东临木扎河提河），现已被通往托木尔峰自然保护区的公路分为两部分。城址东西长约200米，北城墙破损严重，南城墙保存相对较好，残墙高约2.6米。城墙为夯筑结构，墙体由石块、泥土、红柳枝混合夯筑而成。古城已基本被民房、羊圈所覆盖，部分被辟为农田，古城遗迹无从寻觅。考古人员曾在古城中发现石磨盘残块等遗物。

图270 破城子古城东段城墙（左）和西段城墙（右）

21. 阿克布拉克古城

阿克布拉克古城位于温宿县博孜墩柯尔克孜民族乡阿克布拉克村南，为唐代遗存，是2009年第三次全国文物普查时新发现的遗址。

古城西临深数十米的卡格那格勒克厄肯沟，北倚天山山脉，地势险要。2013年调查时城址大部分已被辟为石油勘

图271 阿克布拉克古城

探区和农田，除遗址残墙外，很少见其余建筑遗迹。古城平面呈长方形，南北长约135米、东西宽约90米，北城墙中部有一豁口，应为城门。城垣为夯筑结构，夯层厚7—11厘米。古城曾出土人骨、陶片等遗物。

22. 沙牙提古城

沙牙提古城位于柯坪县盖孜力克乡巴格力克村西，修筑年代不早于汉代。

古城平面呈长方形，南北长约170米、东西宽约130米。墙体主要为黄土垛筑结构，垛层中夹杂柴草，垛层厚10—30厘米。城门南开，外有长方形瓮城遗迹。古城中心残

图272 沙牙提古城

留一土墩，高约2米，为古城中心建筑。古城四周遗存深约2—3米的壕沟。城门下面有一暗渠通入城中，暗渠与城墙下的壕沟相通，为古城重要的水利设施。古城地表散布红、黄陶片及少量灰陶片，考古人员曾采集到陶器、石器及料珠等文物。

23. 多浪古城

多浪古城位于阿瓦提县乌鲁却勒镇牧场村东，为北朝至唐代遗存。

古城为二重城结构，内外城平面均呈方形，外城墙长约140米，其中西、东、南城墙均有马面建筑遗迹，四角有角楼遗迹。内外城共用古城的东、北墙，北墙有一宽约3.2

图273　多浪古城*

米的豁口，应为城门。古城四周有深约半米的土坑，为护城河沟，地表残存少量陶片。

24. 伯什力克古城

伯什力克古城位于阿瓦提县拜什艾日克镇苍村南，为北朝至唐代遗存。

古城周围已被农田、民居包围。古城平面呈长方形，东西长约150米、南北宽约130米，北城墙中间有一豁口，应为城门。古城地表散布陶片、铁渣、动物骨头等遗物。据当地文物保护人员介绍，城门外原可见瓮城建筑，城址四周亦有护城河遗迹，但今已无迹可寻。

图274　伯什力克古城全景（左）和内部（右）*

25．唐王城

　　唐王城位于库车县英达里亚乡政府东北约12千米的盐碱滩上，是唐代重要的屯城之一。

　　古城平面呈长方形，东西长约260米、南北宽约160米。古城整体保存较为完整，遗存城墙、角楼、马面、瓮城等建筑。城墙保存较好，高5—15米不等，墙基底部宽11—20米不等、顶部宽1—6米不等。古城四角均有向外斜出类似角楼的遗迹，长约3米、宽1—5米不等。城墙四面均有马面，其中东墙5个、西墙2个、南墙8个、北墙8个。城墙外有瓮城，瓮城遗址东西宽约13米、南北长约34米。西墙中部有城门，宽约10米。城墙为夯筑结构，由红柳芦苇夹层及土坯垒砌混合构筑而成，共分为5层。第一层厚约10厘米，由捆扎的红柳和芦苇构成；第二层厚约30厘米，由黄土夯筑而成；第三层厚约15厘米，由红柳和芦苇构成；第四层厚约60厘米，由黄土堆砌而成；第五层厚约15厘米，夹杂红柳夯筑而成，顶部以土坯砌墙。

图275　唐王城城墙构造（左）和城内出土的釉砖（右）*

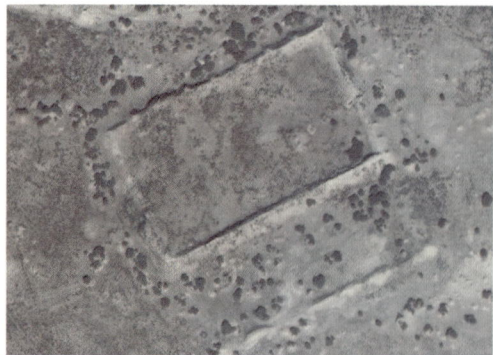

图276　唐王城航拍图

图277　唐王城东城墙*

古城南部遗存面积约2.5万平方米的羊马城，东西长约250米、南北宽约100米。城墙仅存宽约20米、高约8米的墙基。这种规模的羊马城遗迹在新疆古城址中较为少见。

1989—1990年考古人员在唐王城采集到一批文物，其中陶器均为碎片，以器型推断或为陶盆、陶钵、陶纺轮等遗物，陶器均为轮制夹砂红陶；木器较为丰富，器型有高浮雕柱础、旋指栏杆、木碗、木盆等；铜器2件，铜镞和铜扣；铜镞损毁严重，呈三角形，顶部有三角状背，长约2.3厘米、宽约1.4厘米、厚约0.8厘米。铜扣为方头圆环，上有连珠纹，长约2.65厘米、宽约2.3厘米；料珠2件，玻璃质。一颗为绿色圆柱形，一面钻孔，最大径约0.3厘米、高约0.25厘米，孔径0.05—0.1厘米。另一颗为黑色带白斑长鼓形，对钻孔，长约1厘米，直径约0.65厘米，孔径0.2—0.25厘米；钱范10块，为泥质红陶，其中一块夹有龟兹小钱1枚、龟兹钱1枚、乾元重宝1枚。

26. 其他城址

除上述典型城址外，根据调查与相关资料，我们将该流域其他相关城址资料整理如下：

（1）塞维尔古城位于轮台县轮台镇塞维尔牧业村西北，为汉唐时期遗存。古城平面为方形，内部盐碱化严重。古城地表遗存夹砂红陶片、钱币残块等。

（2）恰库木排来克城堡位于轮台县轮台镇塞维尔牧业村北部，为唐代遗存。城堡平面呈长方形，东西长约60米、南北宽约50米。遗址保存状况较差，受雨水冲刷、盐碱侵蚀影响严重，附近亦有挖掘痕迹。有村民在城址上取土造成古城的破坏。古城地表散布夹砂红陶片、五铢钱币、铜制饰品和陶器残件。

（3）阿格拉克古城位于轮台县策大雅乡策大雅牧业村，为汉代遗存。古城平面近似圆形，城门位于东南墙垣。古城受风蚀、雨水冲刷、盐碱腐蚀影响，盗挖现象严重。古城地表遗存夹砂红、褐陶片及石器等。

（4）乌勒方古城位于轮台县策大雅乡其盖里克村，为汉代遗存。古城平面呈椭圆形，周长约0.5千米。城址内部杂草丛生，受风雨侵蚀、农耕开垦影响，破损严重。古城地表散布些许夹砂红、褐陶片。当地居民曾在城内采集到夹砂灰陶罐。

（5）琼库勒古城位于轮台县哈尔巴克乡哈尔墩村，为汉唐时期遗存。

古城平面呈圆形，半径约73米，城址内有一东北向河流穿过，地表盐碱化程度严重。

（6）喀拉墩古城位于轮台县哈尔巴克乡哈尔墩村，为汉代遗存。古城近似椭圆状，周长约200米。城址内红柳、芦苇等植物丛生，曾采集到夹砂陶片、马鞍状石磨盘。

（7）麦当城址位于轮台县草湖乡阿克提坎村东南，基本已沙化，仅残存城垣数段，墙体为夯筑结构。古城所在的台地上散布大量夹砂红陶片、铁渣，曾采集到陶纺轮、三棱状铜镞等。

（8）恰克城堡位于轮台县铁热克巴扎乡托平拉村，为唐代遗存。古城平面呈长方形，东北、西南城墙上各有马面一座。

（9）喀塔墩城址位于轮台县塔尔拉克乡阿克布拉克村。古城平面呈不规则状，城址东南角遗存残高约4.8米土墩，西、南部已开垦为耕地。

（10）大故城位于库车县哈尼喀塔木乡琼协海尔村南，为汉唐时期遗存。古城平面呈圆形，半径约180米、周长约1100米。城垣为土筑结构，地表遗存夹砂红陶片、铜器残片等。

（11）阿克希古城位于库车县哈尼喀塔木乡齐满村东南，为汉唐时期遗存。古城平面呈方形，边长约75米，城墙为土坯砌筑结构，毁损严重。古城内见有红陶残片。

（12）乌什吐尔古城位于库车县玉奇吾斯塘乡库木吐尔村北，为魏晋至唐代遗存。古城依地势修筑，分为外城、内城、北城三个部分。外城位于遗址南部，平面呈长方形；内城有城门三处；北城遗存部分房屋基址。古城内散布大量陶器、铜器、钱币等。

（13）克尔依斯古市城址位于库车县牙哈镇麻扎巴格村，为唐代遗址。古城平面呈矩形，仅残存北城墙，为夯筑结构。古城地表散布夹砂红、黄陶片，出土罐、钵、盆等器物。

（14）硝力汗那古城位于库车县塔里木乡种羊场西南，为唐代遗存。古城平面呈圆形，半径为90米、周长约550米。城墙已坍塌，为土筑结构。古城曾出土龟兹钱币180余枚，地表散布少量陶片、铜铁器残块。

（15）羊塔克古城位于库车县哈尼喀塔木乡英也尔村东，为唐代遗存。古城平面呈方形，边长约105米，四角有角楼遗迹，东、北、南三面城墙各遗存马面1座。古城内采集到夹砂红陶片。

（16）穷特音墩古城位于库车县伊西哈拉镇肖尔巴格村东南，为唐代遗存。古城为龟兹故城的组成部分，平面呈长方形，城墙为混筑结构。古城地表遗存少量泥制红陶残片。

（17）卡拉萨古城位于库车县阿克吾斯塘乡卡拉萨村南，为唐代遗存。古城平面呈圆形，周长约260米，城墙已坍塌，城门开于北城墙。

（18）哈热巴特古城位于库车县塔里木乡英达雅村东，为北朝时期遗存。古城东西长180米、南北宽140米。城垣已毁损，残存土墩数处。古城内散布木制构件、陶片等。

（19）协海尔墩古城位于库车县阿克吾斯塘乡卡拉萨村，为唐代遗存。古城平面呈方形，边长约75米，四角各遗存一垛墙，南、北、西墙中部各遗存马面1座。古城内见有泥制红陶片。

（20）羊塔克先古城位于库车县塔里木乡英达雅村南，为唐代遗存。古城平面呈方形，边长约50米，四角有角楼遗迹。

（21）阔那西古市遗址位于库车县阿拉哈格镇库纳斯二村，为唐代遗存。古市遗址原为方形，现已开垦为农田、果地。

（22）明田阿达城址位于库车县伊西哈拉镇库木艾列克村东南，为唐代遗存。古城内外二重城，外城残存北、东城墙，内城为矩形，城墙为夯筑结构。古城内发掘出佛教塑像残块、汉文文书和少量陶片。

（23）赛格散塔木古城位于库车县哈尼喀塔木乡齐满村，为汉唐时期遗存。古城平面为方形，边长70米，城墙已坍塌，四角有凸出的角楼遗迹。

（24）阿克协尔塔木古城位于库车县哈尼喀塔木乡大萨依力克村南，为汉唐时期遗存。古城平面为长方形，东西宽约50米、南北长约90米，四角有角楼，城墙有马面建筑。古城地表见有残存陶片。

（25）再夏尔古城位于库车县哈尼喀塔木乡塔格艾日克村东南，为汉唐时期遗存。古城平面为圆形，半径约25米，城墙残高约1.5米。古城地表遗存少量夹砂陶片及铜钱残块。

（26）拉提夏尔古城位于库车县齐满镇喀依罗村东南，为汉唐时期遗存。古城原为三重城，现仅存内城，平面呈圆形，半径约95米，城墙为夯筑结构。城址中间有一排碱渠东西向穿过，将古城分为两个部分。

（27）库纳斯古城位于库车县阿拉哈格镇库纳斯一村东北，为南北朝至唐代遗存。古城原为三重城，现仅存内城，平面呈圆形，城墙为夯筑结构。

古城内出土陶缸、陶罐、铁锅等。

（28）庭木阿拉卡尕古城位于库车县墩阔坦镇庭木阿拉卡尕村东南，为唐代遗存。古城平面呈矩形，西北、东北部建筑遗迹保存较好。古城地表残存大量陶片，出土陶器些许。

（29）喀拉沙古城位于库车县阿拉哈格镇英沙三村，为汉唐时期遗存。古城平面呈长方形，东西宽约120米、南北长约150米。遗址建筑破坏严重，仅西、南城墙保存较为完好。

（30）再协尔古城位于库车县塔里木乡羊场北，为唐代遗存。古城平面呈方形，边长约110米，城门位于西城墙，古城四角、城墙分别修筑角楼、马面，地表遗存少量泥制红陶片。

（31）唐王城北古城位于库车县塔里木乡英达雅村东北，为唐代遗存。古城平面略呈圆弧形。

（32）托帕夏尔古城址位于库车县齐满镇巴扎村南，为汉唐时期遗存。古城平面呈圆形，城墙已坍塌。遗址内曾出土钱币、陶器等。

（33）拜什坡里干古城位于库车县哈尼喀塔木乡英也尔村东，为汉唐时期遗存。古城平面呈圆形，半径为40米，城墙为夯筑结构，城门位于东北角。

（34）哈浪沟古城位于库车县牙哈镇哈浪沟一村，为唐代遗存。古城平面呈方形，边长约60米，城墙为夯筑结构，西、北城墙有马面遗迹。

（35）英也尔古城位于库车县哈尼喀塔木乡英也尔村东北，为汉唐时期遗存。古城平面呈矩形，东西长约60米、南北宽约45米，现存城址内盐碱化严重。

（36）郎卡古城位于库车县塔里木乡郎卡村西北，为汉唐时期遗存。古城平面呈方形，边长约50米，城门位于北墙位置，墙体已坍塌，周围多胡杨、红柳等沙漠植被。

（37）博斯塘古城位于库车县阿克吾斯塘乡博斯塘一村西南，为汉唐时期遗存。古城平面呈方形，边长约40米，城门位于南墙位置，城墙大部分已坍塌。古城内见有夹砂红陶片。

（38）托乎拉克艾肯古城位于新和县尤鲁都斯巴格镇尤鲁都斯巴格村西北，为唐代遗存。古城平面呈不规则状，东西长约40米、南北宽约35米，城墙残高约5米，西、东城墙中部均遗存马面。古城四角有角楼遗迹，地表见有红、灰陶片以及铜铁等金属炼渣。

（39）来合买协尔古城位于新和县桑塔木农场东北，为唐代遗存。古城平面呈方形，边长约55米，城门位于西城墙南端，城墙为土坯垒砌结构。古城内曾出土土狮钮"常宜之印"、陶鹿、唐代开元通宝铜钱等。

（40）托帕墩协海尔古城位于新和县排先巴扎乡托帕墩村东南，为唐代遗存。古城内外二重，外城平面呈长方形，南北长约410米、东西宽约320米，四角及城墙分别遗存有角楼、马面遗迹；内城镶嵌于古城东北角，城墙为夯筑结构。古城地表见有夹砂红陶片。

（41）乔拉克协海尔古城位于新和县塔什力克乡乔拉克村，为唐代遗存。古城平面略呈矩形，南北长约76米、东西宽约58米，城门位于南城墙中部，外有瓮城遗迹，其余三面城墙有马面建筑。古城地表遗存红陶片等。

（42）克孜勒协海尔古城位于新和县塔什力克乡乔拉克协尔村东，为唐代遗存。古城平面呈方形，边长约80米，城墙大部已毁损。

（43）阿克提干古城位于新和县塔什力克乡塔什艾日克农场西北，为唐代遗存。古城平面呈方形，边长约60米，城门位于南城墙中部，宽约10米，其余三面城墙均遗存马面建筑。

（44）且热克协海尔古城位于新和县尤鲁都斯巴格镇尤鲁都斯巴格村西南，为唐代遗存。古城平面呈方形，边长约20米，城墙大部已坍塌，地表散布夹砂红陶片。

（45）色格孜协海尔古城位于新和县塔什力克乡塔木托格拉克村西，为唐代遗存。古城平面呈不规则状，南北长约30米、东西宽约26米，地表泛碱严重。

（46）托甫协海尔古城位于新和县塔什艾日克乡克库木村，为汉唐时期遗存。古城现已辟为农田。

（47）苏盖提古城位于新和县渭干乡苏盖提村东北，为汉唐时期遗存。古城平面呈方形，边长约90米，唯西城墙保存较好。

（48）卡拉羊达克古城位于新和县桑塔木农场西南，为唐代遗存。古城平面呈椭圆形，周长约100米，城门位于古城西北部，地表见陶片、铁渣等。

（49）额依科坦古城位于新和县桑塔木农场东南，为唐代遗存。古城平面呈矩形，东西长约70米、南北宽约45米，城门位于北城墙位置，城墙已坍塌。古城地表残存碎陶片、石磨残块、铁渣等。

（50）吐孜吐尔古城位于新和县玉奇喀特乡玉尔衮协海尔村西北，为唐代遗存。古城内外两重结构，平面均呈方形，外城门位于东墙中部。古城地表见有夹砂红陶片。

（51）喀拉墩古城位于新和县桑塔木农场西，为唐代遗存。古城平面呈矩形，东西长约30米、南北宽约25米，城门位于东城墙北段。古城沙化严重，地表见有铁渣、残陶片等。

（52）夏合吐尔古城位于新和县尤鲁都斯巴格镇硝尤鲁克村西北，为汉唐时期遗存。古城平面呈不规则状，毁损严重。古城内散布陶片、骨头等遗物。

图278　夏合吐尔古城出土的木雕彩绘佛像（法国巴黎吉美博物馆藏）

图279　夏合吐尔古城出土的木雕彩绘人像（法国巴黎吉美博物馆藏）

（53）乌什喀特古城位于沙雅县英买力镇央力克村东，为汉唐时期遗存。古城为外城、内城、宫城三重，仅存内城与宫城，周围已开垦为农田。

（54）塔什顿古城位于沙雅县英买力镇塔什顿村西北，为汉唐时期遗存。古城原为方形，现已开垦为农田。

（55）博提巴什古城位于沙雅县英买力镇破托格拉克村西，为唐代遗存。古城平面呈方形，边长约76米，城墙残高1—9米不等，城门位于东墙中部，外有瓮城遗址。城内有盗掘痕迹，地表采集到少量陶片。

（56）博斯腾托和拉克古城位于沙雅县塔里木乡库木库拉村，为唐代遗存。古城基本已开辟为农田。

（57）小央达克协海尔古城位于沙雅县英买力镇羊达克协尔村西，为唐代遗存。古城平面呈矩形，城址内外均已被农田占据。古城内出土陶缸、陶纺轮等。

（58）且热克协海尔城址位于沙雅县英买力镇破托格拉克村西南，为唐代遗存。古城已开辟为农田。古城内出土大陶瓮、汉文铜质印章，地表散布大量夹砂红陶片。

（59）卡里帕克其古城位于沙雅县红旗镇卡什托格拉克村南，为汉唐时期遗存。古城平面呈矩形，城门位于北城墙中部，城墙为夯筑结构。古城内残存陶片、骨头等。

（60）阔那协尔古城位于沙雅县一牧场库克却勒村南，为汉唐时期遗存。古城为内外两重，外城平面呈圆形，周长约0.7千米，城门位于西北角；内城位于外城西北部，平面呈方形。

（61）喀拉欧格拉克古城位于沙雅县古勒巴格乡喀拉欧格拉克村东，为汉唐时期遗存。古城仅残存局部墙垣，为土坯砌筑结构。古城地表遗存夹砂灰陶残片。

（62）夏当协尔古城位于沙雅县英买力镇阿恰墩管理区南，为汉唐时期遗存。古城平面呈方形，边长约29米，城墙为夯筑结构，已坍塌，城门位于南城墙东端。古城附近见有陶片、青铜残片、铁渣等。

（63）阔纳协海尔古城位于拜城县克孜尔乡克孜尔村东南，为汉至魏晋时期遗存。古城平面呈矩形，城墙为土筑结构。古城内采集到石器、陶片、炼渣等。

（64）乌堂古城位于拜城县克孜尔乡乌堂村东北，为唐代遗存。古城依山势而建，平面呈方形，边长约81米，仅东城墙保存较好，其上有马面建筑。古城地表采集到夹砂红陶片、石磨盘残块等。

（65）哈拉墩古城位于拜城县赛里木镇喀尔墩博拉克村北，为唐代遗存。古城平面呈圆形，周长约0.5千米，城内杂草丛生，周围为农田所环绕。古城地表遗存夹砂红陶片。

（66）亚木古鲁克古城位于拜城县种羊场北，为唐代遗存。古城平面呈不规则状，西靠库台克吐尔艾肯沟，东城墙长约140米，南城墙长约66米，城门东南开。古城地表遗存石磨块、夹砂红陶片，出土陶瓮、陶罐等。

（67）萨依墩协海尔古城位于拜城县黑英山乡喀赞其村东，为汉唐时期遗存。古城平面呈矩形，西、北城墙保存相对较好。周围为农田、居民建筑、林带。古城地表残存夹砂红陶片，曾发掘出罐、瓮等。

（68）黑达依协海尔城址位于拜城县黑英山乡喀赞其村东南，为汉唐时期遗存。古城已开垦为农田。

（69）夏特热克山口古城位于拜城县赛里木镇牧场、托克逊牧场交界处，北临河沟，为唐代遗存。古城平面呈矩形，东西长约60米、南北宽约50米，东、南城墙保存较好，城墙为卵石垒砌结构。古城地表遗存夹砂红陶片。

（70）吐格曼贝希古城位于拜城县黑英山乡喀赞其村东北，北靠河流，为汉唐时期遗存。古城平面呈矩形，城门位于古城东南处，宽约4米。

（71）波孜塔什古城位于拜城县黑英山乡开都维村东北，为汉唐时期遗存。古城平面呈椭圆形，城墙由卵石垒砌而成，城门位于古城西北角。

（72）克沙尔城址位于温宿县古勒阿瓦提乡古勒艾日克村西南，为汉唐时期遗存。古城平面呈方形，现开辟为农田。古城内曾出土陶片、钱币等。

（73）阿萨城址位于温宿县克孜尔镇乌克特热克村南，为汉唐时期遗存。古城平面呈方形，现已开辟为农田。城址内遗存夹砂红陶片、动物骨头。

（74）巴夏克其古城位于温宿县克孜勒镇巴夏克其村北，为汉唐时期遗存。古城平面呈长方形，四周已开辟为农田，城垣坍塌，城门开在南墙中部。古城内未见遗物。

（75）海里般古城位于阿瓦提县乌鲁却勒镇海力派村西北，为汉唐时期遗存。古城俗称"喀拉玛克沁"，意为"蒙古城"，平面呈方形，现已被红柳及芦苇覆盖，地表未见遗物。

（76）阔什库都克古城位于阿瓦提县英艾日克乡阔什库都克村西，为汉唐时期遗存。古城平面呈方形，北墙保存较好，其他三面残毁较严重，城垣为夯筑结构，地表未见遗物。

（77）博斯坦古城位于阿瓦提县拜什艾日克镇博斯坦村东南，为汉唐时期遗存。古城平面呈圆形，大部分被开辟为农田，仅存西北角一段城墙及一座土墩，地表遗存碎陶片。

（78）喀依古城址位于温宿县依西来木其乡喀依古村西北，为汉唐时期遗存。古城平面呈长方形，大部分已成为农田，仅余中部城址及周围遗迹。城址地表遗存红陶片、灰陶片、石磨盘、石镰残片、砺石、汉五铢钱、龟兹小钱。

（79）扎木台古城位于温宿县佳木镇团结村西，为唐代遗存。古城平面呈长方形，城墙已塌，四角有角楼，四面有马面遗迹。古城地表遗存轮制夹砂红陶片。

二、烽燧

1. 拉依苏烽燧

拉依苏烽燧位于轮台县群巴克镇群巴克牧业村西、拉依苏沟洪积扇缘处的红柳滩上，遗址包括汉代烽燧、唐代烽燧以及戍堡遗址三部分。

汉代拉依苏烽燧位于拉依苏河两支流间的台地上，为夯筑结构，平面呈方形，边长6—7米、残高约8米，夯层厚2—3厘米。考古人员曾在此采集到直径约1.5厘米、串径约0.6厘米的剪轮五铢钱一枚。

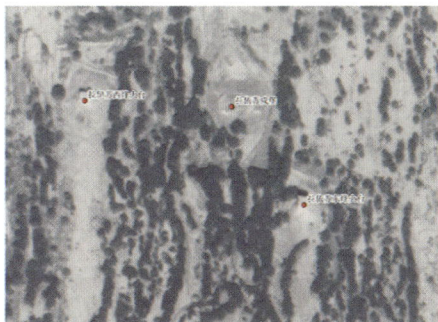
图280 拉依苏烽燧卫星影像图

图281 汉代拉依苏烽燧

图282 汉代拉依苏戍堡

图283 唐代拉依苏烽燧

唐代拉依苏烽燧位于拉依苏河旧河道东岸，周围长满红柳包，平面呈梯形，残高约14米，基底部宽约7米，为土坯垒筑结构，东壁建筑保存较为完整。其建筑特点是在夹层中放置圆木桩，上下共11层。

汉代拉依苏戍堡位于两座烽燧中间，平面呈长方形，长约70米、宽约50米，墙垣残高5米，残垣北部有一豁口，应为戍堡入口。戍堡内曾出土铁犁铧、铁镰、石磨、铁刀、铁箭镞等生产与生活工具。

表58　拉依苏烽燧出土文物①

类别	名称	类型	数量	概况
陶器	陶罐		1	保存完整，轮制夹中砂红陶，外施土黄色陶衣。平唇微敞口，直颈、溜肩、小平底，无耳。通高63厘米、口径26厘米、底径23厘米
	单耳罐		1	保存完整，轮制细砂红陶。平唇喇叭口，溜肩、平底、单耳。口沿上饰有两道刻画的同心圆纹饰。通高40厘米、口径17厘米、底径16厘米
	小陶罐		1	保存完整，手制泥质红陶。平唇、直颈、溜肩、小平底。肩部刻画莲瓣状的纹饰。通高4.3厘米、口径2厘米、底径1.5厘米
	纺轮	I	1	泥质红陶，平面呈圆锥形。通高2.5厘米、底径3.3厘米、中心孔径0.6厘米。底径面阴刻莲瓣状、同心圆和连珠纹饰
		II	5	泥质红陶，平面呈圆形，通高0.6厘米、底径2.5厘米、中心孔径0.6厘米
铜器	开元通宝		2	廓径2.5厘米、串径0.6厘米
	汉龟二体五铢钱	I	4	廓径2厘米、串径0.8厘米，重2克
		II	1	廓径1.7厘米、串径1.8厘米，重1.8克
	素面五铢钱		4	圆形、方孔，内外廓不明显，无铸文。廓径2.3—2.4厘米、串径0.8—0.9厘米
	龟兹小钱		4	近似圆形、方孔，无文，铸工粗糙。廓径约0.8厘米、串径约0.5厘米
	铜戒指		1	戒指面部饰有乳钉状纹，面长2.2厘米、宽2厘米
	铜发簪		1	稍有残缺，平面呈长方形，顶部有乳冒纹饰。残长约2.8厘米、宽约1.3厘米
	铜镜		3	镜纽部完整，为圆形瑞兽形纽，其余二块也尚存瑞兽、葡萄纹样

① 新疆维吾尔自治区博物馆文物队、轮台县文教局：《轮台县文物调查》，《新疆文物》1991年第2期。根据第13—14页相关内容整理而成。

拉依苏烽燧扼守龟兹的东部关口，是从焉耆、轮台进入龟兹的门户，因此拉依苏烽燧和戍堡组成了一道从东部进出龟兹的安全屏障，汉唐都设置重兵戍守。

2. 墩买力吐尔烽燧

墩买力吐尔烽燧位于库车县牙哈镇塔罕西二村南约1千米的农田中，始建于汉代，沿用至唐代。烽燧整体呈梯形，底部周长约21米，残高约7米。在对其进行考察时，我们发现烽燧基部有少许被水漫灌的痕迹，较为松软，易塌陷，应是村民灌溉农田所致。

图284　墩买力吐尔烽燧

3. 丘甫吐尔烽燧

丘甫吐尔烽燧位于库车县牙哈镇牙哈村东约15千米处、却勒塔格山南麓的洪积砾石山梁上，与脱盖塔木戍堡、脱盖塔木烽燧隔314国道相望。烽燧始建于汉代，沿用至唐代。烽燧基部呈长方形，东西宽约4米、南北长约7米。烽体整体呈梯形，高约5米，为夯筑结构，夯层厚8—12厘米不等。烽燧四壁均有不同程度的坍塌，北面有梯道直通烽顶。烽燧基部东、西、北三面见有三个洞穴，应是盗洞。

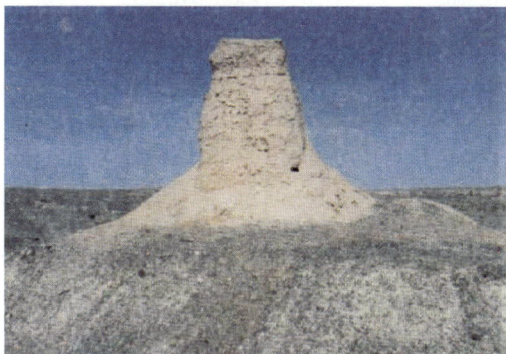
图285　丘甫吐尔烽燧*

4. 阔空巴孜烽燧

阔空巴孜烽燧位于库车县伊西哈拉镇科克拱拜孜社区，

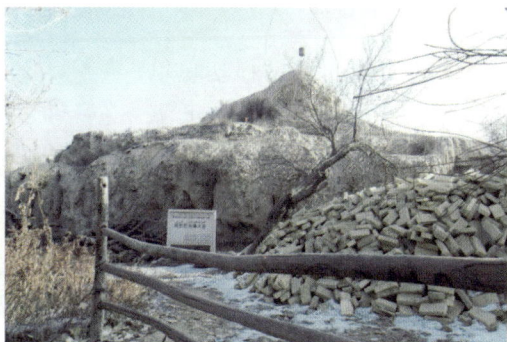
图286　阔空巴孜烽燧

四周为农田、民居。烽燧始建于汉代，沿用至唐代。烽燧整体呈不规则状，为夯筑结构，残高约11米，基部呈方形，边长约30米。

5. 克孜尔尕哈烽燧

克孜尔尕哈烽燧位于库车县伊西哈拉镇道来提巴格村西北3千米处，北依却勒塔格山，西临盐水沟，是目前新疆境内现存最高的单体烽燧。烽燧始建于汉宣帝时期，唐代修复后继续使用。烽燧基部呈长方形，长约6米、宽约4米。

图287　克孜尔尕哈烽燧

由基部向上收缩至顶部，呈梯形状，残高约13米。烽燧为夯筑结构，夯层厚10—20厘米，中间夹杂红柳、树枝等植物。烽燧南侧由于风力侵蚀呈凹面状，北侧遗存一因建筑坍塌堆积而成的土包，应为烽梯遗迹。

克孜尔尕哈烽燧为目前新疆境内年代最久、高度最高、保存最好的单体烽燧。但是该烽燧地处台地高处，常年受风力侵蚀，导致烽燧高度正以约1.5厘米/年的速度削减。近些年来，文物部门加大了对克孜尔尕哈峰燧的保护力度。2005年，国家投资丝绸之路（新疆段）文物保护工程正式启动，克孜尔尕哈烽燧被列为重点文物抢救保护对象。2011年，国家投资130万元，启动克孜尔尕哈烽燧保护工程。工程主要针对烽燧加固与河床防洪治理，具体涉及烽燧表面防风化加固、锚杆锚固、裂隙注浆、冲沟整治、防护围栏等措施。2014年6月，克孜尔尕哈烽燧入围"丝绸之路——长安与天山廊道的路网"申遗名单，进入世界文化遗产保护行列。

6. 柯西烽燧

柯西烽燧又名"科实吐尔塔"，位于库车县玉奇吾斯塘乡阔什吐尔村西。柯西烽燧始建于东汉时期，是西域都护府府治它乾城的重要军事防御工事之一。烽燧残高约10米，基部呈长方形，东西

图288　柯西烽燧*

宽约12.5米、南北长约18米。

7. 脱盖塔木戍堡及烽燧

脱盖塔木戍堡及烽燧位于库车县牙哈镇牙哈一村东约15千米的盐碱滩中。戍堡整体呈方形，边长约45米，为土坯垒筑结构，戍堡西北角与东南角保存较好。戍堡入口位于南墙垣中部，宽约8米。外有瓮城，现已损坏。烽燧与戍堡相

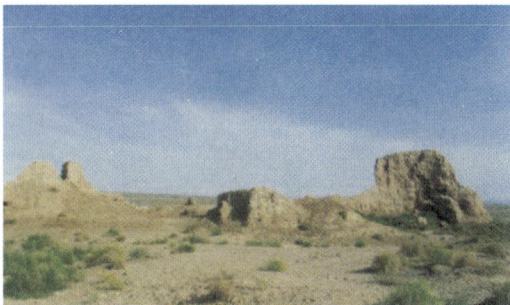

图289　脱盖塔木戍堡*

距100米左右，因自然风化作用，今已坍塌成椭圆形土丘状。烽燧高约9米，基部略呈方形，边长约9米、周长约60米，为夯筑结构，夯层厚约13厘米。烽燧顶部遗存土坯砌筑的瞭望楼，南部有梯道通往烽顶。

8. 克日西戍堡

克日西戍堡位于库车县牙哈镇克日西村南、牙哈河南岸台地上。戍堡遗址呈不规则长方形，南北长约60米、东西宽约30米。城垣为夯筑结构，基宽约4米、残高约3米。戍堡入口位于南垣西部，宽约3米。因受到河水冲刷，戍堡北墙坍塌悬空，今仅存西南端和南墙垣。戍堡西侧及南墙中部各有一座台基，基部为夯筑结构，夯层厚约20厘米，上部由土坯砌筑而成，为马面遗迹。

图290　克日西戍堡

9. 吾孜塔木戍堡

吾孜塔木戍堡位于库车县牙哈镇却勒阿瓦提村西约8千米处。戍堡整体呈方形，边长约

图291　吾孜塔木戍堡*

70米，为夯筑结构，夯层夹杂红柳，墙体坍塌严重。墙垣基宽约3米、高约2米。戍堡东墙有一马面，东南角有一角楼，为夯土结构，近似方形，东西长约10米、南北宽约8米、高约3米。入口位于南垣，宽约2米。戍堡北部有房屋遗迹，呈东西走向，仅存墙基。戍堡西墙有一不明建筑遗址，为夯筑结构，中间夹杂红柳，整体呈长方形，东西宽约25米、南北长约70米，墙体宽1—2米。

10. 却勒阿瓦提烽燧

却勒阿瓦提烽燧位于库车县牙哈镇却勒阿瓦提村东约7千米的荒漠中。烽燧基部平面略呈方形，边长约10米、高约5米；顶部东西长约7米、南北宽约5米。烽燧为夯筑结构，夯层厚约15厘米。中心筑有一高约3.5米的土坯台基，东南角有梯道通往烽顶。遗址地表曾采集到轮制夹砂红陶片。

图292　却勒阿瓦提烽燧*

11. 依斯塔那烽燧及戍堡

依斯塔那烽燧位于库车县牙哈镇依斯塔那村东北约2千米的荒漠中。烽燧基底平面呈方形，边长约14米、高约10米；顶部长约7米、宽约5米。四壁有柱木孔，部分仍残存柱木。

戍堡位于烽燧东北部，平面呈方形，边长约23米，残墙高约4米，底宽约3米。南墙中有一宽约6米的豁口，应为戍堡入口。戍堡为夯筑结构，夯层厚约8厘米。

图293　依斯塔那烽燧*

12. 沙卡乌烽燧

沙卡乌烽燧位于库车县城南，烽燧大部已被居民院墙所围，仅院墙外部分保存较好。整体呈长方

图294　沙卡乌烽燧

形，高约9米、周长约13米。烽燧距离龟兹故城不远，应为龟兹故城防御体系的重要组成部分。

13. 依西哈拉吐尔烽燧

依西哈拉吐尔烽燧位于库车河冲积平原，在库车县依西哈拉镇第二社区北部居民区中。依西哈拉吐尔烽燧东与龟兹故城遥相呼应，西与渭干河沿岸烽燧群相接，是唐代安西都护府西部重要的预警设施。烽燧已坍塌成锥柱形状，基底平面呈不规则状，残高约17米。烽体基部为夯筑结构，夯层厚约12厘米。烽燧中部有一竖洞，南部坍塌严重，西北部有土坯修筑的痕迹。

图295 依西哈拉吐尔烽燧

14. 克孜尔协戍堡

克孜尔协戍堡位于库车县哈尼喀塔木乡琼协海尔村，东、南面为民居和道路，南、北面紧临灌溉渠。戍堡整体呈方形，东西长约50米、南北宽约44米。北墙垣尚存，东、西、南三墙破损严重，残高1—3米不等。墙垣基部为夯筑结构，上部为土坯砌筑结构。戍堡东南

图296 克孜尔协戍堡*

及西南处有向外凸出的高台，应是角楼遗迹。东南部角楼平面呈圆形，直径约6米。戍堡入口位于东墙，宽约6米。地表散布陶片、铁渣及陶缸残块等。

15. 琼协海尔戍堡

琼协海尔戍堡位于库车县哈尼喀塔木乡至塔里木乡柏油公路南约1.5千米处，其南约15米处有一东西走向的通道。戍堡地表盐碱化严重，长满杂草、红柳等。戍堡整体呈方形，东西长约12米、南北宽约11米、高约3米。墙垣坍塌，墙宽0.8—1.5米。戍堡入口位于东墙，宽约1米。

16. 硝尤鲁克戍堡

硝尤鲁克戍堡位于新和县尤鲁都斯巴格镇硝尤鲁克村东北2千米处，周围地势平坦，盐碱化严重。戍堡整体呈不规则方形，东墙约72米，西墙约70米，北墙约67米，南墙残缺。墙垣高低不等，为夯筑结构，高1—4米、宽5—8米。戍堡东、北、西墙均有马面遗迹，西北角有垛墙残迹。戍堡南墙西段有一宽约6米的豁口，应为戍堡入口。戍堡中部偏南方向有两座半圆弧形土台，北侧土台直径约24米，南侧土台直径约31米。

17. 夏合吐尔烽燧

夏合吐尔烽燧位于新和县尤鲁都斯巴格镇硝尤鲁克村北约8千米处。烽燧残高约7米，基部为夯筑结构，呈方形，边长约11米。烽体上部为土坯和土块混筑结构，中间夹杂木枝层，厚约10厘米。

图297　夏合吐尔烽燧

18. 吐孜吐尔烽燧

吐孜吐尔烽燧位于新和县玉奇喀特乡玉尔衮协海尔村西北3千米处。烽燧为夯筑结构，夯层厚约6厘米，东壁夯层最厚，约40厘米。基部呈方形，东西长约15米、南北宽约13米、高约10米，基部以上为土坯垒砌结构，顶部塌毁。烽燧东、西南墙壁坍塌严重，东、北墙有盗坑。烽燧地表可见夹砂红、灰陶片等。

图298　吐孜吐尔烽燧*

19. 达西卡尔烽燧

达西卡尔烽燧位于新和县尤鲁都斯巴格镇尤都斯巴格村西南20千米处。烽燧整体呈梯形，残高约6米，基部呈方形，东西长约15米、南北宽约14米。烽燧四周地表盐碱化严重。

图299　达西卡尔烽燧*

20. 羊达克库都克烽燧

羊达克库都克烽燧位于新和县尤鲁都斯巴格镇西、314国道887千米里程碑南约20米处。烽燧西侧的维吾尔文保护标志碑已经倒塌，仅剩东侧的汉语保护标志碑。烽燧基部近似椭圆形，周长约90米、高约10米。从北侧可攀登至烽燧顶部，上有房屋遗迹。烽体为夯筑结构，夯层清晰，夯层厚30—60厘米不等，中间夹杂红柳等。

图300　羊达克库都克烽燧

环塔里木汉唐遗址

21. 吐尔拉戍堡及烽燧

吐尔拉戍堡及烽燧位于新和县玉奇喀特乡先锋农场南约2千米处。戍堡整体近似方形，东西长约80米、南北宽约70米，墙垣底宽约4米、残高约3米。戍堡为夯筑结构，夯层厚12—20厘米。戍堡东北、西北及西南面有角楼，南、北墙各有2座马面。西墙中部开门，宽约10

图301 吐尔拉戍堡卫星影像图

米。烽燧位于戍堡东南角，整体呈梯形，四壁均为土坯垒筑结构，高约10米，基部边长约17米，顶部东西长约7米、南北宽约10米。

22. 桑塔木烽燧

桑塔木烽燧位于新和县桑塔木农场场部附近的荒漠中，周围长有红柳。烽燧高约4米，为夯筑结构，基部近圆形，南北长约16米、东西宽约11米。烽燧顶部已经坍塌，剖面呈半圆弧形。烽燧东、西两侧各有一盗洞。

图302 桑塔木烽燧*

23. 托秀克塔木戍堡

托秀克塔木戍堡位于新和县桑塔木农场七队、桑塔木农场东南约10千米处，周围长有红柳、骆驼刺等植被。戍堡整体近似方形，呈东北—西南走向，南北长约21米、东西宽约20米。戍堡北、南墙保存较好，东、西墙破坏严重，其上出现许多缺口。城垣为夯筑结构，夯层厚15—20厘米，墙基宽约2米，残高1—4米不等。北墙西段有一宽约4米的豁口，应为戍堡入口。戍堡四角有斜向伸出的垛墙，长约4米、宽约3米。戍堡西南约150米处为烽燧遗址，烽燧整体呈方形，边长约9米、高约3米。

24. 新和塔什吐尔烽燧

塔什吐尔烽燧又名"库伦子烽燧"，位于新和县渭干乡渭干农场南约51

千米处，周围为荒漠盐碱滩。烽燧整体呈梯形，高约8米，基部呈长方形，东西长约27米、南北宽约16米。烽体基部为夯筑结构，夯层厚约24厘米，上部为土坯垒筑结构。烽燧东北角有一方形围墙，边长约31米、高约1米。烽燧东约5米处有窑址，遗存红烧土块、残陶片等。

25. 恰萨吐尔烽燧

恰萨吐尔烽燧位于新和县渭干乡哈拉库木村南约45千米处的荒漠中。烽燧整体呈梯形，高约6米，为夯筑结构，夯层厚约15厘米。烽燧基部呈长方形，南北长约14米、东西宽约10米。烽燧四壁坍塌，西北部有一盗坑。

26. 吾热库台克烽燧

吾热库台克烽燧位于新和县玉奇喀特乡吾热库台克农场南约5千米处。烽燧筑于一东西长约10米、南北宽约8米、高约4米的土台之上。烽燧主体为土坯垒筑结构，东西长约4米、南北宽约3米、高约2米，四壁坍塌，西侧有挖掘痕迹。

27. 铁热克协尔烽燧

铁热克协尔烽燧位于沙雅县英买力镇破托格拉克

图303　新和塔什吐尔烽燧*

图304　恰萨吐尔烽燧*

图305　吾热库台克烽燧*

图306　铁热克协尔烽燧*

村西南约7千米处的盐碱荒漠中。烽燧损毁较为严重，高约7米。烽燧基部呈圆形，直径约22米，北壁有一通往烽燧顶部的坡道，应为烽梯遗迹。

28. 都鲁都力欧库尔烽燧

都鲁都力欧库尔烽燧位于沙雅县红旗乡萨依库都克村东南约10千米处的农田中。烽燧整体呈梯形，高约3米，顶部边长约1米；基部呈长方形，东西长约7米、南北宽约5米。烽体上部保存状况较好，夯层清晰，夯层厚约25厘米；基部坍塌严重，难以辨认，周围散布残陶片等。

图307 都鲁都力欧库尔烽燧*

29. 恰萨吐尔烽燧

恰萨吐尔烽燧又名"卡库克烽燧"，位于沙雅县英买力镇破托格拉克村西北约9千米处。烽燧整体呈半圆形，东西长约23米、南北宽约21米、高约4米，基部呈不规则状，为土坯构筑结构。烽燧损毁较为

图308 恰萨吐尔烽燧*

严重，有盗掘痕迹。烽燧向东约80米处文化堆积层较为明显，地表散布大量陶片及石磨残块。

30. 库依巴格戍堡

库依巴格戍堡位于拜城县康其乡库依巴格村一组南约500米的农田中。戍堡整体呈长方形，南北走向，东西长约36米、南北宽约30米。戍堡基部较高，宽约3—5米。四面墙垣坍塌严重，南墙垣中部有一宽约8米的豁口，应为戍堡入口，西南角有盗掘痕迹。

31. 拜城塔什吐尔烽燧

塔什吐尔烽燧位于拜城县黑英山乡米斯布拉克村一组西北约8千米处，

为唐代遗存。烽燧所在山势较高，居高临下。烽燧整体呈梯形，高约5米，基部为方形，东西长约5米、南北宽约4米。烽燧主体为垒筑结构，中间夹杂有红柳。烽燧东、西、南墙陡直，北墙坡度较大。

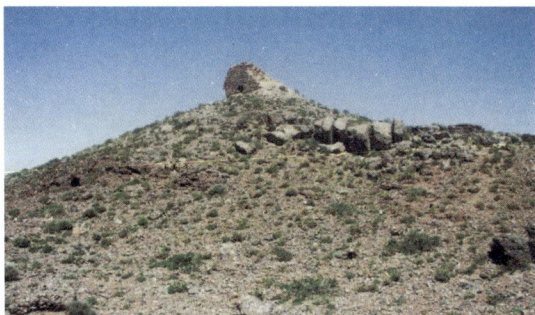

图309 拜城塔什吐尔烽燧*

32. 别迭里烽燧

别迭里烽燧又名"窝依塔勒烽燧"，位于乌什县城西约40千米处的戈壁滩上，西邻别迭里河。烽燧整体呈梯形，东西长约12米、南北宽约9米。顶部东西长约7米、南北宽约4米。烽燧为夯土构造结构，夯层厚15—20

图310 别迭里烽燧*

厘米，夯层间夹杂木头和树枝等。烽燧四周为石块垒筑结构，中间填充小砾石和泥土。

别迭里烽燧是龟兹通往伊塞克湖、碎叶等地区的重要军事要塞。玄奘西行时就是经过别迭里烽燧，翻越南天山到达热海（伊塞克湖），在《大唐西域记》中留下了对该地区详细的记录。

33. 八卦墩烽燧

八卦墩烽燧位于乌什县乌什镇阿合塔玛扎村都鲁乌呼尔山顶端，高出地表约120米，始建于唐代，沿用至清代。烽燧整体为土坯砌筑结构，高约4米，基部呈八角形，边长约3米。烽燧北侧墙

图311 八卦墩烽燧*

体下有一长约19米、宽约5米的土坯台基，北墙底部有较深的盗洞。烽燧东面约30米处的山脊上有两道南北向土坯垒筑的栏墙，地表散布泥质红、灰陶片。

西汉元帝时期，西域名将陈汤从乌什县向西翻越天山，擒获匈奴首领郅支单于，留下振聋发聩的"明犯强汉者，虽远必诛"的誓言。这一誓言被后人镌刻在八卦墩烽燧附近。

该流域其他烽燧遗址见表59。

表59 塔里木河流域其他烽燧遗址

名称	地点	年代	保护级别
沙拉依塔木烽燧	拜城县黑英山乡玉开都维村西约100米山梁上	唐	县级
亚布依烽燧	拜城县老虎台乡开普台尔哈纳村三组东南约500米处、木扎提河东岸二级台地上	唐	县级
麻扎巴格烽燧	库车县牙哈镇麻扎巴格村麻扎巴格一组西	唐	—
博斯坦托格拉克烽燧	库车县牙哈镇博斯坦托格拉克村南约10千米处、博斯坦托格拉克沟口西岸台地上	唐	—
塔孜墩烽燧	库车县比西巴格乡博斯坦二村西2千米处	唐	—
阿克吐尔烽燧	库车县齐满镇阿克吐尔村西1.5千米处	唐	—
克黑墩烽燧	库车县热斯坦街道办事处古力巴克社区艾比布拉家里	唐	县级
库尔干戍堡	库车县阿格乡库尔干村217国道东侧	唐	县级
盐水沟关垒遗址	库车县伊西哈拉镇道拉提巴格村西北、盐水沟内217国道南侧	唐	县级
阿热勒烽燧	沙雅县努尔巴格乡阿热勒村二组东约200米沙丘东侧	唐	—
克孜勒墩烽燧	阿瓦提县拜什艾日克镇托万依麻木帕夏村西南约3千米处	唐	—
博斯坦烽燧	阿瓦提县拜什艾日克镇博斯坦村东南约2千米农田中	唐	—
喀拉墩烽燧	阿瓦提县拜什艾日克镇托万墩依麻木帕夏村南约2千米处的农田中	唐	—

第三节　宗教遗址

渭干河、库车河流域是古代龟兹重要的绿洲区，汉唐时期这里是塔里木地区宗教文化传播的中心，包括今天的库车、拜城、新和、沙雅县，境内发现了大量的宗教遗址，反映出该地区古代宗教传布盛况。

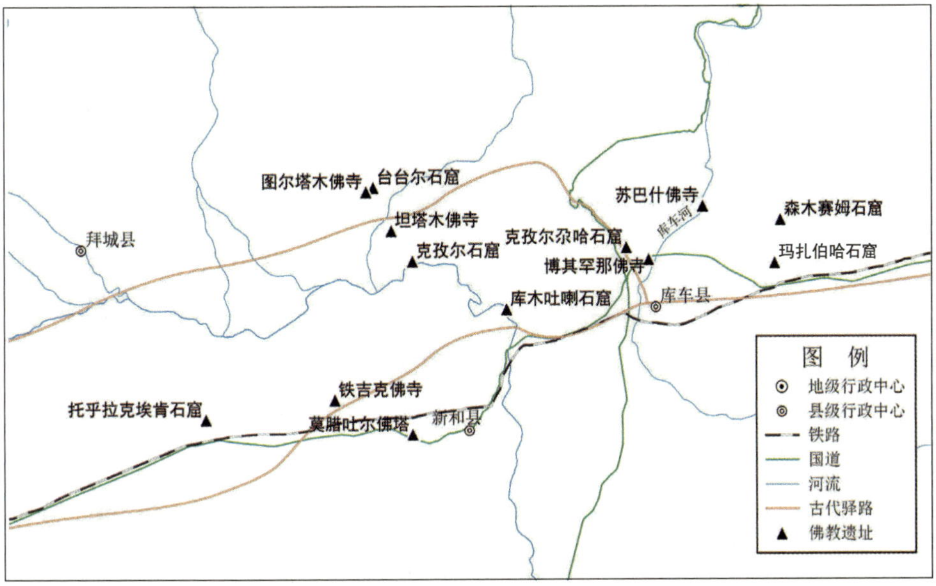

图312　渭干河、库车河流域宗教遗址分布图

一、寺庙

龟兹地区寺庙以佛寺为主，主要分布于库车、拜城、沙雅、新和以及阿克苏西部的柯坪等县，多为魏晋至唐代遗存。龟兹地区的佛寺较多地反映出东西方佛教文化融合的特点，如苏巴什佛寺中遗存下来的佛塔，既有印度风格的覆钵式，也有来自中原地区的楼阁式。龟兹地区的佛寺多数形制清晰，具有较高的研究价值。

1. 苏巴什佛寺遗址

苏巴什佛寺遗址又称"昭怙厘大寺""雀离大寺"和"耶利巴哥拉赛遗址"，是新疆境内已发现的规模最大的地面佛寺遗址。佛寺位于库车县阿格乡栏杆村南约2千米处，北依却勒塔格山，南临库车绿洲。

佛寺始建于魏晋时期，沿用近千年之久，鸠摩罗什等僧人前来礼佛说法，苏巴什佛寺成为龟兹地区的佛教中心。贞观二年（628），玄奘曾在此讲经说法两个月。7世纪中叶，安西都护

图313 苏巴什佛寺遗址西寺北部佛塔（1907年法国考察队摄）

府移设龟兹后，内地高僧云集至此，苏巴什佛寺佛事兴隆。9世纪以后，苏巴什佛寺遭战乱破坏，渐趋衰微，至13—14世纪被废弃。

表60 苏巴什佛寺遗址现状

编号	位置	现状
T1	西寺南部	存塔基和塔身。塔基为方形，边长约16米，塔身残高约3米，分五级，顶宽约3米
T2	西寺东部偏南	残损严重，存方形塔基，边长约16米
T3	西寺中部	残损严重，存长方形塔柱，残高约3米
T4	西寺中部	存塔基和塔身。塔基为一高台，平面呈"十"字形，通高约4.5米，分四层，底层边长约20米。塔身立于平台北部，塔身由三级逐级上缩的平台构成，高约8米。塔顶残存中心柱式佛殿建筑，可见甬道，前后壁绘立佛像。佛塔形制较为特殊，存方形塔柱，边长约2米，塔身残高约1.5米
T5	西寺东部	存塔基和塔身。塔基为方形，宽约5米，塔身存四级，逐层缩小，每级分界处有双重叠涩的棱线装饰，塔身残高约6米
T6	西寺东部	存塔基，方形，边长约3.3米
T7	西寺北部	规模较大，但坍塌严重，形制不明
T8	东寺西部偏南	存塔基和塔身。平面呈方形，塔身存三级，基宽10米，顶宽5.5米，通高9米
T9	东寺西部	存塔基和塔身。平面呈方形，塔身圆形，存四级，基宽11米，塔高约8米，塔顶呈穹形，塔身中部一圈柱洞，部分坍塌
T10	东寺中部	存塔基和塔身。平面呈方形，塔身存三级，基宽15米，顶宽1米，通高8米

　　佛寺遗址由库车河将其分为东、西两寺。西寺外围有铁制隔离墙保护，南北长约690米、东西宽约170米，面积约194560平方米，主要由佛殿、僧房、禅室、佛塔等建筑构成。东区南北长约540米、东西宽约150米，面积约116450平方米，主要由佛堂、僧房、佛塔等建筑组成。苏巴什佛寺佛塔分布较多，为土坯砌筑结构，保存状况较好，形制较为特殊，具有重要的研究价值。

图314　苏巴什佛寺遗址东寺（左）和西寺（右）

图315　苏巴什佛寺遗址出土的木制舍利盒（日本东京国立博物馆藏）

图316　苏巴什佛寺遗址西寺中部的佛塔

20世纪初,大谷光瑞探险队、伯希和等先后到此探险考察,发掘出舍利盒、经文等珍贵文物。1928年和1958年黄文弼先后两次到苏巴什佛寺进行考察,发掘出唐代钱币、文书等文物。

苏巴什佛寺在历史上曾遭战火和盗掘等因素的破坏,1996年被列为全国重点文物保护单位,开始得到较好的保护。2014年,苏巴什佛寺遗址作为"丝绸之路:长安—天山廊道的路网"中的一处遗址点,成功列入《世界遗产名录》。

2. 博其罕那佛寺遗址

博其罕那佛寺遗址位于库车县伊西哈拉镇道来提巴格村北部,南约2千米为314国道,东南约10千米为库车县城,为魏晋至宋代遗存。佛寺遗址平面呈"凸"字形,主要由北部的后殿(1号建筑)、前殿(2号建筑)以及南部的庭院、僧房(3号建筑)组成。[①]

1号建筑位于佛寺遗址西北部的平台上,坐北朝南,平面呈东西向长方形,进深约18.6米、宽约22.3米,平台高约2.4米。该建筑后部有两道南北向隔墙,将后部隔成东西并列的3间大殿,中央大殿进深与东、西两侧偏殿相同,但宽于两侧殿。东、西两侧围墙及中部两道隔墙均保存较好,北围墙仅存墙基,南墙已不存。

图317 博其罕那佛寺遗址*

---

① 西北大学丝绸之路文化遗产与考古学研究中心、新疆维吾尔自治区库车县文物保护管理局:《新疆库车县博其罕那佛寺遗址调查报告》,文化遗产研究与保护技术教育部重点实验室、西北大学文化遗产与考古学研究中心编著:《西部考古》第五辑,西安:三秦出版社,2011年,第96页。

　　2号建筑位于佛寺遗址的东南部，西北方向为1号建筑，南侧为3号建筑群。坐北向南，由大殿、偏殿及侧廊组成，平面呈东西向长方形，进深约13.8米、宽约19.51米。遗址东部由一道南北向的隔墙将其隔成东、西两间大殿，两间大殿进深相同，西侧大殿为主殿，宽于东侧大殿。

　　3号建筑位于佛寺遗址的南部，东北方向为2号建筑，由18座房址及3座高台组成。2座高台位于3号建筑的东部，1座高台位于3号建筑的最西端。2座房址位于东部，南北并列分布，为两座廊房建筑；16座房址位于南部，东西并列分布，均在一个东西向的黄土堆积上，形制及大小基本相同。除最东端一间坐北向南外，其余均坐南向北，僧房的中部有一宽约3.6米的通道。

　　博其罕那佛寺遗址于2007年被列为自治区级文物保护单位，遗址内沟壑纵横，南部及西部遗址已不存在，仅存东北方向的部分遗址。

3. 坦塔木佛寺遗址

　　坦塔木佛寺遗址位于拜城县克孜尔乡克孜尔村东的戈壁荒漠上，为魏晋至唐代遗存。遗址由寺庙、洞窟和佛塔组成。寺庙分东、西两部分，分别位于台地的南、北两端。东寺南北长约12米、东西宽约11米，西北角有一段

图318　坦塔木佛寺遗址*

残墙。西寺南北长约10米、东西宽约7米，西南角残存部分的墙基，为土坯夹夯层垒砌结构。沟东侧断崖壁上，残存3座洞室，内无壁画。佛塔位于断崖顶部，分为上下两层，均为土坯垒砌结构，基部呈长方形，东西长约18米、南北宽约10米，塔身高约9米。遗址内曾出土唐代乾元重宝钱币，地表散布夹砂红陶残片、残红砖块等。

　　坦塔木佛寺遗址于2006年被列为自治区级文物保护单位，现今遗址保存状况较差，坍塌、损坏严重，部分墙体仅存墙基，佛塔遗址也严重坍塌，洞窟内壁面烟熏极重，人为破坏严重。

4. 图尔塔木佛寺遗址

　　图尔塔木佛寺遗址位于拜城县克孜尔乡台台尔村北约500米处的沙丘

上，为唐代遗存。佛寺依山势而建，南、北两侧均为断崖，四周有墙垣，平面呈方形，边长约20米，面积400平方米。其中西、北墙保存较好，墙垣底宽1—2米，残高2—3米，北墙有一缺口，似为寺门。东墙坍塌，仅存东面高耸的墙体。

图319　图尔塔木佛寺遗址*

遗址内出土文物较少，地表散布泥制红陶片。

图尔塔木佛寺遗址于1957年被列为自治区级文物保护单位，但现今遗址保存状况较差，主要受人为因素的破坏，佛寺内有多处盗坑，破坏较为严重。

5. 克斯勒塔格佛寺遗址

克斯勒塔格佛寺遗址位于柯坪县盖孜力乡库木里村东北约3千米处，为南北朝至唐代遗存，东北约830米为一处重要的军事堡垒——丘达依塔格戍堡。

佛寺遗址由佛塔、佛殿组成，为土坯砌筑结构，总面积约1000平方

图320　克斯勒塔格佛寺遗址

米。遗址所处山坡上残存阶梯状踏道，踏道上部有一长、宽、高均为5米的残墙和长约5米、宽约2米的甬道，甬道内残留壁画痕迹。甬道上方连接一座高大的佛殿，佛殿东西长约5米、进深约9米、残高约7米。佛殿有殿堂、塔基等建筑。佛塔残留塔基部分，其南接东西长约15米、南北宽约9米、残高约7米的佛殿。中部有人工台阶遗迹，多数建筑因自然坍塌而形制不明。1976年，遗址曾出土两件完整的彩绘舍利罐，地表散布泥质红、灰陶片。

克斯勒塔格佛寺遗址于2007年被列为自治区级文物保护单位，佛寺西南部残损严重，北、东部保存较好，南部因建设水泥厂而破坏严重。

6. 莫腊吐尔佛塔遗址

莫腊吐尔佛塔遗址位于新和县渭干乡渭干农场东部的平原上，为唐代遗存。佛塔筑于土丘上，土丘平面呈圆形，直径约9米，面积约63平方米，高约5米。佛塔塔身高约2米，为土坯砌筑结构，土坯层厚约2米。佛塔南壁保

图321　莫腊吐尔佛塔遗址*

存较好，北壁及东壁均遭破坏，西壁有一盗洞。

莫腊吐尔佛塔遗址于2000年被列为县级文物保护单位。

7. 铁吉克佛寺遗址

铁吉克佛寺遗址位于新和县尤鲁斯巴格镇尤都斯巴格村西北约15千米的山前冲积扇上，为10世纪遗存。遗址由前庭和正殿组成。前庭平面呈长方形，东西长约50米、南北宽约45米，面积约2250平方米。东、西、北墙保存较完整，南墙破坏严重，墙体为土坯砌筑结构。正殿东西长约45米、南北宽约35米。遗址内散布石膏残片。寺院北部的山坡上有一洞窟，为穹窿顶方形窟，残存壁画，正壁左侧下方绘回鹘供养人像。[①]1928年，黄文弼曾到此进行考察发掘，出土佛手陶范、铺地花砖等。

铁吉克佛寺遗址于2000年被列为县级文物保护单位，现今遗址保存状况较差，形制布局难以辨认。

二、石窟

龟兹是塔里木地区石窟分布最为集中的区域之一，据新疆维吾尔自治区第三次文物普查统计，龟兹地区有大大小小的石窟寺24处，近600个洞窟，主要分布于拜城、库车、新和县境内。

龟兹地区的石窟，其形制风格及壁画内容丰富多样，具有很高的学术和

---

① 贾应逸、祁小山：《印度到中国新疆的佛教艺术》，兰州：甘肃教育出版社，2002年，第386—387页。

图322　龟兹地区石窟分布图

艺术价值。石窟窟形包括中心柱窟、大像窟、方形窟、僧房窟等，壁画内容不仅有说法图、涅槃图、焚棺图、伎乐天图、供养人像等，还有大量表现世俗生活场景的壁画。龟兹石窟见证了古代龟兹国佛教传播的盛况，是西域佛教及艺术史上的瑰宝。

表61　龟兹地区主要石窟一览

编号	名称	地点	年代
1	克孜尔石窟	拜城县克孜尔乡乌堂村东南约7千米处	3—12世纪
2	森木塞姆石窟	库车县城东北45千米的却勒塔格南麓山崖上	4—9世纪
3	玛扎伯哈石窟	库车县牙哈镇麻扎巴格村南1千米处、牙哈水库南岸山梁上	6—9世纪
4	克孜尔尕哈石窟	库车县伊西哈拉镇道来提巴格村西面的雅丹地貌的山谷中	6—9世纪
5	库木吐喇石窟	库车县城西南约30千米处的却勒塔格山	魏晋至唐宋
6	阿艾石窟	库车县阿格乡天山神秘大峡谷内红色砂岩上	唐
7	台台尔石窟	拜城县克孜尔乡台台尔村北额特尔山南麓山丘上	唐宋
8	托乎拉克艾肯石窟	新和县西南约40千米处的却勒塔格山沟内	南北朝至唐
9	沙依拉木石窟	乌什县阿瓦提乡境内的沙兰河东岸沙依拉木山上	晋至北朝

（续表）

编号	名称	地点	年代
10	温巴什石窟	拜城县温巴什乡阿提瓦村南约3千米处、吉格代力克艾肯沟两岸	晋至唐
11	苏巴什石窟	库车县东北约25千米处的却勒塔格山山口	4—10世纪
12	托乎拉克店石窟	温宿县东南距阿克苏至拜城公路约148千米处	东汉至魏晋
13	博斯坦托乎拉克石窟	库车县天山区博斯坦托乎拉克山沟里	隋唐
14	喀拉尤勒滚石窟	温宿县城喀拉尤勒滚村境内山腰上	唐
15	亦狭克沟石窟	拜城县克孜尔镇东南明屋塔格山亦狭克沟	—
16	阿克塔什石窟	拜城县黑英山乡政府驻地东南约6千米处	—
17	喀拉苏石窟	拜城县亚吐尔乡政府驻地东北约18千米处	—
18	都干石窟	拜城县亚吐尔乡政府驻地东北约16千米处	—
19	萨喀特喀石窟	拜城县亚吐尔乡政府驻地西北约21千米处	—

1. 克孜尔石窟

克孜尔石窟位于拜城县克孜尔乡东南约7千米的木扎提河北岸，东南约3千米为亦狭克沟石窟，西南约10千米为克孜尔吐尔墓群，北约13千米为台台尔石窟。石窟始建于3世纪末，沿用至12世纪，是龟兹石窟中规模最大、开凿时代最早、保存壁画面积最大的一处石窟群。

石窟开凿于明屋塔格山断崖上，东西长约3千米，现存洞窟269个，窟形尚完整的洞窟135个。其中，供僧侣巡礼观像和讲经说法的中心柱窟、大像窟和方形窟161个，供僧尼居住的僧房窟61个，还有7个拱形窟和3个龛窟，其余洞窟形制不明。石窟群以中部的苏格特沟为界，划分成4个区域，即谷西区（编号为1—81号窟）、谷内区（编号为82—135号窟）、谷东区（编号为136—200号窟）和后山区（编号为201—235号窟）。

克孜尔石窟有中心柱窟、大像窟、方形窟、僧房窟、龛窟5种窟形。

中心柱窟与印度支提窟有一定的渊源，但主要是龟兹佛教信仰与本地地理环境相结合的产物。洞窟一般由前室、主室、甬道、后室组成，现存洞窟由于坍塌严重，残存前室的洞窟已寥寥无几，主室顶部出现穹隆顶、一面坡顶、套斗顶、平棋顶等形制。中心柱窟的后期形制有所变化，主室平面逐渐宽于后室或后行道，中心柱平面呈扁平形，纵券顶和左右侧壁连接，除了叠涩线外，还出现了枭混，有的还在主室侧壁上构筑平台。

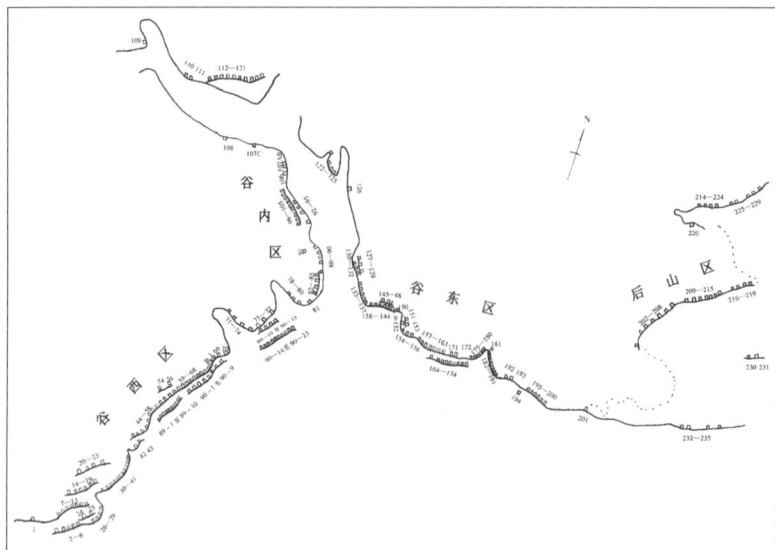

图323　克孜尔石窟洞窟分布图[1]

图324　克孜尔石窟东段（20世纪初德国探险队摄）

　　大像窟一般由主室、后室和中心柱组成，后室较大，设涅槃台，上塑涅槃像（大部分已毁）。大像窟实际上也属于礼佛之用的中心柱窟，它在形制布局上与中心柱窟不同的地方，是在中心柱前面置大立像，并扩大了后甬道，形成了后室。大像窟的后期形制有所变化，窟形变小，中心柱的三壁不再开凿壁龛，有的甚至没有中心柱，而是由立像隔出主、后室。

---

① 新疆龟兹石窟研究所编著：《克孜尔石窟内容总录》，乌鲁木齐：新疆美术摄影出版社，2000年，卷首图。

图325　克孜尔石窟

　　方形窟一般由前室（多塌毁）和主室组成，主室呈方形或矩形，顶部出现穹窿、套斗、横券、纵券等形制。方形窟按形制及壁画主题的不同可分为礼佛窟和讲经窟。

　　僧房窟是供僧人起居和坐禅的场所，是数量最多的一类洞窟。僧房窟一般由甬道和主室组成，有的还带有前室和小室。甬道是进入主室的通道，凿于主室的左侧或右侧，顶部大部分为纵券形。主室在靠近门道处凿出或砌出壁炉，与门道相对的一侧凿出或砌出石床，供僧人坐禅或休息之用。居室前壁开方形明窗。有些僧房还在甬道或居室墙壁上凿出一小龛，用于放置灯盏或存放其他小件物品。带有小室的僧房窟，多将小室凿于甬道尽头或旁侧。小室面积一般都不大，可能是用来储藏物品的。

　　龛窟直接凿刻在摩崖上，是最早的石窟表现形式。龛窟一般规模较小，长、宽、高都在1米左右。大部分龛内没有造像和雕饰，也有个别龛内绘制了一些与禅修有关的形象。这种龛窟是为单人修行而开凿的。

　　克孜尔石窟作为西域佛教的珍贵遗存，对于佛教理论与佛教艺术研究，具有极高价值。但长期以来，石窟的保存一直面临巨大的挑战。历史上石窟曾遭到宗教战争的破坏，绝大多数洞窟内的塑像已被毁，壁画上的大量刮痕也是由于宗教排斥造成的（如洞窟内大多数佛像眼部被挖出）。20世纪初，众多国外探险家来到克孜尔石窟，揭取了大量精美壁画。现今陈列于德国柏林亚洲艺术博物馆的"八王分争舍利""佩剑供养人"等壁画，就是由勒柯克等人从克孜尔石窟第8窟的甬道和后室揭取的。早期国外探险家对石窟壁画的肆意挖掘与割取，对石窟造成了严重的破坏。

环塔里木汉唐遗址

表62 百余年对克孜尔石窟考察概况

国籍	时间	考察者	主要工作
俄国	1879、1893年	缪恩汉克	未知
	1906—1907年	别列佐夫斯基	揭取第198窟旁侧条形窟内的壁画，并收集一些梵文写本
	1909—1910年	俄国第一次中亚考察队的奥登堡	揭取并带走大量壁画和雕塑品
日本	1903年	大谷光瑞第一次考察队的渡边哲信和堀贤雄	调查并记录各区域洞窟，清理并带走许多木简和文书，揭取少量壁画
	1909年	大谷光瑞第二次考察队的野村荣三郎	发掘13个洞窟，无所获
	1912年	大谷光瑞第三次考察队的吉川小一郎	挖掘部分洞窟，采集、拍摄、临摹若干壁画
法国	1906年	伯希和	简单考察
英国	1914年	斯坦因	简单考察
德国	1906年	德国第三次考察队的格伦威德尔、勒柯克等	对洞窟形制、壁画内容等进行较为详细的记录，发现许多文书、木板画、塑像、壁画残块等
	1913年	德国第四次考察队的勒柯克、巴图斯	揭取大量壁画
中国	1928年	中瑞联合西北科学考察团的黄文弼	对140多个洞窟进行编号，绘制洞窟分布图和平面图，清理洞窟时发现多种文字的文书和钱币等，收集部分壁画残块
	1946、1947年	韩乐然	对部分洞窟进行编号、记录、拍照和临摹
	1953年	新疆文物调查组的武伯纶、常书鸿	对洞窟进行编号
	1961年	中国佛教协会新疆石窟调查组的阎文儒	对石窟进行较详细的文字记录，绘制平面图，拍摄壁画
	1979年	常书鸿	考察并核实资料
	1979年	北京大学历史系考古实习组的宿白、晁华山等	对石窟进行反复调查和记录，对壁画作了专题资料的收集工作
	1989、1990年	新疆文物考古研究所	两次对谷西区窟前进行清理发掘，共整理出洞窟33个

早些年，由于受地震的影响，石窟所在山体松动，造成石窟坍塌、佛像壁画毁损。同时，由于保护意识淡薄，早期部分洞窟曾作为居室，供当地民众生产生活。又由于监管不力，一些石窟壁画上的鎏金已被揭取殆尽。

图326　克孜尔石窟出土的泥塑彩绘力
士头像（德国柏林亚洲艺术博物馆藏）

图327　克孜尔石窟出土的泥塑彩绘龟兹供
养人立像（德国柏林亚洲艺术博物馆藏）

图328　克孜尔石窟出土的泥塑彩绘天人头像（德国柏林亚洲艺术博物馆藏）

图329　克孜尔石窟出土的木雕彩绘帖金
坐佛像（德国柏林亚洲艺术博物馆藏）

图330　克孜尔石窟出土的木雕彩绘坐
佛像（德国柏林亚洲艺术博物馆藏）

图331 克孜尔石窟出土的木雕彩绘伎乐像（德国柏林亚洲艺术博物馆藏）

图332 克孜尔石窟出土的雕龛内立佛像（德国柏林亚洲艺术博物馆藏）

图333 克孜尔石窟出土的托钵立佛木板画（德国柏林亚洲艺术博物馆藏）

图334 克孜尔石窟出土的菱格本生故事（德国柏林亚洲艺术博物馆藏）

图335 克孜尔石窟出土的木雕彩绘舍利盒（德国柏林亚洲艺术博物馆藏）

图336 克孜尔石窟出土的泥塑像范（俄罗斯圣彼得堡艾尔米塔什博物馆藏）

克孜尔石窟于1961年被列为全国重点文物保护单位，得到了社会各界的关注。1985年，文教部专门在此设立龟兹研究所（现更名为"龟兹研究院"），众多学者在克孜尔千佛洞钻研有关考古学、史学、文献学、宗教学等相关领域的内容，并取得了丰硕成果。2014年，克孜尔石窟作为"丝绸之路：长安—天山廊道的路网"中的一处遗址点成功列入《世界遗产名录》。

2. 森木塞姆石窟

森木塞姆石窟位于库车县城东北45千米处的却勒塔格山南麓，南约6千米为克日希村，西约10千米为苏巴什佛寺遗址。石窟开凿于4世纪，废弃于9世纪。洞窟沿河流走向开凿，现存编号石窟57座（包括1996年和1999年新发现的两座洞窟），分布于森木塞姆沟谷东、西两岸陡峭的崖壁上。（见图339）

森木塞姆石窟的石窟类型主要有中心柱窟、大像窟、方形窟，僧房窟和龛窟较少。已知窟形的洞窟，中心柱窟21个，大像窟3个，方形窟27个，僧房窟1个，龛窟1个。洞窟形制与克孜尔石窟类似，如中心柱窟一般由前室、主室、柱体、甬道、后室等组成。前室大多损毁，主室空间较大，正壁开龛，顶部以纵券顶居多。

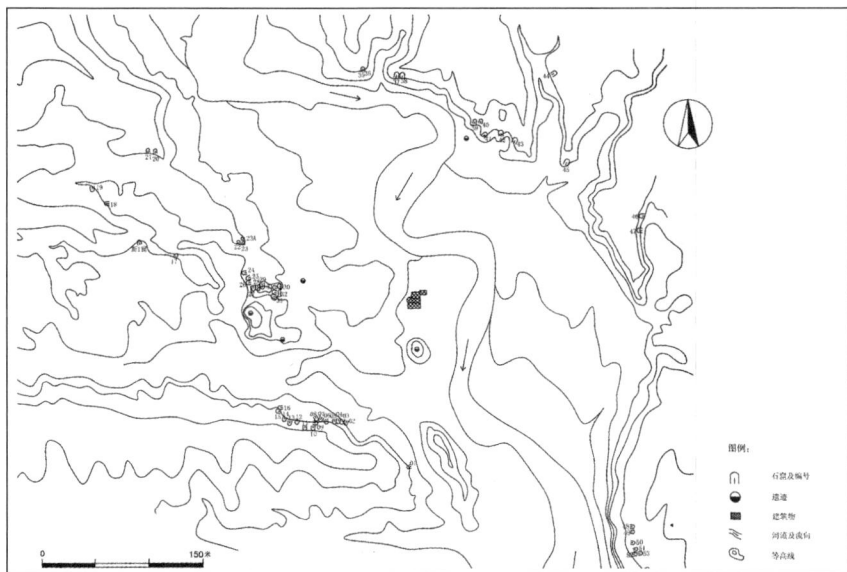

图337　森木塞姆石窟分布图①

① 新疆龟兹石窟研究所编：《森木塞姆石窟内容总录》，北京：文物出版社，2008年，插图。

森木塞姆石窟的石窟数量虽较克孜尔石窟少，但却囊括了龟兹石窟艺术发展的全过程，对于了解龟兹地区佛教发展有重要的参考价值。

森木塞姆石窟中的大像窟较少，第11、43窟是窟形保存较为完整的大像窟。洞窟的形制与中心柱窟相近，但主室正壁一般不开龛，而安置大型立佛像（佛像多已无存），正壁地面有半圆形低矮的像台。从现存情况看，主室两侧壁前也有台基，两侧壁上凿出几条凹槽，上方残存一排柱洞，第11窟有4层，应是原来安置塑像的地方。后甬道建成高大的后室，后壁凿出涅槃台，两侧壁前有矮像台。

在27个方形窟中，有10个是穹隆顶，其中第39、42和46窟的形制保存较为完整。方形窟中最有特点的是套斗顶窟，这类窟顶不是一般的圆形穹窿，也不是仿木构方形套叠的"斗四"，而是以花瓣围成的弧边八角形的空间层层相错叠套，兼有穹窿和斗四的意匠，形成倒垂莲花式的窟顶，即所谓的"莲花套斗顶"。在龟兹石窟中，森木塞姆石窟出现的这种窟形极为特别，当是穹隆顶的发展或变体，对本地区其他的洞窟也产生一定的影响。

森木塞姆石窟还有一些比较特殊的洞窟，如第26窟的主室各壁、后室各壁以及中心柱四壁满布大龛；主室与后室均为横券顶。又如第19窟的中心柱很扁，左、右甬道相对较短，与焉耆七个星石窟形制近似。一些中心柱窟主室的平面规模较小，在后甬道左侧壁或右侧壁开一明窗，增加后甬道的采光。另外，森木塞姆石窟的中心柱窟和大像窟后壁上部一般会凿出或构筑一"荼毗台"，用来表现佛涅槃之荼毗的情景。这种设计在克孜尔尕哈石窟第16、23窟以及克孜尔石窟第197窟中也可见到，应是受森木塞姆石窟的影响。

图338 森木塞姆石窟

图339 森木塞姆石窟第24窟甬道券顶风神
（俄罗斯圣彼得堡艾尔米塔什博物馆藏）

图340 森木塞姆石窟第46窟主室穹隆顶
立佛（德国柏林亚洲艺术博物馆藏）

　　森木塞姆石窟历史上曾遭到宗教战争的破坏，19世纪末20世纪初，又遭到外国探险队肆意挖掘与切割，大批的珍贵文物流失国外。同时，受到自然因素影响，一些洞窟陆续被掩埋，1906年勒柯克考察石窟时，就曾见到部分洞窟被沙土掩埋的情景。一些洞窟还有被熏黑的痕迹，部分壁画破损严重。森木塞姆石窟于1996年被列为全国重点文物保护单位，开始得到较好的保护。

表63　百余年对森木塞姆石窟考察概况

国籍	时间	考察者	主要工作
日本	1903年	渡边哲信	对其中的35个洞窟进行考察
德国	1906年	德国第三次考察团格伦威德尔、勒柯克等	对部分洞窟进行测绘、编号、命名，揭取壁画
	1913年	德国第四次考察团勒柯克	揭取壁画
俄国	1906年	别列佐夫斯基兄弟	揭取壁画
	1910年	奥登堡	揭取壁画
	1914年	奥登堡	揭取壁画
英国	1908年	斯坦因	对石窟进行考察
中国	1928年	中瑞联合西北科学考察团的黄文弼	对石窟进行考察，发掘部分洞窟和遗址
	1953年	新疆文物调查组武伯纶、常书鸿	对石窟进行考察
	1961年	中国佛教协会、敦煌文物研究所，阎文儒	对石窟进行考察、测绘、摄影
	1964年	陆鸿年	对壁画进行临摹
	1978年	北京大学历史系宿白	对石窟进行考察

3. 玛扎伯哈石窟

玛扎伯哈石窟位于库车县牙哈镇麻扎巴格村南1千米处的牙哈水库南岸山梁上，北约1千米为克日西戍堡和麻扎巴格烽燧。石窟始建于6世纪，废弃于9世纪。整个石窟群依据方位可划分为东、中、西三区，保护范围约70亩，有编号的洞窟44座，能辨别窟形的36座，部分洞窟坍塌严重，第24、41和42窟已全部坍塌。（见图341）

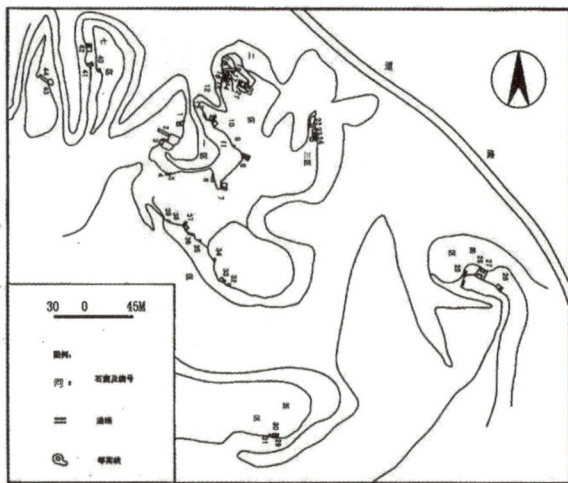

图341　玛扎伯哈石窟分布图[①]

玛扎伯哈石窟主要有中心柱窟、方形窟、僧房窟、禅窟等类型。其中，中心柱窟2座、方形窟11座、僧房窟10座、禅窟13座、不明形制洞窟8座。洞窟形制与克

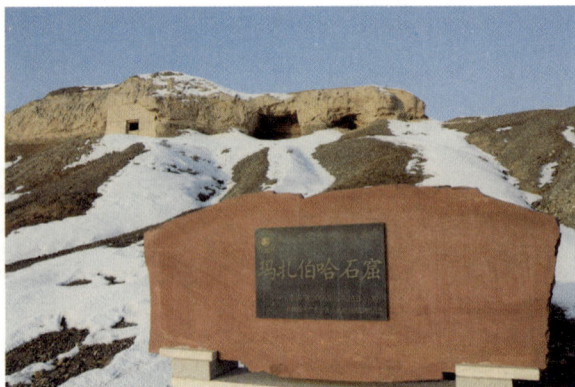

图342　玛扎伯哈石窟

孜尔石窟类似。可确定为中心柱窟的为第8窟和第41窟，洞窟存主室、中心柱、甬道和后室。可确定为方形窟的为第1、4、5、10、15、16、20、24、29、30、40窟。依据其平面和顶部的不同，又分为两类：第一类为方形穹窿顶窟，如第1、10、24窟；第二类为纵券顶长方形窟，如第4、5、15、16、20、29、30、40窟。可确定为僧房窟的为第3、7、11、17、21、23、28、33、37、42窟，其中保存较好的是第3、7、17、37窟。可确定为禅窟的分

别为第2、6、9、12、14、18、26、27、31、34、38、39、44窟，其中保存较好的是第6、31、39窟。

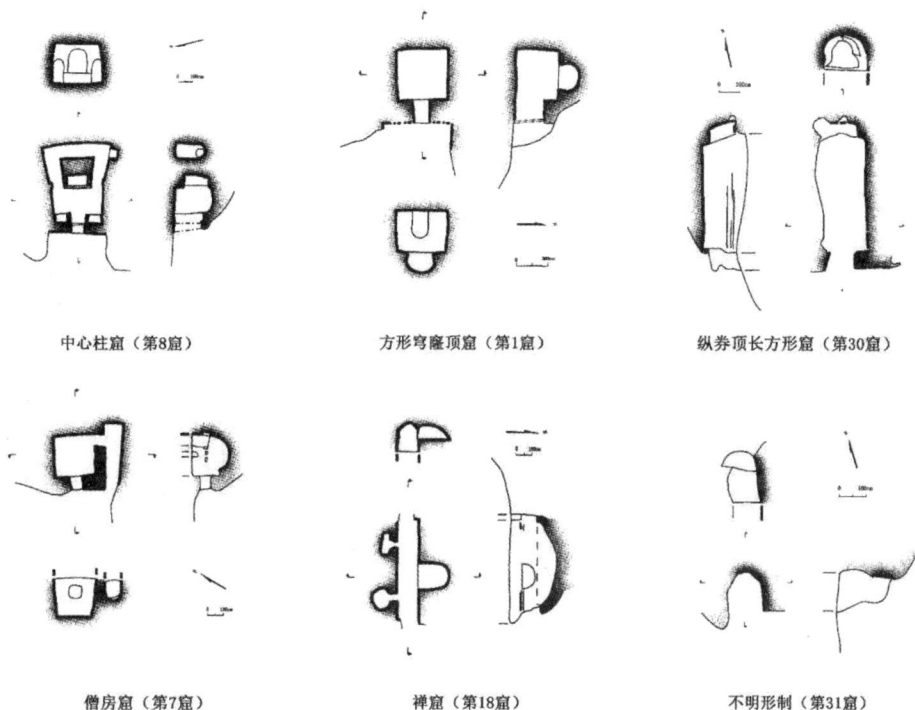

中心柱窟（第8窟）　　　　方形穹窿顶窟（第1窟）　　　　纵券顶长方形窟（第30窟）

僧房窟（第7窟）　　　　　禅窟（第18窟）　　　　　不明形制（第31窟）

图343　玛扎伯哈石窟各类型洞窟平、剖面图[1]

　　玛扎伯哈石窟在历史上曾遭到宗教战争的破坏。自20世纪初以来，国内外学者对玛扎伯哈石窟进行了多次考察，对洞窟的数量、分布状况、保存状况等都有较多的研究成果。[2]现今，石窟所在部分岩体开始松动，一些洞窟

[1]　新疆龟兹研究院：《库车玛扎伯哈石窟调查简报》，《吐鲁番学研究》2010年第1期。
[2]　早在1906年，德国探险队和俄国的别列佐夫斯基兄弟二人分别对玛扎伯哈石窟进行了考察；1913年德国的勒柯克第四次率考察队来到玛扎伯哈石窟进行考察，对石窟的自然环境和分布情况作了勘察，并对部分石窟进行发掘。参见［德］勒柯克：《中国新疆的土地和人民》，齐树仁译，北京：中华书局，2008年。1953年，西北文化局新疆文物调查组来到玛扎伯哈石窟进行调查，对洞窟进行编号。参见武伯纶：《新疆天山南路的文物调查》，《文物参考资料》1954年第10期。1961年，中国佛教协会与敦煌文物研究所组成的新疆石窟调查组，对此石窟进行调查。参见阎文儒：《新疆天山以南的石窟》，《文物》1962年第7、8期。1979年，北京大学考古系马世长、许宛音等学者先后到达玛扎伯哈石窟进行考察。2000年，新疆龟兹石窟研究所对该石窟中的天相题材绘制了线描稿并作了文字记录。参见苗利辉：《龟兹石窟中的风神和金翅鸟》，《新疆文物》2005年第2期。2009年，新疆龟兹研究院再次对玛扎伯哈石窟进行了比较全面、细致的调查。参见新疆龟兹研究院：《库车玛扎伯哈石窟调查简报》，《吐鲁番学研究》2010年第1期。

开始坍塌。玛扎伯哈石窟于2006年并入森木塞姆石窟，被列为全国重点文物保护单位，相关保护设施得到加强。

4. 克孜尔尕哈石窟

克孜尔尕哈石窟位于库车县城西北14千米的雅丹地貌中，开凿在东西宽约170米、南北长约300米范围内的崖壁上，南约1千米为克孜尔尕哈烽燧。克孜尔尕哈石窟分为东西两大窟群，现存洞窟54个，编号洞窟46个，其中较为完整的洞窟39个，有壁画的洞窟13个。（见图344）洞窟开凿于6世纪，衰落于9世纪。据史料记载，龟兹王"引构突厥"平息国内斗争之后，将都城迁至龟兹绿洲的中心——伊逻卢城（今库车县城东部的皮朗古城），克孜尔尕哈石窟因此成为距古代龟兹国都城最近的一处石窟寺，属于皇家寺院。

克孜尔尕哈石窟洞窟形制主要有中心柱窟、大像窟、方形窟、僧房窟、摩崖龛窟。石窟按窟顶形制分为平顶、券顶、穹隆顶、套斗顶、覆斗顶。

克孜尔尕哈石窟中心柱窟一般由前室、主室（或前廊）、柱体、甬道、后室组成，规模小于克孜尔石窟，由于时间久远，前室大部分已坍塌无存。主室窟顶大部分已经坍毁无存，现今仅第21、31窟窟顶尚存，前者为横券顶，后者为穹隆顶（此穹隆顶又称"套斗穹隆顶"或"莲花瓣套斗"，与森木塞姆部分方形窟窟顶类似，应是受森木塞姆石窟的影响）。主室正壁龛内的塑像，除第13窟和第21窟为立像外，其余的均为坐像。雕塑仅存台基，塑像均已残毁。中心柱窟的后甬道或后室多不设涅槃台（目前仅第30窟存涅槃台）。

克孜尔尕哈石窟有3个大像窟，即第12、16和23窟。第12窟规模较小，第16、23窟规模较大。石窟中心柱前存半圆形莲花像台，台上立像已无存。同时，在两侧壁前也有4身立像的痕迹。石窟后室正壁设涅槃台，前壁下部中间开龛，龛内塑像无存，上部有荼毗台。

克孜尔尕哈石窟遗存方形窟12个，洞窟规模普遍较小（仅第32窟规模较大），少数洞窟内见壁画。

克孜尔尕哈石窟现存17个僧房窟，是数量最多的洞窟类型。第27、28窟（洞窟组合）是一个讲经堂，其形制与一般的僧房窟基本相同，但规模比僧房窟大，而且主室四壁下方地坪上均有石床。主室各壁有多层白灰涂层，表明此窟延续使用的时间较长，应该专为讲经的高僧准备的。

克孜尔尕哈石窟现存摩崖龛窟13个，与僧房窟几乎占了克孜尔尕哈石窟总数的二分之一。

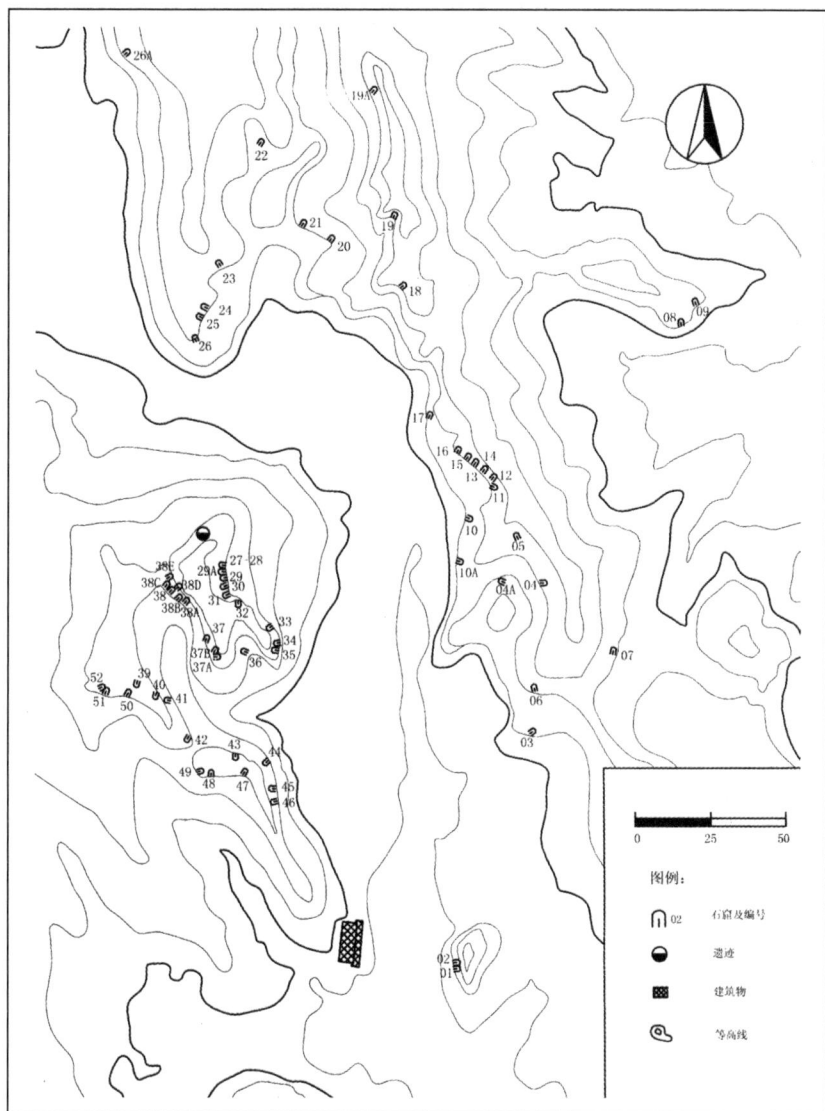

图344　克孜尔尕哈石窟分布示意图[1]

　　此外，克孜尔尕哈石窟还有形制比较特殊的洞窟，如第24窟为主室平面为八角形的中心柱窟。形制较为特殊，中心柱呈方形，前后左右均为甬道。柱体的上部也有别于一般的中心柱窟，没有形成蘑菇状，而是直通到顶，窟顶平缓，稍有坡度。这个洞窟没有彩绘壁画。与之相邻的第25窟，在涂抹完

---

① 新疆龟兹石窟研究所编著：《克孜尔石窟内容总录》，乌鲁木齐：新疆美术摄影出版社，2000年，第18页。

图345　克孜尔尕哈石窟

草拌泥涂层后，也没有彩绘壁画。

　　克孜尔尕哈石窟距今已有1400多年的历史，是丝绸之路上重要的佛教遗址。石窟在历史上曾遭到宗教战争的破坏，又因常年风蚀、雨蚀和岩体裂隙，加之20世纪初外国探险家的肆意切割，石窟及壁画受到严重的破坏。新中国成立后，对石窟的保护、研究及开发受到高度重视，一批又一批的学者前往克孜尔尕哈石窟进行考察，并就相关的历史、宗教等问题进行了专题研究，取得的丰硕成果。

表64　百余年对克孜尔尕哈石窟考察概况

国籍	时间	考察者	考察情况
德国	1906年	德国普鲁士皇家吐鲁番探险队	对石窟进行发掘，并揭取部分壁画
	1913年		
法国	1907年	伯希和	发现第25窟的龟兹文题记，并且在洞窟中采集了少量壁画残块
中国	1953年	武伯纶、常书鸿等人	对克孜尔尕哈石窟进行编号，共编号39个洞窟
	1961年	阎文儒等人	对石窟进行考察、测绘和摄影，对石窟进行年代分期，其中调查统计编号洞窟46个
	1984年	库车县文物保护管理所	重新确定克孜尔尕哈石窟的编号，总计为52个
	1978年	宿白等人	对克孜尔尕哈石窟进行较详细的考察
	2001年	新疆龟兹石窟研究所	对克孜尔尕哈石窟进行系统调查，逐个洞窟进行文字记录、形制图的测绘和摄影等

克孜尔尕哈石窟于2001年被列为全国重点文物保护单位，相关保护项目也随之策划并实施。2005年，国家对石窟进行修缮，至2012年5月完工，克孜尔尕哈石窟也因此得到了较好的保护。

5. 库木吐喇石窟

库木吐喇石窟位于库车县城西南约30千米处的却勒塔格山中，同玉奇吐尔遗址、夏合吐尔遗址相邻，开凿于魏晋时期，沿用至10世纪。石窟群分布于渭干河谷东岸，分南、北两区，并以所在地的地形特点取名为谷口区和窟群区，编号洞窟共计113个。谷口区南临公路，西靠渭干河，编号洞窟33个，分布在渭干河东岸及附近4条自东向西的沟谷内。（见图346）窟群区位于谷口区北约2千米处，此处有一条宽约20米的大沟，沟内常年无水，沟内编号洞窟80个。（见图347）

库木吐喇石窟是汉僧云集的一处石窟群，虽然该石窟开凿于龟兹时代，但进入唐朝后，尤其是安西都护府置于龟兹后，这里成为典型的汉寺风格。

库木吐喇石窟现存洞窟，按其功能可分为礼拜窟、僧房窟、讲堂窟和罗汉窟，窟顶形制可分为穹隆顶、纵券顶等。

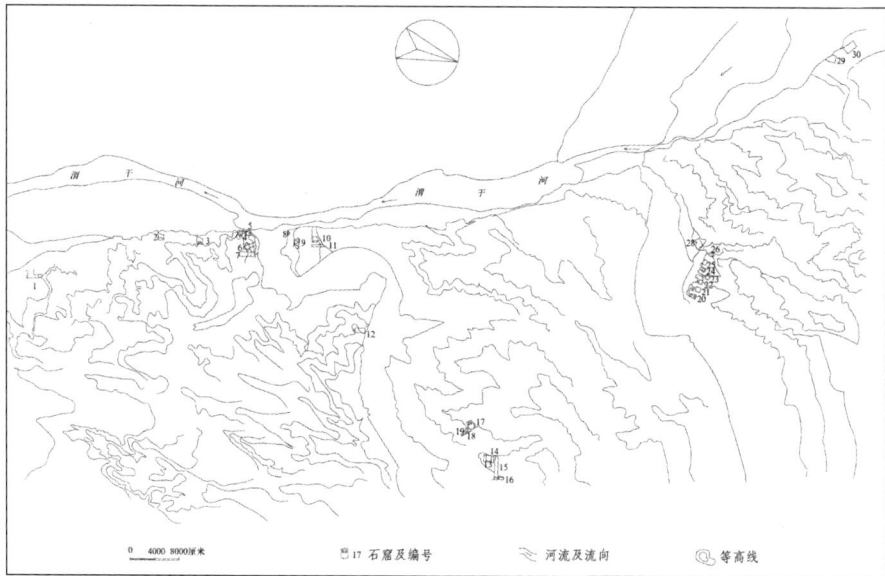

图346　库木吐喇石窟谷口区石窟分布图①

① 新疆龟兹石窟研究所编：《库木吐喇石窟内容总录》，北京：文物出版社，2008年，插图。

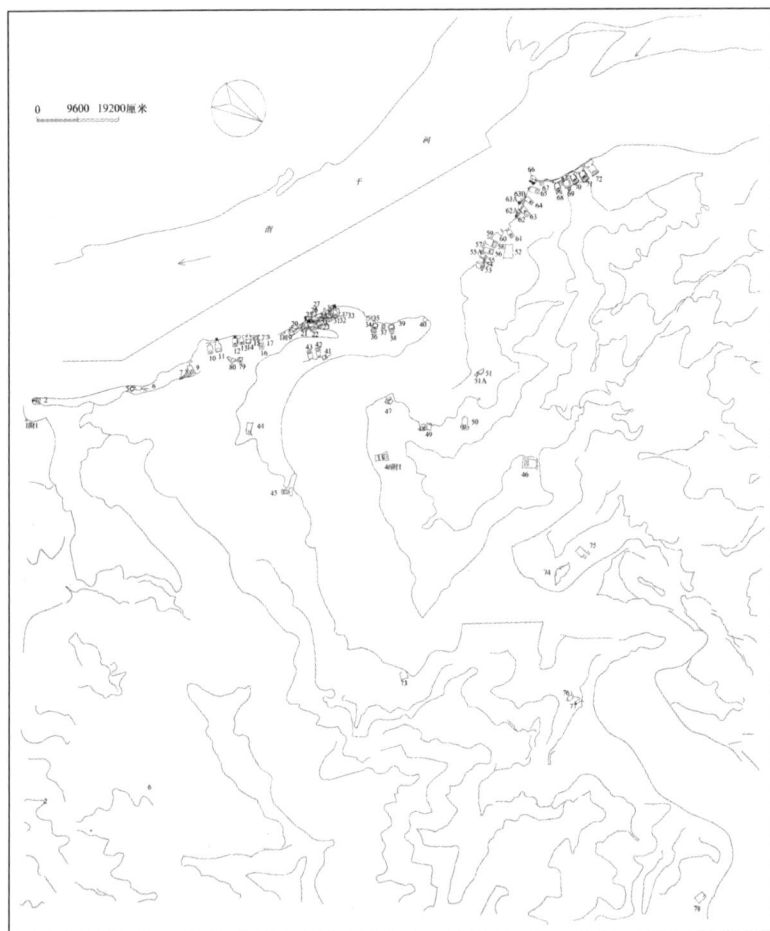

图347　库木吐喇石窟窟群区石窟分布图[①]

　　库木吐喇石窟的礼拜窟数量较多，是专供佛教徒礼拜供养的洞窟，包括中心柱窟和方形窟。中心柱窟形制与克孜尔石窟类似，一般由前室、主室、塔柱、甬道、后室组成，典型的洞窟如谷口区第2、3、17、24、33窟，窟群区第2、12、13、23、31、32窟。库木吐喇石窟的方形窟形制较为特别，按窟顶形制可分为两类：一为方形纵券顶窟，二为方形穹隆顶窟。方形纵券顶窟平面多呈纵长方形，是龟兹石窟传统的形制，但在库木吐喇石窟发现较少，仅有第19窟是方形纵券顶窟。方形穹隆顶窟平面大多呈方形，部分洞窟于地坪中部置高坛基，并于其上塑佛像，窟顶呈半球形，如谷口区第20、21、22、23窟，窟群区第33、34、79窟。

---

① 新疆龟兹石窟研究所编：《库木吐喇石窟内容总录》，北京：文物出版社，2008年，插图。

僧房窟是供僧侣生活起居的洞窟，在库木吐喇石窟中也占有较大的比重。库木吐喇石窟的僧房窟形制呈现出多样化的趋势，总体可分为两类：一类是侧道式僧房窟，如谷口区第28窟和窟群区第6、21、44、49、80窟；另一类是无侧道式僧房窟，如谷口区第32窟和窟群区第5、19、21、40窟。

讲堂窟也是僧房窟的一种类型，只是这类洞窟一般较大，居室左右侧壁甚至四壁通壁设石床，以供寺院大德高僧聚众讲经之用。库木吐喇石窟的讲堂窟与克孜尔尕哈石窟第27、28窟类似，现存2例，均位于窟群区，一是改建前的第22窟，另一个是"五联洞"（第68—72窟）中的第69窟。

罗汉窟则是为了纪念已故高僧或为供奉已故高僧的骨灰而凿，库木吐喇石窟的罗汉窟散布于各处，形制各不相同，有多龛式，也存在单洞式。多龛式罗汉窟有谷口区第16窟和窟群区第74窟；单洞式罗汉窟有窟群区第75窟。

在库木吐喇石窟内发现了大量汉寺、汉僧的榜题。如龙口附近的第7窟壁画中就保留"画金沙寺题记"，出土的一件木盂上写有"金沙寺"，类似的寺名还有"大宝寺""严寺""升寺""丁谷寺"。至于到该寺巡礼的汉僧就更多，仅见题名的就有"法超""广德""法真"等。在日本大谷光瑞探险队从该寺割走的两方唐代壁画中，都有汉文榜题，其中书有"大唐严寺上座四镇都统律师道"，都统，就是"都统僧"的略称，表明"道"是统辖安西四镇的最高僧官。库木吐喇石窟汉风窟的壁画题材表明：龟兹传统本生画已经弱化，代之的是唐代以来汉地的经变画，反映了宗教信仰从"唯礼释迦"到"普渡众僧"的历史性转变。该寺还有大量内地汉人供养人的大型壁

图348 库木吐喇石窟（20世纪初德国探险队摄）

图349 库木吐喇石窟

画，反映了石窟出资人主体逐渐向汉人群体转变。

　　库木吐喇石窟遭到破坏的原因与龟兹地区其他石窟类似，主要有历史上的宗教战争和宗教运动、20世纪初外国探险家的挖掘与切割、岩体风化及雨蚀下的自然坍塌等。库木吐喇石窟于1961年被列为全国重点文物保护单位，得到社会各界的重视。2002年，联合国教科文组织的库木吐喇石窟遗址保护工程项目，全方位地收集洞窟资料，包括石窟考古和病害的调查记录及水文、气象、地形等资料，促进了石窟保护工作的进步。

表65　百余年对库木吐喇石窟考察概况

国籍	时间	考察者	考察活动
德国	1903—1913年	格伦威德尔、勒柯克等人	对部分洞窟进行编号，并大量切割洞窟壁画
日本	1903—1909年	渡边哲信、野村荣三郎、吉川小一郎等人	对部分洞窟进行清理，出土并带走许多文物
法国	1907年	伯希和	对部分石窟进行清理
中国	1928年	黄文弼	重点记录窟内外的汉文题记、题刻等，辨识部分壁画的题材内容，并进行初步的断代分期
	1978年	宿白等人	对石窟作了测量、绘图、摄影、记录等
	1989—1991年	新疆维吾尔自治区文化厅文物工作小组	对部分洞窟进行临摹、测绘、记录、摄影等，重点对窟群区底层临河遭受水害的洞窟进行壁画的临摹和揭取保存
	2002—2004年	库木吐喇石窟遗址保护工程项目	全方位地收集洞窟资料，包括石窟考古和病害的调查记录及水文、气象、地形等资料的获取

6. 阿艾石窟

　　阿艾石窟位于库车县阿格乡境内的克孜利亚峡谷内。开凿于唐代中期，此时正值唐朝治理西域的兴盛时期，中原大乘佛教也因此传入龟兹。8世纪末，唐朝在西域的势力逐渐衰退，大乘佛教趋于衰落，阿艾石窟也因此废弃。

　　石窟位于距离地面约30米的西侧崖壁上，1989年由阿格乡村民在克孜利亚山中打草时发现，是近年来发现的一处唐代风格鲜明的石窟寺。现仅存一座纵券顶式洞窟，平面呈长方形，宽约3米、进深4米，内设方形基座。石窟壁画受中原文化影响较大，壁画风格和内容均体现出中原文化及大乘佛教的特色。

　　除此之外，窟内壁面还有汉文、龟兹文榜题23处，一些内容反映的是汉姓供养人的题记。石窟位于距离地面约30米的西侧崖壁上，1989年由阿格乡村民在克孜利亚山中打草时发现，是近年来发现的一处唐代典型汉风的石窟寺。现仅存一座纵券顶式洞窟，平面呈长方形，宽约3米、进深4米，内设有方形基座。石窟壁画受中原文化影响较大，壁画风格和内容均体现出中原文化及大乘佛教的特色。除此之外，窟内壁面还有汉文、龟兹文榜题23处，一些内容反映的是汉姓供养人的题记，如"清信佛弟子寇庭俊敬造卢舍那佛""妻白二娘造七佛一心供养""李光晖造十方佛一心供养"等。这些不同姓氏的汉人供养人题记，表明了这些汉人供养人是石窟建造的经济资助者，从其洞窟规模小、参与人数众多来看，皆为安西都护府治

图350　阿艾石窟

图351　阿艾石窟中的汉人形象和亭台楼阁

下的普通百姓。阿艾石窟的壁画内容突出了普度众生的大乘教义，反映出当地小乘唯礼释佛到大乘多神崇拜的历史演变；装饰纹样中的云纹、云气纹、团花、卷草等汉文化特征的图案代替了本地盛行的几何地毯式图案，富丽堂皇的中原汉式阁楼也涌进了西方净土世界。此外，佛国世界中的人物面貌已经趋向于汉人的面容，幞头袍带的汉装供养人和大量汉文题字突显出汉文化的主体氛围。（见图351）

洞窟部分坍塌，壁画有脱落现象，2006年并入苏巴什佛寺遗址，被列为全国重点文物保护单位，实行封闭式管理。

7. 台台尔石窟

台台尔石窟位于拜城县境内额特尔山南麓的山丘上，西面约100米为图尔塔木佛寺遗址，为唐宋时期遗存。石窟东侧的沟谷通向博扎克拉格沟，这里既是汉代"刘平国治关颂"刻石所在地，也是汉代龟兹通往乌孙的古道。

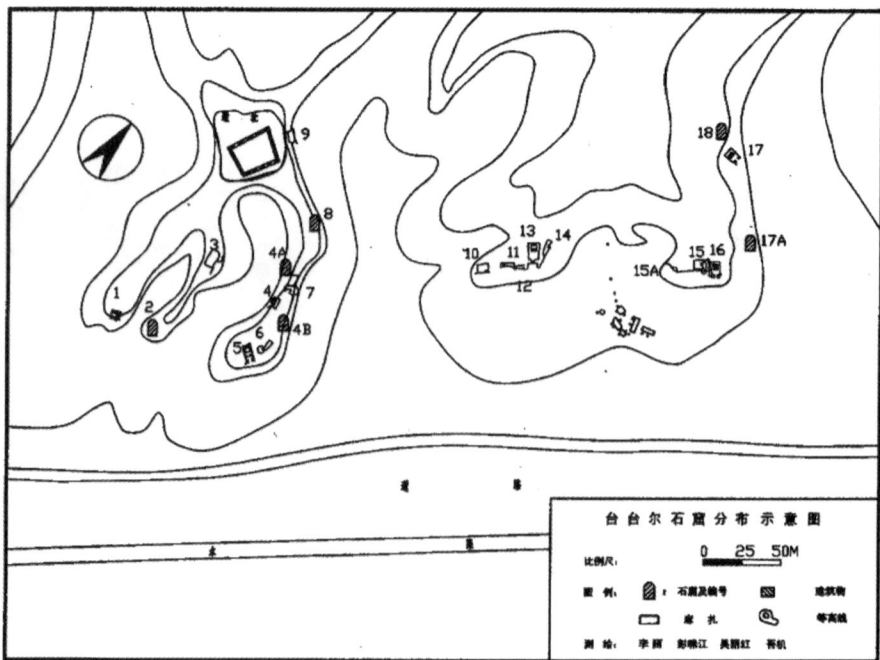

图352　台台尔石窟平面分布图[①]

---

① 新疆龟兹研究院：《台台尔石窟调查简报》，《吐鲁番学研究》2010年第1期。

石窟东西长约450米、南北宽约160米，现存洞室22个，其中10个洞窟因山体岩石的松动而出现不同程度的坍塌。（见图352）洞窟的形制主要为中心柱窟、方形窟、僧房窟和龛窟等，保存相对完整，形制与龟兹地区其他石窟类似。保存有壁画的洞窟5个，壁画内容包括佛教故事、天相图、佛、菩萨、供养人、装饰纹样等图案。（见表66）

表66　台台尔石窟20个洞窟的基本情况

类型	编号	现状	壁画
中心柱窟	4	洞窟大部分塌毁并被掩埋，仅残存右甬道内侧壁里端和后甬道前壁	无存
	5	三洞窟形制基本相同，由前室、主室、甬道组成，前室平面呈长方形，前室正壁中部开门道通向主室；主室平面呈方形，纵券顶，正壁中部开龛，两侧下方开左右甬道，甬道纵券顶；左右甬道后端与后甬道相通，后甬道横券顶	主室原有壁画，现已漫漶不清，正壁原有一身立像，现已无存；左甬道券顶存山水、动物、大雁等图案；后甬道存火焰、筒瓦纹、华盖、飞天等图案
	13		主室门道、前壁、侧壁、正壁及正壁龛内均有壁画保存，但均遭到不同程度的损毁；甬道内存壁画，但也遭到严重破坏
	16		壁画保存较好，洞窟最大的特点是从主室门道侧壁至后甬道，整个窟室满绘15身大立佛，立佛之间还穿插有供养人、小坐佛和佛塔等
	17	由前室、主室、甬道和后室组成，前室大部分塌毁，主室正壁中间开一大龛，两侧开左右甬道，甬道纵券顶；左右甬道后端与后室相通，后室横券顶，前壁中上部中间开一龛	壁画残失严重，甬道存莲花、禽鸟、山水、菱格等壁画，后室存天相图、风神等壁画
方形窟	1	大部分已被掩埋，左侧壁里端开一小龛	无存
	8	大部分塌毁，正壁中间开一龛	无存
	9	大部分塌毁，仅残存正壁和左右侧壁里端	无存
	10	存主室，大部分已塌毁，残存正壁、左侧壁、右侧壁、后端和前壁左端	正壁及左侧壁存少许壁画，但已漫漶不清

（续表）

类型	编号	现状	壁画
僧房窟	6	由甬道、耳室和主室组成，甬道里端开门道通向耳室，耳室弧形顶，甬道内侧壁里端开门道通向主室，主室大部分塌毁	无存
	11	残存甬道和主室，甬道大部分塌毁，内侧壁里端开门道通向主室，主室方形梯形顶	无存
	12	由甬道、主室组成，甬道被掩埋，内侧壁里端开门道通向主室，主室残存部分券顶	无存
	14	由甬道和主室组成，甬道及主室均大部分塌毁	无存
	15	由甬道和主室组成，甬道平顶，正壁开一拱券顶龛，内侧壁里端开门道通向主室，主室平面呈方形，左侧壁开一平顶小龛	无存
	18	残存甬道和主室，甬道及主室大部塌毁	无存
龛窟	17A	龛距离地面2.6米，龛底平面呈方形，宽约1米，高约1.3米，拱券顶	无存
不明形制窟		多塌毁严重，无法辨别窟形，如第2、3、4A、4B、7、15A窟	无存

台台尔石窟出现了两组比较独特的组合式洞窟。第一组为第11—13窟，第二组为第15—16窟，均为中心柱窟和僧房窟的组合。

　　同时，在台台尔石窟西部山顶有一佛寺遗址。（见图353）佛寺平面呈方形，宽约22米、进深约17米，为土坯砌筑结构，墙体残高约3米。寺院东墙外壁有后期修筑的保护墙，从残存遗址的轮廓可知其为"回"字形的墙垣。遗址地表散布夹砂红陶碎片，以及被火烧陶化的泥塑残片。

图353　台台尔石窟的佛寺遗址[1]

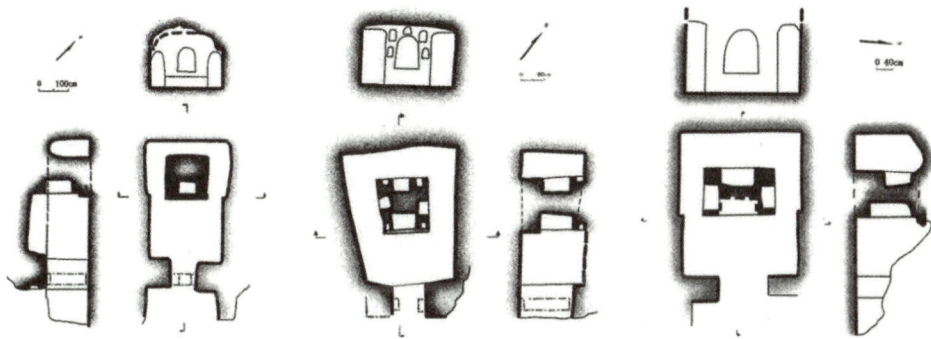

图354　台台尔石窟第13（左）、16（中）、17（右）窟平、剖面图[2]

　　近半个世纪以来，国内许多学者，如宿白、许婉音等，都曾来到台台尔石窟，对石窟的形制、分期、壁画内容等进行了比较细致的考察，取得较丰

---

[1]　新疆龟兹研究院：《台台尔石窟调查简报》，《吐鲁番学研究》2010年第1期。
[2]　新疆龟兹研究院：《台台尔石窟调查简报》，《吐鲁番学研究》2010年第1期。

富的成果。同时，相关文物部门也曾多次组织对石窟进行考古发掘，使石窟信息较为全面地公之于世，引起社会各界关注。2005年，台台尔石窟被列为自治区级文物保护单位。

8. 托乎拉克艾肯石窟

托乎拉克艾肯石窟位于新和县西南约40千米处的却勒塔格山沟内，为7—8世纪遗存。石窟分布于却勒塔格山南麓东西长约600米、南北宽约500米的山坡上，整个遗址由中部的佛寺和周围的石窟组成。（见图355）

寺院东西长约30米、南北宽约25米，四周墙体多残损，仅保存部分墙基，为夯筑结构。寺院的东南角残存由谷底通往寺院的石台阶，台阶是在崖壁上开凿而成的，目前仅保存上部的七八个阶梯。在寺院东面中上方的崖壁上仍残存栈道遗迹。寺院曾多次遭到盗掘，地表散布碎陶片，主要为泥质红陶残片和淡黄色陶片。

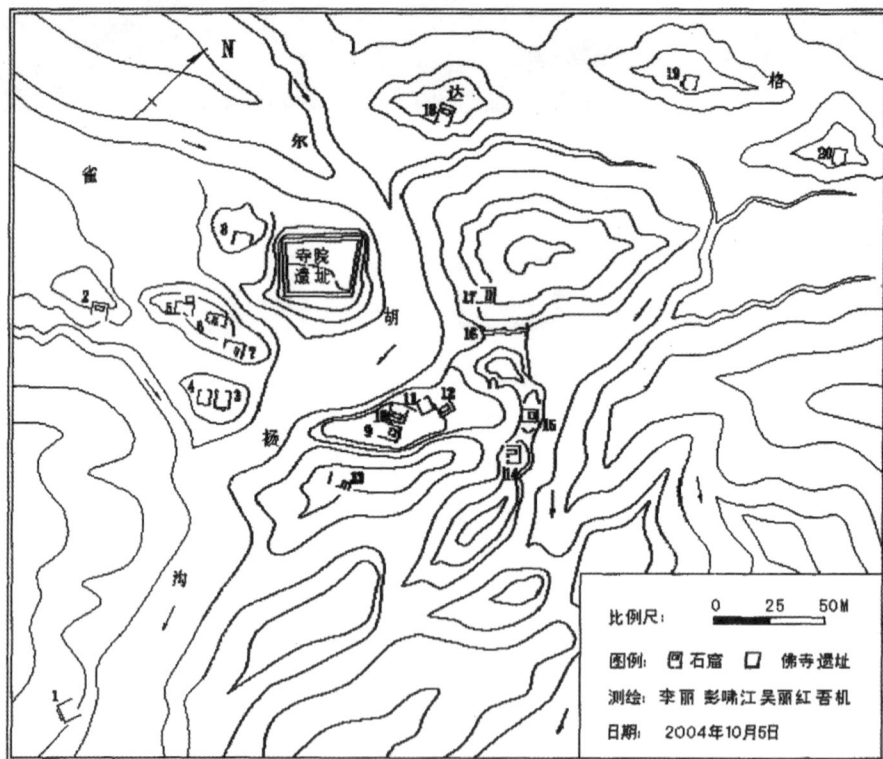

图355 托乎拉克艾肯石窟分布图[1]

---

[1] 新疆龟兹研究院：《托乎拉克艾肯石窟考古勘查简报》，《吐鲁番学研究》2010年第1期。

寺院周围错落有致地开凿有20个洞窟和1处塔龛，其中有中心柱窟7个，方形窟7个，僧房窟5个，目前保存状况堪忧，条型窟1个。洞窟坍毁严重，多数洞窟淤积大量泥沙。壁画方面，除了第15窟保存较为完整，第1、3、4、9、10、11、12、18窟残存少量壁画外，其他洞窟壁画大都无存。（见表67）

图356　托乎拉克艾肯石窟

表67　托乎拉克艾肯石窟20个洞窟的基本情况

编号	类别	洞窟现状	壁画
1	方形窟	存单室洞窟，前部坍毁，平面呈长方形，纵券顶，正壁一龛	券顶及左侧壁残留少量彩绘痕迹，漫漶不清
2	中心柱礼拜窟	存主室与左、右、后三甬道，主室平面呈长方形，纵券顶，正壁开龛，甬道为券顶。附1窟，塌毁严重，形制不明	无存
3	方形窟	存单室，平面呈长方形，正壁保存较好，前壁及券顶大部分已毁，纵券顶	两侧券顶里端各残存有立佛的绘画
4	方形礼拜窟	存单室，呈长方形，正壁一龛，纵券顶	正壁存菱格画、舍利塔、坐佛等，券顶绘天相图、菱格画、箭形树、坐佛等
5	僧房窟	存主室及单室，前室仅存正壁，主室平面呈长方形，四壁保存较好，左侧壁存一龛；单室平面呈长方形，壁面及顶部与主室类似	无存
6	僧房窟	存入窟甬道、侧室与主室，甬道左侧壁里端向外扩宽，形成一小侧室，小侧室平面呈长方形，平顶；主室平面呈长方形，横券顶，正壁保存完整	无存
7	僧房窟	存入窟甬道和主室，甬道纵长，平顶，主室平面呈长方形，纵券顶，前壁坍塌	无存
8	方形窟	存单室，平面呈方形，横券顶，门道、前壁均坍塌	无存

环塔里木汉唐遗址

（续表）

编号	类别	洞窟现状	壁画
9	中心柱礼拜窟	存前室、主室和甬道，前室前部及上半部坍塌，主室平面呈长方形，纵券顶，正壁和右壁各开一龛，左右甬道现存高度仅1米，后甬道两端向外扩宽，加高形成后室，横券顶	主室壁画存菱格纹、天相图、立佛、金翅鸟等图案
10	中心柱礼拜窟	存主室和左、右、后三甬道，主室平面呈方形，纵券顶，四壁各开一龛，甬道平顶，左右甬道中部各开一龛，后甬道前壁中部开龛	甬道内有少量壁画，存菱格纹、扇形树、忍冬纹等图案
11	方形礼拜窟	存单室，平面呈方形，穹窿顶，除前壁外，余壁保存完好	壁画多已不存，存筒瓦纹、卷草纹、鸭子衔环纹、垂帐纹、武士形象等图案
12	中心柱礼拜窟	存主室和左、右、后三甬道，主室纵券顶，未开龛，左、右、后甬道积土甚厚，券顶	壁画毁坏严重，存列佛，可辨头光、背光等图案
13	僧房窟	存入窟甬道与主室，入窟甬道纵长，顶残损，主室正壁与顶部塌毁，右侧壁开一龛	无存
14	僧房窟	存入窟甬道与主室，入窟甬道纵长，平顶，主室平面略呈长方形，横券顶	无存
15	中心柱礼拜窟	存前室、主室和甬道，前室塌毁严重，主室平面略呈正方形，纵券顶，正壁开一龛，前壁左右各开一龛；分左、右、后三甬道，券顶	主室及甬道壁画保存较为完整，存蛇形龙、天人像、坐佛、动物、飞天、雨神、飞雁等图案
16	性质不明	长条形洞窟，纵券顶，形制不规则，东端出口处开一大龛，隧道拐角处开一小龛	无存
17	中心柱礼拜窟	存主室与后室，主室纵券顶，前壁塌毁，正壁开龛	无存
18	中心柱礼拜窟	存主室和后室，主室平面呈正方形，纵券顶，正壁前部坍塌；窟上方的小山丘上坐落着一组壁龛	壁画严重损毁，存部分菱格
19	类别不明	存单室，窟形保存基本完整，平面呈方形，纵券顶	无存
20	类别不明	存单室，平面呈横长方形，顶部坍毁，四壁未开龛	无存

　　自20世纪50年代以来，武伯纶、朱英荣、刘金明、陈云华、常书鸿、贾应逸、李丽等考古人员曾多次到石窟所在地进行考察，取得重要成果。90年代以后，文物部门曾对石窟进行了较为详细的勘查和资料整理，并对洞窟进行了编号。但目前石窟尚未评定文化保护等级，相关保护也还没有到位，石窟多数坍塌，洞窟内地表有大量淤泥，壁画脱落严重。

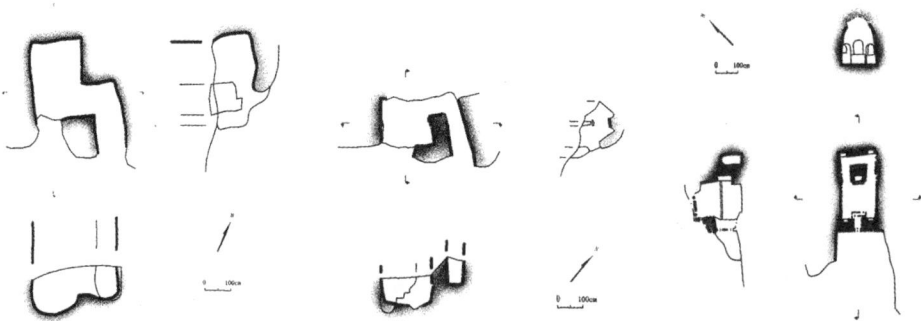

图357　托乎拉克艾肯石窟第7（左）、13（中）、15（右）窟平、剖面图[1]

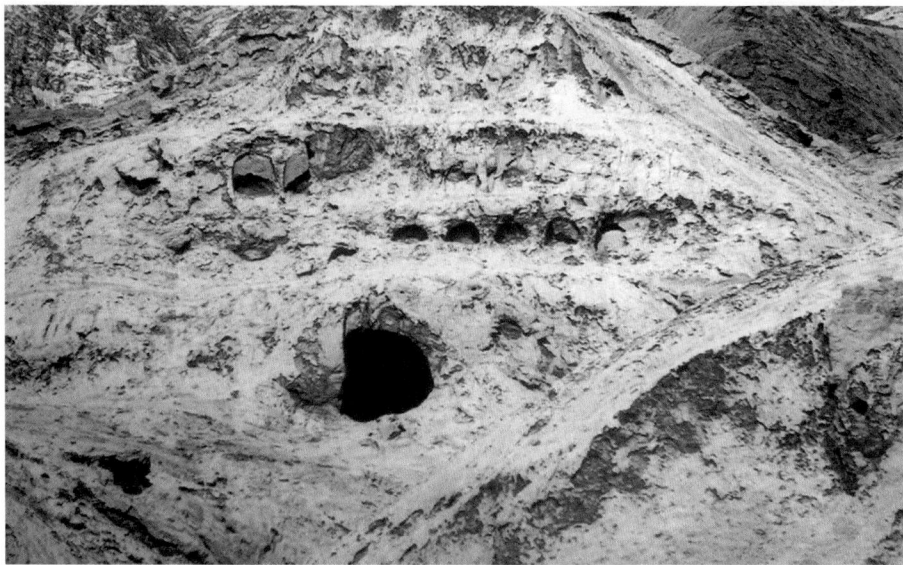

图358　托乎拉克艾肯石窟第18窟及上方壁龛[2]

---

[1] 新疆龟兹研究院：《托乎拉克艾肯石窟考古勘查简报》，《吐鲁番学研究》2010年第1期。
[2] 新疆龟兹研究院：《托乎拉克艾肯石窟考古勘查简报》，《吐鲁番学研究》2010年第1期。

9. 温巴什石窟

温巴什石窟位于拜城县温巴什乡阿提瓦村南约3千米处的吉格代力克艾肯沟两岸，为晋至唐代遗存。现存洞窟26个，其中分布于西侧崖体12个、东侧崖体14个。洞窟大小不等，窟门有长方形、拱形两种。可辨识洞窟形制的第8窟为中心柱窟，洞窟残存少量壁画。遗址地表散布夹砂红陶片、木器残件、炼铜渣等。

图359　温巴什石窟*

1928年，黄文弼考察温巴什石窟，发现"沟中有佛洞六、七处，位于沟之两岸，均在山腰或山麓，但已倾圮，亦无壁画。依南一洞有壁画，亦已剥蚀。洞之形式与克子尔佛洞相同，或属同一系统"[①]。黄文弼认为温巴什石窟与克孜尔石窟的形制"属同一系统"，具有龟兹石窟的特性。

温巴什石窟部分洞窟已坍塌，内残存少量壁画，剥蚀严重。2005年，温巴什石窟被列为县级文物保护单位。

10. 苏巴什石窟

苏巴什石窟位于库车县城东北约25千米处的却勒塔格山山口、苏巴什西寺北部，修建于4世纪，废弃于10世纪。石窟依山而凿，呈东西向分布，现存编号洞窟7个，主要为"十"字形禅窟。石窟内部采用木料做架，窟内无壁画，只有简单白石灰涂壁，表层可看出有修缮痕迹。石窟形制简单，为佛

[①] 黄文弼：《塔里木盆地考古记》，北京：科学出版社，1958年，第39页。

图360　苏巴什石窟

教僧徒坐禅使用，应是小乘佛教遗存。

11. 博斯坦托乎拉克石窟

博斯坦托乎拉克石窟位于库车县天山区博斯坦托乎拉克山沟中，为隋唐时期遗存。石窟开凿于山腰上，现仅存一个洞窟，面积约30平方米。第二次全国文物普查时，洞窟内东甬道顶部存有4行千佛图案，每行2—4个，每尊佛像的面积10平方厘米，壁画多采用红、绿、蓝、白、黄五色绘染，色彩鲜艳。洞窟南约100米为佛寺遗址，遗址形制已不可考，地表遗存陶片、铜铁器和石膏残片、毛织物、钱币等。

洞窟破坏严重，在第二次全国文物普查时见到的壁画现在已脱落，不复存在。博斯坦托乎拉克遗址于2005年被列为县级文物保护单位。

12. 亦狭克沟石窟

亦狭克沟石窟位于拜城县克孜尔镇东南明屋塔格山亦狭克沟两侧的悬崖上，西北距克孜尔石窟约6千米，东北距坦塔木佛寺遗址约8千米，为6—7世纪遗存。现存编号洞窟6个，第1—4窟位于距谷口约700米处的西侧崖壁上，第5、6窟位于距上述洞窟约1.5千米处的北侧崖壁上。（见图361）洞窟类型分为僧房窟、禅窟和龛窟。

环塔里木汉唐遗址

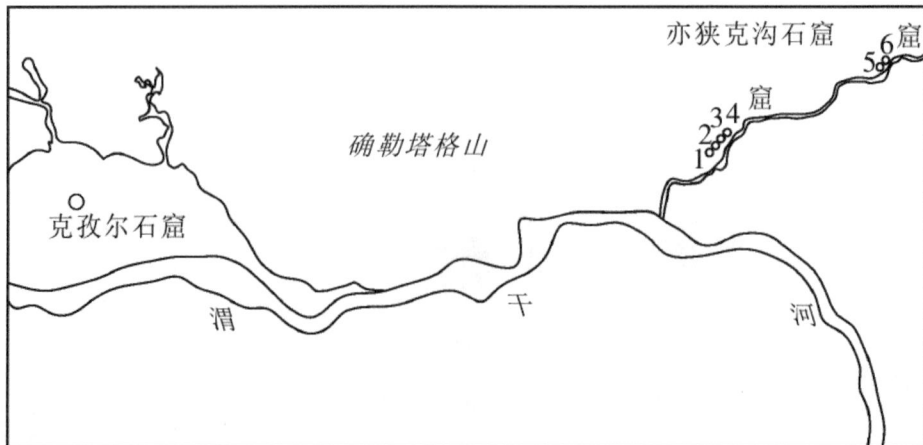

图361　亦狭克沟石窟洞窟分布图①

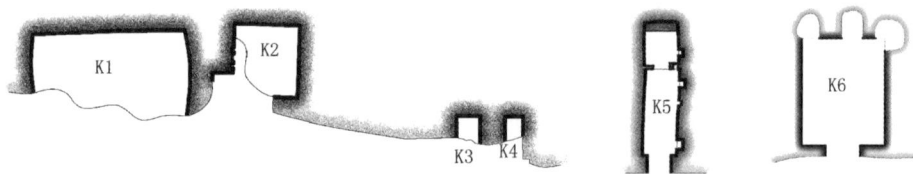

图362　亦狭克沟石窟洞窟平面图②

　　1928年，黄文弼曾对其中的3个洞窟进行考察，在洞窟中发现了古民族文字、察合台文以及岩画。③1991年，吴焯曾在此地考察了3个洞窟，发现两种古民族文字、大头羊岩画和龛台。④2009年，新疆龟兹研究院和北京大学中国古代史研究中心联合组织研究人员多次前往考察，发现两个新洞窟及一些婆罗谜文和察合台文题刻。⑤现今洞窟坍塌严重，尚未评定文物保护等级。

---

① 新疆龟兹研究院、中国人民大学国学院西域历史语言研究所、北京大学中国古代史研究中心：《新疆拜城亦狭克沟石窟调查简报》，《文物》2013年第12期。
② 新疆龟兹研究院、中国人民大学国学院西域历史语言研究所、北京大学中国古代史研究中心：《新疆拜城亦狭克沟石窟调查简报》，《文物》2013年第12期。
③ 黄文弼遗著：《黄文弼蒙新考察日记（1927—1930）》，黄烈整理，北京：文物出版社，1990年，第36页。
④ 吴焯：《克孜尔石窟兴废与渭干河谷道交通》，巫鸿主编：《汉唐之间的宗教艺术与考古》，北京：文物出版社，2000年，第190页。
⑤ 新疆龟兹研究院、中国人民大学国学院西域历史语言研究所、北京大学中国古代史研究中心：《新疆拜城亦狭克沟石窟调查简报》，《文物》2013年第12期。

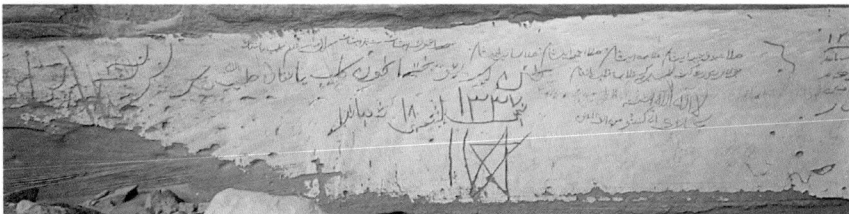

图363　亦狭克沟石窟K2主室正壁[1]

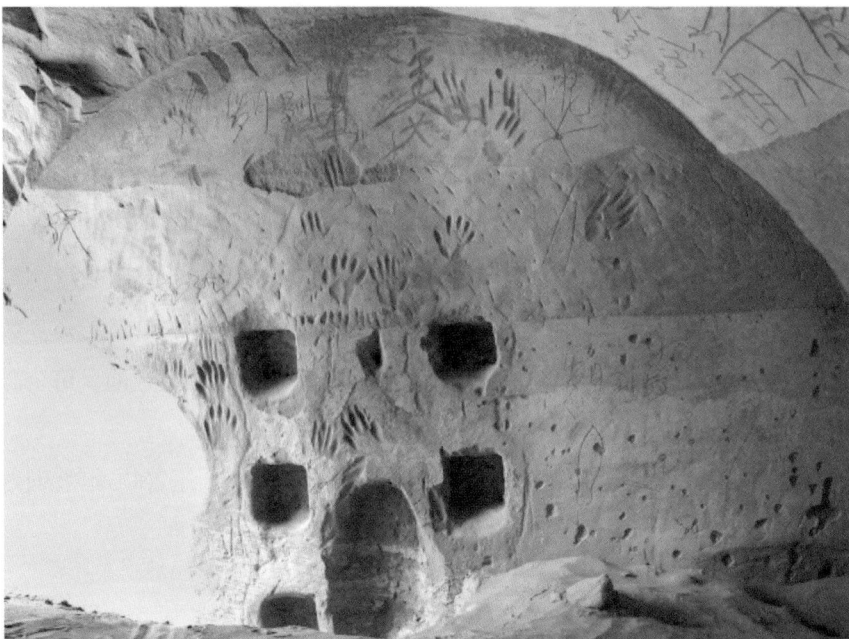

图364　亦狭克沟石窟K2主室右侧壁[2]

13. 阿克塔什石窟

阿克塔什石窟位于拜城县黑英山乡政府驻地东南约6千米处，其地貌和自然景观与克孜尔尕哈石窟较为接近，年代待定。石窟依山开凿，遗存洞窟5个。洞室外有院落，东侧临崖处保存有土墙垣，长约14米、宽约2米、残高约1.5米；西墙垣已被雨水侵蚀，洞室南端为山头的断崖。

[1] 新疆龟兹研究院、中国人民大学国学院西域历史语言研究所、北京大学中国古代史研究中心：《新疆拜城亦狭克沟石窟调查简报》，《文物》2013年第12期。
[2] 新疆龟兹研究院、中国人民大学国学院西域历史语言研究所、北京大学中国古代史研究中心：《新疆拜城亦狭克沟石窟调查简报》，《文物》2013年第12期。

第二次全国文物普查时，石窟南端山头的断崖下存有一座地面佛寺遗址，但佛寺已被破坏，只发现陶片、石磨盘等遗物。陶器为夹砂红陶片、红褐陶片和灰陶片，能辨认出的口型有钵、高领的平底罐、釜和瓮等。佛寺东南约300米处存有一僧房建筑，平面呈方形，横券顶，存门、窗、壁炉灶等遗迹，门宽约0.78米、窗宽约0.6米，炉灶位于室内西墙壁，长约2.4米、宽约2.2米，最高处约2.8米。

石窟破坏严重，第二次全国文物普查时发现的佛寺、僧房均已无存，仅见山崖上的洞窟。阿克塔什石窟于2005年被列为县级文物保护单位。

14. 喀拉苏石窟

喀拉苏石窟位于拜城县亚吐尔乡政府驻地东北约18千米处、喀拉苏河口西岸的塔格克吐鲁山台地上，包括1座佛寺和20个洞窟，为晋至唐代遗存。

佛寺位于山顶，平面呈长方形，坐北朝南，门前存有用石子铺砌的台阶通往山下的石窟。石窟形制主要有中心柱窟、方形窟、僧房窟和禅窟，其中中心柱窟1个，方形穹隆顶的佛殿窟2个，其余均为僧房窟或禅窟。大多数禅窟分布在临河口处，排列比较集中。禅窟平面略呈长方形，横券顶，每个洞窟仅能容纳一位僧人禅居。

喀拉苏石窟坍塌、损毁严重，多数洞窟有被盗痕迹，于2005年被列为县级文物保护单位。

15. 都干石窟

都干石窟位于拜城县亚吐尔乡政府驻地东北约16千米处，年代待定。整个遗址所在区域长约100米、宽约50米、高约20米，由1座正殿、2处大型佛龛和9个洞窟组成。（见图365）正殿位于山丘南端宽约30米、进深约30米的人工凸形平台上，平面呈"品"字形，背靠自然山体，坐北朝

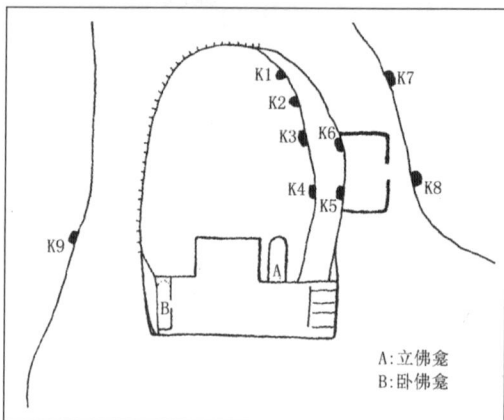

图365　都干石窟分布图[①]

①　张平：《拜城等地发现的新石窟》，《西域研究》1993年第2期。

南，破坏严重。正殿的东侧，背靠山体开凿出较大的立佛龛，圆拱形，高约3米；正殿的西侧，凿有纵券顶卧佛龛，长约3米。石窟开凿于佛殿的东侧，分上、下两层。

16. 萨喀特喀石窟

萨喀特喀石窟位于红山西侧的萨喀特喀艾肯尼沟内。石窟开凿于沟崖西岸的砾石层内，登临石窟的攀道和窟前遗址全已坍塌，仅存两座洞窟，年代待定。

1号窟平面呈长方形，纵券顶，长约2.9米、宽约2.5米、高约3米。2号窟存前室和侧室。前室平面呈长方形，纵券顶，长约5米、宽约1.8米、高约2.1米。南壁凿有甬道式门洞与侧室相通，门洞长约1.米、宽约0.7米、高约1.2米。侧室平面呈长方形，券顶，长约3.4米、宽约1.7米、高约1.8米。遗址保存状况较差，坍塌严重，2005年被列为县级文物保护单位。

17. 托乎拉克店石窟

托乎拉克店石窟位于温宿县东南，东北约19千米为察尔其镇萨依吐格曼村，为东汉至魏晋时期遗存。石窟开凿在山梁上，遗存洞窟7个，东岸有4个，西岸有3个。1—6号窟为禅窟，均为单体窟。7号窟为僧房窟，位于西岸石窟群的最北部。

7号窟保存相对较好，门洞横券顶，略有塌方。该窟分为主室和耳室两个部分，主室平面呈方形，宽约3米、进深约4米；耳室长约2米、宽约3米，门座向南，门宽约1米、高约1.5米。

托乎拉克店石窟目前尚未评定文物保护等级，坍塌较为严重，禅窟大部分已坍塌无存。

18. 喀拉尤勒滚石窟

喀拉尤勒滚石窟位于温宿县喀拉尤勒滚村境内的山腰上，为北朝至唐代遗存。石窟遗存洞窟5个，呈东西向排列，洞窟规模较小，可辨识出形制的有中心柱窟、方形禅窟和僧房窟。西面第1窟为券顶中心柱窟，洞口宽约1.4米、高约2米、进深约3米。东面第1窟为纵券顶中心柱窟，洞口宽约1.2米、高约1.4米、进深约5米。其余3窟位于中部，为僧房窟和禅窟。第二次全国文物普查时，曾在一个僧房窟内发现壁画，内容是以"佛陀降魔"为题材的故事，画面构思较为巧妙。但目前洞窟保护不力，原来所发现壁画已不复存在。2005年，喀拉尤勒滚石窟被列为县级文物保护单位。

19. 沙依拉木石窟

沙依拉木石窟又名"英阿瓦提石窟"，位于乌什县阿瓦提乡境内的沙兰河东岸沙依拉木山上，为晋至北朝时期遗存。遗址由地面佛寺和山上石窟组成。

地面佛寺平面呈长方形，损坏较为严重，地表散布陶器残片、木炭等遗物。石窟开凿于山崖上，遗存洞窟14个，南部洞窟分布较为集中，北部洞窟分布较为分散。（见图366）洞窟平面均呈长方形，为禅窟和僧房窟。洞窟墙壁大部分都为草拌泥的墙皮，墙面涂有石灰粉，个别洞窟残存少量壁画。（见表68）沙依拉木石窟开凿年代较早，是表现龟兹小乘佛教的一处重要遗址，对于研究龟兹小乘佛教的传播具有重要价值。

图366　沙依拉木石窟平面图[①]

图367　沙依拉木石窟*

---

① 张平：《拜城等地发现的新石窟》，《西域研究》1993年第2期。

　　沙依拉木石窟于1997年被列为县级文物保护单位，保存状况较差，大多数窟门塌毁，窟顶草泥层脱落，部分洞窟有烟熏痕迹。窟内有当地牧民活动的痕迹。

表68　沙依拉木石窟14个洞窟的基本情况

编号	形制	基本情况	壁画
K1	未知	平面呈长方形，长约2.1米、宽约1米、高约1.7米，门遗迹坍塌	无存
K2	圆拱形券顶	平面呈长方形，长约2.7米、宽约1.9米、高约1.8米，门宽约1.4米	残存壁画中仅见红色，烟熏
K3	圆拱形券顶	平面呈长方形，长约1.9米、宽约1.2米、高约1.1米，门宽约1.2米	无存
K4	圆拱形券顶	平面呈长方形，长约1.7米、宽约1.1米、高约0.8米，门宽约1.6米	无存
K5	平顶	平面呈长方形，长约4米、宽约3.8米、高约3米，北壁有凹形浅龛，门宽约1.3米	无存
K6	圆拱形券顶	平面呈长方形，长约4.3米、宽约2.8米、高约1.7米，门宽约1米，5号窟和6号窟中间有甬道相连	墙壁残存壁画遗迹
K7	平顶	平面呈长方形，长约2.8米、宽约1.5米、高约1.3米，窟内北壁凿有一个小龛，门宽约1.6米	保存着较大面积的壁画痕迹
K8	券顶	平面呈长方形，长约2.1米、宽约1.4米、高约1.4米，门宽约1.8米	无存
K9	未知	洞窟坍塌较严重，形制不十分清楚，仅残存龛形遗迹，长约3.1米、高约1.3米	无存
K10	券顶	平面呈长方形，长约2.8米、宽约1.4米、高约2.5米，窟门部分坍塌	无存
K11	未知	仅残存一小龛	无存

（续表）

编号	形制	基本情况	壁画
K12	未知	仅残存一小龛	堆积中曾清理出壁画残片
K13	券顶	平面呈长方形，长约3米、宽2.4米、高约1.2米，门宽约1米	无存
K14	纵券顶	为大型洞窟，平面呈长方形，长约8米、宽约6米、高约1.9米，门宽约1米。该洞窟很深，且位于后沟的悬崖绝壁处，很可能是储藏室	无存

环塔里木汉唐遗址

第五章

车尔臣河流域历史遗址

车尔臣河又名"且末河"或"卡墙河",《水经注》中记载其为"阿耨达大水"。车尔臣河水源补给以高山冰雪融水为主,兼具少量的降水。其中,冰雪融水主要来自东昆仑山北坡,亦有部分源于阿尔金山北坡。车尔臣河主河道流经今且末、若羌,最后注入台特玛湖,全长约813千米,年均径流量8亿立方米。其主要的支流有喀拉米兰河、莫勒切河、塔什萨依河、若羌河、米兰河、瓦石峡河、阿里雅力克河等,基本覆盖塔里木盆地东南大部分地域。该片绿洲曾孕育且末、婼羌等城邦文明。

第一节　墓葬遗存

车尔臣河流域墓葬遗存主要分布在上游的昆仑山山前地带、中下游河谷平原和绿洲附近。至今，经发现和发掘的墓葬有：车尔臣河中游且末扎滚鲁克墓地1、2、3、4、5号墓地，阿克苏萨依墓地、布古纳墓地、阔干西南墓地、库拉玛克萨依墓地以及库拉木勒克萨依墓地等；车尔臣河中下游河谷平原区的且末加瓦艾日克墓地和托盖曲根墓地1、2、3、4号墓地等；阿尔金山北麓山前亦遗存少量古代墓葬，如若羌县新阿不旦墓地。（见图368）

1. 扎滚鲁克墓地

扎滚鲁克墓地位于且末县西南约6千米处、车尔臣河中游西岸、托乎拉克乡扎滚鲁克村西的一处地势较高的沙砾台地上。墓地南北长约1000米、东西宽约700米。新疆文物部门曾于20世纪八九十年代，先后对扎滚鲁克墓地1、2号墓地的160多座墓葬进行发掘清理。其中1985年9月所发掘的墓葬，编号为85QZM1—M5，所属年代大致为前800年的西周时期[①]；1989年8月，巴

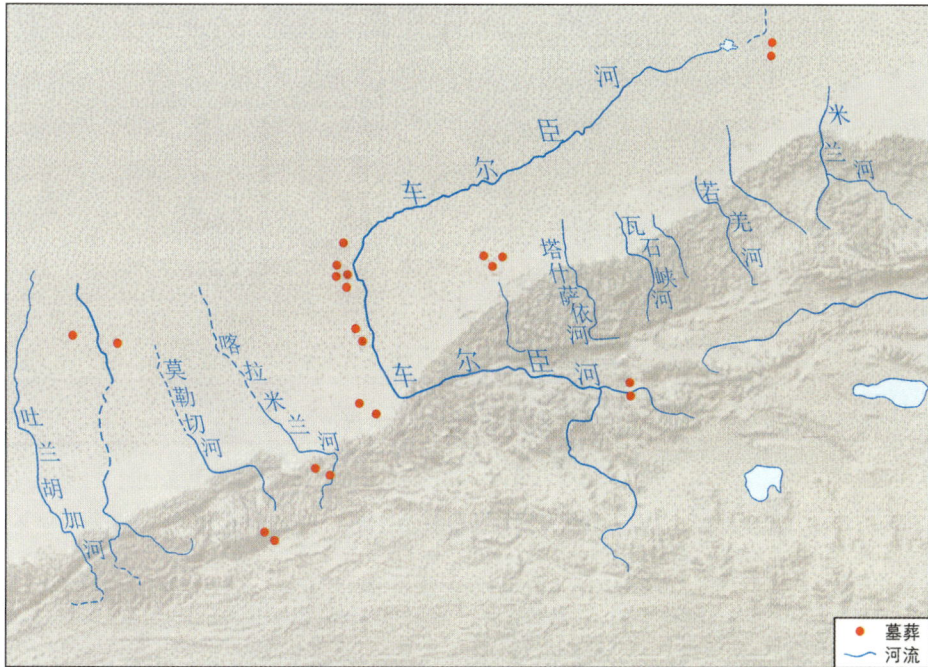

图368　车尔臣河流域古代墓葬分布图

[①] 新疆博物馆文物队：《且末县扎滚鲁克五座墓葬发掘报告》，《新疆文物》1998年第2期。

音郭楞蒙古自治州文管所在此发掘墓葬两座[①]；1996年8、10月，中国社会科学院考古研究所、新疆文物部门先后进行为期18天的发掘[②]；1996年10—11月，新疆文物部门联合地方文管单位在扎滚鲁克墓地发掘墓葬102座，发掘面积

图369　扎滚鲁克墓群

约1.025平方千米[③]；1998年，新疆文物部门对1号墓地的58座墓葬进行发掘清理，编号为98QZM103—M160，并对其中19座第三期墓葬的发掘清理概况进行了归类整理。[④]

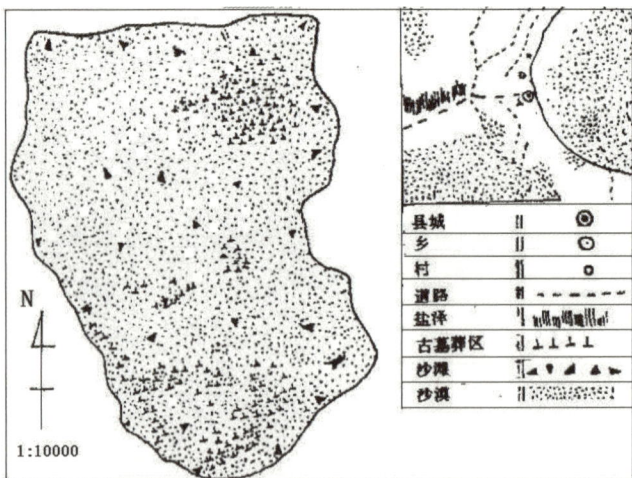

图370　扎滚鲁克墓地地表概况[⑤]

---

① 何德修：《且末县扎洪鲁克古墓葬清理简报》，穆舜英、张平主编：《楼兰文化研究论集》，乌鲁木齐：新疆人民出版社，1995年，第176页。
② 新疆博物馆考古部、巴音郭楞蒙古自治州文物管理所、且末县文物管理所：《新疆且末扎滚鲁克二号墓地发掘简报》，《新疆文物》2002年第1—2期。
③ 新疆博物馆、巴州文管所、且末县文管所：《新疆且末扎滚鲁克一号墓地》，《新疆文物》1998年第4期。
④ 新疆维吾尔自治区博物馆、巴音郭楞蒙古自治州文物管理所、且末县文物管理所：《1998年扎滚鲁克第三期文化墓葬发掘简报》，《新疆文物》2003年第1期。
⑤ 新疆博物馆文物队：《且末县扎滚鲁克五座墓葬发掘报告》，《新疆文物》1998年第2期。

　　墓葬形制分为长方形竖穴土坑墓、长方形竖穴土坑棚架墓、单墓道长方形竖穴棚架墓、方形竖穴土坑棚架墓和土坑竖穴偏室洞室墓5种。葬俗多为多人合葬，葬式大多为仰身屈肢，葬具出现木棺，随葬品以陶器、木器、漆器等较为普遍。

　　（1）1985年扎滚鲁克墓地5座墓葬发掘情况。1985年4月，新疆博物馆文物队对且末扎滚鲁克墓地进行初步调查，并于9月份对其中的5座墓葬进行抢救性发掘。其中仅有M1、M2墓葬保存较为完整，其余3座墓葬基本遭到破坏。M2和M5的形制均为长方形竖穴土坑墓，葬俗有单人葬、合葬以及丛葬等类型。随葬物品有陶器、木器、骨器等，有陶钵、单耳陶罐、木桶、木纺轮、骨梳、牛角勺、喂奶器、牛角杯等。还出土大量的衣冠服饰、毛织物，如衣服、长裤、裙、帔巾、帽等。

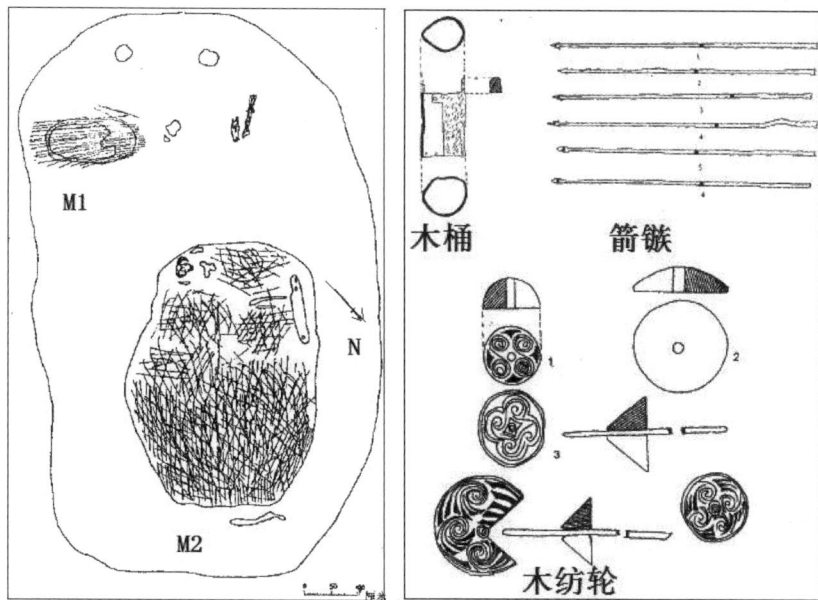

图371　1985年扎滚鲁克墓地发掘M1和M2平、剖面图（左）及5座墓葬出土物品（右）[1]

　　（2）1996年扎滚鲁克墓地1、2号墓地发掘情况。1号墓地是扎滚鲁克墓地中占地面积最大的一处。依据墓葬分布的集中程度分为南、北两区。

---

[1]　新疆博物馆文物队：《且末县扎滚鲁克五座墓葬发掘报告》，《新疆文物》1998年第2期。

其中，南区墓葬分布较为紧凑，北区墓葬分布则较为分散。考古人员又将南区墓葬按照分布的集中程度以及墓室形制划分为南东区和南西区。南东区墓葬形制多为竖穴土坑墓，规模较小；南西区墓葬形制多为单墓道长方形竖穴棚架墓，规模相对较大。1号墓地发掘墓葬年代可划分为三个时期：第一期大致为前1508±76年，遗存墓葬为M61；第二期大致为前770—8年，遗存墓葬90座，但墓主骨架保存相对完整的墓葬仅有69座；第三期为5—6世纪，遗存墓葬11座。[①]（见表69）

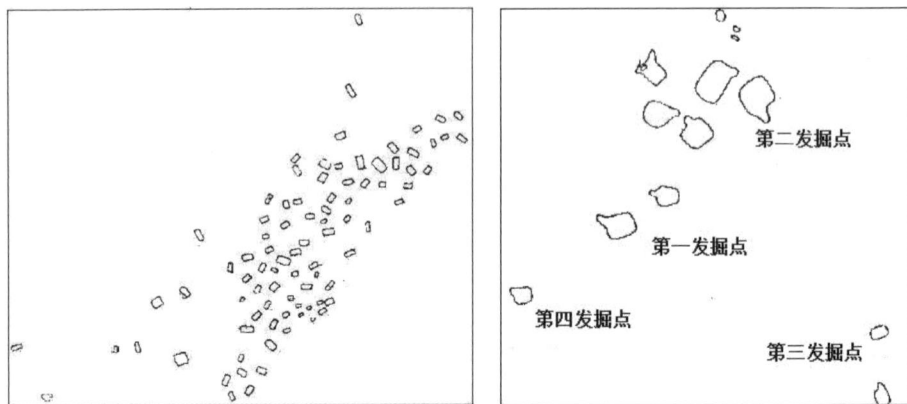

图372　扎滚鲁克墓地1号墓地南东区（左）、南西区（右）墓葬发掘分布图[②]

表69　1996年扎滚鲁克墓地1号墓地发掘概况[③]

类别	墓葬编号	形制	随葬器物
第一期文化墓葬	M61	圆角长方形竖穴土坑墓	陶器：红陶壶1件。木器：木纺轮1件、木杵1件、锥形小木件1件

① 新疆博物馆、巴州文管所、且末县文管所：《新疆且末扎滚鲁克一号墓地》，《新疆文物》1998年第4期。
② 新疆博物馆、巴州文管所、且末县文管所：《新疆且末扎滚鲁克一号墓地》，《新疆文物》1998年第4期。
③ 新疆博物馆、巴州文管所、且末县文管所：《新疆且末扎滚鲁克一号墓地》，《新疆文物》1998年第4期。

（续表）

类别	墓葬编号	形制	随葬器物
第二期文化墓葬	M3、M9、M16、M17、M19、M20、M21、M22、M23、M27、M32、M36、M39、M43、M46、M56、M58、M59、M62、M63、M68、M69、M70、M71、M72、M74、M75、M77、M79、M80、M84、M85、M97、M98、M99	长方形竖穴土坑墓	陶器：带流陶罐6件、陶钵51件、单耳杯19件、单耳罐6件、圜底罐9件、陶壶3件、双系小陶罐2件、陶饼1件。石器：砺石8件、石臼1件、石磨盘3件、眉石2件、石眉墨1件、石球1件。骨、角器：骨梳与角梳12件、骨针1件、刻纹骨版1件、骨把手1件、骨带扣1件、角杯12件、角筒1件、角勺19件。木、漆器：木矢24枚、木弓4件、弓囊木件5件、木纺轮41件、木刀3件、刮刀1件、长齿木梳1件、木针1件、长方形木盒6件、木桶9件、木筒2件、单耳木杯3件、单系木碗6件、单耳木碗1件、单柄木钵1件、单系木罐1件、木盘8件、木盆5件、木梳32件、木花押1件、木腰牌饰8件、合范式木器3件、钻木取火器3件、木拐杖3件、弓形木件5件、彩绘木板1件。金属制品：铜刀2件、铁剑1件、铁柳丁1件。皮制品：皮囊1件、皮刀鞘1件。装饰品：饰珠、饰坠、串珠、铜耳环、铜饰、金饰以及服饰等
	M30	长方形竖穴土坑棚架墓	
	M4、M14、M24、M34、M44、M54、M55、M64、M65	单墓道长方形竖穴棚架墓	
第三期文化墓葬	M60、M73、M76	长方形竖穴土坑墓	陶器：单耳罐1件、陶罐2件、残陶壶颈1件。木、漆器：木耜1件、木盘4件、木碗2件、单柄木罐1件、木萐1件、木匕与漆匕3件、木耳杯与漆耳杯3件、漆案2件、筷子1双。金属制品：铜勺1件、铁针1件。玻璃杯、料珠和贝饰。皮制品：圆形皮奁1件。食品：谷物。文书1件。织物：锦2件、绢、二重毛布1件、棉布等
	M33、M49	方形竖穴土坑棚架墓	
未确决分期	M18、M26、M37、M40、M51、M52	洞室墓	

2号墓地位于托格拉克勒克乡兰干村与扎滚鲁克村交界地带的一处黑沙梁上，南北长约280米、东西宽约150米。1996年，当地居民在墓地旁边挖掘土盐时，有两座墓葬被破坏。当年8月，中国社会科学院考古研究所及时对这两座墓葬进行发掘清理，分别编号为96QZⅡM1和96QZⅡM2。两座墓葬均为东西分布，二者相距不到20米。地表无显著的封土标志，遗留人为活动痕迹。墓葬形制为单墓道长方形竖穴棚架墓。M1为丛葬，墓内葬有31人，

多为仰身屈肢葬，考古学者由骨架鉴定出男性17人、女性8人，其余6名婴幼儿性别无法辨认。M1的随葬物品有单耳陶罐1件、铁锥1件、木弓1件、弓囊木附件2件、长方形刻花木盒及盖2件、木盘1件、木梳1件。[①]M2亦为丛葬，墓室底部发现骨架共计27具，排放混乱，不可分辨。墓葬出土物品有石眉笔2件、眉石3件、砺石2件、带流罐2件、单耳罐3件、陶钵1件、木弓3张、木箭杆7枚、弓囊木附件3件、鞣皮木刮刀1件、木鞭杆4件、拐杖1件、穿孔小木板12件、钻木取火器4件、小木盖2件、木扣2件、木腰牌1件、木竖箜篌1件、木盒1件、木件4件、木瓢1件、木罐3件、四足木盘2件、木杯3件、木桶1件、木盘4件、木盆2件、木碗4件、木钵1件、木梳5件、藤编篓1件、骨器与角器9件、铜器4件、铁器5件以及其他装饰品19件。此外，M2中还发现纺织品及毛毡等。[②]

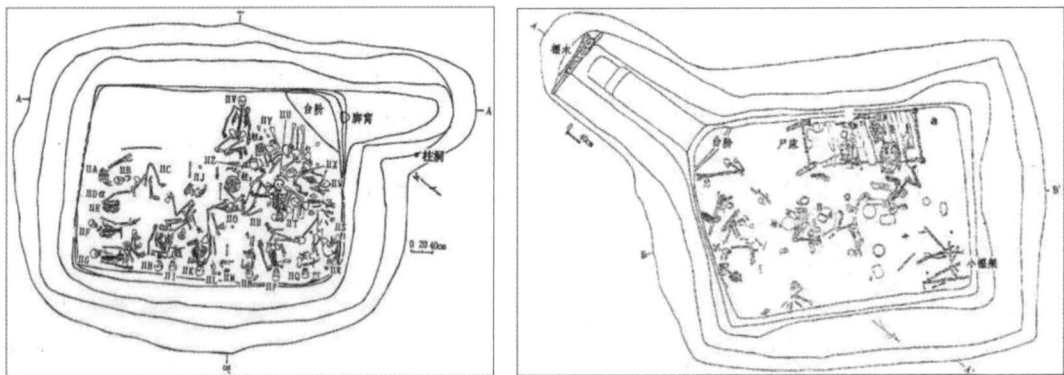

图373　扎滚鲁克墓地2号墓地M1（左）与M2（右）墓底平面图[③]

（3）1998年扎滚鲁克墓地第三期墓葬发掘情况。1998年，新疆文物单位发掘了58座扎滚鲁克墓地第三期墓葬，主要分布于1号墓地南区的中间地带。墓葬多东西走向，地表因自然侵蚀以及盗掘活动而出现多处凹坑。考古人员在发掘墓葬时发现，地表至墓口之间存有灰土色砾石沙土扰乱层，个别

---

① 新疆博物馆考古部、巴音郭楞蒙古自治州文物管理所、且末县文物管理所：《且末扎滚鲁克二号墓地发掘简报》，《新疆文物》2002年第1—2期。

② 新疆博物馆考古部、巴音郭楞蒙古自治州文物管理所、且末县文物管理所：《且末扎滚鲁克二号墓地发掘简报》，《新疆文物》2002年第1—2期。

③ 新疆维吾尔自治区博物馆考古部、巴音郭楞蒙古自治州文物管理所、且末县文物管理所：《且末扎滚鲁克二号墓地发掘简报》，《新疆文物》2002年第1—2期。

墓室坍塌严重，墓葬口已被严重破坏，墓室内填土夹杂有残骨骼、蒲草、残苇席片等。[①]（见表70）

表70　1998年扎滚鲁克墓地第三期墓葬发掘概况[②]

墓葬形制	长方形竖穴土坑墓	M105、M122、M131、M137、M138、M145、M156
	竖穴洞室墓	M105、M109、M110、M115、M117、M133、M135、M141、M142、M149、M155、M157
葬具	箱式木棺	M106、M115、M122、M131、M156
	木尸架	M109、M110、M117、M135、M141、M149、M157
葬式	保存有人骨	M105、M106、M117、M122、M133
葬俗	殉牲（绵羊和山羊）	M109、M135、M137、M149、M155
随葬物品	石器	石球1件、石膏纺轮1件
	陶器	圜底罐1件、平底陶罐1件
	木、漆器	单柄木罐1件、盘1件、梳1件、纺轮与纺杆3件、残木弓4件、木箭16件、马鞍与鞍桥5件、鞭杆5件、扣5件、马镳4件、木橛1件、别子1件、袋口木夹棍2件、漆木奁1件
	铜器	铜镜1件、铜带扣及扣饰2件
	铁器	铁针1件、铁衔马络1件、骨鞘铜首铁刀1件
	骨角器	带扣3件、羊角马镳1件、鞍桥1件
	皮制品、食品、毛织品、服饰及织物残片等	皮袋1件、饼1件、彩条纹毛布袋和毛编织带、玛瑙珠1件、玻璃珠1件、包金箔鹰爪1件、原白色棉布扎包1件、毡帽1件、丝织物1件以及其他织物残片等

① 新疆维吾尔自治区博物馆、巴音郭楞蒙古自治州文物管理所、且末县文物管理所：《1998年扎滚鲁克第三期文化墓葬发掘简报》，《新疆文物》2003年第1期。
② 新疆维吾尔自治区博物馆、巴音郭楞蒙古自治州文物管理所、且末县文物管理所：《1998年扎滚鲁克第三期文化墓葬发掘简报》，《新疆文物》2003年第1期。

环塔里木汉唐遗址

1998年扎滚鲁克墓地第三期墓葬形制、出土器型等特征，基本与1996年所发掘的墓葬近似，由此断定此次所发掘墓葬年代大致为3—6世纪。[1]此外，该墓地不仅发掘出许多殉葬家畜，同时出土谷饼等食物残留，这一现象反映出当时此地生产方式大致进入畜牧与农耕混合时期，对于研究古代且末城邦的社会经济发展历程具有重要的参考价值。

2. 托盖曲根墓地

托盖曲根墓地位于且末县库拉木勒克乡库拉木勒克村西北、库木鲁克艾肯沟东西岸的台地上，遗存年代大致在东汉至魏晋时期。遗存4处墓群，墓葬349座。墓葬地表有较为明显的土石堆和石堆标志。其中，土石堆规模较大，直径多在4米左右，小者约2.5米；石堆规模相对较小，较大者直径在3—5.5米之间，小者0.5—2米。个别较大墓地附近出现小石堆，应为祭祀建筑，墓葬附近地表残留陶片。

图374　托盖曲根墓地1号墓地出土的铁刀

图375　托盖曲根墓地1号墓地出土的陶罐

图376　托盖曲根墓地1号墓地出土的铜镜残片

---

[1]　新疆维吾尔自治区博物馆、巴音郭楞蒙古自治州文物管理所、且末县文物管理所：《1998年扎滚鲁克第三期文化墓葬发掘简报》，《新疆文物》2003年第1期。

3. 依力力克墓地

依力力克墓地位于且末县阿羌乡昆其布拉克牧场阔干村南约10千米处、依力力克萨依沟西岸台地上，为青铜时代遗存。墓地形状呈小石堆状，共发现有7处，总体上呈南北分布。石堆规模不一，直径1.2—2.1米，地表暂未采集到古代遗物。

图377　依力力克墓地

4. 加瓦艾日墓地

加瓦艾日墓地位于且末县托格拉克勒克乡加瓦艾日克村东南约1.6千米处、阿尔金山北麓车尔臣河谷地农田中，为战国至东汉时期遗存。1995年，考古人员曾对12座墓葬进行了抢救性发掘。墓葬东西长约90米、南北宽约43米、残高约4米。墓葬形制主要有长方形或椭圆形竖穴土坑墓和刀把形单墓道竖穴土坑墓两类，部分墓室残存葬具构件以及陶

图378　加瓦艾日墓地

图379　库拉玛克萨依墓地

器、木器、毛织物等随葬物品。墓地已开辟为农田。

5. 库拉玛克萨依墓地

库拉玛克萨依墓地位于且末县阿羌乡阿羌村西南约0.8千米处、库拉玛克萨依东支河沟东岸，可能为铁器时代遗存。河沟断壁上遗存墓葬3座，墓室形制分为土坑竖穴墓和土坑竖穴石室墓两类。附近地表未发现其他遗物。

6. 阿羌萨依墓地

阿羌萨依墓地位于且末县阿羌乡阿羌村东南约0.7千米处、阿羌萨依沟北的山前坡地上，为汉晋时期遗存。所存墓葬暴露于黄土堆积层中，其中一座墓葬可见人体骨架，为仰身直肢葬式。墓室内遗存陶器、木器、铜件饰品等。墓葬地表未见明显标志，墓顶部被泥土覆盖，个别墓葬已遭破坏。

7. 莫勒切河墓地

莫勒切河墓地位于且末县奥依亚依拉克乡色日克阔勒村西北约11千米处、莫勒切河谷中段的河东台地上，为汉唐时期遗存。墓地现存带土石堆、石围土石堆封堆墓葬25座，较大的土石堆墓葬直径达10米、残高约1米。石

图380　莫勒切河墓地

围土石堆封堆墓葬规模相对较小，直径约2.5米、残高约0.25米。另外，墓地西端冲沟断壁之上暴露墓葬4座，墓室形制为长方形竖穴石室墓。墓葬地表封堆遭到人为破坏，暴露墓葬均遭盗掘。

8. 阿帕尔墓地

阿帕尔墓地位于且末县奥依亚依拉克乡阿帕村北约0.7千米处、阿尔金山北坡中部阿尔帕沟口，为汉晋时期遗存。墓地遗存墓葬5座，其中1座因雨水冲刷毁损较为严重，墓室暴露在外，为石室结构，

图381　阿帕尔墓地

墓口盖有石盖板。个别墓葬有盗掘痕迹。

9. 恰干达萨依墓地

恰干达萨依墓地位于且末县奥依亚依拉克乡奥依亚依拉克村东南约600米处、恰干达萨依河沟东岸的坡地上，为汉晋时期遗存。墓地分为南、北两区，

其中北区墓葬所在缓坡较为平坦，共存墓葬20多座，形制多为凹坑或残石室；南区墓葬位于沟东岸断崖上。经调查发现，已毁损墓葬共18座，墓室形制均为石室墓，地表残留织物、夹砂红陶片、骨制弓弭残件以及东汉时期铜镜等遗物。

10. 布古纳墓地

布古纳墓地位于且末县奥依亚依拉克乡布古纳村东南约0.8千米处、阿尔金山北坡的布古纳萨依沟谷中，为汉唐时期遗存。地表见有石堆、土石堆以及不规则石围墓葬标志15处，石堆墓葬规模较小，土石堆墓葬规模较大，为石室结构。个别墓葬封堆已遭到破坏，毁损严重。

图382 恰干达萨依墓地墓室残迹

图383 布古纳墓地

11. 阔干西南墓地

阔干西南墓地位于且末县阿羌乡昆其布拉克牧场阔干村西南约0.7千米处、米特河东岸洪积滩上，为汉晋时期遗存。地表遗存不太明显的圆形或椭圆形土石堆、石围墓34座，其中圆形封堆直径2—4米，椭圆形封堆直径3—4.6米。地表不见有其他遗物。地表封堆标志较为模糊，遭洪水冲刷痕迹较为明显。

图384 阔干西南墓地

图385 奥依亚依拉克墓地

12. 奥依亚依拉克墓地

奥依亚依拉克墓地位于且末县奥依亚依拉克乡奥依亚依拉克村西约0.5千米处、河谷东岸台地边缘，为汉晋时期遗存。墓葬地表已被堆积层覆盖，地表下灰烬堆积层中见有炭粒、碎骨、夹砂红陶片及白色粉状物等。墓葬分布位置、数量、形制无法辨别，整体保存状况较差。

13. 阿克苏萨依墓地

阿克苏萨依墓地位于且末县奥依亚依拉克乡博孜坎村东南约23千米处、阿尔金山山区萨依河北岸的土梁上，遗存年代下限至唐代。墓葬地表无明显标志，据当地牧民反映，地表曾散布人骨，后有文物人员将其回填，附近见有残碎灰褐色陶片。墓地分布位置、数量以及形制无法辨识，整体保存状况较差。

图386　阿克苏萨依墓地

14. 克其克江尕勒萨依墓地

克其克江尕勒萨依墓地位于且末县库拉木勒克乡江尕勒萨依村东北约7千米处、阿尔金山北麓山前低山带克其克江尕勒萨依沟南的台地上，遗存年代下限至唐代。台地上遗存墓葬4座，沿沟谷走向分布。墓葬封堆为圆形土石堆状，直径3—

图387　克其克江尕勒萨依墓地

4.5米、残高0.2—0.5米不等。墓室由较大石块垒砌而成，墓口上横置较大石盖板。周围未见有其他遗物。墓葬封堆已遭破坏，整体保存状况较差。

15. 色日克阔勒墓地

色日克阔勒墓地位于且末县奥依亚依拉克乡色日克阔勒村南约0.4千米

处、阿尔金山北坡色日克阔勒萨依沟的土梁上，遗存年代不详。墓地地表已无法辨认出墓葬位置，据当地牧民反映，土梁上曾散布大量人骨，今仅见些许夹砂红陶片。地表封堆石块已被居民挪动用于牲畜圈墙建筑材料，墓葬分布概况、数量、年代有待进一步调查。

16. 库初纳墓地

库初纳墓地位于且末县奥依亚依拉克乡奥依亚依拉克村西北约7千米处、阿尔金山北坡库初纳沟口，遗存年代不详。墓葬封堆石块为当地居民挪动用于建筑牲畜圈墙，墓地已基本无法辨识。

图388　库初纳墓地

17. 库拉木勒克萨依墓地

库拉木勒克萨依墓地位于且末县库拉木勒克乡库拉木勒克村东约0.4千米处、阿尔金山北麓山前沟口，遗存年代不详。墓地分布在约2000平方米的斜坡之上。地表石堆多呈不规则长条状，部分亦为圆形，标志已不太明显。由一处被水冲蚀墓室判断，墓葬为石室结构，四壁为卵石垒砌结构，墓室残存人体髋骨与肢骨等遗物。墓地地表已遭破坏，整体保存状况较差。

图389　库拉木勒克萨依墓地地表遗迹

18. 库木鲁克萨依墓地

库木鲁克萨依墓地位于且末县库拉木勒克乡吐拉牧场巴什玛勒滚村东约50千米处、库木鲁克萨依沟的坡地上，遗存年代不详。墓葬地表见有明显石堆、石围标志的封堆，分别分布于北、中、南三个区域，其中北区遗存墓葬3座，中区3座，南区15座。墓葬多已遭到人为挖掘破坏，整体保存状况较差。

图390　库木鲁克萨依墓地地表遗迹

19. 喀拉乔喀墓地

喀拉乔喀墓地位于且末县库木勒克乡吐拉牧场巴什玛勒滚村东南约52千米处、阿尔金山山区阿拉亚力克河南岸及喀拉乔喀沟东侧的台地上，遗存年代不详。墓地地表散布石围墓24处，规模矮小，多呈不完整圆角长方形，周边地表不见其他遗物。墓葬分布无规律，部分已遭盗掘。

20. 江尕勒萨依墓地

江尕勒萨依墓地位于且末县库拉木勒克乡江尕勒萨依村西约0.3千米处、阿尔金山北麓山前江尕勒萨依沟西岸的台地上，遗存年代不详。墓地封堆主要有土石堆、石围、石围土石堆3类。墓地南北长约2.6千米、东西宽约0.4千米，遗存墓葬287座。（见图392）个别墓葬遭盗掘，整体保存状况一般。

图391　喀拉乔喀墓地地表遗迹

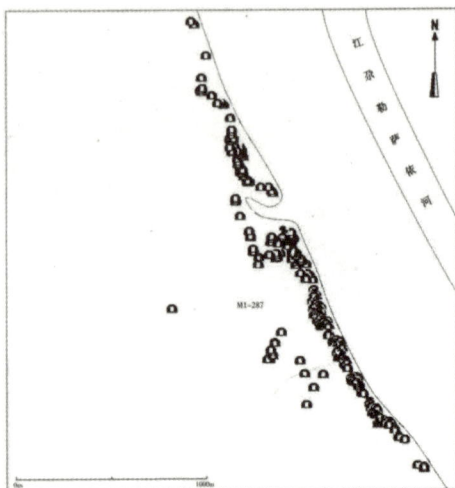

图392　江尕勒萨依墓葬分布图

第二节　城址、烽燧

　　地处塔里木东南缘的车尔臣河流域，是经由罗布泊进入塔里木南道的重要通道。西汉曾在此流域东部的伊循城开展屯田，唐初该流域由粟特人石染典建典合城代为管辖，之后唐在此置石城镇，划归沙州管辖；于且末置播仙镇，隶属安西都护府。当然，在唐廷经略四镇期间，这里亦是吐蕃由河西进入塔里木的重要门户，吐蕃曾于此修筑大量屯戍工事。因而，在今车尔臣河流域仍可见的中原汉式与吐蕃风格的军事建筑遗迹，成为我们洞察唐蕃博弈历史的重要窗口。

一、城址

1. 米兰古城

　　米兰古城位于新疆生产建设兵团第二师第三十六团团部东约3千米处、甘新公路附近，西南距若羌县城约80千米。古城始建于汉代，沿用至唐代，是汉唐时期中原政权在西域的重要屯田区。现存米兰古城遗址主要由吐蕃戍堡、佛寺及佛塔遗迹组成。米兰古城于1984年和2001年先后被列为自治区级文物保护单位、全国重点文物保护单位，古城保护范围约44.49平方千米。

　　早在西汉时期，米兰古城就是丝绸之路南道上的重要交通枢纽，无数汉使、商旅、僧人经此东去西来。但由于受势力强大的匈奴控制，楼兰王当归"数遮杀汉使"。汉昭帝元凤四年（前77），傅介子前往楼兰诱杀当归，改楼兰为鄯善，西汉遂取得对该地区的控制权。鄯善王为防御匈奴再度来袭，请求西汉屯军伊循城，共御匈奴。《汉书》记载："（鄯善）王自请天子曰：'身在汉久，今归，单弱，而前王有子在，恐为所杀。国中有伊循城，其地肥美，愿汉遣一将屯田积谷，令臣得依其威重。'于是汉遣司马一人、吏士四十人，田伊循以填抚之。其后更置都尉。伊循官置始此矣。"[1]此后

---

① （汉）班固：《汉书》卷九六《西域传》，北京：中华书局，1962年，第3878页。

伊循屯田规模逐渐扩大，屯军多达1000人，开垦田地1.7万亩左右。这不仅解决了驻军将士的粮食补给问题，亦为抵御匈奴的侵袭提供了强有力的军事保障。

东汉、魏晋时期，米兰地区一直是西域的重要绿洲农业垦区。7世纪下半叶，居住于青藏高原的吐蕃势力日渐强盛，屡次侵入塔里木盆地绿洲，占据唐安西四镇，势力延至米兰地区。此后直至9世纪中后期，吐蕃才逐渐退出塔里木盆地。

19世纪末，俄国探险家普尔热瓦尔斯基首次向学界公布了米兰遗址。20世纪以来，国外探险家、国内学者等多次到此考察。1906年2月，斯坦因在

图393　米兰古城吐蕃戍堡（1906年斯坦因摄）

图394　米兰古城吐蕃戍堡（左）及内景（右）（2013年）

考察楼兰遗址前先对磨朗（米兰）进行了考察，看到古城内残留戍堡甚为壮观，并将之推断为维护塔里木盆地南部至敦煌道路通畅的军事设施。随后，斯坦因在一处杂物堆中发掘出大量简牍与纸质文书，数量达1000多件。他认定文书为8—9世纪吐蕃戍军时遗留下来的。经汉学家托马斯与弗兰克释读，斯坦因所得简牍及纸质文书多为公文、契约和屯戍边境所需粮草、军事行动等方面的记录，其对于研究中世纪吐蕃与西域的关系具有重要的学术价值。

此外，斯坦因还对吐蕃戍堡附近的佛寺、佛塔进行了清理和发掘。由于受到严重的风蚀，佛寺残壁上的佛教画像大部分已经模糊不清。斯坦因在佛寺过道发现1尊佛头，后又陆续发掘出6尊无头大佛像，佛像的衣褶颇具希腊艺术风格。在吐蕃戍堡西约500米处，斯坦因清理出一外方内圆的小佛塔，在距离佛塔1.3米左右的方位发现了绘制有"有翼天使"的护墙板。[①]

1957—1958年，黄文弼对米兰古城进行考察。根据黄文弼的测量，米兰古城平面呈不规则方形，周长约308米。城墙为夯筑结构，古城四角皆有墩台，东、北、西城墙中部各有一马面。古城中央地势较洼，黄文弼认为此城结构与建筑技术应属于不同时期。古城西约250米处为塔庙遗址，甘新公路将遗址隔离为两部分。公路北侧遗存佛塔2座，塔顶呈圆拱形，周长约45.5

图395　米兰古城佛寺（1906年）

图396　米兰古城佛寺（2013年）

① ［英］斯坦因：《斯坦因西域考古记》，向达译，上海：中华书局，1936年，第79—86页。

米，另一佛塔位于其东约40米处；另有房屋残垣1处，均为土坯垒砌结构。公路南侧遗存房屋残垣2处。黄文弼认为，米兰古城应是该地区的佛教与政治中心，或为鄯善伊循城故址。[①]

表71　1957—1958年黄文弼考察米兰古城时出土的遗物

种类	数量	概况
丝织残幡	2片	均呈三角状，其中一片书写有古民族文字
铜钗	1件	一根铜丝曲卷为两足，长12厘米，两足相距1厘米
木梳	1件	长7.6厘米、宽6.5厘米、厚0.8厘米，32齿
毛织鞋	2只	长25厘米、底宽9厘米；鞋面中隆起，长14厘米；类似旧式棉鞋
刻字陶片	2片	灰陶，面光平，上刻有古民族文字

图397　米兰古城（1958年）

图398　米兰古城西佛塔（1958年）

　　1958年和1973年，新疆文物考古队对米兰古城吐蕃戍堡进行文物调查，测量戍堡平面呈不规则方形，东西长约70米、南北宽约56米、残高7米，为夯筑结构。戍堡四角有角楼遗迹，城堡北部有房屋遗址，建筑结构与《新唐书》中所述"（吐蕃）屋皆平上，高至数丈"[②]的建筑特点较为一致。

---

① 黄文弼：《新疆考古发掘报告（1957—1958）》，北京：文物出版社，1983年，第50—53页。
② （宋）欧阳修、宋祁：《新唐书》卷二一六《吐蕃传》，北京：中华书局，1975年，第6072页。

表72　1959年米兰古城发掘概况[①]

房屋序号	房屋长、宽、深	出土文物数量	出土文物名称
第1号房屋	毁损	—	—
第2号房屋	毁损	—	—
第3号房屋	370厘米、290厘米、140厘米	31件	古民族文字木简21支，陶纺轮，皮刀鞘，残木牍
第5号房屋	270厘米、240厘米、110厘米	32件	骨刀把，残木碗，古民族文字简牍14支
第6号房屋	360厘米、290厘米、140厘米	82件	古民族文字木简59支，残纸18片，地毡，米黄色、深蓝色丝织品
第7号房屋	450厘米、340厘米、135厘米	95件	古民族文字简牍及纸残片，铠甲残片，残铁器、丝绸等
第8号房屋	235厘米、110厘米、80厘米	32件	古民族文字木简与纸片13件，干朽小麦、小米颗粒
第9号房屋	340厘米、270厘米、135厘米	31件	古民族文字木简19件，纸残片，残木碗，带有手指印纹完整文字纸片1张，似为契约文书

　　2012年，为配合米兰古城抢险加固工程的实施，新疆考古研究所对米兰古城进行了系统的考察与清理，发掘面积2000平方米，出土文物300多件。遗存的16处单体建筑分别为：戍堡1处，佛塔8处，佛寺3处，烽燧2处，其他遗址2处。

　　米兰古城中保存相对较好的有（斯坦因编号）：ＭⅠ戍堡、ＭⅡ佛寺、ＭⅢ佛塔、ＭⅣ佛寺、ＭⅥ佛塔、ＭⅦ佛塔和北部一处烽燧遗址。新疆考古研究所主要针对ＭⅠ戍堡、ＭⅢ佛塔进行了局部发掘。ＭⅠ戍堡位于整个遗址东部，平面呈不规则方形，东墙外侧长92米、南墙外侧长约84米、西墙外侧长约50米、北墙外侧长约77米。四角遗存角楼，北部、东部中间有马面遗存，1906年斯坦因所见西部位置的马面已毁损不见。ＭⅢ佛塔基座平面呈方

---

① 彭念聪：《若羌米兰新发现的文物》，《文物》1960年第8、9期。

形，边长约9米、残高约2.85米；基座中部遗存一高约2.5米、直径长约3米的圆形佛塔，佛塔其余部位已坍塌成土堆。考古人员对佛塔构造工序进行了分析，认为在筑造前先在地表挖掘一边长约12米、深2米的方坑，然后用约0.4米的方形土坯垒砌四围墙体；塔基由边长约0.4米的方形土坯砌筑而成，四角用L形状的堵头与四面墙体连接。新疆考古研究所推断遗址内佛教建筑年代可能为3—4世纪，戍堡的年代应该早于8—9世纪。关于米兰遗址的性质，当今学界多认同其为汉伊循城，但至今仍缺乏与之相关考古材料来证明。[①]

表73　米兰遗址M I 戍堡、M III 佛塔出土文物

遗址	出土文物数量	名称	数量	名称	数量
MI戍堡	289件	木简	90件	木器	103件
		竹编器	5件	完整葫芦	1件
		骨角器	8件	皮毛麻织物	35件
		陶器	28件	铜器	7件
		料石器	9件	铁器	2件
		朱砂	1包		
M III 佛塔	26件	木器	8件	木简	1件
		壁画残块	5块	麻布类纺织品	12件

2. 且尔乞都克古城

且尔乞都克古城位于若羌县南，为汉晋时期遗存。20世纪50年代末，黄文弼在《新疆考古发掘报告（1957—1958）》中对此城记述详细。且尔乞都克古城平面呈长方形，结构为内、外二重。外城城墙由卵石垒砌而成。黄文弼测得外城周长约720米，城墙宽约1.5米、残高约1米。内城西北角处有一土墩，为土坯垒砌而成，顶部已遭破坏，仅存底部，黄文弼推断该土墩为残塔遗址。内城两侧遗存若干房屋建筑，其中西侧有三排房址，有十余间；东侧有房址五六间。结合古城地理环境和史籍记载，黄文弼推断此城为7世纪中叶康艳典修筑的石城镇遗址。

---

① 于志勇等：《新疆若羌米兰遗址考古发掘新收获》，《中国文物报》2013年3月15日。

　　古城毁损严重。遗址内有一条现代修建的东西向水渠穿城而过。古城北墙保存相对完好，中部有一豁口，应为城门所在。东、西城墙均已残缺不全。古城内有一稍高台地，上有方形垄状土石围遗迹，边长约50米，疑似内城。水渠南部有残墙数段，均为房基遗址；水渠北部东北角处有一土坯建筑，疑似为佛塔遗迹。考古人员曾在古城西北角进行发掘，并由地表残墙判断其应为寺庙大殿遗址。考古人员在遗址中采集到约4世纪时的梵文贝叶和纸片，此外还发现泥塑像、壁画残块、谷穗及麦穗等遗物。

图399　且尔乞都克古城北城墙

3. 瓦什峡古城

　　瓦什峡古城位于若羌县瓦什峡乡西南，为汉代遗存。《汉书》卷九六《西域传》记载，若羌"山有铁，自作兵，兵有弓、矛、服刀、剑、甲"。由古城内分布的窑址、冶炼遗址及地表采集物推断，瓦什峡古城很可能

图400　瓦什峡古城

是汉代丝绸之路上一处重要的手工作坊遗址。20世纪80年代，新疆文物工作者在此发现冶金、玻璃制作等遗迹。2006年11月，北京科技大学冶金与材料

史研究所在古城内采集一批铜、铁器等冶金遗物。作为楼兰古国周边的手工业重镇，瓦什峡古城在冶金技术上已经达到了相对较高的水平。

瓦什峡古城周围红柳丛生、沙包散布。古城总体规模较大，南北长约2千米、东西宽约1千米。内城平面形状难以辨认，城墙已损毁，无迹可寻。1978—1979年，黄小江、张平曾先后两次到此考察、试掘，发现房址30余处、窑址3处、墓葬2处、冶炼遗址1处，采集到陶片、石磨盘、玻璃片、钱币、武器、纺轮、坩埚、丝织品和木梳等遗物。古城周围今已被规划为生态保护区，地表到处可见大小不等的沙包。城址内有居民遗址3处，其中1号遗址位于一沙包处，现存一土坯墙遗迹，残长约9.5米、厚约0.7米、高约1.3米，土坯外部抹有草泥，遗址附近可见草粪、土坯残块、毡片、炼渣、残铁块、陶片等遗物；2号遗址位于1号遗址东南处，中部有一大坑，北缘、西缘遗存土坯墙迹；3号遗址位于1号遗址东南处，地表散布少量人骨。

4. 麦得克古城

麦得克古城位于若羌县铁干里克乡英苏村东南，为汉唐时期遗存，是塔克拉玛干沙漠中一座鲜为人知的古城。1907年，斯坦因以当地人做向导，首次发现此城。20世纪末，中国考察队前往麦得克古城考察，发现古城附近原有的麦得克河早已成为干涸的深沟，东面一条通往吐鲁番的古道也已掩埋于流沙之中。考察队员杜培华在《麦得克城的发现》一文中称，古城遗址为一面积约为2亩的圆坑，城堡内部被连绵不断的小沙丘覆盖，隐约露出土坯垒筑城墙，城墙厚约5.5米，坯层中间夹杂有苇草。城址边缘残留带榫头的圆木，大致为城门位置所在。

古城平面呈圆形，周长约122米。城墙为土坯垒筑和泥土夯筑混合结构，残高约3米，夯层厚约30厘米，中间夹杂有红柳枝层。南部环形城墙有一宽约2米的木架构门道，应是城门位置。考古人员曾在此出土王莽货泉、剪轮钱。王莽货泉是天凤元年（14）第四次货币改制的产物，流通至东汉光武帝建武十六年（40），《汉书》卷二四《食货志》记载："天凤元年，复申下金银龟贝之货，颇增减其贾直。而罢大小钱，改作货布……货泉径一寸，重五铢，文右曰'货'，左曰'泉'，枚直一，与货布二品并行。"[①] 其时，由于王莽武断的政策，中原政权与西域暂时断绝往来，直到汉明帝时期才

---

① （汉）班固：《汉书》卷二四《食货志》，北京：中华书局，1962年，第1184页。

重新恢复与西域的联系。在中原政权与西域断绝往来期间，货泉仍旧能在西域境内使用，这在一定程度上说明西域与中原民间往来的密切程度。

5. 石头城

石头城位于若羌县城西南约33千米处、阿尔金山北坡若羌河口，为唐代遗存。石头城地势险峻，西倚高山，东临若羌河，河岸崖高约80米，崖壁陡峭，易守难攻。古城因地势而建，呈不规则

图401　石头城

形状，周长约30米，石垒围墙残高约2.5—3米，墙基宽约2米，北侧有一座城门，城内至今遗留石垒房屋数十间。位于城堡西部的中心建筑保存较为完整，存有凹形围墙建筑，残高约2.5米、宽约2米。围墙内保存有灰褐色砖砌建筑4处，方砖制作较为粗糙，大小形状不一。保存相对完整的方砖长约44厘米、宽约23厘米、厚约6.5厘米，残破的方砖长约33厘米、宽约25厘米、厚约6厘米。地表仍可见红陶片、炼渣、残坩埚、残铁块等遗物。张平考察后判断该遗址为军事戍堡。

6. 孔路克阿坦遗址

孔路克阿坦遗址位于若羌县城西南约10千米处、若羌河西岸，为唐代遗存。遗址所在区域为山前冲积的戈壁滩，地势较为平坦。遗址残存三段墙垣及一小土墩，东城墙宽2—3米、高2—2.5米、长约5米，北城墙宽1.2—1.4米、高0.5—1.5米、长约10米，西城墙塌陷较为严重。遗址中部土墩残高约1.5米，呈不规则形状，底部有一大洞。土墩由切割整齐的胶泥块垒砌而成，胶泥块厚8—10厘米、宽约30厘米。遗址地表仍可见少量夹砂红陶片。1979年黄小江、张平考察后判断该遗址系唐代的军事戍堡。

7. 且末古城

且末古城又称"车尔臣阔那协海尔古城"，位于且末县琼库勒乡琼库勒村西的车尔臣老河道附近，与扎滚鲁克古墓群相邻。古城又以满地的陶片而

得名"陶片古城",据说它是世界上地表残存陶片最密集、分布面积最大的古城遗址。

且末古城位于西域交通要塞,绿洲农业发展程度相对较高。贞观十九年(645),高僧玄奘从印度取经归来,途经此地看到的是城郭岿然,人烟断绝的景象。由此而知,唐初且末城已渐遭废弃,荒无人烟。据当地文管部门工作人员分析,且末古城废弃的原因有两种可能:一是洪水冲蚀的破坏;二是车尔臣河改

图402　且末古城

图403　且末古城地表散布的陶片

道,导致古城水源补给匮乏,城内居民为寻找水源而被迫迁徙到别处,城址逐渐废弃。

19世纪末20世纪初,西方探险家纷纷在塔里木东南地区寻找且末古城。1893年,法国探险队于老车尔臣河西岸探寻遗址,他们推测位于且末城北塔提让乡古河道附近的遗址或为汉且末故地。1899—1901年,斯文·赫定到此考察,但未能找寻到古城遗迹。此后,斯坦因、日本大谷光瑞考察队先后到此,亦未探寻到且末古城的准确位置。

民国初年,谢彬到此考察,见"城基周广约二十里,城垣数段,岿然犹存,房舍基址,区划如新"[①]。谢彬所到古城是否为古代的且末城不得而知。现在发现的古城遗址距今且末县城约6千米,占地面积约30万平方米。

---

① 谢彬:《新疆游记》,乌鲁木齐:新疆人民出版社,2010年,第270页。

古城地表沙化严重，植被稀少，呈现出风蚀的雅丹地貌。古城界限今已无法辨认，城内原有建筑也损毁殆尽，遗址内残存耕地、东南—西北走向的渠道及窑址等遗迹，地表散布大片密集状陶片。据当地文管人员介绍，古城内曾出土汉代五铢钱、铜铁箭镞、玻璃残片等遗物，这说明古城早在汉代就是且末绿洲及丝绸之路上的重要城镇。

二、烽燧

车尔臣河流域在汉晋时期是中央王朝在西域重点经略的地域，为确保军事信息的及时传递而在此修筑大量烽燧。大致与车尔臣河走向相为平行，组成由今罗布泊至且末的烽燧线。唐代，由于大碛路交通的阻绝，相比汉晋时期这一流域的军事防御地位已减弱，烽燧的修筑亦不如汉晋时期兴盛。因而，至今所见烽燧遗迹大多为汉晋时期遗存，唐代相对较少。

1. 米兰东北烽燧Ⅷ

米兰东北烽燧Ⅷ位于若羌县米兰镇安乐村东南，为米兰遗址的组成部分。米兰遗址地当吐蕃进入罗布泊要冲，军事地位尤为重要，考古人员曾在米兰戍堡遗址内出土吐蕃文卜骨与木简，由此证明吐蕃曾

图404　米兰东北烽燧Ⅷ

占据此城，而戍堡、烽燧等军事设施可能是吐蕃军卒所修建。

烽燧平面呈方形，边长约5米；烽燧整体呈梯形，残高约5米。烽燧为夯土筑造结构，南侧中下部有一盗洞，直通烽体中心。周围有许多红柳包。由于常年受风沙侵蚀，烽燧基部的部分建筑已经坍塌损毁，但其外观形制保存尚好。

2. 墩里克烽燧

墩里克烽燧位于若羌县米兰镇安乐村东的一处红柳地中，西距米兰遗址

约35千米，北可至海头古城、楼兰古城，恰在米兰通往敦煌的古道上，是魏晋时期丝绸之路中道上一处军事要地。

1988年3月，考古人员调查发现，遗址地处一个十分醒目的台地上，四周为红柳、芦苇丛，其南约2千米处为米兰至敦煌古道。烽燧平面呈方形，残高约5米，基部南北长约5米、东西宽约4.5米；烽体为夯土夹红柳、胡杨枝而筑，夯土层有8层，厚约36—47厘米，红柳、胡杨枝层有7层，厚15—38厘米不等。烽燧下有半地穴式、深约1米的房舍4间。现存烽燧呈锥形台阶"宝塔"状，残高约5米，为夯筑结构，夯层厚40—90厘米不等，中间夹杂有芦苇或红柳枝，芦苇层或红柳枝层厚10—25厘米，烽燧西南坡底见有半地穴式房屋遗址。

图405　墩里克烽燧

3. 吾塔木烽燧

吾塔木烽燧位于若羌县吾塔木乡果勒艾日克村东北、若羌河西岸的耕地中，始建于魏晋时期，沿用至唐代。烽燧整体为二层台形平顶圆土包，高约11米。烽体上部为土坯垒筑结构，平面呈圆角方形；下部呈土包状，底部略呈圆形，直径约58米、高约6.5米，坡面地表盐碱化严重。

图406　吾塔木烽燧

4. 卡拉乌里干烽燧

卡拉乌里干烽燧位于若羌县瓦什峡乡乌都勒吾斯塘村的一座沙梁上，始建于魏晋时期，沿用至唐代。烽燧整体呈长方形，南北长约2.5米、东西长约2米、高约2米。烽体为夯筑结构，中间夹有芦苇层。周围布满红柳、芦苇等沙漠植物。烽燧坍塌较为严重。

图407 卡拉乌里干烽燧

车尔臣河流域的其他烽燧遗址见表74。

表74 车尔臣河流域其他烽燧遗址

名称	位置	时期	保护级别
坚达铁日木烽燧	且末县巴格艾日克乡江达铁日木村	汉晋	县级
下塔提让烽燧	且末县塔提让乡阿亚克塔提让村北偏西1.6千米	汉晋	县级
苏伯斯坎烽燧	且末县塔提让乡托格拉克江尕勒村西偏北12千米	汉晋	县级
布滚鲁克烽燧	且末县奥依亚依拉克乡苏塘村东北约58.7千米	待定	—
米兰西南烽燧	若羌县铁干里克乡果勒吾斯塘村、米兰镇安乐村东南1.5千米	汉晋	国家级
库如克托海烽燧	若羌县瓦什峡乡亚喀托格拉克牧业村西偏北	汉晋	—

第三节 岩画遗存

车尔臣河流域的岩画集中分布于且末县东南约180千米的木里恰河东部阿尔金山北坡山麓，现存的岩画多与动物、人物记事、萨满教相关。岩画中的动物较多，有山羊、盘羊、鹿、羚羊、狐狸、狗、牦牛、骆驼、野牛、马、豹、蛇、骡、野驴14种，反映出史前先民对丰产及美好生活的向往。

岩画中的人物形象有牧民、猎人、舞者、祈祷者，刻画的场景多与战争、舞蹈、狩猎等活动相关。其中，舞蹈岩画的种类十分丰富，有单人舞、双人舞、多人舞和面具舞等。舞者头上带有动物角、羽毛等饰物，腰间系有动物尾，以热情曼妙的舞姿表现其要模仿的动物。且末木里恰河岩画符号种类多样，多反映日、月、星、山、水等自然物体，其中三行三角纹和九行三角纹很可能为该地先民对天和高山的崇拜。人们对自然物体的崇拜，反映出原始居民的宗教意识。

图408 且末阿尔金山人物画[1]

图409 且末阿尔金山动物画[2]

图410 且末木里恰河岩画[3]

[1] 多鲁坤·阙白尔、克由木·霍加：《且末县古代岩画艺术》，《新疆文物》1986年第1期。
[2] 多鲁坤·阙白尔、克由木·霍加：《且末县古代岩画艺术》，《新疆文物》1986年第1期。
[3] 盖山林、盖志浩：《丝绸之路岩画研究》，乌鲁木齐：新疆人民出版社，2009年，第284页。

第六章

克里雅河、尼雅河、安迪尔河流域历史遗址

　　克里雅河，唐代称"建得力河"[1]或"媲摩川"[2]，清代名为"克里底雅河"，发源于昆仑山支脉乌斯腾格塔山北坡，流经于田，最终消失在塔克拉玛干沙漠腹地之中，全长约438千米。克里雅河主要支流有吐米亚河、皮什盖河、阿羌河、苏克塔亚河等。据考证，扜弥古国就位于克里雅河流域之上。目前发现的扜弥国古代墓葬主要分布于克里雅河上游昆仑山深处、克里雅河出山口处的冲积平原带，而下游考古发现相对较少。较为典型的墓葬为于田县普鲁村古墓群，遗存年代距今约2600年，出土大量陶器、铁器、铜器等文物，考古人员推断该墓群很有可能就是汉代的扜弥国遗存。

　　地处克里雅河东部的尼雅河，是昆仑山北麓又一条重要的地表径流，发源于昆仑山北坡的吕什塔格山冰川区，一般将出山口之后的河段称"尼雅河"。尼雅河年平均径流量约1.69亿立方米，径流长度约66千米，是昆仑山北麓地表径流量相对较小、流程相对较短的河流。古老的精绝、戎卢是尼雅绿洲古代

---

[1]　（宋）欧阳修、宋祁：《新唐书》卷四三《地理志》，北京：中华书局，1975年，第1150页。
[2]　（唐）玄奘、辩机：《大唐西域记校注》，季羡林等校注，北京：中华书局，2000年，第1030页。

文明代表。唐代高僧玄奘求法归来曾途经于此，"媲摩川（即克里雅河）东入沙碛，行二百余里，至尼壤城，周三四里，在大泽中。泽地热湿，难以履涉。芦草荒茂，无复途径。唯趣城路，仅得通行，故往来者莫不由此城焉"①。

第一节　墓葬遗存

20世纪以来，考古人员曾在尼雅河流域发现尼雅遗址，出土了大量文物。王国维认为尼雅遗址即是汉代精绝国都城所在地。尼雅河流域主要墓葬遗存多分布在尼雅遗址中，如地处尼雅乡卡巴克阿斯坎村北、尼雅河古河道旁的尼雅97A4墓地、97A3墓地、95MNⅠ号墓地、93MNⅠ号墓地以及

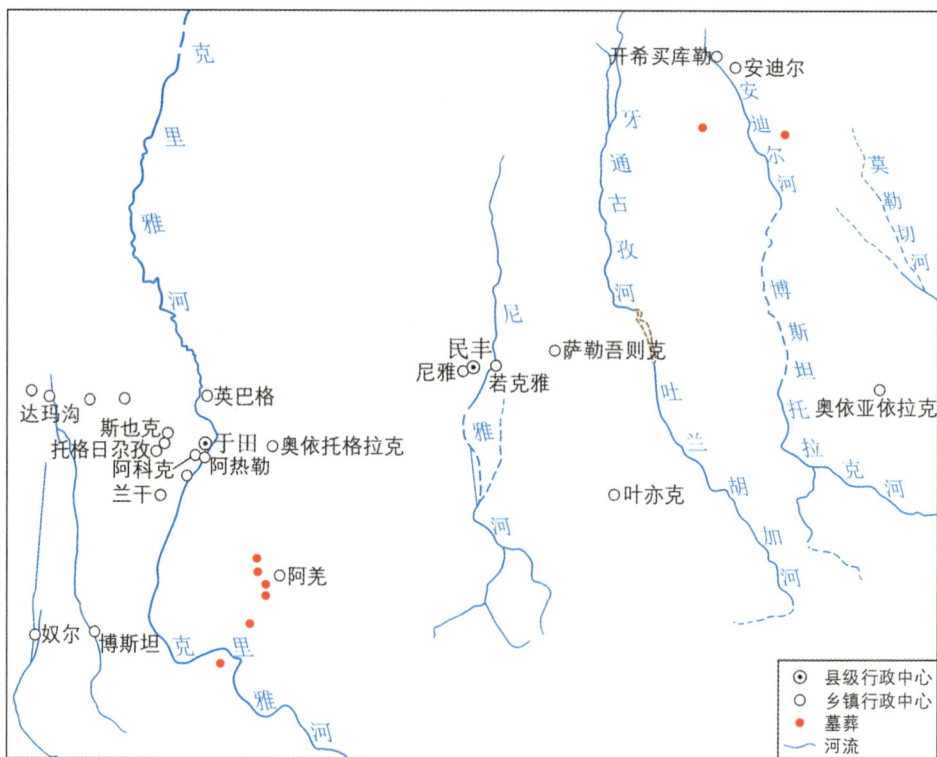

图411　克里雅河、尼雅河、安迪尔河流域古代墓葬分布图

---

① （唐）玄奘、辩机：《大唐西域记校注》，季羡林等校注，北京：中华书局，2000年，第1030页。

92B2NE墓地等。[1]这些墓葬遗址为深入研究尼雅古国文明提供了重要的实物资料与研究线索。

1. 尼雅95MNⅠ号墓地

尼雅95MNⅠ号墓地为尼雅遗址的一部分，位于民丰县城北约130千米处、塔克拉玛干沙漠腹地尼雅河尾闾。1995年10月，中日共同尼雅遗迹学术考察队对尼雅遗址进行了第七次考察，并对占地面积约100平方米的95MNⅠ号墓地的8座船形棺墓葬进行发掘清理。这次考察，发掘出箱式木棺墓3座、胡杨树干掏空木棺墓葬5座。由于墓葬所在地多为沙地，沙砾松散，墓室形制难以辨认。葬俗有单人葬和双人葬两类，葬式均为仰身直肢。随葬品中以织物居多，陶器、铁器、铜器等遗物相对较少。

图412　尼雅95MNⅠ号墓地5号墓发掘场面（左）及3号墓出土的箱式木棺（右）[2]

出土的随葬品中，其中以绣有"五星出东方利中国""延年益寿长葆子孙"以及"王侯合昏千秋万岁宜子孙"等字样的汉文织锦最为著名。这些织锦制作工艺精良，有学者认为其代表了汉魏时期丝织技术的最高水平。同时，尼雅95MNⅠ号墓地墓葬的发掘，为进一步探索尼雅古国文明以及探讨中原与塔里木地区的文化交流提供了珍贵的实物资料。

尼雅河流域遗存墓葬年代跨度大，所处地形较为复杂，在很大程度上限制了实地的调查工作，现将搜集到的13处墓葬资料整理如下：

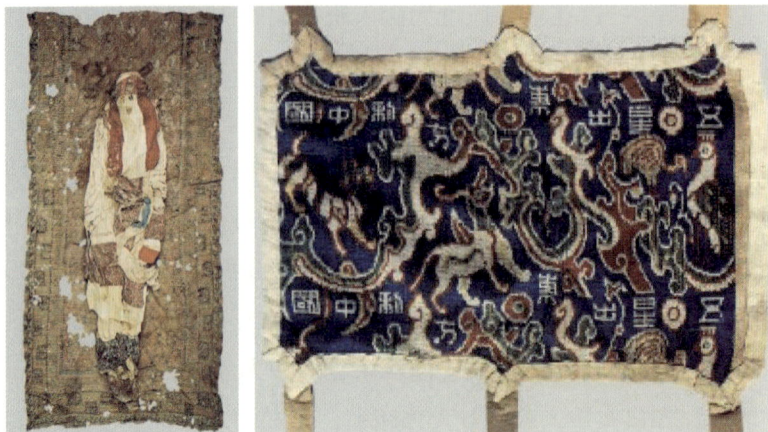

图413　尼雅95MN I 号墓地8号墓出土的男尸（左）、"五星出东方利中国"锦护臂（右）[1]

图414　尼雅95MN I 号墓地8号墓出土的"王"字陶罐（左）、3号墓出土的龙纹铜镜（右）[2]

（1）塔勒克艾格勒墓地位于民丰县萨勒吾则克乡巴格其村北约3.6千米东西两块较高台地之上，为战国至汉代遗存。墓群东西长约600米、南北宽约200米。第二次全国文物普查时，考古人员曾在此采集到单耳陶罐、木盆、碳精形灯、丝绸残片等。墓群被盗墓葬30座，形制为带二层台竖穴土坑墓，残留盖木、人骨、羊骨、陶片等遗物。

（2）尼雅N3S墓地位于民丰县尼雅乡卡巴克阿斯坎村北约20千米处、尼雅河古河道旁的沙漠中，为汉至魏晋时期遗存。墓地分布面积约500平方

---

① 国家文物局主编：《中国文物地图集·新疆维吾尔自治区分册》，北京：文物出版社，2012年，第257—258页。
② 国家文物局主编：《中国文物地图集·新疆维吾尔自治区分册》，北京：文物出版社，2012年，第258页。

米，考古人员曾于1993年发掘此墓地，出土一批器形各异及带彩绘的陶器，发现箱式木棺墓若干座。墓地受风沙侵蚀严重，整体保存状况较差。

（3）尼雅97A4墓地位于民丰县尼雅乡卡巴克阿斯坎村北约40千米处、尼雅河古河道旁的沙漠中，为汉至魏晋时期遗存。墓地分布面积约100平方米，遗存箱式木棺与铜戒指、金制耳环、黄铜方形项链珠等遗物。20世纪初，墓地受西方探险者盗掘，加之风沙侵蚀严重，整体保存状况较差。

（4）尼雅97A3墓地位于民丰县尼雅乡卡巴克阿斯坎村北约39.9千米处、尼雅河古河道旁的沙漠中，为汉至魏晋时期遗存。考古人员到此普查时发现一具木棺遗留在小沙山斜坡之上，其东侧台地底部还遗存几座船形棺。其中一箱式木棺中有男尸5具、女尸1具，随葬品有羊肉、木碗、刀、针、陶罐灯。墓地受风沙侵蚀严重，木棺露天而置，整体保存状况较差。

（5）尼雅95MN I 墓地位于民丰县尼雅乡卡巴克阿斯坎村北约37.6千米处、尼雅河古河道旁的沙漠中，为汉至魏晋时期遗存。考古人员曾于1995、1997年先后两次对该墓地进行发掘清理。M6保存较好，木棺形制为船形棺，男女合葬。男性随葬品有木制杯、碗、拐杖、弓箭等。女性随葬品为化妆盒、纺车、木叉等。部分墓地遭流沙掩埋，整体保存状况较差。

（6）尼雅93MN1墓地位于民丰县尼雅乡卡巴克阿斯坎村北约35.3千米处、尼雅河古河道旁的沙漠中，为汉至魏晋时期遗存。墓地分布面积约100平方米。1993、1994年，考古人员曾先后两次对该墓地进行发掘清理。墓地遗存许多木棺，形制有独木舟式船形棺、长方形箱式木棺，地表散布人骨、干枯胡杨等。木棺暴露在外，遗物散乱于地，墓地整体保存状况较差。

（7）尼雅92B2NE墓地位于民丰县尼雅乡卡巴克阿斯坎村北约35千米处、尼雅河古河道旁的沙漠中，为汉至魏晋时期遗存。墓葬多被流沙掩埋，沙丘之间散布人骨。墓地受风沙侵蚀严重，整体保存状况较差。

（8）尼雅92B2NE2号墓地位于民丰县尼雅乡卡巴克阿斯坎村北约33.3千米处、尼雅河古河道旁的沙漠中，为汉至魏晋时期遗存。墓地地表无遗物，估计墓葬已被风沙掩埋。墓地不见任何遗迹。

（9）尼雅人骨散布地位于民丰县尼雅乡卡巴克阿斯坎村北约32.3千米处、尼雅河古河道旁的沙漠中，为汉至魏晋时期遗存。墓地地表不见任何遗迹，应为风沙所掩埋。墓地未见有任何遗迹。

（10）尼雅95A9墓地位于民丰县尼雅乡卡巴克阿斯坎村北约32.4千米

处、尼雅河古河道旁的沙漠中，为汉至魏晋时期遗存。墓地分布面积约10平方米，地表见有干枯胡杨及陶片若干。墓地仅见些许遗物，整体保存状况较差。

（11）尼雅92B5墓地位于民丰县尼雅乡卡巴克阿斯坎村北约32.3千米处、尼雅河古河道旁的沙漠中，为汉至魏晋时期遗存。墓地分布面积约20平方米，地表仅遗存大量人骨，整体保存状况较差。

（12）尼雅92B6墓地位于民丰县尼雅乡卡巴克阿斯坎村北约32千米处、尼雅河古河道旁的沙漠中，为汉至魏晋时期遗存。墓地未见有任何遗迹，整体保存状况较差。

（13）尼雅92B9墓地位于民丰县尼雅乡卡巴克阿斯坎村北约30.3千米处、尼雅河古河道旁的沙漠中，为汉至魏晋时期遗存。墓地已为流沙掩埋，墓葬已无踪可寻。

2. 圆沙墓群

圆沙墓群位于克里雅河尾闾沙漠深处，遗存年代大致为战国至西汉时期。墓群以圆沙古城址为中心分散于其周边数百米不等的位置。考古人员于2005年对圆沙墓群进行调查发掘，调查墓地6处，清理墓葬20座。墓葬形式主要有胡杨木棺葬、竖穴土坑木棺葬、木椁墓。墓群内出土有大量遗物。现将几处典型墓葬发掘详情列示如下：

（1）圆沙北5号墓地位于策勒县达玛沟乡喀克夏勒克村东北约247.9千米的沙漠中，编号为05小孩墓葬点。墓地分布面积约600平方米，表面散见少量人骨，已凌乱。从人骨形态看属于一未成年人。墓地发现有残铁刀、陶片、马鞍形石磨盘、残铜刀。墓地保存状况较差，由于风蚀，棺木及人骨已暴露于地表。

（2）圆沙北1号墓地位于策勒县达玛沟乡喀克夏勒克村东北约215.7千米的沙漠中，编号为05墓葬1。在约50平方米的范围内见有骆驼腿骨、小海螺壳、铜片、炭渣、骨渣、马鞍形石磨盘残片、夹砂灰陶折扇钵残片、羊距骨等遗物。墓地保存状况较差，墓葬在古河床西岸一处沙丘间的红柳包上，周围地表散落大量遗物。

（3）圆沙北2号墓地位于策勒县达玛沟乡喀克夏勒克村东北约220.9千米的沙漠中，编号为05墓葬2。在沙丘间一处洼地内发现一处墓葬，人骨已朽发白，但是各骨骼基本上都在原位。头向西北，仰身屈肢。一只手腕部还裹着少许黄色粗织物。墓地保存状况较差，墓葬因风蚀露出地表，损毁的主要原因是自然风蚀和沙漠化。

（4）圆沙北3号墓地位于策勒县达玛沟乡喀克夏勒克村东北约222.4千米的沙漠中，编号为05墓葬3。墓地发掘出4口木棺、3件铁刀残片、玉石碎片2件、红色织物1袋、黄色织物1包、羊马骆驼骨骼若干，还有铜渣、毛皮、黑色毛绳、大型夹砂红陶残片、炉壁残片等遗物。坡上有巨大槽形棺1具、凌乱的人骨1具，坡下有胡杨木槽形棺2具、乱骨2堆，此墓地已露出的木棺、人骨属于3个个体。墓地保存状况较差，墓葬因风蚀露出地表。加之猖獗的盗掘活动，使得墓地遭到严重破坏，已经面目全非。

（5）圆沙北4号墓地位于策勒县达玛沟乡喀克夏勒克村东北约223.5千米的沙漠中，编号为残人骨点。墓地存有肢骨残片，3块碎石磨盘、陶器残片。墓地因自然风蚀和沙漠化严重，整体保存状况较差。

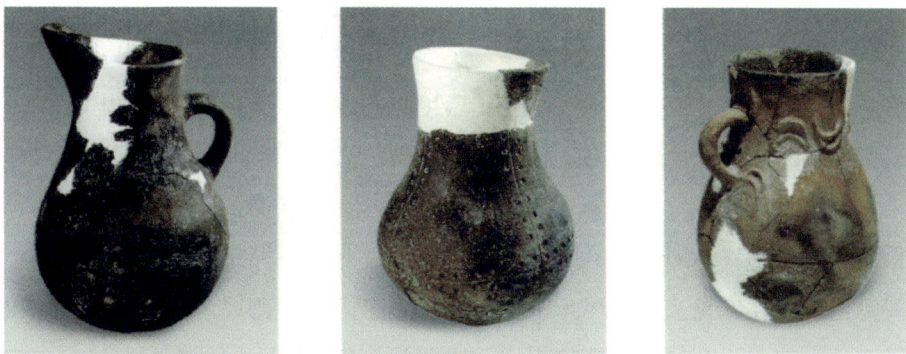

图415　圆沙古城出土的文物

3. 乌鲁克杂热提卡日立克墓群

（1）1号墓地位于策勒县达玛沟乡玛力卡勒干村西北约21.08千米处、塔克拉玛干沙漠南缘，为唐宋时期遗存。墓地占地面积约1.35平方米，地表仅见散乱的人骨。单体个数约241具，成人、儿童均有，均单人葬，仰身直肢，头向北。墓葬形制为竖穴土坑墓。

图416　乌鲁克杂热提卡日立克墓群1号墓地散落的陶片

地表散布大量夹砂红、灰陶片等遗物。因强烈风蚀，墓葬的部分墓室已不存，人骨裸露地表，随葬品等相关情况不明。墓地保存状况较差。

（2）2号墓地位于策勒县达玛沟乡玛力卡勒干村西北约21千米处、塔克拉玛干沙漠南缘，为唐宋时期遗存。墓地占地面积约253750平方米，墓群分为两处，共有墓葬83座。墓葬大致呈东西向排列。墓主头向北，仰身直肢，不见任何葬具和随葬器物。周围地表散落大量陶片、木炭、牛骨等遗物。因强烈风蚀，部分人骨裸露地表，部分墓葬被流沙掩埋。墓地保存状况较差。

图417　乌鲁克杂热提卡日立克墓群2号墓地散落的人骨和陶片

（3）3号墓地位于策勒县达玛沟乡玛力卡勒干村西北约21.57千米处、塔克拉玛干沙漠南缘，为唐宋时期遗存。墓地地表散布人骨，分布在南北长约40米、东西宽约25米的地域内。墓葬单体个数约31具，单人葬。墓葬形制为竖穴土坑墓。地表散布一些夹砂红陶片，与人骨相杂。因强烈风蚀，墓葬墓室部分已不存，人骨散乱于地表，随葬品等相关情况不明。墓地保存状况较差。

图418　乌鲁克杂热提卡日立克墓群3号墓地

（4）4号墓地位于策勒县达玛沟乡玛力卡勒干村西北约21千米处、塔克拉玛干沙漠南缘，为唐宋时期遗存。墓群东西向排列，分布在约20平方米的范围内，共有4座墓葬。墓葬受风蚀破坏严重，地表可见人骨，仰身直肢，头向北。墓地不见任何葬具和随葬器物，保存状况较差。

图419　乌鲁克杂热提卡日立克墓群4号墓地散落的人骨

4. 吾斯塘斯格孜力克墓地

吾斯塘斯格孜力克墓地位于策勒县达玛沟乡玛力卡勒干村西北约22.03千

米处、塔克拉玛干沙漠南缘，遗存年代不详。墓地分布面积约1.5平方米，散见20余具人骨架，保存程度不一，个别骨架皮肉相连，有的还着白色棉布服。死者均头向朝北，仰身直肢。墓葬形制为竖穴土坑，上覆芦苇。绝大部分墓葬被严重

图420　吾斯塘斯格孜力克墓地出土人体骨架

风蚀，地表仅见散乱的人骨及芦苇。墓地保存状况较差，因强烈风蚀，墓葬的部分墓室已不存，人骨裸露于地表，随葬品等相关情况不明。

5. 阿希石堆墓地

阿希石堆墓地位于策勒县恰哈乡阿希村境内，遗存年代不详。墓地分布面积约5万平方米，共计有石堆墓70多座。根据地表石堆形状大致上可分为长方形和圆形两类，个别有祭祀坑。封堆西边多立大块砾石。几乎所有墓葬均严重被盗，有些盗坑内有人骨、陶片等遗物。墓地保存状况差，几乎所有墓葬都存在被盗的情况，加之风雨侵蚀、沙漠化等自然因素影响，对墓葬环境地貌造成了严重破坏。

图421　阿希石堆墓地被盗掘的墓穴

图422　阿萨墓地

6. 阿萨墓地

阿萨墓地位于策勒县恰哈乡阿萨村西三角形岛状台地南、靠近乔喀河的断面边上，遗存年代不详。墓地分布面积约1万平方米，共计有墓葬40多座，大小不一。盗坑内有人骨、刻花纹陶片等遗物。墓地保存状况较差，除风蚀雨淋等自然因素影响外，盗墓行为对墓葬造成了严重破坏。

7. 郎萨墓地

郎萨墓地位于策勒县恰哈乡安迪尔村北600米处，遗存年代不详。墓地分布面积约2.5万平方米，现已发现10多座墓葬，其中有5座被盗，盗坑内有陶片、人骨等遗物，地表发现有带管钻痕迹的石器。墓地保存状况较差，半数墓葬被盗，加之风雨侵蚀、泥石流等自然因素影响，墓葬所在环境地貌毁损严重。

图423　郎萨墓地地表散落的陶片

8. 恰坎地里克墓地

恰坎地里克墓地位于策勒县努尔乡萨依巴格管理区喀什也尔村，遗存年代不详。墓地分布面积约2000平方米，台地两边的断面可看到人类的头盖骨、腿骨和陶片等遗物，地表也有少量陶片。村民在前几年还发现了完整的人骨、陶缸、纺织品残片等遗物，据说陶缸中有骨灰。墓地保存状况较差。现仅见人骨、陶片等遗物。除自然因素影响外，当地村民灌溉造田、开荒致使墓地环境地貌遭到严重破坏，部分墓葬遗物暴露于地表。

图424　恰坎地里克墓地土层中暴露的人头骨

9. 艾斯克吐格曼墓地

艾斯克吐格曼墓地位于策勒县恰哈乡乌库村南4千米处，遗存年代不详。墓地分布面积

图425　艾斯克吐格曼墓地

约3000平方米，现有6处盗坑，盗坑内有人类的头盖骨、腿骨、肩胛骨、额骨，还有少量黑陶片和红陶片，墓室内壁发现由大砾石垒成的石墙。墓地保存状况较差，墓群曾遭盗掘，加之风雨侵蚀、生物破坏等自然因素影响，墓葬及其环境地貌被严重破坏。

10. 都木村墓地

都木村墓地位于策勒县努尔乡都木村，遗存年代不详。墓地分南北两处。南边仅发现一座石堆墓，直径约8.4米、高约1.2米，由较大的砾石加碎石与泥沙构成。墓葬存在盗掘情况，盗坑内未见任何遗物。北边面积约

图426　都木村墓地

3000平方米，墓葬15座。地表发现有10余处盗坑，其中一处盗坑内发现有比较完整的人骨和少量陶片，还发现5处尚未被盗的石围墓。墓地保存状况较差。墓葬曾遭盗掘，加之风雨侵蚀、泥石流等自然因素影响，墓葬及其环境地貌遭到严重破坏。

11. 色日克阿羌墓地

色日克阿羌墓地位于策勒县努尔乡都木村北2.3千米处的三角形台地上，遗存年代不详。墓地分布面积约70平方米，仅在台地边缘发现2处被盗石堆墓，盗坑周围有人骨、夹砂红陶残片。墓地保存状况较差，墓地已遭盗掘，地表无任何标志物。

图427　色日克阿羌墓地盗坑附近散落的人骨

12. 须库隆墓地

须库隆墓地位于策勒县努尔乡库木巴格村南25千米处、须库隆河谷内，遗存年代不详。墓地为一大型石堆墓，直径约9.1米，封堆高约1.8米，

已严重被盗。从盗坑内部观察，墓葬石堆用卵石垒砌，共8层。墓室东西宽约1.8米、南北长约2.7米、高约1.3米。室内有7个头骨，未发现遗物。石堆西有一小口。墓地保存状况较差，已遭盗掘，风雨侵蚀、泥石流等自然因素也加速对墓葬的破坏。

图428　须库隆墓地墓室

13. 求库鲁克墓群

求库鲁克墓群位于策勒县努尔乡布藏村南2千米处，遗存年代不详。墓口压有卵石，卵石上铺有草屋。墓地已发现15座竖穴土坑墓，有人骨露出。墓葬周围有炭灰层，部分厚达0.4米，炭灰层内夹杂有兽骨。墓地保存状况较差，地表无任何标志物。

图429　求库鲁克墓群盗坑

第二节　城址

克里雅河、尼雅河、安迪尔河流域是塔里木南道重要的城址分布区。据考古发现，汉晋之际的精绝国即是今地处尼雅河尾闾的尼雅遗址。地处其东约数十千米处、安迪尔河尾闾的安迪尔城址群，在唐代仍相继为唐蕃沿用；地处其西的克里雅河，自史前时期就已有人类在此筑城生活，唐代克里雅河名为"建德力河"，于阗镇守军所辖杰谢镇即位于河流尾闾处，并且此河流很可能是连接杰谢镇与古策勒绿洲的重要交通路线。至今，这些遗址因地处人迹罕至的大漠深处而得以保存，成为世人一窥逝去历史风貌的窗口。

1. 尼雅遗址及南方古城

尼雅遗址位于和田地区民丰县尼雅河下游尾闾沙漠中，南距民丰县城约100千米，为汉晋时期遗存。尼雅遗址被称为"东方的庞贝"，它的发现曾惊动世界考古学界。百年来，考古学家在遗址周围发现古代遗址150多处，遗存类型有佛塔、寺庙、房屋、庭院、古城和墓地等。

图430　南方古城外部房址

秦汉之际，塔里木边缘的绿洲就已存在许多以农业为主要生产方式的城邦，位于和田地区民丰县北部的精绝古国就是其中之一。神爵二年（前60），西汉置西域都护府于乌垒城，精绝国由此正式纳入汉朝版图。

图431　南方古城城门

《汉书》卷九六《西域传》记载："精绝国，王治精绝城，去长安八千八百二十里。户四百八十，口三千三百六十，胜兵五百人。精绝都尉、左右将、译长各一人。北至都护治所二千七百二十三里，南至戎卢国四日行，地阨陿，西通扜弥四百六十里。"[1]东汉，中原政权根据西域形势在此间断性屯田。这一地区的屯田大致可以分为两个阶段：第一阶段为91—107年，司禾府领军在此屯田；第二阶段为永建二年（127）之后，东汉恢复在此屯田，军屯人数约300人。

---

[1]　（汉）班固：《汉书》卷九六《西域传》，北京：中华书局，1962年，第3880页。

唐朝高僧玄奘取经回国时路过此地，对尼雅城有着较为详尽的描述：尼雅城周长约4里，四周被大片沼泽地包围，气候异常湿热，遍地长满芦苇，行走十分艰难，周边唯有一条道路能通往城中。

尼雅城地处干燥的沙漠中，在西域精绝国消亡后的千百年里人迹罕至。1901年，斯坦因在塔克拉玛干沙漠南部腹地的尼雅河下游考察时，首次发现尼雅废墟，并获取了许多佉卢文木牍。1931年，斯坦因又到此进行发掘，出土汉简26枚，其中一枚木简上书写有"汉精绝王承书从……"，由此，他断定此地就是《汉书》所记载的精绝国故址。

20世纪50年代以后，我国考古学者也多次考察此遗址。1959年出土刻有"司禾府印"的印范一枚，这成为东汉时期中央政府曾在此屯田的有力佐证。20世纪90年代中期，中日联合科考队进入尼雅河流域进行考察。以一片露出沙土的木材为开端，考察队逐步揭开了尼雅遗址居民区的全貌。居民区内残留的水池、窖池、寺院等遗迹清晰可辨。另外，考察队还在一处合葬墓中出土了一块绣有"五星出东方利中国"的织锦，由此推测，精绝国与中原密切往来的历史至少可追溯至汉代。

南方古城位于尼雅遗址的南部，与尼雅遗址均属汉晋时期遗存。1996年10月，中日共同尼雅遗迹学术考察队发现了南方古城。古城平面大致呈椭圆形，东西长约185米、南北宽约150米。城墙多为淤泥垛积而成，南城墙中部有一豁口，应该为城门位置。古城西南部残存房屋遗迹，平面呈方形。房址中出土标记有鄯善国马希利王六年（约298）的简文。

2. 安迪尔古城遗址群

（1）安迪尔方城位于民丰县安迪尔河东岸附近、安迪尔牧场塔库木村东南沙漠中。古城平面呈方形，城墙为夯筑结构。此城是典型的军事遗址。南城墙中部有一豁口，应为城门位置，外有瓮城痕迹，瓮城城门开口向

图432　安迪尔方城

西。城门外有房屋建筑遗迹，其周围及地表散布红、灰陶片。

（2）延姆古城位于民丰县安迪尔牧场塔库木村东南。古城由主城和附属小城组成。主城平面呈长方形，残存城墙长约100米、宽约80米。附属小城位于主城一角，平面亦呈长方形，小城依主城南墙垣修筑而成，长约42米、宽约27米。主城与其附属小城城墙结构略有不同，主城主要为石块、泥土垛筑结构，附属小城则为土坯垒砌而成。这种主城、附属小城的复合建筑方式在和田地区现存的古城遗址中并不多见。现存城址中已基本找不到其他建筑残迹，考古人员曾采集到红、灰陶片以及吐蕃文木简、五铢钱、地毯残片等。综合分析，延姆古城应是一座集军事防御、屯田戍边于一体的屯戍遗址。唐代丝绸之路南道的边防任务主要是防御吐蕃的进攻，而和田地区是唐与吐蕃交锋的前沿阵地，因此戍堡很可能是唐廷为抵御吐蕃入侵而修筑。

图433　延姆古城

（3）道孜勒克古城位于民丰县安迪尔牧场塔库木村东南。古城平面大致呈方形，边长约86米，城址西南部有一豁口，应为城门位置。城墙为土坯砌筑结构，城址内部建筑大部分已经毁损，或被流沙掩埋，仅残存有少量墙垣遗迹。考古人员曾在古城遗址西北角发现规模宏大、木柱林立类似厅屋的建筑遗址，从出现的旋削式建筑构件来看，此地当时已经具有较高的建筑水平。此外，考古人员在遗址中采集到来自西亚的玻璃珠、1—4世纪罗马产的带花玻璃片、和田马钱以及一些毛、丝织品和些许红、灰陶片等遗物。这些遗存充分说明该城应为东西方贸易交通路线的一处重要中转、集散地，在丝绸之路南道贸易中占有十分重要的地位。

图434　道孜勒克古城

（4）阿克考其喀然克古城位于民丰县安迪尔牧场开西木勒村西，北临古河道。古城与周边其余城址略有不同，平面呈椭圆形，明显具有早期中亚建筑风格。城墙为混筑结构，建筑材料多为混杂有树枝的胶泥。城门位于椭圆形城址的东南方位，城址内部有木质建筑残留，结构较为简单。考古人员曾发掘出宝石戒指、金耳环、棉毛纺织品残片、木器等遗物。

图435　阿克考其喀然克古城

3. 喀拉墩古城

喀拉墩古城位于于田县达里博依乡政府北20千米处，东距克里雅河老河床约6千米，为汉至南北朝时期遗存。

1896年，斯文·赫定沿克里雅河穿越塔克拉玛干沙漠，在前去沙雅县的途中首次发现喀拉墩古城。1901年，斯坦因凭借斯文·赫定绘制的地图按图索骥，找到了喀拉墩古城，对城门及几处屋址进行了发掘，发现有已经腐朽的小麦、稻米、燕麦及谷子等颗粒。1929年，黄文弼对此地进行考察，"（喀拉墩古城）有房址数十间，围绕一圈。有大房一所，建筑木架梁尚存，形同栏杆，疑为官署。房屋墙壁建筑，皆用胡桐排扎而成，外布芦草，涂以黑泥，现涂泥已脱，而胡桐仍直立沙中。亦有大房墙壁，外涂白垩，内刷青灰。在房址中，曾拾有五铢钱，似为第一世纪之遗物"[1]，并认为喀拉墩遗址"显为当时政治及军事之重要区域"[2]。

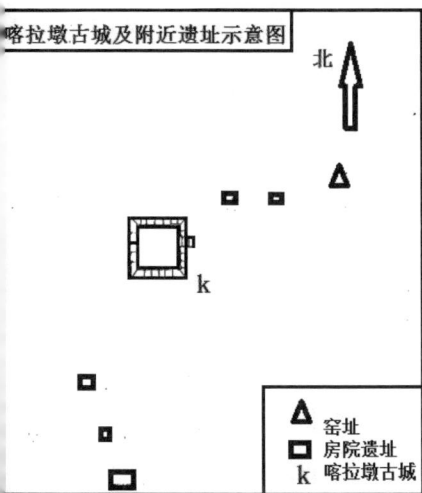

图436 喀拉墩古城及附近遗址示意图[3]

图437 喀拉墩古城（1929年）[4]

20世纪80年代，考古学者李吟屏深入克里雅河尾闾进行地名与民俗调查，测得喀拉墩古城占地面积约5625平方米，平面呈正方形，边长约75米，

---

① 黄文弼：《塔里木盆地考古记》，北京：科学出版社，1958年，第50—51页。
② 黄文弼：《塔里木盆地考古记》，北京：科学出版社，1958年，第50—51页。
③ 李吟屏：《克里雅河末端古遗址踏察简记及其有关问题》，《新疆文物》1991年第1期。
④ 黄文弼：《塔里木盆地考古记》，北京：科学出版社，1958年，第1—2页。

城墙残高约8米，城墙为树枝、泥土混筑结构，城内有红、灰陶片以及磨盘残块、玻璃片等遗物。古城西南部散布4处建筑遗址，东北部遗存建筑群两组、窑址一处。[1]20世纪90年代，中法克里雅河联合考察队曾对遗

图438　喀拉墩古城

址内的居址和佛寺遗址进行清理，出土壁画、钱币、陶器、木器等文物。[2]此外，考古人员还曾在建筑群附近发现农田、沟渠遗迹。

古城平面呈方形。城墙为泥土、树枝混筑而成，东城墙偏北处有一豁口，应为城门位置。古城四周有大量古建筑遗迹，其中有佛塔一座，其余多为民居、寺庙遗址。

4. 玛坚勒克遗址

玛坚勒克遗址位于于田县城北约230千米的沙漠中、克里雅河古河道西岸的台地之上，其西南约30千米处为喀拉墩遗址。

玛坚勒克遗址为沙梁环绕，以一棵枯干胡杨树为中心形成南北长约1000米、东西长约500米的保护区域。地表遗存大量陶片、铁片炼渣、牛羊畜碎骨等遗物，陶片多为夹砂红、灰陶，间杂有细泥红陶，多素面无纹，个别陶片有弦纹、折线纹、曲波纹等。[3]1988年，中国科学院塔克拉玛干沙漠综合科学考察队考古组曾对该遗址进行整理和发掘，发现陶器、铁器残片及石磨盘残块、钱币、料珠、陶纺轮、箭镞等文物。

① 李吟屏：《克里雅河末端古遗址踏察简记及其有关问题》，《新疆文物》1991年第1期。
② 新疆维吾尔自治区文物局编：《新疆维吾尔自治区第三次全国文物普查成果集成·新疆古城遗址》下册，北京：科学出版社，2011年，第306页。
③ 李吟屏：《克里雅河末端古遗址踏察简记及其有关问题》，《新疆文物》1991年第1期。

表75　玛坚勒克遗址采集的物品[①]

陶器	铁器	铜币及铜饰件	石磨盘	料珠
陶器大多数为轮制，少数为手制，有夹砂和泥质之分，颜色为红或灰。有平底锅、陶瓮、陶罐、陶碗、陶纺轮等	包括矢、小刀、甲片、碎铁块等。其中铁矢21件、小刀匕首20件、甲片若干	铜币为红铜质、孔方外圆、内外无郭、素面无文字，直径约2厘米、孔约0.9厘米、厚约0.1厘米，重约1.22克。耳坠1件，黄铜质，镶嵌物与挂钩断失。坠面直径约1厘米、嵌孔约0.6厘米	不同个体的残块4个，磨口面平，地面未修整，呈天然弧线形	共4枚，似为玻璃质，蓝色无光泽，有管状和圆环状两种，中有穿孔

5. 丹丹乌里克遗址及CD-30城墙遗址

　　丹丹乌里克遗址又称"塔克拉玛干古城"，位于策勒县达玛沟乡喀克夏勒克村北90千米处，在和田河与克里雅河的中间位置（其西约60千米为和田河，东约35千米是克里雅河），东南距离于田县约120千米，深处塔克拉玛干沙漠腹地。主要遗址点海拔高度约1250米，丹丹乌里克遗址西南部为CD-30城墙遗址。

　　1901年冬季，斯坦因考察后认为丹丹乌里克遗址CD-30城墙是古代圆形城墙遗迹。古老的建筑群被低矮的沙丘掩埋，所存遗址南北长约2.4千米、东西宽约1.2千米。他发现墙垣均由涂有灰泥的木料框构筑而成。残存遗址有部分暴露在外，但因盗宝者的盗掘而遭到一定程度的破坏。虽然保存状况不理想，斯坦因仍敏捷地分析出其构筑特点及建筑年代，并在几个较大的房屋残壁上发现佛像和菩萨像，判断出佛寺在整个遗址中的大致位置。斯坦因根据采集到的开元通宝铜钱，推测该佛寺废弃年代应为伊斯兰教传入的最后几个世纪。[②]

　　1928年，黄文弼寻找丹丹乌里克遗址未果，但发现了一处古河床。根据此地到达玛沟河的距离，黄氏推测古河床应为和田河支流的旧河道，其存在

[①]　中国科学院塔克拉玛干沙漠综合科学考察队考古组：《于田县玛坚勒克遗址调查简报》，《新疆文物》1990年第3期。

[②]　［英］马克·奥里尔·斯坦因：《沙埋和阗废墟记》，殷晴等译，乌鲁木齐：新疆美术摄影出版社，1994年，第179页。

图439　丹丹乌里克遗址CD17房址

图440　丹丹乌里克遗址CD3AF2房址（左）与CD1房址（右）

图441　丹丹乌里克遗址CD3AF1房址（左）与CD1F1房址（右）

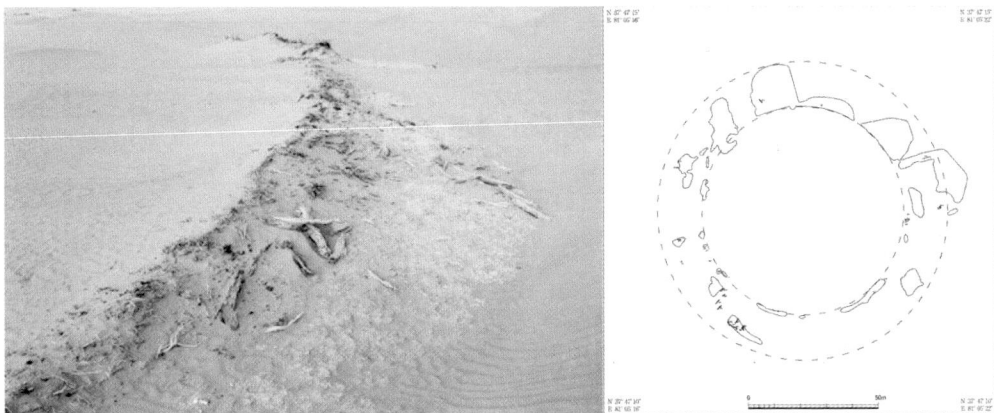

图442　丹丹乌里克遗址（左）及CD-30城墙平面图（右）

或与丹丹乌里克遗址有着密切的联系。21世纪以来，中日考古界联合对丹丹乌里克遗址进行了数次考察，考察城墙遗迹1处、住居遗迹30处、篱笆遗迹1处、寺院佛堂遗迹15处、炼炉遗迹2处、烧窑遗址11处、大小果园10处，合计70处。CD-30城墙平面呈圆形，内高外低。城墙厚约11米，黏土堆砌而成，内径约80米、外径约100米。城墙东壁处的篱笆上每隔10—20米竖立一根木柱，其中4根木柱有烧焦的痕迹。城址内侧残留用木枝、芦苇编成的篱笆。考古人员在城址地表采集到少量红陶碎片、盘状石器1件、铁器1件以及青铜器碎片、钱币等遗物。

表76　丹丹乌里克遗址北片房址考古发掘概况[①]

名称	地理位置	房址编号	概况
CD3A房址	N37° 46.519′、E81° 4.295′、H1252M	CD3AF1	平面呈方形，东西长约4.9米、南北宽约3.9米，墙基残高0.5—1米不等，面积约19平方米。出土木筷、木饼状物、残铁刀、毡片、小木构件等
		CD3AF2	平面呈长方形，东西长约6.7米、南北宽5.25米，墙基残高0.3—1.5米不等，面积约35平方米。出土一枚单面书写有墨书婆罗谜文字的木简

---

① 新疆文物考古研究所：《2006年丹丹乌里克遗址发掘简报》，《新疆文物》2008年第1—2期。

（续表）

名称	地理位置	房址编号	概况
CD1房址	N37°46.567′、E81°4.747′、H1257M	CD1F1	东北—西南走向，平面呈长方形，长约5.4米、宽约4.4米，墙基残高0.5—1米不等，面积约24平方米。出土木桶与较厚木板一块
		CD1F2	平面略呈梯形，东、南、西墙长3.7米，北墙为3.1米。墙基残高1—1.8米不等，面积约11平方米。出土小陶灯及少量小木件、毡片、夹砂红陶片等
CD17房址	N37°46.692′、E81°4.934′、H1252M	F1	平面呈长方形，南北长约5.6米、东西宽约4.6米
		F2	平面呈长方形，东西长约4.2米、南北宽约3.5米，门址位于房屋西北角处
		F3	平面呈长方形，南北长约4米、东西宽约3.6米，出土精致木盘2件，其中一件木盘底部阴刻楷书"官"字

表77　2004—2006年丹丹乌里克遗址出土文物（部分）

类别	名称	数量	类别	名称	数量
陶器	红陶罐	52	铁制品	折叠小刀	1
	绿釉陶器	1		钉子	1
	黑（灰）陶碗	1		铁钉	1
木制品	钵、盘	6		刀刃	1
	其他木制品	2		钥匙环	1
	木制锁	3		带扣	1
织具	纬线梭	1		U字形铁板	1
	打纬器	1	纺轴		8
梳篦		2	石制品	磨石	6
鞋、草屦	毛毡制鞋	1		石球、击石	5
	草屦形状的鞋	1		石盘	1
陶俑		14		石臼	2
珠	玻璃珠	5	铜制品	提瓶	1
	骨制小珠	1		小匙	1
	水晶珠	2	装饰配件		16
	木制珠	1	铜制戒指		4
	土珠	6			

6. 阿萨、阿希古城

阿萨古城位于策勒县恰哈乡阿萨村西一处高约40米的台地上，地势险要，南北两侧皆为悬崖，东西分别临阿希河、秋库河。

阿希古城与阿萨古城有着"姊妹城"之称，位于阿希村一处高约40米的台地上，与阿萨古城相望，

图443　阿萨古城

地势与阿萨古城略同。两座古城皆废弃于两宋时期。

阿萨、阿希古城历史悠久，在西域宗教战争中占有重要地位。这两座古城曾是当年伊斯兰教与佛教势力对抗的终极战场。1000年左右，喀喇汗王朝开始对信奉佛教的于阗国进行长达24年的征伐，于阗国由于寡不敌众战败，部分信徒带领民众退守恰哈山区，在此修筑了阿萨、阿希城堡。后来由于水源被敌对势力切断，诸多虔诚的佛教徒不得不弃城辗转至青藏高原。从此，千年佛国于阗进入信奉伊斯兰教的时代。在随后的300年中，伊斯兰教逐渐沿南北两道传布至塔里木盆地东缘，龟兹、焉耆、吐鲁番地区陆续皈依伊斯兰教。

7. 斯皮尔古城

斯皮尔古城位于策勒县城东北约50多千米处、塔克拉玛干沙漠南部边缘。2012年4月、2013年2月和2014年11—12月，中国社会科学院考古研究所新疆工作队联合策勒县地方文化部门深入大漠深处调查时发现此城。古城是和田—策勒—达玛沟遗址群最北处的古代遗址，同时也是"继20世纪初国外探险者在该地域考察之后，由中国考古学者取得的沙漠考古的最新进展"[1]。

古城平面呈长方形，东南—西北走向，考古人员复原后的古城长77—82米、宽约52米。古城由城墙、大型方形建筑以及小型方形建筑构成。城

---

[1]　中国社会科学院考古研究所新疆工作队：《新疆策勒县斯皮尔古城的考古调查与清理》，《考古》2015年第8期。

环塔里木汉唐遗址

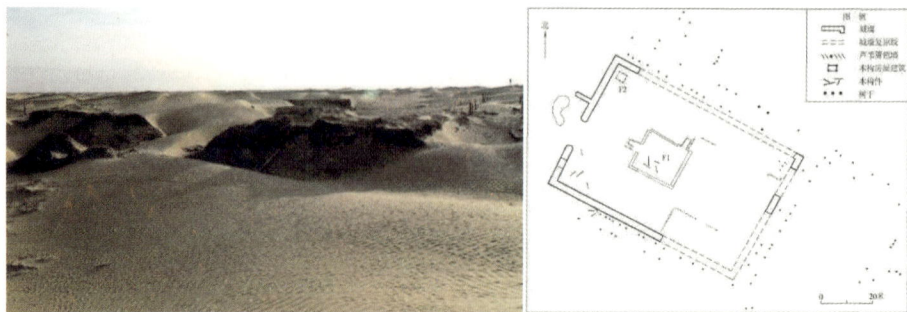

图444　斯皮尔古城（左）及其平面图（右）

墙主要为树枝叠筑。除西城墙外，其他城墙基本为流沙掩埋。西城墙长约52
米，中部有一宽约10米的豁口，豁口北侧残存墙体一段，与西城墙接连，可
能为城门位置。大型方形建筑位于古城中偏西部，平面略呈方形，考古人员
认为其边长15.3—18.1米。东墙保存相对完整，残存墙体长约14.6米、宽1—
1.1米、最高处约1.85米。南墙仅存有西端墙体，长约3米、厚0.5米、高约1.2
米。西墙长约16.1米、宽约1米、高约1.3米，中部存有一宽约3.5米的豁口。

图445　斯皮尔古城西城墙*

图446　斯皮尔古城南城墙外树干残迹*

图447　斯皮尔古城F1建筑*

图448　斯皮尔古城F2建筑*

北墙几乎为流沙掩埋。[①]

由于出土文物与文献记载的缺乏，学界迄今仍未能对古城的具体性质与功能予以准确判断，但结合遗址的时空概况尚能推测其概要。2012年，考古人员对古城墙体内夹杂的植物残体进行放射性碳元素测定，推断古城大致为魏晋时期遗存。在地理空间上，古城处于克里雅河与玉龙喀什河的中间位置，并且遗址西侧约4千米处遗存一条南北走向的巨大古代河床，这说明古城在某一段时期内应为水源充足、绿洲广袤之地。综合上述因素，斯皮尔古城极有可能为《汉书》所载"渠勒国"的一处居址。

8. 喀拉沁古城

喀拉沁古城是新近发现的古代城址。2013年2月，新疆考古团队在塔克拉玛干沙漠腹地、距策勒县城南不远的地带发现了喀拉沁古城，推测其年代应在汉代前后。

古城平面呈圆形，城址最宽处约135米，周长约400米。内部已被黄沙掩埋。古城东城墙有一宽约3米的豁口，应为城门所在位置。残存底台高约3.5米，其前有女墙，上有箭垛。经过金属探测器的嗅探，考古人员在古城中发掘出一个长约2米的铁制羚羊角状精美兵器，前部形状与藏传佛教的金刚杵十分相似。此种兵器在西域地区较为罕见。

第三节　宗教遗址

塔里木南道作为东西文化传播的重要通道，佛教至少自汉晋时期就已在此得以广泛传布，并在此形成了以于阗为中心的佛教文化圈。克里雅河、尼雅河作为汉晋乃至唐代民众生活的绿洲，亦成为佛教文化传布的重点地域。在汉晋时期及其后的数百年里，在克里雅河流域逐渐形成了以今策勒县达玛沟乡为中心的佛教圣地，而在尼雅河流域的佛教建筑通常作为民众日常宗教场所而出现。透过那些历经岁月沧桑、斑驳的佛教残迹，我们依然能够感受到当年佛教在此繁盛的氛围。

---

① 中国社会科学院考古研究所新疆工作队：《新疆策勒县斯皮尔古城的考古调查与清理》，《考古》2015年第8期。

1. 喀拉墩佛寺遗址

喀拉墩佛寺遗址位于喀拉墩古城南侧，东距克里雅古河床约6千米，南距达里雅博依村约20千米，东南距玛坚勒克遗址约8千米。遗址年代为汉至魏晋时期，是和田地区现已发现年代较早的佛寺遗址。1993年，新疆文物考古研究所与法国科研中心135所联合发掘喀拉墩附近的两座佛殿遗址，编号为N61、N62[①]，其中N61位于喀拉墩古城堡东南，N62位于喀拉墩古城堡南侧，总面积约100平方米。

图449　喀拉墩佛寺遗址*

两座佛殿均采用木骨泥墙法构筑。其中，N61佛寺遗址主要由中心塔和回廊组成，平面呈方形，边长约8.5米。N62佛寺遗址仅存台基及行道一小部分，行道墙壁之上，存有少量壁画，内容主要为佛像，色调以红、橘红和黑三种颜色为主。从现存壁画和出土塑像风格分析，喀拉墩佛寺遗址具有典型的犍陀罗风格，这也是早期西域佛寺的典型特征。

两座佛寺均被沙丘掩埋，地表只露出一些木建筑构件。受到风雨侵蚀、沙漠化和挖掘偷盗等自然及人为因素的影响，遗址遭受了较大的破坏。

2. 尼雅佛教遗址

尼雅佛教遗址位于民丰县境内的沙漠中，为精绝国故地。和田作为丝绸

---

① 新疆文物考古研究所、法国科学研究中心315所中法克里雅河考古队：《新疆克里雅河流域考古调查概述》，《考古》1998年第12期。

之路南道的必经之地，佛教沿丝绸之路传入此地，并逐渐发展起来。现存的尼雅佛教遗址即见证了此地的佛教盛况。

尼雅佛教遗址由三部分组成，即佛塔1处、寺院遗址2处（93A35、97A5）。

佛塔位于尼雅佛教遗址的中心，为覆钵式建筑，属于早期佛塔造型，与楼兰、米兰和安迪尔古城内的佛塔形制相同。佛塔残高约6米，基座分为两层。第一层边长约6米、高约2米；第二层边长约3.5米、高约1.75米。塔身呈圆形，高约2米、直径约2米。

图450　尼雅佛教遗址佛塔[①]

尼雅佛教遗址93A35号寺院遗址最早由斯坦因发现。1901年，斯坦因在对其进行发掘时，曾出土木雕人像及佉卢文、汉文木简，汉文木简上有"泰始五年"（269）纪年，这为遗址年代的断定提供了实物资料。遗址位于尼雅佛教遗址佛塔中部偏北处，南距佛塔约2.9千米。寺院地处尼雅河床靠近左岸一孤岛状台地上，台地东西宽、南北窄。河床由西经北面向东绕过台地两侧，台地东、南两面散布许多枯死的杨柳和果树。整座寺院的地势高敞，由五组建筑单元构成。寺院的门开在东面，其南面有佛殿，佛殿西面有一低凹

① 中日日中共同尼雅遗迹学术考察队：《中日日中共同尼雅遗迹学术调查报告书》第二卷，京都：中村印刷株式会社，1999年，图版三十九；张铁男、王宗磊：《95年尼雅遗址93A35号佛教寺院发掘简报》，《新疆文物》1998年第1期；王宗磊、张铁男：《1996年尼雅93A35号遗址中FA、FB、FC、FD发掘简报》，《新疆文物》1999年第2期。

处，可能是冰窖。西端是僧房和讲经堂。北面有一组带前廊的房址，其中一间较宽阔。寺院中央有一面积约500平方米的广场，广场东部和南部由一道用红柳枝编成的篱笆墙包围。

尼雅佛教遗址97A5号寺院遗址发现于1997年。该寺院遗址与周围的92A9等9座建筑遗址构成一组完整的遗迹群，寺院位于遗迹群的中心。该寺院被认为是礼拜堂，其形态和构造与93A35号寺院遗址非常相似，平面呈正方形，规模为5间×5间（8米×8米），中央残存正方形基台痕迹。礼拜堂建筑物朝南，正面有土坯列，很可能是台阶的痕迹。礼拜堂北侧还附有一圈小的预备室。在礼拜堂的西南方，有几根立柱从沙堆中露出，可能是寺院内的僧房等其他建筑物。

图451　尼雅佛教遗址93A35号寺院遗址[1]

3. 安迪尔古城内佛教遗存

安迪尔古城位于民丰县安迪尔牧场境内，为汉唐时期遗存。遗址分布区域较大，其中有许多佛教遗存。2007年，新疆文物古迹保护中心连同和田地区文物局调查发现4座佛塔及1座佛寺。[2]

---

① 中日日中共同尼雅遗迹学术考察队：《中日日中共同尼雅遗迹学术调查报告书》第二卷，京都：中村印刷株式会社，1999年，图版五十六。
② 梁涛等：《新疆安迪尔古城遗址现状调查及保护思路》，《江汉考古》2009年第2期。

图452 安迪尔古城廷姆佛塔*

（1）1号佛塔（安迪尔古城廷姆佛塔）位于安迪尔牧场塔库木村东南约20千米的沙漠中，东约500米处为廷姆古城，东约1.5千米为道孜勒克古城，南约4千米为安迪尔方城，西北约21千米为安迪尔牧场。

佛塔为覆钵式建筑，塔体为土坯砌筑结构，高约11米、顶径约5米、底径约10米。塔基共有三层，由下向上逐渐内收。底部第一层边长约8米、厚约0.5米，直接建筑在雅丹台地上，胶泥堆砌而成；第二层，内收约0.6米，高约1.8米，分别以两层土坯和两层胶泥间隔垒砌而成；第三层，内收约0.6米、高约0.5米，全部用胶泥堆砌而成。覆钵部分内收约0.5米、高约4.3米，呈圆柱形，全部以土坯拌以胶泥垒砌而成。

佛塔遭到风蚀及盗掘的破坏，保存状况较差。塔基部分边沿残失严重，四角均已不存，东北面有一盗洞，深约2米、高约1.6米、宽约1.4米，一直向内抵达塔的中心部位。佛塔的中心部位，由覆钵顶部向下，有一个约0.3米见方的柱槽。目前，东北面的盗洞已与这段柱槽连通。在覆钵的东南面的上半部分另存一个盗洞，也与柱槽连通，佛塔地表散布大量陶器残片等遗物。

（2）2号佛塔位于1号佛塔西南约25米处。佛塔建于一块雅丹台地上，现存塔基和覆钵。塔基高约1.4米，为夯土建筑结构，残损严重，原状不明。塔基上的覆钵也大部分损毁，现残高约1.3米。佛塔长期受风蚀影响，损毁严重。

（3）3号佛塔位于1号佛塔东南约600米处。佛塔位于一处凹地中的雅丹台地上，残高约4.5米。塔身呈圆柱体，直径约4米。塔体表面平滑，似有抹泥。塔基以上约2.2米处，塔身向外扩出约0.3米。佛塔受风蚀影响，塔身南侧已大部分塌毁，北侧、东侧也有不同程度的破损。

（4）4号佛塔位于1号佛塔东南1.6千米处。佛塔建于一处雅丹台地上，残高约4米，现存塔基和塔体。塔基大致呈方形，塔身因风蚀塌毁，仅存一堵南北向的残墙。塔体北面、东面的下部被流沙掩埋，南面大部分塌毁。在塔身的东面和南面，可以看见多次垒砌的墙体，主要是以土坯和胶泥互相掺合垒砌而成。

（5）道孜勒克古城内寺院位于1号佛塔东约1.6千米处，目前被沙土掩埋。由遗址内纵横相交的立柱可知，寺院平面呈"回"字形，外框边长约8.7米，内框边长约5.9米。从残存的墙体看，寺院建筑采用木骨泥墙法。两墙之间是回廊，供礼佛者绕行。寺门开在东侧墙壁中部。在佛寺东南侧的沙土中，残存大面积的房屋遗址。房屋平面大致呈长方形，内部以隔墙分为多个房间，可以见到房间的门道。墙体以土坯平铺垒砌而成，土坯之间夹有胶泥，残墙最高处约3.2米、厚约0.4米。在佛寺的西侧和西南侧，也见到木柱立于流沙中。佛寺的北侧、东北侧也见到多处排列规整的立柱群，这些可能都是寺院的附属建筑。斯坦因早年曾对寺院进行发掘，出土泥塑佛像、壁画以及汉文及藏文题记。[1]

图453　道孜勒克古城内寺院遗址（左）及其平面图（右）[2]

① ［英］斯坦因：《安得悦遗址》，胡锦洲译，《新疆文物》1990年第4期。
② 梁涛等：《新疆安迪尔古城遗址现状调查及保护思路》，《江汉考古》2009年第2期。

4. 喀孜纳克佛寺遗址

喀孜纳克佛寺遗址位于于田县喀孜纳克开发区库克阿斯曼村南部的沙漠中，为魏晋南北朝时期遗存。北约1.5千米处有喀孜纳克水渠，北约5千米为315国道，西约1千米处是幸福水渠。该遗址于1984年被考古人员发现。佛寺平面呈长方

图454 喀孜纳克佛寺遗址*

形，长约11米、宽约8米、残高约0.5米。遗址分内、外两室，外室北、东、西靠墙各有3个大莲花座；内室偏北有四方形高台佛座，东墙残存壁画，主要为帐幔纹、莲花座、立于莲座的人脚、麦穗等图案，均用单线平涂方法绘成。佛寺遗址出土小佛头、银耳环、铁箭头、汉代五铢钱等遗物。该遗址于1994年被列为县级文物保护单位，保存状况较差，形制及功能分区已无法辨认。

5. 亚兰干佛寺遗址

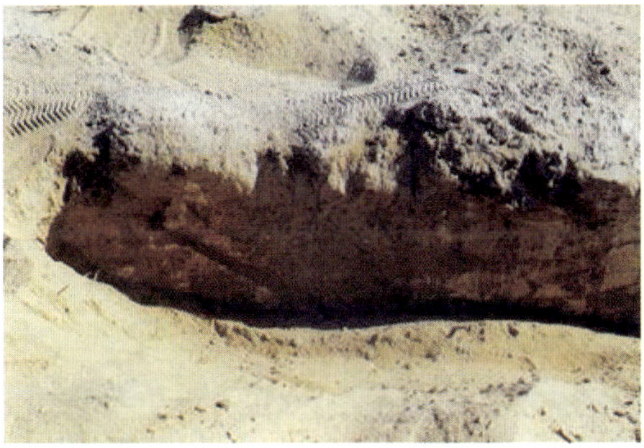

亚兰干佛寺遗址位于于田县拉伊苏良种场拉伊苏村南的沙漠中，为南北朝时期遗存。遗址南侧有一羊圈，北约5千米为315国道，西约4.8千米为喀尔克雅尔，东约500米为拉依苏雅尔。现存遗址由一座佛寺和两座窑址组成，佛

图455 亚兰干佛寺遗址残留墙体*

寺损毁严重，无法辨认具体规模，仅存一截墙基，上有壁画残存。遗址周围散布壁画残片、旋刻木柱残片、夹砂红陶片、素面陶片、石磨盘、铁渣等遗物。遗址保存状况较差。

6. 达玛沟佛寺遗址

达玛沟佛寺遗址位于策勒县达玛沟乡乌喀里卡什村东一处名为托普鲁克墩的荒漠地带，为南北朝时期遗存。遗址北距315国道约4千米，西北距达玛沟乡政府约5千米。2000年3月，当地一位牧羊人在红柳包挖取柴根时意外发现达玛沟佛寺遗址。随后，考古部门多次对遗址所在地进行全面探查，总共发现3处遗址，分别编号为托普鲁克墩1、2、3号，总面积超过1平方千米。达玛沟佛寺于2013年被列为全国重点文物保护单位。

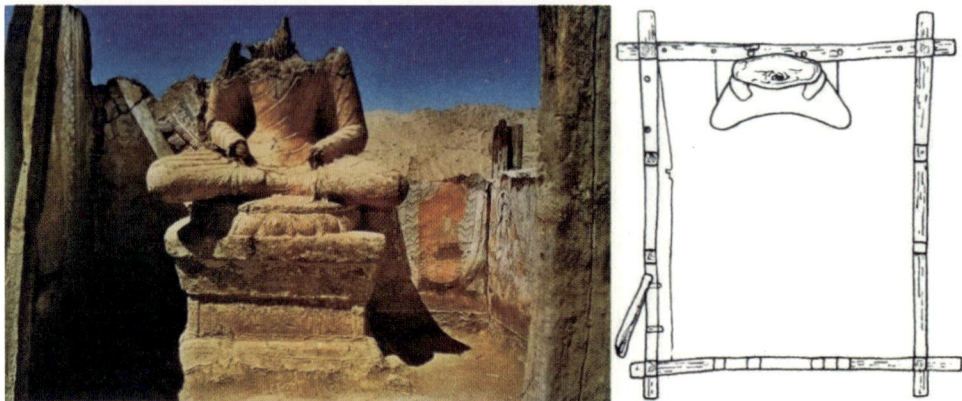

图456　托普鲁克墩1号遗址主尊塑像（左）及遗址平面图（右）①

托普鲁克墩1号遗址平面呈长方形，坐北朝南，南墙中央开门，南北长约2米、东西宽约1.7米，面积仅约4平方米，是新疆境内乃至全世界发现的规模最小、保存现状较为完整的佛寺遗址。佛寺正中存一台基，台基上为坐佛，坐佛存肩部以下。四周墙体内壁残存壁画，发掘清理时在佛寺内出土一些壁画残块，部分残块可与墙上的壁画拼合。目前佛寺已得到了较好的保护，以佛寺为基础修建了博物馆。

托普鲁克墩2号遗址位于1号遗址西约70米处。佛寺坐西朝东，东、北各有一门，平面呈"回"字形，主要由台基、佛堂、侧堂等建筑构成。台基为方形，边长约13米。台基西侧有"回"字形佛堂，佛堂东部和北部各有一个长方形的侧堂。2006年，考古人员在对遗址进行抢救性发掘时，曾发现有盗

---

① 中国社会科学院考古研究所新疆队：《新疆和田地区策勒县达玛沟佛寺遗址发掘报告》，《考古学报》2007年第4期。

掘痕迹，部分墙垣已遭到损坏。现今遗址被置于新建的板房内，得到了较好的保护。

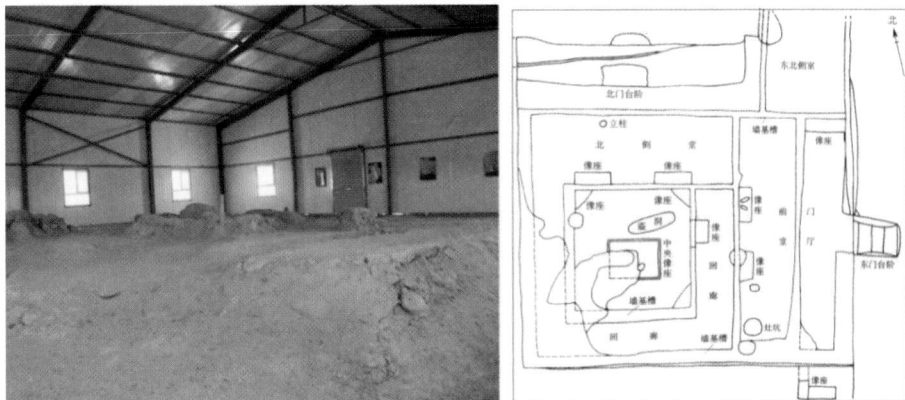

图457　托普鲁克墩2号遗址（左）及其平面图（右）①

托普鲁克墩3号遗址位于2号遗址西北部，规模与2号遗址相当，极有可能是寺院僧人起居、学习、论经的场所。遗址为庭院廊道布局，平面呈"凹"字形，东西长约26米、南北宽约24米。遗址墙体均已坍塌，在北部廊道中部靠近北墙处发现成排倒塌的墙体，长约5.8米、宽约1.9米、厚约0.3米。在墙体毁坏的地方保存有完好的墙槽遗迹，宽约0.4米、深约0.3—0.5米。从这些坍塌墙体的结构来看，其建筑方式应该是先用木架搭建，再覆以芦苇，最后在上面涂一层泥，即所谓的草拌泥结构。

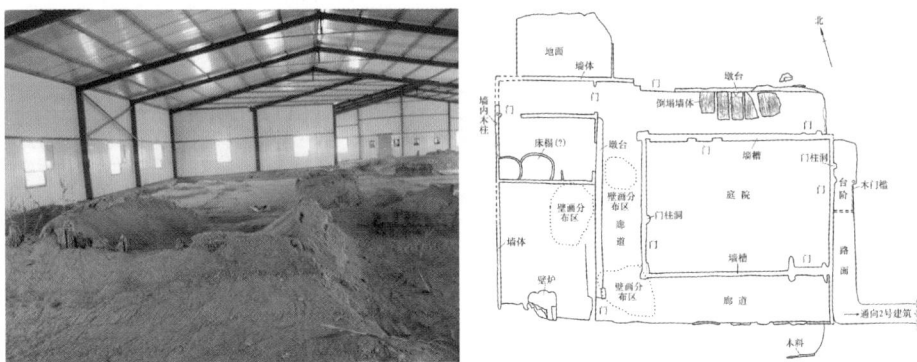

图458　托普鲁克墩3号遗址（左）及其平面图（右）②

① 平面图采自中国社会科学院考古研究所新疆队：《新疆和田地区策勒县达玛沟佛寺遗址发掘报告》，《考古学报》2007年第4期。
② 中国社会科学院考古研究所新疆队：《新疆策勒县达玛沟3号佛寺建筑遗址发掘简报》，《考古》2012年第10期。

整个建筑的地面均用红烧土和黄土分层铺就并夯实，总厚度为0.15—0.2米，这种方式铺就的地面坚固耐用，美观大方。发掘清理时，在地面出土较多的壁画残片，壁画多涉及世俗社会，有的人物身着唐代服饰，颜色鲜艳。现今遗址搭建有保护棚，得到了较好的保护。

7. 达玛沟喀拉墩1号佛教遗址

达玛沟喀拉墩1号佛教遗址位于策勒县达玛沟乡七大队一小队附近的荒漠中，距达玛沟乡政府所在地约10千米，为南北朝时期遗存。整个遗址被沙丘状隆起的红柳包覆盖，地表植被以芦苇、骆驼刺为主，零星散布沙枣树。

佛教遗址现存一圆锥形土堆，高约8米、底部直径约25米，坍塌严重，不能辨别具体形制，可能为佛塔。土堆附近遗址表面，不见建筑痕迹，在北面有一高约3米的台地，东北角已被当地人切出一个剖面，还有两个长约3米、宽约2米的长方形挖柴坑。遗址以及周边地表散落少量灰陶、红陶片以及壁画残块，壁画内容有千手千眼观音、佛头、千佛等。遗址保存状况较差，主要受人为因素的破坏。

8. 尕孜亚依昂佛塔遗址

尕孜亚依昂佛塔遗址位于策勒县达玛沟乡曾旦库勒村北部沙漠边缘，东北距县城31千米，西北距乡政府24千米，为南北朝至唐代遗存。

佛塔埋于沙丘之中，周围是半固定的沙丘与流沙，地势较低，地表生长有胡杨、红柳、芦苇、骆驼刺等

图459　尕孜亚依昂佛塔遗址*

植被。现存佛塔平面呈多边形，塔体实心，已严重破坏，南北底径约5米，残高约3米。塔体分为二层，下层为多边形，上层为覆钵形。佛塔内填碎泥块，泥块厚度4—15厘米不等，塔身外壁涂草泥。佛塔造型独特，为研究和田地区的佛教艺术、佛塔造型等提供了实物资料。该遗址于1999年被列为县级文物保护单位。遗址保存状况较差，主要受沙漠化及盗掘破坏。

9. 库克吉格代佛寺遗址

库克吉格代佛寺遗址位于策勒县达玛沟乡硝尔哈纳村境内的荒漠中，为隋唐时期遗存。西南距达玛沟乡政府约8.5千米，南距喀拉墩佛寺遗址约2.5千米，四周被沙丘状隆起的红柳包覆盖，地表有芦苇、骆驼刺等植物。

遗址分布面积约4.5万平方米，西北部有一处佛寺遗

图460　库克吉格代佛寺遗址*

址和居址，面积约3万平方米，残破严重，不能辨识其布局及功能分区。从残存墙体可知，佛寺用木骨泥墙的建筑方法。遗址地表散落壁画和石膏佛像残片，以及灰陶片、红陶片、木构件、木锁、木碗残片、磨刀石、泥质储物罐、毛织品残片等。

遗址处在荒漠环境中，长期受到沙漠化及风蚀的破坏，保护状况差。同时，佛寺还遭到盗掘，遗址表面盗坑遍布。

10. 道孜勒克佛寺遗址

道孜勒克佛寺遗址位于策勒县达玛沟乡硝尔哈纳村境内的荒漠中，为隋唐时期遗存。西南距达玛沟乡政府10千米，南距喀拉墩佛寺遗址约5千米，北距巴拉瓦斯特佛寺遗址约2千米。

遗址分布面积约1平方千米，损毁严重，形制布局不

图461　道孜勒克佛寺遗址*

能辨别，地表散落壁画、石膏像、陶片、琉璃器、铁渣、船形石磨盘、陶纺轮、铁箭头、木梳等残片。遗址保存状况较差，除受沙漠化及风蚀影响外，还遭到盗掘，发现多处盗洞。

11. 喀拉喀得干佛寺遗址

喀拉喀得干佛寺遗址位于策勒县达玛沟乡南吐格曼村境内的荒漠中，为隋唐时期遗存。

遗址规模较大，分布面积约6万平方米，地表因荒漠化和盗掘活动难以辨别，残存部分墙基遗址。遗址内散布壁画、陶制佛像残片和大量灰陶片、红陶片、铁

图462　喀拉喀得干佛寺遗址*

渣、石磨残片、铜钱残片等，壁画具有隋唐时期的艺术特征。遗址保存状况较差，损毁严重，除受风蚀、沙漠化等自然因素影响外，还遭到盗掘，残留多处盗坑。

12. 巴拉瓦斯特佛寺遗址

巴拉瓦斯特佛寺遗址位于策勒县达玛沟乡帕其坎特村境内的荒漠中，为隋唐时期遗存。西南距达玛沟乡政府约12千米。

佛寺规模较大，分布面积约6万平方米。现今佛寺墙体、墙基已难寻觅，仅有一石灰窑址比较明显，窑址地表散落少量壁画残块、灰陶片、红陶片、铁渣、木锁、毛纺织品残片等。陶器形制较为简单，器底有圈足、平

图463　巴拉瓦斯特佛寺遗址*

底；口沿有敛口、盘口、圆唇、方唇、宽平沿等形状。遗址保存状况较差，除受沙漠化、风蚀等自然因素影响外，主要遭到盗掘破坏。

图464　巴拉瓦斯特佛寺遗址出土的壁画（印度新德里国立博物馆藏）

第七章
和田河流域历史遗址

　　和田河，古称"于阗河"，由发源于喀喇昆仑山的喀拉喀什河和发源于昆仑山北麓的玉龙喀什河汇聚而成。和田河主要流经今墨玉县、洛浦县、阿瓦提县，然后向北穿越塔克拉玛干沙漠，在今天的阿拉尔市附近注入塔里木河，全长近300千米。据考证，和田河至迟在北魏之前的流向是自西向东的，北魏后转向北流。[1]转向北流的和田河，成为连接塔克拉玛干沙漠南道与北道的重要交通线路。唐人贾耽《四道记》记载："自拨换南而东，经昆岗，渡赤河，又西南经神山、睢阳、咸泊，又南经疏树，九百三十里至于阗镇城。"[2]这条通道就是自拨换城沿和田河到达于阗镇的便捷路线，其中"神山"即今和田河中段附近的麻扎塔格山。近现代以来，此道仍在沿用，20世纪早期，斯文·赫定、黄文弼等在考察西域历史地理时，均曾走过此路。现在的阿拉尔—和田的沙漠公路，大致也是沿和田河修筑的。

---

[1] 马大正主编：《塔克拉玛干考察纪实》，乌鲁木齐：新疆人民出版社，2013年，第54页。

[2] （宋）欧阳修、宋祁：《新唐书》卷四三《地理志》，北京：中华书局，1975年，第1150页。

由此可见，和田河流域是绿洲城邦繁衍生息之地，亦是西域交通中的重要枢纽。较为典型的绿洲城邦为于阗国，其"王治西城，去长安九千六百七十里。户三千三百，口万九千三百，胜兵二千四百人。……南与婼羌接，北与姑墨接。于阗之西，水皆西流，注西海；其东，水东流，注盐泽，河原出焉。多玉石。西通皮山三百八十里"①。在其强盛时期，毗邻的戎卢国、扜弥国、渠勒国、皮山国都在其管辖范围。唐代为"安西四镇"于阗镇守军所在地。

第一节　墓葬遗存

和田河流域的墓葬主要分布于玉龙喀什河上游山前沟谷地区，喀拉喀什河与玉龙喀什河交汇处以及和田河下游古河道地段。现存遗址主要有山普拉

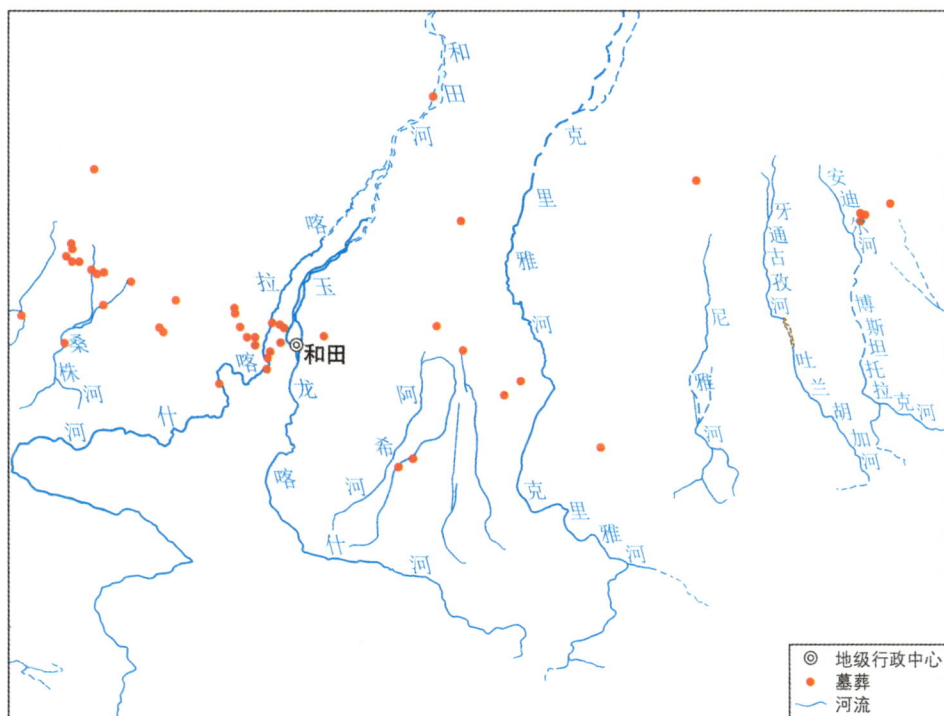

图465　丝绸之路南道西段墓葬分布图

---

① （汉）班固：《汉书》卷九六《西域传》，北京：中华书局，1962年，第3881页。

墓地、流水墓地、布扎克墓地、圆沙古墓群等。经考古发掘，较为典型的流水墓地中，发现石堆墓、屈肢葬等墓葬俗制，与伊犁河流域的斯基泰人石堆墓非常相似；再如，通过对山普拉墓地的发掘与研究，于阗国人较为流行的火葬，应该是佛教传入后，民众沿袭佛教的葬俗，这也正是"我们很少发现公元3世纪以后的于阗古墓"[1]的根源所在。

1. 流水墓地

流水墓地位于于田县阿羌乡流水村南、克里雅河上游河道与流水河交汇处的

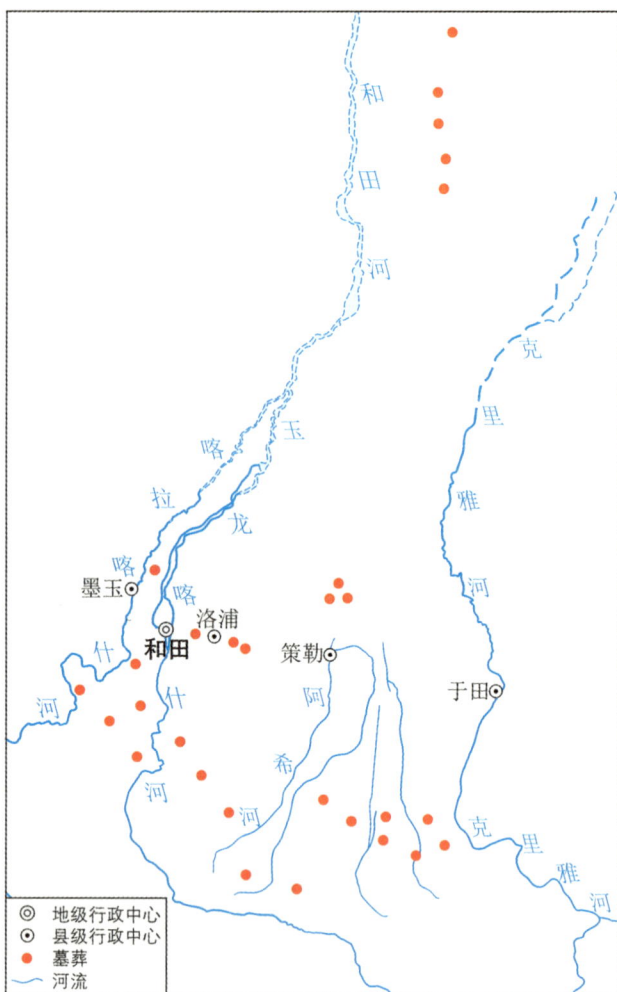

图466 和田河流域古代墓葬遗存分布图

台地上。2002年，中国社会科学院考古研究所新疆队在昆仑山考察"玉石之路"时发现该墓地，所在台地为不规则形，东西长约131米、南北宽约35米。地表遗存较为明显的石围和石堆标志。2003—2005年，考古人员先后对位于台地南部的8座墓葬，中、南部的20座墓葬以及其他的23座墓葬进行发掘清理。（见图467）

---

① 林梅村：《丝绸之路考古十五讲》，北京：北京大学出版社，2006年，第193页。

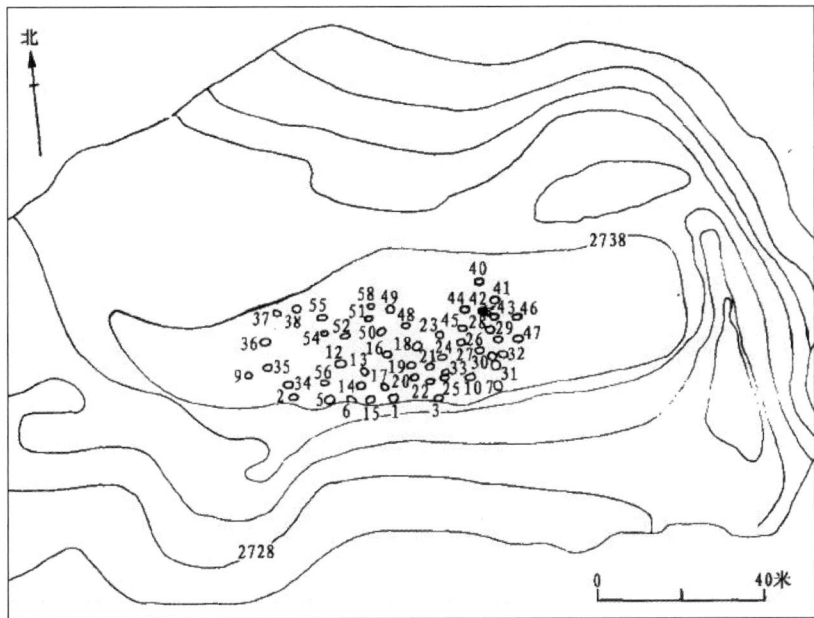

图467　流水墓地墓葬分布①

墓葬地表有封堆，呈石围和石堆两种类型。墓室均为竖穴土坑式，平面呈椭圆或圆角长方形。葬俗普遍为多人合葬，葬式为仰身屈肢。出土遗物较为丰富，共计268件，其中陶器居多，共80件，其余为铜器、石器、玉器、金器、铁器以及骨角器等。这些陶器器型与乌兹别克斯坦费尔干纳盆地的楚斯特文化有相似之处，而铜刀样式则与察吾乎墓地以及哈密焉不拉克墓地出土刀具类似，铜、金质耳坠与西伯利亚早期斯基泰文化中的耳环类似，铜马镳、马衔、带尾钩箭镞与西伯利亚阿尔赞同类器物相近②，由此得知该墓葬文化具有多元融合性，受周缘墓葬文化影响较大。基于上述出土遗物的对比，考古人员又结合碳-14测定，断定墓葬遗存年代应为前1000年的青铜时代，有学者认为这是迄今为止昆仑山区所发现的最早古代文化遗存。③

①　中国社会科学院考古研究所新疆队：《新疆于田县流水青铜时代墓地》，《考古》2006年第7期。
②　中国社会科学院考古研究所新疆队：《新疆于田县流水青铜时代墓地》，《考古》2006年第7期。
③　中国社会科学院考古研究所新疆队：《新疆于田县流水青铜时代墓地》，《考古》2006年第7期。

图468　流水墓地

图469　流水墓地出土的双系铜斧（左）、铜马衔和骨质马镳（右）*

图470　流水墓地出土的双系陶罐、单耳陶罐

2. 山普拉墓地

山普拉墓地位于洛浦县山普拉乡沙依巴格村西南、昆仑山前一处戈壁台地上。墓地分为东、西两个部分，东西长约6千米、南北宽约1千米。1983—1984年，国家文物部门联合地方文保单位对山普拉墓地的19座墓葬、2座殉马坑进行发掘；1984年，新疆维吾尔自治区博物馆先后对52座墓葬进行发掘；1992—1993年，由于受洪水冲刷破坏严重，新疆文物考古研究所遂对毁损墓葬进行抢救性发掘。山普拉墓地是和田绿洲保存最好的一处战国至南北朝时期墓葬，出土的丝、毛织物别具一格，区域特征明显，受到国内外学术界的广泛关注。同时，这些特殊的木结构建筑形式和葬俗，为研究古代于阗国的经济、政治和文化提供了实证材料。

图471　山普拉墓地

（1）1983—1984年山普拉墓地发掘情况。1983—1984年发掘的19座墓葬形制大致可以分为两种类型：一类是长方形竖穴土坑墓，墓角呈圆形；另一类为刀形棚架墓，墓室为方形竖穴，带有长方形竖穴式墓道。葬具有四种：第一种为圆木棺，即掏空的胡杨树干，墓主均为儿童；第二种是半圆木棺，墓主有儿童、成人以及母子合葬；第三种是木盆棺，用这种木棺墓葬时，一般先将尸体放置于芦苇之上，然后将木盆倒扣其上；第四种为长方形木棺，由木板拼

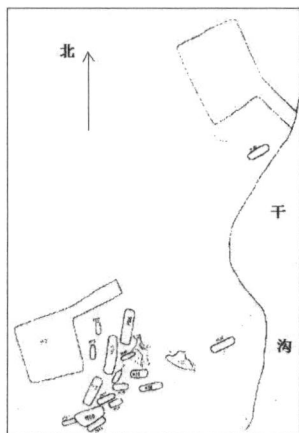

图472　1983—1984年山普拉墓地发掘墓葬分布

环塔里木汉唐遗址

合而成。葬式不相统一，出现仰身直肢、仰身屈肢、俯身葬和直肢葬等。随葬品有陶器、木器、骨器、石制器、铜器、皮制器、毛丝制品、铁制品以及装饰品等。（见表78）[1]

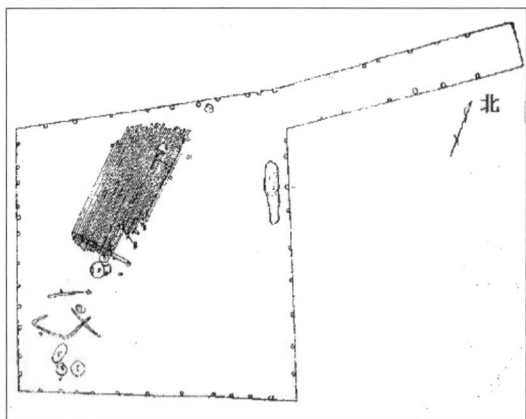

图473　山普拉墓地刀形棚架墓平面图[2]

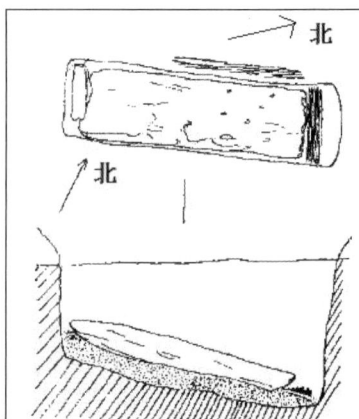

图474　山普拉墓（左）及竖穴土坑墓M20平、剖面图（右）[3]

在1号墓出土的"马人"武士毛织物，长116厘米、宽48厘米。上部是希腊神话中吹奏竖笛的半人半马怪物，下部为执矛武士像，织法娴熟。这种在公元前后由西方传到塔里木地区的缂毛织品，所采用的通经断纬织造技术，对中国唐宋时期精湛的缂丝工艺产生了深远的影响。

表78　1983—1984年山普拉墓地出土物品[4]

类别	物品名称
陶器	圆腹双系罐、深腹双系罐、扁腹双系罐、小双系罐、大双系罐、双耳罐、单耳罐、罐、锅、钵等
木器	木杯、木筒、木桶、树皮桶、小木碗、小木钵、深腹小木碗、中木碗、深腹大碗、小木盘、中小盘、大木盘、木案、单耳钵、单耳木罐、小木盆、中木盆、大木盆、木夯、木器盖、葫芦、手杖、木简、木匣盒、木腿、扁担形木器
骨角器	梳、勺、带扣、花押、骨管

① 新疆维吾尔自治区博物馆：《洛甫县山普拉古墓发掘报告》，《新疆文物》1989年第2期。
② 新疆维吾尔自治区博物馆：《洛甫县山普拉古墓发掘报告》，《新疆文物》1989年第2期。
③ 新疆维吾尔自治区博物馆：《洛甫县山普拉古墓发掘报告》，《新疆文物》1989年第2期。
④ 新疆维吾尔自治区博物馆：《洛甫县山普拉古墓发掘报告》，《新疆文物》1989年第2期。

（续表）

类别	物品名称
石制器	小石佩饰、带扣
铜器	铜镜、四乳镜、铭文镜、素面镜、铜饰
皮制品	小口皮袋、圆底皮口袋、三角形皮口袋、盛食物口袋
毛丝制品	梳镜袋、针线、药袋、单口式袋、毡袋、扇
铁制品	针
装饰品	石珠、玻璃及料珠、草籽珠、海贝、炭精珠
生产工具和武器	纺轮、纺杆、绕线轴、拉经木轴、铁刀、弓、箭、小石球、工具袋
服饰	帽、毡衣、套头长外衣、绢上衣、绢短夹衣、敛衣、裤、靴鞋、毡袜、毛绦

（2）1992—1993年山普拉墓地发掘情况。1992—1993年，新疆文物部门所发掘墓地范围东西长约200米、南北宽约50米。墓葬形制有带小墓道刀形竖穴土坑墓、长方形竖穴土坑墓和不规则形竖穴土坑墓3种类型。

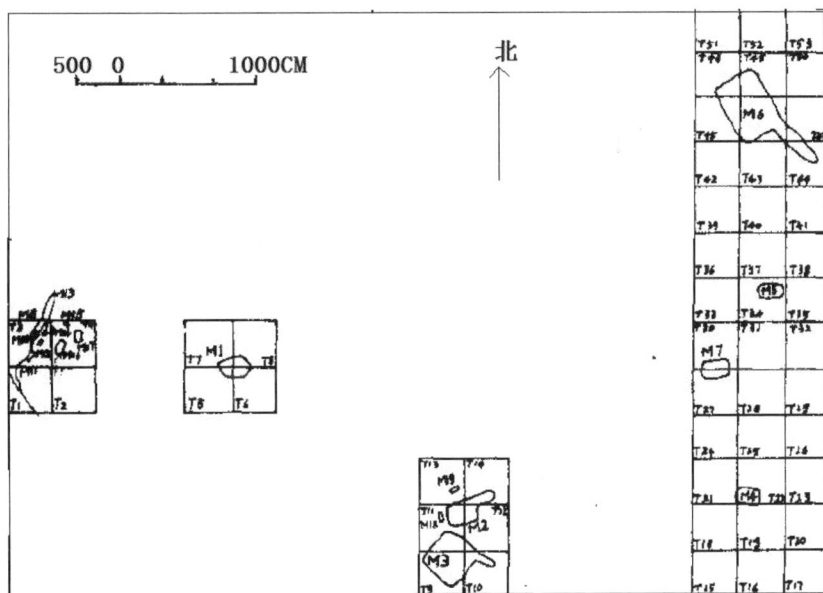

图475　1992—1993年山普拉墓地发掘墓葬平面图[①]

①　新疆文物考古研究所：《洛浦县山普拉Ⅱ号墓地发掘简报》，《新疆文物》2000年第1—2期。

随葬物品主要有以下几类：石器有纺轮、眉笔；陶器有无耳罐、单耳罐、双耳罐、带流罐、钵、壶、纺轮；铁器有镰、刀、带扣、箭头；铜器有镜、戒指、环；骨器有刀柄；角器有匙、环、针、刀柄；皮制器有纺轮筒、刀鞘；木器有盆、盆形鼎、盘、碗、钵、勺、杯、纺轮筒、纺轮、卷线轴、梳、眉笔、钻木取火器、扣、器腿、手杖、镰把、器盖、刀柄、箭头、槽形板、叉、珠子；织物和服饰有绢扇、锦带、毛织物、刺绣以及衣服等。[①]

3. 其他墓地

（1）库玛提吉勒尕墓地位于和田县朗如乡奴遂村东的戈壁中，为青铜时代遗存。墓地分布面积约122万平方米，有墓葬近20座。从盗掘墓葬现状观察可能为方形或长方形竖穴土坑墓，墓坑边有竖立的木棍，其中人骨甚多，可见手制夹砂红陶片。墓葬分布状况不明，地表无明显标志，且有几座墓被盗掘。

（2）阔尕其吉勒尕墓地位于和田县朗如乡排孜阿瓦提村东的戈壁中，为青铜时代遗存。墓地分布面积约95万平方米，有墓葬近30座。从盗掘墓葬现状观察可能为方形或长方形竖穴土坑墓，墓坑边有竖栽的木棍，其中人骨甚多，可见手制夹砂红陶片。墓地保存状况较差，一部分墓葬被盗掘。风蚀、沙漠化等自然因素破坏了墓葬区的地形地貌。

（3）其干勒克墓地位于和田县朗如乡其干勒克村南，为青铜时代遗存。墓地分布面积约80万平方米，有墓葬近100座。从盗掘墓葬现状观察可能为方形或长方形竖穴土坑墓，墓坑边有竖立的木棍，其中人骨甚多，可见手制夹砂红陶片、黑陶片。墓地保存状况较差。

（4）喀让古塔格墓地位于和田县喀什塔什乡喀让古塔格村北3千米处。墓地分布面积约2万平方米，有近10座石堆墓。石堆大小不一，封堆高约1米、直径约3米。石堆周围散落少量夹砂红陶碎片。地表标志较清晰，无被盗迹象。

（5）喀拉阔勒阿格孜墓地位于和田县喀什塔什乡库尔尕克村东南8.5千米处。墓地分布面积约3.5万平方米，地表可见4处零散石堆墓，已被盗，墓坑边仅发现一小块夹砂红陶残片。墓葬均已被盗，墓地保存状况较差。

---

① 新疆文物考古研究所：《洛甫县山普拉Ⅱ号墓地发掘简报》，《新疆文物》2000年第1—2期。

（6）喀勒马克特亚墓地位于和田县喀什塔什乡库尔尕克村东南12千米处。墓地分布面积约1万平方米，盗坑和冲沟内有人骨、夹砂红陶残片等遗物。墓地北约800米处有5座石堆墓，盗坑内有人骨。墓地保存状况较差，有10多座墓葬已被盗。

（7）塔依阿格孜墓地位于和田县喀什塔什乡库尔尕克村东南3千米处。墓地仅发现一座被盗墓葬，盗坑较大，盗坑内外有夹砂红陶残片、人骨以及少量黑陶残片。台地边缘可能有未盗墓葬。墓地保存状况较差，风雨侵蚀、泥石流等自然因素以及盗掘使墓葬环境地貌及墓葬本体破坏殆尽。

（8）昆贝希墓地位于和田县喀什塔什乡库尔尕克村南500米处。墓地分布面积1000平方米，盗坑约10处。墓葬均被盗掘。未见人骨，盗坑周围有少量无纹饰夹砂红陶残片。墓地保存状况较差，风雨侵蚀、泥石流等自然因素严重破坏了墓葬环境地貌及其整体性。

（9）加波依尼墓地位于和田县喀什塔什乡奥米夏村东1000米处。墓地分布面积约1500平方米，盗坑近10处，应为石堆墓。墓地所在地大部分已辟为农田，墓葬均已被盗掘，盗坑周围有刻花纹夹砂红陶残片、人骨等遗物，据说曾出土过铜器、木炭、玉块、木头残片。

（10）克孜勒图木休克墓地位于和田县喀什塔什乡吐孜鲁克村南800米处。墓地分布面积约400平方米，大小盗坑4处，应为竖穴土坑墓。墓葬几乎全部被盗，盗坑内外散布人骨、山羊头骨、夹砂红陶及黑陶残片。

（11）布尔棍恰希米希墓地位于和田县喀什塔什乡布亚村西偏北3000米处。墓地仅发现一座被盗墓葬，盗坑长约2米、宽1.5—1.8米、深约1.4米，坑内有少量人骨和夹砂红陶残片。

（12）喀尔克墓地位于洛浦县山普鲁乡喀尔克村南侧的山前冲积扇阶地上，为战国至汉晋时期遗存。墓葬共200多座，为竖穴土坑墓，保存状况较差。被盗掘严重，墓葬东部区域以南现已被当地农民开荒，墓葬中部由西到东被修为石子路和水渠。盗坑内有夹砂红陶残片、棺板、槽形棺、人骨、纺织品残片等遗物。

（13）比孜里墓地位于洛浦县山普鲁乡巴什比孜里村东南侧，为战国至汉晋时期遗存。墓地分布面积4000平方米，分为3处，共计20多座墓葬，墓葬被盗严重，周围散布人骨、陶片、棺板等遗物。

（14）其格勒克墓地位于墨玉县萨依巴格乡其格勒克村南，为汉晋时期遗存。现有大小盗坑30多处。墓葬为圆角长方形竖穴土坑墓和方形土坑竖穴棚架墓。可能有刀把形墓，有单人葬和合葬两种。墓地保存状况差，风蚀、雨水冲刷等自然因素导致地表无明显标志，墓葬分布情况不明；盗墓现象严重。地表散布人骨、黑陶与红陶残片、木碗与木盆残片以及毛织物残片等遗物。

（15）托格热苏墓地位于墨玉县萨依巴格乡托格热苏村。墓地分布面积3万多平方米。现有大小盗坑20多处，盗扰严重，无法辨认墓葬结构。盗坑周围有人骨、兽骨、棺板残片、红陶残片、丝织品残片等遗物。

（16）吐米尔求克墓地位于墨玉县萨依巴格乡阔塔孜沙依巴格村。墓地分布面积1000平方米。现有大小盗坑50余处。墓地保存状况差，被盗严重。地表散布的箱式木棺残片特别多，发现一口完整的箱式棺。地表还发现红陶残片、丝织品残片、人骨等遗物。

（17）其拉克达板墓地位于墨玉县萨依巴格乡乌尊阿热勒村。墓地分布面积4万平方米。原为石堆墓，石堆高出地表。墓地保存状况差，早年严重被盗。现有盗坑近30处，为竖穴土坑墓，其中11处墓葬周围有人骨及鸟骨。盗坑周围采集到少量手制夹砂红陶片、两件白色管形料珠和一件小铜环。

（18）色日克波依纳克墓地位于墨玉县萨依巴格乡英阿瓦提村。墓地分布面积约2000平方米。墓地保存状况差，被盗严重，20多座墓葬有盗坑，为竖穴土坑石堆墓。墓地周围散布人骨、细木条、少量无纹饰夹砂黑陶片。

（19）色格孜勒克墓地位于于田县阿羌乡喀什塔什村东北约1千米处，为青铜时代遗存。墓地分布面积约6399平方米，保存状况差。风雨侵蚀、泥石流等自然因素及人为修水渠导致遗址环境地貌遭到改变，遗址完整性遭到破坏。曾发现人类的头盖骨、肋骨、腰椎骨等。长达30米的断面可看到文化层。炭灰层内发现一小块玉片，水渠南堤坝上采集到刻花纹陶器残片。

（20）巴什亚墓地位于于田县阿羌乡乌什开布隆村东5千米处，为西周—东周遗存。墓地分布面积约1万平方米，2004年水渠施工人员在水渠断面发现石堆（或石圈），部分断面可看到炭灰层。曾发现完整的陶罐、磨刀石。

（21）吐格曼巴什墓地位于于田县阿羌乡吐格曼巴什村东南3千米处，为秦汉时期遗存。墓地分布面积约300平方米，断面上现仅见几处石堆（石围）残迹。当地牧民曾见过人骨、马头、铜马衔、马镫、陶器、铜器等遗物。墓地保存状况差。造成遗址严重破坏的主要原因是泥石流、生物破坏等自然因素。

（22）皮什盖墓地位于于田县阿羌乡皮什盖村东南2.5千米处，为汉代遗存。墓地分布面积约100平方米，共2座墓葬。石堆边有人骨、炭灰，还采集到夹砂红陶残片。当地牧民曾见过人骨、陶器、铜器等遗物。

（23）阿克硝尔墓地位于皮山县垴阿巴提塔吉克民族乡阿克硝尔村委会东200米处的台地上，为青铜时代遗存。墓地分布面积约20万平方米，以石堆墓为主，也有石围墓。石堆不甚明显，直径2米、高0.4米。多处墓葬被盗，盗坑内遗有人骨、陶器残片、海贝饰件。墓地保存状况较差，风雨侵蚀与盗掘情况严重。

（24）纳格拉哈纳墓地位于皮山县桑株乡巴斯喀克村北，为战国至汉晋时期遗存。墓地分布面积约3万平方米，墓葬呈东西向分布于悬崖上。地表皆不见墓葬封土，墓室开口位于戈壁层下。其中，3座墓葬结构为方形竖穴土坑棚架墓，墓室长约4.2米、宽约3.2米，长方形斜坡墓道长约3.3米、宽约1.2米。墓地发现15处盗坑，盗坑内有人骨、无纹饰陶片、铜器残片等遗物。有一处盗坑内还有火烧过的头盖骨，墓壁也有火烧痕迹。

（25）克孜勒堆瓦墓地位于皮山县杜瓦镇硝尔鲁克村委会（又叫先拜巴扎）东北1千米处，为汉代遗存。墓地分布面积约600平方米，墓葬形制为石圈墓，直径约3.6米。墓地保存状况较差，风蚀沙化严重，盗掘痕迹明显。现今共有12处盗坑，坑中有人骨和少量夹砂红陶残片。

（26）艾日格勒瓦墓地位于皮山县桑株乡艾日格勒村东南600米处，为汉代遗存。墓地与伊斯兰麻扎混杂在一起，面积约1000平方米。1993年考古人员在此采集到木碗、陶器等遗物。现今地表无任何标志。墓地保存状况较差，风蚀、沙漠化严重。

（27）亚尕奇乌里克1号墓地位于新疆生产建设兵团农十四师皮山农场北约33.5千米处的沙漠中，为唐宋时期遗存。墓地分布面积约200平方米，墓葬分布集中，共有12座。地表可见到木棺以及人骨。木棺材质为胡杨木。死者葬式为仰身直肢，头向北，露出地表的骸骨上可见丝织品及棉布。地表还散落陶片。

（28）亚尕奇乌里克2号墓地位于新疆生产建设兵团农十四师皮山农场

北约35.47千米处的沙漠中，为唐宋时期遗存。墓地东西长约13米、南北宽约12米。墓地保存状况较差，风蚀、沙漠化严重。地表散落40根胡杨木柱，应为木质葬具的长边用料。从木结构看，多为胡杨木框架棺具。沙包南侧发现两处有人骨，为下肢骨，据其位置看，头向北，骨上还粘有白色平纹棉布衣物。

（29）亚尕奇乌里克3号墓地位于新疆生产建设兵团农十四师皮山农场北约41千米处的沙漠中，为唐宋时期遗存。墓地分布面积约200平方米，共包括7座墓葬。墓地保存状况较差，风蚀严重，部分墓葬已露出地表，墓葬用胡杨木柱围砌成侧板，前后用细的胡杨木柱作挡板，上横担胡杨木柱作盖板。墓主为仰身直肢，头北脚南。地表散落陶片。

（30）亚尕奇乌里克4号墓地位于新疆生产建设兵团农十四师皮山农场北约41.15千米处的沙漠中，为唐宋时期遗存。墓地东西长约10米、南北宽约6米，保存较好的墓葬7座。墓葬普遍较小，多为儿童墓。形制、葬式与亚尕奇乌里克3号墓地相同。

（31）亚尕奇乌里克5号墓地位于新疆生产建设兵团农十四师皮山农场北约41.22千米处的沙漠中，为唐宋时期遗存。墓地分布面积约100平方米，共有10座墓葬，普遍较小。墓葬形制、葬式与亚尕奇乌里克4号墓地相同。墓地保存状况较差，风蚀严重，人骨裸露在外。

（32）亚尕奇乌里克6号墓地位于新疆生产建设兵团农十四师皮山农场北约48千米处的沙漠中，为唐宋时期遗存。墓地分布面积约300平方米，共有墓葬18座。墓葬形制、葬式与亚尕奇乌里克4号墓地相同。墓地保存状况较差，风蚀严重，人骨裸露在外。

（33）亚尕奇乌里克7号墓地位于新疆生产建设兵团农十四师皮山农场北约48.06千米处的沙漠中，为唐宋时期遗存。墓地分布面积约60平方米，共有9座墓葬。部分墓葬形制与亚尕奇乌里克4号墓地相同，另有部分侧面是用长约36厘米的土坯砌成，厚约5厘米，其上放置细胡杨柱作为盖板。葬式仰身直肢，头向北。墓地保存状况较差，风蚀严重，人骨裸露在外。

（34）亚尕奇乌里克8号墓地位于新疆生产建设兵团农十四师皮山农场北约48.15千米处的沙漠中，为唐宋时期遗存。墓地分布面积约20平方米，保存状况较差，仅见2座墓葬，其余皆为流沙掩埋。墓葬形制与亚尕奇乌里克4号墓地相同。

（35）亚尕奇乌里克9号墓地位于新疆生产建设兵团农十四师皮山农场北约48.23千米处的沙漠中，为唐宋时期遗存。墓地分布面积约20平方米，共有6座墓葬。墓地保存状况较差，风蚀严重，人骨裸露于地表，且残碎不堪，无法判断头向。除此外，未见任何葬具和随葬品。

第二节　城址、烽燧

和田河流域自汉代就是于阗国所管辖的政治核心区域，魏晋之后，随着对南道诸国的兼并，于阗国管辖版图扩展至整个南道，但和田河流域的政治核心区地位一直未变。尤其在唐代，这里成为安西都护府治下于阗镇守军管辖地，下辖六城、东河、西河、河中、勃野等州以及杰谢镇等机构。至今在和田绿洲及古和田河畔仍遗存大量城址，客观记录了和田河流域的历史发展轨迹。

一、城址

1. 阿克色皮力古城

阿克色皮力古城位于洛浦县城西北15千米处、玉龙喀什河古河道东岸，当地人称"其力玛庆"，汉语意思为"城"，为汉至宋代遗存。

1900—1901年，斯坦因到此考察，在《古代和田——中国新疆考古发掘的详细报告》中称：阿克色皮力古城"最显眼的遗迹当属一处古戍堡坍毁的城墙和胸墙，它们位于低沙丘之间，较原地平面高8英尺—15英尺，一眼就能看出是一座环形或椭圆形城堡。……这里城墙的下部由夯筑土墙构成"[1]。

黄文弼认为"阿克斯比尔"应该是"白墙"的意思。1929年，他考察此城，所见墙为土坯所砌，只存北段，长约100米，高约2米，余均没于沙，在城之西、北两面，瓦砾甚多，街衢巷陌可辨。陶片多为红泥质，上刻水波

---

[1]　［英］奥雷尔·斯坦因：《古代和田——中国新疆考古发掘的详细报告》第一卷，巫新华等译，济南：山东人民出版社，2009年，第516—518页。

环塔里木汉唐遗址

纹，亦有红泥细薄陶片，上刻连环纹……[1]20世纪50年代末，中国社会科学院史树青到此调查，对当地民众发现的文物做了统计。（见表79）[2]

表79　20世纪50年代末史树青调查概况

文物类别	文物名称
钱币	五铢2件、货泉2件、汉文于阗文小铜钱1件、剪轮五铢钱1件、榆荚钱1件、唐代铜钱4件、宋代铜铁钱13件、黑汗王朝铜钱4件、老维文铜钱2件
陶罐	单耳红陶罐1件、红陶小象1件、红陶马头残片2件、红陶小猴5件、红陶蚕1件、红陶人物残片6件、青瓷四耳罐1件、绿釉莲座人形陶盖残片1件、各色釉瓷片20件、红陶纺轮6件
琉璃	残琉璃片8件、小琉璃珠1包
铜制文物	错金小铜像1件、铜环1件、铜器耳1件、铜匕2件、铜簪1件、铜马饰2件、契丹文小铜印1件、铜铁残片

　　20世纪90年代初，和田文物普查队到此调查。古城当时仅残存北面一段由土坯砌筑的城墙，墙垣呈弧形。考古人员根据此段弧形城墙推测古城遗址复原平面应呈圆形。文物普查队测量该段墙垣长约90米（或105米）、残高约4米、宽2—12米不等。残存城墙两端各有一马面。墙基上方12—15米处的墙体上有一排望孔洞，厚约11厘米，宽度不详，土坯上有刻画的符号。[3]

图476　阿克色皮力古城*

① 黄文弼：《塔里木盆地考古记》，北京：科学出版社，1958年，第52页。
② 史树青：《新疆文物调查随笔》，《文物》1960年第6期。
③ 新疆维吾尔自治区文物局编：《新疆维吾尔自治区第三次全国文物普查成果集成·新疆古城遗址》下册，北京：科学出版社，2011年，第311页。

2. 买力克阿瓦提古城

买力克阿瓦提古城又称"什斯比尔城"，位于和田县吐沙拉乡买力克阿瓦提村南约15千米处、玉龙喀什河西岸台地上，为汉唐时期遗存。

1929年，黄文弼对买力克阿瓦提古城进行了细致考察，"城名什斯比尔，译言三道墙，现城墙已毁，惟见墙基，依于山坡，若隐若现，难定其方圆，大约五、六里"[①]。此外，他又在距离古城十余里的地方发现1座石佛塔，周长60余米，高约6米，墙壁书写有婆罗谜文字。

1977年和1979年，李遇春先后两次前往买力克阿瓦提古城考察，并于1979年9、10月对城址进行了发掘。根据李遇春的记录可知，"遗址范围南北约长1400余米，东西两端由于河岸所限，南宽745、北宽450米左右。……遗址范围也非方

图477 买力克阿瓦提古城

形，地面上分布着许多高低大小不等的土墩，土墩剖面可看到夯土的层次。这种土墩，在西南方分布较为密集，排列不在一条线上，不象城墙痕迹。尤其在土墩周围，经常发现许多沙质圆形的石础，估计这些土墩可能为建筑物的台基，因为长年的风雨冲涮而成为不规则的土墩"[②]。在随后的发掘中，遗址出土大量汉代钱币、佛像残块和泥塑壁饰等遗物，李氏由此推测古城为汉唐时期遗存。

古城平面呈不规则状，南北长约1.4千米、东西宽约1千米。古城周围有铁丝网栅栏保护，城址遭风蚀严重，地表布满砂石颗粒，城内偶见大小不等的雅丹地貌。现存建筑遗迹稀少，仅在城址西部有一段残垣遗迹。据介绍，古城内分布有陶窑遗址数处，均呈土丘状，地表散布陶器残片、炼渣、窑壁残块等遗物。20世纪末，考古学家根据遗址范围、地表遗迹和出土文物断定该遗址应为佛教建筑群，并且在西域于阗佛教史上占有重要地位。至于学界

① 黄文弼：《塔里木盆地考古记》，北京：科学出版社，1958年，第53页。
② 李遇春：《新疆和田县买力克阿瓦提遗址的调查和试掘》，《文物》1981年第1期。

所讨论的买力克阿瓦提古城是否是汉代于阗国的一个城,抑或是一个驿站或者关口,仍需要更多的考古实物予以佐证。[1]

图478 买力克阿瓦提古城雅丹地貌

3. 库克玛日木方城

库克玛日木方城位于和田县拉依喀乡布对村东南约1千米处,西北为河谷绿洲,东为山丘,北为砾石戈壁,南临喀拉喀什河,为唐代遗存。

古城四周有铁丝网栅栏围绕,地表散布轮制夹砂和细泥质红陶片。城址平面呈方形,边长约82米、残垣高约1.7米、墙基最宽处约6米,墙体内夹杂有陶片。

图479 库克玛日木方城

---

① 艾买江:《买力克阿瓦提遗址》,《新疆文物》2004年第1期。

4. 普基城堡

普基城堡位于和田县朗如乡奥塔克萨依村南、喀拉喀什河东岸山前台地上，为唐代遗存。

普基城堡地势险要，易守难攻。城堡平面呈不规则状，占地面积约3000平方米。东侧围有铁丝栅栏。遗址内残存东、北城墙，东城墙保存相对较好，呈"Z"字形，长约48米、残高2—5米；北城墙整体呈弧形，长约45米、残垣最高处约6米，墙体坍塌严重。城墙大部为土坯砌筑结构，部分为石块垒砌结构。城墙外有宽约6米、深约2米的护城壕沟。城堡遗址内散布少量红陶碎片，城外地表有数十个深浅不一的圆形洞坑，对城堡造成了严重破坏。据20世纪90年代初文物普查资料记载，此为开采金矿所遗留的。①

图480 普基城堡

5. 阿其克城堡

阿其克城堡位于和田县郎如乡亚甫恰力克村东北、喀拉喀什河南岸，为唐代遗存。现存东、西、南三面墙体，北临断崖，东城墙为弧形，平面呈不规则形状。（见图481）墙体由土坯垒砌而成，城堡面积约8350平方米，曾出土轮制夹砂红陶片。

通过对塔里木盆地南北两道古城址的对比，可以发现南道的古城遗址在布局、规模和类型上呈现出以下三个特点：一是古城遗址较为分散，多数处

---

① 新疆文物考古研究所：《和田地区文物普查资料》，《新疆文物》2004年第4期。

于荒漠或戈壁深处，个别遗址已遭流沙掩埋。二是古城遗址数量相对较少，亦很少孤立存在，大多与周围的佛寺、佛塔、墓葬等遗址连成一片，是聚落遗址的组成部分，如营盘遗址就是由城址、佛寺、烽燧、墓地组成的古代聚落遗址，米兰古城、楼兰

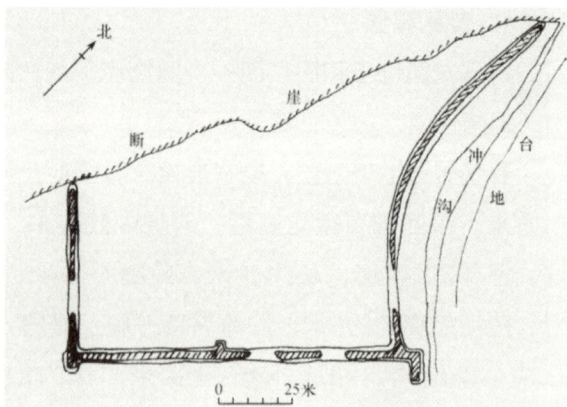

图481　阿其克城堡平面图

古城、南方古城、安迪尔古城等亦均与周围的佛寺、墓葬等遗址相间分布。三是南道上的城址平面大多为圆形，多属西域古代城邦遗存，而中原政权所修筑的军事屯田遗址相对较少。

二、烽燧

和田河流域在历史上一度是唐廷与吐蕃进行博弈的重点地域，军事战略地位突显，因此双方在长期的此起彼伏式拉锯战中，在重要的交通要塞之处部署了大量烽燧、戍堡。但因自然与人为因素的破坏，许多军事遗址遭到破坏甚至已毁损殆尽，仅留下为数不多的戍堡、烽燧遗迹，成为我们今天了解双方对抗形势的重要线索。

1. 扎瓦烽燧

扎瓦烽燧位于墨玉县扎瓦乡阔坎村西。烽燧平面呈五边形，为夯筑结构，基部边长约5米，顶部东西长约7米、南北宽约6米，烽体高约4米。烽燧东北、东南、西南角均有不同程度的坍塌，通往烽燧顶部的台阶已经毁损。

图482　扎瓦烽燧

2. 麻扎塔格戍堡

麻扎塔格戍堡位于墨玉县喀瓦克乡北部，"麻扎塔格"意为"坟墓山"。戍堡东约90米处有一座伊斯兰麻扎，故由此得名。

图483　麻扎塔格戍堡*

戍堡面积约1640平方米，墙厚约2米，最高处约6米。墙垣及所有建筑系用棕红色砂岩石板和土坯错缝平砌而成。堡垣由主墙、垛墙和外垣组成，主墙由土坯垒筑而成，墙垣中间夹有红柳枝、芦苇等物。戍堡向西约60米有一基部长约7米、宽约7米，残高约6米的烽燧，与戍堡构成一套完整的军事防御体系。

3. 喀尔克廷姆烽燧

喀尔克廷姆烽燧位于皮山县皮亚勒玛乡兰干库勒村西北、戈壁与沙漠地貌过渡的高地边缘，为唐代遗存。烽燧受损严重，仅可见有一规模较大的土台。土台平面呈月牙形，东西长约15米、南北宽约9米、残高约6米。烽燧为土坯砌筑结构，土坯中夹杂陶片。

图484　喀尔克廷姆烽燧

4. 康克尔烽燧

康克尔烽燧位于皮山县康克尔柯尔克孜民族乡康克尔村南、桑株河东岸的山顶上，为唐代遗存。现存烽燧两座，其中位于山顶处的保存状况较好，

图485　康克尔烽燧

山腰处的保存状况较差。烽燧皆为片石垒砌结构。位于山腰处的烽燧残高约
0.4米，附近散布夹砂红陶片和铜钱残片。位于山顶的烽燧残高约2米。两座
烽燧处于古代皮山至克什米尔交通线上，应是一处重要的军事遗址。

5. 苏勒尕孜牙廷姆烽燧

苏勒尕孜牙廷姆烽燧
位于皮山县木奎拉乡达里格
村、苏勒尕孜牙干西岸，为
唐代遗存。烽燧毁损严重，
现仅可见有一土台遗迹。
土台残高约2米，中部有盗
坑。烽燧基础部分为黄土夯
筑结构，上部为土坯砌筑结
构。遗址周边散布灰陶、石
磨盘等遗物。

图486　苏勒尕孜牙廷姆烽燧

第三节　宗教遗址

和田河流域是于阗国的主要发祥地，其因在塔里木南缘所占据的特殊
交通地位，而成为佛教文化东渐的重要中转站。汉晋时期，佛教就已在此盛
行传播，东晋法显经此地西行，见"其国中十四大僧伽蓝，不数小者"。唐
代，这里成为与龟兹、于阗、疏勒、鄯善、高昌并称的西域六大佛教中心之
一。玄奘取经归国途经于阗国，写道"语异诸国，崇尚佛法。伽蓝百有余
所，僧徒五千余人，并多习学大乘法教"。虽已时过千年，佛教辉煌不再，但
透过诸多沧桑的佛塔寺院、斑驳的佛窟壁画，我们依然可以寻迹到佛教在此传
布的繁盛景象。

一、寺庙

于阗地区现已发现的佛寺、佛塔遗址众多，多为汉唐时期遗存。境内的
尼雅遗址和丹丹乌里克遗址是两处大型的古代居址，遗址内保存有大量佛教

寺院。据统计，丹丹乌里克遗址内古建筑共计70处，其中佛寺遗迹15处。除此之外，其他较大的遗址，如喀拉墩古城、安迪尔古城等，均有附属的佛教建筑。和田地区的独立寺院以达玛沟佛寺遗址最为典型，面积超过1平方千米，其中托普鲁克墩1号遗址，是新疆境内乃至全世界发现的最小、保存状状较好的佛寺遗址。于阗地区的佛寺建筑兼具印度风格、犍陀罗风格及汉式风格，是研究于阗国社会文化以及宗教信仰的珍贵资料。

1. 丹丹乌里克佛教遗址

丹丹乌里克遗址发现的佛教遗址15处，多为南北朝至唐代遗存。佛寺遗址主要分布在丹丹乌里克遗址的西部，其他建筑物中可能还有附属寺院设施。佛寺多为木骨泥墙式建筑，平面呈方形，"回"字形布局，中央内殿立台，台上立有佛像，殿外四周置方形回廊，回廊壁面绘制壁画。

（1）丹丹乌里克CD3b佛寺遗址位于丹丹乌里克遗址北部，南距达玛沟乡喀克夏勒克村约90千米，为南北朝至唐代遗存。佛寺遗址南北长约4米、东西宽约3米，大致可分辨出4间正方形的小规模建筑物。佛寺东侧约10米处有一建筑物，只残留2根木柱，规模及用途不明。遗址出土文物较少，仅有少量的红陶片、木片。

图487　丹丹乌里克CD3b佛寺遗址①

（2）丹丹乌里克CD3c佛寺遗址西距CD3b佛寺遗址约10米，仅残留2根柱子，柱子的间隔为93米，规模和形状

图488　丹丹乌里克CD3d佛寺遗址②

① 中国新疆文物考古研究所、日本佛教大学尼雅遗址学术研究机构编著：《丹丹乌里克遗址——中日共同考察研究报告》，北京：文物出版社，2009年，彩版一四。
② 中国新疆文物考古研究所、日本佛教大学尼雅遗址学术研究机构编著：《丹丹乌里克遗址——中日共同考察研究报告》，北京：文物出版社，2009年，彩版一五。

不明。遗址出土少量的红陶片、木片。

（3）丹丹乌里克CD3d佛寺遗址位于CD3b佛寺遗址北部，为南北朝至唐代遗存。遗址由一栋方形和一栋长方形的建筑构成，二者相隔约4米。其中方形建筑物边长约4米，墙壁上残存圆形花纹壁画；长方形建筑物长约8米、宽约4米，存中央柱。佛寺附近散布雕刻残件，泥墙上可见红、白点排列的圆形花纹壁画，部分壁画有被揭取的痕迹。

（4）丹丹乌里克CD4佛寺遗址位于CD3b佛寺遗址东南约30米处，为南北朝至唐代遗存。遗址平面呈长方形，门朝北，南北长约8米、东西宽约6米。墙体为木骨泥墙式构筑，墙

图489　丹丹乌里克CD4佛寺遗址[1]

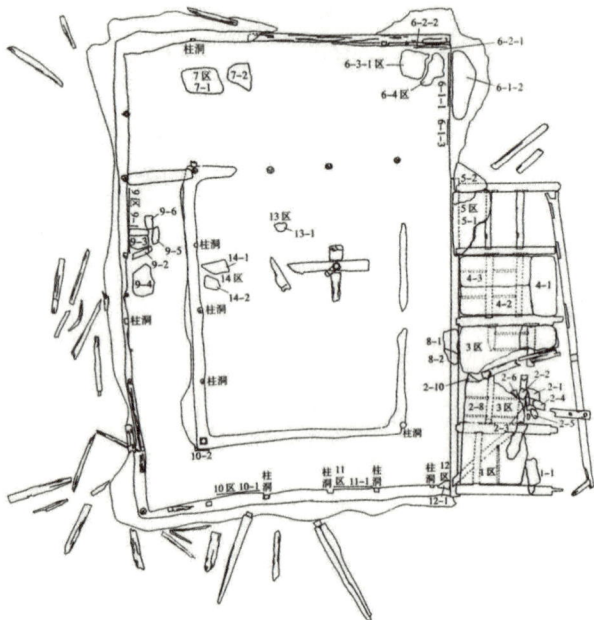

图490　丹丹乌里克CD4佛寺遗址平面图[2]

基残存高度20—100厘米不等。佛寺平面呈"回"字形，中心有木质十字框架，或为中心柱支架。清理出土大小壁画20余块，其中大块壁画均出土于倒塌的东墙，内容较清晰的有佛像、骑士、婆罗谜文题记等。

---

[1] 中国新疆文物考古研究所、日本佛教大学尼雅遗址学术研究机构编著：《丹丹乌里克遗址——中日共同考察研究报告》，北京：文物出版社，2009年，彩版三二。
[2] 中国新疆文物考古研究所、日本佛教大学尼雅遗址学术研究机构编著：《丹丹乌里克遗址——中日共同考察研究报告》，北京：文物出版社，2009年，第133页。

（5）丹丹乌里克CD7佛寺遗址平面呈方形，东西长约8米、南北宽约7米，曾出土开元通宝钱币3枚和一些壁画。斯坦因曾在此地发现"护国寺"字样的汉文文书，此地可能为护国寺的僧房。

（6）丹丹乌里克CD8佛寺遗址位于CD7佛寺遗址南约20米处，为南北朝至唐代遗存。据遗址的结构，可辨别出木构房屋建筑4间，每间边长约1.2米。CD8佛寺遗址和CD7佛寺遗址相邻，可能为系列建筑。斯坦因早年曾在此发掘出土较多壁画和佛教文物等，他认为CD8佛寺遗址可能是带回廊的正方形小寺院。CD8佛寺遗址、CD7佛寺遗址可能是寺院与僧房的关系。

（7）丹丹乌里克CD10佛寺遗址位于斯坦因称之为"南方寺院群"的最东部，为南北朝至唐代遗存。遗址平面呈方形，边长约4米，四角和外侧均有柱子。曾出土石球、织物袜、鞋等遗物，地表散落大量红色的塑像片、壁画残片和陶俑残片。

图491　丹丹乌里克CD7佛寺遗址[①]

（8）丹丹乌里克CD11佛寺遗址位于CD10佛寺遗址西北约30米处，由一个方形建筑和一个长方形建筑构成。两处建筑间距约1.6米，南侧的柱子排列整齐。方形建筑物边

图492　丹丹乌里克CD8佛寺遗址[②]

长约5米，长方形建筑物长约4.5米、宽约3米。遗址曾遭到盗掘破坏，现场凌乱，门框裸露在外，鲜见出土文物。

---

① 中国新疆文物考古研究所、日本佛教大学尼雅遗址学术研究机构编著：《丹丹乌里克遗址——中日共同考察研究报告》，北京：文物出版社，2009年，彩版一六。
② 中国新疆文物考古研究所、日本佛教大学尼雅遗址学术研究机构编著：《丹丹乌里克遗址——中日共同考察研究报告》，北京：文物出版社，2009年，彩版一七。

（9）丹丹乌里克CD12佛寺遗址位于CD10佛寺遗址南约10米处，现存可辨识的遗迹为两间3.5米见方的南北向排列的建筑，残存柱子。向东4米处还有另外一处建筑，存有4根柱子，从柱子的大小及框架的规模来看，似乎是比西侧建筑物更大，但排列不清，实际结构不明。斯坦因早年曾在此遗址附近发现一根有雕刻的柱子，并推断此建筑为佛寺遗址。

（10）丹丹乌里克CD13佛寺遗址位于CD12佛寺遗址东约19米处，现未经发掘，结构尚不明确，地表立有一根柱子，露出地表约2米。2005年，文物部门考察时发现该柱子被盗掘者拔出后立在CD15佛寺遗址的一角。

图493　丹丹乌里克CD10佛寺遗址[1]

（11）丹丹乌里克CD15佛寺遗址位于CD14佛寺遗址西南约19米处，现存由4根柱子支起的框架，可以复原成边长约4.5米的正方形建筑物。在建筑物的东角固定着5根柱子。2005年，文物部门考察时发现佛寺已遭到盗扰，周围散落着墙土，CD13佛寺遗址的柱子也被移到了这里。

（12）丹丹乌里克CD20佛寺遗址位于东北部，遗址地表有1根立柱，整个建筑的结构、规模尚不明。2005年，文物部门考察时发现已遭到盗掘，原有的篱笆已无存，石灰墙体和陶俑散乱。

（13）丹丹乌里克CD22佛寺遗址位于CD3佛寺遗址与CD10—CD15、CD29佛寺遗址的中间位置。2004年，文物部门考察时发现残存壁画的墙体。2005年，文物部门考察时发现遗址遭到盗掘。2006年，文物部门考察时发现少量白地红线的壁画残片和涂有白色颜料的建筑材料。

（14）丹丹乌里克CD29佛寺遗址位于CD10佛寺遗址的西南部。2005年，文物部门对其考察时发现3根柱子从沙堆中露出，后由于盗掘，到2006年时露出的柱子已经增加到8根。遗址周围散落着红陶佛像残片、墙土和柱材。

---

[1]　中国新疆文物考古研究所、日本佛教大学尼雅遗址学术研究机构编著：《丹丹乌里克遗址——中日共同考察研究报告》，北京：文物出版社，2009年，彩版一八。

图494　丹丹乌里克佛教遗址出土的东国公主传丝木板画（英国大英博物馆藏）

图495　丹丹乌里克佛教遗址出土的鼠神木板画（英国大英博物馆藏）

图496　丹丹乌里克佛教遗址出土的浮塑彩绘化生飞天
（俄罗斯圣彼德堡艾尔米塔什博物馆藏）

图497　丹丹乌里克
佛教遗址出土的木
板画（英国大英博
物馆藏）

图498　丹丹乌里克佛教遗址出土的壁画及雕塑（20世纪初斯坦因摄）

2. 热瓦克佛寺遗址

热瓦克佛寺遗址位于洛浦县吉亚乡以北的沙漠中，始建于2—3世纪，沿用至10世纪。

现存遗址由院落和佛塔组成。院落平面略呈方形，东墙中部开门，东西长约49米、南北宽约45米，面积约2242平方米，院墙残高约3米，为土坯砌筑结构。院墙四壁均贴置泥塑佛像、菩萨像、比丘像、供养人像，以及各类影塑和绘画的装饰图案，但大多残毁。佛塔置于院落正中，坐北朝南，由土

图499　热瓦克佛寺遗址

图500　热瓦克佛寺遗址（1906年斯坦因摄）

坯垒砌而成，现存塔基和覆钵式塔身。塔基残高不足6米，平面呈"十"字形，台阶向四面延伸铺展。正中为覆钵式塔身，残高约7米，分三级，损毁较为严重。佛塔顶部直径约9.6米、残高约3.6米。

图501　热瓦克佛寺遗址出土的雕塑（英国大英博物馆藏）

佛寺位于沙漠环境中，长期受到风沙的侵蚀，面临被掩埋的危险。1901年和1906年，斯坦因两次来到热瓦克佛寺，见证了风沙的推移速度及佛寺被掩埋的事实。1901年斯坦因曾对佛寺内的沙子进行清理，而当1906年斯坦因再次到来时，不仅佛寺内重新被填满沙子，佛塔底层的部分土坯建筑也被沙漠覆盖。现今的佛塔高约7米，但据1929年黄文弼记载，当时的佛塔高十余米，由此可见，在不到100年的时间里，佛塔已遭到严重的毁坏。

2001年，热瓦克佛寺被列为第五批全国重点文物保护单位，受到了社会各界的关注。现今遗址主要受风沙的威胁，面临被沙丘掩埋的危险。

3. 库木拉巴特佛寺遗址

库木拉巴特佛寺遗址位于墨玉县扎瓦乡阔坎村西部的沙漠中，处于塔克拉玛干南缘的绿洲地带，南面有大面积的芦苇、骆驼刺、甘草等植被，东北距县城约24千米，南距315国道约

图502　库木拉巴特佛寺遗址*

9千米，为南北朝至宋代遗存。《大唐西域记》记载："鼠壤坟"位于"王城西百五六十里"，其距离与今和田约特干至库木拉巴特佛寺遗址相当，"鼠壤坟"指的可能就是库木拉巴特佛寺。

遗址主要包括佛殿、窑址和墓葬。佛殿遗址长约17米、宽约9米、残墙高约1米，墙壁内侧绘有壁画，曾出土石膏制供养人塑像、化佛像、千佛

像、立佛像、佛像头等遗物。佛像中佛披袈裟上的褶条凸起，有印度马图拉艺术的风格。佛殿附近存窑址，窑址中遍布陶片、玉器残片、玻璃器残片、铁箭头、铁刀等遗物。陶片均为轮制，有夹砂红陶、灰陶、釉陶、泥质红陶等类型。窑址附近的墓葬尚未发掘。

该遗址于2005年被列为县级文物保护单位，目前保存状况较差。佛寺地处沙漠环境之中，长期受到沙漠化和风蚀的破坏。同时，遗址还有被盗扰的痕迹，地表残存被人为打碎的石膏塑像及壁画残片。

4. 布盖乌依里克佛寺遗址

布盖乌依里克佛寺遗址位于和田县境内喀拉喀什河与玉龙喀什河之间的沙漠中，西距色拉格孜库勒乡约7千米、距喀拉喀什河约8千米，东距和田县畜牧场约2千米，南距和田县约33千米，为唐代遗存。

佛寺残存墙垣东西长约200米、南北宽约100米，占地面积约2万平方米。遗址东部有一方形佛殿，仅存墙基，东西长约22米、南北宽约17米、残高1—2米不等。佛殿的部分墙壁存有壁画，其中的一幅立佛像仅存小腿和脚，两脚相距约1.5米，中间跪坐一名合掌致敬的女性，该壁画应为《金光明经·坚牢地神品》中的坚牢地神。遗址附近地表还散布壁画残片、泥塑残片、陶片等遗物，其中陶片以夹砂红陶为主。

该遗址于2002年被列为县级文物保护单位，现今遗址保存状况较差，破坏较为严重，主要受风蚀、沙漠化等自然因素及盗掘的影响。

图503　布盖乌依里克佛寺遗址[*]

5. 达奎遗址

达奎遗址位于和田县拉依喀乡东乌斯坦村内，西南距东乌斯坦村委会约1.5千米，东北距和田县政府约17千米，为唐宋时期遗存。遗址所处之地地势平坦，植被稀少。遗址面积约3000平方米，地表散布陶片，均为夹砂红陶片。

图504　达奎遗址

该遗址于2002年被列为县级文物保护单位，目前保存状况较差。由于长期未得到重视，遗址已被辟为伊斯兰墓地，再加上面临沙漠化等自然因素的威胁，遗址的发掘及保护面临很多困难。

于阗地区的宗教遗存以佛教遗存居多，从现存佛寺遗址来看，该地区佛教深受犍陀罗建筑风格和绘画艺术的影响。建筑风格上，佛塔均为印度覆钵式，与内地佛塔明显不同，佛寺遗址内所出佛教造像大多"面部安详，双目微闭，鼻梁直通额际，发呈波状""衣褶用醒目的凸线表示"，均表现出典型的犍陀罗艺术特征。

二、石窟

于阗地区现存石窟一处，即库克玛日木石窟。石窟位于和田县西南约23千米处、喀拉喀什河畔的库玛尔山上，为唐代遗存，为县级文物保护单位。据《大唐西域记》记载，于阗"王城西南二十余里，有瞿室陵伽山，唐言牛角。山峰两起，岩隒四绝，于崖谷间建一伽蓝"。1900年，斯坦因曾到此考察，认为库克玛日木石窟就是玄奘记载的牛角山崖谷间的伽蓝。[1]日本学者

---

① ［英］奥雷尔·斯坦因：《古代和田——中国新疆考古发掘的详细报告》第一卷，巫新华等译，济南：山东人民出版社，2009年，第192—195页。

也曾多次到此考察，对石窟的保存状况甚是感慨。

石窟距离库克玛日木方城较近，窟顶山上有几户维吾尔族民居和清真寺，以及伊斯兰教霍加木黑比圣人的坟墓，石窟附近有

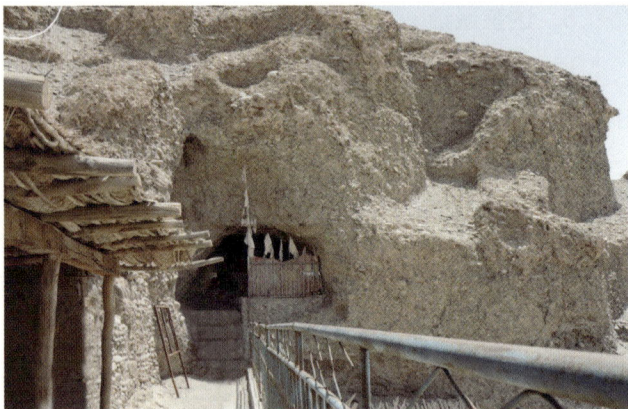

图505　库克玛日木石窟

明显的伊斯兰教宗教活动痕迹。洞窟为天然形成，后经人工改造而成石窟。现今已不见佛像、壁画等佛教遗迹。石窟存一两层洞穴，下层较大，上层较小，上下两层架有木梯便于通行。此地土质为砾石夹沙质土层，非常坚固，千百年来没有丝毫松动。洞穴内的墙壁已被烟熏黑，大概是今人在里面生火取暖造成的。

据介绍，石窟下方的山崖峭壁上还有十几个洞窟，曾有木梯相连，现木梯已无存，因此无法前往考察。查阅《新疆佛教遗址》，得知"这些洞窟依山面水，排列有序，高1—5米、宽1.25—7.2米、进深1—4米，可能是禅窟"[1]。另外，在距石窟约1.5千米处的朗如乡，还发现一处佛教遗址，为唐代遗存。

---

[1]　新疆维吾尔自治区文物局编：《新疆维吾尔自治区第三次全国文物普查成果集成·新疆佛教遗址》上册，北京：科学出版社，2015年，第16—17页。

第八章

喀什噶尔河、叶尔羌河流域历史遗址

　　帕米尔东麓的喀什噶尔河与叶尔羌河流域是汉唐丝绸之路塔里木段南北两道的交汇地带。其所共同孕育的疏勒、莎车绿洲均是汉唐时期重要的文明区。喀什噶尔绿洲北面是天山，西面是帕米尔高原，南面是喀喇昆仑山，东面是塔克拉玛干沙漠，其绿洲文明在高原谷地与高峰交错分布。这种草地、绿洲、沙漠戈壁相间分布的空间地理形态，为不同民族文化的形成、发展提供了理想的生存空间。同时，沿着河流的山间道路是从塔里木盆地进入中亚、西亚和南亚的重要孔道，丝绸之路从这些山间小路穿过，成为连接东西方文化交流、宗教传播、政治互动、经贸往来的纽带。而喀什噶尔河与叶尔羌河下游的绿洲，则成了丝绸之路较为辉煌的区域，不仅是中原王朝经略西域的战略支点，而且是多元文化汇聚之地。

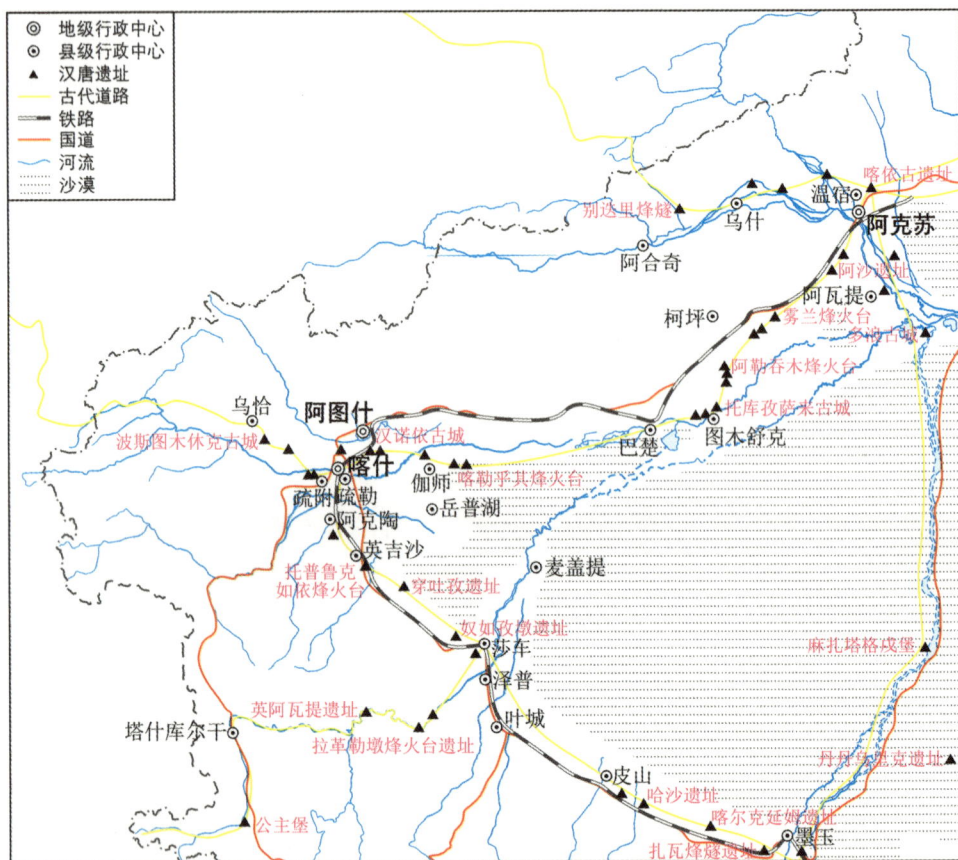

图506　喀什噶尔河与叶尔羌河流域汉唐交通图

第一节　水系文化

　　喀什噶尔河和叶尔羌河是喀喇昆仑山和帕米尔高原的重要水系。两大水系的支脉所形成的山谷径流，往往成为连接东西的重要通道。喀什噶尔意为"各色砖房""玉石集中之地"。喀什噶尔河在古代曾是塔里木河最重要的源流之一，《水经注》《西域水道记》均将其作为塔里木河的第一条河流进行叙述，并将其称为"葱岭北河"。

一、喀什噶尔河流域

　　今天的喀什噶尔河水系主要由主源流克孜勒苏河和盖孜河、库山河、依格孜亚河、布古孜河、恰克马克河5条较大的支流汇集而成。克孜勒苏河是中国最西部的河流，流经中国最西部村庄斯木哈纳村。附近的喀拉湖，是帕米尔高原上著名的内陆咸水湖，《西域水道记》记载："登阿赖山巅以望，银涛一片，上涵天光"，生动形象地描述了高原湖泊的浩大。

喀什噶尔河流域西高东低，西北、西、西南分别以天山南脉山脊和萨雷阔山脊为界，与吉尔吉斯斯坦和塔吉克斯坦毗邻，东接塔里木盆地。出山口以下形成喀什噶尔河流域倾斜平原。喀什噶尔河在这里被引至农田，造就了古老文明的喀什噶尔绿洲。

喀什噶尔河自克孜勒苏河与伽师河汇合口起，由西南向东北流，先后经伽师县、巴楚县、图木舒克市、阿瓦提县及兵团第三师第四十一团、第四十二团、伽师总场、东方农场、第一师第五十一团，最后在阿瓦提县境内的肖夹克处，与阿克苏河、叶尔羌河和和田河相继汇合成塔里木河。在汉唐时期，喀什噶尔河水源充沛，是塔里木河的重要给水河。今天，由于人口增加和工农业发展，喀什噶尔河已经很难流入塔里木河了。

巴楚是"巴尔楚克"的简称，汉代为西域三十六国尉头国地；唐设置尉头州，是全国最大的优质棉产地。河流下游图木舒克附近有著名的唐王城，又称"托库孜萨来古城"，也有学者认为是唐代尉头州城遗址。古城始建于前206年。75年，班超曾经率吏士36人赴西域，在此驻守17年。下游的托库孜萨来古城依托喀什噶尔河，四面环山，地势险要，是历代兵家必争之地，也是丝绸之路必经之地。托库孜萨来佛教遗址始建年代在南北朝至唐代，至今附近仍有大片的屯田遗迹，具有极高的考古价值。唐王城附近的历史遗迹一直延伸至今柯坪县齐兰村的齐兰古城，中间是长达80千米的荒漠区，典型遗址有包尔其佛寺、琼梯木烽火台、麻将勒克屯垦城遗址、达干遗址、齐兰烽火台、齐兰古城等。

二、叶尔羌河流域

叶尔羌河又名"徙多河"[①]，是塔里木河水系径流量最大、流程最长的支流。叶尔羌河全长约1269千米，流域面积基本覆盖了今天的塔什库尔

---

① （唐）玄奘、辩机：《大唐西域记校注》，季羡林等校注，北京：中华书局，2000年，第984页。

干、皮山、叶城、莎车、泽普、阿克陶和巴楚等地。叶尔羌河发源于喀喇昆仑山昆仑冰川河，支流主要为塔什库尔干河、提孜那甫河、柯克亚河、乌鲁克苏吾斯塘河、克勒清河以及卡尔瓦斯曼吾斯塘河等。叶尔羌河流域与喀什噶尔河一样拥有悠久的历史文明，史籍所载的莎车国、乌秅国、西夜国、子合国、蒲犁国、依耐国、无雷国、难兜国等，均曾是塔里木地区重要的绿洲城邦。

第二节　墓葬遗存

喀什噶尔河与叶尔羌河流域的绿洲地区人口密集，生产生活对遗址造成了很大程度的毁损，尤其是现代城市化及农田水利建设，给绿洲区域内的古墓葬造成了不可逆转的破坏。现存墓葬遗址多位于沙漠边缘、帕米尔高原、

图507　喀什噶尔河与叶尔羌河流域古代墓葬分布图

昆仑山、喀喇昆仑山等人烟稀少的区域，尤其是早期古墓葬多位于帕米尔高原与山区河流两岸的台地、坡地上。这里的墓葬大多属于青铜时代晚期和早期铁器时代。青铜时代墓葬以下坂地墓地最为典型，形制为竖穴土坑墓，地表有明显的封堆，葬俗为火葬或土葬，葬式多为侧身屈肢。从出土的陶器和铜器看，墓葬与中亚安德罗诺沃文化有密切联系。早期铁器时代的文化遗存以20世纪70年代发掘的香宝宝墓地为代表，形制为竖穴土坑墓，从出土的陶器判断，其主要受到天山史前彩陶文化因素的影响。

1. 拉依勒克石堆墓

拉依勒克石堆墓位于喀什市伯什克然木乡尤喀克萨依巴克村西北约1千米处，北面3千米左右为兰干塔格山，南面3.2千米左右为恰克玛克河，西面是拉依勒克戈壁滩。

拉依勒克石堆墓分布年代在前4世纪前后，目前可以确定的墓葬有18座，分布面积约1万平方米，墓地最大的封堆直径有10米左右、高0.5米，小的封堆直径3米左右、高约0.2米，由于盗掘严重，石堆墓周围暂未发现其他遗存物。

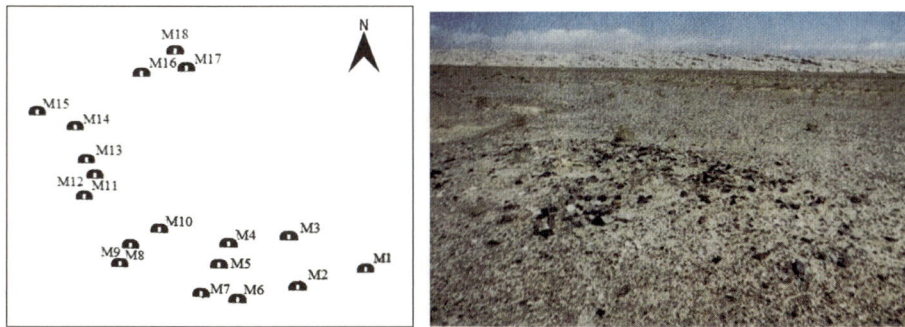

图508　拉依勒克石堆墓分布图（左）与M1墓地（右）

2. 喀群彩棺墓

喀群彩棺墓位于莎车县喀群乡南约11千米处、叶尔羌河西岸的台地上。该墓葬于1983年为当地居民在台地上取土时发现。次年，新疆考古部门对该墓地进行了抢救性发掘，共清理墓葬3座。墓葬地表无明显的封土痕迹，其中，考古人员所发掘的1号墓地已基本被破坏，木棺几乎全部外露。因墓坑外的沙土内漏，墓葬形制已无法辨认。后考古人员利用探方勘查，发现墓葬文化层差异明显，1号墓地位于第二文化层，即土黄色熟土层，而2、3号墓

地则位于第二文化层之下，并且存在"2号墓打破3号墓的二层台"的情况。（见图509）①

所发掘的3座墓葬形制均为长方形竖穴土坑墓，墓室走向不一；葬式均为单人葬、仰身直肢，尸体上所存服饰已基本遭到破坏；1、2号墓地的墓葬中葬具为彩色，木棺样式呈长方形四支腿箱式（3号墓地出土木棺亦是此类型）；整体上由木板、方木倚柱组成。同时，墓

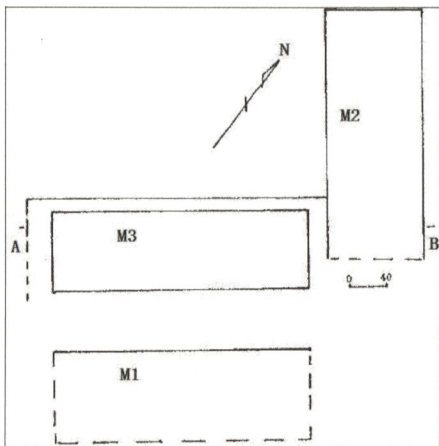

图509　喀群彩棺墓葬分布图②

葬中出土了大量毛织物品。考古人员对比研究得出，这种四支腿箱式木棺，在民丰尼雅遗址墓地、洛浦山普拉墓地以及和田布扎克墓地皆有发现，这种葬具在古代西域出现的时间大多在东汉晚期，木棺由简单的木板封口，再用木钉加固，发展至魏晋时期成为带有关扇式棺盖的箱式结构。③其中，2号木

图510　喀群彩棺墓2号彩棺*

图511　彩棺头挡坐佛讲经图*

---

① 新疆博物馆、喀什地区文管所、莎车县文管所：《莎车县喀群彩棺墓发掘简报》，《新疆文物》1999年第2期。
② 新疆博物馆、喀什地区文管所、莎车县文管所：《莎车县喀群彩棺墓发掘简报》，《新疆文物》1999年第2期。
③ 新疆博物馆、喀什地区文管所、莎车县文管所：《莎车县喀群彩棺墓发掘简报》，《新疆文物》1999年第2期。

棺彩板画中所出现的短发、斜披袈裟的僧人讲经图，为典型的佛教题材，对于研究莎车地区佛教文化的传播状况提供了重要资料。

图512 彩棺足挡比丘、龙首图（左）和线图（右）*

3. 克孜勒加依墓地

克孜勒加依墓地位于阿克陶县库斯拉甫乡政府西北约1千米处、叶尔羌河与恰尔隆河汇合处的克孜勒加依山上。2012年6—8月，为配合阿尔塔什水利工程建设，新疆考古研究所对该墓葬进行发掘，共清理墓葬102座，出土文物百余件，为了解和研究帕米尔东麓古代族群生产生活状况提供了丰富的考古学材料。

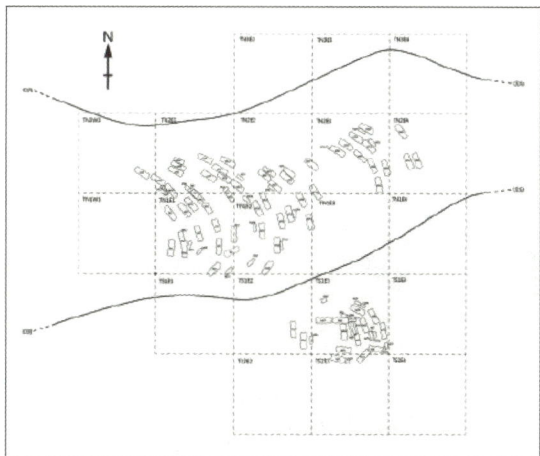

图513 克孜勒加依墓地平面图

克孜勒加依墓群整体上呈现出东北—西北向排列，墓葬分布较为密集紧凑，出现叠压打破关系。（见图513）墓葬形制除M88为竖穴偏室墓外，其他墓葬均为竖穴土坑墓。葬俗以单人葬居多，也有双人葬，未发现二次葬，葬式有仰身直肢、俯身直肢、仰身屈肢和侧身屈肢。葬具较为复杂，类型多样，有箱式木棺、原木棺、半原木棺、木板、柳条筐、毛毡等。墓地出土遗物有葫芦、木器、陶器、铜器、铁器、石器、毛毡、棉与丝织品，其中陶、铜、铁和石器数量相对较少。

克孜勒加依墓地中发现的婴幼儿死者约占全部死者的25%，客观地反映了古代族群的高死亡率，对于我们了解和研究这一地区古代族群的人口年龄、寿命及医疗情况提供了丰富的材料。同时，考古人员在墓地发现一些被染成红色的木棺，认为此与小河墓地的染红立木较为类似，是生命的象征。此外，艾涛认为："克孜勒加依是个与红色和女人相关的地名，墓地南侧与女性和生育有关的祭祀遗址、棺木上象征鲜血和生命的红色、象征生殖的暗红色葫芦，这一切都应该和原始的生殖崇拜有关。"[1]

4. 库兰萨日克墓群

库兰萨日克墓群位于阿合奇县库兰萨日克乡琼布隆村西南、托什干河北岸二级台地上，目前能识别的墓葬封堆有28座。墓群分南北两区，南区有墓葬8座，皆为小型石堆墓，呈东北—西南向直线排列；北区墓葬多大型墓，部分墓葬的封堆由卵石和黄土混合堆筑而成。封堆的直径在5—8米、高0.2—0.4米。部分墓葬的封堆周围有扁平砾石在地表上围成一圈，封堆的直径在13—20米之间、高2米左右。根据已经发掘的墓葬，这些墓室多为单室墓，形制均为长方形竖穴土坑墓，葬具和随葬品较少，多见生活用品。

图514 阿合奇墓群出土的"金鹰啄鹿"　　图515 阿合奇墓群出土的"金奔马"

从该墓出土的"金鹰啄鹿"是克孜勒苏柯尔克孜自治州博物馆的镇馆之宝，"金鹰啄鹿"重18.3克，高2.9厘米、宽2.4厘米，该金饰品的意涵是一只奔跑的金鹿背上立着一只展翅的雄鹰，呈叼鹿欲飞的状态，造型工艺十分生

---

[1] 艾涛：《新疆阿克陶县克孜勒加依墓地考古新发现》，《西域研究》2013年第2期。

动。另一件出土的金饰品为"金奔马",重12克,长4.6厘米、高4.4厘米。马前蹄跳跃,呈奔腾状,后蹄翻扬,造型夸张。马首下垂,两耳竖立。这再现了战国时代游牧民族的生活场景。

5. 托什布拉克墓群

托什布拉克墓群位于阿图什市吐古买提乡库鲁木都克村西北、玛依丹山南麓卡拉苏沟沟口南侧山前洪积扇上。墓群呈东北—西南向分布。根据墓葬地表标志可将墓群分为石堆墓、石带石堆墓两类。其中石带石堆墓有6座,石带有三种,第一种有3座墓葬,石带位于石堆东南1—1.5米处,

图516 托什布拉克墓群的石带石堆墓

其南、北、西三侧各有围石,围石为长12—30米、宽1—1.5米的石带,内填砾石。第二种有2座墓葬,石带呈三角形,长50米、宽6—8米,底边近石堆侧。地表平铺一层砾石,其中外侧石块较大,中间石块较小。第三种有1座墓葬,石带长38米,由砾石平铺。

6. 萨色克布拉克墓群

萨色克布拉克墓群位于阿图什市哈拉峻乡阔什布拉克村西北、比仁别尔迪沟西侧台地上。墓地有墓葬15座,其中沟南侧山坡上分布3座,M1为石带石堆墓,封堆直径11米、高1.5米,由砂岩石块堆积而成,石带在封堆的南侧2米处,四周竖长片石,中间铺小砾石,呈南北向,石带长17米、宽3.5米,西侧立石高0.7米,其他三面较矮。M2、M3为

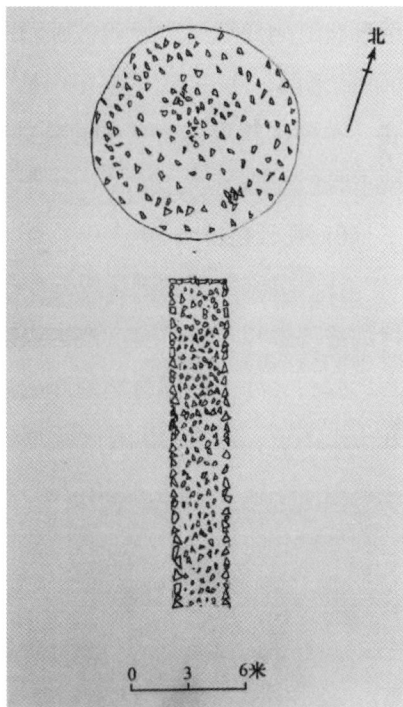

图517 萨色克布拉克墓群的
石带石堆墓平面图

普通石堆,直径约8米。沟北有石堆墓12座,其中石带石堆墓5座,形制与M1大致相似。其他墓葬封堆均用砂岩石块堆垒而成,直径7—11米、高1米。

7. 萨迦勒恰特古墓群

萨迦勒恰特古墓群位于乌恰县吉根乡村东4千米处、克孜勒苏河南岸台地上,墓群所处的地势南高北低,南面为昆仑山脉,北临克孜勒苏河和309国道。

古墓群现存墓葬11座,所处地势南高北低。墓葬封堆由片石堆垒而

图518 萨迦勒恰特古墓葬的封堆

成,现存封堆直径1.5—8米,封堆石块大多被人取走,封堆残存高度不到1米,有的仅能依稀看到墓葬轮廓。墓葬分布较有规律,自北向南分为三列,每列有3—4座墓葬。地表被砾石覆盖,少植被,暂未发现古代遗物。在修建309省道时,考古人员曾于一座墓葬内出土黑陶罐:轮制、侈口、鼓腹、平底,通高10厘米,为汉晋时期的典型器物,由此推测该墓群的年代亦在汉晋或者其后时期。

8. 托云墓群

托云墓群位于乌恰县托云乡政府驻地南约1.5千米处的山前冲积台地上,目前发现墓葬25座。墓葬均为石堆墓,地表有圆丘形封堆,封堆由砾石、片石、碎石、沙土等混合堆积而成,整个墓群呈南北向分布,墓间距十几米到几十米不等。墓葬的封堆直径为4—10米、高0.3—1米不等。

图519 托云墓群出土的陶罐(左)和骨器(右)

2009年，考古人员在此发掘墓葬10座。根据已经发掘的情况可将墓葬结构分为3种：一是仅有地表封堆而无墓室；二是有地表封堆无墓室，但有二次葬的情形；三是石堆下直接垒筑长方形石棺。这些石棺墓的葬俗有单室单人、单室多人两种形式，葬式有一次葬和二次葬的情形。出土陶器、铜器、骨器、铁器等，尤以骨器最为典型。根据出土遗物判断，该墓葬应为西汉前后的游牧民族遗存。

9. 莫洛乌托克墓群

莫洛乌托克墓群位于乌恰县铁列克乡南9千米处、莫洛乌托克山前台地上。墓葬所在的台地地势平缓，共有墓葬5座。墓葬形制有石堆墓和石带石堆墓两类，其中石堆墓3座，封堆直径4—6米、高0.6—1米。石带石堆墓2座，呈东西向排列分布。其中M1封堆呈圆丘形，直径8米、高0.6米，石带距封堆2.5米，通长70米、最窄处宽3米，靠封堆侧的石带宽5米，石带中间石块很少。M4封堆直径8米、高1.2米，石带长60米、宽3米，距离封堆有1.5米。

图520　莫洛乌托克墓群的石堆墓

图521　下坂地墓地M4发掘现场

10. 下坂地墓地

下坂地墓地位于塔什库尔干县城东北、塔什库尔干河南北两岸的台地上。2003年在此调查发现墓地13处，对其中的5处进行了发掘，发掘墓葬150座。墓葬主要为土墓葬，有少量火葬墓。土葬墓地表多有标志，形制有石碓、石围和石

图522　下坂地墓地出土的铜饰

碓石围3种。以竖穴墓为主，死者多为一次单人葬，侧身屈肢。随葬物有陶器、木器、铜器、铁器、石器等，其中陶器为侈口、束颈、平底的缸形器，铜、银器主要有喇叭状耳环等小件装饰品。火葬的方式有直接回填和火化后捡拾大块骨殖重新填埋两种。该墓地墓葬形制、葬俗、葬式等与香宝宝墓地存在许多相似之处，内涵上属于广泛分布的安德罗诺沃青铜文化，墓地的上限为前1000年左右，下限为前500年左右。

11. 香宝宝墓地

香宝宝墓地位于塔什库尔干县北、塔什库尔干河西岸的台地上，沿河岸分布在长约700米、宽约150米的地域范围内。1976年和1977年先后进行两次挖掘，合计发掘墓葬40余座。墓葬地表多有石堆、石围标志。墓葬形制为竖穴土坑墓室，葬俗为土葬或者火葬，土葬者为侧身屈肢。随葬品以陶器为主，另有铜器、铁器、木石器、骨器等。墓地年代为前5—前4世纪。

图523　香宝宝墓地

图524　香宝宝墓地出土的陶釜

12. 塔什库尔干崖洞葬和壁龛葬

2014年，新疆文物考古所在塔什库尔干县进行考古调查时发现崖洞葬和壁龛葬，是目前新疆境内墓葬考古中首次发现的新类型。墓葬开凿在高山和悬崖上的天然洞穴中，距离地面高约十米至数百米。考古人员共发现崖洞葬3处，洞窟内未发现棺具和随葬品，墓葬已被盗掘，洞窟内见有几具散乱人骨。壁龛葬为婴儿墓，共发现10处，墓葬均开凿在土台或悬崖壁上，壁龛多呈长方形，外面用石头或泥土封堵。墓葬遗存年代尚有待进一步研究。[1]

---

[1]　王瑟：《新疆首次发现崖洞葬和壁龛葬》，《光明日报》2015年3月17日。

13. 吉尔赞喀勒墓地

吉尔赞喀勒墓地位于塔什库尔干县提孜那甫乡曲什曼村东北、塔什库尔干河西岸吉尔赞喀勒台地上，其北不远处即314国道。墓地遗存年代大致为前5—前4世纪，与香宝宝墓地所处时代较为相近，也是发现的较早年代的拜火教墓葬遗址。[①]

墓葬地表大部分被黑白分明的条石覆盖，条石排列井然有序。墓地遗存墓葬41座，呈链状分布在两个区域。2013年，中国社会科学院考古研究所对其中的10座墓葬进行了发掘清理，考古人员将墓葬集中分布的两个区域分别编号为A区和B区。其中，A区共发掘墓葬3座（编号为M1、M2、M4），B区共发掘墓葬7座（编号为M10—M15、M24），同时出土陶器、石器、铜器、木器等文物百余件。（见图525）

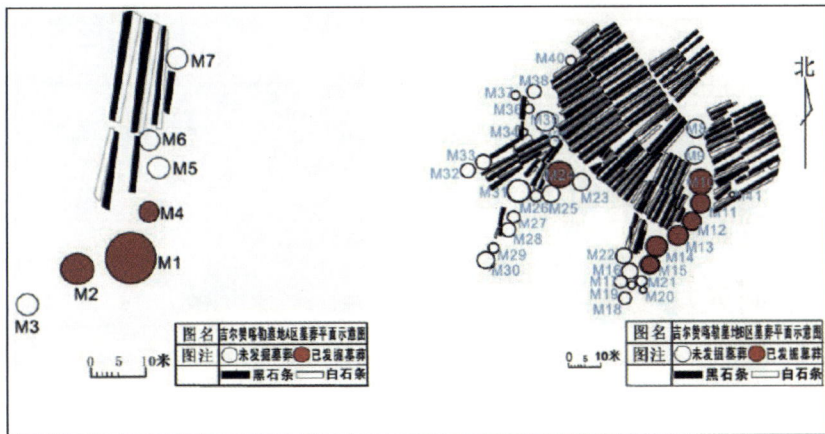

图525　吉尔赞喀勒墓地A、B区墓葬平面图[②]

其中M11和M12两座墓葬中出土的木制火坛引起了考古学家的关注，木制火坛外形完整，中部圆形空穴为烧灼而成，并存留有厚约1厘米的碳化层，里面遗存石子15粒。发掘此墓地的考古学者认为，火坛中的碳化层是由烧红的石子放入后所致，然后将燃烧的木制火坛放入墓葬中，这种特殊的葬俗恰与拜火教教义相符合，"15为半月之数，这恰为一个明暗周期"[③]，这成为亚欧大陆迄今发现的最早最原始的明火入葬火坛。

---

① 艾涛：《新疆阿克陶县克孜勒加依墓地考古新发现》，《西域研究》2013年第2期。
② 巫新华：《2013年新疆塔什库尔干吉尔赞喀勒墓地的考古发掘》，《西域研究》2014年第1期。
③ 巫新华：《2013年新疆塔什库尔干吉尔赞喀勒墓地的考古发掘》，《西域研究》2014年第1期。

图526　吉尔赞喀勒墓地A区（左）、B区（右）墓葬示意图①

图527　吉尔赞喀勒墓地B区M12底部遗存②

　　此外，M1和M12墓葬中出土的5个头骨颅腔内发现有许多蝇蛆壳的现象，而同墓室中的其他头骨颅腔均不存在蝇蛆壳。考古人员推测，只有在剔除掉软组织后随即入葬的骨骼方会出现颅骨腔内产生蝇蛆且未羽化的现象。由此可以认为，此5具尸体曾短时间暴露野外，之后才入葬的，这一葬俗显然就是拜火教之天葬习俗。③总之，吉尔赞喀勒墓地的发掘，不仅拓宽了帕米尔地区祆教传播研究的视野，同时也为研究东西方文化的交流以及帕米尔地区在其中所发挥的桥梁作用提供了物证。

① 巫新华：《2013年新疆塔什库尔干吉尔赞喀勒墓地的考古发掘》，《西域研究》2014年第1期。
② 巫新华：《2013年新疆塔什库尔干吉尔赞喀勒墓地的考古发掘》，《西域研究》2014年第1期。
③ 巫新华：《2013年新疆塔什库尔干吉尔赞喀勒墓地的考古发掘》，《西域研究》2014年第1期。

469

14. 群艾山亚墓地

群艾山亚墓地位于叶城县宗朗乡艾山亚村、昆仑山山前谷地中。墓葬地表覆盖着大量砾石，植被稀少。1999年9—10月中旬，新疆考古部门对该墓地的10座墓葬进行发掘清理，编号为99YZQM1—M10。墓葬地表存在大小不一的圆形缓丘状封土堆；墓葬形制分为圆角长方形竖穴土坑式和方形斜坡墓道竖穴土坑式两类；葬俗出现有二次葬、一次葬、单人葬、夫妇合葬等，葬式多为仰身直肢（二次葬墓葬除外，M10为侧身屈肢）；随葬品有大量珠饰、石珠以及少量陶器、骨器等遗物。虽然墓地出土物品较少，但结合出土物品与附近所发掘的墓葬类比，大致得出其遗存年代为魏晋至唐代。①

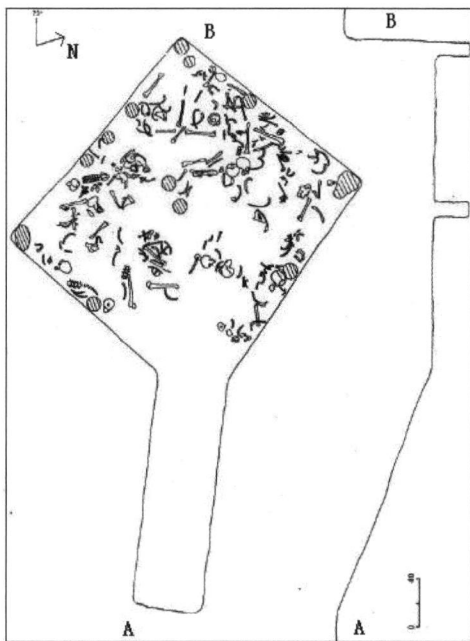

图528 群艾山亚墓地M3平、剖面图②

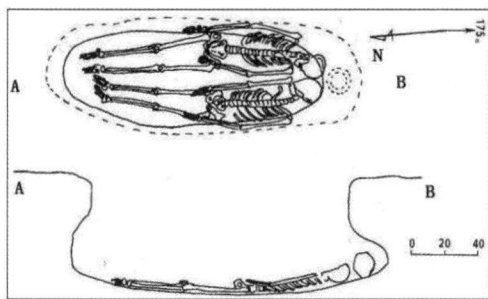

图529 群艾山亚墓地M5墓室平、剖面图③

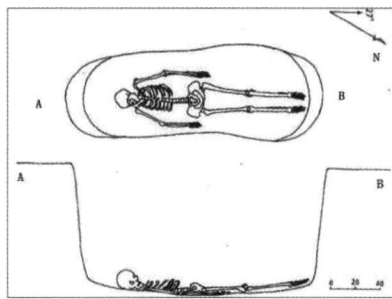

图530 群艾山亚墓地M6平、剖面图④

---

① 新疆文物考古研究所、喀什地区文物管理所：《叶城县群艾山亚墓地发掘简报》，《新疆文物》2002年第1—2期。
② 新疆文物考古研究所、喀什地区文物管理所：《叶城县群艾山亚墓地发掘简报》，《新疆文物》2002年第1—2期。
③ 新疆文物考古研究所、喀什地区文物管理所：《叶城县群艾山亚墓地发掘简报》，《新疆文物》2002年第1—2期。
④ 新疆文物考古研究所、喀什地区文物管理所：《叶城县群艾山亚墓地发掘简报》，《新疆文物》2002年第1—2期。

环塔里木汉唐遗址

第三节　城址、烽燧

喀什噶尔流域与叶尔羌河流域地处帕米尔高原东麓，是古代西域重要的区域性文化、政治、经济、军事中心，也是东西方交通枢纽，西部的帕米尔高原更是东西方文化重要的分水岭，是进出塔里木盆地的险关要隘。这里东起巴楚县以东的荒漠，西至雪域高峰群立的帕米尔高原皆可见有诸多古代军事设施遗迹，类型包括古城、烽火台、城堡、瞭望台、练兵场等，许多遗址因地理位置的重要被一度沿用至晚清乃至民国时期。其在建筑方式上也呈现出多样性，有石块垒砌、泥土夯筑、土石混筑和泥土灌木混筑。

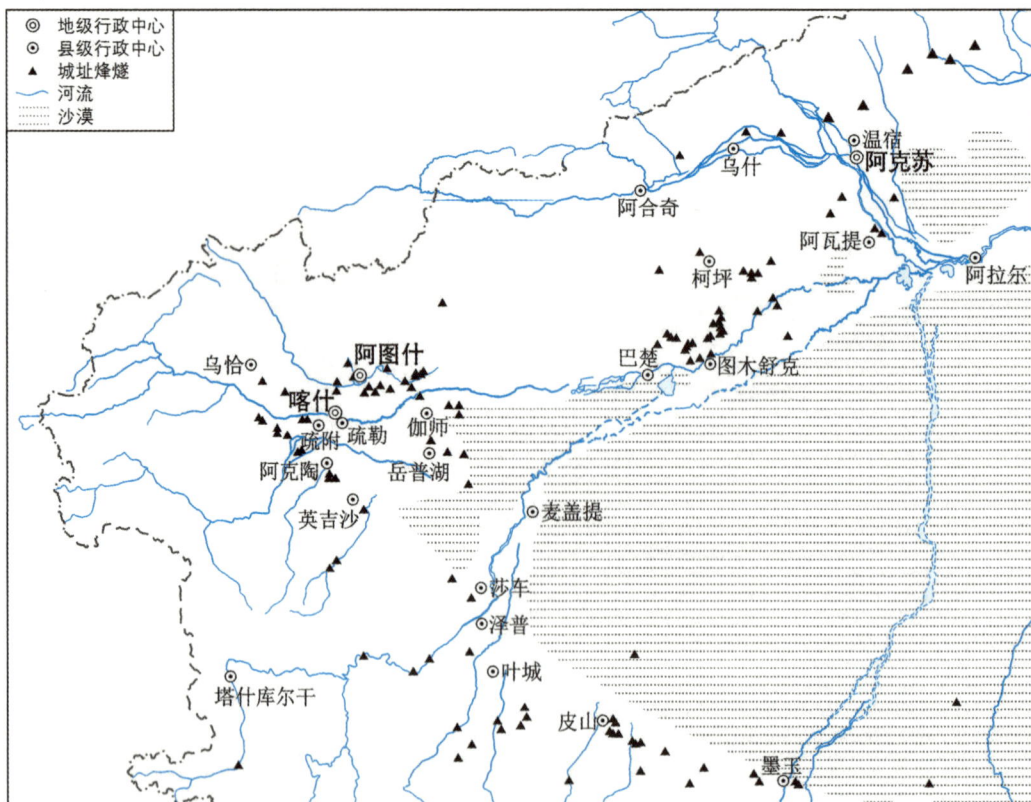

图531　喀什噶尔河与叶尔羌河流域城址、烽燧分布图

一、城址

喀什噶尔河流域和叶尔羌河流域，汉时疏勒和莎车城邦的所在地，地域范围大致与今天喀什地区和克孜勒苏柯尔克孜自治州相当，莎车与疏勒曾于两汉西域经略的史册中留下浓重的一笔。7世纪初，疏勒国都迁到伽师城（今喀什市一带），因此隋唐时期的文献称疏勒国为"佉沙国"。两大流域现存古城，既有古代西域三十六国的绿洲文明古城，也有汉唐时期中原王朝经营西域所建立的中原式城市。

1. 艾斯克萨古城

艾斯克萨古城位于喀什市多来提巴格路、克孜勒河与吐曼河交汇处的高台上，毗邻盘橐城旧址（今班超公园）。"艾斯克萨"，意为"废城""破城"。古城平面略呈梯形，占地面积近200亩。清咸丰年间徐松来此考察，当时还有人居住在这里。

图532　艾斯克萨古城

20世纪初伯希和到此调查时，古城仅存北面和西面两段土筑城墙，北城墙长约287米，西城墙长约205米，墙基厚约7米。20世纪90年代初，喀什文物普查队对古城进行调查，古城一段雍城城垣尚存于南建司预制厂的西南角，但因疏于管理，遗址其他部分的墙基几乎被取土烧砖或积肥者挖取殆尽。普查人员在遗址内发掘出木炭灰烬、羊烧骨以及陶片等遗物。

古城东邻吐曼河，北面为黄土山，南面临克孜勒河的悬崖，地势上易守难攻。古城损毁严重，残留北、西部各一段城墙，西墙长约50米、高约3米；北城墙长约100米、墙基宽5—6米、残高约4米、顶部宽2—3米。根据城墙形制和出土文物来判断，这里应是佛教与伊斯兰教争夺更迭时期的重要历史见证。

2. 汉诺依古城

汉诺依古城位于喀什市伯什克然木乡罕乌依村东偏北3.5千米处、恰克玛克河古河道南岸台地上，为汉至宋代遗存。"汉诺依"意为"皇宫"。古城平面呈不规则长方形，遗存东、西、北三面城墙。东城墙一段保存较好，长约77米、墙基宽约7.5米、

图533　汉诺依古城

顶宽约3.8米，中部尚存一座马面，南城墙残存约94米，西城墙残存约70米。20世纪50年代，考古工作者曾在古城内采集到陶器、铁器、钱币等遗物。

20世纪初，斯坦因、黄文弼曾到此城考察，收集到一些喀喇汗王朝钱币。此外，古城中还发现有阿拉伯文无孔普尔钱、五铢钱、开元通宝、波斯银币等。

《新唐书》记载："疏勒镇南、北、西三面皆有山，城在水中，城东又有汉城，亦在滩上。"赤河（即克孜尔河）源自疏勒西葛罗岭，至城西分流，合于城东北。根据这一地理描述，唐代的疏勒镇很可能就是汉诺依古城，即"伽师城"。古城北部是规模宏大的莫尔佛寺，向南500米是伯什克然木江格尔遗址，这一布局在整体上显示出汉诺依古城曾经作为军政中心的地位。

3. 阔孜其亚贝希老城区

阔孜其亚贝希老城区自汉代以来就是民众的传统聚居区。该城区坐落在喀什市老城区内、吐曼河西岸一处高约30米、长宽各约400米的黄土高台上，城区面积约5.7万平方米。据考证，至少自汉代开始，就有居民在此聚居，后逐渐发展为规模庞大的聚居地。

"阔孜其亚贝希"有"高崖土陶"之意，这里的土陶作坊有近八百年的历史，至今还保留一处四五百年前的土陶作坊，保存有制陶所用的泥土、工

具、配料和工艺设备，以及拉胚成型、彩绘上釉、入窑烧造和经窑变后出窑等手艺工序。阔孜其亚贝希老城区周围的居民主要以维吾尔族为主，共600多户、4000多人；居民多用传统工艺制作土陶。由于受到现代制陶业的冲击，该老城

图534　阔孜其亚贝希老城区高台民居

区的传统手工作坊只有两家还保持着传统工艺。

民居建筑群依高崖土坡的地势而建，错落有致，既有平房亦有楼房。因人口增加等因素，民居建筑逐渐向高空发展，由此出现了"过街楼""半截楼""悬空楼"等独特的建筑景观，成为喀什古老居住文化的重要特征。

4. 托库孜萨来古城

托库孜萨来古城位于巴楚县托库孜萨来村内、喀什噶尔河下游冲积平原上，为汉唐时期遗存。古城依山而建，西高东低。汉代为尉头国所在地，唐代为尉头州所在地。

1906年12月，伯希和对托库孜萨来古城进行了40多天的考察与挖掘，绘制了古城平面图，出土珍贵文物400余件，其中大部分为具有犍陀罗艺术风格的彩色塑像和高浮雕壁面。1928年，黄文弼对该城有具体的描述："该地系一南北行小山，现行大路从中间穿过，古代遗址即分布在大路两侧，路南为寺庙遗址，半山腰有巴楚县知县所立的'尉头州废城遗址'。路北为古城，在北山麓，有三重城，城墙已毁，仅余墙基。"[1]

《新唐书》根据贾耽《道里记》云："据史德城，龟兹境也。一曰尉头州，在赤河北岸弧石山。"赤河即今喀什噶尔河，河流已经改道不再流经此

---

① 黄文弼：《塔里木盆地考古记》，北京：科学出版社，1958年，第59页。

图535 托库孜萨来古城航拍图

地，但古河道仍存。托库孜萨来古城即位于旧河床北岸的山顶上，地理位置与历史记载完全相符。新中国成立后，考古工作者先后于1959、1990年对该地进行了考古发掘，发现有文字的木简30多枚，汉文、回鹘文、阿拉伯文文书200多件，汉代钱范四五种，此外还有麦穗、棉籽、干果等遗物。

托库孜萨来古城为三重城，在20世纪50年代尚保存完整，古城东、北、南三面在山坡上。目前古城尚存北部的第二、三重城墙及东部的第一重城墙的一段。北部的第二重城墙残长

图536 托库孜萨来古城

约360米，东部的第一重城墙残长约200米。北部的第二、三重城墙间隔60米。城墙高度1—2米不等、厚约10米。城墙的构筑方式为夯筑和土坯垒筑两种。古城西部以自然断崖为屏障，在西侧山顶有一烽火台遗存，烽体东西长约19米、南北宽约10米、残高约6米，为土块垒筑结构，中间夹杂红柳枝。

古城东部有10米厚的文化层，但被破坏严重。此处曾有庙宇建筑，曾出土有汉文、佉卢文和龟兹文文书以及龟兹钱币、唐代钱币，出土的陶器以夹砂红陶片为主，文化内涵非常丰富。

在托库孜萨来古城周围还分布有大量军事设施，以拱卫城市安全。古城东部是穷吞木、泽吞木、骆驼房子遗址等烽燧和戍堡遗址，北部为坎斯坎套

图537　托库孜萨来古城出土的泥塑头像（法国巴黎吉美博物馆藏）

图538　托库孜萨来古城出土的泥塑彩绘菩萨雕刻（德国柏林亚洲艺术博物馆藏）

图539 托库孜萨来古城出土的
"菩萨行慈不怖从生"本生故事
浮雕（法国巴黎吉美博物馆藏）

图540 托库孜萨来古城出土的"须阇提太子"本生故
事浮雕（法国巴黎吉美博物馆藏）

图541 托库孜萨来古城出土的
菩萨木板雕像

图542 托库孜萨来古城出土的
炎魔王雕塑

塔合城墙遗址和达吾孜塔格遗址，西部的阿太西烽火台、塔哈塔合山烽火台，这些军事遗址依托此地独特的自然环境，构筑成以托库孜萨来古城为中心的军事体系。

5. 托万阿帕克霍加古城

托万阿帕克霍加古城又名"阿帕克和加农场古城"，位于伽师县克孜勒博依乡托万阿帕克霍加村东北约5千米处的戈壁荒漠中，为唐代遗存。古城地表盐碱化，城内生长有大量红柳、芦苇。古城东、北、南三面为盐碱戈壁滩，西部为新开垦农田。

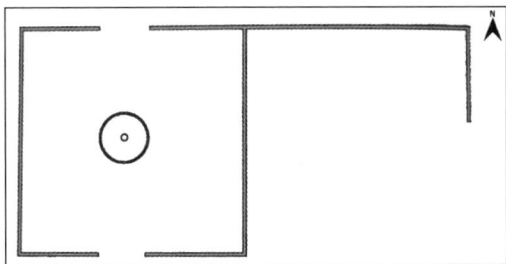

图543　托万阿帕克霍加古城平面图

古城可分为东、西两部分，东部城址坍塌严重，西部城址保存状况相对较好。东部城址中仅残存东墙北段。西部城址平面略呈长方形，东西长约135米、南北宽约66米，面积约9000平方米。墙体下宽上窄，底部最宽处约4米，顶部宽1—2米，北墙和南墙正中各有一长约14米的缺口，应是城门位置。北墙中段墙体最高处，残高约4米。城址正中原有一个高台，可能为瞭望台。高台平面略呈圆形，直径约7.5米、残高约2米。（见图543）

6. 火烧城

火烧城位于图木舒克市皮恰克松地镇卡得里克村（第五十三团第三连）东北约3千米处、喀什噶尔河西北1.5千米的荒漠中，为汉唐时期遗存。古城因遗址内有大量红黑色火烧痕迹而得名。

该遗址是2007年第三次全国文物普查时新发现的城址。古城平面呈不

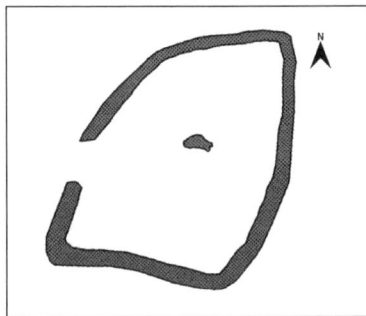

图544　火烧城平面图（左）及残墙（右）

规则椭圆形，城墙南北长约200米、东西宽约150米、高约2米。从残存墙体看，为泥土和灌木枝相间构筑结构，泥土层厚30—50厘米不等，灌木枝层厚约5厘米。由于长期的风蚀风化，墙体基本坍塌成土包状，地表仅见有零星夹砂红陶片。

7. 苏鲁克古城

苏鲁克古城位于塔里木西缘、疏勒县英尔力克乡苏鲁克村北约1.2千米处的荒漠中，为魏晋至唐代遗存。

古城为2007年第三次全国文物普查时新发现的遗址。古城地处喀什噶尔绿洲中部的荒地中，与国家重点文物保护单位穆罕默德·喀什噶里墓地毗邻，土壤盐碱化严重，地表生长有红柳、骆驼

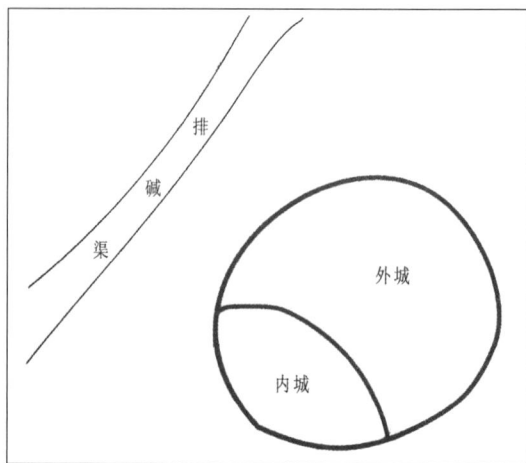

图545　苏鲁克古城平面图

刺等植物，城址北约1千米有白杨树林，西北约60米处有一条人工排碱渠。古城平面略呈圆形，面积约3000平方米。古城由一椭圆形内城和一月牙形外城组成。（见图545）外城直径约200米，内城直径约100米。城墙已经坍塌，残存之处高约0.8米、宽3—4米不等。现场考察时，我们发现古城地表遗存较多直筒状圆坑，直径0.5—1米不等。

8. 吾曲古城

吾曲古城位于阿合奇县吾曲镇吾曲村、托什干河南岸，为汉唐时期遗存。遗址分内、外城，外城东、南、西三面以山梁为依托，上建烽火台，北面筑墙，连接东、西两个山嘴，城墙已经毁损，部分墙基被压在现代民房之下。古城东部和南部的山梁高100多米，南坡为悬崖，北坡较缓。山顶宽40米，原遗存4座烽火台，现均已损毁。中部两座烽火台之间有一连接的墙体，青色片石构筑，墙体长约211米、墙基宽约1.8米、残高1—2米。内城位于古城东南部，除南城墙外，其余三面城墙尚存。东、西城墙为沙砾土层与土坯交替砌筑而成，东城墙长约200米，西城墙长约280米，北城墙为沙砾石夯筑结构，长约336米。城内现存高台3座，其上有散落的陶片，最大的一座

高台长约40米、宽约31米，土台应为古时的军事设施建筑。

9. 巴格恰古城

巴格恰古城位于疏附县乌帕尔乡科克其村东南约3千米处的荒地中，为唐宋时期遗存。周边距依麻木勒日木麻扎、卡拉汗帕提夏墓群较近。古城占地面积约9万平方米。

第二次全国文物普查时，调查人员曾在遗址内发现城门遗迹，并出土陶片。考古工作者断定古城应是通往塔什库尔干道路上的古道要塞。古城西南及南部均为荒地，古城内部及其周围生长有骆驼刺、芦苇等耐旱植物。古城主体建筑因受风雨侵蚀、河水冲刷，毁损严重。

图546　巴格恰古城

10. 阿克陶古城

阿克陶古城又称"阿合图古城"，位于阿克陶县阿克陶镇亚克恰克村内。有学者认为该城是汉代疏勒国的卫星城——桢中城，班超曾率兵在此屯田。东汉元和元年（84），疏勒王忠叛汉，拥兵桢中城，联合康居国士兵以对抗班超。最终，班超遣月氏使者劝说康居国，使其撤兵。

图547　阿克陶古城

此后，班超遂于桢中城驻兵屯田。该古城对于研究汉代塔里木地区的古城构筑方式和丝绸之路西出葱岭的军事设置概况，具有重要的学术价值。

阿克陶古城现已基本损毁，仅存残墙一段，南北长约41米、墙基宽约10.5米、残高约8米，为黄土夯筑结构，夯层厚5—25厘米。古城平面呈为方形，占地面积约5000平方米。20世纪50年代，城墙还保存完好，至80年代大部分城墙被毁。

11. 科可其遗址

科可其遗址位于疏附县乌帕尔乡科克其村东南约1.6千米处、乌帕尔冲积平原上，为3—9世纪遗存。

据20世纪90年代喀什地区文物普查资料记载，遗址占地面积约1万平方米。遗址保存状况较差，大部分已被开辟为农田，地表未发现其他建筑遗迹。

图548　科可其遗址

12. 墩库尔干古城

墩库尔干古城位于阿图什市哈拉峻乡哈拉峻村西北，为唐代遗存。

古城坐东朝西，平面呈长方形，城墙南北长约166米、东西宽约160米，城墙厚度8—12米不等，构筑方式不明。城门开于西城墙，宽约8米。城门左边有一座烽火台，直径约7米、高约1.8米。北城墙现已被开辟为农田，城墙东南角被改造为居民院墙，城内外基本被耕地或住宅包围。

考古人员曾于古城内发现一块磨盘，直径约55厘米。考古人员还在古城的耕地里采集到夹砂红陶片，器形主要是罐。

13. 亚库尔干古城

亚库尔干古城位于疏附县乌帕尔乡库木巴格村西南1.5千米处、索塞河南岸台地上，为汉唐时期遗存。

城址不远处有窑址，古城长约100米、宽约60米。古城损毁严重，仅存西墙，长约50米、宽约0.8米、残高约2米。城墙为夯筑结构，城内有许多圆柱形土坑，城址东北部散布陶片。

图549　亚库尔干古城

14. 阿克塔拉古城

阿克塔拉古城位于疏附县乌帕尔乡乌普拉特农场西北1千米处、乌帕尔冲积平原的台地上，为魏晋至唐代遗存。

古城地势险要，东临冲蚀沟谷，西为平地，地表盐碱化严重，有红柳、骆驼刺等植物。古城墙垣已坍塌为方形土包，北部被河水冲毁。古城平面呈方形，东西长约100米、南北宽约97米；土包残高约0.5米，基部最宽处约10米。北城墙东北部有一个豁口，宽约4米，可能是城门。墙基残高约1米、宽5—8米不等。古城东北断崖处可见土坯垒成的墙基，城内散布夹砂红陶片，以手制夹砂红陶为主。古城内还采集到石器。

15. 波斯图木休克古城

波斯图木休克古城位于乌恰县黑孜苇乡康什村南7千米处、黑水河畔。古城三面环山，西面临河，西北距离乌恰县城仅15千米，为2007年第三次全国文物普查时候新发现的遗址。

图550 波斯图木休克古城

古城平面呈方形，边长约58米，西城墙中部是城门。城墙为土石夯筑结构，残高约4米。城墙四角修筑有突出的角楼，东南角的角楼已经倒塌，其他三面保存完整，角楼基部平面呈边长约6米的正方形。城墙墙基由石头垒砌而成。

古城内地表采集到酱釉、红釉和绿釉陶片。其中，酱釉和红釉陶片为碗底残片，直径约5厘米，绿釉陶片残缺无法辨识。另有夹砂红陶片为陶缸口沿残片，残长约10厘米、厚约3厘米、宽约5厘米。从规模和布局来推测，古城应是一处唐代军事城镇遗址。

16. 兰干古城

兰干古城位于莎车县喀群乡恰木萨勒村兰干自然村东北约2.4千米处、叶尔羌河北岸，为新石器至青铜时代遗存，是塔里木地区至今发现的遗存年代最早的古城。

古城规模宏大，占地面积约1万平方米。外包卵石城墙全长约140米，建筑结构稍显复杂，各段墙体建筑方法不一，存在后期增补的痕迹。主体结构

图551　兰干古城房址中绘有壁画

基本完整。考古人员在古城内发现大量石器，主要有马鞍形石磨盘、打制石器和穿孔石器、砍砸器、石镰、石斧等，其中马鞍形石磨盘居多，但多为残块。城墙外筑有护城壕，深约3米。此外，考古人员还于城外地下发现条状石带，且互有叠压，其性质和用途有待进一步研究。

17. 鄂加克保依古城

鄂加克保依古城位于塔什库尔干县达布达尔乡波斯特多克特村、塔什库尔干河东岸的二级台地上，距离现代河床150米，西南与公主堡隔河相望。古城所在峡谷，经明铁盖古道可抵达阿富汗和中亚草原。

古城为南北走向，周长约644米，城垣墙基宽约1.2米。城中可辨别的房屋遗址有38间，城内中间靠东部位置有4间房址，东西向并列分布，西南部有一大石块，用途不明。其他房屋靠城墙两侧分布，约有一半在城外。城内没有发现文化堆积层，陶片有零星发现，器形主要为碗、盆、罐等，均为手制。

18. 石头城

石头城，即塔吉克语中的"塔什库尔干"，曾名"蒲犁"，位于帕米尔高原东部塔什库尔干河谷内、塔什库尔干县城北侧，是古代丝绸之路上著名的古城遗址。汉代，这里曾是蒲犁国王城。唐朝统一西域后在此置葱岭守捉。之后，古城又被清代沿用，得以不断地扩建，城墙最高处达20多米，是我国历史上著名的三大石头城之一。

古城由城墙、城门、寺院、居住遗址等组成。古城周长约1285米，北城墙长约80米，由土坯或石块砌筑而成；东城墙长约350米，修在断崖上，由石头垒砌而成。南城墙长约375米，西城墙长约180米，仅见墙基和坍塌后的砾石。城西面有一城门，已不见建筑遗迹。城墙东南有一座寺院遗址，其上修筑有清代城墙。古城西部位置有呈东西向排列的房屋遗迹。房屋多为半地穴式建筑，墙垣由砾石垒

图552　石头城出土的人身怪面兽石雕

砌而成。东南面房址平面呈不规则状，有地上及半地下两种，建筑方式与城西相同。两处房屋共发现房址40余间。

古城内典型的出土遗物为一尊人身怪面兽石雕，现藏于塔什库尔干县博物馆，该石雕为青石质，长约12.7米、残高约8.2厘米，底座为长方形束腰，刻有砖形方格。怪面兽俯身仰首，身态像人，腰部和底座的一端有脚，似一天王踩在怪兽身上，反映出当地民众的天王信仰。此外，古城内还出土刻花陶羊，红陶质，通高约9.4厘米、长约14.4厘米，羊身丰满，羊背至腹部阴刻有莲花纹，犹如一朵莲花在羊背上盛开，图案精美。

19．其他城址

除上述典型城址外，根据调查与相关资料，我们将天山南麓其他现存相关城址整理如下：

（1）英阿瓦提喀拉墩遗址位于伽师县英买来乡英阿瓦提村喀拉墩自然村东约6.3千米处，为唐代遗存。遗址占地面积约1平方千米，北部残存一段夯筑城墙。遗址地表散布大量夹砂红陶片和少量泥质黑陶片。遗址沙化严重，局部有被盗痕迹。20世纪90年代初，喀什地区文物普查队调查该城，遗址风蚀严重，仅遗存东北部一台形建筑，遗址内陶片的分布面积较广，并采集到铁器残块。

（2）马江勒克遗址位于巴楚县第五十一团第十五连西北4.2千米处的荒漠中，为唐宋时期遗存。附近有一乡村土路，遗址地表散布碎陶片，其中以红陶片居多。

（3）海里般古城位于阿瓦提县乌鲁却勒镇海勒派村西北约2千米处，

为汉唐时期遗存。当地人又称"喀拉玛克沁",意为"蒙古城"。古城平面略呈方形,边长约50米。城垣为夯筑结构。古城地表生长有茂密的红柳和芦苇,土地盐碱化严重。

（4）阔什库都克古城位于阿瓦提县英艾日克乡阔什库都克村西,为汉唐时期遗存。古城平面呈方形,东西长约170米、南北宽约154米、周长约680米。现存古城北城墙相对保存较好,其他三面毁损严重,城垣为夯筑结构。东墙中部有一豁口,应是城门位置。

（5）博斯坦古城位于阿瓦提拜什艾日克镇博斯坦村东南约3千米处,为汉唐时期遗存。古城仅存西北一段城墙和一座土墩。土墩平面呈圆形,周长约90米。古城大部分已经被开垦为农田,田埂上仍可见有少量碎陶片。

二、烽燧

喀什噶尔河与叶尔羌河流域的烽燧遗址,地处最西部边陲,这里峰峦叠嶂,地广人稀,因此该地区的烽燧多数建于地势险要之处,甚至孤峰之巅、绝壁之上,为执行侦察瞭望、管理游牧、监督贸易、稽查逃人、防止入侵等任务,发挥了维护汉唐时期疏勒地区社会稳定、保证丝绸之路交通安全的重要作用。

1. 穷吞木烽火台

穷吞木烽火台位于巴楚县西北的沙漠中,"穷""琼"为维吾尔语音译,即"大"的意思,"穷吞木",即大烽火台。烽火台主体部分带方形围墙,边长约100米。烽火台位于东侧,已经坍塌为圆形土丘。烽燧整体呈圆锥形,底部直径约50米、顶部直径约8米、高约14米。烽体下部为夯筑结构,上部为垒筑结构。烽火台顶部略呈平面形,残高约9米、顶部直径5米、底部直径30米。烽火台周围地面散布陶片、石头、木块、核桃等遗物。烽火台东南面约600米处遗存

图553 穷吞木烽燧*

一长方形残墙遗址，仅存有东、西、北三面，长约23米，部分残墙高约3米。该建筑遗址和烽燧应是一体的防御、通讯设施。

此外，在遗址方圆5平方千米的范围内，分布有大量的陶片、炉渣等。陶片以夹砂陶为主，有少量的灰陶，器物主要为缸、盆、罐、钵、盘、瓶等，多为手制，口沿有轮制痕迹。在距离烽火台东南约500米处，还发现一口红陶残缸，从陶片特征分析，该遗址年代为唐宋时期。从该遗址的建筑形制和周边的附属设施来看，该烽燧应该是从龟兹到疏勒的"谒者馆"遗址。

2. 阿太西烽燧

阿太西烽燧位于巴楚县恰尔巴格乡七里达克村东北8.5千米处、阿太西山上。烽燧依山而建，四面均为荒漠。烽燧具备良好的瞭望视野，向南可见塔尼哈塔格山，向东是托库孜萨来古城。

图554　阿太西烽燧

烽燧底部为土坯垒筑结构，中间夹杂红柳层，整体呈长方体，南壁长约10.8米，残损严重，东壁长约12米，西壁长约9.5米，北壁长约8.7米，高4—5米不等。烽火台周围发现有陶片，推测其应为唐代遗存。

3. 塔哈塔合山1—6号烽燧

塔哈塔合山1—6号烽燧依次分布于巴楚县恰尔巴格乡七里达克村东北部、塔哈塔合山上，均为唐宋时期遗存。塔哈塔合山为石山，山势险要、寸

图555　塔哈塔合山2号烽燧

图556　塔哈塔合山6号烽燧

草不生。我们以2、6号烽燧为坐标点对6处遗址进行了实地考察。2号烽燧位于七里达克村东北7千米，其南部为1号烽燧，西边有图木舒克至巴楚县城的公路穿过。20世纪90年代初，该烽燧已严重损毁，现仅存一黄土墩。

6号烽燧位于七里达克村东北8千米处，烽体为土坯结构。烽燧南北长约10.1米、东西宽约8.4米、高3—4米不等。烽燧附近发现草拌泥块、陶片、木炭、木头等遗物。烽燧地处丝绸之路要冲，对于研究天山南麓丝绸之路政治、经济、军事、文化等具有重要价值。西约100米处为4号烽燧，西北约100米处为5号烽燧。

4. 夏哈勒墩遗址

夏哈勒墩遗址位于巴楚县第五十一团第五连东北约870米处。遗址呈土墩状，东西长约50米、南北宽约40米、高约1.5米。土墩中遗存一圆形凹地，东西长约44米、南北宽约24米。考古人员推测该遗址可能为古代烽燧或驿站遗址。

5. 喀勒乎其烽火台

喀勒乎其烽火台位于伽师县英买里乡英阿瓦提村喀拉墩自然村西南、喀勒乎其农场北约4.5千米处。20世纪90年代初，喀什地区文物普查队到此调查，时烽火台地处沼泽地中，整体坍塌严重，呈方底梯形，由土坯砌筑而成。烽火台

图557　喀勒乎其烽火台*

底边长约7米、残顶边长约4米、残高约3米。烽火台已坍塌为土丘状，上部由土坯、砖块垒筑而成，下部为夯筑结构，东西长约5米、南北宽约3米、高约3米。烽燧周围散落陶片和木炭等物，陶片集中分布在烽燧的西南部，包括夹砂红陶片、夹砂黑陶片和泥质灰陶片。烽燧以西约30米处有两个东西向排列的残陶缸，仅存腹部以下，腹部直径约1米，但未发现陶片残留物。

6. 阿勒吞木烽火台

阿勒吞木烽火台包括阿勒吞木南烽火台和阿勒吞木西南烽火台，均为唐代遗存。

阿勒吞木南烽火台位于图木舒克市图木休克镇拜什阿恰尔自然村北约4.8千米处。烽火台已经坍塌为一座圆形的土包，残高约8米。烽火台附近散布陶片，西北部陶片比较集中，以夹砂红陶片为主，也见少量灰陶片。

图558　阿勒吞木西南烽火台

阿勒吞木西南烽火台位于图木舒克市图木休克镇拜什阿恰尔自然村东北约3.4米处、柯坪塔格山南麓。烽火台毁损严重，仅可见一土堆，残高约5米。烽火台附近地表散布陶片，以夹砂红陶片居多，也见少量灰陶片。

7. 尤木拉克烽火台

尤木拉克烽火台位于巴楚县北的沙漠中，为唐宋时期遗存。烽火台已坍塌为土丘，底部长27米、宽15米，高3米。烽火台四周散落陶片与动物骨骼碎片，陶片以夹砂红陶片为主，多为手制，主要器型为缸、罐、钵、盘等。

8. 泽吞木烽火台

泽吞木烽火台位于巴楚县西北、喀什噶尔河冲积平原中下游的沙漠中。烽火台高约14米，平面呈方形。受自然侵蚀和人为破坏，现存烽火台呈圆形，顶部直径为8米、周长约16米，上部为垒砌结构，下部为夯筑结构。

图559　泽吞木烽火台

烽火台四周散布夹砂红陶片，亦见少量灰陶片，个别有黄绿色陶片，多为手工制作，主要器型为缸、罐、钵、盘、瓶等，遗存年代为唐宋时期。

9. 亚吾鲁克驿站遗址

亚吾鲁克驿站遗址位于喀什市乃则尔巴格乡尤喀克喀孜艾日克村西北的黄土台地上，为南北朝时期遗存。驿站平面呈方形，南北长约6.8米、东西宽约5米、高约4.1米，底部墙体高约2.1米，顶部墙体高约2米，面积约34平方米。驿站为土石结构，墙体外部有一层草拌泥，穹隆顶。西南部已经坍塌，原来的顶部东、南、西、北各有一天窗，现仅存东侧天窗。

10. 乌布拉特烽火台

乌布拉特烽火台位于疏附县乌帕尔乡乌布拉特农场西北的荒漠中，为唐宋时期遗存。烽火台已坍塌为土包。烽火台底部直径约19米、顶部直径约3米、高约4米。烽火台为土坯垒砌结构，土坯厚约0.12米，周围散布红、黑陶片。

图560 乌布拉特烽燧*

11. 马蹄山烽火台

马蹄山烽火台位于巴楚县恰尔巴格乡奥依阔塘村东约8.8千米处、乌库麻扎塔格山上，为唐代遗存。烽火台平面呈长方形，东侧长约6.7米、南侧长约5.9米、西侧长约4.6米、北侧长约5.9米。烽火台残高约3.6米，为土坯垒砌结构，土坯间由草拌泥黏结。

图561 马蹄山烽火台

12. 提坚比西拱拜孜驿站

提坚比西拱拜孜驿站位于阿图什市格达良乡曲尔盖村西约12千米处，为唐代遗存。

图562 提坚比西拱拜孜驿站

据考古资料记载，该驿站是阿图什市至今发现的唯一一处驿站遗址。驿站毁损严重，仅可见有3间房址。北部房址东西长约20米、南北宽约10米；南部房址分为两处，西侧长约6米、宽约5米，东侧长约10米、宽约6米。房址内可见长方形土台和大量土坯残块。驿站附近地表散布少量带釉陶片。

13. 齐兰烽燧

齐兰烽燧位于柯坪县阿恰勒乡齐兰村南约2千米处。烽燧整体呈方形，残高约16米，为夯筑结构，夯层清晰，夯土层厚17—55厘米，夹草层厚8—10厘米。烽燧四周有铁丝网围护，虽碑座仍存，但保护碑已不见。烽体北侧保存相对完好，烽体上残留有树枝等夹杂物。

图563　齐兰烽燧

14. 阿克吞木烽火台

阿克吞木烽火台位于叶城县洛克乡博尔村阿克塔什博依自然村东南约2千米处，为唐代遗存。烽火台所在地形为提孜那甫河、乌鲁克吾斯塘河和柯克亚吾斯塘河交汇冲积扇。烽火台毁损严重，仅剩一圆形土堆，残高约1.2米、周长约4.71米。考古人员曾于烽火台附近地表采集到少量陶片。

图564　阿克吞木烽火台

15. 布依鲁克烽火台

布依鲁克烽火台位于泽普县布依鲁克塔吉克民族乡布依鲁克村西南约1.9千米

图565　布依鲁克烽火台

处、叶尔羌河冲积绿洲上，为唐代遗存。"布依鲁克"意为"苦豆草滩"。烽火台坍塌严重，仅南侧保存相对完整。烽火台平面呈圆角长方形，南北长约5.5米、东西宽约3.4米、残高约2.4米。烽火台为泥土夹杂砾石垒砌结构，中间夹有红柳枝层。

16. 拉革勒墩烽火台

拉革勒墩烽火台位于莎车县喀群乡尤库日恰木萨勒村西北约0.4千米处、叶尔羌河北岸，为汉唐时期遗存。烽火台毁损严重，仅残存一近似四方体的土墩。烽火台修筑在高约15米的台地上，烽火台残高约1.5米，为土坯砌筑结构。

图566　拉革勒墩烽火台

17. 江孜勒烽火台

江孜勒烽火台位于塔什库尔干县塔什库尔干乡托格伦夏村、塔什库尔干河东岸台地上，为唐代遗存，南距清代江孜勒烽火台100米。烽火台地处山麓台地，受水蚀严重，仅可见一土堆，底部呈椭圆形，残高约8米。

图567　江孜勒烽火台

18. 亚依德梯木烽火台

亚依德梯木烽火台位于柯坪县阿恰勒乡吐尔村南约9千米处的荒漠中，周围无任何保护措施。烽燧整体呈方形，残高约2米，为夯筑结构，夯层厚40—50厘米不等。烽火台中间空心，曾被

图568　亚依德梯木烽火台

改造成暂时住所，紧邻烽火台东北侧有牧民修筑的篱笆围墙。

19. 都埃梯木戍堡及烽火台

都埃梯木戍堡及烽火
台位于柯坪县阿恰勒乡吐尔
村东南约11千米处的荒漠
中。戍堡整体呈方形，周长
约1000米、残高1—2米不
等。戍堡东北角有房屋建筑
遗址，为戍堡守卫将士的居
所。烽火台位于戍堡中部，

图569 都埃梯木烽火台

残高约6米，底部长约14米、宽约10米。有学者考证此遗址为唐代龟兹通往
疏勒沿线的驿站——"济浊馆"故址。[①]

20. 丘达依塔格戍堡

丘达依塔格戍堡位于
柯坪县玉尔其乡尤库鲁斯村
北约4千米处，东临苏巴什
沟，始建于南北朝时期，沿
用至唐代。戍堡依山势而
建，依托整个山梁形成防卫
屏障。戍堡为垒筑结构，坍
塌较为严重。面朝河谷口方
向的山梁边缘遗存土坯墙数
处，北面似为护墙、观望塔。

图570 丘达依塔格戍堡

21. 公主堡

公主堡位于塔什库尔干县塔什库尔干乡萨热吉勒尕村、塔什库尔干河西
岸高约300米的克孜库尔干山顶上，为唐代遗存。

公主堡东西宽约75米、南北长约150米，城墙沿山顶的西侧和南侧边缘
修建，蜿蜒起伏，平面呈不规则状。公主堡所在地势是一处近60度的陡坡，

---

① 柳晋文：《巴楚—柯坪古丝道调查——兼述"济浊馆"、"谒者馆"之地望》，《新疆文
物》1985年第1期。

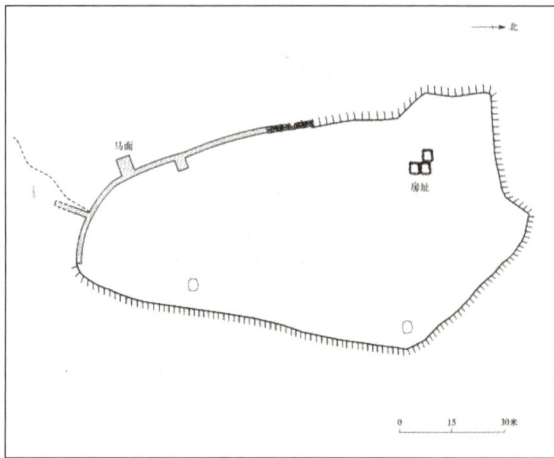

图571　公主堡平面图

图572　公主堡

北半边是基本无法通行的流沙坡面，南侧是风化和冰川共同作用形成的砾石坡面。城堡中部现存房屋十多间，由石块垒砌而成，已经全部坍塌，仅剩房基。

公主堡地处联系中亚、西亚的交通要道上，所处的地势险要，相传公主堡可能就是《大唐西域记》所记载的波斯王迎娶公主所筑之城。根据《大唐西域记》记载，玄奘经过这里时，曾听到一个动人的故事：当地的朅盘陀国王自称至那提婆瞿坦罗，意为"汉日天种"。传说曾有一位波利斯国王，娶了一位汉族公主。迎亲队伍回到这里，因战乱遇阻，找到一处孤岭危峰住下，周围严密禁卫，任何外人不能上山。不想过了3个月，公主却有了身孕。迎亲使团十分惶惧。据公主贴身侍女称，每天中午，有一个俊伟男子从太阳中骑马下来与公主相会。迎亲使团无法复命，就在孤峰上筑城。公主至期产子，长大后成为这片地区的统治者。

22. 瓦罕古道

瓦罕古道中国段起始于塔什库尔干县达布达尔乡阿特加依里村、红其拉甫河与喀拉其库尔河（火石壁河）汇合处的卡拉奇古，向西沿喀拉其库尔河至中国与阿富汗边界处的瓦哈吉瑞达坂，全程约100千米。翻越瓦哈吉瑞达坂即进入阿富汗瓦罕走廊。瓦罕走廊是古代塔里木盆地和阿姆河之间最近的通道，也是中国与西亚之间交往的天然走廊。这一带沿途风光旖旎，自然条件较好，没有严重的自然障碍，是古代丝绸之路的重要组成部分，马可·波罗、斯坦因等人均经此来到中国。

叶尔羌河、喀什噶尔河流域其他烽燧遗址见表80。

表80　喀什噶尔河、叶尔羌河流域其他烽燧遗址概况

名称	地点	年代	保护级别
赛格孜烽燧	伽师县克孜勒苏乡巴什兰干村西南约11千米处	唐	—
托普鲁克加依烽燧	英吉沙县托普鲁克乡加依村北偏西7.7千米处—高约4米的土丘顶部	唐	—
脱库吞木烽燧	图木舒克市图木休克镇英艾包孜村（第五十一团第十五连驻地）西北约3.6千米处的沙漠边缘	唐	县级
阔西吞木烽燧	图木舒克市第五十一团第十五连东北15.3千米处的荒漠中	唐	县级

第四节　宗教遗址

喀什噶尔河与叶尔羌河流域作为丝绸之路南北两道的交汇点，宗教文化曾在这里广泛传布，佛教、祆教、基督教、伊斯兰教等在这里交流荟萃，东西方宗教文化交融特征明显。汉唐时期，佛教于此兴盛发展，后来又有伊斯兰教传入，佛教逐渐衰落，至今此地仍可见有大量汉唐时期的佛教遗存。

一、寺庙

有关喀什噶尔地区佛教的最早记载，可见梁僧佑《出三藏记集》卷一〇《僧伽罗刹经序》，僧伽罗刹在疏勒出家学道。早在迦腻色迦时代（约130—153），佛教已经传入疏勒。335—356年，鸠摩罗什跟随母亲前往疏勒求学，研究佛学。隋唐时期，疏勒佛学进一步发展。玄奘在《大唐西域记》中记载，这里"伽蓝数百所，僧徒万人"，比起同为佛教中心的龟兹和于阗"伽蓝百余所，僧徒五千人"则更加繁荣。唐代疏勒僧人裴慧琳费时25年编纂的《一切经音义》（共1225部）是研究佛经的必备工具书，反映了疏

环塔里木汉唐遗址

图573　喀什噶尔河与叶尔羌河流域宗教遗址分布图

勒僧人佛学造诣的博大精深。该地古佛寺布局主要有两种，一种是庭院式，大致可以划分为礼拜区、讲堂和僧房区；另一种为塔院与佛殿组合式，通常以塔院为中心，作为一个礼拜中心，而以多个佛寺密布形成另一个礼拜中心。

1. 莫尔佛寺遗址

莫尔佛寺遗址位于喀什市伯什克然木乡开普台尔哈纳村东北、古玛塔格山南麓恰克马克河古河道阶地上，为汉唐时期遗存。莫尔佛寺遗址是中国最西部佛教遗址之一，南面隔着恰克马克河与汗诺依古城相望，是汗诺依古城标志性建筑物，东面有阿卡什梯木烽燧。

最早对莫尔佛寺遗址进行调查的是俄国驻喀什总领事彼得罗夫斯基，英国人斯坦因步其后尘遂于1900年对莫尔佛寺遗址进行了测量考察。

莫尔佛寺遗址坐北朝南，南北长约100米、东西宽约50米。佛寺遗址自南向北分布，由佛塔、寺院、梯形塔等组成。佛塔用方形和梯形土坯垒筑而成，残高约10.8米。基座分为三级，逐层递减，基座底部近似方形，受风雨侵蚀而呈坡状，佛寺边界不清，高约0.8米；第二级高约2米、东西宽约12.8米、南北长约13.2米；第三级高约1.5米、东西宽约10.88米、南北长约11米。塔身呈圆柱形覆钵体，分为两部分，下部是圆形塔身座，周长24米、高1.5米，上部高约5米。

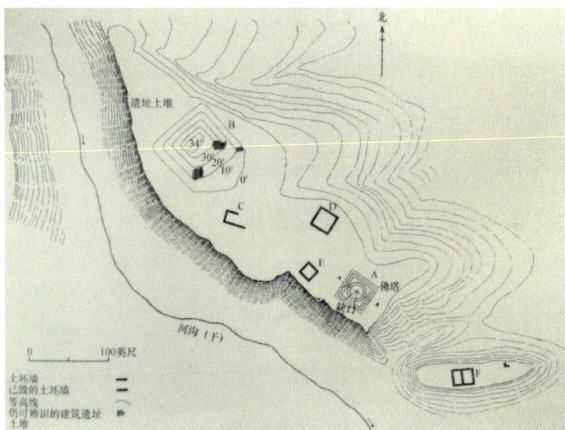

图574　莫尔佛寺遗址平面图

佛塔以北60米处是梯形台塔，平面呈长方形，东西宽约24.4米、南北长约24.7米。塔顶近似方形，东西长约14.5米、南北宽约13.5米。台塔的基

图575　莫尔佛寺遗址的佛塔

部和西侧有一较为明显的佛龛痕迹，南壁有一条纵向沟槽，深约1米，东西壁可见完整土坯，西壁底部见10排土坯。

佛塔以北16米处为僧房遗址。遗址平面呈长方形，东西长约13米、南北宽约9.3米、残高约1.5米。佛塔东南角残存有五六层土坯，局部仅略高出地面，周缘散布残石和零星泥质红陶片。

"莫尔"，意为"烟囱"，因遗址内保存有形似"烟囱"的高大佛塔而得名。佛寺始建于3世纪，沿用至10世纪前后。鸠摩罗什于355年随母在此停留，"顶礼佛钵"，初开法门，广泛阅读各种论著，由此奠定佛学思想基础。玄奘于644年由印度回国，途经此地曾目睹了这一地区淳信佛法、勤营福利的盛况。

2. 布朗村南佛教遗址

布朗村南佛教遗址位于叶城县乌夏巴什镇南1.5千米处的悬崖上。遗址由两部分组成，一处位于吾鲁克吾斯塘河南岸的崖壁上，其上雕刻或绘制有佛教造像，图像用红色描边，内涂白色。该处遗址高约5米、东西长约60米，面积约300平方米。

图576　布朗村南佛教遗址崖壁浮雕

其中崖壁东部的浮雕包括五部分，东西长约2.7米、南北宽约1.4米。东部上半部分的造像已经完全脱落，其余部分图像亦有缺失，现仅可辨认出第一部分基座左右两边的大象，第三部分基座左右两边可能为麒麟，第五部分浮雕基座为莲花座。在岩壁中部偏东处有一进深约1米、宽约1米的方形壁龛。壁龛以西约2米处绘有两座高约4米的佛塔，再向西还绘有5座佛塔，尖顶及边缘轮廓均用红色描绘，轮廓线内用白色填充，绘画手法抽象简洁，表现的是藏密教系统的曼陀罗图像。另外一处遗址位于一处高出河床20米的崖壁上，崖壁上有大小不一的佛塔9座，西边一座佛塔最为高大，每尊佛塔均用红色描绘出尖顶及边缘轮廓，轮廓线内的区域用米黄色填充。岩壁裸露在外，因长期遭受日晒和风雨侵蚀，整体破坏严重。

3. 托库孜卡孜那克卡寺院遗址

托库孜卡孜那克卡寺院遗址位于疏附县乌帕尔乡毛拉木贝格村西北、艾孜热提毛拉木贝格山东南部，为南北朝时期遗存。"托库孜卡孜那克"，意为"一组房屋"或者"一组建筑"。

遗址处在山腰和山脚坡地上，分布范围达2万

图577　托库孜卡孜那克卡寺院遗址1号洞窟

平方米。山腰有片石建筑和石窟，可能是殿堂和僧房遗址，仍可见一座大型塔基。

遗址现存9个洞窟和山脚下的一段残墙遗迹。洞窟大小不一，洞窟之间散布少量陶片，以素面红陶片为主。遗址西南端约100米处见有一处面积为2000平方米的遗址，呈长方形，发现有大量石膏残片以及一些梵文贝叶佛经残片。

图578　托库孜卡孜那克卡寺院遗址2号洞窟

4. 喀勒乎其佛塔遗址

喀勒乎其佛塔遗址位于伽师县英买里乡喀吾勒村东南的荒漠戈壁中，为7—9世纪遗存。

遗址平面呈长方形，东西长20米、南北宽10米。遗址受损严重，已无法辨清佛塔原貌，中部土台还可见佛塔轮廓。佛

图579　喀勒乎其佛塔遗址

塔残高约4.3米、边长约6.5米，可见明显的三层台。佛塔东部、西部、中部、西北部、北部各有一土台，保存状况不一，形制及用途尚不明确，可能为佛塔遗址。西北处有一黄土台，高约1米、东西长约14米、南北宽约10.5米，其南部发现木炭和烧土层；正北的土台呈不规则状，长宽均为14米，东南高、西北低，南部发现少量陶片、木炭等遗物，两个土台之间相距约20米，佛塔由土坯垒砌而成。遗址受风沙侵蚀，佛塔东西两侧土台、顶部及四周都有不同程度的损毁。

5. 托格拉塔格佛教遗址

托格拉塔格佛教遗址位于巴楚县西北、托格拉塔格山南麓一开口朝南的山凹中，为唐代遗存。遗址三面环山，南面为开阔地，地势隐蔽，南侧有路

可通往托库孜萨来佛教遗址，为唐宋时期遗存。

遗址由3个部分组成：山凹正中的主建筑区红土建筑最大，两旁东、西山梁上的红土建筑面积较小。依山势可见一大片红土建筑遗迹，面积约2000平方米，现在仅剩残墙断壁。遗址主建筑区正上方的山腰处有一块质地和颜色均与众不同的石头。在遗址中，可采集到有莲花纹的浮雕石膏块和佛像残件，材质与托库孜萨来佛教遗址的文物残片类似。

6. 坎斯坎套佛寺遗址

坎斯坎套佛寺遗址位于图木舒克市图木舒克镇托库孜萨热依村西北约15千米处、坎斯坎套塔格西侧山崖下，为唐代遗存。2008年第三次全国文物普查时发现建档。

图580　托格拉塔格佛教遗址

图581　托格拉塔格佛教遗址出土的石膏浮雕天王像（左）与天王踏鬼像（右）

佛寺遗址沿山崖呈西北—东南分布，平面呈长方形，长约80米、宽约40米。东北靠山一侧较规则，西南侧凹凸不平，见有数条冲沟。地面上有几处红土堆，其上散布石膏碎块。北侧土堆直径4米，南侧土堆直径5米，向冲沟一面已经坍塌。南侧土堆有一段土坯残墙，厚约0.5米、长约5米。遗址南部边缘还有一间小土坯房，长约2米、宽约1米，曾出土一块一面有阴刻、类似莲花纹样的土坯。遗址西部散布夹砂红陶片、少量黄绿色及灰黑色炉渣。此外，在遗址西面的山脚下还曾发现2处被盗墓葬。

7. 克克勒玛佛寺遗址

克克勒玛佛寺遗址位于图木舒克市图木舒克镇包日其村东侧、包日其塔格山上。此处山体基岩为灰色的石灰岩，因而山顶呈红色的佛寺遗址十分醒目。遗址在20世纪60年代尚保存较为完好，曾发现佛像和石桌等，后因当地民众炸山取石、盗掘等而遭到严重破坏。

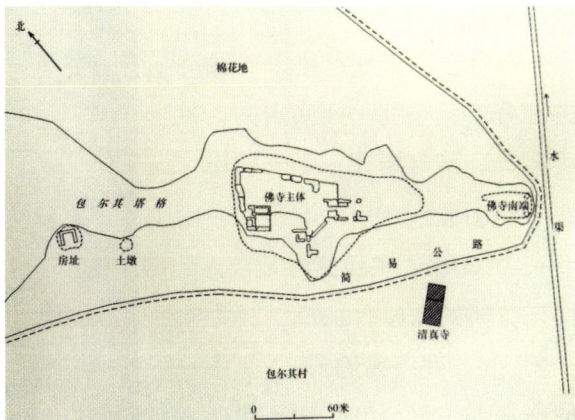

图582 克克勒玛佛寺遗址平面图

第二次全国文物普查时，文物部门对该佛寺遗址进行调查并建档，佛寺遗址依山势呈西北—东南走向，西北高、东南低，平面呈不规则状，长约230米、宽约90米。遗址东南部分已基本无存，西北部分为佛寺主体，遗址地处山脊上，中轴线部分地势较高，两侧较低，外墙已经坍塌，主体尚存，残高约4米、厚约1.5米，残存房屋建筑10余间。西北部房址附近的地面可见石膏残片，遗址内曾发现佛教造像残片和陶片等。

8. 图木舒克佛寺遗址

图木舒克佛寺遗址位于图木舒克市图木舒克镇托库孜萨热依村南约15千米处、图木舒克格山北端山坡上，北距托库孜萨来佛寺遗址约1.5千米。1906年，伯希和对图木舒克佛寺遗址进行了考古发掘，出土泥塑像、壁画、文书和陶器等遗物。

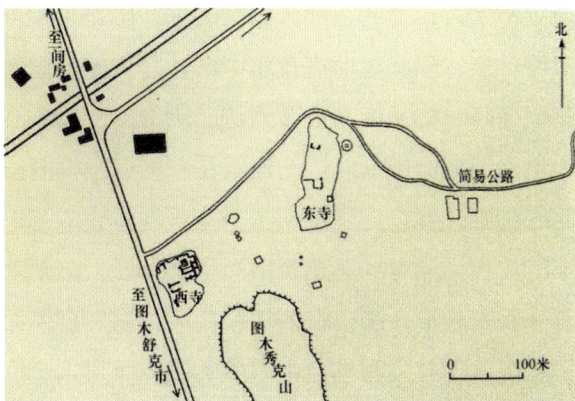

图583 图木舒克佛寺遗址平面图

1913年，勒柯克、斯坦因亦到此考察发掘，出土大批雕塑、壁画和婆罗谜文书残片等。1928年，黄文弼到此考察，发掘了图木舒克塔格东部山脚的僧人墓，出土多件陶质和木质彩绘舍利盒。

佛寺分为东寺、中寺、西寺三部分，呈东北—西南走向，其中东寺、西寺较大，中寺较小。东寺沿山坡大致呈南北走向，南北长约130米、东西宽约60米。目前可分辨的房屋有15间，其中有大殿2间，残墙高约2米。其中一间房屋为土坯垒砌结构，东西宽约10.4米、南北长约184米、残高约27米。

勒柯克在考察时做了详细的记录。寺院南部有一座佛堂，门

图584　图木舒克佛寺遗址出土的佛雕

朝西，门前有2层平台，均有阶梯。下层阶梯南侧有2个台阶，其中一个台阶的两侧各有坐佛像台。佛堂主室平面呈纵长方形，宽4.2米、进深6米。沿着门墙和侧面墙直到后墙，两边各有一长条形像台，宽50厘米、高35厘米。主室中间有一长方形台座，长2.8米，背面底部延伸出一高20厘米、宽20厘米的基座；台座正面底部也有基座，基座中间是一半圆形台座，推测原来上面为立像佛。台座的正面为山峦装饰，山是平顶浮雕塑，用黏土做成，上面残留绿釉层，形状类似克孜尔中心柱窟主室正壁的山峦装饰。正对台座两侧的侧壁各开一龛，内有塑像遗迹。佛堂内的堆积物中有灰烬和木炭，推测屋顶也是木结构。佛堂北边的建筑在勒柯克发掘时已严重毁坏，有18级台阶通向北部山脚，他在这里发现了一些表现本生故事的泥塑，体现出小乘说一切有部的思想。还有一座建筑平面呈长方形，门朝北，有18级台阶。室内沿墙周有一圈长条形台座，在西墙和南墙角落发现壁画痕迹。此外，勒柯克还发现了笈多体的梵文写本。由南墙的门道可进入一座建筑，室内中间有一不规则形台座，勒柯克对这座建筑无详细记载。该建筑东边为一座勒柯克称为"台座寺"的建筑。佛寺平面呈长方形，门朝南，宽3米、进深3.8米。在主室偏后有一横长方形台座，宽0.75米、长1米。勒柯克在主室北墙和西墙处发现残存壁画，西墙上方为多幅佛说法图，下方的南侧为一排礼拜的僧人像，北侧

为花卉图案。

佛堂和佛寺南边还有建筑群，但现在地面已看不到墙体。勒柯克在这里发现了与吐鲁番地区回鹘时期类似风格的壁画，因此在报告中把这些寺院称为"回鹘寺"。

中寺南北长约70米、东西宽约20米，沿山势分布有上、中、下3处房址，各有房屋2—4间。

西寺平面呈长方形，南北走向，南北长约80米、东西宽约60米，目前可见房屋等建筑基址遗迹，可分辨的房间有10余间。北部有2间较大房屋，其中东侧一间平面呈方形，边长10米。中间为佛塔，佛塔下部为方形基座，基座上为土坯垒砌结构的方形塔身，塔身坍塌严重，塔心被挖空。据勒柯克记载，寺院入口大厅位于东侧山脚下，长6米、宽5米。大厅西侧有1米宽的陡峭台阶，由台阶可通向山丘顶部的塔院。台阶两侧角落各有台座，上面有坐佛塑像痕迹，现在仅能看到建筑痕迹。其四周分布有17个台座，仅东北角有一个台座上尚有残存的塑像，但是现在已经不知所终。勒柯克在塔院内发现木雕小佛像和婆罗谜文书。据勒柯克记载，此处有"像殿"建筑遗址。西部依次分布有较大的房屋残墙3处，其中一处较为明显，其余基本为大片的无明显墙基的红色地面。东部有4处较小的房基遗址。

图木舒克佛寺遗址出土了大量的精美泥塑和木雕，尤其是西寺，著名的木雕坐佛就出土于西寺佛塔北侧。在人物造型、衣冠服饰、雕塑技法上深受犍陀罗佛教艺术的影响，但是在人物体型和面相上，又具有民族和地域的特征。近年来，图木舒克佛寺遗址出土了几件龟兹文木简。从出土文物判断，图木舒克佛寺的始建年代比托库孜萨来佛寺要晚，大约在4—5世纪，还有些甚至晚至唐代，延续时间较长。

9. 托库孜萨来佛教遗址

托库孜萨来佛教遗址位于图木舒克市图木舒克镇托库孜萨热依村西0.5千米处，由托库孜萨来佛寺、托库孜萨来古城佛寺和佛像石刻3个部分组成。

（1）托库孜萨来佛寺是遗址的主体遗存。该佛寺位于托库孜萨来塔格山南部山脚下的坡地上。1906年，伯希和对该佛寺进行详细发掘，并对遗址进行编号。该佛寺是由塔院、僧房等构成，保存较为完整。以佛塔为中心，两侧配有小佛殿8个，西北侧有一个大型佛殿。佛塔塔基呈方形，边长约10米。佛殿有前室和主室，主室的中央处筑方形台座，上塑有主尊像，四面为

图585 托库孜萨来佛寺

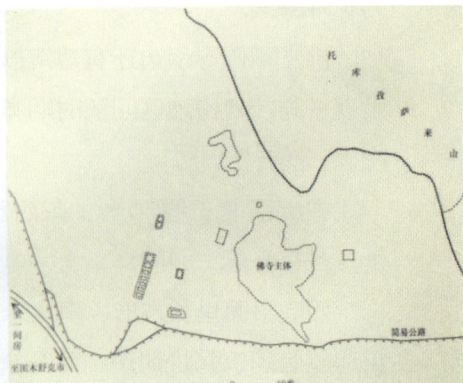

图586 托库孜萨来佛教遗址平面图

绕行的礼拜道。佛殿后面是僧院。塔院外面东北面还有一处大型的佛殿，仅存正壁和两侧壁下部，该殿正壁有立像痕迹，外侧壁雕有佛教本生故事，可辨认的三幅为"菩萨行慈不怖众生""须大拏""须阇提"。佛寺的雕塑受犍陀罗佛教造像艺术的影响，人物面部、衣服褶襞，尤其是雕塑手法具有立体感，具有典型的地域特色，与龟兹雕塑、犍陀罗雕塑存在差别。但是，托库孜萨来佛寺的地势选择和寺院布局与犍陀罗佛寺相似，塔院所处地势相对较高，始建年代较早，可上溯至3世纪，晚些的迟至6世纪。

（2）托库孜萨来古城佛寺位于托库孜萨来古城内，该城又名"唐王城"，从主体结构看，该城为三重城。考古发现，内城为佛寺所在地，平面呈不规则长方形，东西宽约100米、南北长约160米，遗址内可辨别的房屋遗址有26间。遗址南北两处大殿，基址清晰可辨。北大殿长约30米、宽约25

图587 托库孜萨来佛寺出土的本生故事浮雕

图588 托库孜萨来佛教遗址出土的石刻坐佛雕像

米，中间可见有一方形土堆，疑似佛塔；南殿大小与北殿相似，中央为佛塔遗存，边长约12米、残高约5米，现仅存四角部分墙体。

（3）托库孜萨来佛教石刻是2008年发现的佛教遗存，在第三次全国文物普查过程中，调查人员在托库孜萨来塔格山西侧高出地面25米的悬崖上发现石刻佛像。石刻西约200米即托库孜萨来佛寺。石刻为5个浅龛，每个龛中浅雕一身坐佛像，其中有两尊佛像轮廓较为清晰，佛结跏趺坐于莲花座上，双手施禅定印，束高髻，有背光服饰，面部特征已漫漶不清。第一身佛像右下角刻有一尊小佛像，高约10厘米、宽约5厘米。另有两尊佛像相连，刻在同一个佛龛内，轮廓已模糊不清。

10. 奴如孜墩遗址

奴如孜墩遗址位于莎车县莎车镇的居民住宅区，为唐宋时期遗存。遗址入口处立有一红牌，名为"朱具婆"佛塔。该佛塔为643年玄奘东归时讲经授法之地。

遗址整体呈土墩状，南北长约21米、东西宽约15米、高约10米。土墩毁损较为严重，

图589　奴如孜墩遗址

现已无法辨别原状。建筑结构上下不一，土墩9米以上为土坯垒砌结构，土墩8米处见有外露的陶片、红烧土和木炭等。1982年，考古人员曾于此遗址出土宋代钱币、泥质红陶片等。遗址损毁较为严重，已看不出原貌。

11. 库木萨克佛寺遗址

库木萨克佛寺遗址位于阿图什市阿扎克乡库木萨克村东南15千米处的戈壁滩上。遗址损毁严重，仅存3处高台，高台表面分布有夹砂红陶、夹砂黑陶及绿色琉璃碎片。遗址西北部高台平面呈长方形，东西宽约12米、南北长约28米。东

图590　库木萨克佛寺遗址高台

南部高台东西宽约5米、南北长约17米。北部高台东西宽约5米、南北长约11米。考古人员曾在遗址内出土佛像残片。

12. 石头城佛寺遗址

石头城佛寺遗址位于塔什库尔干石头城遗址东部，为3—9世纪遗存。5世纪，法显西行经此，其后又有唐代玄奘归途经此，见该地"崇敬佛法。伽蓝十余所，僧徒五百余人，习学小乘教说一切有部"。

图591　石头城佛寺遗址

佛寺遗址面积约200平方米，为土坯垒筑结构，呈穹隆顶，东半部穹隆顶已经坍塌，东墙残高约1米，南墙残高约4米，西墙残高约5.5米，北墙残高约5米，墙体厚约0.9米。北墙底部有2个拱形龛。东龛宽约1米、高约0.95米、进深约0.55米；西龛宽约0.9米、高约1.15米、进深约0.5米。四角各有一尖拱龛，高约2米、底部宽约2.5米。北墙正中上半部有一呈椭圆形的洞窟，高约0.5米，其功能主要用于采光，距离地面高约4米。北墙小屋内有一壁炉，有火烧痕迹，推测应为僧房遗址。据说这里曾出土有佛像，遗憾的是佛寺遗址被清代城墙叠压覆盖。现存可见的寺院遗迹，墙壁上有3层草泥涂层，其中有2层残存少许壁画，由此推测寺院使用时代较长，且经过多次修缮，穹隆顶上还残存有彩绘佛像。

二、石窟

1. 脱库孜吾吉拉千佛洞

脱库孜吾吉拉千佛洞又名"三仙洞石窟""三扇窗""玉其莫日万""玉素布尔杭"等，开凿在阿图什市阿图什乡塔合提村附近、恰克河南岸的悬崖上，为汉代遗存。现存3个洞窟位于河边约25米高的岩壁上，千佛洞坐南朝北，依次呈左、中、右分布，洞口呈长方形。中间一窟，洞口较大，高约2米、宽约1.5米。

千佛洞窟口向南，3个洞窟窟口遗存栈道痕迹，洞窟的形制基本相同，均由前室和主室组成。前室平面呈方形，纵券顶，边长约4米、高约2.5米。主室规模约为前室的一半，平面呈长方形，横券顶。3个洞窟前室被后人凿通。壁画以东面洞窟的前室券顶保存最好，4个半圆形的图案绘制出一个正方形框架来表现水池，池内绘有圆形莲花。莲花外绘制有8身或坐或立的佛像，面部均向着莲花，表示"十方诸佛"，佛像之间还绘有禅僧、小坐佛等形象。从洞窟的整体形制和壁画内容来看，该窟的开凿年代为东汉时期。

洞窟中还存有大量汉文、蒙古文和回鹘文题记，同时仍见有俄、法、英、日等外国探险家留下的笔迹。洞窟整体保存状况较差，早年斯坦因、伯希和等人对洞窟内的壁画进行了切割，对洞窟造成了不可逆转的破坏。现存的少量壁画，主要残存于中部和东面洞窟两窟的前室券顶中央和后室侧壁上。

2. 棋盘千佛洞

棋盘千佛洞位于叶城县棋盘乡境内的棋盘河西岸，开凿在东西向崖壁上。千佛洞北靠高山，南临棋盘河，洞窟开凿年代不详。洞窟面积约140平方米，自西向东沿山岩共分布8个洞窟。洞窟位置高低和形制均不相同，其中1、2、3、6、8号窟为弧拱形顶，4号窟平面呈梯形，5号窟外窟平面呈正方形、内窟平面呈倒梯形，7号窟平面呈方形。（见表81）

表81　棋盘千佛洞8个洞窟现状

编号	形制	现状
1	半圆拱形顶	洞窟一半被黄沙所掩埋，高约1.5米、进深约2.2米、东西宽约2米
2	弧拱形顶	洞窟内、外壁均涂有草拌泥，高约2米、宽约1.5米、进深约0.9米
3	弧拱形顶	洞窟内壁涂有黄泥，西壁黄泥保存较好，北壁和东壁黄泥脱落较为严重，宽约2.6米、高约2米、进深约1.5米
4	梯形窟	洞窟内壁涂有黄泥，宽约2米、高约2米、进深约2米
5	外窟正方形内窟倒梯形	内窟内壁涂有黄泥，底部正中存有两个方形土台，窟壁上均是后人涂鸦，宽约0.96米、高约0.45米、进深约0.5米，外窟宽约3.2米、高约2.2米

（续表）

编号	形制	现状
6	弧拱形顶	宽约3.12米、进深约0.95米、高约0.95米
7	方形窟	洞窟内壁涂有少量草拌泥，窟内西壁的西北角开有一方形壁龛，宽约2.05米、进深约2米
8	弧形顶	宽约2.75米、残高约1.05米

　　棋盘千佛洞洞窟形制比较特殊，是研究西域早期佛教的重要实物资料，但遗址保存状况较差，洞窟内的壁画早在20世纪20年代就已遭到破坏。1929年黄文弼考察棋盘千佛洞时，见"墙壁绘画，均以剥离，现只余石壁。检查堆积灰土，中间杂有残画，可证洞中原有壁画，后被剥离耳"。

结语

塔里木汉唐遗址的保护现状与对策

塔里木汉唐遗址已经成为联合国世界遗产的重要组成部分。2014年6月，在卡塔尔首都多哈召开的第38届世界文化遗产大会上，"丝绸之路：起始段和天山廊道的路网"申遗成功，成为首例跨国合作、成功申遗的项目。塔里木周缘的高昌故城、交河故城、苏巴什佛寺、克孜尔尕哈烽燧、克孜尔千佛洞等遗址名列其中，足见塔里木历史遗址在丝绸之路文化中的重要性。目前，塔里木地区的汉唐遗址保护也面临着大多数地区历史遗址保护的共同困境，如因人口增长和经济建设所带来的环境压力和生态破坏等问题。同时，该地区还面临着特殊的保护困境，即塔里木是我国面积最大的历史遗址保护区，文化类型丰富，如何在广袤的区域内对种类繁多的历史遗址进行保护，目前在世界范围内没有成功的范式可供参考。加之该地区气候恶劣同时又能源丰富，如何协调发展能源开发和文化遗产保护的关系，也面临着诸多困难，亟待解决。

一、地域广袤，遗址种类多样，全面保护难度大

塔里木地区地域广袤，东至天山东部的吐鲁番、哈密地区，西迄帕米尔高原，南北各以昆仑山、天山为界，几乎每片区域都有文化遗产分布且呈现出繁多种类，如城址、烽燧、墓葬遗存和宗教遗址等。对各类遗存进行有针对性的专门保护，目前面临着巨大困难。

与中东部地区的遗存相比，塔里木地区有一定的特殊性。中东部地区的遗址保护主要有"整体保护"与"局部保护"两种模式。"整体保护"主要是将遗址区与周边环境相结合，将整个遗址区建成遗址公园、旅游景区或遗址历史文化农业园区；"局部保护"是将部分遗址区建成参观展示区或博物馆。两种保护模式在中东部地区广泛使用，如秦始皇陵、汉阳陵、唐大明宫遗址公园等，不仅很好地保护了遗址，而且发挥了遗址的价值，并为当地带来了经济效益。但这两种保护模式，并不适合塔里木地区。塔里木地区处于天山、昆仑山和阿尔金山的包围之中，面积达53万平方千米，是中国面积最大的盆地，其腹地的塔克拉玛干沙漠是世界第二大流动沙漠，此地区部分遗存如楼兰古城、尼雅遗址等，均处于荒无人烟的沙漠腹地，保护部门的工作人员难以到达。即使设置专门的保护站，但因地处沙漠腹地，物资补给亦极为不便。历史遗址保护中如此严峻的考验，是中东部地区文化遗产的保护不

曾遇到的难题。

塔里木地区的历史遗址种类繁多，不同种类的遗址需要有针对性的保护措施。城址、烽燧是土遗址的代表性建筑遗存，大多孤立于大漠戈壁中，经受风沙的侵蚀；部分处于城乡中的遗存，更面临着经济建设的压力。目前，塔里木北缘的城址、烽燧以轮台、龟兹为中心，呈带状分布，城址主要有交河故城、高昌故城、博格达沁古城、阔纳协海尔古城、通古斯巴西古城等；烽燧有孔雀河烽燧群、三十里大墩烽燧、拉依苏东烽燧、拉依苏西烽燧、克孜尔尕哈烽燧和夏合吐尔烽火台等；塔里木南缘的城址、烽燧自东向西依次有楼兰古城、乞尔其都克古城、麻扎塔格戍堡、扎瓦烽火台、盘橐城等。烽燧大多位于视野开阔的高地上，与周边的古城遥相呼应，共同组成严密的警报系统。这些城址、烽燧中有一些是在生土层上直接挖建而成，如交河故城。除此之外，还有夯筑、土坯砌建等结构。

塔里木地区的墓葬遗存自史前时期延至汉唐直至明清，这得益于塔里木地区干旱的地理环境和人迹罕至的戈壁荒漠，所以大多保存完整。大量的墓葬遗存如干尸、文书等得以较好保存，成为西域历史最直接的见证。这样贯穿历史长河，反映人类文明进程的物质载体，在中东部地区很少发现，如阿斯塔那—哈拉和卓古墓群、营盘汉晋墓地、察吾乎墓群、库车友谊路晋十六国时期砖室墓，南道的楼兰城郊古墓群、尼雅汉晋墓地、山普拉墓地等，是这一地区具有丰富文化内涵墓葬遗存的代表。但近代以来随着人类活动的频繁和地理环境的恶化，这一地区的墓葬遭到了严重破坏，很多墓葬是在被盗掘或在基础设施建设过程中发现的，墓葬的完整性被破坏。因而如何对现有墓葬进行完整保护，如何将葬具、随葬品等尽量保存下来，也面临着诸多难题。

塔里木地区的宗教遗存包括佛教、道教、景教和摩尼教等遗存，含佛寺、石窟、壁画、雕塑、出土文书等，体现了此地区多元宗教存在形式。如高昌（今吐鲁番）的柏孜克里克石窟、吐峪沟石窟、胜金口石窟、台藏塔，龟兹（今库车）的克孜尔尕哈石窟、库木吐喇石窟、森木塞姆石窟、玛扎伯哈石窟、苏巴什佛寺、克孜尔石窟，于阗（今和田）的丹丹乌里克遗址、达玛沟佛寺等，大部分依山而建，极易受到山间雨水的冲刷，造成窟体坍塌，加之湿度、温度、光线等，常常对石窟内部的壁画、版画、雕塑等造成损害。

二、自然环境恶劣，极易对土遗址造成破坏

塔里木地区常年盛行大风扬沙天气，春夏之交尤其严重，从而使得塔克拉玛干沙漠成为世界上流动性最强的沙漠。强风蚀和偶发的强降雨，往往给城址、烽燧、宗教遗址和墓葬遗存等土遗址带来巨大破坏且涉及地域广，覆盖整个塔里木周缘。

1. 风蚀

塔里木地区是世界著名的风区，吐鲁番盆地西北部的"三十里风区"，哈密十三间房一带的"百里风区"，年平均风速均超过4m/s，一年内的大风日天数在100天以上。特别是每年春夏季，是塔里木地区大风天气的高发季节，有时风力高达十几级，阿拉山口的年平均风速6m/s，一年内的大风日天数164天。

早在一个世纪前，英国探险家斯坦因在其考察报告中就多次抱怨罗布泊的大风天气。长期的风蚀使罗布泊地区形成了典型的雅丹地貌，古人形象地称之为"白龙堆"。楼兰古城常年在风沙的侵蚀下，古城城墙大部分已沙化，城内成形的建筑只剩无顶三间房、残存的佛塔，地表也因风力下切，形成凹凸不平的沟壑；吐鲁番常年盛行强劲的西北风，并经常出现8—12级大风，交河故城西北的墙体凹凸不平，呈蜂窝状，有的呈鳞片状龟裂剥离，甚至有的墙体局部被风蚀穿透。

塔里木地区的烽燧多矗立在沙漠戈壁之中，受到风蚀的破坏较为严重。库车县的克孜尔尕哈烽燧是新疆保存最完好、时代最久远的单体烽燧，原高30多米，现残高仅13.5米，并且高度还在不断下降。为更好监测烽燧保存状况，国家文物局在烽燧附近安放了记录仪，实时记录风速、风向及烽燧削减的程度，为遗址保护提供精确数据；同样，附近的阔克巴孜烽火台也面临着类似的保护问题，烽火台现高约11米，但在20世纪60年代其高度却是现在的两倍，风蚀破坏非常明显；安迪尔古城廷姆佛塔迎风的东面及东南面，已形成凹凸不平的蜂窝状小坑，中部被吹空，塔身处于悬空状态，随时都有坍塌的危险。

此外，有些遗存因处于沙漠腹地，甚至有被风沙掩埋的危险。洛浦县的热瓦克佛寺遗址完全处于沙漠的包围之中，1901年斯坦因到热瓦克佛寺遗址

考察时，将佛寺内的沙子清理干净，而当1906年他再次到来时，不仅佛寺内的沙子重新被填满，佛塔底层的部分建筑也被沙漠覆盖；1929年黄文弼来此考察时，遗址中的佛塔高约10米，2015年我们前去考察测量时，佛塔残高不足7米，在不到100年的时间里，佛塔的高度已大幅下降，原来佛塔周围残存的佛龛、壁画等，现已荡然无存。

2. 偶发强降雨和山洪破坏

历史遗址保护面临的另一个隐患是夏季偶发的强降雨及其带来的山洪、泥石流等灾害的破坏。塔里木地区位于亚欧大陆内部，虽然海洋暖湿气流无法到达，但夏季又多偶发强降雨，极易对土遗址造成破坏。降雨过程中，雨水在遗址顶部汇集并沿土遗址裂隙流入遗址内部，导致遗址坍塌；降雨停止后，遗址表面的泥土又会风干，致使表层剥离、脱落。吐鲁番地区的吐峪沟石窟等由于暴雨冲刷，导致大片石窟塌陷。2012年和2013年，我们几次前往吐峪沟石窟调研，看到石窟周围搭起大面积脚手架，工人们正在对石窟进行加固；同样，由于近几年降雨集中，拜城县克孜尔石窟的一些壁画受到影响，以至于一些石窟不得不临时关闭，限制参观。

强降雨及洪水对墓葬的破坏作用也极大。1978年，库车强降雨引发洪水，苏巴什佛寺大塔中的墓葬被冲出，墓葬遗存混乱，清理困难；2010年8月，集中降雨所引发的洪水，致使且末县阿羌乡古大奇村的10余座古墓直接暴露于外，不仅墓室结构损毁，随葬物品也被洪水冲击到处散落，严重影响了学者对墓葬文化信息的判断。2016年8月，我们在龟兹地区调研时，偶遇突如其来的一场急降雨，亲眼目睹从克孜尔尕哈烽燧附近的山谷上冲刷下来大量的黄色急流，对山体和土遗址都造成了严重破坏。

三、油气资源丰富，资源开发会对文化遗产造成损毁

塔里木地区蕴藏着丰富的能源，是我国重要的战略能源储备基地，也是国家"西气东输""西电东送"工程的起点。据最新一轮调查，塔里木地区可探明油气资源总量为150亿吨，探明率仅为17%，是我国最大的含油气盆地。新疆"三大油田"中的塔里木油田、吐哈油田就位于塔里木地区。这一地区还有丰富的煤、铁、铜等矿产资源。但资源的战略开发往往与遗址保护之间存在着难以调和的矛盾，尤其大规模的油气开发，常常会对土遗址造成

不可逆转的破坏。

1. 勘探过程对地面土遗址的破坏

石油勘探大多使用地震勘探技术，即采用人工方法引起地壳震动，如利用炸药爆炸产生人工地震。这一技术极易造成遗址土质疏松，甚至倒塌。石油勘探过程中会产生大量的废水，据统计，每钻一口井就会产生约300立方米重金属超标的废钻井液，这些钻井液以及采油污水、洗井污水等都含有严重的污染物质，其中的二氧化硫、一氧化碳、硫化氢等，如果得不到有效处理，将会造成土遗址表面盐碱化。1998年，克孜尔水库附近建造的联营铁合金厂排放的大量工业烟尘对世界文化遗产克孜尔石窟的壁画造成了严重污染，致使壁画褪色、变色情况严重，损失无可挽回。此外，石油开采过程中需要抽取大量的地下水，会造成地下水位下降、地表下沉，增加了土遗址的破坏系数。1996年以来，楼兰古城附近进行了多次石油勘探作业，修建道路和许多大型车辆往来，给楼兰古城的保护工作留下很多隐患；21世纪以来，罗布泊干涸湖盆又发现大量钾盐矿并开始建厂生产。如此大规模的开发，使得此地区本就脆弱的生态环境遭到严重破坏，土遗址遭到破坏的可能性随之急剧增加。

2. 石化企业的修建对文化遗产的影响

我国第一条沙漠公路轮台—民丰公路纵贯塔克拉玛干沙漠，沿途经过喀拉墩遗址、阔纳协海尔古城、卓尔库特古城和塞维尔古城等，在修路过程中部分古城的城墙被挖土取走，只剩下残垣。2012年4月，河南油建铺设的油气管道直接从库车县汉唐时期古遗址——大故城遗址北部穿墙而过，穿越遗址区域约300米，严重破坏了古城墙和遗址的原貌。2010年至2015年，龟兹石窟公安分局协助有关部门查处文物遗址非法施工和勘探案件23起，仅2015年7月2日至13日，库车县境内可可沙炼铁遗址遭到施工单位破坏；世界文化遗址地苏巴斯古城被石油勘探人员违法进入；在森木塞姆石窟遗址保护区内电力施工人员未经审批同意就施工。

我们在调研过程中发现，因地下蕴含丰富的石油，温宿县的阿克布拉克古城几乎成了石油开采工地，仅遗存周边残墙；柯坪县的克斯勒塔格佛寺遗址因石油开采而面目全非。这些油气开发过程中忽视文化遗产的做法，既有着当地政府重视不够、保护政策不到位的原因，也是油气资源开发与文化遗产保护难以兼顾的客观实际情况的反映。

四、对塔里木地区汉唐遗址保护的几点思考

塔里木地区历史遗址保护在中国乃至世界上没有多少成功的经验可供借鉴，因而需要在保护路径和方法上，制定切实的针对性措施。

1. 遗址保护是一项系统工程，需要调动多方力量

首先，在面积广袤的塔里木地区进行遗址保护，需要充分发挥管理部门尤其是文物部门的作用。当地政府应明确文物部门的责任，加强文物部门自身建设，提高专业管理能力。目前，塔里木的库尔勒、阿克苏、喀什、和田等地区的文物部门大多和旅游部门联署办公，造成了目前遗址保护的尴尬处境。加之文物部门保护政策不到位，致使很多游人随意踩踏攀爬土遗址，甚至出现个别景区为了片面追求经济效益，放任超负荷的参观人群进入遗址，对石窟、佛寺、壁画保护带来了巨大压力。因此政府应当强化文物部门的权力，提高其专业意识，使其负起保护历史遗址的责任。

其次，历史遗址需要多部门联合执法，共同保护。文物部门应加强与公安、国土资源、气象、地质等部门的协作，提高预警能力，有力打击破坏、盗掘等违法犯罪行为。库车县的龟兹石窟已建立了全国第一个专门保护文物的公安派出所，主要负责拜城县克孜尔石窟以及拜城、库车、新和、温宿四县的石窟群的治安保卫工作。专门的公安机构可以加强保护区内的巡逻，及时制止文物违法行为的发生，减少盗掘者的破坏；加强文物部门与国土资源部门的合作，在进行水库与道路修建、石油开发、管道铺设等工程前，文物保护必须先行；文物部门与气象、地质部门加强合作，可以掌握地震、沙尘暴、强降水等自然灾害的预警，及时采取措施，减少损害。克孜尔尕哈烽燧的保护就是一项成功的案例：自2010年起，克孜尔尕哈烽燧开始实施综合监测项目，利用现代仪器对烽燧的变化进行实时监测，包括烽燧的风化速率、易溶盐含量变化、裂隙发育等数据的变化，都可以得到精确的监测，数据精确到0.01毫米。有了这些监测数据，相关部门可以建立克孜尔尕哈烽燧的三维数据模型和信息管理系统，根据数据进行烽燧破坏因素分析，进而为保护工程的实施提供科学依据。

再次，不仅要发挥职能部门的作用，更要发挥当地居民的作用。在面积广袤的塔里木地区，完全由政府职能部门进行文物保护是不现实的。随着

人口增加和经济发展，很多遗址如柳中古城、龟兹故城等，都处于居民居址附近或田地之中，这就需要政府让当地民众认识到文物的价值，明确个人的责任；政府分管到户、到人，并给予一定报酬；在沙漠、戈壁等人迹罕至地区的城址烽燧等遗址，更需要熟悉当地人文地理的民众进行保护。此外，政府还可以鼓励有财力、有公益心的群众和社会组织主动"认领""认养"文物，在"认领"期间，认领者在允许的范围内可以修建博物馆、公园，但不得破坏文物的原有文化内涵。中东部山西曲沃的"古建筑认领保护"、广东开平碉楼的"社会认养"、安徽黟县的"文物建筑保护爱心认领"和浙江金华的"历史建筑及遗存认养保护"等，都是这方面较成功的实践，可以将此经验引入塔里木地区。

2. 协调经济发展和遗址保护之间的矛盾

其一，正确认识塔里木地区历史遗址的重要价值是开展遗址保护的前提。习近平总书记指出："文物承载灿烂文明，传承历史文化，维系民族精神，是老祖宗留给我们的宝贵遗产，是加强社会主义精神文明建设的深厚滋养。保护文物功在当代、利在千秋。"[1]西域文明是中华文明的重要组成部分，由于历代史籍对西域历史记载相对较少，目前遗留的城址、烽燧、墓葬遗存及宗教遗址所遗存的文化信息弥足珍贵。重视文物保护，必将对西域文化走向世界，提升中华文化的软实力，进而促进新疆经济社会发展起到推动作用。

其二，当经济发展尤其是国家战略与遗址保护发生矛盾时，政府要科学决策，统筹兼顾。例如，开展石油勘探工程前，地质部门和文物部门要事先协作，切实履行先勘察、发掘、保护文物的职责，然后再进行油气开发，避免抢救性发掘。在文物较为集中的地区，尤其要避免建设高污染的企业。

3. 数字化保护是塔里木地区历史遗址保护的关键之路

塔里木地区的历史遗址尤其土遗址，面临着自然和人为的双重破坏，消失只是时间的问题，而数字化可以实现文化遗产的永久保留，并可以实现不同国家、不同地区、不同学科之间的资源共享。克孜尔石窟在数字化保护方面走在了塔里木地区文化遗产保护的前列。为避免壁画的彻底消失，自2011

---

① 中共中央文献研究室编：《习近平关于社会主义文化建设论述摘编》，北京：中央文献出版社，2017年，第190页。

年起，新疆龟兹研究院与上海印刷集团合作开展了龟兹石窟壁画数字化项目。该项目利用现代技术对壁画进行数据采集和信息储存，获取高清数字化图像，从而建立石窟的复原模型，并制作数字三维影像，高度还原石窟的本来面目。这一技术的应用可以使克孜尔石窟千年的艺术得以保存，并且使壁画栩栩如生地展现在世人面前，既方便学者的研究，又便利了人们的参观。目前，数字化技术日臻成熟，为塔里木地区历史遗址的保护提供了又一新途径。

总之，塔里木地区及其丝绸之路周边的诸如克孜尔尕哈烽燧、克孜尔石窟、苏巴什佛寺遗址、高昌故城、交河故城、北庭故城等遗址，已名列世界文化遗产；其他大型的遗址如龟兹古城、莫尔寺佛塔、米兰遗址、察吾乎古墓群等，在西域历史文化中也有着非常重要的价值。有效保护这些文化遗产，是政府和社会各界义不容辞的责任。

环塔里木汉唐遗址

参考文献

［德］阿尔伯特·冯·勒柯克：《新疆的地下文化宝藏》，陈海涛译，乌鲁木齐：新疆人民出版社，1999年。

上海古籍出版社、法国国家图书馆编：《法国国家图书馆藏敦煌西域文献》第一册，上海：上海古籍出版社，1995年。

［法］伯希和等：《伯希和西域探险记》，耿昇译，昆明：云南人民出版社，2001年。

［法］童丕等：《库车汉文文书》，巴黎：法兰西学院汉学研究所，2000年。

［美］亨廷顿：《亚洲的脉搏》，王彩琴、葛莉译，乌鲁木齐：新疆人民出版社，2013年。

［日］池田温：《中国古代籍帐研究》，龚泽铣译，北京：中华书局，2007年。

［日］橘瑞超：《橘瑞超西行记》，柳洪亮译，乌鲁木齐：新疆人民出版社，2013年。

［日］小田义久主编：《大谷文书集成》第一卷，京都：法藏馆，1984年。

［日］小田义久主编：《大谷文书集成》第二卷，京都：法藏馆，1990年。

［日］小田义久主编：《大谷文书集成》第三卷，京都：法藏馆，2003年。

［瑞典］斯文·赫定：《我的探险生涯》，孙仲宽译，杨镰整理，乌鲁木齐：新疆人民出版社，2010年。

［英］斯坦因：《安得悦遗址》，胡锦洲译，《新疆文物》1990年第4期。

［英］奥雷尔·斯坦因：《古代和田——中国新疆考古发掘的详细报告》，巫新华等译，济南：山东人民出版社，2009年。

［英］马克·奥里尔·斯坦因：《沙埋和阗废墟记》，殷晴等译，乌鲁木齐：新疆美术摄影出版社，1994年。

［英］马克·奥利尔·斯坦因：《斯坦因西域盗宝记》，海涛编译，北京：西苑出版社，2009年。

［英］奥雷尔·斯坦因：《西域考古图记》，巫新华等译，桂林：广西师范大学出版社，1998年。

［英］奥雷尔·斯坦因：《亚洲腹地考古图记》，巫新华等译，桂林：广西师范大学出版社，2004年。

［英］奥雷尔·斯坦因：《沿着古代中亚的道路：斯坦因哈佛大学讲座》，巫新华译，桂林：广西师范大学出版社，2008年。

新疆维吾尔自治区文物普查办公室、阿克苏地区文物普查队：《阿克苏地区文物普查报告》，《新疆文物》1995年第4期。

国家文物局古文献研究室、新疆维吾尔自治区博物馆、武汉大学历史系编：《吐鲁番出土文书》第二册，北京：文物出版社，1981年。

《新中国出土文物》，北京：外文出版社，1972年。

阿合买提·热西提：《且末县扎洪鲁克墓地发掘概况》，穆舜英、张平主编：《楼兰文化研究论集》，乌鲁木齐：新疆人民出版社，1995年。

巴音郭楞蒙古自治州文管所：《且末县扎洪鲁克古墓葬1989年清理简报》，《新疆文物》1992年第2期。

陈国灿：《斯坦因所获吐鲁番文书研究》，武汉：武汉大学出版社，1995年。

中国社会科学院考古研究所新疆工作队、新疆巴音郭楞蒙古自治州文管所：《新疆轮台县群巴克墓葬第二、三次发掘简报》，《考古》1991年第8期。

杜培华：《麦得克城的发现》，《东方艺术》2002年第2期。

郭建国：《塔什库尔干下坂地水库区文物调查》，《新疆文物》2002年第3—4期。

哈密地区文管所：《哈密黄田庙尔沟墓地调查》，《新疆文物》1998年第1期。

韩翔：《焉耆国都、焉耆都督府治所与焉耆镇城——博格达沁古城调查》，《文物》1982年第4期。

何德修：《且末县扎滚鲁克古墓葬清理简报》，穆舜英、张平主编：《楼兰文化研究论集》，乌鲁木齐：新疆人民出版社，1995年。

侯灿、吴美琳：《吐鲁番出土砖志集注》，成都：巴蜀书社，2003年。

黄文弼：《塔里木盆地考古记》，北京：科学出版社，1958年。

黄文弼：《吐鲁番考古记》，北京：中国科学院，1954年。

黄文弼：《新疆考古发掘报告（1957—1958）》，北京：文物出版社，1983年。

黄小江：《若羌县文物调查简况（上）》，《新疆文物》1985年第1期。

李吟屏：《和田考古记》，乌鲁木齐：新疆人民出版社，2006年。

李遇春：《新疆和田县买力克阿瓦提遗址的调查和试掘》，《文物》1981年第1期。

联合国教科文组织驻中国代表处、新疆文物事业管理局、新疆文物考古研究所编著：《交河故城——1993、1994年度考古发掘报告》，北京：东方出版社，1998年。

梁涛等：《新疆安迪尔古城遗址现状调查及保护思路》，《江汉考古》2009年第2期。

林梅村编：《楼兰尼雅出土文书》，北京：文物出版社，1985年。

吕恩国：《苏贝希发掘的主要收获》，解耀华主编：《交河故城保护与研究》，乌鲁木齐：新疆人民出版社，1999年。

马大正主编：《塔克拉玛干考察纪实》，乌鲁木齐：新疆人民出版社，2013年。

牛耕、王博：《1988—2006年罗布泊地区调查采集钱币研究》，《吐鲁番学研究》2012年第1期。

彭念聪：《若羌米兰新发现的文物》，《文物》1960年第8、9期。

史树青：《新疆文物调查随笔》，《文物》1960年第6期。

唐耕耦、陆宏基编：《敦煌社会经济文献真迹释录》第一辑，北京：书目文献出版社，1986年。

唐耕耦、陆宏基编：《敦煌社会经济文献真迹释录》第二、三、四、五辑，北京：全国图书馆文献缩微复制中心，1990年。

吐鲁番地区文管所：《1986年新疆吐鲁番阿斯塔那古墓群发掘简报》，

《考古》1992年第2期。

吐鲁番地区文管所：《新疆鄯善苏巴什古墓葬》，《考古》1984年第1期。

吐鲁番地区文管所：《吐鲁番采坎古墓群清理简报》，《新疆文物》1990年第3期。

吐鲁番地区文管所：《新疆鄯善县苏巴什古墓群的新发现》，《考古》1988年第6期。

吐鲁番地区文管所：《新疆鄯善县吐峪沟发现陶棺葬》，《考古》1986年第1期。

吐鲁番地区文物管理所：《柏孜克里克千佛洞遗址清理简记》，《文物》1985年第8期。

吐鲁番地区文物局：《新疆吐鲁番地区交河故城沟西墓地康氏家族墓》，《考古》2006年第12期。

吐鲁番地区文物局、吐鲁番学研究院：《大桃儿沟石窟调查简报》，《吐鲁番学研究》2012年第1期。

吐鲁番地区文物局、吐鲁番学研究院：《小桃儿沟石窟调查简报》，《吐鲁番学研究》2012年第1期。

吐鲁番地区文物保管所：《新疆托克逊县喀格恰克古墓群》，《考古》1987年第7期。

吐鲁番地区文物局：《鄯善洋海墓地出土文物》，《新疆文物》1998年第3期。

吐鲁番地区文物局：《新疆吐鲁番地区木纳尔墓地的发掘》，《考古》2006年第12期。

吐鲁番学地区研究院：《新疆吐鲁番市胜金店墓地发掘简报》，《考古》2013年第2期。

王炳华编著：《古墓沟》，乌鲁木齐：新疆人民出版社，2014年。

王炳华：《孔雀河古墓沟发掘及其初步研究》，《新疆社会科学》1983年第1期。

王炳华：《新疆访古散记》，北京：中华书局，2007年。

罗振玉、王国维编著：《流沙坠简》，北京：中华书局，1993年。

王巍总主编：《中国考古学大辞典》，上海：上海辞书出版社，

2014年。

王永强、张杰：《新疆哈密市柳树沟遗址和墓地的考古发掘》，《西域研究》2015年第2期。

王明哲、张玉忠：《乌鲁木齐乌拉泊古墓葬发掘研究》，《新疆社会科学》1986年第1期。

张铁男、王宗磊：《95年尼雅遗址93A35号佛教寺院发掘简报》，《新疆文物》1998年第1期。

新疆文物考古研究所：《1996年尼雅93A35号遗址中FA、FB、FC、FD发掘简报》，《新疆文物》1999年第2期。

巫新华：《2013年新疆塔什库尔干吉尔赞喀勒墓地的考古发掘》，《西域研究》2014年第1期。

吴礽骧：《河西汉塞调查与研究》，北京：文物出版社，2005年。

吴勇：《新疆吐鲁番胜金口石窟考古发掘新收获》，《西域研究》2012年第3期。

新疆文物考古研究所、法国科学研究中心315所中法克里雅河考古队：《新疆克里雅河流域考古调查概述》，《考古》1998年第12期。

新疆文物考古研究所：《新疆尉犁县营盘墓地1999年发掘简报》，《考古》2002年第6期。

武伯纶：《新疆天山南路的文物调查》，《文物参考资料》1954年第10期。

肖小勇、郑渤秋：《新疆洛浦县山普拉古墓地的新发掘》，《西域研究》2000年第1期。

谢彬：《新疆游记》，杨镰、张颐青整理，乌鲁木齐：新疆人民出版社，2010年。

新疆博物馆、巴州文管所、且末县文管所：《新疆且末扎滚鲁克一号墓地》，《新疆文物》1998年第4期。

新疆博物馆考古部、巴音郭楞蒙古自治州文物管理所、且末县文物管理所：《且末扎滚鲁克二号墓地发掘简报》，《新疆文物》2002年第1—2期。

新疆博物馆、喀什地区文管所、莎车县文管所：《莎车县喀群彩棺墓发掘简报》，《新疆文物》1999年第2期。

新疆博物馆考古队：《阿斯塔那古墓群第二次发掘简报》，《新疆文物》2000年第3—4期。

新疆博物馆考古队：《阿斯塔那古墓群第三次发掘简报》，《新疆文物》2000年第3—4期。

新疆文物考古研究所：《阿斯塔那古墓群第十次发掘简报》，《新疆文物》2000年第3—4期。

新疆文物考古研究所：《阿斯塔那古墓群第十一次发掘简报》，《新疆文物》2000年第3—4期。

新疆博物馆文物队：《且末县扎滚鲁克五座墓葬发掘报告》，《新疆文物》1998年第2期。

新疆龟兹石窟研究所主编：《龟兹佛教文化论集》，乌鲁木齐：新疆美术摄影出版社，1993年。

新疆龟兹研究院：《库车玛扎伯哈石窟调查简报》，《吐鲁番学研究》2010年第1期。

新疆龟兹研究院：《托乎拉克艾肯石窟考古勘查简报》，《吐鲁番学研究》2010年第1期。

新疆龟兹研究院、中国人民大学国学院西域历史语言研究所、北京大学中国古代史研究中心：《新疆拜城亦狭克沟石窟调查简报》，《文物》2013年第12期。

新疆龟兹研究院：《台台尔石窟调查简报》，《吐鲁番学研究》2010年第1期。

新疆文物考古研究所：《尉犁县营盘墓地1999年发掘报告》，《新疆文物》2001年第3—4期。

新疆楼兰考古队：《楼兰城郊古墓群发掘简报》，穆舜英、张平主编：《楼兰文化研究论集》，乌鲁木齐：新疆人民出版社，1995年。

新疆社会科学院考古研究所：《帕米尔高原古墓》，《考古学报》1981年第2期。

新疆社会科学院考古研究所编：《新疆考古三十年》，乌鲁木齐：新疆人民出版社，1983年。

新疆吐鲁番学研究院、新疆文物考古研究所：《新疆鄯善洋海墓地发掘报告》，《考古学报》2011年第1期。

新疆维吾尔自治区博物馆、巴音郭楞蒙古自治州文物管理所、且末县文物管理所：《1998年扎滚鲁克第三期文化墓葬发掘简报》，《新疆文物》2003年第1期。

新疆维吾尔自治区博物馆：《洛甫县山普拉古墓发掘报告》，《新疆文物》1989年第2期。

新疆维吾尔自治区博物馆：《吐鲁番县阿斯塔那—哈拉和卓古墓群发掘简报（1963—1965）》，《文物》1973年第10期。

新疆维吾尔自治区博物馆：《吐鲁番县阿斯塔那—哈拉和卓古墓群清理简报》，《文物》1972年第1期。

新疆维吾尔自治区博物馆：《新疆民丰县北大沙漠中古遗址墓葬区东汉合葬墓清理简报》，《文物》1960年第6期。

新疆维吾尔自治区博物馆：《新疆吐鲁番阿斯塔那北区墓葬发掘简报》，《文物》1960年第6期。

新疆维吾尔自治区博物馆、阿克苏文管所、温宿县文化馆：《温宿县包孜东墓葬群的调查和发掘》，《新疆文物》1986年第2期。

新疆维吾尔自治区博物馆、巴音郭楞蒙古自治州文物管理所、且末县文物管理所：《新疆且末扎滚鲁克一号墓地发掘报告》，《考古学报》2003年第1期。

新疆维吾尔自治区博物馆、吐鲁番地区文管所：《新疆吐鲁番艾丁湖古墓葬》，《考古》1982年第4期。

新疆维吾尔自治区博物馆考古部等：《2008年温宿县博孜墩古墓发掘简报》，新疆文物考古研究所编，伊弟利斯·阿不都热苏勒、安尼瓦尔·哈斯木主编：《新疆文物考古资料汇编》，乌鲁木齐：新疆人民出版社，2013年。

新疆维吾尔自治区文化厅文物处、新疆大学历史系文博干部专修班：《新疆哈密焉不拉克墓地》，《考古学报》1989年第3期。

新疆维吾尔自治区文物局编：《拜城县不可移动文物》，内部资料，2011年。

新疆维吾尔自治区文物局编：《策勒县不可移动文物》，内部资料，2011年。

新疆维吾尔自治区文物局编：《和静县不可移动文物》，内部资料，

2011年。

新疆维吾尔自治区文物局编：《轮台县不可移动文物》，内部资料，2011年。

新疆维吾尔自治区文物局编：《且末县不可移动文物》，内部资料，2011年。

新疆维吾尔自治区文物局编：《鄯善县不可移动文物》，内部资料，2011年。

新疆维吾尔自治区文物局编：《尉犁县不可移动文物》，内部资料，2011年。

新疆维吾尔自治区文物局编：《温宿县不可移动文物》，内部资料，2011年。

新疆维吾尔自治区文物局编：《新疆维吾尔自治区第三次全国文物普查成果集成·巴音郭楞蒙古自治州卷》，北京：科学出版社，2011年。

新疆维吾尔自治区文物局编：《新疆维吾尔自治区第三次全国文物普查成果集成·新疆古城遗址》，北京：科学出版社，2011年。

新疆维吾尔自治区文物局编：《新疆维吾尔自治区第三次全国文物普查成果集成·新疆古墓葬》，北京：科学出版社，2011年。

新疆维吾尔自治区文物普查办公室、吐鲁番地区文物普查队：《吐鲁番地区文物普查资料汇编》，《新疆文物》1988年第3期。

新疆维吾尔自治区文物普查办公室、巴音郭楞蒙古自治州文物普查队：《巴音郭楞蒙古自治州文物普查资料》，《新疆文物》1993年第1期。

新疆文物考古研究所：《尉犁县营盘15号墓发掘简报》，《新疆文物》1998年第2期。

新疆文物考古研究所：《2006年丹丹乌里克遗址发掘简报》，《新疆文物》2008年第1—2期。

新疆文物考古研究所、吐鲁番地区文物局：《吐鲁番乌堂、雅尔唐墓考古发掘简报》，新疆文物考古研究所编，伊弟利斯·阿不都热苏勒、安尼瓦尔·哈斯木主编：《新疆文物考古资料汇编》，乌鲁木齐：新疆人民出版社，2013年。

新疆文物考古研究所、哈密地区文管所：《新疆哈密市寒气沟墓地发掘简报》，《考古》1997年第9期。

新疆文物考古研究所、哈密地区文物管理所：《新疆哈密市艾斯克霞尔墓地的发掘》，《考古》2002年第6期。

新疆文物考古研究所、喀什地区文物管理所：《叶城县群艾山亚墓地发掘简报》，《新疆文物》2002年第1—2期。

新疆文物考古研究所、库车县文物局：《新疆库车县发现晋十六国时期汉式砖室墓》，《西域研究》2008年第1期。

新疆文物考古研究所、吐鲁番地区文物局：《鄯善县洋海一号墓地发掘简报》，《新疆文物》2004年第1期。

新疆文物考古研究所、吐鲁番地区文物局：《鄯善县洋海二号墓地发掘简报》，《新疆文物》2004年第1期。

新疆文物考古研究所、吐鲁番地区文物局：《鄯善县洋海三号墓地发掘简报》，《新疆文物》2004年第1期。

新疆文物考古研究所、西北大学文化遗产与考古学研究中心：《新疆巴里坤县东黑沟遗址2006—2007年发掘简报》，《考古》2009年第1期。

新疆文物考古研究所小河考古队：《罗布泊小河墓地考古发掘的重要收获》，《吐鲁番学研究》2005年第1期。

新疆文物考古研究所交河故城沟西墓地课题组：《1994年吐鲁番交河故城沟西墓地发掘简报》，新疆文物考古研究所编：《新疆考古发现与研究》第一辑，1996年。

新疆文物考古研究所：《95年民丰尼雅遗址I号墓地船棺墓发掘简报》，《新疆文物》1998年第2期。

新疆文物考古研究所：《2002年小河墓地考古调查与发掘报告》，教育部人文社会科学重点研究基地吉林大学边疆考古研究中心编：《边疆考古研究》第3辑，北京：科学出版社，2005年。

新疆文物考古研究所：《2002年小河墓地考古调查与发掘报告》，《新疆文物》2003年第2期。

新疆文物考古研究所：《2003年罗布泊小河墓地发掘简报》，《新疆文物》2007年第1期。

新疆文物考古研究所：《2006年高昌故城考古发掘简报》，《新疆文物》2008年第3—4期。

新疆文物考古研究所：《2008年度温宿县托万克塔尔克墓地考古发掘

简报》，新疆文物考古研究所编，伊弟利斯·阿不都热苏勒、安尼瓦尔·哈斯木主编：《新疆文物考古资料汇编》，乌鲁木齐：新疆人民出版社，2013年。

新疆文物考古研究所：《2013年哈密花园乡萨伊吐尔墓地发掘简报》，《中国国家博物馆馆刊》2014年第9期。

新疆社会科学院考古研究所：《新疆阿拉沟竖穴木椁墓发掘简报》，《文物》1981年第1期。

新疆文物考古研究所：《拜城县克孜尔水库墓地第二次发掘简报》，新疆文物考古研究所编，伊弟利斯·阿不都热苏勒、安尼瓦尔·哈斯木主编：《新疆文物考古资料汇编》，乌鲁木齐：新疆人民出版社，2013年。

新疆文物考古研究所：《拜城县克孜尔水库墓地第一次发掘》，《新疆文物》1999年第3—4期。

新疆文物考古研究所：《新疆拜城县克孜尔吐尔墓地第一次发掘》，《考古》2002年第6期。

新疆文物考古研究所、新疆吐鲁番学研究院：《高昌故城第二次考古发掘报告》，《吐鲁番学研究》2011年第2期。

新疆文物考古研究所：《高昌故城第三次考古发掘报告》，《新疆文物》2012年第1期。

新疆文物考古研究所：《高昌故城第四次考古发掘报告》，《新疆文物》2012年第1期。

新疆文物考古研究所：《高昌故城第五次考古发掘简报》，《吐鲁番学研究》2012年第2期。

新疆文物考古研究所：《新疆和静县莫呼查汗墓地发掘简报》，《考古与文物》2014年第5期。

新疆文物考古研究所：《和静县小山口水电站墓群考古新收获》，新疆文物考古研究所编，伊弟利斯·阿不都热苏勒、安尼瓦尔·哈斯木主编：《新疆文物考古资料汇编》，乌鲁木齐：新疆人民出版社，2013年。

新疆文物考古研究所编著，王炳华主编：《交河沟西——1994—1996年度考古发掘报告》，乌鲁木齐：新疆人民出版社，2001年。

新疆首届考古专业人员训练班：《交河故城、寺院及雅尔湖古墓发掘简报》，《新疆文物》1989年第4期。

新疆文物考古研究所：《罗布泊地区小河流域的考古调查》，教育部人文社会科学重点研究基地吉林大学边疆考古研究中心编：《边疆考古研究》第7辑，北京：科学出版社，2008年。

新疆文物考古研究所：《洛浦县山普拉Ⅱ号墓地发掘简报》，《新疆文物》2000年第1—2期。

新疆文物考古研究所：《且末县托盖曲根一号墓地考古发掘报告》，《新疆文物》2013年第3—4期。

新疆文物考古研究所：《鄯善苏贝希墓群一号墓地发掘简报》，《新疆文物》1993年第4期。

新疆文物考古研究所：《塔什库尔干县下坂地墓地2004年度考古发掘报告》，《新疆文物》2005年第1期。

新疆文物考古研究所：《塔什库尔干县下坂地墓地考古发掘报告》，《新疆文物》2004年第3期。

新疆文物考古研究所：《新疆柏孜克里克千佛洞窟前遗址发掘简报》，《文物》2012年第5期。

新疆文物考古研究所：《新疆拜城县克孜尔水库墓葬第二次发掘简报》，《新疆文物》2004年第4期。

新疆文物考古研究所编著：《新疆察吾呼——大型氏族墓地发掘报告》，北京：东方出版社，1999年。

新疆文物考古研究所：《新疆库车友谊路魏晋十六国时期墓葬2007年发掘简报》，《文物》2013年第12期。

新疆文物考古研究所：《新疆罗布泊小河墓地2003年发掘简报》，《文物》2007年第10期。

新疆文物考古研究所等：《新疆鄯善三个桥墓葬发掘简报》，《文物》2002年第6期。

新疆文物考古研究所：《新疆吐鲁番市巴达木墓地发掘简报》，《考古》2013年第6期。

新疆文物考古研究所：《新疆吐鲁番市台藏塔遗址发掘简报》，《考古》2012年第9期。

新疆文物考古研究所：《新疆尉犁县因半古墓调查》，《文物》1994年第10期。

新疆文物考古研究所：《新疆尉犁县营盘墓地15号墓发掘简报》，《文物》1999年第1期。

新疆文物考古研究所：《新疆尉犁县营盘墓地1995年发掘简报》，《新疆文物》2001年第1—2期。

新疆文物考古研究所：《新疆尉犁县营盘墓地1999年发掘简报》，《考古》2002年第6期。

新疆文物考古研究所编：《新疆文物考古新收获（1979—1989）》，乌鲁木齐：新疆人民出版社，1995年。

新疆文物考古研究所编著：《新疆下坂地墓地》，北京：文物出版社，2012年。

新疆文物考古研究所、和静县民族博物馆：《和静哈布其罕Ⅰ号墓地发掘简报》，《新疆文物》1999年第1期。

新疆文物考古研究所、吐鲁番地区博物馆：《鄯善县苏贝希墓群三号墓地》，《新疆文物》1994年第2期。

新疆文物考古研究所等：《新疆鄯善县三个桥古墓葬的抢救清理发掘》，《新疆文物》1997年第2期。

新疆维吾尔自治区博物馆文物队、轮台县文教局：《轮台县文物调查》，《新疆文物》1991年第2期。

新疆文物考古研究所：《吐鲁番交河故城沟北1号台地墓葬发掘简报》，《文物》1999年第6期。

于志勇、覃大海：《营盘墓地M15及楼兰地区彩棺墓葬初探》，西北大学考古学系、西北大学文化遗产与考古研究中心编：《西部考古》第一辑，西安：三秦出版社，2006年。

于志勇：《楼兰—尼雅地区出土汉晋文字织锦初探》，《中国历史文物》2003年第6期。

于志勇等：《新疆若羌米兰遗址考古发掘新收获》，《中国文物报》2013年3月15日。

张平：《唐代龟兹军镇驻防史迹的调查与研究》，新疆龟兹学会编：《龟兹学研究》第五辑，乌鲁木齐：新疆大学出版社，2012年。

张平：《新和通古孜巴什古城遗址的调查与研究》，《吐鲁番学研究》2003年第2期。

张玉忠、再帕尔：《新疆抢救清理楼兰古墓有新发现》，《中国文物报》2000年1月9日。

张玉忠：《楼兰地区发现彩棺壁画墓葬》，中国考古学会编：《中国考古学年鉴·2004》，北京：文物出版社，2005年。

张玉忠：《天山阿拉沟考古考察与研究》，《西北史地》1987年第3期。

新疆文物考古研究所：《1996年新疆吐鲁番交河故城沟西墓地汉晋墓葬发掘简报》，《考古》1997年第9期。

中国科学院塔克拉玛干沙漠综合科学考察队考古组：《于田县玛坚勒克遗址调查简报》，《新疆文物》1990年第3期。

中国社会科学院考古研究所新疆队：《新疆策勒县达玛沟3号佛寺建筑遗址发掘简报》，《考古》2012年第10期。

中国社会科学院考古研究所编著：《殷墟妇好墓》，北京：文物出版社，1980年。

中国社会科学院考古研究所编著：《殷墟玉器》，北京：文物出版社，1982年。

中国社会科学院考古研究所边疆民族考古研究室、吐鲁番学研究院、龟兹研究院：《新疆鄯善县吐峪沟东区北侧石窟发掘简报》，《考古》2012年第1期。

中国社会科学院考古研究所边疆民族考古研究室、吐鲁番学研究院、龟兹研究院：《新疆鄯善县吐峪沟石窟寺遗址》，《考古》2011年第7期。

中国社会科学院考古研究所新疆队：《新疆和田地区策勒县达玛沟佛寺遗址发掘报告》，《考古学报》2007年第4期。

中国社会科学院考古研究所新疆队、新疆巴音郭楞蒙古自治州文管所：《新疆且末县加瓦艾日克墓地的发掘》，《考古》1997年第9期。

中国社会科学院考古研究所新疆队：《新疆于田县流水青铜时代墓地》，《考古》2006年第7期。

中国社会科学院考古所新疆队、新疆巴音郭楞蒙古自治州文管所：《新疆和静县察吾乎沟口一号墓葬》，《考古学报》1988年第1期。

中国社会科学院考古研究所新疆队、新疆巴音郭楞蒙古自治州文管所：《新疆和静县察吾乎沟口二号墓地发掘简报》，《考古》1990年第6期。

中国社会科学院考古研究所新疆队、新疆巴音郭楞蒙古自治州文管所：

《新疆和静县察吾乎沟口三号墓地发掘简报》，《考古》1990年第10期。

中国社会科学院考古研究所新疆队、新疆巴音郭楞蒙古自治州文管所：《新疆轮台群巴克古墓葬第一次发掘简报》，《考古》1987年第11期。

中国社会科学院考古研究所新疆工作队、新疆巴音郭楞蒙古自治州文管所：《新疆轮台县群巴克墓葬第二、三次发掘简报》，《考古》1991年第8期。

中国文物研究所、新疆维吾尔自治区博物馆、武汉大学历史系编：《吐鲁番出土文书》（壹），北京：文物出版社，1992年。

中国文物研究所、新疆维吾尔自治区博物馆、武汉大学历史系编：《吐鲁番出土文书》（贰），北京：文物出版社，1994年。

中国文物研究所、新疆维吾尔自治区博物馆、武汉大学历史系编：《吐鲁番出土文书》（叁），北京：文物出版社，1996年。

中国文物研究所、新疆维吾尔自治区博物馆、武汉大学历史系编：《吐鲁番出土文书》（肆），北京：文物出版社，1996年。

中国新疆维吾尔自治区档案馆、日本佛教大学尼雅遗址学术研究机构编：《中瑞西北科学考察档案史料》，乌鲁木齐：新疆美术摄影出版社，2006年。

中国新疆文物考古研究所、日本佛教大学尼雅遗址学术研究机构编著：《丹丹乌里克遗址——中日共同考察研究报告》，北京：文物出版社，2009年。

中日日中共同尼雅遗迹学术考察队：《中日日中共同尼雅遗迹学术调查报告书》，京都：中村印刷株式会社，1999年。

周金玲：《和静拜勒其尔墓地发掘与研究》，《新疆文物》2000年第1—2期。

后　记

这部著述是我与田海峰博士合作完成的。

对于塔里木地区汉唐遗址的调查整理经历了一个漫长的过程。如果从2009年关注新疆的屯垦遗址开始，那么已经有着十多年的积累了。

对塔里木地区汉唐遗址的调研，既是知识的锤炼，也是意志的磨练。2019年6月，我们组织考察了小河墓地，自1934年瑞典人贝格曼发现"有一千口棺材"的地方之后，小河墓地就淹没于历史尘埃之中。由于道路交通和恶劣的气候问题，小河墓地尘封近70年后，直到21世纪才被中国考古学界所发现并组织发掘。可以说，进出塔里木盆地深处的楼兰遗址已经有了相对成熟的道路，而小河墓地是没有道路的。即使我们组织了庞大的车队，仍然时时陷车、处处拖车甚至出现几辆车先后陷入流沙的窘态。第三天返回时，来时的痕迹早就被流沙填埋，需要一辆轻装越野车重新探路。而经过2003、2004年考古发掘后的小河墓地，到处是被风吹散的船形棺木，已经失去了当时贝格曼所见到并为之震撼的"死亡殿堂"的原始状态，失去了田野考察中墓葬遗存应有的文化价值。所以，在小河墓地宿营的那一夜，虽然星光灿烂、篝火依燃，但是难以掩饰对神秘小河墓地那份失落。

在塔里木地区，尤其是在人迹罕至的塔克拉玛干沙漠中，保存最为完好的还是汉唐时期的遗址，这些遗址不仅是东西方历史文化汇聚的见证，也补充了传世文献对塔里木地区记载的不足，成为解读西域历史最为直接的资料。这部著述作为汉唐西域研究的资料汇集，其中肯定有很多不完善甚至谬误之处，期待在今后的研究中进一步完善。

　　这篇后记是在学校组织的暑期休假时，我在宁夏固原六盘山写就的。盛夏季节的六盘山气候宜人，难怪成吉思汗每次西行都在此集结大军。但是，也有一些感慨，就是在住宿登记时，由于我用的是原来在新疆工作时的居民身份证，所以前台坚决要复印我的证件并报备。这让我感觉到，新疆需要更多了解与理解，研究西域新疆的学者又多了一些宣传介绍的责任。

　　感谢郝春文先生和王素先生的推荐以及广东人民出版社申报，使该著述获得2020年国家出版基金项目的支持；感谢广东人民出版社副总编辑柏峰和编辑陈其伟、赵璐、周惊涛的推进和精心编校；感谢王玉平博士为本著绘制的精美图表及党琳博士、张艺凡博士和张慧洁同学对三校稿的修改。

张安福

2020年7月18日